제3판 보정판

LEADER & LEADERSHIP

리더와리더십

정우일 | 박선경 | 박희봉 | 배귀희 | 양승범
이영균 | 이희창 | 하재룡 | 하현상 | 황성수

박영사

제 3 판을 내면서

이 책을 읽어주신 독자 여러분에게 우선 심심한 감사를 드리고 싶다. 특히 저희 저자들이 의도한 내용이 충분히 전달되었는지 두려움이 앞설 따름이다. 제3판에서는 주로 이론보다는 사례를 첨가하여 저자들의 의도를 쉽게 전달하도록 하였다.

이 책이 세상에 나온 지(여러 번 수정을 거치면서) 9년째 접어들고 있다. 최근 몇 년 동안 너무나 많은 일들이 발생했다. 최근에만 해도 세월호 참사, 윤일병 폭행사건, 열차탈선, 적폐 등 다양한 사고들이 있어났다. 왜 지속적으로 일어나는 것일까? 한마디로 리더들이 리더십이 없었기 때문이다. 한순간이라도 리더십을 이해하고 이를 따랐다면 모두 행복해질 수도 있었다는 안타까운 심정이다. 다시 말하면 리더십이 없는 리더들이 자리만 차지하고 있기 때문이다. 그래서 리더십의 부재의 시대에 살고 있다고 생각하니 앞날이 걱정된다.

리더십 과정은 복잡하다고 한다. 그럴까? 리더십은 종합학문이기에 그러한 말이 나올 수밖에 없다. 고려할 상황은 많고 다양하지만 리더십의 의미를 이해한다면 그리 복잡하다고 겁낼 정도는 아니다. 저자가 리더십 특강을 나갈 때 우선 하는 이야기가 있다. "나는 여러분을 부자로 만들어 드리겠습니다. 혹은 우리나라를 부강하게 만들 수도 있습니다"라는 말부터 시작한다. 리더십의 의미를 이해한다면 가능하기 때문이다.

왜 리더십이 21세기에 특히 부각되는지, 왜 리더십이 필요한지, 리더십이 얻어지면 어떠한 이익이 따라오는지, 왜 리더십은 세계 모든 나라에서 연구의 주제가 되고 있는지, 이러한 질문들에 대답하기 위해 끊임없는 변화의 도전을 받고 있는 우리의 리더들은 국제화와 빠른 변화를 이해하고 이에 대비할 수 있도록 리더십을 교육하고, 리더십 산업에 관심을 불러일으키는 것이 급선무이다. 리더십은 만들어지는 것이니 우리 모두 희망을 가지고 전 국민이 리더가 될 수 있도록 자질을 준비하고 훈련하면 훌륭한 리더십을 갖춘 리더가 될 수 있다고 믿으면서 개정판을 출간한다.

1970년대부터 미국은 미래의 비전을 위해 리더십 씨앗을 뿌렸고 지금은 리더십의 열매를 따고 있다고 한다. 우리에게는 생소하게 들릴지 모르지만 높은 곳에 있기 때문에 미리 보고, 멀리 보면서 가야 할 비전을 제시하는 리더의 자세는 우리에게 매서운 교훈이 될 것이다.

본 개정판을 내면서 여러분의 아낌없는 협조와 성원이 있었다. 특히 박영사의 안종만 회장님, 임재무 이사님, 편집부 김선민 부장님, 전채린 대리의 수고에 대해 감사의 말씀을 전한다.

2014. 8.

저자일동

제 3 판 보정판을 내면서

우리는 리더십이 중요하다는 이야기를 수 없이 듣는다. 그만큼 많은 사람들이 리더십을 갈망한다. 보통은 거듭 판을 내면 책다운 책이 만들어져 어느 정도 안심을 하였는데, 이번 보정판을 내면서는 오히려 학문의 깊이를 다시금 돌아보게 되었다. 이러한 과정을 통해 저자는 인생을 살아가면서 끊임없는 열정이 무엇보다 중요하다는 것을 다시 깨우치게 되었다. 끝으로 이 책을 출간하는 데 아낌없는 지원을 해 주신 박영사의 안종만 회장님과 임재무 이사님께 감사드리며 특히 박송이 님의 노고에 이 자리를 빌려 깊이 감사를 드린다.

2017. 1

저자 씀

머 리 말

이 책은 불안정하고 불확실한 21세기를 준비하는 학생, 공무원, 그리고 일반인을 위하여 미력이나마 길잡이가 되었으면 하는 간절한 마음에서 쓰기 시작했다. 그러나 이 책의 마지막 장을 마치면서 저자의 천학 비재한 지식 탓으로 이러한 목적을 제대로 충족하지 못한 송구스러운 마음뿐이라고 표현하는 것이 솔직한 심정이다. 이러한 저자의 의도가 이 책을 읽는 이들에게 전적으로 공감되리라고 생각하지는 않는다.

하지만 우리 사회가 가장 갈망하는 것 중의 하나는 엄청난 도전과 변화의 속도에 맞서 이를 슬기롭게 헤쳐 나갈 진정한 리더십을 가진 리더 그리고 유능하고 창조적인 리더십을 위한 리더십 산업에 관심을 불러일으키려는 저자의 신념을 감히 이해하여 주길 바라는 마음 그지없다.

21세기의 변화는 우리를 새로운 세계로 데려가고 있다. 낡은 사고나 낡은 리더가 더 이상 통하지 않는 그러한 세계로 데려가고 있다. 우리의 기술, 시장, 인력개발, 세계적인 배포망 정보관리 등 우리가 운영하는 전략적 환경 등 모든 면에서 중요한 변화들을 직면하고 있다. 낡은 리더와 낡은 운영방식은 오늘날의 새로운 세상에서 더 이상 먹혀들지 않을 것이다. 경쟁은 예상하기 어렵고 더욱 치열하다. 바야흐로 정보화 시대로 이동하면서 미래 세계는 한 순간이라도 놓치지 않는 지속적인 개혁을 다루는 능력을 가진 리더가 필요할 것이다. 오늘엔 유능한 조직이지만 지속적인 개혁을 추진하지 않는다면 내일에는 무용지물이 될 것이기에 리더에게 과중한 임무가 부여되고 있는 시대이다. 이와 같이 리더는 지속적으로 변화에 적응하면서 가치혁신을 창출하는 사람이어야 한다. 대학도 이러한 변화를 읽고 유동성이 있는 교육을 해야 한다.

1970년대부터 미국은 미래의 전망인 비전을 위하여 리더십 씨앗을 뿌렸고 지금은 리더십의 열매를 따고 있다고 한다. 우리에겐 생소하게 들릴지 모르지만 잊어서는 안 되는 매서운 교훈이다. 그 당시 미국의 학자들이 미국기업들이 세계를 지배할 것이라고 예측하고 비전을 세우고 실천하는 방안을 발전시켜 나갔던 것은 놀랍다. 오래 전부터 예상된 변화를 준비하고 기다린 결과 21세기로 접어들면서 미국이 경제, 군사 및 다양한 분야에서 최강을 자랑하고 있는 것은 결코 우연이 아니다. 이 모든 것이 리더십 산업의 덕이라고 미국인들은 주장한다. 다윈의 지적처럼 변화에 가장 잘 적응하는 종만이 살아남는 시대다. 우리도 무한 경쟁사회에서 살아남고 경쟁의 우위를 차지하기 위하여 리더십 산업의 씨앗을 뿌려야 한다.

경제학자인 Lawrence Summers는 2001년 10월 하버드 대학 총장 취임연설에서 이렇게 말하였다. "새로운 세기에는 미래의 리더를 교육하고 새로운 사상을 개발하는 것보다 더 중요한 일은 없다." 리더는 높은 곳에 있기 때문에 멀리 보고, 멀리 보면서 가야 할 비전을 만들고 사람들을 이끌어야 한다. 오늘날 멀리 보는 리더십 훈련이 주요한 관심의 대상이 되고 있는 것이 21세기가 우리에게 준 과제이다.

21세기 행정학의 관심이 넓게는 두 영역으로 나누어지고 있다. 하나는 행정학의 전통적 분야인 관리과학이고, 다른 하나는 미래 비전을 세우고 이를 실천하는 전략적 프로그램 영역이 연구의 대상이다. 현존하고 있는 변수들간의 조화를 가져오는 학문 차원에서 벗어나 새로운 것을 창조하는 창조적 리더십의 연구로 방향을 전환하고 있는 것이 행정학의 변화다. 학문도 21세기 변화와 같이 가는 것 같다.

저자는 리더는 아무나 되는 게 아니며, 또 아무나 되어서도 안 되는 것이라고 이 책에서 주장한다. 나이가 많아서 리더가 되는 것도 아니며, 자기의 순서가 되었다고 해서 리더의 자리에 앉는 것 혹은 앉히는 것도 아니다. 로비에 의하여 리더가 되는 시대는 이미 지났다. 우리는 리더를 잘못 선택하여 파멸하는 국가 및 조직을 수없이 보아왔다. 리더는 그가 속한 조직의 운명을 결정한다. 군대의 격언에 "불량한 지휘관은 있어도 불량한 군대는 없다"는 말이 있는 것처럼 한 사람의 리더에 의해 그 조직의 성패가 갈린다. 우수한 인재를 선발하고 유지하며, 그리고 그들의 헌신을 이끌어 낼 수 있어야 한다. 리더는 비전을 세워야 한다. 현실적인 비전을 만든다는 것은 그리 만만치 않은 일이다. 수없이 실수를 범할 수도 있다. 그러나 계속 고치면 된다. 특히 신속하게 변화하는 미래 우리 사회의 침체된 분위기를 쇄신하고 갖가지 어려움을 이겨 낼 수 있도록 지금이라도 우리는 리더십 교육에 많은 관심을 가져야 할 때라고 말하고 싶다.

이 책의 제목은 저자가 여러 가지를 생각하던 가운데 우연하게 결정되었다. 우리 사회의 리더십 부재에 대하여 몇몇 교수들과 논쟁하는 가운데 예민한 관찰력과 빠른 판단능력을 가지고 있다고 잘 알려진 한양대학교 체육대학의 오상덕 학장이 작명하여 주었다. 그는 리더와 리더십은 다른 것이라고 역설하면서 결론적으로 우리 사회는 리더십을 가진 리더를 갈망하고 있다는 현실에 참석자들은 모두 동의를 하였다. 그 자리에서 본 저서의 제목이 「리더와 리더십」으로 선택되었다. 오상덕 학장에게 감사의 뜻을 전하고 싶다.

이 책이 나오기까지 여러 분의 은혜와 도움을 받았다. 우선 우리 대학교의 대학원 학생인 김완숙, 전기경, 최송이 학생들이 바쁜데도 불구하고 교정을 보아 주어 도움이 컸고, 역시 대학원 학생인 최주현, 정우홍, 이순응이 참여하여 교정의 도움을 주어 고맙게 생각한다. 특히 저자의 조교인 최송이 학생이 색인 작업을 하였고, 전 조교인 김관민 군이 산뜻하게 그려 준 그림과 도표들은 이 책을 더욱 품위 있게 만들어 주어 깊은 사의를 표하는 바이다. 그러나 우리 학생들은 매 장들마다 부분적으로 교정을 보았기 때문에 전반적인 오 · 탈자, 매끄럽지 못한 문맥, 그리고 주가 빠진 부분에 대한 전반적인 책임은 저자가 져야 하며, 계속 수정 · 보완하여 독자의 기대를 충족하기 위하여 노력할 것을 약속드린다.

이번에도 이 책을 출판하는 데 도움을 주신 분들에게 감사를 드리지 않을 수 없다.

이 책을 출간하도록 아낌없이 지원하여 주신 박영사의 안종만 회장님, 항상 변함없이 형제와 같은 격려를 해 주시는 황인욱 전무님에게 진심으로 감사를 드린다. 그리고 편집은 물론 일천한 문장들을 다듬고 꼼꼼하고 노련하게 교정을 보아주신 편집부의 노현 부장님에게 깊은 감사를 드린다. 언제 보아도 따뜻한 박영사 기획부의 송창섭 선생님과 아울러 편집부의 송일근 주간님의 격려에 각별한 감사를 드린다.

이 책을 끝내고 나니 너무 부족한 점이 많다는 생각을 지워 버릴 수 없으며 계속 연구하고 수정 · 보완하여 보답할 것을 약속드린다.

2006년 8월
행당동 연구실에서
저 자 씀

차 례

제1장 리더십과 관리자 및 효과적인 리더십

제 2 장 리더는 무엇이 다른가?

제 3 장 권력과 리더십 및 리더십의 진화

제 4 장 리더십의 자질과 행태적 접근 및 리더의 행태변화

제 5 장 리더십의 상황조건적합 이론

제6장 변혁적 리더십·거래적 리더십·신뢰받는 리더십

제 8 장 리더십과 문화 및 다양성

제 9 장 여성과 리더십

제 10 장 도덕적·윤리적 리더십과 리더십의 용기

제 13 장 미래의 리더십

제 1 장

리더십과 관리자 및 효과적인 리더십

제1절 리더와 리더십

1. 리더와 리더십 관계

1) 리더십을 가진 리더

우리 모두는 리더가 되기를 원한다. 국가의 영도자가 되거나 커다란 기업 경영의 리더가 되기를 원한다. 사전에 의하면 앵글로 색슨어에서 lead, leader, leadership의 어근은 lead이다. 여기에서 lead는 통로나 길이라는 뜻이다. 그것은 여행하다 또는 길을 가다의 동사 leaden에서 유래했다. 앵글로 색슨인들은 통로나 길을 만들어 가는 여정이라는 의미로 확대 해석하였다. 뱃사람들 사이에서는 배의 경로를 의미하기도 했다. 리더는 길을 알려 주는 사람이었다. 육지에서의 리더는 맨 앞에서 걸으며 사람들을 이끌었고 바다에서의 리더는 항해사이자 길잡이였다.1)

리더란 사람이 따르는 사람이요, 리더십이란 사람을 따르게 하는 기술이다. 하지만 리더십은 사회과학 분야에서 가장 많이 연구되었으면서도 가장 이해하기 어려운 주제이다. 실제로 리더십은 고대 이래 역사가들과 철학가들에게 가장 주요한 흥미 있는 관심의 대상이 되었다. 그러나 이 주제에 권위 있는 사람이 리더

1) John Adair, 2002, *Inspiring Leadership: Learning from Great Leader,* 이윤성 옮김, 2006, 위대한 리더들—잠든 시대를 깨우다—, John Adair and Talbot Adair Press, p. 71.

십이란 지구상에서 가장 많이 관찰되고 그리고 가장 적게 이해되고 있는 현상 중의 하나라고 지적한다.[1)]

리더는 태어나는 것인가, 아니면 상황이나 환경 또는 개인의 노력에 의해서 만들어지는 것인가? 이러한 논제에 명쾌한 결론을 내리지는 못하고 있다. 이 문제가 리더십 정의를 난해하게 만들고 더욱이 흥미 있는 주제이기에 본 저서를 통하여 계속 논의될 것이다.

사람들은 이에 대해 자신의 주장대로 각자 다르게 대답한다. 따라서 하나의 주장만이 옳다고 단정할 수는 없다. 엘리자베스여왕, 찰스 황태자, 한국의 재벌 2세들은 거의 적당한 나이가 되면 자연적으로 리더의 역할을 담당하는 예가 많다. 하지만 이와는 달리 부유한 환경에서 태어나지는 못하였지만 상당한 노력과 시간을 투자하고 나서야 리더가 되는 사람들도 있다.

리더의 자리에 오르는 방법은 이처럼 두 가지의 경우를 통하여 가능하지만, 현대인들이 선망하는 리더의 전형적인 모델은 스스로 노력해서 리더의 자리에 오른 사람들이다. 이러한 과정을 겪으면서 리더가 된 사람들이 더 많다. 따라서 누구든지 리더가 되기를 열망할 수 있으며, 또한 누구나 리더가 될 수 있고 리더가 될 수 있는 잠재력을 가지고 있다.

공식적으로 권위를 가진 사람이 리더는 될 수는 있어도 리더십을 갖기는 어렵다. 형식적으로 자리만 차지하고 있는 리더가 다 리더십을 가진 것도 아니고 진정한 리더는 더욱 아니다. 제대로 된 리더십을 발휘하는 리더가 참된 리더라는 의미이다. 우리 주변에는 리더십이 없는 사람이 자리만 차지하고 있는 경우를 많이 보고 있으며, 더욱이 리더십이 무엇이며 왜 필요한지도 모르는 사람들이 리더의 자리에 앉아 있는 경우도 허다하다. 우리는 리더십이 그 사람이 차지하고 있는 직위와 연관이 있다고 자주 혼동한다.[2)] 리더십은 조직의 최고위직에 있는 사람에게만 존재한다고 믿을 때 오류가 발생한다. 이것은 명백히 잘못된 이야기이다.[3)] 실제로 국가나 조직이 커질수록 더 많은 리더십이 필요하다. 많은 종업원을 두고 있는 대기업도 수행할 수천의 리더십 역할들이 필요하다. 이것은 모든 계

---

1) Warren Bennis and Burt Nanus, 1985, *Leader: The Strategies for Taking Charge,* New York: Harper & Row, 4; James MacGregor Burns, 1978, *Leadership,* New York: Harper & Row, p. 2.
2) Robert Quinn, 2004, *Leading Change*, John Wiley & Sons, Inc., 최원정 · 홍병문 옮김, 2005, 리딩체인지, 늘봄 발행: 한국저작권센터, p. 28.
3) Warren Bennis and Burt Nanus, 2003, *Leaders*, HarperCollins Publishers, Inc., 김원석 옮김, 2005, 리더와 리더십, (주)황금부엉이, p. 259.

층, 모든 단위 조직에 리더십이 필요하다는 뜻이다.

리더는 아무나 되는 게 아니며, 또 아무나 되어서도 안 되는 것이다. 나이가 다른 사람보다 많아서 리더가 되는 것도 아니며, 자기의 순서가 되었다고 하여서 리더의 자리에 앉는 것 혹은 앉히는 것도 아니다. 우리는 리더를 잘못 선택하여 파멸하는 국가 및 조직을 수없이 보아왔다. 그리고 리더는 그가 속한 조직의 운명을 결정한다. 애플이 망해가다가 스티브 잡스가 다시 리더가 되자마자 세계 최고의 창조적인 조직으로 도약을 하게 되었다. 디지털 시대에 살아가는 우리가 그를 통해 배워야 할 것은 미래를 예측하는 시각, 그는 뛰어난 선경지명을 가졌다. 지금은 우리는 아무생각 없이 미니홈피의 배경음악을 돈을 주고 구입한다. 이러한 구매방식의 선구자가 스티브 잡스이다. 두 번째, 꺾이지 않는 자신만의 고집. 애플로 복귀 하였을 때 잡스는 “소프트웨어 사업을 갈아엎자”며 애플 스스로 멋진 어플리케이션을 개발하겠다라고 선언한 적이 있다. 이것은 개방성과 호환에 있어서는 언론 및 전문가에게 저주에 가까운 비판을 받았으나, 잡스의 꺾이지 않는 고집으로 표준과 협력업체 부문을 신경 쓰지 않는 개발 방식을 채택하면서 소프트웨어 개발 시 최상의 통합과 완벽함을 축구할 수 있었다. 세 번째, 자신의 일을 사랑하라. 스티브 잡스는 “위대한 결과를 만들기 위해서는 자신이 하는 일을 정말 사랑해야 한다”고 그는 말하고 있는 것이다.

GE의 최연소 CEO로 발탁된 잭웰치는 CEO로서 1981년부터 2001년까지 20년 동안 GE의 변화와 혁신을 이끌고, 최고의 인재를 양성하며 GE를 세계 최정상의 기업으로 키웠다. 전 세계 CEO들이 가장 닮고 싶어 하는 기업가라는 수식어가 붙어 있는 잭웰치는 GE의 조직변화를 위해 높은 비전으로 조직구성원과 소통하고 열정을 통해 구성원과 함께 비전을 만들어가는 이시대의 경영의 신, 진정한 변혁적 리더이다.

망해가던 GE에 잭웰치가 나타나 GE는 세계 최고의 기업으로 도약했다. 어린 시절 그를 단련시킨 것은 어머니로, 잭웰치는 어머니에 대한 영향을 많이 받았다. 잭 웰치는 그의 저서 「승자의 조건(2007)」에서 “어머니가 물려준 가장 큰 선물은 자신감이다”라고 언급했다. 잭웰치는 말을 더듬는 습관을 가지고 있어 가끔씩 말을 더듬어 낭패를 당하거나 우스운 사건이 발생하곤 했다. 이때 잭웰치의 어머니는 말을 더듬는 이유에 대해 정확히 설명해 주었다. “그건 네가 너무나 똑똑하기 때문이란다. 어느 누구의 혀도 네 똑똑한 머리를 따라 갈 수는 없을 거야”라고 말했다. 이에 잭웰치는 자신감을 갖고 말을 더듬는 것에 창피한 것이 아니라고 생각했고 생각을 혀가 제대로 따라올 수 있도록 스스로 부단히 노력했다. 잭웰치는 회장으로 취임하자마자 조직 · 인력 · 시장 · 제품 · 재무 · 손익 · 사업 등 그룹 전 방위에 걸칠 restructuring을 추진하는 동시에 조직과 사업구조 재편을 위해 연구개발과 인수합병도 게을리 하지 않았다. 그는 언제나 10년 뒤 미래의 경쟁력을 내다본 후 전 방위에 걸친 리스트럭처링(restructuring)을 추진했고, 400여 개의 사업 부문과 생산라인을 처분 혹은 폐쇄했으며, 전체 직원의 4분의 1인 11만 2,000여 명을 해고했다. 즉 21세기를 앞둔 GE의 전략이 새롭게 변할 것임을 시사한 것이었다. 실제 그 후 잭웰치는 전 사업 부문에 대해 이비지니스(e-Business)를 강화시켰다.

연전연패하던 조선의 수군에 이순신이 리더가 되자마자 연전연승했다는 사실을 우리는 알고 있다. 조국의 수호를 자임하고 순간의 허점도 스스로 용납지 않았던 긴장 속에서 대장의 권위보다는 병졸의 자세로 언제나 함대의 선두에 나서서 싸운 용감한 군인다운 충무공 그는 백전백승의 상승장군의 신화를 남겼다.

군대의 격언에 "불량한 지휘관은 있어도 불량한 군대는 없다"는 말이 있는 것처럼 한 사람의 리더에 의해 그 조직의 성패가 나타난다는 것은 진리이다. 무한 경쟁사회에서 조직의 리더에겐 만능 탤런트와 같은 다양한 능력이 요구된다. 우수한 인재를 선발하고 유지하며, 그리고 그들의 헌신을 이끌어 낼 수 있어야 한다. 리더는 비전을 세워야 한다. 현실적인 비전을 만든다는 것은 그리 만만치 않은 일이다. 리더는 변화와 혁신을 추구해야 한다. 또한 리더십을 유지하기 위하여 올바른 방법으로 성과를 창출해야 한다. 폴 케네디는 "21세기 기업가는 성직자에 준하는 고도의 도덕성을 지녀야 한다"고 말했다. 우리나라도 고위직 임명을 위한 청문회도 도덕과 윤리의 기준은 높아만 가고 있다. 역시 기업에도 지켜야 할 정도가 있다는 말이다. 이와 같이 리더는 아무나 되는 것도 아니고 아무나 임명해서도 안 된다. 리더가 리더십을 갖는 길은 험난하며 더욱이 성과를 창출해 낼 수 있어야 한다.

당연히 리더가 리더십을 갖기를 원한다. 그러나 리더와 리더십은 별개의 문제다. 리더들이 리더십을 갖지 못하는 리더들도 무수히 많다. "대통령은 리더십이 없어," "우리의 장관은 리더십이 없어," "우리 대학의 총장은 리더십이 없어" 라는 말을 자주 듣는다. 어떠한 문제라도 발생하면 리더가 책임을 져야지 하거나 혹은 해결의 실마리가 보이지 않으면 리더십이 있어야 한다고 불평한다.

조직이 진정으로 발전을 원한다면 리더십을 보유한 리더를 선택하는 것이 무엇보다 중요하다. 왜냐하면 조직의 흥망성쇠는 어떤 리더를 임명하느냐에 달려 있기 때문이다. 다른 말로 리더가 아니라 해도 리더십을 발휘할 수 있는 사람이 필요하다. 공식적인 직함을 가지고 있는 사람이 리더십을 발휘하던 시대에서, 누구나 '지식'을 기반으로 리더십을 발휘하는 시대로 변하고 있다. "지식은 힘이다"란 말이 리더십에도 그대로 적용된다. John Gadner는 훌륭한 리더가 갖추어야 할 통치술을 다음과 같이 지적하였다.[1)]

- 목표를 비전화(envisioning goals)
- 가치의 확인(affirming values)
- 동기부여(motivation)
- 목표달성 및 관리(achieving goals and management)
- 단결의 실현(workable unity)
- 설명(explaining)
- 상징성 활용(serving as a symbol)
- 집단의 대표(representing the group)
- 개혁(renewing)

오늘날 리더는 보스로 보다는 부하들이 가야 할 길을 가르쳐 줄 수 있는 사람으로 정의되고 있다. 이 말은 리더가 되기 위하여 굳이 권위를 갖지 않아도 리더가 될 수 있다는 의미이다. 어떤 자리에 있든 사람들을 리드하는 방법은 많다. 학력이나 인맥은 결코 중요하지 않다. 리더의 역할을 원하는가의 여부, 그리고 역할을 맡으면 어떻게 수행할 것인지가 중요하다.

성공적인 리더들은 밀기보다는 끌어당김으로, 지시보다는 영감으로, 비록 도전적이지만 달성가능하다는 기대를 만들어 줌으로, 구성원들을 통제하기보다는 보상함으로, 구성원들의 경험과 행동을 부정하거나 제한하기보다는 종업원 스스로 자신의 주도권과 경험을 이용할 수 있도록 함으로써 리더십을 발휘한다. 이와 같이 리더십은 부하들에게 임파워먼트(권한 위임 혹은 부여)하기 때문에 리더 자신의 권력 행사는 자제하고 많지도 않다. 그렇게 함으로써 리더는 에너지를 매력적인 목표 하에 정렬시킴으로써 의도하는 것을 현실로 변환시킨다. 이러한 일을 할

---

1) John Gardner, 1990, *On Leadership*, New York: Free Press, pp. 11-22.

수 있는 사람이 성공적인 리더이며 리더십을 가진 사람이다.

위대한 리더들 가운데에서도 특별한 지도자가 될 수 있는 확실한 공식이 있다면 그것은 첫째, 위대한 인간, 둘째, 위대한 국가, 셋째, 위대한 계기라 할 것이다.[1] 이 삼박자가 잘 맞아야 후세 위대한 리더로 평가를 받는다고 Nixon은 현실적인 주장을 한다. 아마 이러한 결론을 갖기까지 Nixon은 특히 부통령 시절 세계의 위대한 많은 리더들을 만나본 후에 내린 결론이기에 의미가 새롭다. 그에 의하면 인류의 역사는 끊임없이 전쟁으로 이어졌고 전쟁 그 자체가 갖고 있는 장대한 극적 요소 때문에, 그리고 이러한 극한 상황에서 도전을 받았을 때, 이 위기를 극복하는 리더의 능력을 평가하기 용이할 것이라고 한다. 그래서 평화 시보다 전시의 리더들을 보다 높이 평가하게 된다. 도전이 없었다면 과거 많은 리더들의 용기를 증명할 길이 없었기 때문일 것이다. 평화 시의 도전도 위대한 것이지만 그들의 성공은 그렇게 극적인 것이 될 수 없고, 사람들을 놀라게 할 수 없는 것이다. 큰 나라보다 조그만 나라의 위대한 인물이 위기를 당하여 그의 위대성을 유감없이 발휘하더라도, 역시 그 위대성을 인정받기란 지극히 어려운 일이다. 또한 큰 나라의 큰 인물일지라도 최고 지도자가 아닌 사람들은 위대한 인물들에 가려 빛을 못 보게 마련이다. 예컨대 저우언라이는 그 위대한 인품과 냉철한 이성적인 판단 능력에도 불구하고 조심스럽게 모든 영광을 마오쩌둥에게 돌렸던 것이다.

역사를 통하여 볼 때 흔히 위대한 리더십을 가진 많은 인물들이 훌륭하고 존경받을 만한 인물들이 아니었다는 사실이다. 러시아의 Peter the Great(피터 대제)는 잔혹하기 짝이 없는 폭군이었다. 시저나 알렉산더나 나폴레옹 역시 위대한 정치가로서가 아닌 정복자로서 우리는 그들을 기억한다. 그러면서 우리는 그들의 리더십을 연구한다. 그 당시 그들이 존재하였던 상황에서 비전을 세우고 이를 달성하기 위하여 수없는 추종자들을 이끌면서 역사의 획을 긋는 그러한 그들의 리더십을 우리는 우리의 미래를 위하여 연구한다.

역사상으로 위대한 리더들을 말할 때 높은 도덕률과 위대한 경륜을 가진 리더들에 대해서는 그리 큰 칭송이 없는 법이다. 오히려 무소불위(無所不爲)의 권력을 마음껏 휘둘러 국가와 세계 그리고 역사의 진로를 바꾼 이들의 리더십에 대하여 더 많이 거론하고 있다. 여기에 문제는 어떠한 종류의 리더들이 더 많은 리

---

1) Richard Nixon, 1982, *Leaders*, Published by the Nixon Estate Legal Firm, Griffin, Coogan & Veneruso, P. C., New York, 박정기(옮김) 20세기를 움직인 지도자들, 을지서적 출판, 1997, p. 19.

더십을 가지고 역사적으로 더 많이 거론되는가에 대하여 의문을 갖게 한다. 예를 들어 처칠이나 스탈린은 각각 다른 점에서 위대한 지도자였다. 처칠이 없었다면 서부유럽은 영원한 노예로 전락하였을지도 모른다. 반대로 스탈린이 없었다면 동부유럽은 영원한 자유를 향유할 수도 있었을 것이다. 예컨대 언론매체의 리더 가운데 「타임」지의 창간자인 루스(Henri R. Luce) 같은 사람은 어느 나라의 리더들보다 더 큰 영향력을 세계에 끼쳤다. 그러나 그는 국가를 직접 통치한 사람은 아니며, 권력을 행사하면서 상응하는 책임을 가졌던 리더는 아니기에 많은 사람들 가운데 이야깃거리가 되지 못하는 것 같다. 참으로 이 점은 이해하기 어려운 상황이다. 이래서 리더십에 대한 정의가 만만치 않다.

리더십은 설득력, 협상, 강압, 또는 타협에서 나온다고 말하지만 이는 틀린 생각이다. 이러한 리더십은 오늘날 더더욱 통하지 않는다. 그러한 전략은 단기적으로 목적을 달성할 수 있을지 모르지만 오래 지속되는 리더십을 만들어 내지는 못한다. 리더십이 없는 무능한 리더는 어디에나 있다. 때로는 너무 무능한 나머지 그러한 사람이 어떻게 리더가 되었는지 의심할 정도다. 그러나 리더가 될 수 있다. 리더는 여러 이유로 무능할 수 있다. 리더가 되려면 아는 것만으로는 부족하다. 옳은 일이면 어떻게든 그것을 이룰 수 있어야 한다. 미래의 지도자가 올바른 결정을 할 수 있는 판단력이나 지성을 결여할 때 실패하는 것은 당연하다. 그에겐 비전이 없기 때문이다.

리더가 옳은 일임을 알면서도 이를 성공시키지 못할 때도 리더로서는 실격이다. 그것이 무능을 의미하기 때문이다. 따라서 위대한 리더란 옳은 일을 성취할 수 있는 비전과 능력을 갖추어야 한다. 그러므로 일을 성취시키기 위하여 관리자를 채용하기도 한다. 그러나 리더는 어디까지나 방향과 강한 동기를 제공하여야 한다.

대부분의 리더들은 경험이나 교육, 지혜가 부족하여 계략이나 술책, 또는 협상이나 위협으로 리더의 자리를 지키려 하나 이것은 진정한 리더십이 아니다. 좋은 리더가 되기 위하여 리더십의 본질을 이해하여야 한다. 따라서 리더십의 본질을 이해할 수 있다면 리더십을 가진 리더가 될 수 있다. 이러한 리더가 성공한 리더로서 자격을 갖추었다고 말할 수 있다. 리더십은 안정된 상태보다는 변화를 일으키려 할 때 빛을 발한다. 리더들은 창조적이며 재치가 넘치기 때문이다. 따라서 지성은 물론 체계적인 상식을 갖추고 있는 사람들이 리더십을 발휘할 수 있는 위치에까지 올라가는 경우가 많다. 이러한 리더십을 가지고 있는 리더들은 자신을 따르는 사람들에게 동기를 부여하고 자극하면서 미래의 비전을 제시한다.

2) 상호 호혜적인 리더십

리더십은 상호 호혜적이다. 리더십은 이리저리 얽혀 있는 거미줄 같은 다양한 끈으로 상징할 수 있다. 리더십을 거미줄이라고 표현한 것은 리더십은 전체적으로 연결되고 서로 영향을 주고받는다는 의미이다. 대부분의 조직에서 상관은 부하에 영향을 끼친다. 그러나 부하들도 상관에 영향을 미칠 수 있다. 이러한 관계에 포함된 사람들이 중요한 변화를 추구할 때, 리더십은 현상유지를 하는 것이 아니라 변화를 창조할 수 있다. 추구하는 변화는 리더들에 의하여 지시되는 것이 아니라 리더들과 부하들이 공유하는 목적을 반영한다. 더욱이 변화는 리더와 부하들이 원하는 결과를 의미하는데 더 나은 결과를 위하여 그들을 동기부여하여 원하는 미래 혹은 공유하는 목적을 추구하는 영향력이 리더십이라고 할 수 있다.

오늘날 팀 지향적인 현대 조직에서 각 팀의 구성원들이 돌아가면서 리더의 역할을 하는 것이 바람직하다고 한다. 마치 미래의 리더들은 날아가는 기러기떼 같아야 한다고 비유한다. V자의 형태를 하고 날아가는 기러기는 시시때때로 자리를 바꾸어 가면서 지도부를 구성한다. 맨 앞에 리드하는 기러기는 바람을 더 맞고 리드하느라고 힘이 들어 지치면 맨 뒷자리로 가서 부하의 역할을 한다. 두 번째 기러기 역시 맨 앞에서 리드하다 지치면 다시 다음 기러기가 다른 기러기들을 인도한다. 필요하면 리더가 됐다가 부하가 되기도 하고 정찰병도 되기도 하면서 무사히 목적지에 도착한다. 결국 기러기 한 마리 한 마리가 모두 리더였던 셈이다. 이러한 논리는 오늘날의 조직을 위하여 점점 더 적절하게 보인다.

가장 침체되어 있는 조직 가운데 하나가 변화에 순응하지 못하는 조직인 것 같다. 돌아가면서 혹은 순서에 따라 돌아가면서 보직을 맡을 경우 열정과 리더십이 있을 리 없고, 명예스럽게 생각하기보다는 단지 현상유지를 하면서 임기만 때우려 하는 경우들이 허다하게 보인다. 이러한 조직에서 발전과 개혁을 기대한다는 것은 어려운 일이다.

영향력이 있는 리더가 열정을 가지고 세계에서 일어나고 있는 변혁들과 보조를 맞추면서 비전을 제시하고 발전에 매진한다고 하더라도 성공하기 어려운 것이 현실이다. 그리하여 선심 쓰듯이 아무나 조직의 리더 자리에 앉히는 것이 아니다. 수많은 사람들의 운명을 결정하여 주기 때문에 그렇게 해서도 안 된다. 현대의 정주영, 삼성의 이건희, 자동차 왕 헨리 포드, 강철 왕 앤드류 카네기, GM의 알프레드 슬로언, IBM의 토마스 왓슨, 마이크로 소프트의 빌 게이츠, GE의 잭 웰치는 기업 성공의 절대적인 요소였다. 이렇듯 외부의 다른 어떤 요인보다도 기업의 발전을 이끈 중요한 원동력이 이 리더들이었다는 사실을 부인하는 사람은 없다.

변화는 우리를 새로운 세계로 데려가고 있다. 낡은 사고나 낡은 리더가 더 이상 통하지 않는 그러한 세계로 데려가고 있다. 우리는 기술, 시장, 인력개발, 세계적인 배포망 정보관리 등 우리가 운영하는 전략적 환경 및 모든 면에서 중요한 변화들에 직면하고 있다. 낡은 리더와 낡은 운영방식은 오늘날의 새로운 세상에서 더 이상 먹혀들지 않을 것이다. 어떻게 보면 임시적인 새로운 구조가 만들어져야 할 정도로 경쟁은 예상하기 어렵고 더욱 치열하다. 바야흐로 정보화 시대로 이동하면서 미래 세계는 개혁을 하였다가 시간이 좀 지난 후 다시 개혁하는 간헐적인 개혁이 아니라, 한 순간이라도 놓치지 않는 지속적인 개혁을 다루는 능력을 가진 리더가 필요할 것이다. 오늘엔 유능한 조직이지만 지속적인 개혁을 추진하지 않는다면 내일에는 무용지물이 될 것이기에 리더에게 과중한 임무가 부여되고 있는 시대이다. 이와 같이 리더는 지속적으로 변화에 적응하면서 가치혁신을 창출하는 사람이어야 한다. 대학도 이러한 변화를 선도하고 이끌어낼 수 있는 창의적인 교육을 해야 한다.

지금까지 논의하였듯이 리더십은 아주 미묘하고 복잡하다. 리더십은 우리 모두가 잘 알고 있듯이 부하들로부터 얻는 존경심이라고 주장한다면 물론 이해하지 못하는 것은 아니나 아주 포괄적인 표현이다. 다른 사람들이 나를 존경한다면 나는 그들에게 지속적인 영향력을 행사할 수 있다. 이것이 바로 리더십의 원칙이다.[1] 러시아의 정치가이자 대통령을 역임한 미하일 고르바초프(Mikhail Sergeevich Gorbache, 1931-)는 소련에서 많은 존경과 영향력을 가지고 있었다. 그러하였기 때문에 1990년부터 1991년까지 소비에트연방을 통치했던 고르바초프는 소련을 현대화하고 민주주의 방향으로 나아가게 하는 '글라스노스트'(개방정책)와 '페레스트로이카'(체제 전환)정책을 펼쳤다. 1990년, 고르바초프는 냉전종식과 세계평화를 이루는 데 노력한 점들을 높이 평가받아 노벨상을 수상했다. 만약 그가 영향력이 없었더라면 그러한 변화는 불가능하였을 것이다.

---

1) Blaine Lee, 1997, *The Power Principle*, Covey Leadership Center, Inc., 장성민 옮김(지도력의 원칙), pp. 18-19.

Maxwell은 그가 좋아하는 리더십 격언을 말하였다.[1] 그에 의하면 이끈(리드)다고 생각하나 따르는 사람이 없는 사람은 그저 보통 사람이다. 만약 당신이 다른 사람에게 영향력을 줄 수 없다면, 그 사람들은 당신을 따르지 않는다. 그리고 만약 그들이 당신을 따르지 않는다면 당신은 리더가 아니다. 누가 당신에게 무엇이라고 말하든지, 리더십은 영향력이며 그 이상도 아니고 그 이하도 아니라는 것을 항상 기억하라고 주장한다. 리더는 공식적으로 권위 있는 지위를 가질 수도 있다. 리더십은 지위의 문제가 아니라 영향력의 문제이다. 리더십은 진공상태에 있을 수 없다. 모든 리더와 부하들은 특정상황에 서로 영향력으로 얽혀 있게 마련이다.

3) 좋은 리더십과 나쁜 리더십

리더십을 가진 진정한 지도자란 어떠한 사람인가?

리더가 사람을 이끌려면 앞서야 하고, 앞서면 멀리 보아야 하고, 멀리 보면 가야하고 가면 도달해야 하고, 도달하면 모두가 행복하여야 한다. 그러면 사람들이 따르게 된다. 이렇게 하기 위하여 i) 사람을 사랑하여야 하고, ii) 몸과 마음을 단련하여 언제나 건강하고 자신감이 넘쳐야 한다, iii) 사람들을 가르치고, 조직하며, 위험하고 힘든 일에는 늘 앞장을 서고, 쉽고 덕 보는 일에는 뒷전에 서며, 언제나 솔선수범한다, iv) 항상 앞을 내다보며 방향과 목표를 정하고, 일을 두고 한 번 결정을 하면 망설이지 않고 줄기차게 밀고 간다, v) 항상 세상을 밝게 보며 용기와 희망을 고취하고, 어떤 경우에도 절망하지 않으며, vi) 모든 일에 책임을 진다, vii) 고요한 마음과 명상으로 영감을 키우고 영혼을 울려 사람을 따르게 한다, viii) 하늘을 두려워해야 한다,[2] ix) 그리고 마하트마 간디나 넬슨 만델라와 같이 원칙 중심적인 사람들이어야 한다.

이들 가운데 하늘의 뜻을 두려워한다는 말은 우리 동양의 오랜 배천사상(拜天思想) 때문이다.[3] 즉 백성의 요구가 하늘의 요구이고, 백성의 생각이 하늘의 생각이라고 믿는 것이다.

"군주가 배라면 백성은 물이다. 물은 능히 배를 띄울 수가 있지만 한편으로는 배를 전복시킬 수도 있다." 순자(荀子)의 왕제별에 나오는 말이다. 그야말로

---

1) John C. Maxwell, 2002, *Leadership One Hundred One*, Maxwell Motivation, Inc., p. 29.
2) 박정기, 1996, 어느 할아버지의 평범한 리더십 이야기, 을지서적, pp. 126-127(참조).
3) *Ibid.*

완벽한 민본사상(民本思想)이다. 따라서 백성을 다스리는 수장이 지배는 하지만 어디까지나 하늘이 할 일을 대신하는 사람이요, 그래서 그는 하늘의 생육을 돕기 위한 유덕하고 총명한 사람이어야 했던 것이다. 그러나 하늘의 뜻은 늘 백성에게 뿌리내리고 있는 것이어서, 천명을 대표하는 것이 백성이요, 민심이 곧 천명을 나타내는 것으로 믿은 것이다. 그래서 "민심은 천심"이란 말을 오늘날까지 사용하고 있다. 그러므로 민심이 떠난 천자는 하늘의 뜻이 떠난 사람으로, 한낱 범부(凡夫)에 불과하다고까지 맹자는 주장하기에 이른 것이다. 순자는 "배를 뒤집을 수도 있다고"까지 한 것이다. 이러한 민본주의는 유가(儒家)의 전통적인 사상이었고 그 중에서 맹자는 이의 가장 철저한 옹호자라 할 수 있다.

그런데 여기서 리더십은 하나의 중요한 기로에 있게 된다. 즉 고대 민본주의나 현재의 민주주의에 따라 민심이나 여론에 따르는 것이 옳은가, 아니면 민심이나 여론을 따르게 하는 것이 옳은가 하는 문제이다. 물론 우리는 '따르게 하는' 것이 옳다고 본다. 실로 리더십은 처음부터 따르게 하는 기술이라고 부르곤 한다.

지난 세기의 뛰어난 리더들이 있다. 카리스마와 혁명적인 사고가 넘쳐나던 마오쩌둥, 마틴 루터 킹, 레흐 바웬사, 마가렛 대처 등의 뛰어난 리더들을 떠올릴 것이다. 이들에게서 공통적인 특징을 발견할 수 있다. 그들은 하나 같이 자신감이 넘치고, 커뮤니케이션 기술이 뛰어나며, 자신을 지지하고 따르는 사람들을 많이 거느리고 있었다. 그뿐 아니라 자신의 장점을 최대한 발휘할 줄 알았으며, 자기 확신이 강해서 하고자 하는 일들을 추진하는 데 조금의 주저함이 없었고, 자신이 지지하는 대의(大義)를 명확히 알고 있었다. 나아가 미래에 대한 비전이 있었고 실수를 통해 값진 교훈을 얻었을 뿐 아니라 탁월한 리더십으로 대중을 아우르고 이끌었다. 하지만 누구나 이런 능력을 가지고 있는 것이 아니다.

행동형 리더 빌리 브란트 독일 총리의 한 번의 행동으로 다른 사람의 마음을 열게 한 사례는 좋은 예가 될 수 있다. 일명 '무릎 꿇기 사건'으로 1970년 독일 총리가 처음 폴란드를 방문했다. 독일과 폴란드의 관계는 우리나라와 일본의 관계와 비슷하다. 특히 폴란드 국민들이 아주 응어리진 마음을 가지고 있었다. 빌리 브란트 총리는 관계정상화를 위한 '바르샤바 조약' 체결을 위해 독일 총리로는 처음으로 방문하여 나치기념관 앞에서 무릎을 꿇고 눈물을 흘리는 장면을 보여 줬다. 이날은 특히 비가 부슬부슬 오고 있었다. 빌리 브란트 총리의 모습에 폴란드 국민들이 응어리진 마음을 풀 수 있었다고 한다. 때로는 리더의 말 한마디, 때로는 리더의 행동 하나가 많은 것을 바꾸게 한다.

사람들은 리더십을 낙관적으로 받아들이고, 좋은 리더십만 논하기를 좋아한다. 반면에 나쁜 리더십 또한 있다. 강한 리더십은 마치 핵에너지와 같아서, 대도시를 밝혀 주는 전력으로 사용할 수 있지만 때로는 도시를 파괴하는 폭탄으로 쓰이기도 하는 것이다. 대표적인 나쁜 리더십의 예로 히틀러는 죽는 날까지 많은 추종자와 일부 국민들의 지지를 받고 많은 영향력을 행사하였던 리더라고 부인할 사람은 없을 것이다. 알면서도 고의로 악한 리더를 따르기로 한 사람 역시 나쁘다. 리더가 악하더라도 따를 만한 충분한 이유는 있다. 때로는 따르지 않으면 가족과 지위, 심지어 생명이 위협 당한다. 물론 리더십은 진공 속에서 일어나지 않는다. 따르는 사람이 없이 리더십은 존재하지 않는다. 왜 그는 나쁜 리더십을 행사하였는가? 리더 또한 보통사람과 같이 나쁜 행동을 하기도 한다. 환경이 그를 나쁜 리더로 만들었을 수 있다. 나쁜 리더십을 만드는 이유를 알면 이를 최소화하거나 이 저서에서 주로 다룰 좋은 리더십을 더욱 발전시킬 수 있다.

어쨌든 그는 리더로서 용서할 수 없는 사람이었다. 왜냐하면 그는 우선 사람을 사랑할 줄 몰랐다. 예를 들어 25만 명에 달하는 독일군들이 소련의 스탈린그라드에 포위되었을 때 현지의 장군들의 판단에 의하면 병력·장비·무기·탄약 및 보급물자의 공수가 거의 불가능하여지고, 추운 겨울에, 기후는 계속 내려가는 가운데 병들고, 굶주리고, 얼어 죽는 군인들이 싸우다 죽는 군인들보다 더 많이 속출하여 지탱할 수 없게 되자 후퇴 허락을 히틀러에게 요청하였지만 끝까지 사수하라고 하여 그의 군대를 거의 전멸시키게 한 그는 분명히 부하를 사랑하는 리더는 아니었다. 현지의 장군들은 군대를 이곳에 사수하게 하는 것은 범죄행위라고도 주장하였지만 그는 듣지 않았다. 결국 1943년 독일군은 2월 2일에 최후의 생존한 독일군마저 항복하였다.[1] 리더로서 마땅히 져야 할 진정한 책임을 소홀히 한 것이다. 스스로 목숨을 끊는 게 쉬운 일은 아니다. 그러나 자기가 죽는다고 책임을 다하는 것인가? 세상을 다 망쳐 놓고 자기만 죽는다고 문제가 해결되는 것은 아니다. 그야말로 국가의 존망이 달린 일을 신중하게 살펴 국민들의 생명을 맡고 국가의 안위를 맡는 사람답게 처신할 때 책임을 다하는 것이다.

1) 박정기, 어느 할아버지의 평범한 리더십 이야기, pp. 166-181(참조).

4) 리더십의 필요성

Lawrence Summers는 2001년 10월 하버드 대학총장 취임연설에서 이렇게 말하였다:

"새로운 세기에는 미래의 지도자를 교육하고 새로운 사상을 개발하는 것 보다 더 중요한 일은 없다." Summers의 말은 새로운 세기에 왜 리더십을 연구해야 되는지 우리를 이해시키기 충분하다. 서울의 모 대학 총장의 취임연설에서도 Summers와 같이 리더십 연구의 중요성을 언급했다. 왜 21세기에 리더십에 대한 관심이 크게 대두되는 것일까? 이 뜻을 제대로 이해한다면 속된 말로 부자가 되거나 국가는 부강해질 수 있다. 이 저서는 이 뜻을 이해시키는 것이 목적이라고 말할 수 있다.

20세기 후반 리더십 산업은 미국 비즈니스 수요에 맞춰 발전했다. 리더십 산업을 위해 씨앗을 뿌렸다. 이유는 간단하다. 1970년대 중반까지 미국의 비즈니스는 어려웠기 때문이며 이를 극복하는 방안을 깊이 연구했다. 앞으로 올 세기에 세계 경제는 어떻게 어디로 흐를 것인가를 연구한 로자베스 캔터는 1983년 출판된 「변화의 주도자」라는 책에서 오래지 않아 미국의 기업들이 세계를 지배할 것이라고 설명했다. 캔터는 21세기 미국 기업들을 위한 비전을 제시하고 이를 실천하는 방안도 제안했다. 미국은 이미 리더십 씨앗을 뿌리고 지금은 열매를 따고 있다고 한다. 우리는 왜 리더십을 연구해야 되는지 그 이유를 알아야 한다. 리더십을 연구한다면 여러분을 부자로 만들 수도 있고 기업이나 국가를 부강하게 만들 수도 있다. 이것이 리더십을 연구하는 목적이다.

'리더십'은 오늘날 모든 사람의 입에 오르내리는 단어다. 모든 사람들은 리더십을 열망한다. 그러나 우리 사회에 리더십이 필요한 만큼 진정한 리더십을 가지고 있는 사람이 거의 없다는 사실에는 누구나 동의한다. 현재로서는 엄청난 도전과 변화의 속도에 맞서 이를 헤쳐 나갈 위대한 신념도, 그것을 활용할 위대한 인물도 보이지 않는 것 같다. 이처럼 리더십이 필요한 시기는 없었다. 리더십 연구의 대가인 Burns는 "우리 시대가 가장 갈망하는 것 중 하나는 유능하고 창조적인 리더십"이라고 말한다.[1)]

우리 사회는 불확실한 경제, 교육의 쇠퇴, 범죄와 빈곤이 심화되는 도시들,

1) Burns, Transforming Leadership, Chapter 9.

불안정한 국제관계, 남·북간의 갈등, 엄청난 사교육비, 학원폭력 등과 같은 문제로 가득 차 있다. 국제적으로는 곳곳에서 민족·부족 간의 전쟁으로 날마다 수천 명이 죽거나 부상당하고 있다. 세계 곳곳에서 발생하고 있는 기근과 기갈, 첨단 우주과학의 시대를 비웃듯 더욱 창궐하는 암 등 각종 질병도 우리를 당혹하게 하고 있다. 이러한 문제를 누가 해결하여 줄 것인가? 우리는 소위 '리더'를 쳐다보지 않을 수 없다.

국가의 공공정책 결정을 담당하고 있는 정치와 행정 리더들은 문제를 찾아내 해결에 나서야 한다. 또한 경제 주역인 기업의 CEO들은 기업환경의 변화를 예측하고, 새로운 비전과 목표를 제시해야 한다. 학부모들은 치솟는 사교육비를 감당하지 못해 더 나은 교육환경을 찾아 이민을 떠나고 있다. 대학까지 교육을 받고도 일자리를 찾지 못해 취업 재수, 삼수를 거듭하고 있는 나라, 그래도 책임져야 할 위치에 있는 리더들은 무감각하기만 하다. 우리가 직면하고 있는 문제는 해결되기보다는 악화되어 가고 있고 할 일이 무엇인지조차 인식하지 못하는 리더십 부재(absence of leadership) 시대에 살고 있다.[1)]

기본적인 민주주의와 자유 시장경제체제를 유지하고, 하루가 다르게 변화하는 과학기술과 사고의 혁명을 관리하여 국제 경쟁의 우위를 차지하기 위하여 리더십은 필요하다. 특히 한국의 상황은 리더십이 필요하다.[2)] 한국은 과거 권위주의가 끝나고 민주화 과정이 시작된 지도 10여 년이 지났다. 권위주의 시대에는 리더십이 필요 없었다. 권위는 위로부터 주어졌고 명령과 지시는 위로부터 내려왔다. 개인적 가치는 별로 중요하지 않았다. 상급자는 명령을 내리면 되고 하급자는 그냥 따르기만 하면 되었다. 그러나 이제는 일방적인 목표설정과 명령이 통하지 않는 시대가 되었다. 조직의 구성과 운영방식 또한 변했다. 권한이 밑으로 위임되고 조직이 팀 체제로 바뀌었다. 많은 시민단체 혹은 NGO들이 출현한 만큼 역할도 증대되었다. 공식적인 지위의 권력은 한계에 직면하였다. 실제로 민주주의의 실패는 리더십에 달려 있다고 해도 지나친 표현은 아니다.

또한 사람들은 질서와 안정을 위하여 리더에게 의존하려고 한다. 이러한 측면에서 리더십은 필요하다. 정치철학자들이 동의하는 것은 "자연 상태에서 사람은 선하지 않다"는 것이다. 실제로 집단 생활하는 가운데 모든 남자, 여자 그리

1) 서성교, 2003, 하버드 리더십 노트, 원앤원북스, pp. 28-31.
2) *Ibid.*, pp. 35-37.

고 아이들 중 일부는 악한 행동을 한다. 그렇기 때문에 어떻게 이들의 나쁜 행동을 억제할 수 있을까 하는 것은 중요한 관심사이다. 사람들은 어떻게 하면 집단 속에 속한 사람들이 질서를 지키도록 조직할 것인가를 생각하면서 지배구조가 출현하였다.

Kellerman은 왜 리더의 필요성에 대하여 다음과 같이 설명한다.[1] Thomas Hobbes(1588-1679)는 그의 대표적인 저서인 「Leviathan」에서 사람들은 자연 상태에서 욕심이 많고 공격적이라고 주장했다. 홉스는 엄격한 정치제도와 냉혹한 리더의 통치 없이는 혼돈과 전쟁에 이를 수밖에 없다고 주장하였다. Jean-Jacques Rousseau(1712-1778)가 보는 인간 본성에 대한 관점은 Hobbes와는 많이 다르다. 루소는 사람들이 탐욕적이고 공격적이라고 보지 않았다. 하지만 18세기 서양사상에 많은 영향을 준 「The Social Contract」(사회계약론)에서는 Hobbes와 유사한 주장을 펼치기도 했다. 사회가 개인적인 부분을 통치하는 집단 속에서 인간은 선한 삶을 살게 될 것이라고 결론을 내었다. 마키아벨리는 「*The Prince*」(군주론)를 통해 질서의 미덕에 대해 말했다. 통치자의 첫 번째 책임은 강요해야 할 것을 강요하는 것이었다. Hobbes와 마찬가지로 마키아벨리는 우리가 지위를 누리거나 지배받는 것을 선택할 수 있지만 전자를 선택할 경우 위험을 각오해야 한다고 주장했다. 사람들은 안전을 대가로 자유를 포기해야 한다. 마키아벨리는 지도자의 권력을 보장하는 데 관심이 있었기 때문에 부하들의 억제에 대한 책을 썼다. John Locke(1632-1704)는 일반 사람들의 권리를 보장하는 데 관심이 있었기 때문에 억제에 대한 책을 썼다. 즉 인간의 본성의 이면을 억제하기 위하여 강요가 필요하며 그것은 법으로 가능하다는 것이다.

미국의 설립자들은 대개 계몽적이고 실용적인 Locke의 사상을 따랐다. 물론 Locke는 인간의 본성에 대해 너그러운 관점은 가졌으나 역시 Locke도 정부와 법의 통치를 위해 강제의 필요성을 주장하였다. 미국의 설립자들 역시 견제와 균형의 중요성을 주장하였다. 이러한 정치학 저서들은 리더의 필요성을 잘 표현하고 있다. 리더와 그를 따르는 사람들은 무질서에 대한 불안과 죽음의 공포에 맞서 싸울 것을 약속한다. 누군가는 이 공동의 이익을 위하여 해야 한다. 완고한 무정부주의자가 아닌 이상 위대한 정치 철학자들 중에는 리더가 불필요하다는 세계관을 가진 사람은 없었다. 리더와 리더십은 필요한 것이다.

---

1) Barbara Kellerman, 2005, *Bad Leadership*, 한근태 역, 랜덤하우스 중앙, pp. 37-38.

리더는 나무만 보다가 전체 숲을 보지 못하는 우를 범하지 않는 것이 중요하다. 국가와 국민을 이끄는 리더는 최고의 그리고 영원한 국익을 보장해야 하고, 제도들의 안정을 기해야 하며, 외교정책을 수행함에 있어서 지속성을 유지해야 된다. 때문에 리더의 기능과 행동은 전체의 숲을 바라보며, 때로는 현실을 초월해야 한다. 국민들과 다른 입장을 택해야 할 때도 있다. 리더는 항상 높고 먼 곳을 바라보며, 지엽적인 나무만 본다면 당리당략적인 것에 얽매여서 국가가 쇠락의 길을 걷게 된다.

사실 저자는 이러한 리더를 보기 힘들고 그러므로 조직이 현실에 안주하다 멸망하는 예를 너무도 많이 보아 왔다. 10년은 고사하고 5년도 내다보지 못한다면 사람을 어디로 이끌어 갈 것인가? 프랑스는 제 1 차 대전의 전쟁을 생각하고 착실히 준비를 하였지만 마지노선은 독일에 의하여 뚫리는 것이 10일도 걸리지 않았다. 이것은 전쟁의 상황이 변화하는 미래를 전혀 보지 못하였기 때문에 불행한 결과를 가져온 예이다. 리더는 현실을 냉철하게 파악하고, 미래를 위한 준비를 하면서 변화에 동참할 줄 알아야 한다. 그래서 리더십이 필요하다.

2. 왜 리더십에 대한 미스터리가 존재하는가?

리더십과 관련된 미스터리를 풀기 위하여 다양한 리더로부터 방대한 자료를 수집하여 분석하고 그리고 많은 리더들을 관찰하는 방법이 바람직하다.

리더십의 미스터리를 설명하고자 Zenger와 Folkman은 리더십을 둘러싼 변수 가운데 16가지를 지적하였으며 아래 이들 가운데 몇 가지만 설명을 요약하였다.[1] 이 요소들은 대부분 시간, 조직, 상황에 따라 끊임없이 변화한다. 16개의 변수 이외에도 미지의 변수들은 너무나 많다. 그래서 리더십의 정의는 물론 실체를 이해하기 어려운 것이다. 그들이 제시한 가운데 변수들은 다음과 같다:

1) 리더가 담당하는 조직의 수준에 따라 리더십 행동과 실천에 차이가 난다.

CEO나 국방부 장관의 리더십과 맥도날드 햄버거 야간 당직 책임자의 리더십은 다를 수밖에 없다.

2) 리더십의 환경이 매우 다양하다. 체제가 잘 잡힌 조직의 리더십 역할과

---

1) John H. Zenger and Joseph Folkman, 2005, *The Extraordinary Leader*, McGraw-Hill Korea, Inc.(탁월한 리더는 어떻게 만들어지는가: 김준성 · 이승상 역), pp. 29-37.

이와는 달리 아직 구조나 형태가 잡히지 못해서 리더가 좌충우돌하면서 무에서 유를 창출해야 하는 신생조직 같은 곳에 적합한 유형의 리더십도 있을 수 있다. 이들의 리더십 내용은 다를 수밖에 없다.

3) 개인 차원에서 볼 때, 경력(career stages)별로 각기 다른 리더십이 요구된다. 입사 초기에서부터 시작하여 여러 단계를 거쳐 관리자가 되면서 그 직위가 요구하는 리더십은 상황에 따라 수시로 변화한다. 관리자들은 입사 초기와는 달리 다른 사람들의 일을 감독하거나 그들의 스킬과 전문성을 개발하기 위한 코칭을 포함하는 폭넓은 시야를 지니게 된다. 조직에 기여하는 4단계의 리더들이 있다. 사람들이 조직에서 어떤 식으로 기여하는지를 이해할 수 있게 하는 유용한 틀 중 하나로 4단계 모델이 있다. 이것은 원래 Gene과 Thompson이 개발한 것이다.[1)]

단계 1 — 다른 사람에게 의지한다.

단계 1의 사람들은 다른 사람의 지시를 받는 위치에 있다.

단계 2 — 독립적으로 기여한다.

두 번째는 독립적으로 기여하는 단계다. 이 단계에 있는 사람은 어느 특정한 프로젝트에 대해 책임감 있는 행동을 할 수 있다.

단계 3 — 다른 사람을 통해 기여한다.

단계 3에서 요구되는 행동은 다른 사람의 능력을 개발시켜 주고 고객과 외부 단체에 대해 조직을 대표하며, 탄탄한 내·외부적 네트워크를 구축하는 것이다.

단계 4 — 비전을 통해 선도한다.

단계 3을 통과해서 단계 4의 리더가 되는 사람의 수는 얼마 되지 않는다. 조사에 따르면 전체 노동 인구의 약 5% 정도만이 단계 4의 역할을 맡는 것으로 나온다. 이 말은 곧, 조직 내에서 일하는 사람들 95%가 단계 4로 옮겨가지 않고 자신의 직분에 만족하며 조직생활을 끝낸다는 것을 의미한다.

단계 4의 리더는 다음과 같은 일을 하는 사람들이다.

- 조직을 위해 원대한 비전을 만든다.
- 회사의 전략적 방향을 정한다.
- 중요한 결정에서 강력한 영향력을 행사한다.

1) Gene Dalton and Paul Thompson, 1966, *Novations: Strategies for Career Management*, Harper & Row, New York.

- 외부에 대해 조직을 대표한다.
- 정보를 수집하고 변화의 지평을 훑어보는 등 외부 세계에 대한 안테나와 같은 역할을 한다.
- 조직문화를 형성한다.
- 조직 내의 경쟁적인 집단들 사이에 자원을 적절하게 배분한다.
- 전략적 방향을 직원들의 개인적 목표로 전환한다.

각 단계에 있는 각각의 개인들에게 있어, 리더십은 다르게 나타난다. 각 단계의 리더십을 파악하고 리더의 리더십을 제고하는 것이 바람직할 것이다.

4) 리더십은 몇 가지 중요한 사건을 통해 발휘되기도 한다.

처칠은 리더십을 발휘할 수 있는 위치를 얻기 위해 애썼던 적이 있었다. 하지만 던커크 사건[1]이 발생한 후에야 그는 비로소 자신의 능력을 인정받았다. 그리고 제 2 차 대전 동안에 수상의 직무를 수행했지만 전쟁이 끝난 뒤에는 선거에

---

1) 제 2 차 세계대전에 던커크는 도버해협에서 영국을 바라보는 프랑스 항구로 오늘날에는 인구 7만이 거주하며 전자 및 조선과 각종 제조업이 발전한 도시입니다.

그런데 제 2 차 세계대전 당시인 1940년 5월 하순 영국군을 비롯한 연합군 30만 명이 바로 이곳 던커크에서 독일의 기계화 부대에 포위되어 전멸 위기에 처했습니다.

그 30만 명이 전멸하면 구라파는 독일의 손에 떨어지고 영국까지도 독일의 손에 떨어지게 되는 절체절명의 위기에 처했습니다. 이 소식을 들은 영국의 처칠 수상은 전 국민에게 기도해 줄 것을 요청하면서 자신도 웨스트민스터 교회의 성가대 앞에 엎드려 식음을 전폐하고 기도했습니다. 사람이 절망에 처하고 인간의 수단과 방법이 다 끝나면 하나님께 의지할 수밖에 없습니다. 그때처럼 전 영국 국민이 모두 다 교회에서 학교에서 직장에서 엎드려 기도하기는 처음이었습니다.

그 결과 갑자기 던커크만 일대에 큰 폭풍우가 다가와서 비바람이 치고 파도가 높았기 때문에 영국의 30만 군대가 포위된 그 하늘에 독일 비행기가 뜰 수가 없어서 폭격을 못했습니다.

그리고 던커크만에 진치고 있던 독일 잠수함이 다 철수를 해버렸습니다.

그리고 5월 24일 영국의 모든 작은 배들이 연합군 구조의 임무를 띠고 순식간에 던커크만으로 들어갔습니다. 때를 같이하여 독일의 기계화 부대인 구데리안 장군의 지휘 아래 던커크 마지막 방어선인 운하를 깨치고 쳐들어오고 있었습니다. 그런데 갑자기 히틀러가 구데리안 장군에게 즉시 철수하라는 명령을 내렸습니다. 이것은 역사가들에게 아직까지 수수께끼로 남아 있는 사건들 중에 하나입니다. 그러나 믿는 자들은 이것이 역사를 주관하시는 하나님의 도우심이라는 것을 압니다. 하나님께서는 영국 국민들의 기도를 들으시고 폭풍우를 보내셔서 독일의 비행기가 뜨지 못하게 하고 던커크만에 있는 모든 잠수함이 철수하게 하고 난 다음 기계화 부대가 진격해 들어오니 히틀러의 마음을 움직여서 공격을 준비하고 철수하라는 명령을 내리게 된 것입니다.

포위되었던 연합군은 6월 4일까지 11일간의 철수작전으로 영국군 19만 8천 명, 프랑스군 1만 4천 명, 벨기에군 등 33만 8천 명, 총 693척의 작은 배들에 의해서 구조되었습니다.

이처럼 작은 배들의 힘을 모아 성공시켰다는 점에서 영국의 던커크 철수작전은 역사상 명예의 작전으로 불립니다. 그때에 철수한 30만 명이 영국에서 재정비하였기 때문에 결국엔 독일멸망의 시초가 되고 말았던 것입니다.

서 패배하였다. 전시와 평화 시의 리더십은 다른 것을 의미한다.

5) 리더십과 관련된 활동들이 다 똑같은 것은 아니다.

예를 들면, 모든 리더가 변화를 리드하도록 요구받는 것은 아니다. 구성원들의 능력 개발 활동에 더 많은 시간을 할애하는 리더도 있고, 운영이나 생산 활동에 전념하는 리더도 있다.

6) 리더십을 평가하는 일반적 기준으로 사용되는 성공과 효과성을 혼동하고 있다.

성공은 돈과 간판, 또는 조직이 바라는 성과를 창출하는 것 등으로 측정되는 것이라고 볼 수 있다. 이에 반해 효과성은 특정 리더의 리더십을 경험해 본 부하들로부터 나오는 피드백에 의해 가장 잘 측정될 수 있는 것이다.

7) 리더십을 측정하는 방법에 합의가 부족하다.

리더십의 효과성을 측정하는 확실한 방법이 없으며, 특히 리더가 고객, 종업원, 조직, 주주에게 영향력을 미치는 과정을 측정할 만한 포괄적인 기준도 없다.

8) 리더가 처한 리더십 기반들을 한마디로 규정하기는 어렵다. 만약 1945년과 1955년 사이의 베이비 붐 세대를 이끌고 가는 리더라면 1975년과 1985년 사이에 태어난 X 세대를 책임지고 있는 리더와는 다른 가치와 동기부여, 그리고 다른 스킬들이 필요할 것이다.

9) 일선에서 일하는 사람들에게 동기를 부여하고 격려하는 데 사용하는 리더십 스타일이 조직별로 엄청나게 다양하다는 점이다. 리더의 문제를 잘 밝혀 낸 연구 결과 가운데 Jon Katzenbach의 저서 「Peak Performance」가 있다.[1] 그는 이 책에서 구성원들로 하여금 높은 성과를 이끌어 내는 아주 다양하고도 효과적인 방법을 구사하는 회사를 그려 놓고 있다. 그는 최고의 성과를 만들어 내는 조직에서 구사하는 다섯 가지 방법을 다음과 같이 설명하고 있다.

- 미션, 가치, 자부심

이 접근 방법을 사용하는 조직은 모든 구성원들로 하여금 조직의 전통과 정신, 핵심 가치 그리고 조직의 미션에 철저히 몰입시킨다. 이것은 점차 커다란 자부심으로 발전하게 되고 이 자부심으로 인해 사람들은 더 생산적으로 변한다.

1) Jon Katzenbach, 2000, *Peak Performance*, Harvard Business School Press, Boston, Zenger and Folkman(역서), *op. cit.*, p. 34(재인용).

• 인정과 칭찬

다양한 방식으로 구성원들의 능력을 인정하고 그들이 이룬 성과를 크게 칭찬해 주는 조직들이다.

• 성과 측정

많은 조직체에서 전 부서의 생산성과 품질 기준을 나타내는 차트를 제시하고 있었다. 구성원들이 기준들을 이해하도록 교육시키며, 그 기준에 의해 조직의 성공 여부가 측정되고 기준을 뛰어넘는 성과에 대해서는 포상을 하고 있다.

• 개별적 성취

어떤 조직은 구성원들에게 비범한 일을 수행하도록 함으로써 탁월한 성공을 거두기도 한다. 이러한 조직의 효과성은 구성원들이 모두 뛰어나다든가 하는 것으로 나타난다. 전문직인 서비스를 제공하는 회사들이 주로 여기에 해당한다.

• 기업가 정신

높은 성과를 거두도록 동기부여를 하는 다섯 번째 방법은 회사의 성공 정도에 따라 구성원들에게 재정적 보상을 하는 것이다. 많은 하이테크 벤처 기업들은 이러한 재정적 보상을 이용하여 직원들의 기업가 정신을 유발해 왔다. 그리고 기업가 정신은 조직을 탁월하게 만드는 원동력이다.

위의 다섯 가지 방법 모두 나름대로 필요하고 좋은 방법이다. 다만 조직의 상황에 맞게 잘 사용해야 한다. 예를 들면, 인정과 칭찬의 방식을 취하는 리더가 성과 측정을 중시하는 조직에서 자신의 방식을 고수하려 들면, 좋지 않은 결과를 낳을 것이다. 이렇게 되면 우리 몸이 이식된 낯선 장기를 거부하듯 조직은 그 리더를 밀어 낼 것이다.

리더는 부하들이 금전적인 보상이나 편익, 승진에 의해서만 동기를 부여받을 것이라는 단순한 생각으로 그들을 대해서는 안 된다. 물론 이러한 외적인 동기부여가 일시적으로 효과를 낼 수도 있다. 하지만 인간관계에서 이러한 전술은 전혀 먹혀들지 않는다. 이 같은 보상이 단기간에 좋은 결과를 가져오고 부하들의 사기를 끌어올릴 수 있지만, 그 효과는 오래 가지 못한다. 즉 금전적인 보상이나 스톡옵션 등의 외적인 동기유발제는 부하들에게 멋진 혜택일 수 있지만, 그들이 지속적으로 최선을 다하도록 동기를 부여하는 데는 충분하지 않다는 뜻이다.

10) 누가 훌륭한 리더를 결정하는가?

우리는 그동안 리더십의 효과성을 평가하기 위하여 가장 좋은 위치에 있는 사람이 누구인지에 대해 분명한 관심을 갖지 못했다. 지난 수십 년 동안 이루어진 연구결과를 보면 리더의 효과성을 평가하는 데 있어 최적의 위치에 있는 사람은 바로 부하직원이라는 사실이 드러났다. 군대 조직을 연구 조사한 결과를 보면, 하사관을 선발할 때 고급 장교들이 선택하는 것보다 사병들이 선택하는 것이 효과적이라는 사실이 입증된 바 있다.

3. 리더십 정의

비록 많은 학자나 실무자들이 리더십에 대하여 연구하였지만 아직까지도 리더십이 무엇인가에 대하여 근본적인 합의를 보지 못한 실정이다. 개인마다 가지고 있는 리더십을 어떻게 정의를 내릴 수 있을까? 대개 사람들은 리더십에 대한 정의를 내리지 못해도 리더십의 존재를 느낄 수 있다. 우리는 모두 본능적으로 리더십의 존재를 파악하는 능력을 지니고 있다. 시대가 변함에 따라 리더십에 대한 정의와 리더십을 행사하는 주체에 대한 생각은 역시 많이 달라졌다. 그러나 리더십의 역량은 변함없이 남아 있었지만, 그것이 무엇이고 어떻게 기능하며 사람들이 어떤 방법으로 배우고 발휘하는가에 대한 이해가 변화하고 있기에 정의의 어려움이 따르게 마련이다.

리더십이란 용어는 일반적인 어휘에서 선택된 단어인데, 자세히 재정의를 하지 않고 학문 분야의 전문용어로 편입되었다. 그 결과 이 용어는 의미의 애매성을 유발시킬 수 있는 가외의 함축된 뜻을 내포하고 있다. 예를 들어 리더십이 타고난 것인지 혹은 후천적으로 배운 속성인지 아직까지도 논의를 계속하고 있다.

한때 리더십 기술은 타고난 것이라고 여겼던 시절이 있었다. 리더는 개발되는 것이 아니라 태어나며(leader is born, not made), 어떤 불가사의한 과정을 거쳐 소명을 받는다고 생각되었다. 이것이 리더십의 자질이론이라고 할 수 있다. 이 이론은 권력은 리더의 자질과 운명을 타고난 소수의 사람들에게만 세습되는 것으로 본다. 제대로 된 혈통을 타고 난 사람만이 리더가 되고 다른 사람들은 추종자가 되어야 할 뿐, 얼마나 배웠고 얼마나 갈망하는가에 따라 운명이 바뀌지 않는다는 것이다.

그러나 이 관점은 리더십을 충분히 설명하는 데 실패했기 때문에 위기가 보통 사람을 리더로 만든다는 개념이 다시 등장하였다. 이 개념에 따르면 무르익은 혁명의 기운이 바웬사, 레닌, 모택동을 만들어 냈고 식민지가 독립을 선택했을 때 조지 워싱턴이 그 가까이 있었다는 것이다. 이 '빅뱅'이론도 자질이론처럼 리더십을 충분히 설명하지는 못했다.

그러나 리더십의 필요성에 대하여 모두 동의하고 있다. 리더의 주요한 임무는 조직 구성원들이 목적지향적인 활동을 하도록 촉구하고 그 활동이 제대로 수행되고 있는지 확인하는 것이다.

실제로 지난 60년 동안 리더십의 측정을 정의하기 위하여 65개의 분류체계가 발전했다.[1] 이들 가운데 Northouse는 자신의 연구와 직접적으로 관련이 있는 Bass의 분류를 제안했으며, 동시에 Northouse는 다른 학자들의 리더십 정의도 간단히 언급했다. Bass에 의하면 리더십의 정의를 집단과정(group processes)으로 보았다.[2] 이러한 관점에서 리더는 집단의 변화와 활동의 중심에 있으며 그리고 집단의 의도를 구체화한다. 다른 학자들의 정의에 의하면 리더십은 다른 사람들이 과제를 달성하도록 유도할 수 있는 개인이 소유한 특별한 자질 혹은 특징의 조합으로 성격적 관점(personality perspective)을 고려했다. 리더십의 다른 접근법은 리더십을 리더들이 집단의 변화를 가져오기 위하여 하는 것들, 즉 행동 혹은 행태(act or behavior)로 정의했다.

이외에도 리더십을 리더와 추종자들 사이에 존재하는 권력관계로서 정의했다. 이러한 관점에서 리더들은 다른 사람의 변화를 실현하기 위하여 권력을 갖고 권력을 행사한다. 다른 사람들은 추종자들에 기대했던 것보다 더 많은 것을 달성하게 추종자들을 움직이게 할 수 있는 변혁적 과정(transformational process)으로 리더십을 보았다. 마지막으로 어떤 학자들은 리더십을 재능(skill) 관점에서 보았는데, 이러한 관점은 효과적인 리더십을 가능하게 하는 능력(지식과 재능)을 강조한다.

다른 사람들은 리더십을 영향력이 있는 과정(as influence process)으로서 정의한다.[3] 역시 다른 사람들은 리더십을 구조의 창시자 그리고 목적달성의 도구, 또

---

1) Fleishman, E. A. Mumford, M. D., Zaccaro, S. J., Levin, K. Y., Korotkin, A. L., & Hein, M. B., 1991, "Taxonomic Efforts in the Description of Leader Behavior: A Synthesis and Functional Interpretation," *Leadership Quarterly* 2(4), pp. 245-287; Peter G. Northouse, 2007, *Leadership: Theory and Practice*, 4th edition, Sage Publications, Inc. p. 2(재인용).

2) Bass, B. M., 1990, *Bass and Stogdill's Handbook of Leadership: A Survey of Theory and Research,* New York: Free Press, pp. 11-20.

3) B. M. Bass, 1960, *Leadership, Psychology, and Organizational Behavior*, New York: Harper and Row; D. C. Cartwright, 1965, *Influence, Leadership, Control. In Handbook of Organizations,* edited by J. G. March, Chicago: Rand McNally; D. Katz and R. L. Kahn, 1966, *The Social*

다른 사람들은 심지어는 그들을 따르는 사람들의 봉사자로서 말하기도 한다. 아이젠하워는 "리더십이란 당신이 누군가에게 원하는 것을 하게끔 만드는 기술이다"라고 하였다.

이와 같이 리더십에 대한 새로운 정의는 줄어들지 않고 계속 제시되었다. 리더십은 특성, 행동, 영향력, 상호작용패턴 역할관계, 관리직위의 점유에 의해서 정의되었다.

이제까지 제안된 수많은 리더십 정의들은 거의 공통점을 가지고 있지 않은 것으로 보여진다. 그러한 이유는 주로 리더십 정의들은 영향력 행사의 주체, 영향력 행사의 목적, 영향력을 행사하는 방식, 영향력 시도의 결과를 포함하여 많은 면에서 차이가 있기 때문이다. 더욱이 이러한 차이는 학자들마다 리더십 과정에 커다란 의견차가 있다는 것에서 원인을 찾을 수 있다. 리더십 개념을 다르게 정의하는 연구자들은 상이한 현상을 연구대상으로 선택하며 결과를 상이한 방식으로 해석하는 데 문제가 있다. 그러나 리더십의 정의가 많다는 것은 리더십의 실체를 이해하는 데 폭넓은 견해를 줄 수 있기 때문에 다행한 일이라 할 수 있다.

그러나 이 모든 정의에서 필자가 발견한 공통점은 리더가 원하는 방향으로 따라오게 하는 능력을 의미하는 데는 아무도 부인하지 못한다. 즉 리더십은 비전을 달성하기 위하여 다른 사람들, 즉 부하직원, 지지자들, 동료 혹은 지역공동체의 행태에 영향이 미치는 과정이라고 정의한다. 변화가 신속하지 않았던 20세기에는 비전이 그리 중요하지 않았었다. 이 점이 20세기 리더십과의 다른 의미를 가지고 있다.

학자들이나 다른 저자들은 리더십의 350개 정의들 이상을 제안하였다고 한다.[1)]

1978년 퓰리처상을 수상한 역사학자이며 정치학자인 James MacGregor Burns가 「*Leadership*」이라는 책을 발간하였다. 당시 위대한 사람이 중요시되었던 때라 출간 시기가 아주 적절하였다.

베트남 전쟁, 워터게이트 사건, 존 케네디와 로버트 케네디, 마틴 루터 킹이 암살되면서 리더십의 위기가 왔던 때였다. 이 시기에 번스의 책은 상당한 영향을 미쳤다. 그가 말한 거래적 및 변혁적 리더십이라는 말이 정치 리더십이나 기업 리더십에 관심 있는 사람들 사이에서 전문용어로 자리 잡았다.

Psychology of Organization, New York: Wiley.

1) Richard L. Daft, 1999, *Leadership: Theory and Practice*, The Dryden Press, p. 5.

Burns가 리더와 리더십을 정의하는 방법은 중요하다. 그에 의하면 "리더십은 특정 동기와 목적을 가진 사람이 자원을 동원해 추종자들을 동기부여하고 참여시켜서 목적을 달성할 때 발휘한다. 이것은 리더와 부하들이 상호 공유하는 목표를 실현시키기 위한 것이다." Burns는 부하들을 망치는 사람을 리더가 아니라 "권력을 휘두르는 사람으로 분류했다. 또 권력을 휘두르는 사람은 사람을 사물 취급하지만 리더는 그렇지 않다고 주장했다." 지금도 그의 리더십에 대한 정의가 지배적이다. 권력, 권위 또는 영향력을 행사하더라도 추종자들을 동기부여하고 참여시켜서 목적을 달성하게 만들지 못하는 사람은 리더로 정의하지 않는다.

Bennis는 2003년 「On Becoming a Leader」이란 책에서 역시 "리더는 공유할 수 있는 의미를 부여하고, 특유의 목소리를 내며, 적응력을 보여 주고, 도덕적으로 정직하고 확고하기 때문에 다른 사람들을 끌어들일 수 있다."고 주장했다. 이 두 사람은 공통적으로 리더가 되는 것은 좋은 사람인 것만 고려하였다.

리더십에 대한 Burns의 연구에서 리더십의 130가지의 정의를 발견하였다.[1] Bennis는 수십 년간 리더십에 대한 850가지 이상의 정의를 찾을 수 있었다. 또한 지난 75년 동안에만 리더십에 대한 수천 건의 실증적인 연구가 실시되었다. 하지만 리더와 비리더 구분, 특히 중요한 점인 유능한 리더와 무능한 리더, 성공하는 조직과 실패하는 조직을 구분하는 것이 무엇인지에 대한 명확하고도 뚜렷한 기준은 존재하지 않았다. 그렇게 수많은 사람들이 노력을 했는데도 이처럼 소득이 적은 것은 유례가 없는 일이다.[2]

실제로 리더십 정의를 한다는 것은 주로 리더십 자체 성격의 복잡성 때문에 복잡하고, 파악하기 어려운 문제이다. 물론 이 정의들 가운데 리더십에 대한 의미 있는 논의를 진행할 수 있도록 충분한 공통성은 없는 것은 아니나, 리더십 문헌의 혼란과 불일치를 본다는 것은 놀랄 일은 아니다. 정치학, 사회심리학, 조직연구, 사회학 등 각기 다른 학문을 추구하는 학자들은 그들의 좁은 학문적 관심에 따라 리더십을 보기 때문에 혼란을 야기할 수 있다는 것은 당연한 일일 것이다.

Barbara Kellerman의 리더십에 대한 연구는 서술적인 것보다는 더욱 처방적이라고 한다. 결과적으로 사회과학 분야에서 리더십 분야만큼 연구를 많이 한 영역은 없을 정도이나 합의는 더욱 적게 이루어져 왔다. 리더십 연구는 최근에 나

1) Burns, James MacGregor, 1978, *Leadership*, New York: Harper & Row.
2) Warren Bennis and Burt Nanus, 2003, *Leaders*, HarperCollins Publishers, Inc., 김원석 옮김, 2005, 리더와 리더십, (주)황금부엉이, p. 25.

타나고 있는 학문이나, 리더십 개념은 계속 진화할 것으로 보인다.

[그림 1-1]에서 보듯이 리더십은 중요한 개념들을 포함한다. 우선 리더십은 영향력을 의미한다.

따라서 부하들 혹은 따르는 사람들이 없다면 우리가 말하는 리더는 아니다. 부하들은 리더십 과정에서 중요한 부분이며 리더들도 때로는 부하들이었던 때가 있었다. 좋은 리더는 어떻게 따르게 하는지를 안다. 왜냐하면, 부하들의 심정을 이해할 수 있는 기회를 가졌기 때문이다. 그래서 좋은 부하가 된 경험을 가지고 있는 사람이 좋은 리더가 된다고 한다.

효과적인 리더십을 위한 필요한 자질은 효과적인 부하들이 되기 위한 필요한 자질과 같다. 효과적인 부하들은 스스로 생각하고 그리고 열정을 가지고 임무를 수행한다. 그들은 자신들만을 위하여 일하지 않고, 그들이 믿는 것을 추구하는 용기를 가지고 있다. 좋은 부하들은 리더를 위하여 맹목적으로 따르는 사람이 아닌 yes라고 항상 말하는 사람이 아니다. 그러므로 효과적인 리더와 효과적인 부하는 다른 때에 다른 역할을 하지만 때로는 같은 사람들이다. 가장 바람직한 형태의 리더십은 리더와 부하들이 높은 수준의 책임을 수용하고 충분히 이행하는 자세를 가지고 서로 공유하는 것이다.

다양한 방법으로 리더십을 개념화하고 있지만 아래 그림에서 보듯이 핵심적인 요소들은 공통적으로 포함하고 있는 것을 볼 수 있다.[1] 첫째, 리더십을 과정(process)이라고 말할 때는 리더십이 리더와 추종자들 간에 일어나는 거래적인 결

[그림 1-1] 리더십의 의미

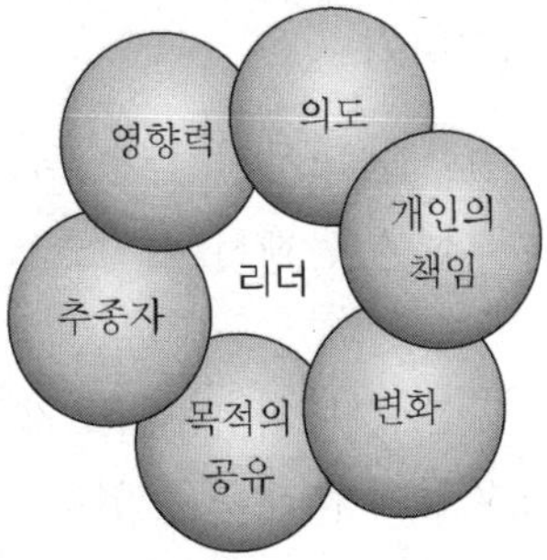

출처: Daft, *op. cit.*, pp. 5-6.

1) Northouse, *op. cit.,* p. 3.

과를 의미하는 것이다. 과정은 리더가 추종자들에게 영향을 주고 그리고 그들에 의해 영향을 받는다는 것을 의미한다. 이러한 방법으로 리더십을 정의할 때 리더십은 모든 사람들에게 가능하다. 리더십은 단지 공식적으로 임명된 리더에게만 국한된 것이 아니라는 것이다.

둘째, 리더십은 영향력을 의미한다. 이것은 리더가 어떻게 추종자들에게 영향을 미치는지를 의미한다. 실제로 영향력 없이는 리더십은 존재하지 않는다.

셋째, 리더십은 집단에서 일어난다. 집단은 리더십이 발휘되는 장소이며, 리더십은 공통의 목적을 가지고 있는 개인들의 집단에 영향을 행사하는 것을 의미한다.

넷째, 리더십은 목적에 관심을 갖는다. 이것은 리더십이 목적을 달성하기 위하여 개인들의 집단을 지시하는 것을 의미한다.

경제 분야에서 조직행동학을 가르치는 Jeffrey Pfeffer는 조직을 성공적으로 이끌기 위한 3가지 경영리더십 원칙을 말하였다. 리더십을 확보하기 위해 간단하나마 핵심적인 원칙을 제시했다. 이 세 가지는 신뢰 구축과 변화에 따른 격려, 적절한 업적 평가가 그것이다.[1)]

1) 제 1 원칙 — 신뢰 구축

신뢰는 정보공유와 밀접한 관계가 있다. 조직의 모든 구성원들을 솔직하고 공정하게 대우함으로써 신뢰를 구축할 수 있다. 비밀이 존재하는 한 신뢰는 있을 수 없다. 정보를 모른다는 것은 신뢰를 받지 못하고 있다는 증거이다. 이것은 조직 구성원 전체의 노력과 에너지를 결합시키는 데 중요한 장애요인이다.

2) 제 2 원칙 — 변화를 격려하기

리더는 다양한 방식으로 변화를 고무시킬 수 있다. 우선 리더와 구성원들은 다른 조직을 견학해야 한다. 직접 방문해서 사람들과 대화도 나누는 등 직접적인 경험이 필요하다.

조직의 변화를 고무하는 다른 하나의 방법은 기존의 낡은 방식을 철폐하는 것이다. 조직을 개편해서 구성원들에게 새로운 업무를 담당하게 하는 것이다. 이

---

1) Jeffrey Pfeffer, 1998, "The Real Keys to High Performance," *Leader to Leader*, No. 8, Spring; 서성교, 전게서, pp. 158-160(재인용).

와 더불어 리더는 구성원들이 새로운 위치에서 새로운 업무방식에 적응하도록 격려해야 한다.

3) 제3원칙 — 업적 평가

리더는 조직과 구성원들의 성취에 대해 정확한 평가방법과 기준을 가져야 한다. 경제적인 성취와 더불어 고객의 만족도와 충성도, 구성원의 태도와 근무연한, 신제품과 신사업 개발 등을 종합적으로 고려하는 것이 합리적이다. 또한 리더는 개인적인 성취와 더불어 조직의 성공도 제대로 측정할 수 있는 측정 시스템을 가져야 한다.

4. 21세기의 성공적인 리더십과 비전창출

1) 성공적인 리더십과 비전

성공적인 리더십은 조직을 현재에서 미래로 움직이게 하고, 조직의 잠재적인 기회를 비전으로 창조하며, 구성원들을 변화에 동참하도록 이끌고, 에너지와 자원을 동원하고 집중할 수 있도록 새로운 문화의 전략을 조직 내에 전파시키는 것이다. 리더는 조직이 새로운 문제와 복잡성에 봉착하여 갈팡질팡할 때 출현할 가능성이 많다고 한다. 또 리더는 구성원들이 일하는 새로운 방법을 찾도록 자신감과 능력을 북돋워 조직의 변화를 주도한다. 조직이 새로운 업무를 완벽하고 확실하게 해 냈을 때 달성될 미래의 비전을 보여 줌으로써 변화에 대한 저항을 극복해 나간다.[1] 리더십은 이러한 일을 가능하게 하여 준다. 이러한 리더는 태어나는 것이 아니다.

비전은 달성해야 할 목표이다. 비전은 미래의 그림을 보는 것이다. 비전은 조직의 핵심 가치를 반영해야 한다. 그리고 중요한 것은 조직의 구성원이 비전을 공유해야 한다.

잭 웰치는 "나는 내가 어디로 가는지 알고 있고, GE 전 구성원은 내가 어디로 가는지를 알고 있다"라고 말했다. 미래는 상상력의 차이가 승패를 가른다. 창조적인 상상력을 발휘하여 확실한 비전을 만들고 이를 전 직원과 공유함으로써 힘을 집결시킬 수 있어야 한다. 이것은 비전의 힘이고 그래서 리더는 비전을

---

1) Bennis and Nanus, 2003, *Leaders*, 김원석 옮김, 2005, 리더와 리더십, p. 40.

가져야 한다는 것이다.

1970년 케네디가 인간을 달에 보낸다는 목표를 세웠을 때, 그리고 빌 게이츠가 모든 가정의 책상 위에 컴퓨터를 놓게 하겠다는 결심을 했을 때, 그들은 가치 있고 성취 가능한 목표를 정하고 거기에 집중했다.

비전은 언제나 미래의 상태, 즉 현재 존재하지 않으며 과거에도 존재한 적이 없는 상태에 대하여 말한다는 것을 기억해야 한다.

리더는 비전을 이용하여 조직의 현재와 미래를 연결하는 모든 중요한 다리를 만들어 낸다. 조직이 자신의 목적과 방향, 바라는 미래의 상태에 대하여 분명한 감각을 가질 때, 그리고 그 이미지가 널리 공유될 때 거기에 속한 개인은 조직에서뿐만 아니라 그가 속한 넓은 사회에서 자기 역할을 찾을 수 있게 된다. 이는 개인으로 하여금 조직의 가치 있는 일을 달성하게 하기 위하여 개인에게 권한을 주고 지위를 부여하게 되는 것이다. 그러면 일에 활력과 열의를 갖게 되고, 그렇게 수행한 일의 결과는 다시 개인의 열의를 강화한다. 이러한 순환과정을 거치면서 조직 내 개인의 노력이 공통의 목표를 향하여 정렬하며, 성공을 위한 선결조건이 된다.[1)]

위대한 리더라면 비전을 만들어내고, 타인들로 하여금 그 비전을 자신들의 것으로 받아들임으로써 일하고 싶어 하도록 열정을 불러주고 스스로는 학습 문화(learning culture)의 가치에 충실하며, 경쟁을 즐기고 경쟁에 이기겠다는 열정(passion)을 가져야 하며, 보스가 아니라 코치로 행동해야 한다. 우리는 리더가 아무리 훌륭한 비전을 소리높이 부르짖더라도 부하들이 따라 주지 않는 경우를 흔히 보곤 한다. 미래에 대한 공유된 비전은 전체 조직과 각 부서의 효율성을 증대시키는 기준을 제시한다.

잭 웰치의 위대한 점은 임직원들이 과거의 안정적인 상황에 머물지 못하게 했다는 것이다. 그것은 곧 도태된다는 것을 의미하기 때문이다. 항상 새로운 아이디어를 갈구하도록 주문했고, 항상 새로운 비전으로 열정을 불러일으키도록 했고, 의욕을 가지고 역동적으로 일하는 분위기를 주문했던 것이다. 그는 빠른 물살에 얼음이 얼지 않는다는 사실을 경영철학에 접목시켰다.

---

1) Bennis and Nanus, 2003, *Leaders*, 김원석 옮김, 2005, 리더와 리더십, pp. 116-121.

2) 비전 창출

20세기와 21세기의 리더십 속성이 환경변화에 따라 달라져왔다는 사실을 알아야 할 것이다. 21세기는 변화가 신속하게 일어나 미래의 상태가 불명확하고 불투명하여 리더는 비전을 정하고 그리로 모두를 인도해야 되는 부담을 지게 되는 것이 변화가 크게 일어나지 않은 20세기 리더의 리더십과 다른 점이다. 그러므로 리더들은 자신이 일종의 "예언가"가 되어야 한다는 생각을 가지게 된다.

리더들은 자신의 역할이 홀로 산꼭대기에 올라가 가부좌를 튼 다음, 깨달음을 얻어 세상에 자신의 예언을 알리는 것이라고 추측한다. 그들은 자신의 비전이 무엇보다 중요하여 그것을 '자신의 비전'으로 만들려면 스스로 직접 창조해야 한다고 믿는다. 대부분의 경우 조직의 구성원들은 놀랍게도 장기적인 조직의 비전에 대해 관심을 갖지 않고 현실에 안주하는 경향이 있다.

특히 신분이 보장되어 있는 조직일수록 조직의 구성원들은 미래의 복잡한 발전에 대해서는 관심을 나타내지 않기 때문에 조직의 비전은 리더의 몫이 될 수밖에 없는 경우가 허다하다.

그러나 아주 흔치는 않지만 이와 다른 경우도 발생한다.

조직의 구성원들은 리더의 예언자와 같은 그러한 능력을 기대하지 않고 기대할 수도 없다는 것을 안다. 물론 조직의 구성원들이 미래를 바라보는 자세를 가진다면야 바람직하지만, 그렇지 않다고 해서 리더가 꼭 혜안이나 통찰력을 갖출 필요는 없다. 모범적인 리더십은 영험한 계시를 알리는 것이 아니며 예언가가 되는 것도 아니다. 실제로는 그보다 훨씬 간단한 일이 될 수 있다고 리더십에 관한 유명한 학자인 쿠제스와 포스너는 다음과 같이 말한다.[1)]

"사람들이 듣고 싶어 하는 것은 리더의 비전만이 아니다. 그들은 자신들이 바라는 것에 대해 듣고 싶어 한다. 그들은 자신의 꿈과 희망이 어떻게 이루어질 것인지 듣기를 원한다. 또한 리더가 그리는 미래의 그림에 자신의 모습이 들어가 있기를 기대한다. 최고의 리더들은 리더십이 자신만의 고유한 세계관을 알리는 것이 아니라 공동의 비전이 구성원들의 의욕을 불러일으킨다는 사실을 알고 있다. 그러나 성인이 되어 윗사람이 일방적으로 방향을 제시하고, 따라오라고 지시

1) 프렌시스 헤셀바인, 마설 골드스미스, 2006, *The Leader of the Future,* by John Wiley & Sons International Right, Inc., 문일윤 옮김, 미래의 리더, 제 4 부 미래 조직을 이끄는 리더십 by 짐 쿠제스, 베리 포스너, pp. 246-252.

하는 말을 듣고 싶어 하는 사람은 거의 없다는 점은 확실하다. 아무리 근사한 말로 포장을 한다고 해도, 대부분의 성인들은 어디로 가야하고, 무슨 일을 해야 할지 일일이 간섭하는 일방적인 지시를 좋아하지 않는다. 그들은 자신이 직접 비전을 만드는 프로세스의 일부분이 되고 싶어 한다." 물론 이들은 조직의 미래 발전에 관심이 있는 사람들이며 그러한 사람들도 있다. 조직의 운명이 자신들의 운명을 결정하여 주기 때문이다.

그들은 계속하여 이러한 경험을 통해 "한 리더는 다음과 같은 교훈을 얻었다." 고 다음과 같이 설명한다.

"어느 날 아침 그는 팀원을 모아놓고 자신의 리더십에 대하여 부하들의 의견을 들었다. 특히 그는 어떻게 하면 공동의 비전을 더 효율적으로 창출할 수 있는지 알고 싶었다. 팀원들의 얘기를 듣고 나서 그는 사람들을 단결시키는 핵심적 요소는 리더의 비전이 아니라 참여적 프로세스라는 사실을 깨닫게 되었다."

그가 겪고 설명한 내용을 정리하여 이해를 돕고자 한다.

한 여자 직원은 있는 그대로 말하면서도 아주 건설적으로 말하는 설득력 있는 법을 알고 있었다.

"팀장님은 모든 필요한 기술을 갖고 있어요. 세계시장을 보는 안목과 이해가 뛰어나고, 진지하게 팀원들의 말을 들을 줄도 알고, 긍정적인 자세로 동료와 팀원들의 존중과 신뢰를 받고 있어요. 그리고 열린 자세로 솔직하게 팀원들이 알아야 할 점을 얘기해 주기도 해요." 그러고 나서 그녀는 이런 조언을 해 주었다. "다만 하나의 팀으로서 우리에게 팀장님이 비전에 이르게 된 배경을 이해시켜 준다면 팀장님에게도 도움이 될 거예요. 우리는 팀장님이 목표와 비전에 이르는 과정에 동참하고 싶고, 그렇게 함으로써 끝까지 함께 그 비전을 이루기를 원해요." 또 한 팀원은 전체적인 로드맵을 공유할 수 있다면, 자율적으로 여러 문제들을 해결하는 데 많은 도움이 될 것이라고 말했다. 또 다른 팀원도 비전을 보다 잘 수립하는 방법을 배울 수 있도록 비전 수립 절차에 참여하고 싶다고 말했다.

나는 얘기를 다 듣고 나서 팀원들을 바라보았다. 그들 모두가 비전 개발과 공유과정에 참여하고 싶어 한다는 사실을 명백하게 알 수 있었다. 그래서 우리는 공동의 비전 창조를 위한 프로그램을 만들기로 하고, 팀원 각자의 의견을 반영하면서 그 방법을 논의했다.

그래서 나는 팀원들에게 2주마다 모여서 오늘 한 것처럼 비전 프로그램을 함께 논의하면 어떻겠냐고 제의했다. 팀원들은 일제히 우렁찬 목소리로 대답했다. "좋습니다."

우리는 이러한 혁신이 세상과 동떨어진 누군가가 혼자만의 아이디어로 이루어낸다고 생각하지 않는다. 혁신은 사람들의 말을 주의 깊게 경청함으로써, 환경에 보다 잘 적응함으로써, 사람들의 희망을 더 깊이 이해함으로써 이룩할 수 있는 결과이다.

하지만 사람들이 자신이 원하는 바를 모르면 어떻게 해야 할까? 그래서 더 뛰어난 경청자가 되어야 하는 것이다. 리더가 들어야 하는 것은 사람들의 말만이 아니다. 리더는 사람들이 말하지 않는 것도 들어야 하고, 조직에 대한 무관심을 관심으로 돌리려고 노력하고, 항상 그들에게 주의를 기울여야 한다.

3) 비전의 특성

George Fredrickson은 "나는 미래학자는 아니며 단지 현재 일어나고 있는 상황을 자세히 분석하고 검토하여 보면 무슨 일이 미래에 발생되리라는 것이 떠오른다"고 말한다. 그것이 비전이다. 예를 들어 석유가 고갈되면 무슨 일이 발생할 것인가? 인구가 줄어들면 어떤 일이 일어날까? 또한 국제·국내 정세의 흐름, 여론조사결과, 경제측정치들, 미래 기술개발의 동향 및 미래가 크게 성장하리라고 기대하는 단서들 등을 자세히 관찰하면 미래 비전의 실마리가 현재 일어나고 있음을 볼 수 있다.

필자도 대한민국의 미래, 우리 가족의 미래, 자신의 미래에 대해 냉철하게 사고한 때도 있었다. 많은 시간을 들여 사고하다 보니 무엇인가 대안이 보인다. 이것이 비전의 실마리다.

케네디 대통령이 많은 시간을 들여서 역사를 읽고 위대한 사상가들의 사고를 연구했다.

마틴 루터킹은 종교와 윤리 관념에 대한 연구뿐만 아니라 주위에서 벌어지는 다양한 차별정책에서 아이디어를 얻었다. 마이크로소프트사의 빌 게이츠와 인텔의 앤드류 그로브는 잘 알려져 있는 테크놀로지의 기술적 한계를 탐색하는 논리적인 과정을 통하여 그들의 비전을 찾아내었다.

처음부터 비전을 마음에 품고 있는 리더는 거의 없다.

비전은 올바른 방향으로 안내하기 위하여 사고하고 결정하는 능력이 필요하다. 비전이란 무엇인가? 비전은 다른 사람보다 더 멀리, 더 넓게 보는 능력을 필요로 한다. 본질적으로 미래를 보는 것은 전진하기 위해 옳은 길을 찾아내는 비범한 능력을 말한다. 이러한 능력은 리더의 지적 특징이며, 직관이나 상상력이다. 하지만 리더가 이러한 능력을 일부 혹은 전부를 다 가지고 있어야 한다는 것은 아니다. 리더는 각기 다른 인품과 능력을 지닌 사람들로 이루어진 의사결정기구를 이끌 수 있는 능력도 필요하다. 이러한 능력 가운데 가장 중요한 것은 사고이다. 누구나 처음에는 사고한다는 것이 매우 어렵다는 것을 안다. 적당히 얼버무려서 결론이 나지 않는 생각들은 습관이 된다. 이러한 습관에 익숙할수록 사고를 통해 좋은 결론을 얻는 것이 점점 어려워지게 된다. 성공을 원한다면 반드시 생각해야 한다. 고통스러울 때까지 생각해야 한다. 고려해 보지 않은 부분이 없다고 느낄 때까지 주어진 문제를 고민해야 한다. 이를 위해 리더는 반드시 우수한 경청자가 되는 것이 유리하다.

특히 리더들은 아이디어를 얻기 위하여 깊이 생각하고, 공식적 · 비공식적 커뮤니케이션 경로들을 가지고 있어야 한다. 그러므로 성공적인 리더들은 모두 뛰어난 질문자였으며, 다른 사람의 말에 주의를 기울였다.

그리고 리더가 책임을 진다고 하면 신중한 사고를 하게 된다. 또한 판단력, 직관, 상상력이 필요하다. 아울러 압박에서도 침착함을 잊지 말아야 한다. 혁신적이며, 냉정하고 차분함을 유지하는 것이 리더에게는 필수적이다.

비전은 위대한 리더십의 비밀이다.

제2차 대전 때 사막의 여우로 이름을 날린 롬멜 장군은 유명한 말을 남겼다. "우수한 지휘관이란 남보다 약간 앞을 내다보고 생각한다"는 것뿐이라고 하였다. 잠이 부족하더라도 리더는 매일 아침 일찍 일어나 혼자 조용히 생각하면서 여러 가지 안건을 구상하는 습관을 반드시 길러야 한다. 지금 일어나는 상황들을 자세히 심사숙고하여 관찰하면 미래가 보인다는 말이다.

깊이 사고할 수 있는 리더십의 자질론이 오늘날 이처럼 새롭게 거론되는 것은 변화가 급변하고, 불확실한 환경 그리고 국가 간의 경쟁이 치열하여짐에 따라 이를 극복할 수 있는 유능하고 창조적인 리더십이 갈망되기 때문이다.

평범하고 학교 공부만 잘하는 모범생과 같은 인재를 좋아하는 것이 아니라 뭔가에 몰두할 수 있는 마니아적인 인재를 21세기는 요구한다.

무엇인가에 푹 빠져서 그것에 몰두하고 그것에 미칠 수 있는 사람이 결국에는 이 시대를 이끌어갈 수 있는 사람이라고 생각한다. 지금까지 적당히 살았던 사람치고 인류역사에 이름을 남기고 큰 업적을 남긴 사람은 한 사람도 없다. 자신이 선택한 분야와 자신의 일에 미친 사람들이 위대한 업적을 남겼다는 사실을 우리는 역사를 보고 배웠다.

미국의 시사 주간지 타임이 1997년 올해의 인물로 선정했던 인텔(Intel)회장 Andrew S. Grove는 「편집광만이 살아남는다(*Only the Paranoid Survive*)」라는 책에서 기업 경영에 대한 편집광적 집착을 찬양했다. 오직 한 가지 일에만 몰두하는 편집광만이 살아남는다는 그로브의 구호는 곧 인텔의 기업 정신이며 이는 흔히 그로브의 법칙으로 불렸다. 편집광을 대놓고 찬양한 사람 중의 한 사람인 현대 경영학의 창시자 피터 드러커는 다음과 같이 말했다.

"성과가 있는 모든 일은 임무를 띤 편집광에 의해 달성된다."

이와 같이 21세기는 깊이 생각할 수 있는 편집광적인 자질론이 어느 때보다 중요한 성공의 결정적인 요인이 되고 있다.

미래가 투사된 그림으로 비전은 어떻게 만들어지며 어떠한 특징을 가지고 있는가? 그리고 만들기 어려운 이유는 무엇인가? John Kotter는 효과적인 비전은 다음과 같은 특징을 가지고 있다고 했다.1)

- 상상이 가능해야 한다.
  시각적으로나 청각적으로 그림을 그려 볼 수 있어야 한다.
- 선의, 희생, 정의 등과 같이 바람직한 것이어야 한다.
  그래야만 모든 사람을 포괄할 수 있다.
- 실행 가능한 것이어야 한다.
  균형이 잘 잡혀 있고 리더와 추종자간의 의사소통이 가능해야 한다. 그리고 상황 변화에 맞게 변경할 수 있어야 한다.
- 초점이 있어야 한다.
  가능하면 간단, 명료하게 표현되어야 한다.
- 유연해야 한다.
  상황과 조건의 변화에 따라 적응할 수 있어야 한다.
- 이해할 수 있어야 한다.
- 리더는 추종자에게 설명할 수 있어야 한다.

---

1) John Kotter, 1996, *Leading Change*, Harvard Business Press; 서성교, 전게서, pp. 81-82(재인용).

Max De Pree는 비전에 대해 알기 쉽게 설명한다.[1)]

비전이 없는 단체는 가까스로 생존하겠지만, 결코 성공하지는 못할 것이며, 일시적 목표는 달성하겠지만 잠재력을 향해 전진하지는 못하는 그저 하나의 조직으로 남는다.

한 단체가 갖고 있는 비전의 어떤 부분은 항상 도달하려고 애쓰지만 결코 도달할 수 없는 하나의 이상일 수도 있다. 그러나 비전의 일부는 성취 가능해야 한다. 그렇지 않으면 그 집단은 소망을 잃어버린다. 어느 정도의 위험이 부착되지 않는다면 좋은 아이디어는 그 이상의 아무것도 아니다. 어느 정도의 위험이 함께하고, 어느 정도의 변화에 대한 약속이 있고, 성취하기 어려워 보이는 모습이 어느 정도 있을 때에야, 좋은 아이디어는 그 단체의 비전이 될 수 있다. 비전은 자칫하면 실패하기 쉽다. 비전은 그 대가나 출처가 어떻든 결코 성공이 보장되어 있지 않다.

비전은 어떤 집단을 향한 질문이 된다. 우리는 현재의 우리가 아닌 보다 나은 존재가 될 수 있는가? 우리가 아래 질문들을 이해한다면 비전의 필요성을 파악할 수 있을 것이다. Max De Pree는 비전에 관한 질문 목록을 제시했으나 그 중 몇 가지 예를 든다면 다음과 같다.

- 우리는 왜 비전을 가져야 하는가?
- 비전이 우리에게 해 줄 수 있는 것이 무엇인가?
- 비전은 왜 중요한가?
- 우리의 비전은 희망을 주는가, 아니면 단순한 하나의 공상인가?
- 우리는 어떻게 비전을 활용하는가?
- 우리의 비전을 우리의 일상과업에 연결시킬 수 있는가?
- 누가 비전을 가지고 있는가? 왜 어떤 사람들은 비전을 소유하고 다른 사람은 그렇지 못한가?
- 비전은 어떻게 갱신이나 혁신과 관련되는가?
- 비전은 우리의 '창조적 힘'의 한 부분인가?
- 비전을 가로막는 장벽이 될 수 있는 것은 무엇인가?
- 비전은 우리에게 가장 중요한 사항인가?

---

1) Max De Pree(1997), *Leading Without Power*. Shepherd Foundation and Jossey-Bass Inc., 윤방섭 옮김. 한국기독학생회 출판부 1999. 5 pp.104-7.

• 어떤 부류의 비전이 단체를 건강하게 하는가?

우리 사회에는 많은 개인 혹은 단체들이 비전을 품고 있다. 비전을 가지고 있는 한 소망을 주며 소망을 가지고 있는 한 실현이 가능하다. 그는 비전을 왜 가져야 되는지 비전의 특성을 설명해 준다.

창조적인 리더십은 리더가 현존하지 않는 상황을 상상하는 데에서 시작된다. 최초의 창의적인 통찰력과 불꽃은 더욱 큰 변화의 비전으로 만들어 리더십에 의하여 다른 사람들에게 전달된다. 이러한 불꽃은 상상력에 의하여 나타난다. Robert Kennedy는 George Bernard Shaw의 말을 빌려 다음과 같이 말했다. "어떤 사람들은 있는 그대로의 것을 보고 말한다. 왜 그럴까 하고, 그러나 나는 결코 존재하지 않았던 것을 꿈꾸며 말한다. 왜 안 되냐고."

그러나 비전을 만들기 어려운 이유가 있다. 첫째 사람들이 변화를 싫어하기 때문이다. 변화에 대한 소극성이나 저항이 미래에 대한 비전을 불필요하게 만든다. 둘째 변화관리 능력의 부재로 인한 불안이 비전을 제시하는 것을 방해한다. 마지막으로 리더십의 책임감 결여 때문에 비전을 생산하지 못한다. 리더가 책임감을 상실하면 조직의 발전을 위해 아무런 비전도 만들 수 없다. 특히 정치적 비전을 세우는 일은 쉽지 않다. 많은 집단의 동의를 얻어야 하기 때문이다. 일단 비전이 세워지면 공동체 구성원에게 각자의 역할을 부여한다. 다음 행동을 개시하도록 동기를 불어넣고, 실천할 에너지를 제공한다. 끝으로 공동체 내에서 그들의 활동을 조정해 비전의 지속성을 유지한다.

이 이외에도 비전을 만들기 위하여 요약하면 다음 사항들을 고려해야 한다. 리더는 책임의 결과를 져야 한다. 그리고 결단력을 가지고 있어야 한다. 무능한 리더는 실패의 원인을 부하들에게 돌리고 훌륭한 리더는 자신이 실패의 책임을 진다.

또한 직관과 상상이 필요하다. 분석과 논리적 사고는 모든 리더들이 필요한 것이다.

직관의 능력, 직관력, 상상력이 필요하다. 압박 속에서도 침착함이 필요하다. 리더는 논리적이고 차분히 결정하는 특별한 능력이 있어야 한다. 혁신, 냉정하고, 차분하며, 침착해야 하는 것은 리더에게는 필수요소이다. 위험과 어려움을 감수하는 서커스의 외줄타기처럼 리더는 미소를 지을 수 있어야 한다. 사람들은 그들의 리더로부터 실마리를 얻는 경향이 있기 때문이다. 대화를 훨씬 부드럽게 만드는 유머의 중요한 가치는 긴장을 완화시킨 점이다. 리더는 사람들에게 압박에서 벗어나고 긴장을 풀 수 있도록 유머를 사용한다.

제2절 리더와 관리자의 기능과 역할

오랫동안 치열하게 전개되어 온 논쟁들의 중심에는 다음과 같은 것들이 있다. "리더와 관리자는 과연 다른 존재인가? 리더도 관리를 해야 하는가? 최고의 관리자는 리더의 덕목도 갖춰야 하는가? 리더도 관리를 해야 되는가? 둘 중 어떤 게 나은가?" 이 절에서 리더나 관리자의 개념에 대한 의문에 해답을 갖고자 한다.

1. 리더의 기능과 역할: 조직문화의 창조와 유지

리더의 주요한 기능의 하나는 집단 혹은 조직을 위한 문화 및 분위기의 창조와 발전이다. 리더들 특히 조직의 설립자들은 세대를 거슬러 가면서 거의 지울 수 없는 이미지를 남기곤 한다. 어떤 기업들은 설립자의 유지를 받들어 사회에 강한 책임감을 반영한다든지 그리고 참여를 촉진하고, 관리자들과 근로자들 간의 봉급의 차이를 낮게 하면서 평등한 관리를 고수한다. 만약 설립자가 통제 지향적이고 독재적이라면 그 조직은 집권화되고 그리고 하향적으로 관리되기 쉽다. 그와 반대로 설립자가 참여적이고 팀 지향적이라면, 그 조직은 분권화되고 개방적이 되는 경향이 있다. 실제로 리더들은 문화를 형성하는 데 많은 영향력을 행사하기도 한다.

리더가 조직의 문화를 형성하는 다른 방법은 보상체계에 대한 결정과 결정기준들을 통제함으로써 이루어질 수 있다. 어떤 조직에서는 철저하게 가장 높은 기여를 한 사람에게만 보상을 준다. 다른 조직에서는 문화적 다양성과 사회적 책임성에 관한 성취가 높게 인정받으면 보상을 받는 경우도 있다. 예를 들어 다양한 문화의 배경을 가진 사람들의 조화라든지 혹은 사회발전을 위한 기여를 우선적으로 높게 평가하는 조직을 말한다. 그 이외에도 리더들은 조직의 다른 리더들과 관리자를 선택하는 책임을 지고 있다. 채택된 리더들은 현재 존재하는 리더들의 이상적인 모델에 알맞은 경향이 있으며 그러므로 그 문화에 알맞다. 조직을 위하여 구조나 전략을 결정하는 리더의 권력은 문화를 형성하는 효과적인 수단이다. 계층, 통솔의 범위, 보고체계, 그리고 공식화와 전문화의 정도를 결정하기 때문에 리더는 역시 문화를 형성한다. 예를 들면, 높게 분권화되고 유기적인 구조는 개방적이고 참여적인 문화를 가져오기 쉽고, 반면에 높게 집권적인 구조는 기계적 그리고 관료 문화와 일치하는 경향을 갖는다. 조직의 구조는 상호작용을 제한하거나 혹은 촉진한다. 리더 혹은 고위관료에 의하여 선택된 전략은 조직의 문화에 의하여 결정하거나 역시 형성하는 것을 도와준다. 그와 같이 개혁과 위험부담을 요구하는 성장전략을 선택하는 리더는 감축전략을 선택하는 리더보다 다른 문화를 창조할 것이다.

조직 내에서 가장 높은 위치에 있는 사람을 포함해 대부분의 사람들은 관리자의 마인드를 가지고 있다. 고위 임원진들을 보편적으로 '리더'라고 부르는 것은 단지 그들이 권한을 갖고 있는 자리에 있기 때문이다. 그들은 관리자처럼 생각하고 행동한다. 관리자의 역할은 대체로 문제가 발생하면 이를 수동적으로 해결하고, 조직의 위계질서를 유지하며, 개인적 리스크를 최소화하는 것이다. 관리자들은 사람들을 새롭고 경험해 보지 못한 영역으로 이끌려고 하지 않는다. 그렇지만 그렇게 하는 것이 리더가 되는 길이다.[1]

리더와 관리자를 구분해서 정의하는 입장은 관리자와 리더가 서로 양립할 수 없는 가치와 성격을 가지고 있다고 가정한다. 관리자들은 안정, 질서, 효율성을 중시하는 반면에, 리더는 유연성, 혁신, 적응을 중시한다. 리더십이란 힘과 탁월한 비전을 구비한 매우 독특한 예술이다. Warren Bennis와 Nanus는 리더와 관리자를 간단한 말로서 비교하였는데 그들에 의하면 "관리자는 일들을 확실하게 하는 사람이며, 리더는 바람직한 일을 하는 사람이다(Managers are people who do things right and Leaders are people who do the right things)."[2] 리더란 필연적으로 광범위한 기초, 상상력, 또는 역사의 원동력이라 할 수 있는 활기 넘치는 아이디어를 갖추지 않으면 안 될 것이다. 닉슨은 리더와 관리자의 차이를 이렇게 설명한다. "관리가 산문(散文)이라면 리더십은 시(詩)다. 관리자는 오늘을 생각하지만 리더는 내일 모레를 생각한다."

Bennis는 성공적인 최고경영자와 기업의 대표이사, 이사회의장 60명과 공공

1) Robert Quinn, 2004, *Leading Change*, John Wiley & Sons, Inc., 최원정 · 홍병문 옮김, 2005, 리딩체인지, 늘봄 발행: 한국저작권센터, p. 36.
2) Warren Bennis and Burt Nanus, 1985, *Leaders*, New York: Harper & Row, p. 21.

부문의 걸출한 지도자 30명 등 90명의 리더와 인터뷰를 실시하였다. 이들과 인터뷰를 통하여 90명의 리더 모두를 통합하는 역량의 네 가지 영역, 사람을 다루는 네 가지 전략이 다음과 같이 밝혀졌다.[1)]

- 전략 1: 비전을 통한 관심 집중
- 전략 2: 커뮤니케이션을 통한 생각의 전달
- 전략 3: 포지셔닝을 통한 신뢰성 구축
- 전략 4: 긍정적 자존심을 통한 자기관리

이 전략들을 좀 더 자세히 설명하여 본다면 다음과 같다.

비전을 통해 관심을 집중한다는 것은 초점을 맞추는 것이다. 비전은 다른 모든 사람을 비전으로 끌어들이고 몰아간다. 헌신과 결합된 몰입은 자석과도 같다. 비전은 사로잡는 힘이 있다. 비전은 제일 먼저 리더를 사로잡고, 그의 관심은 다른 사람들을 비전에 집중하게 만든다. 비전은 활력과 영감을 주어 목적을 행동으로 전환한다.

꿈을 꿀 수 있다면 그 꿈을 이룰 수 있다. 그러나 혼자의 꿈은 꿈에 지나지 않으나 모두 다 같이 꾸는 꿈은 실현할 수 있다. 꿈을 공유하기 위해서 커뮤니케이션하지 않고서는 아무것도 달성할 수 없다. 성공은 다른 사람의 열정과 몰입을 유도할 수 있는 능력이 필요하다. 어떻게 상상력을 발휘할 것인가? 어떻게 비전을 나눌 것인가? 어떻게 사람들을 조직의 목표하에 정렬시킬 것인가? 어떻게 청중들로 하여금 아이디어를 이해하고 받아들이게 만들 것인가? 종업원들은 구체적으로 확립된 정체성을 인식하고 그 아래로 모아야 한다. 의미의 관리, 완벽한 커뮤니케이션은 성공하는 리더십과 분리될 수 없다.

반세기 전에는 루스벨트와 처칠이 위대한 연설가였다. 최근에 와서는 넬슨 만델라와 마가렛 대처, 이츠하크 라빈과 같은 지도자들이 비범한 설득 능력으로 사회를 재결집시킨 인물로 꼽힌다. 반대로 지미 카터는 커뮤니케이션 능력이 부족했고, 힘을 집결시키는 데도 효과적이지 못했다. 물론 그의 연설에는 의미가 담겨져 있겠지만 많은 사람들은 그 의미가 모호했다고 말한다.

신뢰는 조직을 움직이는 윤활유의 역할을 한다. 신뢰가 없으면 조직은 생존하기 어렵다. 실제로 예측 가능한 사람, 그의 지위를 알고 그 역할에 걸맞게 행

---

1) Bennis and Nanus, 2003, *Leaders*, 김원석 옮김, 2005, 리더와 리더십, pp. 52-91.

동할 것을 아는 사람을 신뢰한다. 리더는 그 자신을 알리고 자기 역할을 분명하게 보여 줌으로써 신뢰를 얻는다.

마지막으로 리더는 믿을 만하고 끈질긴 사람이다. 이 부단한 포지셔닝은 마틴 루터 킹의 민권운동을 들 수 있다. 민권운동 때문에 희생을 치렀으며, 때로는 자기 신념 때문에 죽음을 맞기도 했다. 궁극적으로 지속적인 헌신이 신뢰를 구축하는 것이다. 포지셔닝이란 리더가 비전을 실행에 옮기는 데 필요한 행동의 집합이라는 것이다. 비전이 아이디어라면 포지셔닝은 리더가 설정한 틈새다. 이 틈새가 달성되어야 하기 때문에 리더는 명료성뿐만 아니라 일관성과 신뢰의 화신이 되어야 한다. 그리하여 더 중요한 것은 리더십은 포지션을 설정하고 그 과정을 유지함으로써 신뢰를 구축하게 된다는 것이다.

넬슨 만델라는 26년간의 감옥생활에도 불구하고 남아프리카공화국에서 인종차별정책을 몰아내는 것을 결코 포기하지 않았다. 이러한 일관성은 결국 1990년 평화적인 정부수립과 평화적인 정권교체라는 결과를 낳았다. 이 같은 투쟁에 대한 경의의 표시로 세계는 1993년 노벨 평화상을 수여했으며 남아프리카 국민들은 선거를 통해 그를 대통령으로 추대하였다. 이와 같이 모든 리더십에는 자신의 입장을 밝히고 그리고 일관성이 요구된다는 것이다. 결국 포지션을 통하여 신뢰를 구축하는 것이 진리라는 것은 조직과 리더 모두에게 똑같이 적용된다.

성공하는 리더의 핵심 요소는 자신을 창의적으로 관리하는 것이다. 자신을 창의적으로 관리한다는 것은 긍정적 자존심을 이끌어 내는 것이다. 즉 당신의 주요 장점과 약점은 무엇입니까? 는 리더가 가지고 있는 긍정적 자존심의 의미를 파악하기 위한 것이다.

긍정적 자존심을 갖기 위한 첫 단계는 자신의 강점을 인식하고 약점을 보완하는 것이다. 두 번째 요소는 훈련을 통하여 역량을 개발하는 것이다. 이것은 자신의 능력을 개발하고 끊임없이 발전시키는 것을 말한다. 세 번째는 일반적으로 성공하는 CEO는 자기가 가진 약점을 감추거나 보완하기 위해 참모진을 구성하지, 직접 그 일을 맡아 하지 않는다. 즉 리더가 인식하는 역량과 직무요구사항 간의 적합성을 파악하는 능력을 보여 준다. 이를 요약하면, 긍정적 자존심은 세 가지 중요 부분으로 구성된다. 자신의 강점에 대한 지식, 강점을 성장시키고 개발하는 능력, 조직의 요구와 자신의 강점 및 약점 사이의 적합성을 분별하는 능력이 그것이다. 긍정적 자존심을 가진 사람은 자기 업무를 훌륭하게 수행하며,

적절한 역량을 보유하고 있다. 그들은 자신의 일을 즐기며, 일을 통해 기본적 욕구와 동기를 만족시킨다. 마지막으로 그들은 자신의 일에 자부심을 가지며 거기에는 그들의 가치체계가 반영되어 있다. 특히 긍정적 자존심은 다른 사람에게 자신감과 높은 기대감을 부여하고 힘을 이끌어 낸다.

2. 관리자의 기능과 역할

관리를 보는 두 가지 주요한 방법이 있다. 관리의 기능과 다양한 관리가 활동하는 역할. 관리의 기능적인 관점은 효과적이고 능률적인 방법으로 계획, 조직, 막료, 지시, 그리고 조직의 자원 통제를 통하여 조직의 목적을 달성하는 것으로 정의한다. 이와 같이 관리기능의 모델은 관리자들이 수행하는 광범위한 활동을 포함한다.

Henry Mintzberg는 이 분야에서 고전에 속하는 책인 「The Nature of Managerial Work」을 저술하였다.[1] 그는 조직을 운영하는 10명의 관리자를 심층적으로 관찰하여 관리의 업무를 첨가하였다. 그는 관리자의 업무가 10가지의 관리자 역할로 다음과 같이 조직화될 수 있다고 하였다.

관리자 업무의 활동을 개별적인 역할로 이해하기 위하여 분류는 하였으나 관리의 현실 세계에서는 모든 이러한 역할들이 상호작용을 한다는 것은 중요하다. Mintzberg의 연구결과는 리더십과 관리의 많은 정의들의 통합을 나타내고 있다고 볼 수 있다. 그가 정의하는 이러한 역할들이 전형적으로 리더들의 주요한 역할이고 기능이기도 하다.

비록 리더십과 관리가 자주 상호 교체하면서 사용하기는 하지만 이 두 개념은 같은 것이 아니다. 대부분 20세기에 리더십은 좋은 관리와 동등하게 사용되었다. 그러나 리더십과 관리는 같은 것이 아니다. 물론 관리자는 때때로 리더가 될 수 있고 리더는 때때로 관리자가 될 수 없는 것은 아니다. 실제로 관리자와 리더간의 구별은 간단하지 않다. 리더십은 관리와 같이 영향력을 포함한다. 리더십은 사람과 같이 일하는데 관리도 역시 그렇다. 리더십은 관리와 같이 효과적인 목적달성을 고려한다.

그러나 리더십은 관리와 다른 점이 있다. 리더십의 연구가 Aristotle로 거슬러

---

1) H. Mintzberg, 1973, *The Nature of Managerial Work*, New York: Harper & Row.

가는 반면, 관리는 산업사회가 출현하는 20세기로 들어오면서 나타났다.

관리는 조직의 혼돈을 감소하고, 조직을 효과적으로 그리고 능률적으로 운영하기 위하여 창조되었다.

[표 1-1]에서 보듯이 리더와 관리자의 기능 가운데 분명한 구별보다는 그들의 역할은 서로 보완적이다. 자주 효과적인 리더는 역시 효과적인 관리자이며 그 반대도 같다. 그러나 그러한 결론은 리더십과 관리가 다른 별개의 기능이라고 의미할 때는 정확하지 않다.

결론적으로 효과적인 공공관리자는 그들이 정책과 사람들에게 영향을 줄 때, 거북한 느낌을 극복할 때, 지시할 때, 그리고 공격적인 행동을 취할 때 리더십의

[표 1-1] 관리자의 역할

분 류	역 할	활 동
비공식적	감독	- 정보를 찾고 받으며, 정기간행물과 보고서를 살피고, 개인적인 접촉을 유지
	선전	- 정보를 다른 조직구성원들에게 보내고, 메모나 보고서를 보내고, 전화를 한다
	대변인	- 연설, 보고서, 메모를 통하여 외부인들에게 정보를 송신한다
인간 상호관계	명색뿐인 수령	- 방문객에 인사한다든지 합법적인 서류에 사인과 같은 그러한 예식과 상징적인 의무
	리더	- 부하를 지시하고 동기부여하며; 훈련, 상담, 그리고 부하들과 의사소통
	연락	- 조직의 내부 및 외부에 정보연결을 유지; 메일, 전화, 회의
결정적	기업가	- 프로젝트 증진을 주도; 새로운 아이디어 발굴; 다른 사람에게 아이디어 책임을 위임
	소동 담당자	- 논쟁과 위기 동안 시정행동을 취함; 부하들 사이에 갈등을 해결; 환경의 위기에 적응
	자원 할당자	- 누가 자원을 얻는가를 결정; 계획, 예산, 우선순위결정
	협상자	- 노동조합과 협상하는 동안 부서를 대표, 판매 구입, 예산, 부서의 이익을 대변

출처: Henry Mintzberg, 1971, *The Nature of Managerial Work*, New York: Harper & Row, pp. 92-93; Henry Mintzberg, 1971, "Managerial Work: Analysis from Observation," *Managerial Science* 18, Daft, *op. cit.*, p. 37(재인용).

역할을 한다. 관리자의 기능을 단지 능률만 고려한다는 것은 현실적이지 않으며 바람직하지도 않다. 효과적인 관리자는 결정을 하고, 예산지출을 감독하며, 일상적인 거래의 합법성을 확인하고 그리고 능률적이고 평등한 보상체제를 하는 조직 운영의 중추적 역할을 한다. 역시 관리자는 교환적인 리더로 불려질수 있다. 왜냐하면, 교환적 리더는 조직의 의사결정을 하며, 그들의 많은 시간을 낮은 수준의 관리자들이 효과적인 운영결정을 수행하고 있는지를 확인하는 데 활용한다. 일반적으로 관리자의 업무는 낮은 수준의 결정을 검토하고, 더욱이 예측, 설득, 검증된 수준 높은 지식과 기술, 그리고 윤리적인 행동에 의하여 부하들을 관리한다. 관리자들은 새로운 기술과 정보를 사용하고, 협조를 동원하고, 업적에 대한 통제를 한다. 관리자는 문제를 해결하는 기술이 있고, 리더는 조직을 설계하고 구축하는 데 능숙하며 또한 조직의 미래에 새로운 접근법의 설계자이다.

3. 리더와 관리자의 차이

최근에 관리자와 리더십간의 차이에 대하여 많이 거론하고 있다. 어떤 사람들은 리더십을 관리의 기능으로서 말하고 다른 사람들은 관리를 리더십의 하위기능으로 취급한다.

그러나 리더십은 목적과 가치를 옹호하고, 방향을 설정하며 그리고 영감 및 감동을 주는 중요한 기능을 의미한다. 반면 관리(management)는 예산을 감독하거나 혹은 업무가 달성되는 것을 확인하는 집안 살림 기능을 의미한다. 관리는 조직의 안정을 유지하기 위하여 계획과 통제에 중점을 두는 반면, 리더십은 미래를 위한 비전을 창조하고 그리고 그것을 달성하기 위하여 감명을 주는 데 초점을 두고 있다.

관리와 리더십은 둘 다 조직에는 중요하다. 전통적인 관리는 고객, 주주, 근로자 및 다른 사람들의 욕구를 충족시키기 위하여 필요하다. 그러나 조직은 미래를 보고, 근로자를 동기부여하고 감명을 주며, 그리고 변화하는 요구에 적응하기 위하여 강력한 리더십이 필요하다. Kotter 등은 [표 1-2]에서 이들의 차이를 명확하게 설명한다.

[표 1-2]에서 몇 가지 예를 들면, 리더십과 관리는 조직을 위한 지시를 제공하는 데 동일한 관심을 가지고 있다는 것이다. 그러나 그들은 다르다. 관리는 특

정한 결과를 위하여 세부적인 계획과 스케줄에 집중하고, 계획을 달성하기 위하여 자원을 할당한다. 리더십은 미래의 비전을 세우고 실천하는 방안을 발전한다. 관리는 단기적인 목적에 관심이 있는 반면 리더십은 장기적인 목적에 치중한다. 그러므로 미래에 대한 전망인 비전은 리더십의 주요 관심분야이다.

리더십과 관리 사이의 차이는 두 개의 다른 결과를 창조한다. [표 1-2]에서 보듯이 관리는 안정, 예측성, 질서 그리고 능률에 관심을 보인다. 그와 같이 좋은 관리는 조직이 끊임없이 단기적 결과를 달성하는 것을 돕고 그리고 다양한 주주

[표 1–2] 관리와 리더십의 비교

	관 리	리더십
지 시	기획과 예산 하위계층에 대한 감시	비전과 전략을 창조 영역에 대한 감시
정 렬	조직화 그리고 막료 지시 그리고 통제 경계 확정	문화와 가치의 공유 창조 다른 사람이 성장하는 것을 도움 경계선을 감소
관 계	사물에 집중 — 상품과 서비스를 생산/서비스 지위권력에 기초 보스로서 행동	사람에 집중 — 부하들에 감명을 주고 동기부여함 코치로서 행동, 촉진자, 봉사자
개인적 자질	감정적 거리 전문가 마인드 지시 일치 조직에서 통찰	감정적 연결(마음) 개방 마인드(깊은 사려) 청취(의사소통) 불일치(용기) 자신 속에서 통찰(정직)
산 출	안정유지	변화창조, 빈번한 급진적 변화

출처: John P. Kotter, 1996, *Leading Change,* Boston, MA: Harvard Business School Press, p. 26; Joseph C. Rost, 1993, *Leadership for the Twenty-First Century*, Westport, CN: Praeger, p. 149; and Brian Dumaine, 1993, "The New Non-Manager Managers," *Fortune*, February 22, pp. 80-84.

들을 만족시킨다. 한편 다른 리더십은 극적인 변화를 창조한다.

리더십은 새로운 도전을 충족하기 위하여 낡고 비생산적인 규범들에 의문을 제기하고 도전하는 것을 의미한다. 좋은 리더십은 새로운 고객과 시장을 확대하기 위한 새로운 상품과 서비스와 같은 그러한 아주 가치 있는 변화를 초래할 수 있다. 예를 들어 Edwin Land는 속성사진을 찍기를 원하는 사람들은 사진 찍는 것과 그 사진을 보고 즐기는 시간 사이의 시간을 단축하는 것을 좋아할 것이라고 믿었다. 그리하여 Polaroid 카메라가 탄생하게 되었다. 그와 같이 좋은 관리는 조직이 현재의 몰입을 충족하는 것을 돕는 것이 필요하지만, 좋은 리더십은 조직을 미래 속으로 움직이는 것이다.

20세기에는 좋은 관리가 자주 조직을 건강하게 지키는 것이 충분하였다. 그러나 21세기를 위한 리더들은 이제는 전통적인 관리에 의존할 수 없다.[1] 오늘날 조직은 관리에서 리더십으로 변하여야 조직을 지킬 수 있을 것이다.

리더십과 관리의 차이점은 현재도 계속 논쟁이 계속되고 있는 쟁점이다. 분명한 것은 개인이 관리자가 되지 않고도 리더(예: 비공식리더)가 될 수 있으며 또한 리더십을 발휘하지 않고도 공식적인 리더 혹은 관리자가 될 수 있다는 것이다. 관리와 리더십을 동등한 것이라고 주장하는 사람들은 없지만, 어느 정도 중복되는지에 관해서는 크게 의견이 갈려 있다.

"리더는 풀어주고 관리자는 옥죄는 사람이다. 권력과 에너지를 해방시키고 행동을 허락하는 사람들, 그들이 바로 리더이다"라고 Lucas는 말했다. 그러나 무조건적인 해방과 허용이 능사는 아니다. 누군가는 통제하고, 누군가는 압박하고, 누군가는 상세한 지침과 방향을 알려 주어야 한다. 그게 누구일까? 바로 관리자다. 그럼 관리자는 어떤 존재인가? 일을 실행하는 사람이다. 리더에게는 실수의 가능성까지 포용하는 혁신적 환경을 조성할 목표가 있는 반면, 관리자에게는 직원들을 훈련시켜 실수와 낭비를 줄이고 억제해야 할 목표가 있다. 상반된 내용이지만 두 가지 모두 조직에 꼭 필요하다. 권한을 가진 리더는 실수를 환영하고 때로는 축하해야 할 경우도 있지만, 일의 주체인 관리자는 그와 같은 실수로부터 교훈을 얻고 다시는 같은 일이 반복되지 않도록 할 책임을 지닌다. 리더는 원대한 청사진과 결과에 주력하는 반면, 관리자는 현재 맡고 있는 업무와 방법론에 초점을 맞춘다. 두 가지 모두 없어서는 안 될 요소들이다. 배가 어디로 가고 있

---

1) Daft, *op. cit.*, p. 45.

으며 목적지는 어디여야 하는지 누군가는 알고 있어야 한다. 그가 바로 권력자, 즉 리더이다. 하지만 목적지에 무사히 도달하기 위해서는 지속적으로 항로를 점검하고 기계의 작동 상태를 관리할 사람이 필요하다. 이것은 관리자의 몫이다.[1)]

그러나 리더십과 관리를 서로 다른 유형의 사람들로 연관시키려는 노력은 경험연구에서는 지지를 받지 못하고 있다.

다른 학자들은 리더십과 관리를 별개의 과정으로 이해하기는 하지만 리더와 관리자를 서로 다른 유형의 사람들이라고 생각하지는 않는다. 이러한 예로써 Kotter는 관리와 리더십의 핵심과정과 의도한 성과에 따라서 구별하였다.

관리는 예측가능성과 질서를 만들어 내기 위해 ① 운영목표를 설정하고 행동계획을 수립하며 자원을 할당하고, ② 조직화와 충원을 통해서 구조를 수립하고 사람들에게 일을 할당하며, ③ 결과를 모니터하고 문제를 해결한다.

이에 반해서, 리더십은 조직변화를 만들어 내기 위해 ① 미래의 비전과 필요한 변화를 위한 전략을 수립하고, ② 비전을 전달하고 설명하며, ③ 비전을 달성하도록 동기부여하며 고무시킨다. 관리와 리더십은 해야 할 필요가 있는 것이 무엇인지를 결정하고, 이를 위해서 관계의 인맥을 창조하며, 일이 이루어지도록 만드는 것에 모두 관계한다.[2)]

그러나 두 과정은 양립할 수 없는 몇 가지 요소를 가지고 있다. 강한 리더십은 질서와 효율성을 와해시킬 수 있으며, 강한 관리는 모험과 혁신을 방해할 수 있다. 두 과정은 모두 조직의 성공을 위해 필요하다. 그러나 강한 관리만으로는 목적이 모호한 관료주의를 동기부여 할 수 있으며, 강한 리더십만으로는 비현실적인 변화를 유발할 수 있다. 두 과정의 상대적 중요성과 두 과정을 통합하는 최선의 방법은 상황에 따라 달라진다.

위에서 언급하였듯이 관리와 리더십을 별개의 역할, 과정 또는 관계로 정의하는 일은 보기보다 불분명할 수 있다. 그럼에도 불구하고 대부분의 학자들은 현대조직에서 관리자로서 성공하기 위해서는 반드시 리더십이 있어야 한다는 점에는 거의 모두 동의하는 것 같다.

---

1) James Lucas, 2002, *Balance of Power*, Tyrannus Press(김광수 옮김, 2006), 비전과 리더십 출판, pp. 147-150.

2) J. P. Kotter, 1990, *A Force of Change: How Leadership differs from Management*, New York: Free Press.

제 3 절 리더십의 효과성과 효과적인 리더십의 장애

1. 리더십의 효과성

효과적인 리더십은 무엇을 의미하는가? 효과성은 여러 가지 의미에서 정의될 수 있다. 어떤 학자는 리더십 효과성을 집단의 성과로 정의한다. 이러한 관점에 따라 그들의 집단이 효과를 발휘할 때 리더는 효과적이라고 한다. 또는 리더의 효과성을 결정하는 중요한 요인으로 부하들의 만족도를 고려한다. 변혁적이고 비전적인 리더들은 조직의 대규모 변화의 성공적인 수행을 효과성으로 정의한다.[1)]

이와 같이 리더십의 효과성에 대한 정의는 조직의 효과성 정의만큼이나 다양하다. 어떤 정의를 선택할 것인가는 주로 효과성을 결정하는 사람의 견해에 달려 있고 그리고 고려할 대상이 누구인가에 따라 다르게 정의를 한다.

사람들의 가치관, 직업, 성격, 이념, 전공분야 등에 따라 효과성을 다르게 보는 것은 당연하다. 예를 들어 1960년대 차별을 반대한 인권 운동가였던 Hewlett-Packard 실험실의 인사 관리자는 효과성을 사람들이 더욱 의사소통하고, 더 협조하며 그리고 더 개혁하는 것으로 정의를 하였다. 학자들의 경우 유명한 논문들을 발표하는 것을 효과성이라고 정의할 수 있다. 분명히 효과적인 리더가 무엇을 의미하는지 정확한 정의는 없는 것 같다.

그럼에도 불구하고 Luthans는 효과적이고 성공적인 관리자간의 차이를 구별하면서 리더십의 효과성 개념에 대한 흥미 있는 의견을 제안하였다.[2)] 그에 의하면 효과적인 관리자는 근로자들이 만족하고 생산적인 근로자들로 유지하는 사람들이며, 반면에 성공적인 관리자는 빨리 승진하는 사람들이다. 관리자들의 집단을 연구한 후 성공적인 관리자들과 효과적인 관리자들은 서로 다른 활동을 한다고 제안을 하였다. 효과적인 관리자들은 부하들과 의사소통하고, 갈등을 관리하고, 근로자들을 훈련하고, 발전하며, 동기부여하는 데 많은 시간을 보내는 반면, 성공적인 관리자들의 주요한 관심은 근로자들에게 있는 것이 아니다. 그 대신 성공적인 관리자들은 외부인들과 상호작용, 사회화, 그리고 정치적 흥정과 같

---

1) Afsaneh Nahavandi, 2003, *The Art and Science of Leadership*, Third Edition, Prentice Hall, p. 5.
2) F. Luthans, 1989, "Successful vs. Effective Managers," *Academy of Management Executive* 2, No. 2: 127-132.

은 그러한 연계활동에 집중을 한다.

리더십 효과성에 대한 이상적 정의는 리더가 수행하는 다양한 역할들과 기능들을 고려하여야 한다. 그러나 모든 조직은 그러한 철저한 분석을 하지 않고 쉽고 단순한 측정들을 사용하곤 한다. 예를 들어 주주나 재정분석가는 기업의 근로자들이 만족하건 안하건 관계없이 주가가 계속 상승한다면 한 기업의 CEO는 효과적이라고 말한다. 정치인들은 투표가 그들의 인기를 나타내고 또한 재선을 한다면 효과적이라고 생각한다. 축구 코치는 자신의 축구선수들이 승리한다면 효과적이다. 대학교의 총장도 만약 그 대학이 연구의 업적이 많이 배출되고 학생들이 취업이 잘 되고, 각종의 시험에서 학생들이 우수한 성적으로 합격한다면 그의 리더십은 효과적이라고 말할 것이다.

이와 같이 모든 예에서 볼 수 있듯이 효과성의 의미는 결과에 초점을 맞추고 있는 것을 볼 수 있다. 근로자들의 만족과 같은 과정문제가 측정될 수 있으나 효과성의 주요한 지표로 활용되지 않는다.

대부분의 리더십 연구가 효과성을 결정하는 데 과정을 고려한다고 하더라도 연구의 초점은 역시 산출 혹은 생산성에 두고 있다. 그렇다면 결과가 수단을 정당화하는지 질문을 한다면 리더십의 효과성을 판단하는 데 훨씬 복잡하여질 것이다.

효과성의 광범위한 관점은 목적을 달성하는 동안 내부의 안정과 외적인 적응을 유지하는 데 성공적일 때 리더가 효과적이라고 고려한다. 그렇다면 일반적으로 그들의 부하들이 그들의 목적을 달성할 때, 서로 화합을 이루면서 기능할 때, 외부의 환경변화 요구에 적응할 수 있을 때 효과적이다. 그러므로 리더십 효과성의 정의는 다음 세 가지 요소를 포함한다.[1)]

① 목적달성(재정적 목적을 충족, 상품의 질 혹은 서비스를 생산하고, 소비자의 욕구를 수용하는 것을 포함)

② 원만한 내부의 과정(집단의 응집성, 지지자의 만족, 그리고 효과적인 운영을 포함)

③ 외부에 적응성(성공적으로 변화하고 진화하기 위한 변화에 대한 집단의 능력)

다른 관점에서 리더십을 연구하는 학자들의 관심은 리더십의 각 스타일들이 근로자들에게 미치는 영향 혹은 효과성에 모아졌다. 이 연구들의 결론들은 혼합되어 있고 심지어는 서로 갈등을 한다. 공공조직의 관료들을 포함하여 1,000명

1) Nahavandi, *op. cit.*, p. 6.

이 넘는 관리자에 대한 연구에서 Stogdill은 배려하는 리더들의 부하직원들이 과업지향적인 리더들의 부하직원보다 높은 수준의 직무 만족을 가지고 있다는 발견을 하였다. 또 다른 연구는 리더의 배려는 적어도 단기적으로는 근로자들의 낮은 이직률을 가져왔으며 과업구조는 근로자들의 불만과 긍정적인 관계가 있었다.[1] 리더들이 양 척도에서 9.9를 나타내는 곳에 근로자들이 이직률과 불만이 낮은 경향을 보여 주었다(행태접근법의 리더십 Grid 참조). 다른 연구도 유사한 결과를 보여 준다.[2] 이러한 연구들은 배려하는 리더들의 부하들이 더욱 큰 직무 만족을 가져왔으며 대부분의 리더들은 과업지향적인 것보다는 낮은 수준의 감독을 선호할 것이라는 결론을 주장하였다.

반면에 다른 연구들은 반대되는 연구결과를 내놓고 있다. 즉 과업구조는 근로자의 형태에 따라 다른 반응을 나타내는데 특히 대규모 집단에 기술이 없거나 중간 정도의 기술을 가진 근로자들은 규모가 작은 작업집단의 동료들보다 과업구조를 선호하거나 혹은 끈질기게 반대하지도 않았다.[3] 집단의 갈등은 과업구조에서 감소되는 경향이 있다.[4] 높은 수준의 근로자들은 리더들이 과업지향적인 활동에 종사하는 작업환경에 더 만족하였다. 우리는 이러한 연구결과에서 보듯이 어떠한 특정한 리더의 스타일이 보다 더 생산적이라고 말할 수는 없다.

Likert 역시 근로자 중심적인 리더십이 생산성과 높은 상관관계를 가지고 있다고 하였으나 그도 역시 높은 업적을 수행하고 있는 작업집단에서 과업지향적인 리더를 자주 발견하였다.

이와 같이 리더십 효과성을 어떻게 볼 것인가에 대해서도 연구자마다 의견이 일치되고 있지 않다. 위에서 보듯이 대부분의 연구자들은 리더가 취한 행동이 부하들과 조직의 다른 이해관계자들에 미치는 결과에 비추어서 리더십 효과성을 평가한다. 리더십 평가는 일반적으로 리더가 이끄는 집단이나 조직의 성장, 위기에 대처하는 준비성, 부하의 리더에 대한 만족, 부하의 집단 목표에 대한 개입,

---

1) Fleishman, Edwin, and Edwin Harris, 1962, "Patterns of Leadership Behavior Related to Employee Grievances and Grievance and Turnover," *Personnel Psychology* 15(Spring), pp. 43-56.

2) Filley Allan and Robert House, 1969, *Managerial Process and Organizational Behavior*, Glenview, Ill.: Scott, Foresman.

3) Vroom, Victor and Floyd Mann, 1964, "Leader Authoritarianism and Employee Attitudes," *Personnel Psychology*, 13(Summer): 125-139.

4) Oaklander, Harold and Edwin Fleishman, "Patterns of Leadership Related to Organizational Stress in Hospital Settings," *Administrative Science Quarterly* 8(March): 520-532.

부하들의 심리적 행복, 집단 내에서 리더가 높은 지위로 승진하는지 여부 등으로 평가한다. 그 중 흔히 리더의 효과성을 평가하기 위하여 사용하는 측정치는 리더가 이끄는 조직이 과제를 성공적으로 수행하고 목표를 달성하는 정도이다.

이와 같이 리더십을 정의할 때와 마찬가지로 리더십 효과성을 어떻게 볼 것인가에 대해서도 연구자마다 의견이 다르다.[1)]

2. 효과적인 리더십의 장애

모든 문화나 모든 조직의 환경에서 공통적으로 효과적인 리더가 된다는 것은 이상적이라고 할 수 있다. 무엇이 효과적인 리더를 만드느냐는 쉽지 않은 질문이다.

효과적인 리더가 되기 위하여 실수를 범하고 실수를 통하여 배우는 것이 첩경이다.

세상을 지배한 사람들의 놀라운 공통점은 그들은 실패를 밥 먹듯 많이 했다는 사실이다.

김병완이 농구 코트의 황태자 마이클 조던(Michael Jordan)을 예로 들면서 실패의 교훈을 설득력 있게 설명한 것을 보자.[2)]

"나는 9,000개 이상의 슛을 실패했다. 거의 300개의 게임에서 패배했다. 승리에 쐐기를 박을 26개의 슛을 놓쳤다. 나는 아주 많은 실패를 거듭한 삶을 살았다." 농구의 천재라 불리고 엄청나게 높게 점프하여 슛을 성공시키는 그의 모습을 본 사람은 그가 농구의 신이 아닐까 하는 의구심마저 생긴다고 한다. 하지만 그도 역시 아주 많이 실패를 했고, 남들보다 더 많이 실패를 했던 사람에 불과하다는 것을 우리는 알아야 한다. 마이클 조던과 같은 농구 천재도 고등학교 농구부에서 실력이 없다고 쫓겨났다고 한다면 믿겠는가? 믿기조차 힘든 일이지만 그것은 사실이다. 농구부에서 퇴출된 그는 하루 종일 울었다고 한다. 그리고 그는 아침마다 농구 슛 연습을 했다고 한다. 마이클 조던이 그때 뼈아픈 실패를 경험하지 않았다면 지금과 같은 위대한 농구 선수가 될 수 있었을까? 그는 남보다 더 빨리, 더 아픈 실패를 경험할 수 있었기 때문에 더 큰 성공을 경험할 수 있게

---

1) Gary Yukl, 2002, *Leadership in Organization*, Fifth Edition, Prentice-Hall Inc., pp. 8-9(참조).
2) 김병완, op.,cit. pp. 294-7.

되었다고 생각한다.

천재가 된 사람들을 보면 실패를 두려워하지 않고, 자신이 천재와 같은 높은 경지에 오를 수 있고 성장할 수 있다는 사실을 의심하지 않았다는 사실을 알 수 있다.

보통 사람들은 실패를 두려워한다. 왜냐하면, 자신이 도전하여 실패하게 되면 자신의 재능이나 수준이 자신이 실패한 바로 그 지점이라고 생각하기 때문이다. 그리고 더 이상 노력을 한다고 해도 절대 그 수준을 넘어서지 못할 것이라고 생각하기 때문이다. 바로 이러한 사고방식을 고착형 사고방식이라고 한다.

하지만 위대한 성공을 거두고 천재의 반열에 오른 사람들은 이러한 고착형 사고방식과 다른 성장형 사고방식을 가지고 있다. 그것은 자신이 지금은 실패를 해도, 좀 더 노력을 하면 자신의 실력이나 재능이 그만큼 더 성장하고 발전할 수 있다는 사고방식이다. 그렇기 때문에 지금 당장 도전하여 아무리 실패를 한다고 해도 그것을 전혀 두려워할 필요가 없는 것이다.

실패를 하면 할수록 더 많이 노력해야 할 필요성을 알게 해주는 고마운 일일 뿐 좌절이나 실망을 안겨다 주는 그런 비참한 경험이 아닌 것이다.

처음부터 실력이 천재 급이 되는 태어날 때부터 천재들은 실패를 하지 않았을 것이 아닌가하는 생각 말이다. 하지만 그런 천재는 아무리 살펴봐도 없다. 물론 우리 주변에 신동이라고 매스컴을 타는 사람들도 없지는 않다. 하지만 역사를 통해 볼 때 아주 어렸을 때 남다른 재주를 가지고 태어난 소위 말하는 신동들은 어른이 될수록 그 재주가 평준화되어, 결국에는 이렇다 할 만한 큰 업적을 남긴 경우가 별로 없다는 사실이다.[1)]

그리고 더 재미있는 사실은 어렸을 때는 문제아이고, 낙제생이었던 이들이 혹독한 훈련과 연습을 통해 위해한 업적을 남기는 천재로 도약했던 사례가 적지 않다는 사실이다.

“실패를 많이 하지 않은 사람은 성공도 많이 할 수 없다.”고 이건희는 말한다.

“성공을 하려면 더 많이 실패하라”

이것은 마치 봄에 많은 씨앗을 심은 만큼 가을에 거두게 되는 인과의 법칙에 정확히 들어맞는 말이다. 그러나 중요한 문제는 실수를 저질렀을 때 실수를 만회하려면 다음 3가지 방법을 선택해야 한다. 첫째, 실수를 인정하여야 한다.

---

1) Ibid., pp. pp. 297-9.

둘째, 실수로부터 배울 수 있어야 한다. 셋째, 실수를 반복하지 말아야 한다.[1)]

그러나 불행하게도 조직들은 리더들이 새로운 기술을 실습하거나, 새로운 행태를 시범하고 그리고 그들의 행위를 관찰할 환경을 제공하기에 대단히 인색하다는 것이다. 대부분의 경우에 조직들은 실수를 하였을 경우, 그에 지불하는 비용이 엄청나게 크기 때문에 새로운 방법을 활용하기보다는 일상적인 방법을 그대로 사용하려고 할 것이다. 실제로 연마나 실수에 따른 경험이 없이는 효과적인 리더가 된다는 것은 가능하지 않다. 문제는 효과적인 리더가 되는 데 장애가 되는 요인이 무엇인가를 밝혀내는 것이다.

효과적인 리더가 되는 데 있을 수 있는 장애요인은 다음과 같다.[2)]

1) 조직들이 신속한 반응과 해결을 찾는 데 어려움을 야기할 수 있는 불확실성을 직면한다는 것이다. 위기에 직면할 경우를 대비하여 학습을 위한 시간과 인내가 필요한데 조직들은 그러할 여유가 없다는 것이다. 아이러니하지만, 만약 그러한 여유가 허용된다면, 조직들은 리더십의 새로운 방법으로 복잡성과 불확실성을 더욱 쉽게 다룰 수 있는 지혜를 학습할 것이다. 그러나 악순환의 문제가 발생하는 것은 조직이 직면하고 있는 현재 위기를 극복할 수 있는 학습의 시간들이 허용되지 않는다는 데 있다. 자연히 학습할 시간과 혁신적인 행태를 연마할 수 있는 시간을 갖지 못하여 위기 관리능력을 배양하지 못한 결과 계속 위기를 초래하고 있다는 것이다.

2) 조직은 경직되고 관용을 베풀 여유가 없다. 단기적 그리고 즉각적인 성과를 추구하는 과정에서 잘못과 실험을 허용할 수 있는 마음의 여유를 갖지 못한다. 엄격성과 잘못된 조직의 보상체제는 효과적인 리더십을 발휘하려고 하는 노력을 좌절시킨다.

3) 조직들은 효과적인 리더가 무엇인지에 대하여 낡은 아이디어로 되돌아가는 경향이 있다. 예를들면, 조직들은 새롭고 복잡한 문제들을 해결하기 위한 적합한 해결책을 피하고 단순한 해결책에 의존하려고 한다. 그러나 단순한 아이디어의 사용은 단지 임시적인 해결책만 제공할 뿐이다.

4) 마지막으로 효과적인 리더십에 장애를 줄 수 있는 또 다른 요인은 학문의 연구결과를 충분히 이해하고 적용하는 데 어려움이 따른다는 것이다. 엄격한

1) Barbara Kellerman(한근태 옮김), 2005, *Bad Leadership*, Random House Joong-Ang Inc., p. 13.
2) Nahavandi, op. cit., pp. 14-15.

과학적 연구방법을 활용한 훌륭한 연구라 하더라도 학문적 연구는 연구결과의 적용을 명확하게 제시하지 않고, 심지어는 실무자들이 이들의 연구결과를 충분히 이해하지 못하는 경우도 많다.

효과적 리더십을 학습하기 위하여 복잡하고, 끝이 없는 실험 및 배움의 과정은 조직의 도움이 없이는 불가능할 것이다. 특히 감안하여야 할 문제는 대부분의 관리자들이 조직을 운영하는 데 단기적 결과지향적인 태도와 리더십에 대한 새로운 학문 연구결과에 대한 관리자들의 이해와 적용이 용이하지 못하기 때문에 효과적인 리더십을 양성하는 데 문제로 등장할 것으로 예견된다. 효과적인 리더십을 훈련하기 위하여 조직들은 리더들이 잘못을 범하거나, 학습하거나 그리고 새로운 기술을 발전하는 것을 적극적으로 허용하여야 할 것이다.

3. 리더십의 학습과 조직학습

성공적인 리더들은 학습 능력과 욕구의 중요성을 매우 잘 인식하고 있다. 그들은 열정적인 학습자로서, 새로운 경험에 개방적이었고, 자기 개발의 기회가 될 새로운 도전을 탐색하고, 실수나 실패에 대처할 줄 알았다.

리더는 영원한 학습자다. 어떤 리더들은 어린아이 시절부터 많은 책을 읽은 독서가인 해리트루먼과 같은 사람도 있다. Kennedy와 같이 자신의 주변에 정치가나 학자로 둘러싸여 있던 리더들도 있다. 엄청나게 많은 시간을 고객들과 함께 보냈다는 월마트의 전설적인 설립자 샘 월튼 등이 이러한 스타일에 속한다. 대부분의 리더들은 경험으로부터 학습하는 명수들이다. 학습은 리더의 필수적인 연료이며, 끊임없이 새로운 이해와 새로운 생각, 새로운 도전의 불꽃을 일으키고 그 상태를 유지시키는 에너지원이다. 학습은 오늘날처럼 급격하게 변화하는 복잡한 환경에서는 필수불가결한 것이다. 한마디로 배우지 않는 자는 리더로서 생존하지 못한다. 리더들은 단순히 '배우는 방법'뿐만 아니라 '조직의 환경 안에서 배우는 방법'을 발견한 사람들이다. 그들은 조직에서 일어나는 일에 집중하는 법을 알았고 조직을 학습의 장으로도 활용하였다. 성공하는 리더들은 도날드 마이클이 다음과 같이 규명한 '새로운 핵심'역량이라는 기술을 학습하고 있었다.[1)]

---

1) Bennis and Nanus, 2003, *Leaders*, 김원석 옮김, 2005, 리더와 리더십, (주)황금부엉이, pp. 217-219.

- 불확실성을 인지하고 공유함
- 실수를 용인함
- 대인관계의 역량(경청, 동기유발, 가치관의 갈등 조정 등)이 확대됨
- 자신에 대한 지식을 축적함

이렇게 함으로써 리더는 조직 환경에서 배우는 학습의 전문가가 된다.

조직은 끊임없이 변하고 있다. 변화는 때로는 합병이나 공장의 이전처럼 급격하고 고통스러울 수 있다. 속도가 빠르든 늦든, 규모가 크든 작든 조직은 끊임없이 혁신하고 항상 학습하고 있다.

조직학습(organizational learning)이란 조직이 새로운 지식이나 도구, 행동, 가치관을 습득하고 활용하는 과정이다. 조직학습은 조직 내 모든 차원, 개인과 집단뿐만 아니라 시스템 전반에 걸쳐 일어난다. 개인은 그들의 일상적인 활동, 특히 개인 상호간, 그리고 외부 세계와의 상호작용을 학습한다. 집단은 구성원들이 공통의 목표를 달성하기 위하여 협동하면서 학습한다. 전체 조직은 환경으로부터 피드백을 받고 미래의 변화에 대응함으로써 학습한다. 이렇게 모든 계층에서 새로이 학습된 지식은 새로운 목표와 절차, 역할구조, 그리고 성공의 도구로 전환된다.

조직학습의 가장 좋은 예는 군대에서 찾아볼 수 있다. 군대는 각기 다른 가치관과 학력, 적성, 동기, 신념을 가진 구성원들이 모인 곳이다. 각 개인은 반드시 필수적인 몇 가지 생존기술과 여러 가지 육체적·정신적 활동을 최소한도 이상으로 익혀야 한다. 군은 많은 적, 위협, 임무, 지형적 조건, 주어진 시간 등 광범위한 범위에서 발생 가능한 상황에 적응하는 법을 배워야 한다. 이것은 분석과 모의 훈련을 통해 이루어지며 어떤 무기를 사용해야 할지, 어떻게 군을 편성할지, 실제 교전에 신속하게 대응하기 위해서 어떤 규율이 필요한지 결정하는 데 영향을 미친다.

학습의 종류도 다양하다. 유지학습 및 혁신학습 등이 있다. 유지학습은 현존하는 체제 또는 정립된 삶의 방식을 유지하기 위해 고안된 학습유형이다. 반면에 동요와 변화, 불확실성의 시대에는 장기적인 생존을 위해 다른 유형의 학습이 절실히 요구된다. 이런 형태의 학습은 변화와 쇄신, 구조조정, 그리고 문제의 재 정의를 가져온다는 점에서 혁신학습이라고 부른다.

업무수행에 필요한 전문성이 부족하다며 자포자기하는 부하들처럼 리더를 맥 빠지게 하는 사람도 없을 것이다. 따라서 리더는 부하들에게 지속적인 교육과 성장의 기회를 제공함으로써, 부하 자신이 상사로부터 충분히 인정받고 있으며 일부 권한을 위임받았다고 느낄 수 있도록 동기를 부여해야 한다. 모름지기 리더는 부하들의 일에 대한 열망과 의지를 간과해서는 안 된다. 그뿐 아니라 리더가 명확한 지침을 제공하고 적절한 교육을 하며 필요한 자원을 아낌없이 지원해줄 때 부하들은 직장생활을 성공적으로 해 나갈 수 있다는 사실을 알아야 한다.

리더십 교육과 훈련에 대한 수요를 충족하기 위하여 전문가들이 나타났다.

리더십 산업을 지지하는 학술 연구도 인적자원을 개발하는 견해를 가지고 지난 20여 년 동안 인기를 끈 도서의 제목은 주로 기업과 관련된 부문들이다. 많은 학자들은 리더가 되는 것은 학습이 가능하며 리더는 능력과 인격을 겸비한 사람이라고 가정하고 있다. 더욱이 어느 누구도 리더가 될 수 있다고 주장하며, 많은 다양한 학문들을 섭렵해야 리더십을 이해할 수 있다는 학문중의 학문이라고 주장한다.

일반 대중을 대상으로 글을 쓰는 Steven Covey, Kenneth Blanchard, Spencer Johnson 같은 작가들은 좋은 리더가 될 수 있다고 제안하는 책을 수천 만 부씩 팔고 있다. 또한 미국 경영대학뿐 아니라 행정대학원에서까지 리더십 강의프로그램이 퍼져 훈련을 하고 있다. 민간부문으로 진출하려는 대학원생에게처럼, 공공부문이나 비영리 부문도 인적 자원을 개발한다는 낙관적인 가정 아래 강의를 한다. 21세기를 선도하고 뒤떨어지지 않기 위해 리더십을 연구해야 한다.

리더십 훈련은 주요한 관심의 대상이 되고 있다. 대학교, 전문가 훈련 센터, 상담, 경영대학, 관리자 훈련, 기업훈련 부서들, 다양한 리더십 훈련기관들 등에서 리더십 훈련 분야의 붐을 이루고 있다. 우선 훈련하는 방법으로 학생들로 하여금 기업이나 사회에서 리더십 사례를 탐색하여 조직의 성공을 위하여 리더십이 얼마나 중요한지 그리고 리더가 되는 데 직면하는 어려움과 도전에 대한 지식을 얻을 수 있다면 바람직할 것이다. 학교에서는 학생들에게 한 리더를 선택하여 강의실에서 발표하게 하는 것도 리더십 자질을 터득하는 좋은 방법이 될 것이다.

제 2 장

리더는 무엇이 다른가?

어떤 심리학자들의 연구에 따르면 재능 중 20-30%는 선천적이고 나머지 70-80%는 후천적인 환경에 의하여 결정된다고 한다. 이 말은 리더십 교육을 잘 받으면 누구나 리더가 될 수 있는 잠재력이 있다는 것을 의미한다. 타고난 리더보다는 훈련을 통하여 리더로 거듭난 사람이 더 많다고 한다. 이와 같이 리더십 교육과 훈련이 중요하기 때문에 타고난 리더십의 특성 외에 학습과 훈련을 통해 리더십을 준비해야 한다. 결국 준비하는 사람만이 기회를 포착할 수 있다.

실제로 외국 선진국들은 어릴 때부터 분석적·창조적 훈련을 통해 참된 리더십 교육을 시키고 있다. 단순히 대학에 진학하기 위해 매진하기보다는, 타고난 재능을 개발하고 관심 있는 분야를 찾아내 교육을 시킨다. 학생들은 일찌감치 자기의 길을 선택하고 가치와 보람을 느낀다.

교육이 국가의 경쟁력을 좌우한다. 교육방법도 21세기에 적합한 창조성을 창출하는 교육이어야 한다. 우리나라도 1996년부터 교육개혁을 실시하여 21세기에 적응하고자 창의식 교육을 추구하고 있다. 창의성을 창출하기 위하여 토론식 수업으로 과감히 바꾸어야 한다. 그래야만 창조적이고 비판적인 사고가 발달할 수 있다.

오늘날 리더십을 어떻게 효과적으로 배울 수 있느냐에 관한 문제가 자주 거론되고 있다. 일반적으로 성공한 리더들은 과거 리더들을 탐구하고 역사에서 배웠다. 명확하고 구체적이며 실제적인 사례를 연구하지 않고는 리더십을 효과적으로 배울 수 없다. 따라서 이 장에서는 과거 성공한 리더들의 리더십 특성 및 덕목을 살펴보고, 역사적 위인들의 행동 양식을 세밀히 관찰하여 좀 더 나은 현재의 리더가 될 수 있는 방법과 동기를 배워야 하며, 이것은 미래 리더가 되는 지침이 될 것이라 생각한다. 이 장에서는 역사적으로 많이 거론되는 리더들을 예로 들었다. 우리는 그들의 리더십을 통하여 리더십이란 타고나는 것만이 아니라, 만들어지고 또 그들의 리더십 선택을 이해하고 배울 수 있을 것이다.

그렇다면 여기서 한 가지 의문이 제기된다. 상황과 조건을 뛰어넘는 근본적인 리더십 특성의 보편적 이론이 만들어질 수 있는가? 상황 즉, 환경이 리더를 출현시킬 수 있다는 가능성을 어느 정도 믿어야 될 것인가?

Gardner는 “역사적 환경이 리더가 출현할 수 있는 조건을 만들지만, 특별한 리더의 특징들은 다시 역사에 영향을 미친다”는 균형 잡힌 의견을 개진한 바 있다.[1) “역사가 위대한 인물을 낳는가, 아니면 위대한 인물이 역사를 창조하는가?” Gardner는 역사의 결과는 환경과 리더십의 조합 속에서 고찰된다고 주장했다. 이러한 주장은 리더십만이 역사를 결정하지 않는다는 의미이다. 때로는 불리한 환경에서는 리더십이 실패하고 파묻힐 수도 있다.

그러면 상황과 리더십 자질 가운데 무엇이 리더십을 결정하여 주는가? 실은 둘 다 우열을 가릴 수 없을 정도로 중요하다. 아무리 리더십 출현을 위한 좋은 환경을 맞이했더라도 리더십 준비가 되어 있지 않으면 리더는 나타나지 않는다. 개인적 자질이 환경과 조화를 잘 이룬다면 더할 나위 없는 리더십을 발휘한다. 예를 들면 처칠이 수상에 취임하기 전 평범한 국회의원에 불과했었다. 그런데 제 2 차 세계대전이 터지자 그는 놀라울 정도로 성공적인 리더로 거듭났다. 전쟁 속에서 국민들에게 희망을 불어넣고, 광범위한 자원을 동원하기 위한 감동적인 리더십을 행사했다. 세계적인 전쟁이 없었다면 처칠의 리더십은 돋보이지 않았을 것이다.

짐 콜린스와 모튼 한센의 위대한 기업의 선택 〈Great by Choice〉에서 1911년 10월 두 팀의 남극 탐험대의 이야기가 소개되어 나오는데 그 두 팀이 바로 로알드 아문 젠(Roald Amundsen)팀과 로버트 스코트(Robert Falcon Scott)팀이다.[2)

이 팀의 리더들은 비슷한 나이에 비슷한 경험을 가지고 있었다. 그런데 한 팀은 무사히 목적을 달성하여 도착하고 다른 한 팀은 대원들 전부가 굶주림으로

1) Gardner, *On Leadership*, p. 6.
2) 김병완, op. cit., pp.

텐트 안에서 얼어 죽었다. 무엇이 이 두 팀을 갈라놓은 것일까?

이 두 팀이 겪게 된 날씨와 상황과 모든 조건은 거의 비슷하다고 할 수 있다. 하지만 팀을 성공으로 이끈 아문젠은 평소 편집증 환자처럼 최악의 상황을 준비하고 항상 위기의식을 가지고 만반의 준비를 하는 스타일이었다.

그래서 아문젠은 평소에 비상식량이 될 만한 것은 어떤 것인지 동물들을 날것으로 먹어보기도 하고, 실제로 에스키모들과 함께 생활하면서 그들의 삶의 지혜와 개로 썰매를 끄는 법 등을 배웠고, 육신을 부단히 단련하여 강한 체질로 만들어 놓았다. 만약의 사태를 대비해서 위도계도 모두 네 개를 준비할 정도로 편집증 환자처럼 굴었다. 탐험 시에도 주요 식량 저장소뿐만 아니라 중간 중간에 여러 개의 깃발, 그것도 눈 속에서 잘 보이게 검은색 깃발을 정확히 1.6킬로미터마다 설치했다.

반면에 스코트는 철저하게 준비를 하지 않았다. 그저 남들이 하는 정도로 준비를 했던 것이다. 위도계를 하나만 챙겼고, 결국 그것이 탐험 도중에 고장났다는 일이 나중에 일지에서 발견되었다. 또한 스코트는 저장소에 깃발을 하나만 꽂아 두고 그 외에는 아무 표시도 남기지 않았다. 결국 스코트는 저장소를 불과 16킬로미터 남겨놓고 식량부족으로 지쳐 텐트 안에서 팀원들과 함께 얼어 죽었던 것이다.

승리는 준비된 자에게만 찾아오며, 그 준비는 항상 위기와 최악의 상황을 의식하고 그러한 상황을 넘어서려고 하는 자에게만 가능한 것이라는 사실을 잘 알 수 있게 해준다. 실제로 리더십은 준비된 자에게 주어지는 법이다.

다른 사례로 모택동의 중국 공산정부 수립의 역할이나 문화혁명에 의하여 폐허가 된 중국을 실용주의적 사상으로 중국의 안정과 경제적 발전을 이끌어 낸 등소평의 예를 들 수 있다. 마하트마 간디, 프랭클린 루스벨트, 마틴 루터 킹, 레닌, 히틀러, 이순신, 에이브러햄 링컨 등 내노라 할만한 리더들이 위기의 상황에 직면하였을 때 그들은 리더십을 유감없이 발휘하였다. 여러 번 실패에도 굴하지 않는 오뚝이처럼 일어나 끝내는 승리한 링컨은 국민의, 국민에 의한, 국민을 위한 정부라는 유명한 말을 했던 명연설가이었다. 그는 누구보다도 성경을 사랑하며 항상 기도함으로 하나님의 도우심과 인도하심을 구했던 하나님의 사람이었다.

그렇다면 위기 상황에 직면하였더라도 왜 위와 같은 특정한 사람만이 나서서 위기를 극복하는 리더십을 발휘하는가? 이에 대한 잠정적인 결론은 “환경은 위대한 인물을 낳을 수 있으나 모든 사람을 위대한 인물로 낳을 수는 없다. 단지 리더십의 자질을 준비한 사람만이 위대한 인물이 될 수 있으며, 역시 위대한 인물들이 역사를 창조하였다.” 특히 우리의 관심을 끄는 것은 21세기에는 환경이 이미 주어질 수도 있으나 21세기에는 과거나 현재에도 없는 불확실한 환경 가운데 미래 직면할 수 있는 위기를 대처하는 리더십이 필요한 때에 비전을 수립하는 리더십의 자질의 중요성이 새롭게 부각되는 것은 이해할 만하다.

예를 들면 레닌의 경우에서도 그의 리더십 자질을 파악할 수 있다.1)

마르크스는 진화보다 혁명을 믿었다. 특권계급은 쉽게 권력을 넘기려고 하지 않기 때문에 프롤레타리아는 봉기해야 하고 속박에서 벗어나야 한다. 권력은 항상 경제적인 힘을 동반한다. 그렇기 때문에 권력을 얻은 프롤레타리아에게 경제적 힘도 돌아갈 것이다.

혁명은 공산주의의 옷을 입고 레닌에 의해 러시아로 그리고 마오쩌둥에 의해 중국으로 유입되었다. 20세기 초 양국의 혁명은 변화를 요구하는 자들을 억압했던 체제를 전복시켰다. 이처럼 역사는 주기적으로 순환하는 것이 아니라 단일한 방향으로 움직여 왔다.

레닌은 공산주의 운동에 실행 가능한 리더십을 접목시킨 준비된 리더이다. 마르크스가 사망하였을 때 그는 13세의 소년에 불과했다. 레닌은 변호사로 잠시 일하다가 혁명적인 선전선동에 몰두하게 되었다. 황제의 명으로 그는 5년간 시베리아로 추방되었으며, 석방 후 레닌은 영국을 방문하면서 해외활동을 시작하였다. 그는 그의 저서 「무엇을 할 것인가: *What is to be done*」(1902)에서 혁명은 잘 준비된 전문혁명가가 이끄는 정당에 의해 주도되지 않으면 효력이 없다고 주장했다. 매일 그는 24시간 동안 혁명으로 분주하였고 오직 혁명만을 생각하고 꿈꾸었다. 1905년 러시아 혁명에서 주도적 역할을 하였지만 혁명이 실패하자 러시아를 떠났다. 결국 1917년 3월 혁명이 성공적으로 일어났을 때 러시아로 돌아와 소련정부의 최초 원수로 선출되었다.

많은 예 중에서 리더십의 본질을 모델로 보여 주기에 가장 적당한 조직 중 하나가 군대이기 때문에 전쟁의 이야기가 많이 나올 수밖에 없다. 실로 전투와 전쟁은 리더십으로 시작해서 리더십으로 끝난다고 해도 과언이 아니다. 흔히 우

1) John Adair(이원성 옮김), *op. cit.*, pp. 237-238.

리는 리더십을 두고 CEO나 정치가, 장군 등에게 우선적으로 필요한 요소라고 생각하지만, 이것은 잘못된 인식이다. 현대 사회에서 조직이나 집단의 수장뿐 아니라, 어떠한 관계에서든지, 그리고 누구에게나 필수적으로 요청되는 것이 리더십이다. 즉 친구나 동료 사이에서도, 스승과 제자 사이에서도, 가정에서도 리더십은 반드시 필요한 것임을 재삼 고려하여야 한다. 리더십은 우리가 배우고 발전시켜야 할 중요한 기술이자 인간사회를 올바른 방향으로 이끌어 갈 수 있는 근본 바탕이라고 말할 수 있다.

리더십의 본질과 방법론을 터득한다면 어떤 변화가 생길까? 물어볼 필요 없이 개인, 집단, 조직, 및 국가가 직면하고 있는 문제를 쉽게 풀어 갈 수 있는 지혜를 터득할 것이다. 특히 신속하게 변화하는 미래 우리 사회의 침체된 분위기를 쇄신하고 갖가지 어려움을 이겨 낼 수 있는 방법론을 예시하여 줄 수 있기 때문에 우리는 리더십을 더욱 배워야 할 때이다.

리더십은 예술이며 종합학문이다. 리더십에는 일조의 과학적인 논리가 숨어 있다. 그래서 리더십을 연구하다보면 리더십이 학문중의 학문이란 것을 느끼게 된다. 사람을 움직이기 위해선 모든 학문의 결집이 필요하단 의미이다.

좋은 리더와 훌륭한 리더와의 차이는 그 예술적 재능이 많고 적음에 따라 결정된다. 리더십에 대한 호기심은 지금까지 리더십 예술가인 알렉산더 대왕의 발자취를 더듬어 보면 쉽게 터득할 수 있다. 진정한 리더십의 예술가가 되기 위해서 하나라도 포기하지 말아야 한다. 간혹 실수가 있을지라도 실수를 통하여 많은 것을 배울 수 있다는 것을 명심하여야 한다.

「어느 할아버지의 평범한 리더십 이야기」에서 사람을 따르게 하도록 하자면 참으로 사람을 따르게 하는 방법은 다양하나 근본적으로 사람을 사랑하는 자세가 기본이라고 주장한다.[1)] 실제로 내가 다른 사람을 사랑하지 않는데 그가 나를 사랑할 리 없고 내가 다른 사람을 존경하지 않는데 나를 존경해 줄 것이라고 기대하는 것은 어리석다. 그러나 리더십은 더욱 미묘하고 복잡하다. 사람을 따르게 하는 기술만으로 보기보다는 더욱 많은 의미를 담고 있다.

문화적, 사회적, 그리고 조직적 차이와 변화 때문에 그리고 연구방법론과 해석에 대한 수많은 논쟁 때문에, 학술적 연구자들과 실무자들은 리더십의 주제에 새로운 흥미를 갖고 있는 것 같다.

---

1) 박정기, 1996, 어느 할아버지의 평범한 리더십 이야기, 을지서적, p. 10.

아래 이 장에서 우리가 새겨 보아야 할 역사적 사건들을 예로 들어 그들의 성공적인 리더십을 분석하여 배우고자 한다. 과거 위대한 리더들의 전술 전략들이 우리의 상상을 초월한 것이였던가? 그건 아니다. 우리가 깊이 사고하면 훌륭한 이들의 비전들이 우리가 상상할 수 있는 범위 내에 있다는 것을 발견할 것이고, 우리도 더 위대한 리더가 될 수 있는 가능성을 넘볼 수 있다고 믿는다. 최상의 비전은 언제든지 상상에 의하여 가능하기 때문이다.

놀랍게도 리더십에 대한 흥미로운 관점은 자질에 대한 우리의 관심을 더욱 새롭게 활기를 불어넣고 있다는 점이다. 제 2 장에서 뛰어난 리더들의 자질에 대한 예들을 언급하려는 목적은 훈련과 학습이론의 발달에 의하여 타고났다고 주장하는 재능들을 배우고 익힐 수 있다면 누구나 리더십을 가진 리더가 될 수 있다는 주장을 널리 알리고자 함이다.

제 1 절 리더십 이론 및 실무에 대한 현대의 경향

1. 리더 자질들에 대한 새로운 관심 대두

리더십 학자들은 리더십을 발휘하는 데 있어 리더의 자질이 다른 어떤 변수보다 중요하다고 생각했던 적이 있다. 하지만 오늘날 자질이론에 대하여 좀 회의적인 것이 사실이다. 어떤 상황에서 필요하였던 자질이 다른 상황에서는 아무 필요도 없는 것처럼 보여지기 때문이다. 그러나 최근에 자질이 리더십에 어떻게 영향을 미치는지를 설명하는 자질론 접근법에 대한 새로운 관심이 일어나고 있다.[1] 예를 들면 이전 자질에 관한 많은 연구들을 새롭게 분석하면서, 성격자질이 리더십에 대한 개인의 지각과 강한 관련이 있다는 것을 발견했다.[2] 다른 학자들도 효과적인 리더는 중요한 몇몇 측면에서 특출한 형태의 사람이었다고 주장한다. 그리고 이러한 자질들이 발휘될 수 있는 상황이 주어져야 한다.

하지만 아무리 유리한 상황이 주어졌다고 하더라도 준비되어 있지 못하다면 그 상황을 활용하지 못하고 그대로 지나간다. 놀랍게도 필자가 살아오면서

---

1) A. Bryman, 1992, *Charisma and Leadership in Organization,* London: Sage.
2) S. A. Kirkpatrick & Locke. E. A., 1991, *Leadership: Do Traits matter? The Executive,* 5. pp. 48-60.

경험한 것은 모든 사람들에게 공평하게 기회가 온다는 것을 발견했다. 허나 같은 상황이 주어졌는데 어떤 사람은 리더로서 탁월한 리더십을 발휘하고 다른 사람에겐 그런 행운이 따르지 못한 이유는 무엇이라고 설명할 수 있는가? 이미 논하였듯이 상황과 자질 가운데 무엇이 리더십을 결정하여 주는 요소인가? 실은 둘 다 중요하다. 그러나 저자가 주장하고 싶은 것은 아무리 리더십 출현을 위한 좋은 상황을 맞이하였다고 하더라도 리더십 준비가 되어 있지 않으면 리더가 나타날 확률은 거의 없다. 위대한 리더란 본래부터 영웅의 자질을 준비한 사람이 있다.

실제로 리더는 타고난 자질, 후천적 노력 그리고 상황적 요인에 의하여 개발되는 공동작품이다. 이들 중 어느 것이 빠져도 참다운 리더십이 형성되기는 어렵다. "leader is born, not made"라고 주장하는 학자라도 타고난 자질을 발전시키려는 노력이 없다면 이 자질들은 퇴색하고 만다고 믿는다. 이러한 자질들을 갈고 닦는 것은 리더십 훈련을 통하여 가능하다. 다시 말하여 성공적인 리더십 준비는 상황보다 자질을 우선 갖추어야 21세기 리더의 리더십을 확보하는 데 유리하다. 왜냐하면, 21세기의 부담은 미래를 예측할 수 있는 상황이 거의 주어지지 않거나 존재하지 않을 수 있어 상상 속에서 미래의 상황을 예측하여 미래의 비전을 제시할 수 있는 리더십 자질 혹은 능력이 필요하기 때문이다.

그럼에도 불구하고, 비록 특정한 자질들과 효과적인 리더십간의 보편적인 관계를 충분히 설명할 수 있는 증거가 부족은 하지만 리더들 개인의 자질들을 이해하려는 새로운 흥미들은 줄어들지 않고 있다. 1974년 Stogdill이 다른 연구결과들과 같이 연구를 활성화하면서 자질접근법의 타당성을 입증하였다.[1)]그의 연구에 의하면 리더 혹은 효과적인 리더들이 가지고 있는 특징으로 행동수준과 체력, 사회경제적 계층, 교육 그리고 지능과 지혜로 나타났다.

리더의 자질에 대한 논의가 시대에 뒤쳐졌더라도 그 특징을 중요시 생각하지 않는 것은 성급한 결론이다. 리더는 위에서 지적한 특징 이외에도 자주 거론되고 있는 사교성, 끈기, 조심성, 말솜씨, 에너지, 융통성 같은 자질에 있어 다른 사람보다 능가하고 있다는 점에서는 부인할 수 없는 많은 실증적 연구가 있다. 또한 이러한 자질들은 끊임없이 학습된 결과일 수도 있다.

---

1) Stogdill, 1974, *Handbook of Leadership*, New York: Free Press.

2. 리더십 자질과 상황과의 조화

리더가 어떤 특정 자질을 가지고 있음에 따라 리더십이 다르게 발휘되고 있었던 역사적 사실들이 있다.

예를 들어 탐욕이라는 특징을 들어 보자. 욕심 많은 리더는 성공, 돈, 권력, 혹은 섹스 등 무엇이든 갈망한다. 더 많은 것을 열망한다고 하더라도 리더가 모두 나쁘다는 것은 아니고 어떤 기준에서 돈이나 권력은 열심히 일한 대가로 받는 것은 당연할 수도 있다. 하지만 리더의 욕망이 과도할 때, 리더십을 발휘하는 능력을 방해할 수 있다.

리더가 더 갖고 싶은 욕망을 억제하거나 통제하지 못할 때, 나쁜 리더십이 나타난다. 린든 존슨은 총과 버터를 주장했다. 즉 미국이 밖으로는 국제적으로 지배를 하고, 내부적으로는 위대한 사회를 건설하려고 하였다. 리처드 닉슨은 미국 정치를 빈틈없이 통제하려고 들었다. 빌 클린턴의 임기는 무절제한 성욕으로 얼룩졌다. 반면에 밝고 포용력이 있는 성품으로 지휘관과 대통령으로서의 업무를 유감없이 수행하여 명성을 떨친 아이젠하워는 리더십을 실 한 가닥으로 설명하곤 하였다. "실을 테이블 위에 올려놓고 당겨 보아라. 실은 당신이 이끄는 대로 따라 올 것이다. 하지만 실을 밀어낸다면 움직이지 않고 제자리에 있을 뿐이다. 사람을 이끄는 것도 이와 마찬가지다."

미국 침례교의 흑인 목사로서 제 2 차 세계대전 후 미국의 흑인해방운동의 중추적 역할을 하였던 세계적인 지도자, 인종차별정책의 종식과 민권운동에 일생을 헌신한 킹 목사는 탁월한 리더십으로 전 세계의 모든 민중들에게까지 자유를 확산시켰다. 그는 리더십이란 관리가 아닌 격려를 지향해야 하고, 변화란 혁명이 아니라 진화를 지향해야 하며, 진정한 리더는 반대자를 설득하고 추종자들에게는 동기를 자극해야 한다는 위대한 가르침을 남겼다. 킹은 1964년 노벨평화상을 수상하였지만 안타깝게도 1968년 4월 4일 테네시 주 멤피스에서 암살당하였다.[1)]

넬슨 만델라는 흑인을 2류 시민으로 취급하던 남아프리카의 인종차별제도를 철폐하는 데 일생을 바쳤다. 50년 넘게 정의의 편에 서서 정치운동과 각종 저술활동 및 연설을 해 왔던 만델라는 일흔여섯 나이에 남아프리카 공화국 최초로

---

1) 임태조 옮김, *op. cit.*, p. 60.

민주적 절차를 거쳐 선출된 흑인 대통령이 되었다.

20대 초반까지만 해도 만델라는 대중 앞에서 연설하기를 두려워했다. 그는 영향력 있는 사람이 되려면 이 문제를 극복해야 한다고 생각했다. 갖은 노력 끝에 그는 수천 명의 군중 앞에서도 자연스레 이야기할 수 있게 되었다. 그의 열정적이고 고양된 웅변은 전설적인 것이다. 1963년 그와 다른 피고인들의 항변에서 그에게 종신형을 선고한 재판관의 마음을 사로잡고 놀라게 했던 연설을 토해 놓았을 때 세계의 이목이 집중되었다. 크나큰 용기와 결단력을 지닌 그는 수십 년간 억압받은 사람을 위한 정의의 상징이 되어 왔다.[1)]

1918년 7월 18일에 태어난 만델라는 끊임없이 자신의 목표를 추구했다. 젊은 시절 그는 교육이 성공의 열쇠임을 깨달았다. 그의 가족 중 처음으로 대학에 진학한 만델라는 남아프리카공화국의 명문대학인 비트바테르스란트 대학교와 남아프리카 대학교에서 법학을 공부했다. 그는 1950년 수도 요하네스버그에 최초로 흑인 법률사무소를 열었다. 합법화된 인종차별에 대항하기 위해 만델라는 1952년 흑인, 인디언, 혼혈인들을 규합하여 부당한 법률에 맞서는 저항운동을 벌였다. 이 운동이 세계적으로 주목을 받을 수 있도록 치밀한 계획을 수립하였으며, 그로 인해 1912년 결성된 시민운동 그룹인 아프리카민족의회(African National Congress: ANC)의 회원은 2만에서 10만으로 늘어났다. 만델라는 폭력을 혐오했고, 그를 지지하는 사람들에게 인도의 지도자 간디의 평화적 저항 원칙을 따를 것을 촉구했다. 그렇지만 그는 자위에 대해서는 소극적으로 생각하지만은 않았다. 남아프리카공화국 경찰이 비폭력을 폭력으로 대응했을 때, "ANC는 방법을 바꿀 수밖에 다른 도리가 없었다."고 그는 술회했다. 남아 정부가 ANC를 비롯한 금지된 시민운동단체에 참여한 것을 빌미로 그를 구속했을 때도 그는 포기하지 않았다. 변호사로서 사회생활을 했던 그는 1962년에 수감되어 1990년 2월 11일 71세의 나이로 석방되었으며, 27년 감옥생활이 끝날 때까지 정치적 입장 포기를 조건으로 단 석방 제의를 거부했다. 만델라는 자신을 돌보지 않으며 상징적인 피뢰침 역할을 성실하게 수행함으로써 결국 인종차별 반대운동이 보편화되는 데 기여했다.[2)] 그는 억압받는 남아프리카공화국을 상징하는 세계적인 인물이 되었다. 1980년 말

1) Andrew D. Brown, 1999, *The Six Dimensions of Leadership,* 차재호 옮김, 2007, 창조적 리더십, Random House Business, p. 10.

2) William J. O'neil, 2004, *Military and Political Leaders & Success*, 이근수·이덕로 옮김, 2005, 정치·군사 리더와 성공: 최고는 무엇이 다른가, 한국방송통신대학교출판부, p. 163.

그의 강력한 결의는 마침내 미국을 포함한 다른 나라들을 설득해 냈다. 각국은 남아프리카공화국 정부가 모든 인종을 완전한 주권을 가진 시민으로 인정하는 데 동의할 때까지 제재를 가하기로 결정했다.

그러나 투쟁은 끝나지 않았다. 이후 4년 동안 만델라는 민주적인 남아프리카공화국을 만들기 위한 노력을 이끌어 내고자 노력했다. 1994년 4월 최초의 다인종 선거가 치러졌다. ANC는 62.6%를 득표했고, 의회 의석 총 400석 가운데 252석을 얻었다. 그리하여 만델라는 1994년 5월 10일 대통령에 취임했다. 인종차별주의를 종식시키기 위한 노력으로 만델라와 드 클레르크는 1993년 노벨평화상을 수상했다.

해리 트루먼은 대통령 선거유세 과정에서 이렇게 말했다. “독서가라고 해서 모두 지도자가 되는 것은 아니지만 지도자라면 모름지기 독서가가 되어야 한다.” 이것이야말로 위대한 지도자들이 갖추어야 할 품성이다. 훌륭한 리더가 되기 위해서 많은 리더들이 명저를 읽는 습관을 발전시킨 것은 우연한 일이 아닐 것이다.

요즈음 리더십에 관한 저서들이 거의 리더들의 자질을 중심으로 저술하고 있는 것은 리더들이 무엇인가 다른 리더십 자질을 가지고 있다는 것을 말하고 있으며, 어쩌면 리더십의 현대이론보다도 리더십에 대한 더욱 강한 설명력을 가지고 있는 것으로 볼 수 있다. 물론 상황이 사람을 더욱 강인하게 만든다는 것을 부인하는 것은 아니나 평범한 사람에게서 찾을 수 없는 것이 발견될 때는 자질들을 과소평가한다는 것은 옳은 것으로 보이지 않는다.

역사적으로 유명한 리더인 알렉산더 대왕에서 나폴레옹이나 패튼에 이르기까지 최고의 성공을 거둔 리더들의 예에서 우리가 미래 겪을 많은 지혜를 배울 수 있다는 것은 당연할 것이다. 패튼이나 나폴레옹이 말하듯이 전쟁학을 배우는 올바른 방법은 위대한 지휘관들이 치른 대전쟁을 읽고 또 읽는 것뿐이라고 하였다. 성공에 이르는 방법에는 왕도가 없다. 미래 리더가 되기를 바라는 사람들은 그 이면에 존재하는 불변의 자질을 이해하기 위해 과거의 리더들을 연구하여야 한다. 이러한 이유 때문에 제 2 장인 리더는 무엇이 다른 가라는 주제를 가지고 리더들의 행태를 논의하게 된 동기이다.

마키아벨리의 「지도자론」을 예로 들어보면 더욱 분명해진다.[1] “명성에 빛나는 지도자를 보면 그들이 모두 운명으로부터는 기회밖에 얻은 것이 없다는 사실

1) 정한용, 2005, 21세기의 힘 탁월한 리더십 드골, 한성출판기획, pp. 25-26.

을 깨닫게 될 것이고, 그 기회는 그들에게 '재료'를 주었을 뿐이며, 그 '재료'로 자기들의 생각대로 요리했다는 것을 아울러 깨달을 것이다 … 운명은 무엇인가 위대한 일을 하려고 할 때 운명이 주는 호기를 깨닫고 그것을 활용하려는 기개와 넘치는 재능을 타고난 인물을 선택한다." 말하자면 기회를 만나지 않았더라면 그들의 역량도 그토록 충분히 발휘하지 않았을 것이고, 역량을 갖고 있지 않았더라면 그 기회가 와도 용케 호기로 작용하지 못했을 것이라는 얘기다. 그만큼 지도자에게 있어서 시기와 기회를 파악하고 포착하는 능력과 함께 일을 성사시키는 능력이 필요하다는 주장이었다. 이에 대하여 드골도 비슷한 개념을 가지고 있었다. 그는 위인은 기회와 능력의 합작품이라고 하였다. 기회가 사람들에게 주어졌을 때, 그 기회가 사람들을 피해 가거나 그것이 기회라고 깨닫지 못하는 기회일 수도 있으나, 기회가 드골에게 주어졌을 때, 그가 그 기회를 붙잡아 끌고 간 것은 그의 능력이었다.

3. 리더 개인의 자질들에 대한 새로운 관찰

1) 리더의 특징과 자질

Kirkpatrick와 Locke는 리더십의 자질의 역할을 이해하는 현대적 접근법을 제안하였다. 그들은 비록 몇 개의 중요한 자질들만으로 리더를 만드는 데 충분히 설명할 수는 없지만 그들은 효과적인 리더십의 선행조건들이라고 주장한다. 그들은 효과적인 리더십을 위해서 리더들이 갖추어야 할 자질명단을 제안하여 다음과 같이 중요한 자질을 발표하였다.[1)]

- 동기부여와 에너지를 포함하는 추진력
- 지도자가 되기 위한 갈망과 동기부여
- 자아 확신
- 정직과 청렴
- 지혜 혹은 지능
- 업무에 대한 지식

---

1) S. A. Kirkpatrick and E. A. Locke, 1991, "Leadership: Do traits matter?" *Academy of Management Executive* 5, no. 2: 48-60.

그들이 지적한 자질 가운데 주로 지혜 그리고 추진력은 훈련을 통하여 쉽게 얻어지는 것이 아니다. 그리고 업무에 대한 지식과 자아확신은 적절한 시기와 경험을 통하여 습득될 수 있고, 정직 자질은 하나의 단순한 선택이다.

문화가 다름에 따라 발견할 수 있는 리더와 관리자의 특징에 대한 연구에 의하면, 성공적인 리더들에게서 나타나는 유사한 자질들이 발견되었다고 한다. 예를 들면 성공적인 러시아의 기업리더들은 활동적이고 끊임없는 에너지, 그리고 날카로운 능력으로 특징되어진다. 중국의 기업리더들은 열심히 일하고 나무랄 데 없는 청렴성을 높게 평가하였다. 얼마나 많은 기업 리더들이 Kirkpatrick와 Locke가 제안한 자질들을 가지고 있느냐는 경험적으로 연구해 볼 만하다. 물론 상황에 따라 각 자질들 간에 중요성이 다르겠지만 리더들은 그들이 제안한 모든 자질들 혹은 그들 중 일부를 가지고 있을 수 있다.

그들에 의하면 어떤 자질은 리더십을 위하여 필요한 것과 같이 그들이 극단적인 방향으로 수행될 때는 해가 될 수 있다는 점을 주목하여야 한다.[1] 예를 들어 강한 추진력을 가지고 있는 리더들은 과제를 위임하는 경향이 적고, 권력을 위한 강한 욕망은 오히려 리더의 효과성에 반하는 작용을 할 수 있다.[2] 특히 권위주의적인 문화에서 성장한 리더들에게 유능한 재능이 있는 사람들이 붙어 있질 못한다. 더욱이 리더가 되기 위한 욕망과 동기부여로부터 발생하는 것으로 판단되는 위임하지 못하는 성격은 상위층 간부들의 빈번한 이직률을 초래한다는 비난을 면치 못하고 있다.

아래 리더들의 탁월한 재능들과 상황과의 조화의 예로 지적하는 것은 리더십자질 연구와 학습의 중요성을 지적하고자 하기 때문이다. 성공적인 리더십을 가진 리더는 무엇인가 특이한 재능이 있다는 것을 인정한다. 그러나 리더십을 연구하는 학자들은 타고난 재능만으로는 충분한 설명력을 가지고 있지 않다고 주장한다. 경험, 옳은 선택, 상황에 대한 바른 대처 등이 타고난 재능을 효과적으로 활동하게 하는 열쇠라고 보는 이론이 더욱 타당성을 가지고 있다.

콜린 파월이 어떻게 탁월한 결단력을 지닌 군인으로서 최고의 지상군 지휘관이 될 수 있었는가? 그는 그의 성공의 이면에 자리한 용기, 정직, 근면의 가치들로 높이 존경을 받고 있었다.

---

1) Kirkpatrick and Locke, *op. cit.*, pp. 48-60.

2) W. G. Bennis and B. Nanus, 1985, *Leaders: The Strategies for taking charge*, New York: Harper and Row, Nahavandi, *op. cit.*, p. 40(재인용).

폴란드의 레흐 바웬사가 투옥과 정부의 금지조치에 굴하지 않고 어떻게 가입원수 1천만 명에 달하는 노동조합을 단결시켜 민주주의의 길로 인도했는지 그의 용기, 결단력과 추진력은 어느 리더라도 부러워할 만하다.

조지 워싱턴이 한때 영국의 군인이었던 경험을 활용하여 미국을 해방시킨 것과 미국 초대 대통령 자리에 올라 지혜와 절제로 그 임무를 수행하여 마침내 영원한 국부로까지 일컬어지게 된 과정은 또한 놀랄 만한 인내와 투지력이다.

나치의 지배로부터 자유세계를 구한 윈스턴 처칠의 위대한 성공은 군대, 의회, 해군총장 등 주요 정부 직책을 수행했던 경험이 없었다면 이루기 힘들었을지도 모른다. 처칠은 역사와 군사적 위업에 대해 읽고 쓰는 데 많은 시간을 투자했는데, 그로써 쌓은 식견은 독일에 맞서기로 결정하고 그 의지를 확고히 하는 데 도움이 되었다. 처칠은 제2차 세계대전이 발발하기 전 수년간 재야 정치인으로 있으면서 히틀러는 사악한 폭군이라고 주장했는데, 당시 전쟁에 지친 세상 사람들은 히틀러가 그런 사람이 아니라고 믿고 싶어 했다. 결국 세계는 히틀러의 본색을 영국을 제외한 서유럽이 함락되면서 깨닫기 시작하였으나, 처칠은 이미 준비된 리더였다.

에이브러햄 링컨의 정치경력을 보면 실패의 청사진을 보는 것 같다. 30년 동안 정치를 하면서 얻은 것보다 잃은 것이 더 많아 보인다. 그러나 그는 결코 좌절하지 않았다. 1854년 몇몇 새로운 주에서 노예제도를 불법화하는 미주리 협정이 폐지되었을 때, 링컨은 이에 대처하기 위하여 다시 선거에 나섰다. 이후 그는 미국 상원의원 선거와 공화당 부통령 선거에 출마하여 두 차례 모두 실패하였다. 그러나 링컨은 "분열된 가정(House Devided)"이라는 유명한 연설을 하면서 자신의 메시지를 전달하는 데 성공하였다. "나는 정부가 반노예, 반자유의 상태를 영원히 지속하리라고 믿지 않습니다. 연방이라는 가정이 해체되어 무너지리라 생각하지도 않습니다. 오히려 연방의 분열이 멈추리라고 생각합니다." 1860년 마침내 링컨은 대통령 선거에서 승리를 거뒀고 수많은 암살의 위험 속에서 드디어 백악관에 들어가게 되었다. 그리고 자신을 비난하는 많은 고통을 극복하면서 연방을 단합시키고, 모든 인민을 위한 자유와 정의라는 미국의 신념과 모순되는 노예제도를 철폐하는 데 성공함으로써 그의 메시지를 현실로 이루었다. 이렇게 링컨은 "위대한 노예 해방자"로서의 역사적 위상을 확보했던 것이다.

1861년 3월 4일에 대통령으로 취임했고, 그 해 4월 12일 남북전쟁이 발발했다. Russell Shorto는 그의 책 「*Abraham Lincoln: To Preserve the Union*」에서 링컨을 중대한 위기를 극복하고 미국을 지킨 사람이라고 밝혔다. Edwin Markham은 그의 시인 "Lincoln, the Man of the People"에서 "그는 대양이나 거대한 산맥과도 같은 사람이다."라고 말했다. 그의 참모들의 반대에도 불구하고 남군의 Lee 장군을 상대할 Ulysses S. Grant 장군을 총사령관에 임명했고, 마침내 그랜트의 전략과 추진력이 전장에서 남군을 패배시켰다. 그랜트는 탁월한 지휘자임을 인정받았으며, 어느 전쟁이나 승리에 대한 집념은 집요하도록 매우 열정적이었다.

북군의 장군 William T. Sherman의 평가에 의하면 남군의 리 장군은 "나는 고대와 근대 전쟁사를 통틀어 그랜트보다 훌륭한 장군은 보지 못했다"고 말했다. 그랜트는 명성이 높아졌어도 항상 겸손했으며 모든 업적을 부하들의 공으로 돌렸고 이들을 치하했다. 이러한 행동이 리더십을 가진 리더로서 부하들이 따르게 되는 것이다.

링컨으로서는 다른 사람들의 기대에 어긋나더라도 자신의 신념대로 밀고 나간 것이 이번이 처음은 아니었다. 그럼에도 링컨은 그의 참모들과 토의 문화를 진작시켰으며 정직함을 사랑했다. 링컨은 어려서부터 독서광이었고, 그 중 링컨에게 많은 영향을 준 책은 Mason Locke Weems가 쓴 「조지 워싱톤의 생애」이었다. 어린 링컨은 한 문단 전체를 인용할 정도로 그 책을 탐독하였다고 전해진다. 링컨은 정의가 하찮은 미물에 이르기까지 실현되어야 한다는 점을 굳게 신봉했다. 17살이 되던 해 링컨은 정의를 바로 세우기 위해 변호사가 되기로 결심하였으며 결국 밤에는 법률공부를 계속하여 1816년에 링컨은 변호사 자격시험에 합격하여 일리노이 주 스프링필드에 있는 한 법률사무소에서 일을 시작했다.

조지 패턴 장군은 위대한 업적을 이끌어 제 2 차 세계대전 훨씬 전부터 명성을 쌓아 온 직업군인이었다. 실제로 검투에 관한 책을 저술하기도 했던 노련한 기병대원 패튼은 앞으로의 전쟁에서는 전차기술이 부각될 것이라고 예측했다. 그래서 제 1 차 세계대전 당시 전차학교에 배속되었을 때, 패튼은 기병 보직을 내놓고 전쟁 막바지의 주요 전투에서 전차에서 전차여단을 지휘했다. 주변 환경변화에 빠르게 적응하는 능력과 반드시 승리하고 말겠다는 굳은 의지로 패튼은 자신의 직무를 명확히 수행하였으며, 제 2 차 세계대전에서 연합군이 승리하는 데 크게 기여했다.

패튼에게 불가능한 과제란 없었다. 그는 전쟁에서 가장 중요한 것은 장병들이라고 생각했다. 임무를 완수하는 데 있어 누가 공을 세웠는지 내세우는 일은 관심 밖이었다. 북아프리카와 시칠리아에서 패튼의 부대원들은 그의 전투방식에 따라 싸워 승리하고 임무를 완수했다. 패튼이 이끄는 제 3 군은 벌지 대전투에서 연합군을 압박하는 독일군의 대규모 공세에 맞서 싸웠다. 독일군이 연합군 진영 50마일 앞까지 육박해 오자 다른 부대들은 공포에 휩싸였지만 패튼만은 오히려 그 위기를 기회로 삼았다. 그는 잘 훈련된 장병들과 전차에 관한 전문지식으로 독일군을 이틀 만에 무찔렀으며, 연합군에 대한 최후의 저항을 효과적으로 종식시킬 수 있다는 자신감을 갖고 있었다. 그리하여 패튼은 영웅이 되겠다는 어린 시절의 야망을 이루고 역사적으로 이름을 떨친 군사 지도자 중 하나가 되었다.

2) 공통적인 리더십의 자질

이제 훌륭한 리더의 공통적인 자질은 무엇인가? 고전 이론가들이 주장하였던 자질들의 특징과 차이가 있는가? 이들 간의 차이는 별로 발견하기 어렵다. 그러나 리더십의 자질들이 오늘날 새롭게 거론되는 것은 특히 변화가 신속하고 불확실한 환경과 국가 간의 경쟁이 치열하여짐에 따라 우리 사회에서 유능하고 창조적인 리더십을 갈망하기 때문인 것으로 판단된다. 우리는 잘 발달된 학습이론을 통해 이러한 자질을 학습해야 할 것이다.

동양에서 리더의 됨됨이를 평가하는 기준은 신언서판(身言書判)이었다.[1]

첫째 용모가 준수해야 한다. 신체가 건강하고 바르며 이목구비가 뚜렷해야 한다. 성실하게 최선을 다할 수 있는 건강이 있어야 한다. 둘째 언변이다. 말은 그 사람의 인격과 생각의 표현이기 때문에 말의 구성이나 자세를 보면 그 사람 전체를 판단할 수 있다. 또한 항상 진실을 말해야 한다. 셋째는 글이다. 글씨를 잘 쓰는 것 자체는 예술이요, 심신의 수련이 잘 되어 있다는 증거이다. 글의 내용 또한 학식과 인품이 배어 나오는 것으로 글을 보면 그 사람됨의 수준을 가늠해 볼 수 있다. 마지막으로 판단력이다. 판단력에는 상황에 대한 인식, 조직의 구성, 과거의 전례뿐만 아니라 미래에 대한 통찰력이 아우러져야 한다.

예로부터 이 네 가지 요소들을 고루 갖춘 사람을 인재라 부르고 그에게 리더 역할을 맡겼다.

---

1) 서성교, 전게서, p. 51.

하버드 경영대학원 교수인 제이 로쉬와 토마스 티어니는 「인재 경영기술」에서 리더의 근본 요소로 인격, 판단력 그리고 직관력을 들고 있다. 인격의 구성요소로는 겸손, 유연성, 책임감, 칭찬, 공감과 이해력을 말한다. 존경할 만한 인격을 지니고 있음에도 판단력이 떨어져 잘못된 결정을 내리는 리더는 자질이 부족한 것이다. 성공적인 리더는 매일 직면하는 수백 가지의 이슈에 대해 사려 깊은 결정을 내릴 수 있는 능력을 갖추어야 한다. 직관력은 복잡한 조직 시스템을 파악하고 운영하는 예리한 능력을 말한다. 이외에도 리더의 특징으로 용기, 진실, 비전, 정열, 확신, 인재, 도덕성 등을 언급했다.[1)]

우리는 조직의 변화를 이끌어 내기 위해 필요한 구체적인 공통적인 스킬들에 관심을 가져야 한다. 예를 들어 다음과 같은 역량들을 검토할 필요가 있다.

- 조직변화의 주창자가 될 능력이 있어야 한다.
- 프로젝트나 프로그램을 주도하고 다른 사람들도 그것을 지지하도록 설득할 수 있어야 한다.
- 팀의 프로젝트나 프로그램 혹은 생산품을 효과적으로 마케팅할 수 있어야 한다.
- 전략적인 관점을 갖고 있어야 한다.
- 자신이 맡은 일이 조직의 사업전략과 어떤 관련이 있는지를 알아야 한다.
- 조직의 비전과 목표를 구성원들에게 도전의욕을 불러일으키는 의미 있는 목표로 전환시켜야 한다.
- 장기적인 안목에서 조직의 단기적 필요성과 장기적 필요성 사이의 균형을 맞추어야 한다.
- 조직 내부의 집단과 외부세계를 잘 연계시켜야 한다.
- 외부의 핵심 그룹에 대해 자신의 집단을 대변해야 한다.
- 고객의 요구를 충족시켜 주는 것이 조직의 핵심 미션과 목표라는 것을 구성원들이 이해하도록 해야 한다.

위의 각 단계에서 2, 3, 4의 경우 조직 변화 선도력에 대한 리더의 형태는 달라질 수 있다.

---

1) 상게서, p. 52.

제 2 절 매력 있는 리더십의 자질 및 상황

위대한 위인들의 전기를 읽다 보면 위인들은 타고날 때부터 운명적으로 리더라는 역할이 정해진 비범한 자질을 가지고 태어난 것처럼 인식하는 것을 부인할 수는 없다. 리더들은 무엇인가 다른 특별한 점이 있다는 것도 부인하지 않는다. 하지만 이러한 리더십 자질들이 무엇이든지 간에 배울 수 있으며 개발될 수 있다고 믿는다. 역사적으로 성공적인 리더들의 선천적인 자질들보다 후천적으로 양육된 자질들이 훨씬 중요하다고 증명되고 있다. 그러므로 사람은 누구나 잠재적인 리더십 능력을 가지고 있기 때문에 위대한 리더로 나타날 수 있다.

위대한 리더들은 과거의 위대한 영웅들에 관한 전기들에서 그들의 리더십 자질을 배웠다. 이것은 현재의 리더를 낳게 하였고 현재의 리더들에서 얻는 교훈은 다시 미래의 리더를 낳게 할 것이라고 믿는다. 물론 책들도 리더십을 배우는 데 도움을 주지만, 학습을 통해 리더로 배워 간다. Kouzes와 Posner는 훌륭한 리더가 되기 위하여 자신이 처한 상황과 개인적인 특징을 잘 고려하면서 리더들 가운데 역할모델을 설정해야 한다고[1] 주장한 것은 과거 성공적인 리더들을 통한 학습의 중요성을 지적한 것이다. 그러므로 이 절에서는 과거 위인들의 리더십에 관한 저서들 가운데 지금까지 기억되고 있는 위대한 리더십 자질들을 발췌하여 그들을 분석하고 배우는 것은 여러분의 미래 리더로서 성장하는 데 도움이 될 것이라 믿고 몇 가지 예들을 들고자 한다.

1. 사람을 사랑해야 한다

Washington Post는 세계역사를 변화하게 한 수많은 지도자들 가운데 칭기즈칸을 선정하였다. 그의 젊은 날의 생활은 참혹할 정도로 비참한 생활을 하면서 사람을 이해하고 사랑하는 법을 배워서 리더십의 근본을 터득하였기에 몽고는 그를 추앙하고 따랐다.

2002년도경 미국의 Radio 방송에서 우리가 존경하고 추앙하는 지도자들의

---

1) James Kouzes and Barry Posner, 2003, "Challenge is the Opportunity for Greatness," *Leader to Leader*, No. 28, Spring.

거의 80%는 불행한 과거를 보냈고 어려운 역경을 이겨 낸 사람들이라고 말하는 것을 들은 적이 있다. 아주 설득력이 있는 말이며 저자도 이러한 말을 학생들에게 수없이 하고 있다.

1) 인간을 존중하여야 한다

사람이 사람을 사랑할 줄 모르면 리더로서 리더십을 유지하지 못한다. 히틀러는 유태인 말살 계획을 수립하고, 진행하여 600만 명을 학살하였는데, 이는 유럽 전역에 살고 있는 830만의 유태인 가운데 약 72%를 학살한 셈이다. 스탈린도 자신의 정적을 1934년부터 1938년 동안 약 2,000만 명을 학살하였다. 또 사회주의 경제 정책 구현을 위해 소위 집단화 혹은 공업화를 골자로 하는 신경제정책을 발표하고, 1928년부터 1940년까지 약 500만 명의 농민을 농장으로 이주, 수용하는 과정에서 수많은 사람이 목숨을 잃었다. 러시아 국민의 불과 0.4%도 안 되는 볼셰비키(Bolshevik)의 이념을 위해 2억의 국민이 사상의 제물로 전락하고, 전체 농민이 신 정책의 도구로 시험대에 오른 것이다. 광인이 따로 있는가? 이들은 강제적인 리더십을 가진 악랄한 리더들이다. 역사를 통하여 이러한 용서받지 못할 살인자들은 수없이 많다.

1970년대 미국 타임지의 표지 인물로 선정될 정도로 전후 일본의 기업가로 성장하였던 마쓰시타 고노스케(1895-1989)는 글로벌 기업 마쓰시타 전기 그룹의 창업자였다.[1] 그는 8형제 중 막내로 태어나 불행한 어린 시절을 보냈다. 9살 때 집을 나온 후 혼자 살아왔다. 아버지가 쌀장사를 하다가 실패하는 바람에 온 가족이 뿔뿔이 헤어져 고향에 갈 수도 없었고, 더욱이 결핵으로 죽음의 공포와 싸워가면서 살아가기 위하여 일해야 했다. 학교도 다니지 못하고 든든한 친구도 없었다. 스물여덟 살이 될 때까지는 형제자매가 모두 죽었다. 그는 일본식 경영과 철학을 창출한 기업가이자, 독자의 경영이념과 경영철학을 창조한 사상가로 알려져 있다. 경영은 물론 일본과 일본인의 자세에 대한 그의 메시지는 70여 권의 책으로 출판되었으며 일본사회에 큰 영향을 미쳤다. 그리고 기업 경영에서 나아가 PHP(Peace and Happiness through Prosperity)연구소를 창립하여 번영을 통한 평화, 행복을 추구하는 사회운동을 펼치기도 했다. 또 마쓰시타 정경숙을 창설하여 일본

1) 에구치 가쓰히코(조석현 옮김), 1991, 리더에겐 뭔가 특별한 것이 있다, 더난 출판사, pp. 14-16.

의 장래를 짊어지고 나갈 유능한 젊은 지도자를 양성하는 데 만년의 정력을 다 쏟았다. 그는 자신의 어린 시절의 경험, 사업경험과 스스로의 사색을 통해 경영의 신으로 불릴 정도로 독자적인 경영 철학과 사상 체제를 정립하였다. 그의 경영 사상은 인간관에 바탕을 두고 있다. 그가 창안한 새로운 인간관 위에 구축한 경영사상, 시스템 등이 하나의 완결된 체계를 이루고 있다. 그의 인간관이란 인간에 대한 애정이다. 그의 사상은 인간에서 시작하여 인간에서 끝나는 것이다.

그에 의하면 부하를 사랑하지 않는 리더를 따르는 법이 없다고 한다. 일류사람이 일류물건을 만들기 위하여 먼저 사람이 사람답게 만들어져야 한다. 그의 경영활동은 이러한 윤리적 기초 위에 일괄되게 실천한다. 먼저 인간의 존엄을 소중하게 여길 수 있는 상사라면 결코 공포정치를 펼치지 않는다. 부하를 위협해서 공포에 떨게 하면서 이끌지는 않는다. 직책을 과시하면서, 혹은 권위로 억누르면서 부하들을 끌고 가는 리더는 지금 즉시 내려와야 한다. 사람들은 모두 인간이다. 그 인간을 이끌고 인간을 활용하면서 일을 해 나간다. 따라서 인간이란 무엇인가를 이해하지 못하면 인간인 부하를 이끌 수 없다.

한사람 한사람의 인격을 소중하게 생각하면 사람들이 반드시 따라 준다. 그리고 신망이 모인다. 인간이란 무엇인가를 생각한 적이 없는 상사, 한발 나아가서 부하 속에서 본질을 찾지 못하고 본질에 대한 절대적인 평가도 하지 못하는 상사, 부하 속에서 부처의 모습을 찾아 내지 못하는 상사는 상사로서 자격이 없다.

리더가 부하를 다루는 데 4가지 종류가 있다.[1] 이 가운데 최일류 리더가 되면 자연히 그 리더가 소속한 조직의 분위기는 밝고, 그 힘에 의해 더 발전한다.

① 최하위급 리더: 부하의 결점밖에 들어오지 않아 결점만 지적하는 리더.

② 중급 리더: 부하들의 장점과 결점을 모두 다 알고 있지만 결점만을 꾸짖거나 설교하는 리더.

③ 상급 리더: 부하들의 장점과 결점을 충분히 분석하여 장점을 살리는 교육을 시키며 칭찬을 아끼지 않는 리더.

④ 최일류 리더: 부하들의 장점만 눈에 들어오는 수준이기 때문에 칭찬만 하게 되는 리더.

---

1) John Adair, 2005, 이미숙 옮김, How To Grow Leaders,
고야마 마사히코, 2002, 전경련 인사팀 옮김, 유능한 부하를 만드는 리더십, FKI 미디어.

모든 부하들이나 학생들이 최일류라고 인정하고, 그들이 자신들을 일류라고 믿을 때 그들의 자신감은 충만하여 최선의 노력을 다하게 된다. 위대한 보스는 사람들을 감동시키는 방법을 안다. 위대한 보스는 부하직원을 고무시키고 격려하며 후하게 평가하는 아량을 베푼다. 위대한 보스는 누구인가? 직원들이 자신감을 갖게 하고 자신은 특별하게 선택되었으며, 신의 축복을 받은 사람이라고 느끼게 해 주어야 하며 부하들을 최고의 기분으로 일할 수 있는 분위기를 만드는 사람이다.

사람들은 자신의 프라이드를 지키려는 욕구를 가지고 있다. 일류대학의 학생과 삼류대학 학생들의 차이는 자신감을 갖고 있느냐 혹은 아니냐의 문제인 것이다. 왜 일류대학의 학생들이 각종의 시험에 합격률이 높은 이유는 그들 자신들이 최일류라고 믿기 때문에 최선의 노력을 다한 결과이다. 자신들을 일류라고 믿을 때 무서운 결과를 낳을 수 있으며, 이미 성공의 반은 달성한 것이나 다름이 없는 것과 같다. 실제로 자신감과 열등감은 엄청난 다른 결과를 낳는다.

또한 반드시 기억을 해야 되는 것은 사람들에 대한 평가의 기준이 항상 같지 않다는 것이다. 예를 들면 고등학교, 대학교, 사회인 등으로 이동하면서 평가기준은 달라진다는 것을 명심해야 한다. 지금 현재 여러분을 평가할 수 있는 기준이 무엇이라고 생각하는가? 그 기준을 찾은 후 열심히 노력한다면 여러분은 성공할 수 있다.

리더들은 자신의 부하들이 일류라고 믿도록 노력하는 것이 중요한 임무이다. 그래서 변변치 못한 부하들을 데리고 있는 리더는 가장 변변치 못한 리더라고 말할 수 있다.

"어느 기업의 나이 드신 회장이 신규 채용한 직원의 사무실을 노크하면서 좀 이야기할 수 있는 기회를 주겠나?"라고 했고, 자연히 그들은 대화를 시작했다.[1] 그 회장은 "우리 기업은 최고 일류이네, 상품도 일류로 만들고, 일류 고객과 상대하고, 봉급도 일류이며, 출장가면서 비행기 탈 때도 1등석을 타며" 등등 기업에 대하여 한참을 설명한 후 "우리가 왜 자네를 뽑았는지 아나? 우리는 당신이 일류이기 때문에 채용했다네." 그러한 대화가 있은 후 이 신규직원은 업무를 수행하는 데 어떠했을까?

이와 같이 학생들도 일류라고 믿도록 동기부여한다면 어떠한 시험에도 좋은

---

1) John Adair, Ibid, p. 108.

결과를 달성할 수 있다고 본다.

2) 지도자는 교양을 가져야 한다

지도자는 교양을 높여야 한다. 상당한 교양과 지적 호기심을 겸비한 미국의 3대 대통령인 토머스 제퍼슨은 계몽주의라는 유럽의 지적 혁명의 중심이 되는 사상가 가운데 속한다.

그는 미국 역사상 가장 소중한 문서인 독립선언문을 작성하였으며 그 정신은 프랑스 대혁명의 이념적 기초를 제공하였다. 또한 위대한 지도자들 가운데서도 특히 인도의 정치 지도자 모한 다스 간디를 고무했다. 독립선언문의 정신은 "모든 사람은 평등하게 창조되었으며, 그들에게는 분명히 누구에게도 양도할 수 없는 권리가 있다"고 주장한 것이다. 그는 이 권리를 "생명, 자유, 행복 추구"라고 명시하면서 시민들이 정부에 대해 이를 보호해 줄 것을 위탁했다고 보았다. "정부가 그러한 목표를 파괴할 경우, 시민들은 어떠한 형태의 정부이든 그 정부를 변경하거나 폐지하고 새로운 정부를 수립할 권리를 가진다."

그가 세계적인 사상적 유산을 남길 수 있도록 이끈 것은 바로 아버지의 교훈이었다. 제퍼슨은 다음과 같이 회고한다. "아버지는 교육에는 무관했다. 그러나 강인한 의지와 건전한 판단 그리고 정보에 대한 욕구의 소유자로서 책을 많이 읽고 자신을 발전시켰다."

교육에 대한 그의 신념은 1825년 버지니아 대학교를 설립함으로써 정점에 달하였다. 결국 민주주의는 교육이라고 정의를 내린 것은 그의 사상체계를 이해할 만하며 그 이외에도 다수의 지배가 초래할 수 있는 민주주의의 폐해에 대해 잘 알고 있었다. 그 후 미국의 4대 대통령인 매디슨은 다수의 독재(tyranny of majority)를 막는 방법 안을 제안하였다. 교양을 가진 리더로서 Jefferson은 빼놓을 수 없는 위인이다.

우리가 알고 있는 희대의 야심가요, 위대한 전략가로만 그려지고 있는 나폴레옹도 젊을 때는 저술활동이 활발하였다. 1786년 열입곱 살 때 쓴 우화집인 「토끼와 사냥개와 포수」, 에세이 「인생에 대하여」를 처녀작으로 혁명이 나던 1789년에는 「애국자 장피에르 오르나노」를 쓴 후 「행복론」, 「연애론」 등 다수의 작품을 남겼다. 나폴레옹의 군사적 업적에 필적하는 것으로 「나폴레옹법전」이 있다. 나폴레옹제국은 1815년에 붕괴하였지만 그가 남긴 민법전은 그 이후에도 100년 동안 유럽을 지배하였다 해도 과언이 아니기 때문이다. 그가 1804년 공포해서 1825년에야 '나폴레옹법전'이라고 명명하던 민법전은 법 앞의 평등, 개인의 자유, 소유권의 존중' 등 프랑스 혁명의 '인권선언'을 구체화한 것이지만, 근대국가의 법전의 원점이 되어 유럽은 물론 미국 대륙에까지 영향력을 미치게 한 것이었다. 이것이 로마의 유스티니아스 법전, 함무라비 법전과 함께 세계 3대 법전으로 불리게 되었다는 것은 어쩌면 그의 군사적인 위업보다 의미 있는 일인지도 모른다. 프랑스 법전의 가치가 크게 돋보이게 된 것은 나폴레옹의 문학적인 재능이 가해졌기 때문이다. 민법전을 포함하여 형법, 상법, 민사 및 형사 소송법이 제정되었을 때, 법률전문가들의 복잡 난해한 문장들을 나폴레옹이 손질함으로써 민중이 이해하기 쉬운 그러나 문학적 향취가 뛰어난 산 문장으로 바뀐 것이다. 그래서 비평가인 선더버그는 "나폴레옹의 손이 간 법전의 조문은 파스칼의 문체와 같이 간결하면서 명석한 것이 되었다"라고 평하였다.

군사 전략가, 전술가의 대명사로 되다시피 한 나폴레옹이지만 군인으로서의 위대성은 다음과 같은 평소의 노력과 특기가 있었기 때문에 가능했던 것이다.

특히 그의 뛰어난 마술(馬術)이다. 사관학교시절 "보나파르트가 안 보이면 마장에 가보라"는 말이 전할 정도로 젊어서부터 이상하리만큼 마술에 열을 올렸다. 그래서 황제가 된 후에도 "황제는 실내에 있을 때 외에는 마상(馬上)에 있다"라는 말을 들었던 것이다. 실제로 싸움터에서는 말을 타고 부대와 지형을 정찰하고, 마상에서 보고를 받고, 작전을 짜고, 마상에서 부대를 지휘하고 명령을 하였다. 그리고 식사도 거의 말을 탄 채했고 잠까지 말에서 잤다. 즉 거의 말과 한 몸이 되다시피 한 것이다. 이것은 전장에서는 무엇보다 큰 장점이 아닐 수 없었다. 어떤 지형에서도 그는 말을 자유자재로 몰았고, 누구보다 빠르게 또 장시간 탈 수가 있었다. 왜 그랬을까? 누구나 알고 있듯이 그는 키가 작았다. 특히 총사령관으로서 키가 작은 것은 장점이 될 수는 없다. 따라서 늘 마상에 있음으로써 작은 키가 감추어졌고 야외에서는 항상 마상에 있었으므로 언제나 위풍당당한 모습이었다. 그리고 그의 능숙한 마술 덕분에 지형 정찰·적정 탐색 등을 자신이 직접 할 수 있어 작전에서나 전투 상황의 변화에 신속히 대처할 수가 있었던 것이다. 그의 뛰어난 야전 지휘는 이렇게 마술과 전술의 교묘한 결합에 의해서 한층 빛나고 효력이 발생하였다. "나폴레옹이 전장에 나타나면 그것은 4만 명의 전력에 필적하는 것이었다"고 한 것도 웰링턴(Wellington) 장군의 말이다. 그리고 당대에 명장은 누구냐고 묻자 "물론 나폴레옹이다. 동서고금을 막론하여 그를 따를 자가 없다"고 말한 사람도 웰링턴 장군이다.

마술이 그의 군인으로서의 성공에 일조를 하듯 그의 프랑스어 또한 큰 역할을 하였다. 토르시카 출신인 그는 20세가 될 때까지도 프랑스어가 서툴렀던 것이다. 특히 그의 유년학교시절(10-15세) 프랑스어 때문에 동료들로부터도 많은 놀림을 받게 되자 휴일이나 과외 시간은 전적으로 독서와 작문으로 시간을 보냈다. 남들이 외출하고 없는 텅빈 기숙사에서 그는 그리스와 로마의 영웅들을 열심히 공부한 것이다. 그의 노력은 완벽한 프랑스어뿐만 아니라 프랑스어가 갖고 있는 예리한 감각까지도 익히게 된 것이다. 인류가 낳은 최고의 지성인 중 한 명인 괴테는 나폴레옹을 생전에 여러 차례 만났었는데, 그는 나폴레옹을 평하여 이런 말을 남기고 있다. "나폴레옹이야말로 일찍이 지상에 존재했던 가장 위대한 정신 생산자의 하나요, 활기찬 사상가이다."

2. 솔선수범과 남을 생각하는 정신

1) 지도자는 위험하고 힘든 일에는 늘 앞장을 서야 한다

지도자의 가장 중요한 덕목은 어떤 경우에서도 앞장을 서는 것이다. 그것이 리더십의 핵심이다. 역사는 나폴레옹을 불세출의 전략가로, 또 가장 위대한 군인으로 기록하고 있다. 1799년에서 1809년까지 10년 남짓 나폴레옹 보나파르트(Napoleon Bonaparte: 1769-1821)는 혁명의 혼란에서 프랑스를 구해 유럽의 지배자로 끌어올렸다. 나폴레옹도 부하들과 시민들에게 충성심을 불어넣는 전략 중의 하나로 다른 리더들과 같이 승리를 그들 모두의 공으로 돌리는 것이 바로 가능하게 만들었다. 리더가 공을 독차지한다는 것은 대단히 우둔한 일이다. 설사 리더의 공이 크다고 하더라도 부하들에게 돌리고 뺏지 않는다면 더욱 헌신적인 충성심을 얻게 될 것이다. 군대를 이끌고 이탈리아 알프스 산맥을 넘은 후 그는 부하들에게 말했다. "제군들은 급류처럼 돌진했다. 그리고 앞을 가로막은 모든 장애물을 무너뜨리고 패퇴시켰다. 그러한 성공은 제군의 조국에 기쁨을 선사했다. 그곳에 살고 있는 제군의 아버지, 어머니, 부인, 누이, 애인들은 제군의 성공에 환호하고 있다. 자랑스럽게 선언하노니 이 성공은 바로 제군들의 것이다." 이것이 리더십의 정수이다. 나폴레옹은 타인의 강요를 받아 억지로 하는 행동에는 한계가 있다는 것을 잘 알고 있었다. 신념, 소신, 충성은 권고와 명령만 가지고서는 실현시킬 수 없다. 이것은 초급 심리학을 배운 사람은 충분히 이해할 것이다. 리더는 사람을 따라오게 할 수 있는 능력을 가져야 한다.

코르시카에서 공무원의 아들로 태어난 나폴레옹은 스페인, 독일, 이탈리아의 왕실을 점령했다. 그러나 일단 승리하면 그는 그의 새로운 백성들의 충성을 얻기 위해 재빨리 행동했다. 나폴레옹은 양자 외젠을 이탈리아 총독에 임명하며 말했다. "내가 통치하는 국민들에게 존경을 표해라. 그럴 만한 이유가 적을수록 더욱 존경을 표해라." "그들의 언어를 배워라. 그 지역 주민들과 늘 교분을 가져라. 그 중 일부를 뽑아서 공직에 앉을 수 있도록 배려해라. 그들이 좋아하는 것을 좋아하고, 그들이 인정하는 것을 인정하라." "그러나 말은 적게 하면 할수록 좋다. 침묵은 지식을 과시하는 데 효과적이기 때문이다."[1)]

나폴레옹은 강력한 리더십 기술을 발휘해 프랑스의 황제 자리에까지 올랐다. 군사력을 조직하는 능력이 대단히 뛰어나서 서유럽 대부분을 프랑스 제국으로 복속시키고 계속 영토 확장에 힘썼다.

황제로서 프랑스를 완벽하게 통치하지는 못했지만, 서구 역사에 가장 큰 영향을 미친 인물로 평가받는다. 재위하는 동안에 그는 군대 조직과 군사 훈련을 개편했고, 민법전을 도입했으며, 봉건주의를 일소했고, 교육, 과학, 문학 및 예술 교육의 중요성을 강조했다.

"내 사전에는 불가능은 없다"라는 유명한 명언을 남긴 나폴레옹은 전 유럽을 지배하고자 한 자신의 야망을 이루기 위해 끊임없이 도전했다. 그는 혁명기의 혼란 속에서도 뛰어난 전술과 냉철한 판단력, 대중을 사로잡은 화술 등의 탁월한 리더십을 발휘하여 역사의 위대한 영웅으로 남았다.

그 위대성의 이유를 여러 가지 천부의 자질이나 그의 뛰어난 지략으로 들고 있지만, 나폴레옹의 위대성은 바로 그가 스스로 언제나 앞장서는 데 있다.

1809년 비엔나 근교 와그람(Wagram)에서 프랑스와 오스트리아 군이 강을 사이에 두고 대치한 채 감히 어느 쪽도 나서지 못하고 있을 때이다. 강을 건너기 위해서는 하나밖에 없는 다리를 이용할 수밖에 없었기 때문이다. 돌연 프랑스 군 쪽에서 돌격 명령이 떨어지면서 마상의 한 장군이 오스트리아군을 향해 질주하

1) O'neil, 2004, *Military and Political Leaders & Success*, 이근수 · 이덕로 옮김, 2005, 정치 · 군사 리더와 성공: 최고는 무엇이 다른가, p. 305.

기 시작하였다.

그는 나폴레옹이었다. 위험한 다리 위를 맨 먼저 달려가는 총사령관을 보고 엎드려 있을 병사가 어디 있겠는가? 눈사태가 일어나듯 프랑스군이 큰 파도를 이루며 오스트리아군을 덮쳤다. 이것이 나폴레옹 전사에서도 유명한 와그람 전투의 시말이다.

알렉산더는 인적 자원을 활용하는 데 천재적인 소질을 가지고 있었다. 기록에 따르면 그는 1만 명에 달하는 병사의 이름을 알고 있었다고 전한다. 그는 전쟁을 수행하면서 자신의 병사와 함께 먹고, 마시고, 잠을 잤다. 그는 항상 소박한 식단을 즐겼고 추운 곳에서 잠을 청했다. 항상 최일선에서 병사들을 이끌었고 그들과 함께 싸우다 부상을 입는 일도 잦았다. 의사교육을 받은 그는 전쟁이 끝나고 나면 손수 병사의 상처를 치료하여 주었다.

심지어는 자신이 큰 상처를 입었을 때도 병사들의 상처를 먼저 돌보았으며 심각한 부상을 입지 않은 경우에는 다른 병사들이 다 치료를 받고 난 후에 치료를 받았다. 전투가 끝나면 병사들을 격려하고 부상자의 영웅적인 행동을 칭송함으로써 그들의 자부심을 높여 주었다. 그는 전쟁에서 강간을 억제하는 대신 결혼을 장려하였다.

2) 몸과 마음을 단련하고 탐욕하지 말며 언제나 자신감이 넘치는 신념을 가져야 한다

1987년 11월 9일자에 미국의 타임지는 다음과 같은 특집을 실었다. 누가 미국을 이끌 것인가? 그러나 나라엔 사람이 없지 않은가? 참으로 안타까운 일이다. 미국에는 리더십에 관한 책이 5,000권 이상이 출판된 상황이며, 대통령, 부통령 그 이외 다른 지도자가 없었던 것은 아니다. 문제는 리더는 있어도 옳은 리더십이 없었던 데 문제의 심각성이 있는 것이다. 리더십은 사람을 따르게 하는 기술이다. 따르게 하자면 마음과 몸이 건강하고 단련이 되어야 한다. 어떻게 훈련을 하여야 되는가? 항상 우리 자신을 가르치고 있는 올바른 정신을 의미한다. 욕심을 내지 않고 남을 사랑하는 마음을 말한다. 자신의 이익보다는 의를 생각하고, 필요할 경우엔 자신마저 희생하는 정신이다.

조그만 것을 탐하다가 큰 것을 잃어버린다는 소탐대실을 항상 명심하여야 한다. 알렉산더 대왕(Alexander the Great)이 원정을 떠나기에 앞서 자기가 아껴오던 모든 보물을 신하들에게 나누어 주었다. 충성스런 신하 하나가 그의 보고가 텅빈 것을 걱정하자, 그는 이렇게 말하였다. "내겐 가장 아끼는 보물이 따로 있다." 그것이 무엇입니까? 하고 신하가 묻자 그는 대답하기를 희망이라는 것이다. 오늘 내가 있게 된 것은 바로 이 희망 때문이다. 지도자는 이러한 뜻이 있어야 하고 뜻을 세워야 한다.

미국의 대통령 닉슨은 "안다는 것만으로는 충분하다고 볼 수 없다. 아는 것을 실행에 옮길 수 있을 때 비로소 리더라 할 수 있는 것이며, 몰라서 판단을 못하는 것도 리더로서 실격자요, 실행력을 갖추지 못한 것도 역시 지도자로서 실격자이다." 신념은 이 같이 행동력을 뒷받침하는 것이요, 모든 것을 거는 용기와 자신감, 그리고 때로는 어떤 희생도 감수하는 정신이다. 소크라테스가 "법이란 절대적인 것, 악법도 지켜야 한다"고 하며 사약을 들이킨 것도 모두 신념 때문이다.

우리와 관련이 깊은 맥아더 장군의 특유한 리더십은 존경받을 만하다. 제 2차 세계대전 중 맥아더는 때때로 부하들을 난처하게 만들기 일쑤였다. 일본군의 공격이 시작되어 포탄이 진지 내에 떨어져도 대피할 생각은 고사하고 태연하게 쌍안경을 들고 적정을 살피는 게 상례였다. 참모들이 조바심을 내며 대피를 권하면, 으레 하는 대답이라는 게 "일본군은 아직 나를 쏠 탄환을 만들지 못했다"고 하였다.

1944년 Leyte섬을 탈환한 후 일본군의 포로수용소를 점령하였을 때, 영양실조와 학대로 피골이 상접한 옛 부하들을 만났다. 분노에 찬 그는 수행하던 군의관을 돌아보고 "여기까지 와서 그냥 갈 수 없다"고 하면서 "일본군의 본대가 있는 최전선까지 가 보고 오겠다"라고 말하고는 일본군의 시체를 넘어 적의 기관총 진지가 있는 곳까지 전진했다가 부하들의 성화로 마지못해 돌아서 성큼성큼 걸어 나오는 것이었다. 뒤따르는 부하들의 등줄기에서 식은땀이 흘렀다고 한다.

6.25 동란 때에도 그의 버릇은 여전하여 백마사단장을 지낸 박현식 장군의 목격담인데, 1950년 6월 27일 대부분의 국군 병력이 38선상에서 붕괴된 후, 남은 부대가 겨우 한강을 도강하여 방어선을 치고 있을 때이다. 맥아더가 예고도 없이 동경으로부터 수원 비행장에 날아와서는 차편으로 한강 방어선을 시찰차 나온 것이다. UN의 참전 결정만 있었을 뿐 한반도는 그야말로 북한군의 전차대 앞에 무력한 위험한 때였다. 그 시기에 연합군 최고 사령관이 수행원 몇 명만을

대동하고 최전선에 나타난 것이다. 거구의 맥아더 원수가 그 특유의 복장과 모습 — 카키복, 찌그러진 모자, 색안경, 그리고 파이프를 문— 으로 강북의 적정을 바라보고 있을 때이었다. 갑자기 소련제 야크(YAK) 전투기 2대가 나타나서 국군의 진지에 공격을 개시한 것이다. 개전 초는 제공권까지 북이 갖고 있던 때라 당연한 일이었다. 놀란 참모와 수행원들이 몸을 피하여 둑에 모두 엎드렸는데 맥아더는 그 큰 체구를 꼿꼿이 세운 채 강북 쪽을 묵묵히 바라보고 있는 것이었다.

다음은 닉슨 대통령의 맥아더에 대한 회고이다. 잠시 닉슨에 대하여 언급할 필요가 있다. 그를 과소평가할 수 없는 장점을 지니고 있기 때문이다. 닉슨은 정치인들 가운데 몇 안 되는 역사 연구가였다. 그에게 비전은 미래로 열려진 과거에 대한 지식이었다. 비록 1974년 워터게이트 사건으로 대통령직을 사임했지만, 미국의 우주개발에 박차를 가해 1969년 7월 아폴로 11호를 달에 착륙케 했다. 또한 베트남 전쟁 해결과 동서 진영의 평화공존을 위한 정책에 전력을 다했고, 마오쩌둥이 처음으로 저우언라이에게 제안하였던 '핑퐁외교'로 중화인민공화국과 외교적 물꼬를 트고 닉슨 독트린의 구현을 추구하려던 매우 통찰력 깊은 인물이었다. 또한 국제적인 협상과 전략의 대가라는 평가도 받았다. 그가 타계할 때까지 클린턴 대통령이 풀리지 않는 외교문제가 있다면 닉슨을 찾아가 상담을 하였을 정도라고 한다. 다시 그의 회고록으로 돌아가자. 내가 맥아더를 처음 본 것은 1951년 상원의원으로서 그의 유명한 연설, "노병은 죽지 않고…."를 듣던 상하양원 합동 회의장이었다. 그는 마치 고대 신화에서나 나오는 영웅처럼 등단하였다. 그의 말 한마디 한마디는 너무도 훌륭하고 박력에 넘쳐 회의장 전체가 마술에 걸린 것만 같았다. 그의 연설은 열렬한 박수 때문에 여러 번 중단되지 않을 수 없었다.

그리고 "노병은 죽지 않고 사라질 뿐"(Old Soldiers Never Die: The Life of Douglas MacArthur)이라는 감동 어린 고별사를 끝냈을 때, 두 눈에 눈물을 보이던 의원들은 일제히 일어나 절규하였다. 이런 일은 역대 대통령 누구도 받아보지 못한 의회 사상 최대의 박수였다. 이윽고 열광적인 박수에 답례를 하면서 맥아더가 당당한 걸음으로 단상을 떠나자 어디선가 "이것은 분명 신(神)의 소리다"라는 경탄의 소리마저 들렸다. 현역 시절 그는 국가와 세계의 미래 문제에 관한 한 대통령에게도 자기의 소신과 신념을 끝까지 굽히지 않았다.

끝내 그의 신념을 꺾지 못한 트루먼은 대신 그의 자리를 뺏을 수밖에 없었다.

1934년 참모총장 시절 예산 문제로 루스벨트 대통령과 정면으로 부딪혔을 때이다. 동행했던 육군 장관이 의당 주장을 해야 할 일에 대해 입을 다물고 있자 "전쟁이 나서 우리 미국 청년들의 가슴에 적군의 총검이 꽂히고, 적군 병사의 구두 발이 우리 청년들의 목덜미를 짓밟을 때, 그 저주는 누구에게 향하겠습니까? 그것은 나 아닌 대통령 각하 당신의 몫입니다." 배석한 장관의 안색이 변했다는 후문이다. 이러한 신념은 아무나 쉽게 가질 수 없다. 리더십은 이러한 신념의 기초 위에 존재한다. 참으로 맥아더야말로 신념의 사람이다. 그는 양차 세계대전의 영웅으로서 최고 명예훈장을 포함하여 15개의 무공훈장을 받았다. 제 2 차 세계대전 동안 그는 수백만의 세계인에게 희망을 불어넣었다. 전후에도 그는 패전국 국민들의 마음을 사로잡았다. 친선 관계는 존경심을 기초로 해야 한다는 점을 알고 있었기 때문에 그는 일본 천황과 국민들을 항상 친절과 배려로 대했다.

워싱턴과 필리핀에서 맥아더의 참모로 활동한 장군이었던 아이젠하워 대통령은 「*At Ease*」라는 회고록에서 다음과 같이 회상했다. "그는 임무를 부여한 다음에는 결코 진행 상황에 대해서 묻지 않았다. 마감시간에도 관심이 없어 보였다. 그의 요구는 오로지 임무를 완수해 달라는 것이었다." 맥아더는 용맹함 다음으로 성공적인 군인의 가장 중요한 자질을 의사소통 능력이라고 믿었다. 그가 젊은 아이젠하워를 부관으로 발탁한 것은 아이젠하워의 글쓰기 능력이 탁월했기 때문이었다.

그의 언변은 철저히 현실적인 아이젠하워와 같은 사람까지도 열광적인 팬으로 바꾸어 버린 정도였다. 그는 만만치 않은 비판자들도 굴복시킬 수 있는 능력을 가지고 있었다.

맥아더는 논쟁에서 사람들의 동의를 강요하지 않았다. 그는 상대방이 그를 믿고, 그가 보는 것과 같은 방식으로 세계를 보도록 독려했다. 또한 맥아더는 부하들을 따뜻하게 대하였다. 손을 흔들어 답례했고, 동시에 가끔 왼팔을 부하의 어깨에 올려놓았다. 종종 마음에 드는 사람을 팔로 껴안았고, 충성심을 북돋우기 위해 과장된 칭찬으로 그들을 추켜세우기도 하면서 충성심을 얻곤 하였다. 또한 맥아더는 정보로 무장하고자 항상 독서를 하며 책을 옆에 두고 살았다. 그는 몇 가지 신문을 매일 읽었고 참모장들과는 뉴스에 대하여 장시간 토의했다. 그는 토론과 토의를 장려했고, 자신의 잘못을 인정하면 언제든지 생각을 바꿀 자세가 되어 있었다.

맥아더는 제 1 차 세계대전에서 명성을 날렸다. 그는 이미 고인이 된 아버지 Arthur MacArthur 중장 때문에 육군에서 이미 유명 인사였지만, 그러나 자신의 공으로 명성을 얻게 된 것은 제 1 차 세계대전의 전투에서였다.

엘리너 루스벨트(Eleanor Roosevelt: 1884-1962)는 열 살 때 부모가 총에 맞아 돌아가시자 결국 고아가 되었다. 뉴욕의 한 유서 깊고 존경 받는 가문에서 태어난다는 것만으로도 평생 걱정 없는 인생을 보장받는다고들 생각하겠지만, 이것은 엘리너 루스벨트에게는 해당되지 않는 말이다. 그녀는 불우했던 과거를 딛고 일어나 미국 역사상 가장 영향력 있는 영부인이 되었고, 국제연합의 대표로도 활동했다.[1)]

그녀의 친구이자 전기 작가인 조지프 래시(Joseph Lash)는 「*Eleanor and Franklin*」에서 "열네 살 나이에 엘리너는 뚜렷한 주관을 가지고, 자기 견해를 명쾌하게 표현할 수 있었다 … 그녀는 성공하고 싶다"고 썼다. 열다섯 살에 엘리너는 영국으로 유학을 떠나고, 그곳에서 마리 수베스터(Marie Souvestre)를 만난다. 수베스터는 결국 그녀의 우상이 되었다. 수베스터는 정치와 사회정책에 관심이 많았다. 3년 동안 엘리너는 그녀를 통하여 감화되었다. 미국으로 돌아온 엘리너는 자신이 상류사회의 아가씨들과 어울리는 것 이상의 어떤 것을 바라고 있음을 깨달았다. 래시는 "그녀가 원하는 것은 뭔가 유용한 일을 하는 것이었고, 그녀의 인생목표였다"고 썼다. 전형적인 상류사회 규수와는 달리 그녀는 불우한 이웃을 돕는 단체활동에 열성적으로 참여했다. 그녀는 혼자 버스를 타고 뉴욕의 극빈자 촌으로 향하곤 했다. 이는 남은 인생을 공적인 생활에 바치기로 한 계기가 되었다.

그녀의 이런 진취성은 먼 친척이자 미래의 남편인 프랭클린 델러노 루스벨트에게도 인상적이었다. 대부분의 상류사회 규수와는 달리 그녀는 속이 꽉 찬 사람이었고, 프랭클린은 그런 그녀와 결혼하기를 원했다.

그녀는 타고난 연설가는 아니었다고 한다. 그렇지만 점차 청중들이 생각하는 바를 고려해서 연설하는 법을 터득해 갔다. 이런 대화법이 그녀의 연설에 힘을 실어 주었고, 그녀는 미국에서 인기 있는 연설가들 중의 한 사람이 되었다. 대통령 후보의 부인이 최초로 주요 정당 집회에서 연설한 1940년 민주당 전당대회에

1) O'neil, 2004, *Military and Political Leaders & Success*, 이근수 · 이덕로 옮김, 2005, 정치 · 군사 리더와 성공: 최고는 무엇이 다른가, pp. 173-178.

서 엘리너 루스벨트의 연설은 대통령의 연임 선례를 막으려던 정당 내 경쟁자들을 잠재우기도 했다. 엘리너는 항상 열심히 일했고 보통 그녀의 일과는 아침 6시 45분에 시작하여 새벽 1시 30분에 끝났다. 직무에 대한 윤리의식은 생산성으로 나타났다.

그녀의 집필활동은 놀라웠으며, 4권의 자서전, 7편의 학술논문, 7권의 아동도서를 출간했다. 역시 550편 이상의 글을 기고했고, 10만 통 이상의 편지를 썼으며, 30년간 발행된 월간 칼럼 및 27년간 일주일에 5일 발표되는 주간 칼럼을 집필했다고 기록되어 있다.

제 2 차 대전에 수백만의 가정주부가 군수물자 생산에 동원되었을 때 작업장에 탁아시설을 설치하자는 캠페인을 열렬하게 옹호하여 전쟁이 끝날 무렵 150만 명의 아동들을 탁아소에 위탁할 수 있었다.

태평양 전쟁에서 부상을 입은 병사들을 찾아다니면서 필요한 것이 무엇인지를 물었으며 그녀는 5주 동안 태평양 17개 섬을 방문하여 40만 명의 병사들과 이야기를 나누고 그들의 어머니와 애인의 주소와 이름이 가득 적힌 4권의 공책을 들고 집으로 돌아왔다.

만인의 평등을 주장한 그녀는 시민권을 공식적으로 부각시킨 선구자이었다. 1936년 그녀는 흑인 오페라 가수인 매리언 앤더슨을 백악관에 초청했다. 3년 후 앤더슨의 컨스티튜션 홀 공연이 거부당했을 때, 엘리너는 링컨 기념관 계단에서 옥외 공연을 주선하기도 했다. 이 공연에는 7만 5천명의 청중이 운집했다.

그녀는 인종차별을 없애기 위해 계속 노력했다. 1943년 한 흑인 상사가 군기지 내에 있는 흑백차별 시설물에 대해 폭로한 편지를 읽고 분노했다. 그녀는 편지쓰기 운동을 강력히 전개하여 결국 며칠 만에 국방부는 이에 관한 훈령을 내리지 않을 수 없었다. 이 훈령은 모든 군사기지 내에서 '백인 전용' 또는 '유색인 전용'을 표시한 위락시설 표지판을 전부 없애라는 명령이었다. "이것은 군대 내 인종차별을 없애는 첫 단초였다"고 후세의 사람들은 말하고 있다. 엘리너 루스벨트는 그가 저술한 「*Eleanor Roosevelt: A Life of Discovery*」에서 이렇게 술회하고 있다. "나의 생애가 보여 줄 수 있는 단 하나의 가치는 특별한 재능이 없더라도, 자신이 그 장애물을 극복해야 한다는 결의에 차 있고 소심하거나 두려워하지 않는다면, 어려운 장애물일지라도 뛰어넘을 수 있다는 것이다. 그러면 자신의 인생을 좀 더 폭넓고 풍족하게 살아갈 길을 찾을 수 있다."

이러한 엘리너 루스벨트의 집념과 신념은 위대한 미국을 건설하려는 굳은 의지를 심어 주었다고 전하여진다.

3. 必死則生(죽기를 각오하면 살고) 筆生則死(반드시 살려고 하면 죽는다)

충무공 이순신은 분명 위대한 군인이요 지도자였다. 1592년(선조25년), 일본의 침입으로 발발한 임진왜란에서 수군을 이끌고 해전에 참가, 전 해전에서의 승리로 7년간의 전란을 종식시키는 데 크게 기여했다. 임진왜란 당시 23전 23승을 이끌어낸 위대한 승장이자 인력·배·무기·식량이 부족하고 모함과 핍박으로 백의종군이란 수모를 당하는 가운데에서도 거북선을 발명하고, 학익진(학이 날개를 펼친 듯한 진법)이란 새로운 진법을 개발해 국가를 존망 위기에서 구해낸 영웅이다. 그는 명량해전에서 10척으로 대규모 일본 함대와 맞서야 하는 최악의 상황에서 이길 수 있는 조건을 만들기 위해서 최선을 다했다. 지형, 조류 등 지리적 여건을 최대한 활용하기 위해 명량해협의 좁은 물목(물리 흘러들고 나가는 어귀)을 전투의 장소로 선택했다.

「이순신과 히데요시」란 책을 쓴 기타노라는 일본 작가도 세계 제일의 해장이라는 찬사를 아끼지 않았다. 충무공의 행적을 읽을 때마다 만일 그가 시대를 잘 타고 났다면 세계사에 남을 큰 인물이 되었을 것이라고 아쉬움을 갖게 한다. 전쟁이란 승패가 있는 법인데도 충무공의 경우는 어느 싸움도 전승으로 끝내고 있으니 실제로 경탄하지 않을 수 없다.

그러면 그의 전승의 비결은 무엇이었을까? 난중일기나 충무공의 전기를 통해서는 명시되고 있지 않으나, 분명 그도 싸움에서는 항상 위험한 위치에서 선단을 지휘하였음이 분명하다. 이순신은 죽음을 무릅쓰고 맨 앞에서 싸우는 용기와 희생정신을 보여줌으로써 부하들의 분투를 이끌어 냈다. 왜군의 선봉대장 목을 베어 적의 기세를 꺾고 우리 수군의 사기를 크게 진작시켰다.

카타노가 그리는 충무공의 최후는 다음과 같이 되어 있었다. 이순신은 낡은 판옥선의 사령탑 위에 있었다. 좁은 사령탑 위에는 그날의 군관 송희립, 큰 아들 회, 조카 완도 함께 있었다. 일본군 사수들은 누상의 네 사람을 향해 물을 붓듯 사탄을 집중하였다 … 한 발의 탄환이 이순신의 갑옷을 뚫고 가슴 깊숙이 박히면서 간발의 차이로 심장 곁에 멎었다. 순간 이순신은 쓰러졌다. 희와 완이 가까이 가자 겨우 숨을 몰아쉬면서 "싸움은 지금부터다. 내 몸을 방패로 막으라. 그리고 내 죽음을 알리지 말라." 이것이 이순신의 마지막 말이었다. 공의 54년의 생이 막을 내린 것이다.

충무공은 대대적인 벌목을 통해 선박을 건조하여 전투함을 증강시키고, 거북선 및 정철, 지자, 현자총통 등 신형 전투함과 무기를 개발하여 왜란이 발생하기 전부터 조선 수군의 전력을 확충하는 데 크게 기여했다. 뿐만 아니라 각종 해전의 전술을 창안하고 명령계통을 일원화하여 조선 수군의 강력한 전투력을 배양했으며 한산도에 과거장을 마련, 군의 인사관리를 혁신하였고 무기체계 외에도 군의 운영의 발전을 추구하여 전쟁기간 동안 왜선 700여 척을 나포, 격침시키는 세계해전사상 길이 남을 전과를 거두었다.

1592년 5월 4일 새벽 제 1 차 출전으로 충무공은 판옥선 24척과 협선(狹船) 15척 등 모두 85척의 함대를 이끌고 충동, 5월 7일 옥포에 이르러 3회 접전에서 왜선 40여 척 대파하고 제 2 차 출전인 5월 29일 사천해전에서 어깨에 중상을 입었으나 그대로 독전, 6월 5일 당황포해전 및 6월 7일 율포해전 등에서 모두 72척의 적선을 무찔러 자헌대부에 승진되었다. 제 3 차 출전인 7월 8일 한산해전에서 일본함대를 한산도 앞바다로 유인, 학익진(鶴翼陣)의 함대 기동으로 급선회하여 일제히 포위 공격함으로써 73척 중 12척을 나포하고 47척을 불태워 이 공으로 정헌대부에 올랐으며, 이어 7월 10일의 안골포해전에서는 적선 42척을 분파했다. 제 4 차 출전으로 9월 1일 부산포를 습격하여 적선 100여 척을 격파함으로써 치명상을 입혔다. 1593년 8월 15일에는 수사의 직에 더하여 삼도구순통제사로 임명되었다. 1594년 3월 4일 2번째 당항포해전에서 적선 8척을 분파하고 9월 29일의 장문포해전에서 적선 2척을 격파했으며 10월 1일의 영등포해전에서는 왜군을 수륙으로 협공했다.1)

충무공은 원균의 중상과 모함에 투옥되기도 했다. 원균이 이끄는 조선 함대는 7월 16일 칠천량에서 일본수군의 기습을 받아 참패했고, 배를 버리고 육지로 피신한 원균은 왜병의 축격을 받아 살해되었다. 놀란 조정이 백의종군하던 충무공을 다시 황급히 수군통제사로 임명한 시기는 이 칠천량 패전 직후이다. "지금 신(臣)에게는 아직도 열두 척의 배가 있사오며, 사력을 다해 싸워 막기만 하면 앞으로도 가망이 있습니다." 정유(丁酉, 1597)년 일본군은 아직도 600여 척이 넘는

1) 이상기, "리더십의 본질을 깨우쳐 주신 충무공 이순신" 2014년 1학기 기말 리포트.

대군이다. 그러나 2개월 후 그는 노량해전에서 최후의 승리를 거두고 전사한다. 이런 것이 용기요, 기혼이다.

충무공은 삼도수군통제사로 재임명되어 칠천량에서 패하고 온 전선을 거두어 재정비함으로써 출전태세를 갖추었다. 명량해전에 남은 12척을 이끌고 각 전선의 장령들을 소집하여 "병법에 이르기를, 죽고자하면 오히려 살고 살고자하면 도리어 죽는다 했거니와 한 사람이 길목을 지킴에 적적히 1,000명도 두렵게 할 수 있다"고 하였다. 9월 16일 이른 아침 명량해협으로 진입한 적선 200여 척과 사력을 다하여 싸워 일본수군의 해협 통과를 저지했다 일본군은 패전 후 웅천으로 철수했다.

11월 19일 (양력 12월 16일) 새벽 이순신은 옥전 중 왼쪽 가슴에 적의 탄환을 맞고 전사했다. "싸움이 바야흐로 급하니, 내가 죽은 것을 알리지 말라"고 당부하며 세상을 떠났다고 한다.

1643년(인조 21년) 충무(忠武)의 시호가 추증되었다. 충무공이 남긴 말 가운데 죽기로 싸우면 살고, 살려고 들면 죽는다(필사즉생: 必死卽生, 필생즉사: 必生卽死)란 말이 있다.

20세기 후반에 들어와서 가장 주목할 만한 역사적 사건을 두 가지만 든다면 미국의 월남전 패배와 소련제국의 몰락일 것이다. 월남에서는 세계 최강의 미국이 아시아의 일개의 후진국한테 패배하는 수모를 당했고, 또 세계의 절반을 차지하였던 강대한 소련과 그 동맹국은 총 한방을 쏘지 않았는데 스스로 무너진 것이다.

그럼 이 두 사건의 가장 근본적인 원인이 어디에 있었던가? 사람을 따르게 하지 못하였기 때문이다. 월남전에서는 사람들이 베트콩과 호치민을 따랐지 미국이나 고딘디엠 대통령을 따르지 않았다. 소련과 그 주변의 동구권에서는 백성들이 한동안 공산주의에 대한 실험을 끝내자 공산당으로부터 등을 돌렸다. 왜 따르지 않았는가? 근본이 잘못 되었기 때문이다. 공산당 선언은 훌륭하였지만 행동은 달랐고 생각을 따르지 않았다. 그들은 사람들의 관계를 살벌한 이해관계로 보며 사람을 무시하였다. 마침내 만국의 프롤레타리아가 단결하여 부르주아 대신 공산당을 무너뜨린 것이다. 결국 민심을 따르게 하지 못하였기 때문이다.

"게릴라가 물고기라면 민중은 물이다"고 한 모택동의 말이다. 물이 없는 곳에 물고기가 살 수 없듯이 민중이 없는 곳에 게릴라가 발을 붙일 수 없다. 그래서 그들은 한 자루의 총보다 사람의 마음을 선택하였고 항공모함과 폭격기를 가지고 있지 않았지만 민심을 따르게 할 수 있었던 것이다. 결국 월맹은 사람을 따르게 하는 것만으로 미국의 강대한 군사력을 물리칠 수 있었다.

4. 가르쳐야 한다. 지도자는 부하들을 가르칠 수 있는 능력을 가져야 한다

1941년 12월 7일 일요일 08:00, 평화로운 진주만은 갑자기 들이닥친 일본해군 항공대의 공격으로 순식간에 아수라장이 되었다. 총 350대의 항공기가 한 시간에 걸쳐 퍼부은 공격으로 미 태평양함대의 3분의 2의 전투력이 상실된 것이다. 그것은 너무도 뜻밖이고, 그리고 상상을 초월하는 군사 작전의 하나였다. 그리고 전사에 남은 성공적인 기습 작전이기도 하였다.

항공모함 6척으로 구성된 대기동부대가 일본에서 북태평양을 거쳐 진주만으로 남하하는 장장 12,000km의 대항해는 그 자체로서도 어렵기 짝이 없는 일이었다. 불과 4,000km의 항로를 이렇게 멀리 우회한 것은 미 해군의 탐색을 피하기 위한 것이었다. 이것은 기원전 한니발(Hannibal, BC 247-183)이 아프리카 북단에서 스페인을 거쳐 피레네 산맥을 넘어 남프랑스와 알프스까지를 넘어 이탈리아로 침공해 들어간 역사상 가장 어려웠던 대기동에나 비견될 만한 여러 가지 어려움을 안고 있었다.

실제로 이 기습계획이 연합함대사령관에 의해 처음으로 군사령부(해군본부)에 건의되었을 때도 실행 불가능한 작전으로 부결되었던 것이다. 그 부결의 이유는 다음과 같다. ① 공격준비로부터 기동부대의 항해, 기습에 이르기까지 기밀유지가 사실상 불가능하고, 또 적에게 사전 발각된 위험이 있다. ② 실행상 해결되지 않은 문제가 너무도 많아 작전이 계획대로 실행될 수 없을 가능성이 크다. 특히 항모 세 척을 제외하고는 모든 전투함이 항해중 연료를 보급을 받아야 하는데 도양 작전에 대한 훈련 및 장비의 부족, 특히 험난한 북태평양의 겨울 파도를 극복하면서 연료 보급을 한다는 것은 상당한 문제가 있다. ③ 공습효과에도 문제가 있다. 진주만은 선박장이 좁고 수심이 불과 12m밖에 안 되기 때문에 함선 격침에 가장 효과적인 뇌격이 어렵고, 수평 폭격은 명중률이 10%로 매우 낮으며 급강하 폭격은 폭탄이 250kg밖에 안 돼 전함에 대한 파괴력이 약하다. ④

해군은 유전 확보를 위해 남방작전(말레이시아, 보르네오 등 남태평양 공략)을 우선 해야 되는데 이를 위한 항공모함을 진주만 공격에 따로 떼어 할애할 수가 없다.

뇌격이란 비행기에서 어뢰로 공격하는 것을 말하는데 배를 침몰시키기 위해서는 뇌격이 가장 효과적이다. 그러나 진주만의 경우는 첫째, 뇌격 투하에 최하 30m 이상의 수심이 필요한데 진주만은 12m밖에 되지 않아 어뢰가 추진하기도 전에 바다 바닥에 부딪친다. 또한 뇌격시 비행기는 가능한 한 해면 가까이 접근, 어뢰를 발사해야 하므로 목표까지의 거리가 1,000m는 있어야 하는데, 진주만의 경우는 500m밖에 되지 않는다는 이유 때문에 군사령부 관계자들의 반대는 극렬하였다.

그런데 이 작전의 최초의 구상자인 야마모토 연합함대 사령관은 전혀 그 태도가 달랐다. 그는 처음부터 이 공격은 결행해야 하고, 또 할 수 있다고 주장을 하였다. 그에게는 신념이요, 의무였던 것이다. 그는 소령, 중령시절 하버드 대학에서 공부하였고, 대령 때는 워싱톤의 무관으로 근무하였다. 1940년 9월, 한 동창 모임에서는 미국을 잘 알고 있는 그는 미국인의 강한 정신력과 과학적 사고방식 등을 내세워 일본은 미국의 적수가 될 수 없다는 발언을 하여 개전파들의 미움을 사기도 하였다. 그러하기에 러일 전쟁에 참전한 그에게 떠오른 것은 발틱함대를 격멸한 후 일·소 강화조약이 가능했던 일이었을 것이다. 그러한 전략이 미태평양함대의 격멸로 이어질 것이라고 그는 믿었다. 즉 미국과 강화조약을 이끌어 내어 일본의 동남아 침략에 안전한 교두보를 만들어 보려는 속셈을 그는 가지고 있었다.

끝내 반대하는 군사령부를 상대로 “승인하지 않으면 사임하겠다”는 위협을 해 동의를 얻어 냈다.

개전하기 11개월 전의 일이다. 그로부터 온갖 반대와 모함에 끝내 굽히지 않고 초지일관 진주만 공격을 신념으로 밀어붙인 결과가 겨우 매듭을 지은 것이다.

일본해군이 진주만 공격을 앞두고 토요일, 일요일 및 휴일도 없이 맹훈련을 한 결과 확률 10%의 수평공격은 45%로 향상되었고, 급강하 폭격은 고도한 회피운동 목표 50%, 정지 목표인 경우에는 100%로 향상되었다. 어떻게 이런 일이 가능한가? 그것은 인간에게는 학습과정이라는 게 있기 때문이다. 즉 사람이란 같은 일을 거듭하면 익숙하여지고, 다음으로 점점 그 일이 편해지고, 그리고 종래에는 달인이 되는 것이다. 야마모토의 신념도 훈련으로 불가능을 가능케 한 것이다.

그에 의하면 사람을 움직이는 방법은 훈련과 칭찬밖에 없다고 하였다. 그의 유명한 말에 "해서 보이고, 일러서 하게 하고, 그리고 칭찬하지 않으면 사람은 움직이지 않는다"란 게 있다. 실로 인간은 따지고 보면 교육의 소산이다. 무엇을 가르치는가, 어떻게 가르치는가에 따라 인간은 다시 탄생하는 것이다.

전쟁사의 가장 큰 시비거리의 하나가 야마모토의 진주만 공격이다. 그 중에서도 공격 당일인 1941년 12월 7일 항공기에 의한 진주만 공격을 왜 한 번만 하고 그만 두었느냐 하는 점이다. 하와이는 군함의 정박장일 뿐만 아니라 미 태평양 함대의 본거지이므로 거대한 석유저장 시설과 항만 시설, 그리고 중요한 해군 공작창이 있었는데, 일본은 단 한 번만의 공격으로 전함과 항공기만 공격했을 뿐 상기한 전략적 시설은 전혀 손도 대지 않았다는 점이다. 만일 이때 350대의 항공기가 한 번 더 폭탄을 장전하고 와서 제 2 차 공격을 감행하여 위의 전략 시설을 파괴하였다면 미 태평양 함대의 반격도 훨씬 늦어졌을 것이요, 향후 상황에도 많은 변화가 있었을 것이라는 견해이다.

이러한 시비는 일본 자체에서도 제기되었지만 특히 미 해군 모리슨(Morison) 제독의 야마모토 전략 비판이 유명하다. 즉 그는 일본의 진주만 공습 작전을 다음과 같이 비평을 하였다.

① 전략적으로 최대 실책이다. 왜냐하면 미국의 태평양 전략은 개전 초기 단계에 북태평양의 일본 수송 선단 공격과 마살 제도 습격 등 주로 일본의 보급로의 공격에 중점을 두고 다음 단계로 마살 제도의 점령을 시도하는 소위 점진작전이다. 따라서 일본은 전력을 충분히 저장하였다가 진격해 오는 미 해군을 공격하는 것이 정석이다.

② 전술적으로도 해상의 군함만 공격하였을 뿐 지상의 석유 저장고나 중요한 해군 공작 창을 공격하지 않았다는 것은 큰 과오이다.

③ 정치적으로도 선전포고 없이 공격을 가해 와 진주만을 상기하라(Remember the Pearl Harbor)로 미국 국민을 분발케 한 것은 정략적으로 큰 손실을 가져왔다.

그러나 후세의 사가들은 모리슨의 전략적 비판을 다시 비판하였다. 야마모토가 미국을 두려워하였던 것은 미국의 국력이다. 국력에 의하여 시간이 감에 따라 전략의 차이는 벌어지게 되어 있다. 그는 개전 초기에 일격을 가해 우선 태평양 함대의 전력을 약화시켜 놓고 그런 다음 시간의 여유를 얻어 외교적 수단으로 전쟁을 수습해 보자는 야마모토의 전략은 옳았다.

그리고 소국이 대국을 기습하여 미국의 국민들에게 “진주만을 기억하라”란 분발을 사게 한 만큼 그 이상으로 일본국민은 국민적 자부와 단결심을 고취하는 데 기여하였다. 반면에 왜 제2차 공격을 하지 않은 이유에 대해서는 여러 가지 설이 있다. 어찌하든 제2차의 공격의 의사가 없었던 것은 분명하다. 장장 12,000km를 어렵게 항해해서 모처럼 적의 심장부를 공격하는 데 마지막 중요한 단계에서 그토록 소극적인 조치로 끝낸 것은 이해가 가지 않는다. 더구나 그의 성격과, 또 계획 단계에서 지금까지 겪어 온 난관과 그의 열의로 보아서는 선뜻 납득이 가지 않는다. 그의 기동부대가 일격으로 전함 8척을 격파하고 항공기도 500대나 파괴하였다는 전과를 보고받았을 때 그는 임무를 완수하였다고 판단하였음이 틀림이 없다. 즉 그는 판단 잘못에 의하여 공격의 목표는 적의 영토가 아닌 적의 전투력을 격멸하는 데 두어야 한다는 Clauswitz의 전쟁론을 잘못 받아들였음이 분명하다. 기동부대가 진주만에 정박중인 미 전함 8척을 격파하였으나 6개월 후에 모두 인양, 복구하여 전투에 참가하게 되었다. 따지고 보면 그가 전투에 포함하여야 할 시설 및 유류장소 등 목표들이 빠진 것이다.

5. 리더는 부하들에게 꿈을 심어 주고 능력을 찾아 주어야 한다

꿈이 있으면 목표를 세우고 노력을 한다. 꿈이 없는 사람은 되는 대로 산다. 큰 꿈을 가지면 인간은 결코 타락하지 않는다. 높은 산을 목표로 힘이 닿는 한 계속해서 올라간다. 이것이 충실한 인생이다. 우리는 우리의 젊은 세대에게 무엇을 이루겠다는 꿈을 갖도록 해 주어야 한다. 긍지를 갖도록 해야 한다. 꿈이 없는 민족은 죽은 민족이다. 그 세대에 꿈이 달성되지 않을 수도 있다면 그 다음세대로 이어가야 한다.

한 사람이 꿈을 꾸면 꿈으로 끝날지 모르지만 만인이 꿈을 꾸면 얼마든지 현실로 가꿔 낼 수 있다는 신념을 지녀야 한다. 미래를 향한 비전을 함께 지닌다면 얼마든지 세상을 바꿀 수 있다. 비전 공유는 어떨 때 가능한가. “열린 사고를 할 때다.” 비전을 공유한다는 것은 함께 꿈을 꾸고, 함께 꿈을 실현해 나가는 것이다. 사람은 저마다 꿈을 꾼다. 하지만 나만을 위한 것이라면, 나를 위해 남에게 희생과 봉사와 복종을 요구하는 것이라면 ‘꿈의 공유’는 결코 이룰 수 없다. 모두가 함께 꿈을 꾸어야 한다. 이것이 비전을 공유하는 것이며 비전을 공유하면서 함께 목적을 달성하려고 노력을 할 때 달성할 수 있는 것이다.

위대한 보스의 목표 가운데 하나는 직원들에게 스스로 생각하고 홀로 서는 법을 가르치는 것이다. 위대한 보스는 박학다식하지 못하다고 해서 두려움을 느끼지 않는다. 위대한 보스라고 해서 전지전능할 수는 없다. 위대한 보스는 선박에 관한 지식을 가지고 선반공과 경쟁하려 하지 않는다. 위대한 보스가 유능하고 실력 있는 직원들이 자신의 일을 잘할 수 있도록 독려하는 방법은 그렇게 어려운 일이 아닐 것이다.

유명한 리더는 자신이 직원에게 무엇을 하라든지, 무슨 문제를 어떻게 해결하라든지, 어떤 결정을 내리라는 등의 명령을 한 적이 없다. 어떤 요구를 할 때도 그 직원에게 해야 할 일을 구체적으로 지적하지 않았다. 대신 스스로 주요한 결정을 내리고 위험을 감수하며, 실수를 통해 일을 배울 수 있도록 하였다. 그 리더는 항상 다른 사람의 말에 귀를 기울였고, 늘 관심을 유지하며, 예민하게 집중하는 것을 잊지 않았다.

매주 반복되는 전략, 기획, 실무회의가 끝나면, 리더는 그 직원에게 항상 같은 선물을 주었다. 그것은 값으로 따질 수 없는 리더십에 관한 귀중한 선물로서 바로 평범한 두 마디 말이었다. 어떤 주제에 대한 토론이 끝난 후에 그 직원은 보통 자신의 리더에게 조언을 구하곤 했는데 그 리더의 대답은 한결 같았다. "내가 어떻게 알아요? 당신 생각은 어때요?"[1)]

이 두 마디는 용기와 자기 확신의 말이며, 그런 말을 사용할 수 있는 사려 깊은 행동이 바로 흔치 않는 지혜를 이끌어 내는 것이다.

인간에게는 제각각 타고난 능력과 특성이 있다. 각자의 능력에 우열이 있는 것은 아니다. 음악적 능력, 그림을 그리는 능력, 그리고 운동능력 가운데 어느 것이 더 우세한가는 말할 수 없고 비교하는 것 자체가 이상하다. 예를 들어 관리능력과 영업능력은 비교한다는 것도 이상하다. 이들은 다른 능력을 요구하기 때문이다.

같은 일을 하는 데 실적에 차이가 생기는 것은 흔히 있는 일이다. 요령이 좋아 발 빠르게 움직이는 사람도 있을 것이고 요령이 없어 움직임이 늦는 사람도 있을 것이다. 그러나 그것은 어디까지나 일시적인 현상이다. 예를 들어 젊었을

---

1) Jeffrey J. Fox, 2000, *How to Become a Great Boss,* 쏘두무 Publishing Co., 윤윤수 옮김.

때 일을 신속하게 처리하는 능력이 있었어도 나이를 먹으면 그 능력을 잃는다. 반대로 나이를 먹으면 세상을 신중하게 생각하는 숙련된 능력이 몸에 붙는다. 다시 말하여 능력이란 항시 변하는 것이다.

따라서 지도자가 부하들의 능력을 평가할 때 그 시점의 능력만으로 영원한 평가를 해서는 안 된다. 역시 직책에 집착하여 평가하여서도 안 된다. 직책이란 그 시점에서의 일시적인 판단 기준에 불과하다. 현재의 직책에서 잘한다고 하여 다른 직책에서 잘한다고 보장할 수 없다. 부하를 바라볼 때 부하의 본질적인 능력, 본질적인 부분을 바라보아야 한다.

인간의 본질을 바라보면 인간은 기본적으로 똑같고 평등하다는 것을 저절로 깨닫게 된다. 서로 다르지만 개인 하나하나가 뛰어난 능력을 가지고 있다. 이 점을 부하에게 알려 주는 것이 리더의 의무이다. 예를 들어 그 부하는 무슨 가문의 아들이거나 큰 부자의 딸이라거나 정치가의 자식이라는 이유로 특별대우를 하는 일이 있다. 혹은 능력도 없는데 책임 있는 자리에 앉히기도 한다. 그것은 주변 사람들의 의욕을 꺾을 뿐 아니라 그 당사자를 망치는 일이다. 그것에 그치면 좋겠지만 조직 자체가 도산으로 내몰릴 가능성도 배제하지 못한다. 우리가 친구를 소개할 때 보통 이 친구의 아버지는 무엇을 하는 분이라든지 하고 말하는 경우가 많다. 이렇게 하는 소개는 해서는 안 된다.

부하의 능력이 점점 커져 마침내 자신을 추월하는 것을 두려워하는 상사도 있다. 이때 상사는 부하에 대한 질시와 공포를 느낀다. 이대로 가다가는 자기보다 높은 지위로 올라갈지도 모른다는 초조감도 생긴다. 그 불안 때문에 부하를 억누르려는 상사도 있다. 이런 상사는 인간으로서 낙제이다. 부하가 크게 자라면 상사는 뒤처지는가. 그렇지 않다. 자기보다 우수한 인재를 기르려고 하면 할수록 결과적으로 그 상사는 더욱 위로 올라간다. 부하가 크면 결국 그 부하를 키운 상사도 높은 평가를 받는다. 반면 부하를 억누르려고 하면 부하가 제대로 크지 못하고, 뛰어난 사람이라고 하더라도 자기 혼자서 할 수 있는 일에는 한계가 있다. 따라서 사람의 재능을 꿰뚫어 보고 활용하지 못하는 사람은 리더로서 자격이 없다. 뛰어난 사람을 활용하고, 뛰어난 사람의 말에 귀 기울일 때 비로소 자신의 힘을 뛰어넘는 큰일을 할 수 있을 것이다. 경영자의 가장 중요한 임무는 뛰어난 사람을 활용하는 것이다.

6. 통찰력과 비전이 있어야 한다

영국 수상 Neville Chamberlin은 히틀러와 담판을 하고 돌아와 영국 국민에게 한 연설에서 "여러분 평화가 멀지 않았습니다. 여러분은 베개를 높이 하고 편안한 잠을 잘 수 있게 되었습니다." 소위 뮌헨 회담에서 히틀러에게 모든 것을 양보함으로써 전쟁을 재촉한 역사상 가장 악명 높은 외교적 실패를 하고 돌아와 한다는 성명이 그 모양이었다. 그로부터 1년 후 히틀러는 폴란드를 침공함으로써 제 2 차 세계대전이 발발하게 되었다. Chamberlin의 외교적 실패를 보고 H. G. Wells는 이렇게 기록하고 있다.

"자연의 냉혹한 섭리는 때때로 우행이나 나약함을 벌할 때 중한 범죄를 처벌하는 이상으로 엄하게 다루는 법이다. 이제 영국과 전 인류는 명예와 의무를 회피한 그의 비열한 행동에 대한 대가를 지불하게 되었다." 이 얼마나 신랄한 비판인가. 그로부터 그는 얼굴을 들고 다닐 수 없었다. 그 후 처칠이 수상이 되었고 그는 수상으로 취임하는 연설에서 "나는 여러분에게 나의 땀과 피와 눈물을 바치는 것 외엔 달리 바칠 게 없습니다"란 명연설을 하였다.

제 1 차 세계대전이 발발하기 전 영국 해군을 책임지고 있었을 때, 독일을 세심하게 관찰하고 있던 처칠은 동료들에게 전쟁이 임박했음을 경고했다. 그러나 그의 말을 믿는 사람은 아무도 없었다. 그렇지만 그는 의견의 일치를 이끌어 내려 하기보다는 자신의 판단을 믿고 어떻게든 혼자 힘으로 해군을 준비시키기 시작했다. 일부 사람들은 그가 어리석은 짓을 한다고 그를 비판했지만, 그는 계획대로 밀고 나갔다. 1914년 7월 유럽에서 갑자기 전쟁이 발발했을 때 영국군 가운데 유일하게 준비된 군대는 해군뿐이었다. 독일군의 이동 상황을 지속적으로 감시하고 있던 처칠은 이미 개전 몇 주 전부터 해군에 대해 전투위치에 임할 것을 비밀리 명령해 두었다. 영국 함선은 프랑스군을 지원하기 위해 영국해협을 건너는 병력의 수송뿐만 아니라 북해의 독일 잠수함 추적에도 협력할 태세가 되어 있었다.

병사들이 참호 밖으로 빠져나와 이동할 때 특히 희생이 크다는 것을 알고 처칠은 공병부대에 적 참호를 분쇄할 장갑차를 만들도록 명했다. 1916년 솜 전투(Battle of Somme)에서 최초로 '탱크'가 등장했는데, 그때까지도 탱크는 해군 소속 자산이었다. 처칠은 또한 장차 전쟁에서 항공 전력이 핵심이 될 것이라고 판단하고는 해군 항공대를 출범시켰다. 비행기도 몇 대 되지 않고 엉성했지만 독일 비행선을 여섯 대나 격파할 수 있었다.

제 2 차 세계대전 기간 동안 처칠은 영국 본토의 전투에서 승리할 수 있었던 원동력은 국민들의 용기였음을 깨달았다. 1940년 6월부터 1941년 5월까지 당시 영국은 런던 대공습을 포함하여 독일의 대규모 공습에 맞서 홀로 싸울 수밖에 없었다. 따라서 처칠은 그가 지닌 언변이라는 수단을 동원하여 국민들의 사기를 북돋우기 위해 진력을 다했다.

그는 제 2 차 세계대전 기간에 강력한 리더십을 발휘해 서구에서 가장 존경받는 정치인으로 손꼽힌다. 처칠은 뛰어난 연설 능력으로 영국 국민이 독일의 끈질긴 공습에 저항하도록 이끌었다. 영국이 절체절명의 상황에 놓였을 때, 그는 강력한 언변으로 독일의 침공을 저지하는 데 결정적인 역할을 하였다. 설득력 있는 화술의 최고 경지를 보여 준 처칠은 시공을 초월하여 여전히 용기 있는 리더십의 화신으로 추앙을 받고 있다. 그는 1963년「제 2 차 세계대전」으로 노벨문학상을 받았고, 영국 최고의 훈장인 가터훈장(Order of the Garter)을 받았다.

그러한 처칠은 챔버린을 내각에 남게 하는 예우를 하였고 남 앞에서 그를 비판한 적이 없었다. 그 후 사가들은 과연 처칠은 어떠한 인간인가에 대한 많은 논쟁이 있었다고 한다.

처칠은 전쟁에서 승리하기 위해서라면 어떤 일도 할 각오가 되어 있었다. 거의 4년 여 동안 쉴 틈도 없이 노력한 결과 독일이 1945년 5월 8일 항복하였을 때 비로소 열매를 맺었다.

처칠은 유복한 가문 출신이기는 하였지만 전도가 유망한 청년은 아니었다. 그는 가난한 학생이었고, 영국 사관학교인 샌드허스트 입학시험에 두 번씩이나 떨어졌을 정도로 신통치 않았다. 군인이 되려는 꿈이 좌절될 위기에 처했다고 느낀 처칠은 다음번 시험에 반드시 합격하겠다고 다짐하고, 입시학원에 다니면서 출제경향을 습득할 때까지 밤늦도록 기출문제들을 공부했다. 그는 자신감을 되찾았고 마침내 샌드허스트에 합격했다. 그는 입시에 연달아 실패한 탓에 같은 나이 또래에 비해서 지식을 많이 쌓지 못했음을 깨달았다. 동료들 수준으로 자신의 실력을 끌어올리기 위해 그는 스물두 살의 나이에 스스로 재교육을 시작했다.

처칠이 1900년 하원의원이 되고 그 후 그의 연설은 참으로 감명 깊은 웅변이었다. 그러나 그는 연설문 작성에 많은 노력을 기울였고 적어도 연설하기 4-5

일 전부터 준비하였다. 일단 연설문이 작성되면 거울 앞에서 문구와 몸동작이 익숙해질 때까지 반복하여 낭독했다. 그런 다음 친구들을 상대로 연습하고 코멘트도 받았다. 공개 연설 자리에서는 연설문을 치워 놓아 많은 사람들은 그가 즉석연설을 한다고 생각했다. 그는 연설 문구의 극적인 효과를 증대시키기 위해 연설 중간중간 멈추었다. 사람들은 그가 다음에 무슨 이야기를 할지 생각하느라 멈칫거리는 것을 생각했지만 이는 일부러 한 행동이었다. My Dear Mr. Churchill에서 Walter Graebner는 "그런 식으로 이야기를 중단하는 것은 처칠의 특징 중 하나였을 뿐이다. 자신이 말하려는 내용을 잘 알고 있으면서도, 잠시 머뭇거리면서 단어나 구절이 방금 떠오른 것인 척했다"고 말했다. 훗날 그는 명 연설가가 되었고 한번에 5만 달러 정도의 연설료를 받게 되었다.

7. 지도자는 높은 데 있으니 멀리 보아야 한다

승자(勝者)의 우행(愚行)이라는 말이 있다. 처칠이 그의 회고록에서 제 1 차 세계대전 전승국들을 두고 한 말이다. 즉 승전국들이 전후 처리를 잘못함으로써 제 2 차 세계대전까지 일으키게 되었다는 자성과 탄식의 소리인 것이다.

제 2 차 세계대전은 과연 불가피한 전쟁인가? 이에 대해 처칠은 "No! 쓸데없는 전쟁이요, 막으려 들면 얼마든지 쉽게 막을 수 있는 전쟁이었다"고 한다. 전승국들은 그들이 겪은 시련과 고통 때문에 패전국인 독일의 국민들을 무참한 곤경에 빠뜨렸고, 결국엔 독일 국민들의 공허 속에 광포한 천재인 히틀러로 하여금 바이마르(Weimar)를 짓밟도록 묵인하였고 오히려 광기어린 정열로 국민의 공허를 메우게 하였던 것이다.

제 1 차 대전 때 850만 명의 전사자와 수많은 민간인 희생자를 내고도 소위 지도자들은 정신을 못차리고 제 2 차 대전을 초래했다.

1938년 9월 30일 챔버린이 뮌헨에서 돌아온 자신을 마중 나온 군중들을 향해 주머니에서 꺼낸 종이 한 장을 자랑스러운 듯이 흔들어 보였다. 그것은 뮌헨에서 히틀러와 공동으로 서명 교환한 것으로, 영 · 독 체코슬로바키아를 통째로 히틀러의 손아귀에 넘겨주는 꼴이 되었다. 이 뮌헨 협정은 무분별한 유화주의의 결말이 얼마나 비극적이며 또, 불가침서약이었던 것이다. 그 협정 자체만으로도 앞을 내다보지 못한 지도자의 리더십이 인류에게 끼친 불행이 얼마나 큰 것이었는가를 일러 준 뼈아픈 교훈이었다.

1939년 9월 1일 새벽, 독일군은 폴란드 국경을 넘어 물밀듯이 쳐들어가 개전 3일 만에 폴란드군을 사실상 괴멸하였다. 이 침략은 영국과 프랑스에 대한 독일의 선전포고나 다름없음에도 불구하고 폴란드의 애원에 가까운 지원조차도 묵살하고, 어리석게도 챔버린은 협정에 대한 희망을 버리지 못하였다. 늦게나마 영국과 프랑스는 히틀러에게 농락을 당한 것을 눈치 채고 독일에 대한 선전포고를 하였다. 그날로부터 5년 8개월 동안, 살육과 파괴는 전 유럽을 휩쓸었고 지구 전역으로 퍼졌다. 정말로 2차 세계대전은 불가피한 것일까? 1차 세계대전의 전승국들의 독일에 대한 가혹한 처벌, 챔버린의 우매한 히틀러와 평화협정, 프랑스 수상의 결단력이 없는 태도, 때 늦은 선전포고 등이 피할 수 있는 대전을 초래하였다.

겨울이 오기 전에는 반드시 서리가 내리는 법이다. 지도자는 겨울이 오기 전에 대처를 하여야 한다. 높은 데 있으면 잘 보이고 멀리 보인다. 멀리 보는 사람은 지도자이다. 멀리 보고 비전을 제시하며 대처를 세우는 것이 지도자의 할 일이다. 이것을 못하면 지도자의 자리에서 내려와야 한다. 히틀러가 군비를 확충하고, 국론을 통제하고, 체코를 집어 삼키고 하는 판인데도 그와의 약속을 믿고 끝까지 유화정책에 매달리는 자세를 무엇이라고 변명을 할 수 있겠는가? 이미 전쟁이 터져 주변 국가들이 침략을 당하고 있는데 전시 동원을 핑계 삼는 프랑스의 수상은 그동안 무엇을 하였다는 말인가? 서릿발이 아니라 눈발이 내리는데 소위 지도자라는 사람들이 팔짱만을 끼고 있었던 것이다. 이것이 제 2 차 세계대전을 초래한 것이다.

멀리 보고, 미리 보고, 그리고 어디로 끌고 갈 것인가를 알고 있는 것, 그것이 위대한 리더십의 비밀이다.

세계의 지도자 가운데 멀리 본 사람으로 드골을 빼 놓을 수 없다. 그는 대통령 시절 닉슨에게 "나는 오늘의 정치가 아니라 내일의 신문 표제가 될 정치를 하고 있다"고 말할 정도로 내일의 문제를 언제나 깊이 생각한 사람이었다. 1934년 그가 대령시절 「미래의 군대」라는 책을 썼는데 그 가운데 이미 근대전의 새로운 이론을 전개하고 있었다. 그는 우리의 운명은 기계가 결정한다고 주장하면서 기계는 우리 생활의 모든 분야에 변혁을 가져올 것이며, 특히 전쟁 분야에서도 예외 없이 큰 변혁이 있을 것이라고 내다본 것이다. 그리하여 국가의 장래를 위해서는 육군을 대폭 개편해야 하는데 그 방법의 하나가 10만 병력으로 기계화 부대 6개 사단을 편성하여야 한다고 주장하였다. 즉 과거의 전쟁에서는 병력의 규모와 화력의 양에 중점을 두어야 하였지만 미래의 전쟁은 기동력과 돌진력이 승패를 좌우하기 때문이라고 하였다. 제 1 차 대전의 영웅 페탱조차도 제 1 차 대전 때 가장 잘하였던 것만을 생각하고 있기 때문에 앞으로의 전쟁변화를 예측하지 못하였다. 이스라엘도 1967년도에 중동 전쟁에서 크게 성공하였지만 전쟁의 변화를 예측하지 못하였기에 1970년 전쟁에서는 패하였다. 실로 가장 잘하는 것이 가장 위험한 것이다. 그래서 가장 잘할 때를 조심하여야 한다.

불행하게도 드골의 이러한 예언은 아무 사람의 관심도 끌지 못하였다. 오히려 드골의 생각이 위험한 사상이라고까지 혹평하였다. 2차 대전이 발발하기 전 프랑스의 기자가 독일의 육군사령관인 아돌프 흉헤링 장군과 인터뷰할 때였다. 이때 귀국의 기동전의 권위자는 장차 올 기동작전에 대해 어떤 생각을 갖고 있는가? 라고 장군이 묻자 기자는 어안이 벙벙할 수밖에 없었다. 왜냐하면 그는 드골을 몰랐던 것이다. 당황해 하는 기자를 보다 못한 장군은 당신 나라에 드골이라는 기동작전의 대가가 있지 않습니까? 하고 오히려 드골의 존재를 알려 주는 것이었다. 독일 육군은 드골이 쓴 「미래의 군대」를 200부나 구입하여 열심히 연구를 하였다. 막상 프랑스에서는 100부밖에 팔리지 않았다. 실제로 독일군은 기계화 사단을 이용한 전격전을 구사하여 유럽을 순식간에 석권하였다. 전격전이란 전차를 중심으로 편성된 기계화병단을 공격의 주체로 삼고, 급강하 폭격기와 낙하산부대의 긴밀한 협조 지원 하에 보병이 한 지점을 강타, 돌파구를 형성하면 기계화사단이 그대로 그 돌파구를 이용해 후방 깊숙이 돌진해 나가는 전법이다. 드골이 그토록 경고를 하였음에도 프랑스는 마지노선에만 너무 의존했다가 스당(Sedan)부근을 돌파당해 통신과 지휘계통이 무너져 전투다운 전투라곤 해보지도 못하고 항복하였다.

영국의 사정도 마찬가지다. 1930년대 들어서면서 처칠은 다가올 나치의 위험에 홀로 절규하였다. 그러나 그에게 동조하고, 그를 주목하는 사람은 많지가 않았다. 전쟁이 끝난 40년대 후반 소련의 확장주의를 경고할 때도 귀담아 듣는 사람은 얼마 되지 않았다.

리더는 이렇게 어렵고, 어느 시대나 외로운 법이다. 전쟁 중 처칠은 스탈린의 음모를 진작부터 간파하고 노르망디가 아닌 발칸 반도 상륙을 강하게 진언하였건만 미국을 포함한 연합국은 그의 충고를 일축하였다. 노르망디 상륙 후에는 연합군의 진격 속도를 높여 가능하면 동유럽 쪽으로 진격할 수 있는 데까지 가서 소련군과 접촉을 해야 한다고 몇 번이고 강조한 사람이 처칠이다.

8. 열정을 불어넣어야 한다

인생을 살아갈 때 무엇이 가장 소중하냐고 묻는다면 열정이라고 답하고 싶다. 성공하고 싶다는 강한 열정을 가질 때 이미 반은 성취된 것이나 마찬가지다. 열정이 지혜와 자세, 방법 등 모든 것을 낳는다.

어떤 일이 있어도 꿈을 실현하겠다는 열정이 목표와 결의를 바꾼다. 열정이 있기 때문에 쉬지 않고 밀고 나가는 것이다. 꿈을 꿈으로 끝낼 것인가. 꿈을 성공으로 실현할 것인가 하는 차이는 단 한 가지 열정을 가지고 있는가 혹은 그렇지 않은가에 달려 있다.

상사가 부하를 평가할 때도 열정이 있는가 없는가를 상사는 잘 보아야 한다. 같은 결과를 내었다고 하더라도 열정이 없는데 우연히 성공한 사람을 좋게 평가해서는 안 된다. 그것은 단순한 우연일 뿐 오래 지속되지 않는다. 칭찬할 때도 "잘 했어"하고 결과만 칭찬하는 것이 아니고 "그동안 무척 힘들었지? 열의를 갖고 일해서 고마워"하고 평가해야 한다. 이것이 부하가 열정의 불꽃을 계속 지피도록 하는 칭찬법이다.

열정은 모든 것을 변하게 한다. 사실 인간의 재능에는 거의 차이가 없다. 일류대학을 나왔건 삼류대학을 나왔건 고작 55점에서 65점 정도에서 왔다갔다 하니 10점 정도의 차이밖에 없다. 그러나 55점짜리 사람도 열정이 있으면 70점 내지 80점이 되고 일류대학 출신인 65점짜리도 열정이 없으면 50점 내지 40점이 되는 것이다. 우리 주변에도 열정을 가진 리더는 그리 흔치 않다. 열정을 가지도록 하자면 사람을 소중히 여겨야 하며 열정을 가진 인재를 길러야 한다.

김병완은 기업의 성공에 공헌하는 인간의 능력을 단계적으로 설명하였는데 이는 미래가 불확실한 21세기에 더욱 설득력이 있다.[1)] 그는 가장 적게 공헌하는 단계부터 설명했다. 우리는 단계별로 그 직위에 맞는 공헌과 열정을 요구해야 한다.

① 가장 아래 단계에 있는 것이 복종이다. 이 능력은 상부에서 시키는 대로

1) 김병완(2013), 이건희 리더십, 문학스케치, pp. 240-1.

하면 된다. 사람이 가지고 있는 기본적인 능력이다.

② 다음 단계는 근면함이다. 근면하게 일하는 것이 책임감이다. 과거에는 근면 성실한 사람은 어느 정도 인정을 받고 먹고살 수 있었다. 그때는 시대가 덜 급변하던 시대였다. 그래서 20대 때 의사, 변호사 자격증이나 교사 자격증 하나만 있으면 평생 그것으로 먹고살 수 있었다. 하지만 지금은 그런 시대가 아니다.

③ 세 번째 단계는 지식과 지성이다. 대부분의 회사들은 지식을 가진 사람을 채용하려고 부단히 노력한다.

④ 지성 위의 단계는 추진력이다. 추진력을 지닌 사람은 남에게 요청을 받거나 명령을 받을 필요가 없다. 그들은 늘 새로운 도전을 찾고 가치를 창출하기 위해 항상 새로운 방법을 모색한다.

⑤ 그다음은 창의성이다. 창의적인 사람은 늘 호기심이 많고 억압할 수 없는 사람들이다. 그들은 주저하지 않고 어리석은 말들을 많이 하며 주로 "이렇게 한다면 멋지지 않을까?"라는 말로 얘기를 시작한다.

⑥ 그리고 마지막 단계는 열정이 있다. 열정 때문에 사람들은 어리석은 행동을 하기도 한다. 그러나 열정은 마음속의 뜻을 결국 실현시키는 비밀의 열쇠이다. 열정을 가진 사람은 기꺼이 장애물을 뛰어넘으며 쉽게 포기하지 않는다. 열정은 전염성이 있어서 한 개인의 노력이 대중운동으로 퍼지게 만드는 중요한 기능이 있다. 소설가 E. M. Foster는 "열정이 있는 한 사람이 단순히 관심만 있는 40명 보다 낫다"라고 말했다. 열정을 가진 사람은 장애물을 뛰어 넘으며 쉽게 포기하지 않는다.

아래 도표에서 보듯이 윗사람이 시키는 일을 하는 '복종'은 거의 어떤 기업이나 조직에서도 도움이 되지 않는다. 근면의 경우에는 겨우 5% 정도 밖에 도움이 되지 않는다.

열정	35%
창의성	25%
추진력	20%
지성	15%
근면	5%
복종	0%
	100%

반면에 변화를 추구하는 '열정'이나 창의성 같은 것은 60% 정도로 가장 큰 도움을 준다는 것을 알 수 있다. 다시 말해 남들이 다 할 수 있는 근면함은 더 이상 경쟁력이 안 된다는 것이다. 남과 차별화할 수 있는 열정이나 창의성을 가지고 변화를 추구할 때 그것이 경쟁력이 된다.

9. 도전 정신을 키워야 한다

자신의 능력을 끌어내는 데 가장 중요한 것이 도전 정신이다. 예를 들어 눈앞에 갖가지 난관이 닥친다. 도저히 해결할 수 없는 듯한 어려운 일이 생긴다. 지도자는 불안하기는 해도 달성할 수 있다는 신념을 불어넣고 도전 의식을 갖도록 해야 한다.

도전 없는 곳에 행복감과 만족감은 결코 생기지 않는다. 어려운 일이 눈앞에 닥쳤을 때 나의 새로운 능력을 이끌어 낼 기회, 발견할 기회라고 생각해야 한다. 언제나 자신이 할 수 있는 것, 할 수 있을 듯이 보이는 것만을 했다가는 인생을 마칠 때 "나는 이런 것밖에 하지 못했어" 하고 후회할 것이다. 후회를 남긴 인생은 행복했다고 볼 수 없다. 하지 않고 후회하는 것이 가장 하찮다고 생각한다. 하고 후회하는 편이 가능성이 있다. 해 보면 능력의 한계를 확인할 수 있다. 자신의 한계를 아는 것은 대단히 중요하다. 한계를 알기 때문에 그 한계를 넓히는 것이, 혹은 다른 능력을 이끌어 내서 넓혀가는 것이 가능하다. 도전할 때 새로운 능력도 발견된다. 따라서 달성할 수 있는 능력의 폭이 넓혀질 것이다.

역경은 마음 먹기에 따라 기회가 될 수 있다. 고로 역경이라는 마음이 생길 때 항상 긍정적이고 플러스적인 사고를 해야 한다. 맥아더 장군은 지휘관의 진가가 평가되고 증명되는 것은 역경에 처해 있을 때라고 했다. 참된 지휘관은 역경에 처해서도 패배하지 않고, 불리한 처지를 만회하여 다시 도전, 끝내 승리를 쟁취하는 자라는 것이다. 이 말은 지도자가 될 수 있는 사람은 역경에 따른 위기관리 능력이 매우 필요하다는 뜻일 게다.

역경을 극복하는 정신은 그저 생기는 것이 아니다. 사회에서 불어닥치는 모진 거센 바람과 추위를 극복하는 경험을 해야 한다. 역경을 이겨내는 도전 정신이 허약할 때 조직이 위기에 직면한다면 반드시 비싼 대가를 치르게 마련이다. 젊음은 도전을 필요로 하며 도전은 역경을 극복하면서 생긴다. 그래서 역경은 값진 것이다.

사업가로 성공한 일본인인 마쓰시타 고노스케에게 성공의 요인이 무엇이냐고 묻자 “나는 하늘로부터 세 가지를 부여받아 성공했다. 하나는 가난이요, 또 하나는 허약한 체질이요, 마지막 하나는 짧은 학력이다. 가난했기 때문에 절약하면서 돈을 벌 수 있었고, 허약했기 때문에 건강에 신경썼으며, 못 배웠기 때문에 다른 사람으로부터 배우려고 노력했다”고 대답했다. 실제로 가난의 경험은 없는 사람들의 마음을 헤아려 줄 수 있는 훌륭한 인격형성과 도전 정신을 가져와 성공에 이르게 할 수 있다는 말을 명심해야 한다. 세계 위대한 지도자들 가운데 약 80%가 이와 같은 길을 걸었다면 역경 혹은 가난이 얼마나 고마운 것인가.

10. 열린 사회의 리더십

1) 유목민에게서 배우는 리더십

유목민인 칭기즈칸은 몽고고원을 통일한 후 그가 정복한 땅이 777만 평방킬로미터에 이른다. 알렉산더 대왕(348만 평방킬로미터)과 나폴레옹(115만)과 히틀러(219만), 세 정복자가 차지한 땅을 합친 것보다 넓다. 그의 손자이자 원나라 시조인 쿠빌라이칸에 이르러 정복 면적은 훨씬 더 늘어났다.[1] 동쪽으로 고려에서부터 서쪽 헝가리까지, 북쪽 시베리아로부터 남쪽 베트남 근방까지 쿠빌라이칸은 만주에서 페르시아에 이르는 광대한 제국을 건설했다. 인류역사상 첫 해가 지지 않는 제국의 출현이다. 당시 몽골 고원 인구는 100-200만 명이었다. 이 숫자가 중국 · 이슬람 · 유럽사람 1-2억 명을 정복하고 거느렸다. 더욱 놀랍게도 제국은 12세기 후반부터 14세기 중반까지 무려 150년이나 지속됐다. 우리가 일제 36년 동안 당한 식민 통치의 악몽과 비교하면 거꾸로 그들의 대단한 통치력을 쉽게 가늠할 수 있다. 일제의 식민통치 36년 동안 중국 상하이에 대한민국 임시정부가 들어섰고, 숱한 애국선열들이 일제에 항거하기 위해 망명길에 오르는가 하면 투옥되고 고문으로 숨져갔다.[2]

당시 일본은 우리보다 훨씬 크고 강력한 나라였다. 이처럼 큰 나라가 작은 나라를 36년 동안 통치하기도 버거울진대, 작은 몽골이 100-200배나 덩치 큰 나

1) 김종래, 2004, CEO칭기스칸, 삼성경제연구소발행, p. 8.
2) *Ibid.*

라들을 아우르며 150년 동안 제국을 유지했음은 여간 놀라운 일이 아니다.

몽골 수도 울란바토르 근교에는 돌궐제국을 부흥시킨 명장 톤유쿠크의 비문에 장군의 유훈을 다음과 같이 새겨 놓았다.[1)]

성을 쌓고 사는 자는 반드시 망할 것이며
끊임없이 이동하는 자만이 살아남을 것이다.

이 말은 닫힌 사회는 망하고 열린 사회만이 영원하리라는 글로벌 인터네티카 시대를 살아가는 모든 이에게 매서운 교훈이 될 것이다.

2) 닫힌 사회

인류가 자랑하는 4대 문명 발상지는 정확한 용어로 다시 표현하면 4대 정착문명 발상지라 해야 옳다. 4대 정착문명 거점들은 자연 환경과 역사 경험에 따라 매우 다른 개성을 지니기도 하지만 상당히 공통된 특성도 보인다. 예를 들어 하나 같이 물가에서 출현했고, 식물을 중심에 두고 사고했으며, 오직 씨를 뿌려 거두기를 삶의 기본이자 세상의 표본적 질서로 여겼다. 그렇게 해서 성을 쌓고 울타리를 늘리며 관료제를 발달시켰으며, 공간 이동을 꺼렸다.

정착민들은 한 자리에 붙박혀서 먹을 것과 입을 것을 해결한다. 이웃 사람, 이웃마을, 이웃나라와 교류할 필요성을 별로 느끼지 못한다. 그만큼 폐쇄적이다. 세상 넓은 것도 알지 못한다. 그런 사회에서는 소유의식이 강해지고 관료제가 발달한다. 천자와 왕을 대신하는 관리가 나타나서 사람들 사이에 분쟁을 해결하고 세금을 징수하며 행정을 편다. 정착사회는 이처럼 수직 마인드를 기초로 삼게 된다. 잘만 운영하면 모든 것을 평생 보장하는 종신형 사회이자, 식물형 사회이며, 수직사회다. 사람과 사람 사이를 가로막는 계급과 계층들이 먹이사슬처럼 생겨난다. 위에 있는 사람들은 군림하면서 아래를 착취하려 든다. 아래 있는 사람들은 위에 아첨하면서 자기보다 더 아래 있는 사람들에게 군림하고 착취하려 한다. 그러면서 부정부패가 창궐한다.

군림과 착취 구조를 가장 확실하게 지켜 주는 것이 '자리'이다. 관리를 연상할 필요도 없다. 길거리 좌판상도 자릿세를 물어야 장사를 할 수 있다.

1) *Ibid.*, p. 27.

자리를 차지하고 이권을 지키려고 사람들마다 혈연으로 뭉치고, 지연으로 묶고, 학연으로 얽어맨다. 그리고 나와 다른 사람을 거부하고 멸시하고 외면한다. 다른 고장 출신, 다른 학교 출신, 다른 집안 사람, 다른 부처 사람, 다른 나라 사람, 다른 종교를 믿는 사람과 함께하는 것을 적과의 동침만큼이나 거북하게 여긴다.

그런 곳에서는 남에 대한 봉사, 효율, 생산성, 투명성 따위가 구호로만 떠돌아다닌다. 수직사회에서 창의력 약화는 당연하다. 윗사람은 아랫사람에게 시키기만 하면 되고 아랫사람은 윗사람이 시키는 대로만 하면 된다. 대신 기억력이 존중되고 발달한다. 머리가 좋다는 것은 기억력이 좋다는 것과 다름이 없다. 모든 경쟁도 기억력 겨루기가 핵심이다. 기억력을 중시하는 사회는 미래를 사는 게 아니라 과거를 산다. 그런 사회는 허수가 실수를 밀어낸다. 그런 사회는 닫힌 사회에 그치는 게 아니라 아예 갇힌 사회가 된다. 수직적 사고가 낳은 해악들이다.

3) 열린 사회

유목 이동민들은 항상 옆을 바라봐야 살아남을 수 있다. 생존하려면 싱싱한 풀이 널린 광활한 초지를 끝없이 찾아 헤매야 한다. 그래서 더 뛰어난 이동 기술을 개발해야 하고 더 좋은 무기로 무장하여야 한다. 그들에겐 고향이 없다. 한번 떠나면 그만이다. 초원에는 미리 정해진 주인도 없다. 실력으로만 주인 자리를 겨룰 뿐이다. 지면 재산을 빼앗기고 상대편 노예가 된다. 이기면 재산을 늘리고 노예도 거느릴 수 있다. 노예가 된 사람은 주인을 위해서 열심히 싸워 노예를 면하고 새 부족에서 새 삶을 살아갈 수 있다. 기회는 항상 열려 있다. 그들은 그렇게 세상을 향해 달려간다.

살기 위해 위가 아니라 옆을 봐야 하는 수평마인드의 사회, 살기 위해 집단으로 이동해야 하는 사회가 유목사회이다. 그 속에서는 하루도 안주하는 게 허용되지 않는다. 끝까지 승부 근성을 놓지 않고 도전해야 한다. 그곳에서는 나와 다른 사람이 소중하다. 민족이, 종교가, 국적이 다르다는 것도 무시해 버려야 한다. 아니 다른 사람일수록 더욱 끌어들여야 한다. 사방이 트인 초원에서는 동지가 많아야 살아남고 적이 많으면 죽게 된다.

그런 사회에선 완전 개방이 최상 가치로 통한다. 모든 개인의 개방화는 사회 전체로 확산된다. 그렇게 해서 그 사회는 출신이나 조건에 얽매이지 않는, 능력에 따라 무한 가능성을 보장하는 사회가 된다. 그 속에서 효율과 정보가 무척 중요하다. 이동과 효율과 정보의 개념 속에서 시스템이 태어난다. 자리는 착취와 군림 수단이 아니라 역할과 기능을 발휘하는 곳이다. 최고 자리에 앉는 사람은 군림하는 통치자가 아니라 리더다. 그 자리에 누가 앉느냐는 것은 씨족이나 부족의 생사와 직결되는 문제다.

유목민에 대한 정착 문명권의 오만과 멸시는 20세기가 저물 때까지 계속되었다. 그러나 21세기가 시작되자 서구 문명은 유목민을 다시 보기 시작했다. 프랑스의 쟈크아탈리는 "부유한 사람들은 즐기기 위해 여행할 것이고 가난한 사람들은 살아남기 위해 이동해야 하므로 결국은 누구나 유목민이 될 수밖에 없다"[1]고 하였다. 앨빈 토플러도 비슷한 주장을 하였다. 이미 휴대폰과 노트북 컴퓨터들이 사이버 세계의 기마 궁사(말을 타고 활을 쏘던 병사)들을 양산하고 있다. 오랜 세월에 걸쳐 인간의 이동하는 삶을 감내해 온 말은 이젠 인터넷으로 대체되고 있다.

정착민 생활과 유목민 생활을 통하여 우리는 유목민의 생활에서 리더십의 많은 지혜를 얻고 있다. 실로 21세기에 들면서 패러다임이 변하고 있다. 옛 유목민과 같은 마인드 즉 수평적이고 개방적인 사고 그리고 경계와 벽을 허문 리더십을 이 시대는 요구하고 있다.

유목민들은 가난할지언정 정착하는 삶은 동경하지 않는다. 자기 문화에 대해 정착문명 사람들보다 높은 긍지와 자부심을 갖고 있다.

칭기즈칸이 역사상 최고 유목민이라는 데 동의하지 않을 이는 없을 것이다. 물론 그가 활동하기 전에도 수없는 유목민이 있었다.

11. 문제의 재구성능력이 있어야 한다

상황을 재구성한다는 말은 사람들이 주목하거나 중요하게 생각하는 문제를 변화시킨다는 뜻이다. 예를 들어 해결 불가능한 문제를 해결 가능한 문제로 바꾼다면 이에 임하는 사람들의 자세도 함께 바뀐다.[2]

1) 쟈크아탈리, 「제4의 물결」, pp.101-125.

2) Lance B. Kurk, 2004, *The Wisdom of Alexander The Great: Enduring Leadership Lessons*, Published by Amacom, 김명철 옮김, 2005, 리더십의 명장, 알렉산더, p. 26(재인용).

리더에게 가장 중요한 것은 조직이 처한 현실을 새로이 창조하는 것이라고 생각한다. 이를 위한 근본적인 방법은 조직이 직면한 문제들을 여러 모로 살펴보고 또 재구성하는 일이다. 자신들이 처한 환경을 어쩔 수 없이 수용하는 것이 아니라 해결할 수 있는 방법으로 변화시켜 본래의 목적을 달성하는 방법이다. 즉 문제를 관찰한 뒤에 이를 선택 가능한 것으로 재구성하여 결국 문제를 해결하는 능력이다.

꿈을 품고, 그 실현 가능성과 정당성을 믿고, 노력하는 사람은 꿈을 이룰 수 있다. 그 반대의 경우도 마찬가지다. 만약 당신이 무엇인가를 생각해 내지 못한다면 당신 조직은 후퇴할 수밖에 없다. 문제를 재구성하기 위해서는 뜻을 세우고, 이를 믿고, 계획을 달성하고자 노력하여야 한다. 이런 과정과 노력 없이는 결코 꿈을 실현할 수 없다. 그러하기에 우리는 그들을 리더의 능력 혹은 자질이라고 부른다. 이러한 자질은 아무나 쉽게 오는 것이 아니다.

• 해결 불가능한 문제를 사소한 문제로 변화시키는 능력

사례 1. 해군을 육지에서 격파

역사적으로 위대한 리더들은 불가능한 문제에 직면했을 때 이를 정면으로 해결하려 들지 않았음을 알 수 있다. 그보다는 다른 문제를 발견하거나 새로운 문제로 만들어 어려움을 해결했다. 훌륭한 리더들은 풀기 어려운 문제들에 집착하지 않고 해결이 불가능한 문제들을 사소하거나 작은 문제로 변화시키는 방법을 선택하여 풀어 나갔다.

적합한 예로 알렉산더 대왕이 페르시아와의 전쟁에 앞서 가장 시급한 문제로 전쟁에 필요한 보급로를 확보하는 것을 삼은 것에서 볼 수 있다. 특히 군대는 막대한 양의 식량을 필요로 하였지만 이를 빠르게 조달하는 방법은 뱃길로 운반되는 것 이외에 뾰족한 방법이 없었다.

그러나 페르시아는 200척의 노련한 전함을 보유한 해군을 거느리고 있었다. 이와는 반대로 알렉산더는 막강한 페르시아 해군이 자신의 함대와 바지선을 언제든 공략할 수 있는 상황에서 어떻게 식량보급을 보호할 수 있었을까? 수년을 걸쳐 많은 전함들을 만들어 적의 함대들과 상대를 한다고 한다면 재정은 물론 엄청난 부담이 들어 도저히 불가능한 일이었다.

꿈을 크게 갖는 사람은 생각도 큰 법이다. 그가 찾은 해답은 너무도 기발하였기에 오늘날 세계의 모든 해군양성기관에서 알렉산더의 일화를 배우고 있다. 알렉산더는 해군을 육지에서 격파한 최초의 장군이다. 이후 많은 이들이 같은 전략을 시도했으며, 그 중 일부는 실제로 성공을 거두기도 했지만 그 시초는 역시 알렉산더에게 있다.

그는 위대한 전략가이기도 했다. 전사를 공부했을 뿐 아니라 부친인 Phillippos II를 지켜보면서 직접 전술을 익혔다. 풍부한 상상력을 바탕으로 알렉산더는 적의 전력에 타격을 가할 수 있는 전투 기동력을 전개했다. 그는 같은 방식의 전투를 반복하지 않았고, 항상 예기치 못한 방향에서 예상치 못한 시간에 적을 공격했다. 그리고 적들이 치명적으로 실수를 범하도록 유도했다.

알렉산더는 막강한 페르시아의 해군을 격퇴하기 위하여 적을 완전히 이해할 때까지 정보를 신중히 수집하였다. 그렇게 정보를 수집한 결과 적의 결정적인 취약점이 드러났다. 다름 아닌 담수의 필요성이 그것이다. 오늘날 핵잠수함은 바다 밑에서 6개월 이상 머물 수 있으나 고대는 그러하지 못하였다. 이 때문에 병사들의 활동범위는 많은 제약이 따를 수밖에 없었다. 일반적으로 지중해의 뜨거운 여름날 노를 젓는 배가 싣고 다닐 수 있는 담수는 고작 며칠 분량이 전부다. 따라서 배는 하루 동안 바다에 나갔다가 이튿날 다시 돌아오거나 다음날 담수가 있는 곳에 도달할 수 있는 거리만큼 바다로 나갈 수 있었다. 알렉산더는 빠른 시간 안에 적의 모든 담수원을 무력화시킬 수만 있다면 보급로를 지킬 수 있다고 생각하였다. 알렉산더는 곧바로 모든 담수원들을 점령하고 불필요한 곳은 독약을 풀었다. 페르시아 해군의 담수원의 보충지역인 티레섬은 물이 풍부하였고 이들은 페르시아에 물을 팔고 있었다. 물을 팔지 말 것을 권고하였으나 거절당하자 넓이는 100m 내지 200m, 길이는 1km 제방을 쌓아가면서 육지와 연결하여 티레섬을 육지로 만들어 공략을 하고 그 섬을 접수하였다. 바다를 가로지르는 진입로를 건설하는 데 7개월이 소요되었다. 그동안 알렉산더의 부대는 잘 훈련된 티레섬의 해군들의 공격으로 곤욕을 치러야 했다. 하지만 수년간 알렉산더와 함께 싸워온 병사들은 그의 명령이 승리를 염두에 둔 것임을 믿어 의심치 않았으며 열심히 전투에 임하였다. 티레는 약 2주 만에 붕괴되고 말았다. 그 결과 알렉산더는 페르시아를 점령하고 이집트로 진군할 수 있었다.

B.C. 333년에 알렉산더는 소아시아 서부지역을 정복했다. 2년 후에는 지중해

동부 연안을 완전히 수중에 넣었다. 그는 용맹할 뿐 아니라 현명한 지도자이기도 했다. 자신이 맞싸운 상대가 정치적·군사적 대항세력일 뿐이지 결코 자기 개인의 적이 아니며 그렇게 생각해서도 안 된다는 사실을 잘 알고 있었다. 그리하여 알렉산더는 페르시아 피정복민들의 지지를 얻기 위해 많은 노력을 기울였다.

이러한 예에서 보듯이 풀 수 없는 문제에 자원을 낭비하지 말고 문제를 새롭게 규정하거나 해결 가능한 다른 문제로 만들어 대체함으로써 현실을 재구성하는 것이다. 앞의 사례에서 보듯이 알렉산더는 모든 담수원들을 장악하여 페르시아 함대가 움직이지 못하게 만들어 성공한 예이다.

사례 2. 삼배의 수가 많은 적을 상대함

알렉산더는 자신보다 3배의 수가 많은 적을 상대하기 위하여 물량투입 이외에 해결방안이 필요하였다. 이 경우 알렉산더는 문제를 재구성했다.

10년의 원정이 끝나갈 무렵 알렉산더에 저항하던 인도의 포로스왕은 알렉산더보다 3배나 많은 병력을 가지고 있었다. 당시에는 병력의 규모가 거의 모든 전투의 승패를 좌우하는 요인이었다. 더욱이 포로스는 200마리의 전투용 코끼리도 보유하고 있었다. 사실 말은 코끼리 냄새를 좋아하지 않아 코끼리 냄새를 맡게 되면 등에 타고 있는 사람을 떨어뜨리고 몸부림치면서 냄새가 나지 않는 곳으로 내달린다. 포로스는 자신의 보병을 보호하기 위하여 냄새나는 코끼리를 전진에 배치하였다.

코끼리는 거대한 몸집에 영리하고 오래 사는 포유동물이다. 코끼리는 훈련시킬 수 있지만 그렇게 하기 위해서 조련사는 각 코끼리와 유대관계를 맺어야 한다. 이런 조련사를 마하우트라고 부르는데 태어나면서 아기 코끼리는 어미와 분리된다. 그때부터 마하우트는 아기 코끼리에게 먹이를 주고 목욕도 시켜 주고 솔질도 해 주고 등등 보살핀다. 알렉산더가 살던 시대에는 코끼리의 수명과 사람의 수명이 거의 같았으므로 어린아이가 보통 5살 때부터 한 코끼리를 맡아 평생 직업으로 일생 동안 키운다.

알렉산더는 한편의 발레와 같이 전략을 짠다. 군대는 전열에 긴 창으로 무장되어 인도 군들이 뚫기 어려운 장벽을 마련하였고 두 군대의 거리가 100m로 가까워지면 알렉산더가 고용한 용병궁수가 보병의 열을 뚫고 나와 긴 활로 무장한 궁수들이 코끼리의 눈과 코끼리를 다루는 마하우트를 겨냥하여 명중시킨다. 그 다음의 공연은 투창병의 무대다. 이들은 15m 떨어진 물체를 창으로 던져 목표물을 정확히 맞추는 병사들이다. 이들은 불운한 코끼리를 향하여 창을 던진다. 그리고 창수들은 바로 사라진다. 전투는 계속된다. 어느덧 알렉산더의 군대는 포로스의 군대의 앞줄에 이른다. 이러한 전쟁의 양상을 그려 보면 참혹하다. 앞에는 알렉산더 군대의 날카로운 창끝과 200마리의 운전자를 잃고 창에 꽂힌 채 부상당한 코끼리가 몸부림치는 전쟁터를 상상하여 보라. 2-3톤이 나가는 코끼리들은 인도 병사를 마구 밟으면서 도망을 치는 상황은 가관이었을 것이다. 결국 일방적인 전쟁의 승리는 알렉산더였다. 인도의 한 도시에서는 적군이 쌓아 올린 성벽을 넘으려고 고전하는 부대의 사기를 올리기 위해 솔선해서 적 한가운데로 돌진했다. 그러니 부하 장군들도 그를 따르지 않을 수 없었다. 13년이나 전쟁을 치르는 동안 알렉산더는 화살에 가슴을 꿰뚫리거나, 투석에 맞아 어깨를 다치거나, 거의 실명할 뻔하는 등 아홉 번이나 심각한 부상을 당한 적이 있다고 「*The Impace of Alexander the Great*」에서 유진 보루자가 기술했다.

성취를 향한 그의 의지는 누구보다 강했다. 이런 모습에 매료된 부하들은 어떤 명령을 내리든 헌신적으로 충성했다. 시저나 나폴레옹 같은 후세의 영웅들도 알렉산더의 그런 점을 부러워했다.

리더들 중에는 영리하게 경쟁자의 약점을 찾아내 공격을 하는 사람을 찾아보기 어렵다. 대신 자신의 조직이 갖고 있는 강점에 주로 의지하곤 한다. 하지만 강자든 약자든 누구나 취약점이 있게 마련이다. 적의 취약점을 찾아내라. 그리고 역으로 자신의 취약점을 파악하고 이것이 이용당하지 않도록 철저히 방어하라.

적의 약점을 이용하는 방향으로 문제를 재구성하라. 어렵다고 생각한다면 문제를 재구성하여 대처하여 보아야 한다. 예컨대 미국의 외교 정책은 상당부분 수입하는 석유에 의존하는 경제적 배경에 따라 좌우되어 온 것이 사실이다. 9.11 테러 이후 국민들은 미국이 직면한 문제를 재구성하기 위해 필요한 희생을 기꺼이 감수하며 대통령을 지지해 왔다. 중동의 석유는 미국에게 주요한 자원이다. 부시 대통령은 이 문제를 국내문제로 재구성할 수 있었다. 연료의 고갈, 국내자원의 보존, 경제의 빠른 회복 등의 문제를 애국이란 이름을 덧붙여 전향하면 미국 내 모든 정책은 잘 통했을 것이다.

기업들간에 경쟁에 있어서도 문제를 재구성하여 볼 수 있다. 가격경쟁력에서 많은 한계를 직면한 A 기업이 B 기업의 원자재 공급업체를 흡수하여 경쟁업체에 원자재를 공급하지 못하도록 하는 방법도 옳지는 않지만 가능한 방법이 될 수 있다. 이러한 방법 이외엔 A 기업이 가격경쟁에서 도저히 B 기업을 극복할 수는 없다.

동맹은 자신에게 유리한 방향으로 만들어 줄 수 있다. 동맹을 잘 유지하면 서로 많은 혜택을 누리는 예는 허다하다. 동맹구축이 제공하는 힘과 위력을 인식하여야 한다. 그러므로 국가간, 기업간 그리고 개인들간에 동맹을 구축하려고 많은 시간을 할애하는 이유이다.

12. 상징성을 사용하라

페르시아의 왕권을 접수하자 상상을 뛰어넘는 많은 전리품이 그의 수중에 놓였다. 이에 알렉산더의 군대는 여분의 마차에 전리품을 담아 수송했고 이 때문에 군대는 기동성이 많아 떨어질 수밖에 없었다. 그의 군대는 기동성을 되살려야 할 필요가 있었다.

알렉산더는 모든 병사를 모아놓고 기동력의 필요성을 역설했다. 그러고는 부하들 앞에서 보급물자와 의료용품을 제외하고 전리품으로 가득 채워진 자신의 마차에 불을 붙였다. 가장 많은 전리품을 가지고 있었던 그가 솔선수범한 뒤 부하들에게 자신을 따르라고 명령을 했다. 부하들은 명령을 따랐다. 그리고 짐은 잿더미 속에서 부대의 기동력이 되살아났다.

알렉산더는 군대의 기동력이 떨어지는 문제에 직면하자 굼뜨고 느긋한 상태를 결코 용납하지 않았다. 그보다는 처음 원정을 떠날 때처럼 규모가 작고, 기동력이 있으며, 유연한 군대로 다시 탈바꿈시켰다. 그는 군대를 처음 모습처럼 회복시키기 위해 불꽃을 연출했다. 지금까지 힘들게 싸워 얻은 전리품들이었지만 위대한 리더의 요청에 따라 병사들은 하나 둘 이를 잿더미로 바꾸었다. 이 위대한 리더는 자신의 요구를 어떻게 하면 시각적으로 상징적으로 또한 개개인에게 어필할 수 있는지 정확히 알고 있었다. 즉 공정하라. 물질적 유혹에 마음을 빼앗기지 말라. 문제해결을 위해 강력한 조치를 취하라. 상징을 적절히 사용하라. 이 모두가 위의 사례에서 교훈을 얻을 수 있다.

적당한 타이밍에 상징을 연출하라. 상징을 남용하지 말고 효과적으로 활용하는 방법을 배워야 한다. 물론 그 연출법에는 적절한 타이밍과 함께 당신의 의도가 노골적으로 드러나지 않도록 주의해야 한다. 상징은 언제나, 그리고 우리의 주변 어디서나 존재한다. 우리가 입고 있는 옷, 머리 모양, 자동차, 책상 등 모든 것이 상징이지만 이보다 더 중요한 것은 상징은 우리가 구사하는 언어 안에 있다. 겉으로 드러나는 갖가지 상징은 언어로 표현되는 상징을 한층 강화시킨다. 이들 상징은 모두 하나로 어우러져 우리의 조직, 산업, 납품업체, 심지어 경제까지도 변화시킬 수 있다. 알렉산더는 물 한 방울 없는 불타는 사막 가운데에서 하나둘씩 죽어가는 부하들의 모습을 보며 물을 쏟는 상징을 연출했다. 또한 동맹을 결성하기 위해 적국 페르시아 왕의 첫째 딸과 결혼했다. 게다가 알렉산더는 커다란 검은 말을 타고 화려한 깃털투구를 머리에 쓰고선 자신이 선두에서 지휘하고 있다는 사실을 병사들에게 확실히 인지시켰다. 이것이 그가 구축한 아이덴티티이다. 카터는 겨울철에 난방을 적게 하고 스웨터를 입은 뒤 수백만 명의 시청자 앞에 나타나 석유위기를 강조하며 수입 에너지를 적게 쓸 것을 호소했다. 카터의 호소는 아주 훌륭했다.

맥아더 장군은 제 2 차 세계대전이 종결되던 즈음에 일본의 군사, 정치지도자들로부터 무조건 항복을 받아냈다. 그러나 정말 그가 해결해야 할 최우선 과제는 전쟁이 끝났음을 널리 인식하여 패잔병들이 일본열도 내에서 게릴라전을 막는 일이었다. 당시 일본인들은 미국을 포함하여 모든 외국인들을 야만인이라고 경멸하였다. 그와 같은 일본인의 인식과 태도는 미군부가 일본을 통치하는 데 큰 걸림돌이었다. 맥아더는 일본인들의 인식을 돌려놓기 위하여 고심을 하였다.

사례 1. 군인들의 복지를 위한 도시건설과 보급물자획득

알렉산더는 두 가지 어려운 문제에 봉착하였다. 부상자, 환자, 불구자, 나이 든 사람, 그리고 징집기간이 만료된 군인들의 처리와 정복지를 어떻게 통제해 나갈 것인가의 문제가 바로 그것이다. 그는 해결방안으로 군사주둔기지를 건설해 부상당한 마케도니아 퇴역군인, 부대 노역자, 해당지역 지원자, 소규모 수비대가 함께 어울려 살도록 하는 것이었다. 그런 도시나 마을은 언제나 양질의 식수원과 기름진 땅이 있고 전략적으로 군사적 가치를 지닌 곳에 건설되었다. 그 중 일부는 이집트의 알렉산드리아와 같이 훗날 세계적 중심지로 발돋움했다.

오늘날의 기업들은 자신의 기업을 위해 그 동안 일해 온 직원을 매몰차게 내보내는 경우가 흔하다. 이런 결정은 조기퇴직, 다운사이징, 라이트사이징, 해고,

또는 그 밖의 다른 이름으로 불린다. 하지만 훌륭한 리더라면 알렉산더를 모방해 자신이 처한 경영상의 문제에 대해 좀 더 창의적인 해결책을 마련할 수 있을 것이다. 해당 산업이 설비과잉 상태가 아니라면 기업은 퇴역 간부와 직원이 경영하는 새로운 자회사를 만들어 어느 정도 거리를 두고 운영될 수 있도록 한다면 좋을 것이다. 이 자회사가 어느 정도 자리를 잡고 나면 기업 내 외부 인사들에게 가치 있는 자산이 되거나, 또는 판매 가치를 지니게 될 것이다. 이러한 해결방안은 직원의 과다보유와 간부의 퇴진 등 여러 가지 문제를 해결할 수 있을 뿐만 아니라, 기업의 잠재가치를 향상시키고, 종업원을 더욱 잘 대우할 수 있으며, 사회복지에도 기여할 것이다.

긴 원정 루트를 따라 자신의 군대에 물품, 그 중에서도 식량을 조달하는 일은 쉽지 않은 문제였다. 그렇다고 인근 지역에서 식량을 훔칠 생각은 없었다. 그는 정복 지역을 자비롭게 통치하고 싶었다. 만약 그가 식량조달 문제를 제대로 해결하지 못했다면 역사적으로 매우 다른 결과가 빚어졌을는지도 모른다. 왜냐하면 원정 초기의 알렉산더는 보급이 부족하고 후방의 지원도 적으며, 수송수단도 제한적이었기 때문이다. 어쨌든 알렉산더는 적으로부터 물자를 약탈해 보급문제를 현명하게 재구성했다. 그는 파괴되지 않은 페르시아 보급물자를 여러 차례에 걸쳐 고스란히 손에 넣을 수 있었다.

지금으로부터 3000년 전 중국의 손자는 미래의 장군들에게 적을 약탈하라고 권고한 바 있다. 알렉산더는 현지 주민들과의 사이가 벌어지지 않도록 민간인의 식량을 약탈하지 않고 적의 마차와 보급물자를 획득하는 데 주력했다.

오히려 적을 약화시키기 위해서는 경쟁자가 취할 곡식을 불태워야 한다. 오늘날 이와 관련된 사례를 찾자면, 경쟁자의 테스트 마케팅이나 신제품 출시를 망쳐놓는 일로 대신 설명할 수 있다. 경쟁자가 당신의 시장에 신제품을 내놓으려 한다면 어떤 조치를 취하겠는가? 아마도 당신은 경쟁제품 가격을 현저히 낮추고, 유통매장의 앞쪽 진열대를 집중적으로 사들이며, 할인쿠폰을 뿌리고 경쟁자의 신제품을 최대한 방해하기 위하여 주요 광고시간대를 차지해 버리는 수단을 생각할 것이다. 이것은 곡식을 불태우는 것과 같다. 소비자들이 당신의 전술에 반응을 보이고 당신의 제품을 구매할 것이기 때문이다. 그 결과 경쟁자의 시장진입은 쉽지 않을 것이며, 당신이 취한 조치로 인해 조사결과가 왜곡되어 제품에 대한 정확한 정보를 얻는 데 실패할 것이다. 이를 효과적으로 하기 위해 신속하고 과감한 행동이 필요하다.

사례 2. 사막에서 부하를 살리는 지혜

알렉산더는 게드로 시아 사막에서 상징적인 행동을 보여 줌으로써 병사들이 탈수로 쓰러지는 것을 막아냈다. 이는 인류역사상 가장 가치 있는 상징적인 제스처로 거론되고 있다.

알렉산더는 원정의 막바지에 더 이상의 원정을 거부하는 병사들의 항명에 직면했다. 고향인 바빌론으로 돌아가면서 그들은 당시 알려지지 않은 미지의 땅을 통과해 지리정보를 확충하고자 했다. 이 지역은 지구상 존재하는 혹독한 사막 가운데 하나로 알려져 있다. 알렉산더와 그의 군대가 가진 물은 곧 바닥이 났으며 병사들은 갈증으로 하나둘 죽어가기 시작하였다.

그동안의 원정기간 동안 알렉산더와 온갖 역경을 극복해 온 그의 병사들은 충성심이 강했기에 남아 있는 물을 모아 알렉산더에게 바쳤다. 이들은 커다란 은빛 투구에 염소가죽 수통에 남아 있는 한 방울의 물까지 모아서 알렉산더에게 건네주었다. 병사들은 탈수로 자신들이 곧 쓰러져 죽을 상황에서도 리더를 살리기 위하여 리더가 생존하기에 충분한 물을 모았다. 수천 명의 병사들이 잘 훈련된 헌신하는 모습을 상상하여 보라.

알렉산더는 자신이 아무런 조치를 취하지 않으면 이 훌륭한 군사자원을 모두 잃게 될 것이라고 생각하였다. 하지만 물이 없는 상황에서 갈증으로 죽어가는 병사들을 어떻게 살릴 수 있을 것인가?

알렉산더는 병사들이 보는 앞에서 투구에 가득 담긴 물을 사막의 모래 위에 쏟아부었다. 그러고는 그들에게 확실한 메시지를 전달하였다.

“나는 당신들과 운명을 함께하겠다.”

알렉산더가 물을 쏟아 버리기 전까지만 해도 병사들 자신들은 죽을 운명이지만 알렉산더는 자신들의 관대한 행동 덕분에 살 수 있을 것이라고 생각했었다. 그러나 알렉산더가 물을 쏟아 부은 후에는 알렉산더 역시 병사들과 같은 운명이 되었다. 그리고 죽지 않을 거라고 그들이 믿는 알렉산더와 함께 사막을 빠져 나갈 수 있다는 희망이 되살아났으며 실제로 그들은 해냈다. 사실 비전투요원의 상당수는 고통 끝에 사망하였다. 그러나 누구도 걸어서 나올 수 없을 것이라고 상상하였던 사막을 이들이 빠져 나온 것은 기적과 같은 일이 아닐 수 없었다.

알렉산더의 행동이 어떤 영향을 미쳤는지 좀 더 구체적으로 이해하기 위하여 그로부터 2000년 이상 뒤에 벌어진 사건을 살펴보는 것도 도움이 될 것이다. 영국은 제 2 차 세계대전 중 선원자원이 바닥났기 때문에 상선의 선원을 군인으로 소집되지 않은 사람중심으로 구성할 수밖에 없었다. 따라서 55-70세 사이의 노인과 심지어 15-16세 되는 소년들을 위주로 선원을 구성했다. 그런데 독일 잠수함들은 특히 개전 초기에 많은 수의 영국 상선들을 격침시켰다. 어뢰 공격을 받은 영국의 선원들은 대부분 구명보트로 대피했다. 이 중에는 즉시 구조된 사람도 있었지만 대부분의 경우에는 극히 소량의 음식과 물만 가지고 망망대해에서 수주일 동안 버텨야 했다. 이런 상황이라면 나이든 사람은 얼마 버티지 못해 죽었을 것이고 젊은이들은 살아남았을 것으로 생각하기 쉽다. 젊은 사람은 일생중 육체적으로 가장 절정기에 있지만, 완곡히 표현해서 늙은 사람은 절정기를 이미 지나쳤기 때문이다.

하지만 예상과는 달리 정반대의 상황이 발생했다. 대부분의 젊은이는 어려움을 견디지 못해 죽었지만, 늙은 사람들은 살아남았다. 그 이유는 무엇일까? 전쟁이 끝난 뒤 아웃워드 바운드(세계적인 아웃도어 활동단체)는 이와 관련된 연구결과, 한 가지 패턴을 발견했다. 예를 들어 자발적으로 자신의 음식을 다른 사람에게 나눠 준 사람은 강제로 음식을 빼앗긴 사람보다 두 배 정도 생존확률이 높았다. 마찬가지로 자발적으로 물 없이 지내면 며칠 더 버틸 수 있지만 강제로 물을 빼앗기면 더 빨리 죽게 된다. 늙은 사람들은 살아야 할 이유를 가지고 있었기에 생존이 가능했다. 집에 홀로 남은 아내가 있고 돌봐 주어야 할 손자손녀가 있으며 가꿔야 할 정원도 있었다. 반면 젊은이들은 살아 돌아가야 할 의지가 상대적으로 약했다.

강력한 의지는 강력한 육체보다 더 중요하다. 이러한 명제는 아웃바운드의 설립취지가 되었다. 그런데 이미 2000년 전에는 알렉산더는 똑같은 원칙을 활용해 군대를 이끌고 죽음의 사막에서 벗어났다.

상징은 사람들의 인식을 조정하는 필수도구이며 상징을 제대로 연출하면 전투에서 승리할 수 있다. 상징은 사람들의 지각에 영향을 미칠 수 있는 리더가 갖춰야 할 중요한 수단이다. 상징을 적절히 연출하면 세상을 변화시킬 수 있다. 물론 의식적으로 상징을 이용할 때에는 세심한 주의가 필요하다.

인도의 간디는 어떤 리더보다도 상징을 효과적으로 활용했다. 예를 들면 그는 매일매일 힘들게 소금행진을 이끌며 수많은 추종자를 만들어 냈다. 즉 수천 명의 사람이 지켜보는 가운데 바닷가에 도착해서는 바닷물을 끓여 소금을 만든 뒤, 봉투에 넣어 경매로 판매한 것이다. 거래를 마치고 나자 간디와 낙찰자는 영국 당국에 체포되어 소금제조 및 판매 독점법 위반으로 투옥되었다. 간디는 커다란 영향력을 가진 이 상징적 사건을 통해 비폭력 저항운동을 시도했다. 이러한 시도는 결국 평화롭게 저항하던 수백 명의 인도인이 무장 경관들로부터 포위되어 구타당하는 사건으로 이어졌고, 결국 인도 문제에 대한 도의적 권고를 유럽으로부터 이끌어 냈다. 유럽 국가들이 영국에 압력을 행사하도록 상징을 연출한 것이다.

제 1 차 대전 동안 체면을 잃지 않은 두 명의 군 지휘관에 대한 예화가 도움이 될 것이라고 생각된다. 이 이야기는 훌륭한 리더들이 어떻게 상징적인 행동을 통해 신뢰를 얻었는지 잘 보여 준다. 인근 지역에서 독일군과 대치하던 두 부대의 지휘관이 전선에서 서로 마주하게 되었다. 서로 만나본 적이 없는 두 지휘관은 장래가 촉망되고 부하들의 존경을 받고 있던 인물들이었다. 이들은 군대의 앞열에서 걸어 나와서 인사와 악수를 하고, 헬멧을 벗은 뒤 담소를 나누기 시작하였다. 그런데 공교롭게도 독일군의 포사격이 시작되면서 이들이 만나고 있는 장소로 점점 다가서고 있었다. 하지만 이들 중 어느 하나도 체면을 접어둔 채 헬멧을 쓰고 참호 속으로 들어가지 않았다. 그곳에 그대로 서서 주변에 포탄이 빗발치고 있음에도 담소를 계속 나누었다. 다행스럽게도 이들은 다치지 않았다. 이들의 이름은 패튼과 맥아더였다. 그 뒤 이들은 전장에서 가장 용기 있는 장군이란 명성을 얻으며 리더로 성장했다.

제 3 장

권력과 리더십 및 리더십의 진화

리더십을 이해하기 위하여 중요한 것은 권력의 의미와 출처 그리고 리더들이 권력을 어떻게 사용하는가를 먼저 이해하여야 한다. 리더들은 리더십의 주요한 목적을 수행하기 위하여 권력이 필요하다.

권력 없이는 그들의 목적을 달성하기 위하여 부하들을 이끌 수 없다. 행정부서의 기관장, CEOs, 그리고 사장들은 수천 명의 직원들을 일시해고할 수 있다. 더욱이 모든 사회는 리더들에게 커다란 특권을 준다. 높은 봉급과 다른 재정적인 혜택 이외에도, 조직은 리더들에게 고급차, 비행기, 시설이 좋은 사무실 등과 같이 많은 종류의 사치스러운 것들을 제공한다. 대체로 우리는 이런 리더들의 권력과 특권을 당연한 것으로 인정한다.

그러나 조직들은 최근에 팀제, 권한부여(empowerment), 권력의 균형, 그리고 질적 측면과 같은 새로운 관리 철학을 수용하면서 권력 집권화의 필요성과 역할에 대하여 의문을 제기하기 시작했다. 그 결과 우리가 권력을 보는 관점과 리더들이 권력을 사용하는 방법들이 변하고 있다는 것을 예측할 수 있다. 이외에도 우리는 권력을 쥐고 있는 권력자를 부패하게 하는 잠재력에 대한 연구도 아울러 고려할 필요성이 있다는 것을 지적한다.

이 장은 권력에 대한 다양한 접근법들과 그리고 리더십에 대한 함의를 논의할 것이다. 마지막으로 문화의 차이와 관리 철학과 조직구조의 변화에 비추어 조직의 권력에 대한 현대적 관점을 분석한다.

제 1 절 권력

권력, 권위, 영향, 그리고 강압 혹은 폭력(force)의 개념들을 자주 구별하지 않고 사용하고 있다. 폭력(force) 개념을 제외한 모든 개념들은 리더십의 개념과 같이 사람들을 따르게 하는 능력들이다. 그러나 어떻게 사람을 따르게 하느냐는 리더십의 개념과 차이가 있다.

특히 이 개념들에 대하여 많은 연구를 한 학자들은 Chester Barnard, Robert Dahl, Peter Bachrach들이다.

Barnard에 의하면 권위를 의사소통의 특징에서 정의를 하였다. 그는 권위를 개방적 개념과 폐쇄적 개념으로 구분하여 설명하였다. 개방적 개념은 성문화된 공식적인 절차와 규정을 말하며, 예를 들어 상관의 지시와 명령을 따르도록 지위에 권한을 주는 것이 명문화되어 있는 것을 말한다. 폐쇄적 관점은 상관의 명령이 분명하게 소통되어야 하며, 상관의 명령이 부하인 자신의 목적과도 일치되어야 하고, 조직의 목적과도 윤리적으로 정당해야만 명령에 따르는 것을 의미한다.[1] Dahl의 권력에 대한 정의는 A가 B의 말을 따르지 않을 경우 자신의 중요한 가치를 상실할 위험이 있을 때 A가 B의 말을 따르는 것을 의미한다. 단지 B가 A의 요구가 좋아서 따르는 것은 제외하여야 한다.[2] 영향력 역시 영향력이 있는 사람에게 사람들이 따르는 것을 의미한다. 특히 존경을 한다든지, 따르는 것이 바람직하다고 믿든지 혹은 카리스마 리더십을 가지고 있을 경우 일어날 수 있는 현상이다. Maxwell의 주장처럼 어느 누가 말하더라도 리더십은 영향력 그 이상도 아니고 그 이하도 아니다.[3]

1. 권력 사용의 결과

권력 사용에 대한 반응은 상당한 정도 리더들이 권력을 사용하는 출처와 매

1) C. I. Barnard, 1952, "A Definition of Authority," In R. K. Merton, A. P. Gray, B. Hockey, & H. C. Selven(Eds.), *Reader in Bureaucracy*, New York: Free Press.

2) R. A. Dahl, 1957, "The Concept of Power," *Behavioral Science* 2, pp. 201-218.

3) John C. Maxwell, 2002, *Leadership 101*, published in Nashville, Tennessee, by Thomas Nelson, Inc.

너에 따라 다르다. 권력사용에 대한 3가지의 가장 전형적인 반응은 몰입, 복종, 그리고 저항이다. 첫째, 몰입(commitment)은 지지자들이 영향과정을 환영하고 그리고 몰입이 이성과 합법적이라고 받아들일 때 일어난다.

둘째, 권력에 대한 다른 잠재적 반응은 복종이다. 이 경우에 비록 지지자들이 영향과정을 받아들이고 그 요구에 따른다고 하더라도 그들은 개인적인 수용을 느끼지 못하고 혹은 그 명령에도 깊게 몰입을 느끼지 않는다. 부하들은 단순히 그들이 그렇게 하지 않으면 안 되기 때문에 그 리더들을 따른다.

세 번째, 권력에 대한 가능한 반응은 저항이다. 이 경우에 타깃은 영향력을 가진 리더의 명령에 동의하지 않으며 그 시도에 적극적이거나 소극적으로 저항한다. 리더의 권위에 대한 저항사례는 우리 주변에 많다. 우리나라에서도 자주 노사관계의 분쟁에서 나타난다. 근로자들은 전형적으로 관리자들의 요구를 받아들이지 않으며 그렇게 하기를 거절하며, 명백하거나 은밀하게 관리자에게 저항하는 일을 한다.

일반적으로 리더의 권력은 근로자들이 개인적 몰입과 리더의 아이디어나 혹은 결정을 수용할 때 증가한다. 그러나 많은 리더들이 자신의 권력을 믿고 지나치게 의존하여 복종에 과도하게 집착하는 경우가 많다. 대표적인 예로 20세기의 악명 높은 리더로서 히틀러, 스탈린, 폴 포트 등이다. 이들은 자기 보존을 위해 안정성을 추구하는 것이 욕구 중에서 가장 강하다는 인간의 약점을 제대로 활용한 나쁜 리더들이다. 따라서 이들 권력의 근원은 이러한 약점을 이용하기 때문에 단기적이고 제한적이다.

역사적으로 볼 때, 정치학자들은 좋은 리더의 덕목을 장려하는 방법보다는 나쁜 리더의 성향을 통제하려는 방법에 더 관심을 가져왔다. 돌이켜 보건대 현재 경험하고 있는 우리의 역사는 종교의 갈등 혹은 국가의 이해관계에 따른 처참한 전쟁들로 얼룩이 졌다. 이러한 불행한 사태들이 왜 일어났는지에 대한 원인을 정치학자들은 인간의 본성에서 찾으려고 노력하였다. 인간의 본성을 파악한다면 자연히 리더 성향의 근원을 알 수 있어, 결국 성향을 통제하는 방법을 밝혀 낼 수 있을 것이기 때문이다. 그러나 많은 유명한 사상가 및 학자들이 인간의 본성에 대하여 연구를 하였으나 그들간에 다각적인 편견과 다른 해석을 가지고 있는 것을 볼 수 있다.

Machiavelli(1469-1527)에게 나쁜 리더는 연약한 리더일 뿐이다. 그는 인간의 현실에 대해 예리하게 관찰한 실용주의자이다. 사람들은 선한 행위를 하는 것만큼 나쁜 행위 하는 것을 당연시하였기 때문에 군주나 리더들에게 가차 없는 충고를 하였다. 엄밀히 말하여 그는 군주를 보호하고 부하들을 견제하는 데 관심을 가지고 있었다. 그는 "역사에 남을 만한 국가는 아무리 훌륭한 위정자를 가졌더라도 반드시 두 가지 기초 위에서 각종 정책을 시행해야 성공한다. 그것은 정의와 힘이다. 정의는 국내에 적을 만들지 않기 위해서 필요하고, 힘은 국외의 적으로부터 나라를 지키기 위해서 필요하다"고 말했는데 드골이 한마디로 압축하여 "칼이 없는 정의는 쉽사리 조롱당한다." 고 Machiavelli의 주장을 요약하였다.

"평화를 위해서는 전쟁을 준비하라[1]"는 로마 격언도 있지만, 결국 평화의 열쇠는 힘 혹은 권력이란 말은 국제정치학 교재의 첫 페이지에 나온다. 사실 무장한 나라는 무장하지 않고, 말로만 떠벌리는 나라보다는 훨씬 안정적이고 실질적으로 국민의 생명과 재산을 지킬 수 있음을 잊어서는 안 된다.

미국의 Founding Fathers 가운데 한 사람인 Alexander Hamilton은 Machiavelli의 인간을 보는 면과 유사하나 군주보다는 사람을 통제하기 위하여 강력한 중앙집권적인 행정부를 지지했다. 그리고 견제와 균형을 이루기 위해 대통령이 가지는 권력을 제한하려고 노력하였다. 또 「*Federalist Papers*」에서 Hamilton은 거대한 권력을 장악하는 리더들을 인정하지 않았다. 이들의 논문을 보면 미국헌법은 나쁜 리더십이 굳게 자리 잡는 것을 어렵게 만들었다. 항상 견제와 균형논리가 미국의 헌법을 만든 사람들에게 지배적인 논리였다. 이것은 인간이 반드시 선한 행위만을 하지 않는다는 Machiavelli의 주장을 반영하는 것 같다. 견제와 균형의 논리는 항상 전제 군주적인 리더들의 출현을 어렵게 한다. 그 결과 미국의 정치체제하에서는 절대적인 권력을 장악한 군주가 나타나기 어렵기 때문에 나쁜 리더들에 대해선 익숙하지 않은 것 같다.

2. 문화에 따른 권력

전통적인 조직들은 전형적으로 권력을 소수에 집중시킨다. 권위는 공식적인 지위에 주어지고 관리자들은 의사결정을 하기 위하여 제한된 권력을 가진다. 오늘날 empowerment와 팀제들의 활용이 유익하고 게다가 확대됨에도 불구하고 대

1) 한스모겐소, 국제정치학, pp. 2-25.

부분의 조직들은 아직까지도 관리에 있어서 전통적인 사고에 머물고 있는 것이 사실이다.

그러나 많은 연구는 권력의 집권화가 성과에 장애가 될 수 있으며, 권력의 분배가 평등하여질수록 조직의 성과는 높아진다는 일반적인 연구의 결과들을 발표하였다. 따라서 이러한 연구의 영향으로 조직들은 가능한 한 권력을 평등하게 분배하려고 노력하고 있다.

권력을 분배하는 경우, 다양한 문화 요소들을 고려하는 것이 중요하다. 왜냐하면 권력에 대한 지각은 놀랄 만하게 문화에 따라 다르기 때문이다. 예를 들면, 미국의 근로자들은 좋아하는 관리자들에게 잘 따르나, 불가리아에 있는 근로자들은 관리자들이 합법적 권력 혹은 권위가 주어졌을 때 지시를 따른다.[1]

미국의 조직에서는 봉급의 차이는 높고 권력의 차이는 낮은 수준이다. 권력의 차이가 낮은 나라의 근로자들은 그들의 상관을 부를 때 이름을 부르고, 그들과 자유롭게 의견을 교환하며, 그리고 의견과 불일치를 자유롭게 표현을 한다. 그 이외에도 낮은 권력의 격차를 가진 문화의 근로자들은 관리자나 리더들이 모든 질문에 대답할 수 있다고 기대하지 않는다. 오히려 잘못을 범할 수 있다고 생각한다.

권력의 격차가 높은 문화를 가진 나라에서 근로자들은 제한된 참여를 하며 리더들이 절대로 잘못을 하지 않을 것이라고 기대한다. 예를 들면, 해외의 다양한 지역에서 운영하고 있는 중국기업인들은 대단히 권위 지향적인 가족 중심적인 조직들이다. 이 리더들은 지지자들로부터 의문 혹은 도전 없이 모든 결정을 스스로 만든다. 관리나 리더십에 대한 현재 미국의 사고와는 반대로 중국의 조직들은 계층제 조직구조에도 불구하고 대체로 성공적이다. 한마디로 중국 기업들의 조직구조와 권력의 분배는 자신들의 문화에 적합하다고 볼 수 있다.

미국은 권력이 분산된 다원론 문화에 익숙하지만 중국을 포함하여 동양은 아직까지 엘리트 사회에 익숙하다. 자연히 중국 사람들은 명령, 계층제, 그리고 권력의 분명한 한계를 가치 있게 평가한다. 그러므로 조직은 자신들의 문화적 가치에 따라 기능을 한다고 볼 수 있다.

유사하게, 프랑스, 이태리, 그리고 독일 사람들은 관리자들이 부하들의 질문과 문제들에 해답을 제공할 것을 기대한다. 예를 들어 프랑스의 조직문화모델은

---

1) M. A. Rahim, D. Antonioni, K. Krumov, and S. Ilieva, 2000, "Power, Conflict, and Effectiveness: A Cross-Cultrual Study in the United States and Bulgaria," *European Psychologist,* 5, no. 1: 28-33; Nahavandi, *op. cit.*, p. 99(재인용).

권력이 최고 관리자에게 집중한다. 그래서 프랑스 관리자들은 누가 자신들의 관리자인가를 알지 못하는 데 덜 불편함을 가지고 있으며, 알려고도 하지 않는다. 스웨덴이나 북아메리카 사람들보다 프랑스 사람의 경우 명확하고 강력한 계층제로 말미암아 리더가 없거나, 자체관리나 팀제가 기능하는 것을 더욱 어렵게 만드는 경향이 있다.

다른 아시아의 권위주의 국가들에서 볼 수 있는 일반적인 현상이지만 일본이나 인도네시아 사람들도 명확하고 강력한 계층제와 권위를 가치 있게 생각한다.

가족 중심적이고 강한 온정주의적인 문화의 전통을 가지고 있는 멕시코 사람들은 리더들이 강하고, 결정적이며, 그리고 강력하기를 기대한다. 강력한 아버지와 같이 강력한 리더들은 문제를 해결해야 하고, 가족을 부양하여야 하며, 그리고 탈선하는 사람을 징계해야 된다고 믿는다.

3. 추종자의 태도에 의한 권력의 출처[1)]

추종자의 지지 없이는 리더십은 존재하지 않는다. 이러한 경우 리더의 권력 출처는 추종자들이다. 나쁜 리더를 따르는 방법 가운데 한 가지는 그저 따라가기만 하는 것이다. 또 다른 방법은 개인적으로 강력하게 지지하는 것이다. 알고서도 고의로 악한 리더를 따르기로 한 사람들도 어떤 이유에서건 역시 나쁘다는 점이다.

악한 리더에 헌신하는 것은 리더가 나쁠수록 강력하게 나타난다.

권력의 출처를 연구하면서, 나쁜 추종자에 대한 광범위한 연구는 독일 나치당에 관한 사례가 좋은 예이다. 좀 지나치게 단순하지만 추종자의 유형으로 나치당 시절 독일인을 방관자(bystander), 악행자(evildoer) 그리고 조수(acolyte)라는 세 집단으로 구분하였다. 독일인 중 적극적으로 히틀러에게 대항한 사람은 소수에 불과하였으며 종종 생명을 대가로 치러야 했다.

방관자들은 히틀러와 나치정권에 찬성하지만 열렬한 나치주의자는 아니다. 방관자들의 동기는 안정과 보안의 이기심이 원인일 수 있고, 때로는 결합력 있고 동질감을 주는 국가 집단의 일부가 되는 것을 선호하는 것과 같이 다양하다.

악행자들은 SS 특수 분대인 아인자츠그루펜(Einsatzgruppen)과 같은 부대의 구성원들이다. 제 2 차 세계대전에서 이 부대의 중요한 목표 중 하나는 소련에 있는

---

1) Barbara Kellerman, *Bad Leadership*(나쁜 리더십: 한태근 역), pp. 43-54(요약).

유대인을 가능한 많이 학살하는 것이었다. 1941년 키예프의 산골짜기, 바비야르의 대학살이 그들의 능력을 보여 준다. 이틀 만에 이 부대원들은 유대인 3만 3771명을 사살했다. 왜 독일 SS 구성원들은 Richard Rhodes가 말하는 "살육의 대가"가 되었을까? 이유는 다양하다. 일부는 진짜 사디스트였다. 어떤 사람들은 사회의 해충을 죽이는 것이라고 설득 당했다. 또 어떤 사람들은 폭력이나 폭력의 위협으로 잔인해졌다. 마지막으로 아무리 설득력이 없더라도, 독일 군인들은 여느 군인과 마찬가지로 명령을 듣고 그대로 행동했을 뿐이다.

조수들은 히틀러와 그의 정치 계획에 깊이 헌신한 추종자들이다. 히틀러의 측근이었던 조수들이 총통(히틀러의 칭호)과의 관계로 상당한 이익을 얻었을지라도, 대부분은 돈이나 권력 같은 보상보다 그의 카리스마와 사상에 매료되었다. 1923년 헤르만 괴링은 히틀러를 "독일 자유운동의 친애하는 리더"라고 말했다. 그리고 몇 년 후 1926년 요제프 괴벨스는 "히틀러는 천재이다." "신성한 운명을 가진 자연스럽고 창의적인 도구였다. 나는 완전히 그에게 반했다. 마지막 남은 의심마저 사라졌다"고 말했다.

사람들은 대부분 이성적으로 행동한다. 히틀러 시대 당시 방관자들은 나치 아젠다에 이의가 없거나 있다 하더라고 거기에 저항하는 대가가 아무것도 하지 않는 것보다 컸기 때문에 악한 행동에 동참했다. 악행자들은 그렇게 지시받았기 때문에 명령에 따랐고, 조수들은 악한 행동을 하길 원했기 때문이었다. 조수들은 총통에게 너무 헌신한 나머지 히틀러의 소망이 곧 명령이었다. 결론적으로 히틀러의 권력은 이들에 의하여 더욱 보강되었다. 이들이 없었다면 히틀러는 한낮 힘없는 리더로서 존재하였을 것이다.

리더는 옳지 못한 일을 하기도 한다. 훌륭하고 똑똑한 리더라고 해서 타락하지 않는 것은 아니다. 20세기의 가장 저명한 지식인들은 악한 리더들에게 상당히 매혹되었다, 독일 철학가 Martin Heidegger는 '어떤 상상 속의 전근대적인 전원으로 돌아가는 것'을 갈망하였기 때문에 나치에 가입했다. 유명한 프랑스 철학자인 Jean-Paul Sartre 같이 이름난 유럽인들은 부르주아의 자본주의를 싫어한 나머지 스탈린에게 마음을 빼앗기기도 했다. 그런 어리석은 관심은 미국인도 예외가 아니다. Lillian Hellman과 John Steinbeck 같은 작가들은 고의적으로 현실을 무시하고 잘못된 낙관주의로 종국에는 다 잘될 것이라고 믿으면서 소비에트의 독재자를 위해 몇 년간 변명했다.

나쁜 리더십 역시 리더 혼자서는 잘못을 저지를 수 없고 묵인하거나 추종하는 세력의 협조가 있어야 가능하다. IOC가 맹목적으로 안토니오 사마란치를 지지하지 않았다면 그의 부패행위가 그렇게 오래 지속될 수는 없었을 것이다. 또 국가올림픽 위원과 관리들의 협조도 기여를 했다. 이것이 그의 권력의 출처이다. 그들은 경기 유치 경쟁에서 우선권을 얻기 위해 열심히 상납하고 이익을 얻고자 했다. 사마란치의 문제에 대해 측근 그 누구도 경고를 하지 않았고 내부고발도 없었다.

이러한 추종자들이 있는 한 리더들은 어떠한 일을 해낼 수 있는 권력의 출처를 확보할 것이다. 우리는 밝은 면과 어두운 면을 균형 있게 보아야 하듯이 추종자, 나쁜 리더십, 좋은 리더십을 구별하여 이해하여야 한다.

제 2 절 권력의 어두운 면: 부패

1. 권력의 부패 원인과 결과

1) 원 인

권력의 부패가 일어나는 원인은 부패의 첫 단계라고 말할 수 있는 사람들과 리더들의 차이 그리고 리더들의 우쭐한 과욕이 발전함으로부터 일어난다. 부패의 출처는 리더들 자신들과 관련되어 있을 뿐만 아니라 조직의 구조와 부하들의 행태가 원인일 수도 있다.

정의에 의하면 권력을 가진다는 것은 다른 사람들이 권력을 가진 사람들에 순응한다는 것을 의미한다. 어떤 경우에는 부하들이 스스로 결정한 개인적인 헌신 그리고 리더의 결정에 신뢰하여 수용하거나 혹은 그들이 진실로 리더의 전문성과 개인적인 정직성을 존경하기 때문에 리더들을 따르기도 한다. 또 다른 경우는, 복종은 솔직히 보복의 두려움 혹은 어떤 보상을 얻기 위한 욕구 때문에 한다. 부하들의 계속적인 복종은 리더 자신들의 행동들과 결정들이 항상 옳다고 착각하게 할 수도 있다. 복종 이외에, 부하들은 개인적 혹은 그들이 필요한 부서의 자원을 얻기 위한 수단으로 자주 아첨하고 비위를 맞춘다.

리더들 자신 스스로 우쭐한 마음을 갖도록 기여하는 다른 요인은 리더들과 그리고 지지자들 사이의 거리이다. 많은 조직들이 계층제 구조를 채택하므로, 권력을 장악한 사람들은 그들이 이끄는 사람들과 격리되어 있다. 비록 조직 및 사회에 많은 수평적 혹은 민주적 변화가 21세기에 더욱 일어나고 있지만, 리더들은 다른 층에 사무실을 가지고 있고, 지정된 장소에 그들의 차를 주차하고, 간부식당에서 식사를 하고, 그리고 다른 권력자들과 많은 시간을 보낸다. 사고는 현대적이지만 행동은 아직까지 전통적 관념에서 벗어나지 못하고 있다. 권력의 이러한 많은 종류의 전통적 상징들이 아직까지 리더들의 합법성을 증가시키고 있다.

마지막으로 책임성이나 책무성 없이 정보나 자원들에 대한 리더들의 용이한 접근은 그들이 특별하며, 특별한 대우를 받을 만하고 그리고 다른 사람에게 적용하는 규칙보다 위에 있다는 그들의 허세를 인정하는 것이다. 이러한 막강한 권력을 가지고 남용하거나 혹은 기업이 재정적으로 어려운 문제들을 가지고 있다고 하더라도 심각하게 고려하지도 않고 자신의 승진을 위하여 막대한 돈을 홍보에 지출하거나 남용하는 행태로 인하여 리더의 직위에서 탈락되는 사례는 우리 사회에서도 흔히 볼 수 있다.

2) 결 과

부하들과의 거리는 오히려 리더들이 정확한 판단을 하기 위한 정보의 결핍을 가져와 적절한 의사결정을 하지 못하는 결과를 가져온다. 근로자들은 정보를 여과하고, 나쁜 소식을 전달하는 것을 피하며, 그들의 잘못을 숨기고 조직의 아주 밝은 면만 보고하는 경향이 있다. 그 결과 리더들은 조직과 조직의 고객들과의 접촉을 하지 못하게 된다. 행정조직의 구조에 있어서도 얼마나 많은 계층들이 있는가에 따라 상당한 양의 정보—어떤 상황에서는 98%가량—가 왜곡되거나 심지어는 유실된다.[1] 행정기관이 스스로 처리하기 어려운 것으로 판명되는 문제나 '나쁜 소식'을 전달하는 경우에는 더욱 그러하다. 결국 대통령은 정보의 자유로운 상향적 흐름을 막는 관료의 뿌리 깊은 저항을 극복하여야 한다. 그렇다면 대통령에게는 자신에게 전달된 정보에 대해 그 정보출처에 지나치게 의존하거나 지배받지 않으면서 현명한 의사결정을 하는 데 필요한 자료를 어떻게 수집할 수 있겠는가라는 문제가 중요할 것이다. Halperin은 의사결정에 찬성하도록 만들기 위해 정보를 조작하는 방법에 대하여 연구한 논문을 발표하였고 동시에 정확한 정보를 얻는 방법까지 언급하였다.[2]

1) Anthony Downs, 1967, *Inside Bureaucracy*(Boston: Little, Brown, 1967), pp. 116-118.

2) Morton H. Halperin, 1978, "Shaping the Flow of Information," in *Bureaucratic Power in*

부하들의 복종은 리더들이 그들의 부하가 의존적이고, 그 결과 자발적인 행동을 하거나 의사결정을 할 수 없는 사람으로 인식되어질 수 있다. 그러면 리더들은 그들 자신이 조직의 모든 능력들의 출처로서 인식하고 착각하여, 결과적으로 설득에는 덜 의존하고 더욱 부하들을 복종하게 하기 위하여 강압적인 방법을 사용한다. 그리고 더욱더 리더들은 그들의 부하들이 능력이 없고 리더의 강한 지시 없이는 기능할 수 없는 것으로 생각하게 된다.

과도한 복종이 초래하는 다른 결과는 다른 의미의 도덕적 가치관이 발전할 가능성이 있다. 다시 말하여 리더들은 그들 자신들이 부하들보다 다른 규칙들에 적용을 받는다고 생각할 수도 있다. 그 결과 리더들은 부하들이 그들에겐 적용하지 않는 규칙에 따르도록 하는 반면 리더들은 비윤리적이거나 비합법적인 행동에 사로잡힌다. 결과적으로 리더들은 형편없는 역할모델이 되고, 신뢰성을 잃어버리게 되고 자연히 그들의 지시는 효과적이 되지 못한다. 그런 다음, 이러한 현상은 나쁜 결정, 지지자들의 저항, 그리고 부하들의 어떠한 위험도 감수하지 않는 행태를 초래하게 된다.

부패의 마지막 결과는 리더들 스스로 달성할 수 있다는 잠재력을 가지고 부하들을 평가절하 하는 데 있다. 리더는 정책을 결정하는 데 부하들의 의견 투입을 허용하지 않으면서 총체적으로 통제를 지속하기를 계속한다. 부하들은 복종하고, 그러한 행태를 더욱 촉진함으로써 리더들이 권력을 부하들과 공유하는 것이 유익하지 못하다는 것을 인식하게 된다. 리더들은 그러한 복종을 부하들의 약점과 무능력으로 인식한다. 그로 인하여 리더들은 더욱 권력을 집권하게 된다. 리더 자신만이 할 수 있다고 생각하는 자신감은 총체적인 질 관리(TQM)와 권력의 분배와 분권적인 의사결정을 촉진하는 empowerment와 같은 프로그램의 성공적인 수행에 주요한 장애가 된다.

3) 해　　결

권력의 과도한 집중, 남용, 그리고 부패를 막을 수 있는 완전한 방법은 없을 것이다. 다음은 이러한 상황을 도울 수 있는 요소들이다.

- 일상적인 일에 리더를 포함시켜라

National Politics, by Francis E. Rourke, Third Edition, Little, Brown and Company, Boston, pp. 102-115.

리더들이 부하들과 그리고 조직의 고객들의 매일 매일의 활동에 더욱 밀접하게 접근할수록, 부패를 위한 잠재력은 줄어들 것이다.

• 리더들에 대한 부하들의 의존을 줄여라

부하들이 독립적일수록 부하들은 의도적으로나 무의식적으로 부패 cycle에 기여하지 않는 경향이 있다. 한 사람의 봉급, 승진, 그리고 경력의 발전이 리더의 주관적인 의견, 평가에 달려 있다면 그 사람은 리더에게 더욱 복종하게 될 것이다.

• 성과에 대한 객관적인 측정치를 사용하라

정확한 측정치를 통하든지 혹은 관련된 유권자들로부터 직접적인 환류에 기초하든지, 성과에 대한 객관적인 지표를 갖는다면 리더의 지나친 권력을 막으며 적절하고 정확한 정보의 흐름을 확인할 수 있다. 부하들은 고객들의 환류를 통하여 리더의 이익보다는 고객들의 이익을 위하여 행동할 수 있다.

• 의사결정에 외부인을 참여하라

외부인에게 의사결정과정을 개방함으로써 조직은 객관적인 관점을 가질 수 있고, 파벌인사를 막을 수 있다. 외부인들은 부패 cycle을 끊을 수 있는 신선한 감각을 가져올 수 있다.

예를 들면 기업의 이사진에 외부인의 참여는 부패와 편견을 줄일 수 있는 방법으로 우리나라에서도 사용하고 있다.

• 문화의 변화

권력의 부패를 막는, 가장 어렵지만 효과적인 해결책은 문화와 조직 구조의 변화이다. 변화의 초점은 리더를 만족시키는 것보다는 성과, 생산성, 그리고 고객서비스에 두어야 한다.

2. 왜 나쁜 리더를 따르는가

다양한 종류의 나쁜 리더가 있으며, 사람들은 리더가 잘못되었다거나 악의가 있더라도 리더를 따른다. 왜 그럴까? 이 질문은 중요하다. 추종자가 없이는 좋은 리더나 나쁜 리더가 존재할 수 없기 때문에 부적절한 추종자를 줄이지 않고는 나쁜 리더의 수를 줄일 수 없다.

1) 개인적 필요

나쁜 리더도 인간의 기본적인 욕구인 안정성, 간결성, 확실성을 충족시켜 줄 수 있다는 것을 원인으로 지적할 수 있다.

자기 보존을 위해 안정성을 추구하려는 것이 욕구들 중에 가장 강력하다고 한다. 사람들은 음식, 주거 그리고 해를 입지 않도록 보호받기를 원한다. 어린아이일 때는 성인에게, 보통은 부모에게 의지한다. 따라서 어린 시절에 가장 먼저 배우는 것 중의 하나가 누군가를 따르는 일에 익숙해지는 것이 인생에서 가장 먼저 배우는 교훈 중 하나이다. Freud는 육아와 리더십을 명쾌하게 연결시켰다. "사람들은 위압당하고 학대당하더라도 복종하고 존경할 수 있는 권위를 필요로 한다. 우리는 개인의 심리를 통해 어디서 이런 대중의 요구가 나오는지 알았다. 그것은 각자의 어린 시절에 살고 있는 아버지에 대한 갈망이다."

사람들이 추구하는 안전을 위한 근본적인 욕구 외에도 다양하기 때문에 우리는 일상생활에서 리더를 따르는 것을 배운다. 규칙이 불공정해 보이고 규칙을 정한 사람들이 충분한 준비를 하지 못했거나 서툴게 처리하더라도 사람들은 규칙에 따라 행동한다. 따르지 않았을 때 치러야 할 대가가 크기 때문이다. 그러므로 우리는 일반적으로 리더의 명령에 복종하는 것이 안전하다고 경험한다.

우리는 간결성에 대한 필요를 가지고 있기 때문에 리더를 따르기도 한다. 리더는 무질서하고 불확실한 세계에서 질서와 자신감을 제공한다. 리더에게 저항하는 것은 혼돈과 혼란을 불러일으킨다고 우려하는 경우를 자주 우리는 접한다. 또한 사람들은 복잡한 설명 대신 단순한 것을 선호하기 때문에 리더를 필요로 한다. 단순한 것은 이해하기가 용이하기 때문이다.

가끔 사람들은 확실성을 위해 나쁜 리더를 따른다. 우리는 늘 생존문제에 대해 예민하다. 2001년 9월 11일 이후 미국인들은 더욱 예민해졌다. 북핵 문제가 해결되지 않아 우리는 안전에 불안을 느끼곤 한다. 안보, 경제, 사회혼란 그리고 변화하는 국제정세 등은 우리를 더욱 예민하게 만든다. 이러한 불안함을 가라앉히려는 열망으로 인해 우리는 강하고 확실한 리더를 열망하고 따르려 한다.

2) 집단의 필요

좋은 혹은 악한 리더들 모두 우리가 바라는 이익을 종종 제공한다. 특히 리더들은 질서를 유지하고 단결과 동일성을 주며 공동의 과업을 수행한다.

정치 이론가들은 우리가 리더에게 평화 유지와 질서를 요구한다는 데 의견을 같이한다. 따라서 계급조직은 자연스러운 질서의 형태로 나타났다. 역사적으로 영장류 사이의 지배와 복종 양식에는 특별한 관계를 지속하면서 상호간에 질서를 유지하여 왔다. 따라서 사회, 정치, 경제적 계급조직인 영장류의 유산을 우리는 반대하기보다는 오히려 이어가고 있는 것을 편하게 생각하는 것 같다.

인간의 집단은 소규모 사회에서부터 현대 세계를 특징짓는 복잡한 국가 상태로 진화해 왔기 때문에 리더의 역할은 더욱 중요해졌다. 일반적으로 사회가 복잡해질수록 사회는 단결과 동질성을 확보하기 위하여 집단, 조직, 그리고 리더들의 숫자는 많아지게 마련이다. 그러므로 이러한 진화는 리더십 체제와 밀접한 관련이 있다.

설혹 리더가 악하더라도 사람들이 따를 만한 충분한 이유가 있다. 개인적 필요와 집단 구성원으로서의 욕구를 충족시키기 위하여 사람들은 리더를 따르는 것이 유익하다고 판단한다. 따르지 않으면 가족과 지위, 심지어 생명이 위협 당한다. 특히 권력에 맞서 적극적으로 항의하는 것은 그에 못지않은 용기가 필요할 것이다.

제 3 절 권한부여(Empowerment): 권력의 변화하는 측면

1. 임파워먼트(권한부여 혹은 권한위임)를 위한 리더십과 조직의 요소

오늘날 권력을 조직 구성원들에게 분배하고 공유한다면, 리더십의 기능은 더욱 효과적이라고 주장하면서, 권한을 부여하는 다양한 움직임들이 조직 내에서 조용히 일어나고 있다.

조직의 문화 및 구조의 변화를 위한 주요한 요소들의 하나는 권한부여 움직임이다.

권한부여는 권력을 부하들과 공유하는 것을 의미하고 그리고 의사결정과 집행 권력을 가장 낮은 지위로 이양하는 것을 의미한다. 이 결과 모든 조직 근로자들의 권력과 자율권의 전체량은 증가하게 된다. 권력과 자율권의 전체량이 증가한다는 것은 권력과 자율권이 어느 정도 구성원들에게 골고루 나누어져 있다는

[표 3-1] 권한부여의 리더십과 조직의 요소들

리더십요소	조직의 요소
긍정적이고 감정적 분위기 창조	분권화된 구조
높은 성과기준을 책정	리더의 적절한 선택과 훈련
주도적 그리고 책임성을 고무	근로자들의 적절한 선택과 훈련
공개적으로 개인에 대한 보상	관료적 구속을 제거
평등과 협력을 실행	권한부여 행태를 보상
부하들에게 확신을 표현	조직의 정책을 정형화하고 개방

출처: Conger; Conger and Kanungo, Nahavandi, *op. cit.*, p. 113(재인용).

것을 의미하며, 이것은 구성원들의 자발적인 참여와 몰입을 유도하여 조직의 효과성이 높아질 수 있다는 것이다. 이것은 일본경영에서 활발하였던 1970년대의 질 서클(quality circle)[1] 노력들, 삶의 질(the quality of work life: QWL),[2] 그리고 자체효용성에 대한 심리적 개념들이 임파워먼트 지각에 뿌리를 형성하고 있다. Empowerment 개념의 근본적인 의미는 조직들의 기능을 수행하기 위하여 권력을 필요로 하는 사람과 권력을 공유하고 이전하는 것을 말한다. 그러한 권력 공유는 능력, 믿음과 효과성에 대한 의미를 증진시킨다. 많은 학자들은 많은 리더들을 관찰하고 권력의 분배에 대한 연구를 하면서, 동등한 권력의 공유는 조직의 효과성에 기여한다는 것을 제안하였다.

근로자들의 권한부여는 아주 강력한 동기부여의 도구가 될 수 있다. 권한을 부여한다면 근로자들은 실수를 통해 값진 교훈을 배우고, 업무를 효율적으로 깔끔하게 처리하며, 상황에 대처하는 능력을 키우게 될 것이다. 이것은 근로자들에게 그들의 업무를 어떻게 수행하는가 그리고 그들의 업무환경개선과 성공을 위한 기회를 제공함으로써 자체 효용성 혹은 능력을 구축하는 데 대한 통제력을 준다. 이외에도, 목적달성을 위하여 참여를 촉구함으로써 부하들이 목적들을 내면화하고 헌신하도록 하는 경향이 권한부여가 주는 생산의 주요한 요소이다.

1) E. E. Ⅲ Lawler and S. A. Mohrman, 1987, "Quality Circles: After the Honeymoon," *Organizational Dynamics*(Spring): 42-54.
A. Bandura, 1977, "Self-Efficacy: Towrd a Unifying Theory of Behavioral Change", Psycho-logical Review 84: 191-215; Nahavandi; op. cit., p. 112(재인용)
2) P. Block, 1987, *The Empowered Manager*, San Francisco: Jossey-Bass; J. A. Conger, 1989, "Leadership: The Art of Empowering Others," *Academy of Management Executive* 5, no. 1: 17-24; J. A. Conger and R. N. Kanungo, 1988, "The Empowerment Process: Integrating Theory and Practice," *Academy of Management* 12: 637-647.

그러나 자신감이 부족한 직원들은 권한을 위임받는 것에 번번이 저항을 한다. 이럴 경우 리더는 저항을 하는 직원이 자신감을 가질 수 있도록 도와줘야 한다. 도움을 주는 일도 매우 힘들기 때문에 리더는 꾸준한 인내와 한결같은 마음으로 이러한 과정을 슬기롭게 이겨내야 한다.

자신의 능력을 인정받아 권한을 위임받았다고 인식하는 순간부터 직원들의 업무 효율성은 높아진다. 안타까운 점은 많은 리더들이 직원들에게 권한을 위임하지 않는다는 것이다. 따라서 리더는 꾸준한 자기훈련과 리더십 연습을 통해 직원들에게 권한을 위임해야 한다. 즉 리더는 부하직원들의 능력을 신뢰하고, 그들에게 권한을 위임하며, 직원들이 하는 일에 열정을 불어넣는 노력을 게을리해서는 안 된다.

관리자나 리더들이 권한부여를 관리기술로 채택하기를 결정하였다면 우선 그들은 조직들의 문화와 구조에 적응하도록 고려해야 한다.

근로자들에게 권한을 부여할 때, 리더의 역할은 부하들과 아이디어를 공유하고, 의사결정에 참여하며, 다른 사람들과 협조하고 그리고 위험을 감수하도록 격려하고, 협조적이며 신뢰할 수 있는 분위기를 제공하는 것이다. 리더들은 다양한 방법들인 즉 역할 모델링, 다른 사람들에게 공개 그리고 환상과 같은 그러한 방법으로 이러한 분위기를 달성할 수 있다. 권한부여(empowerment)를 성공적으로 수행하기를 원하는 리더들은 실지 훈련을 격려하고 그리고 잘못하는 일에 대해서는 관용을 베풀어야 한다.

Empowerment에 대한 리더의 역할 이외에 조직들은 역시 근로자들에게 권한을 부여하는 단계가 필요하다. 첫째, 가장 중요한 것은 조직의 구조가 엄격하고 공식적인 계층제를 제거하고 의사결정을 분권화하여 권력의 공유를 허용하여야 한다. 따라서 리더가 조직의 구조에 권한부여를 인정하지 않고 의사결정을 하는 권한을 근로자들에게 부여한다는 것은 어렵다. 권위와 책임의 전통적인 라인은 권한부여과정에 적합하지 않다.

둘째, 다른 조직단계는 권력을 공유하려는 리더들과 근로자들의 선택이다. 구조나 권한부여의 변화가 성공적으로 이루어질 때, 불편한 리더들이나 근로자들이 있을 수 있으며 그들에게는 어려운 일이 될 것이다. 그들의 협조, 격려, 참여, 그리고 개방을 가져오기 위하여 적절한 훈련이 필요할 것이다.

근로자에게 권한을 부여하는 것은 어려운 과정이다. 그러나 그것은 오늘날의 새로운 구조의 주요한 요소로서 그리고 리더를 위한 필수조건으로서 계속 인식되고 있다. 대규모 혹은 소규모 조직의 리더들은 그들의 부하들로부터 권력을 포기할 것을 종용받으며, 그리고 많은 예로써 권한부여는 동기부여의 도구이며, 성과의 증가를 초래한다.

2. 권한부여의 환경과 조건

다음은 리더가 권한을 어떻게 위임할 것인가를 결정하는 데 도움이 될 만한 질문들이다. 리더가 다음과 같은 환경을 조성하고 있는지 알아보는 것은 권한부여의 필수적인 조건들이다.[1)]

- 직원들이 업무를 자신의 일처럼 생각하고, 마치 자신이 회사의 주인처럼 생각하며 최선을 다할 수 있도록 환경을 만들고 있는가?
- 직원들이 책임감을 가지고 일할 수 있는 환경을 만들고 있는가?
- 직원들이 자신이 처리한 업무 결과를 꼼꼼하게 살필 수 있는 환경을 만들고 있는가?
- 직원들이 회사 내에서 자신의 가치가 어느 정도인지, 그리고 자신이 어떻게 일하고 있는지 파악할 수 있는 환경을 만들고 있는가?
- 직원들이 문제 해결 과정에 참여하는 환경을 만들고 있는가?
- 직원들이 업무를 마무리 짓는 방법에 대해 직접 의견을 제시할 수 있는 환경을 만들고 있는가?
- 직원들이 언제나 웃고 지내는 환경을 만들고 있는가?
- 직원들이 도움이 필요할 경우, 다른 직원들에게 거리낌 없이 도움을 청하는 환경을 만들고 있는가?

이제 다음 질문들을 자신에게 해 보자.

- 그 일을 내가 했어야 했는데라고 계속해서 생각하는 경우가 많은가?
- 직원들이 당신에게 직접 보고를 하는 경우가 많은가?
- 회사 창립부터 또는 오랜 시간에 걸쳐 얼마나 많은 직원들과 인간관계를 맺고 있는가?
- 직원들이 실제로 아프지 않은데도 자주 결근하는가?
- 당신이 직접 관리한 부하직원 중 지금도 함께 일하고 있는 직원은 몇 명

1) Adams(임태조 옮김), *op. cit.*, pp. 107-108.

인가?

• 퇴사한다면 당신을 따라 다른 회사로 옮길 부하직원은 있는가?

위의 질문들은 면밀히 검토하여 보면, 결국 리더인 당신이 권한을 누구에게 얼마나, 어떻게 위임하는가 하는 문제로 귀착한다. 모든 사람들이 직장의 환경을 긍정적으로 받아들이고 만족하도록 만들 수 있는 권한이 바로 리더 자신에게 있기 때문이다. 실제로 권한 위임의 단계로 진입하기 위해서 고려할 사항들이 많을 것이다. 예를 들면 상사가 불안함이 완전히 가시기 전까지는 권한 위임을 할 수 없다. 또는 부하직원이 앞으로 해야 할 일을 정확히 알고 있다는 확신이 서야 권한 위임을 할 수 있을 것이다.

권한 위임은 신비의 약도 아니고 만병통치약도 아니다. 관계된 사람들이 하나 같이 임파워먼트를 실현하기 위하여 매진해야 한다. 지식이 곧 권한이라는 점을 받아들인다면, 지식을 나누는 것은 권한을 나누는 것과 같다는 것으로 이해할 수 있을 것이다. 권한을 나누는 사람은 모두 승자가 된다. 즉 성공적으로 마무리된 프로젝트에 참여했다는 데 자긍심을 느끼는 직원들도 승자가 되고, 목표달성에 도움을 제공한 리더도 승자가 되며, 생산 및 품질을 급격히 향상시킨 직원들을 고용하고 있는 기업도 승자가 되는 것이다.[1)]

임파워먼트를 시도했는데도 직원들이 신속하게 따르지 않는다고 해서 그들이 임파워먼트를 환영하지 않는다고 생각해서는 안 된다. 직원들에게 좀 더 기회를 주도록 해야 한다. 임파워먼트 절차를 천천히 진행하고 직원들이 책임감과 권한을 공유하도록 하는 데 전력을 기울인다면, 임파워먼트는 성공적으로 이루어질 것이다. 물론 권한을 위임받고 싶은 생각이 전혀 없는 직원들도 있다. 그들은 현재 맡고 있는 업무 외에는 다른 업무를 좀처럼 맡으려 하지 않는다. 그렇다고 상부로부터 통제를 받고 싶은 마음이 있는 것도 아니다. 그들은 다만 현재의 평화롭고 안정된 상황이 계속되기만을 바랄 뿐이다. 이러한 경우 리더가 할 수 있는 일은 부하들에게 동기를 부여시켜 도전의식을 갖게 하든지 혹은 어떤 임무를 주어야 하는지를 판단하여야 한다.

---

1) Adams(임태조 옮김), *op. cit.*, p. 114.

3. 성공적인 임파워먼트를 위한 전략

1) 80:20 법칙

직원들이 성장·발전함으로써 생산성을 제고할 수 있는 비결이 있다. 그것은 80:20의 법칙을 사용하는 것이다. 직원의 노동력으로 최고의 결과를 가져오게 하려면, 리더는 전체 대화시간의 약 20% 정도만 말을 해야 한다. 직원이 80%의 말을 하도록 하고, 리더는 그것을 귀담아 들어야 한다. 귀담아 듣는다는 것만으로도 정보, 존중, 열정 등 여러 가지를 얻을 수 있을 것이다.

2) 직원들에게 열정을 불어넣어 준다

명확하게 정의된 목표와 목적을 가지고 있는 조직은 그렇지 않은 조직보다 성공할 가능성이 훨씬 높다. 여기에 기업의 제품이나 서비스 또는 산업에 대한 열정을 공유하고 있는 직원들이 있다면 더욱 그러할 것이다.

고객서비스 및 제품의 품질 향상에 열정을 갖고 있는 직원들은 최고의 고객서비스를 제공하고 제품의 질적 향상에 최선을 다하는 기업에서 일하고 싶어 한다. 이러한 직원과 기업이 혼연일체가 된다면 강력한 상승효과가 일어날 것이다. 열정적인 직원은 기업이 비전을 실현할 수 있도록 늘 최선을 다하여, 열정에 불타는 단 한 사람의 직원이 수많은 직원의 마음을 움직일 수 있다.

3) 성공적인 임파워먼트를 위한 조언

① 권한 위임의 한계를 명확히 한다.

임무의 실수를 줄이고 품질을 개선하려면 직원들에게 권한을 위임해야 한다. 하지만 직원에게 지나칠 정도로 많은 권한을 위임하는 것은 옳지 않다.

② 임파워먼트의 배경을 명확히 설명한다.

임파워먼트라는 개념에 잔뜩 겁을 먹는 직원이 있는가 하면 안도의 한숨을 내쉬며 반기는 사람도 있고, 현장에서 의사결정을 하게 될 때까지는 어떤 일이 벌어지는지 무심한 사람도 있다. 리더인 당신은 권한을 위임하게 된 이유와 과정을 경험이 많은 직원들에게 조심스럽게 설명해야 한다. 당신이 의사결정을 하게 된 배경을 설명해 주는 것만으로도, 모든 직원들을 존중하고 인정한다는 사실을 그들에게 확실히 보여 줄 수 있다.

③ 지속적으로 임파워먼트를 수행한다.

임파워먼트 과정은 일단 시작하면 되돌릴 수 없다. 계획을 세워 이 과정을 지속적으로 수행하여야 한다. 지속적으로 수행하지 않으면 직원들은 리더뿐 아니라 기업의 비전도 믿지 못한다.

제 4 절 권력의 균형(Balance of Power)[1]

1. 권력배분

권력이란 무엇일까? 권력은 생명이다. 권력은 죽음이다. “권력이란 타인 및 조직을 대상으로 건설적 또는 파괴적인 목적 아래 단독 또는 집단적으로 사용되는 인간의 힘”이라고 Lucas는 정의를 하였다. “권력은 탁월한 최음제”라고 Henry Kissinger는 말했다. 권력은 적어도 한동안은 우리를 들뜨게 하고 우리의 진정한 가치와 잠재력에 눈을 뜨게 한다. 반면에 무차별적 통제나 노골적인 비하 등 그릇된 목적으로 사용되기도 한다.[2]

권력을 배분하기 위해서는 불확실성과 두려움을 무릅쓰고 최선의 노력을 기울여야 한다. 권력을 나누어야 할 때 독점하는 경우가 있다. 반면에 가지고 있어야 할 때 나누는 경우도 있다. 건설적인 직원에게 효과적으로 권력을 나눠줬는데도 그 결과를 보고 아찔한 경우가 있는가 하면, 파괴적인 직원에게 나눠주고도 결과에 당혹해 할 수도 있다. Lucas는 권력배분 혹은 분배하기 전에 몇 가지 질문을 한다. 배분과 분배는 같은 의미로 사용한다.

첫째, 누가 권력을 가져야 하는가? 누가 권력을 원하는가? 마지막으로 당신 조직에서는 누가 권력을 가져야 하는가? 이 세 가지 질문을 고려해서 권력을 배분한다면 이제 향후 몇 십 년간을 통틀어 최고의 무기인 권력의 균형을 이루어 낼 것이다.[3]

임파워먼트(권한위임)란 개념 자체가 잘못되었다는 것은 아니다. 하지만 바람

---

1) James R. Lucas, 2002, *Balance of Power: Fueling Employee Power without Relinquishing your own*, Korean Edition published by Luman Consuling Operations, 김광수 옮김(2006), 열정적 조직을 만드는 파워밸런스.

2) Lucas(김광수 옮김), *Balance of Power*, pp. 24-25.

3) *Ibid.*, pp. 363-365.

직한 개념도 아니라고 Lucas는 말한다. 물론 이 두 개념(권한위임과 권력의 균형) 간에 타당성 문제가 거론될 뿐이지 서로 많은 유사한 점을 가지고 있다. 그러나 권한부여 개념은 모호하여 적용하는 데 문제점을 내포하고 있기 때문에 권한배분 개념을 대신 사용한다면 권한위임을 보완하여 줄 수 있으며, 조직의 효과성을 가져오는 데 더 적합하다. 즉 권한부여하였다고 하여 기대한 성과가 순조롭게 이루어진다는 것은 성급한 결론이다. 저자가 새로운 절을 열어 권력분배를 설명하는 이유는 Lucas가 그의 저서인 「Balance of Power」에서 권력분배의 원칙과 지침 그리고 방식에 대하여 자세히 설명하여, 권력위임의 개념이 권력 배분 혹은 권력균형의 개념으로 변화의 필요성을 주장하기 때문에 아래 Lucas의 이론을 소개하려 한다.

1) Lucas의 권한 위임이 적절치 못한 이유

① 타인과 권력을 공유하기로 결정하기 전까지는 모든 권력이 리더에게 있다는 뉘앙스를 풍기기 때문이다.

② 권력을 위임받는 사람들이 지닌 문제나 어려움을 전적으로 간과하고 있기 때문이다. 예를 들어 위임받는 사람이 그 권력을 원치 않거나, 행사하는 방법을 모르거나, 그 자체를 두려워하거나, 자신의 입신양명을 위해 권력을 사용하거나 또는 권력을 이용하여 리더에게 반기를 들 수도 있기 때문이다.

③ 위임하려는 권력의 상당 부분이 실제로는 선심 쓰는 양 거드름을 피우는 리더의 것이 아니라 위임받는 사람 자신에게 이미 존재하고 있다는 사실을 간과하고 있기 때문이다.

④ 무능하고 자격이 부족한 사람들에게 권력을 넘기지 말아야 하지만 이런 개념은 아예 배제되어 있다. 그리하여 Lucas는 새로운 용어를 제안하였는데 그것이 바로 '권력배분'(powersharing)이다.

⑤ 권력배분이야말로 현실에 가장 적합한 용어이기 때문이다. 조직 구성원이라면 누구나 이미 일정 수준의 권력을 가지고 있다. 공식적인 권한을 가진 사람들이 권력을 독점하는 것이 당연시되어 마치 조직 구성원들은 아무 권력도 없는 것인 양 생각되나 이미 그들은 어느 정도 권력을 가지고 있는 것이다.

⑥ 미래의 성공을 위해 반드시 필요한 '권력의 유동성'은 권력배분을 용이하게 해 준다. 내가 보유한 권력을 이용해 당신을 돕고, 당신 역시 같은 방식으로

나를 도와야 한다. 리더도 때로는 따르는 사람이 될 수 있고 따르는 사람도 때로는 리더의 역할을 맡아야 한다.

⑦ 나는 권력위임이란 말을 들을 때마다 마치 교도소 감방 안의 우두머리가 똘마니들에게 무언가를 베푸는 듯한 이미지를 지울 수 없다.

모든 권력을 내가 독점하고 직원들에게 은혜를 베푸는 식의 발상은 현실을 왜곡하는 것과 다름없다. 게다가 더 큰 문제는 이런 발상이 근본적으로 잘못되었다는 사실이다.

2) 그는 권력분배 효율성의 극대화방안을 제시했다

① 조직의 총체적 비전을 이해시키고 실행시키는 방향으로 권력을 배분해야 한다.

② 고객이나 다른 이해관계자들에게 이익이 되는 곳에 권력을 배분해야 한다. 고객이 변화를 원하고 우리도 그 사실을 인지하고 있다면, 고객에게 최상의 가치를 창조할 수 있는 곳에 권력을 배분해야 한다.

③ 조직의 비전과 목표 그리고 실행과 직결되는 곳에 권력을 배분해야 한다.

④ 현재에 안주하기보다 변화를 예측하고 준비하며 가장 효과적으로 이용할 수 있는 곳에 권력을 배분해야 한다. 더 나아가, 변화를 '창조'할 수 있는 대상에 더 많은 권력을 부여할 필요가 있다.

⑤ 미래의 씨앗이 될 수 있는 곳에 권력을 배분해야 한다. 즉각적인 결과를 얻기 위해 권력을 배분하는 일은 쉬우며, 당연히 이런 목적을 위해서도 권력의 일부를 사용해야 한다.

물론 이런 식의 권력배분을 이해하지 못하는 사람들도 적지 않을 것이다. 그렇지만 권력은 무언가를 달성할 수 있는 곳에 배분되어야 한다.

2. 올바른 권력행사

권력은 무엇을 위해 행사해야 하는가? 이런 질문에 대답을 하는 것은 권한배분의 근본적인 문제다. 아무리 권력을 손에 쥐어 준다고 하더라도 해서 되는 일이 있고 해서는 안 되는 일이 있다. 그래서 권력은 생명, 죽음, 독극물 혹은 부드러운 표현으로 경계해야 한다는 말로 표현한다. Lucas는 올바른 권력의 사용을 다음과 같이 제시했다.

① 리더는 직원들의 생각과 결정을 이끌 수 있는 원대하고 현실적인 비전을 창조하고 유지하기 위해 권력을 사용해야 한다.

② 리더의 전략적 사고를 위한 시간과 공간을 위해 사용해야 한다. 그래야 직원들의 전략적 사고를 유도하는 동시에 중심을 잡아줄 수 있다.

③ 모두가 동의하는 수준에서, 높지만 달성 가능한 목표와 합리적인 우선순위를 설정하기 위해 사용해야 한다.

④ 적절한 사람을 적절한 시점에 적절한 지위로 이동시키고, 충분한 정보와 지식, 자원을 제공함으로써 성공 확률을 극대화하기 위해 사용해야 한다.

⑤ 최상의 결과를 창조하기 위해 사용해야 한다.

⑥ 변화를 촉진하기 위해 사용해야 한다.

⑦ 조직에 뜨거운 열정을 불어넣기 위해 사용해야 한다. 열정이 없으면 최선도 없다.

⑧ 다른 개인, 집단, 팀이 회피하려는 중요한 의사결정을 위해 사용해야 한다. 항로를 급작스럽게 변경하는 결정은 오직 선장만이 내릴 수 있다. 배를 포기하는 결정도 마찬가지다.

⑨ 조직에 이익이 되거나 혹은 않거나 심각한 리스크가 수반된 결정을 연기하거나 회피하지 않도록 사용해야 한다. 움직이지 말아야 할 때를 알고 적당한 시점이 될 때까지 기다리는 것도 리더에게 필요한 덕목이다.

요즘 세상에서는 권한과 권력을 낭비하는 사례가 비일비재하다. 위에 나열한 기준에 따라 가장 적절한 곳에 권한과 권력을 행사해야 하며 타인의 권력행사와 충돌하지 않도록 유의해야 한다. 그리고 권력을 장신구처럼 생각하고 남용하는 일은 절대로 있어서는 안 된다.

3. 권력배분의 방법

권력자가 가진 강력한 추진력을 직원에게도 부여하지 않으면 권력배분도 아무런 의미가 없다. 권력배분을 위하여 의사결정에 필요한 것들을 제공해야 하며, 새로운 방법을 시도하고 뒷덜미를 잡혀 머뭇거리지 않도록 '칼자루'도 쥐어 주어야 한다. 또한 피할 수 없는 장애물도 스스로 제거할 수 있어야 한다. 장애물 가운데는 개인적 공포심, 불안감, 무지와 같은 내부적인 것들이 있는가 하면, 관료주의나 비생산적 방침과, 낡은 절차 등 외부적인 것들도 있다. 직원들은 리더의 후원과 지지를 바탕으로 스스로 이런 장애물들을 극복해야 한다.

진정한 권력배분은 창조를 낳는다. 권력행사를 위한 새로운 기회를 창조할 뿐 아니라 그동안 갇혀 있던 권력을 해방시키는 역할도 한다. 권력배분은 적용범위를 확장시킨다.

권력배분을 만병통치약으로 오해해서는 안 된다. 권력을 나눈다고 해서 모든 문제를 해결할 수 있는 것은 아니다. 게다가 권력배분은 새로운 문제를 낳기도 한다. 많은 사람들이 입으로는 '권력위임'을 외치면서도 실제로는 이렇다 할 실천을 하지 않는 이유 중의 하나가 바로 그 때문이다. 사고는 현대적이고 행위는 전통에 머물고 있는 경우이다.

① 정보를 제공함으로써 분배를 가능하게 할 수 있다. 정보 자체가 권력을 의미하는 것은 아니지만 권력에 도달하기 위한 관문인 것만은 사실이다.

② 책임을 공유함으로써 분배를 더 효율적으로 할 수 있다. 많은 사람들이 업무의 과중에 시달리고 있다. 직원들의 일감을 줄여 주어야 한다. 불필요한 잡동사니는 없애고, 직원들이 소중한 시간과 에너지를 허비하지 않도록 권력을 행사한다.

③ 권한을 부여함으로써 분배를 용이하게 할 수 있다. 리더에게 일일이 설명할 필요 없이 결정을 내리는 데 필요한 권력을 바라는 건 누구나 마찬가지이다. 사사건건 설명해야 한다면 제대로 된 의사결정권을 가지고 있다고 할 수 없다.

④ 지출을 권장함으로써 분배를 잘할 수 있다. 자금을 사용할 수 없는 것도 결국은 권력이 없기 때문이다. 돈을 지출하지 않는 직원들에게 추궁할 때도 되었다. 지나친 신중함은 결국 무능함으로 이어질 뿐이다.

⑤ 자원을 제공함으로써 분배를 잘할 수 있다. 아무런 수단도 없이 무슨 재주로 권력을 행사할 수 있겠는가? 그러므로 직원들에게 다양한 자원을 제공해야 한다. 합리적인 요구라면, 설령 리더가 제공하기 어려운 자원이라 하더라도, 기꺼이 제공함으로써 직원들의 '이상'을 실현하도록 도와야 한다.

⑥ 접근을 허용함으로써 분배를 가능하게 할 수 있다. 상호의존성을 높이기 위해서는, 조직 안팎의 사람들이 서로 교류해야 한다.

⑦ 생각할 시간을 줌으로써 분배를 적절하게 할 수 있다. 리더가 생각할 시간을 갖기 위해 권력을 사용하듯, 직원들에게도 권력을 배분하여 스스로 생각할 시간을 갖도록 해야 한다. 아무 생각 없이 행동하거나 바쁘다고 해서 무조건 덤벼서는 창의적이고 혁신적인 결과를 이끌어 낼 수 없다.

⑧ 흥미를 유발함으로써 분배를 더 효율적으로 할 수 있다. 직원들이 정말로 관심 있고 가치 있게 생각하는 업무를 맡기고, 잘 맞는 팀에 배속시켜 그들의 사고방식이 팀 전체를 자극하고 발전시키도록 해야 한다.

⑨ 이유를 설명함으로써 분배를 용이하게 할 수 있다. 특정한 업무를 지시하는 '이유'를 설명하는 것도 권력배분의 한 형태이다. 그 업무가 중요한 이유를 설명하라. 그 직원들을 선택한 이유를 설명하는 것은 권력배분의 한 방법일 뿐만 아니라 존중한다는 의사표시이기도 하다.

⑩ 감성적 지지를 통해 분배를 잘할 수 있다. 어쩌면 가장 중요할 수도 있는 마지막 방법은 바로 감성적 지지를 통해 권력을 배분하는 것이다. 인정, 감사, 동정, 조언, 위기상황에서의 도움, 용서 또는 단순히 들어 주는 것만으로도 큰 효과를 거둘 수 있다. 무기력한 조직의 가장 큰 특징이 바로 권력의 독점이다.

4. 권력균형에 미치는 문화의 영향

시대적으로 중요한 문화 동향에 따라 권력의 균형도 영향을 받게 마련이다. 변화는 우리와 함께하고 있다. 우리가 할 수 있는 최선의 것은 권력균형을 통해 변화에 대처하는 조직 역량을 강화하는 것이다.

오늘날의 권력균형에 막대한 영향을 미치는 시대적 흐름으로는 다음 여섯 가지를 꼽을 수 있다. 예를 들어, 베이비붐 세대들의 지배적인 영향, X세대의 성향, 과도한 지식과 정보의 홍수, 세계경제의 장벽이 철폐되면서 이민의 속도도 빨라지고 방향도 다양해짐, 직원들이 가지고 있는 다양한 권력과 지식을 활용하는 방안, 이들이 권력 균형에는 어떤 영향을 미칠까? 다른 문화권의 사고방식과 행동양식은 권력에 대한 태도와 공유 여부에 영향을 미친다. 특정 문화권 출신들은 권력을 기꺼이 나누려는 반면에, 억압적이고 전체주의적 문화에 익숙한 사람들은 누군가의 지시에 의존하려는 성향이 강하다.

5. 권력을 나누지 않으려는 요인

권력배분의 필요성은 누구나 알고 있지만, 현실의 조직에서는 리더의 권력배분을 억제하는 내부적 요인들이 존재한다. 그것들은 다음과 같다.

1) 두려움이다. 직장생활을 하는 사람이라면 누구나 자신의 자리를 뺏길 수 있다는 우려와 자신의 권한에 도전하는 위협에 대한 두려움을 느낄 것이다. 그래서 지위를 유지하고, 조직의 레이더망에서 사라지지 않기 위해 노력하고, 때로는 치열한 싸움을 벌이기도 한다.

2) 신뢰부족이다. 자기 자신에 대한 불안감이 두려움을 가중시키듯이, 다른 사람에 대한 신뢰부족은 권력배분을 어렵게 만든다.

3) 통제욕이다. 대부분은 환경을 통제하기 위해 권력을 행사하게 마련이다.

4) 성급함이다. 사람들은 자신이 권력배분을 시도한 효과를 하루라도 일찍 보고 싶어한다. 그런데 기대한 것과는 달리 아무런 성과도 나타나지 않으면 나눠 준 모든 권력을 다시 거두어들이고 싶은 충동에 사로잡히게 된다.

5) 무지이다. 직원들의 개성, 관심사, 가치관, 능력 등에 대해 잘 모르면 권력을 나누기 힘들다. 때문에 유능한 리더는 이 점을 충분히 고려한다.

권력을 나누지 않으면 직원들의 솔선수범도 기대하기 어렵다. 이는 사람들이 현재의 지위나 경력에 치명적인 결과를 가져오지 않는 한 섣불리 움직이려 하지 않기 때문이다. 몇몇 사람들을 제외한 대부분이 자리만 지키며 수수방관하는 조직이 무슨 재주로 성공에 이를 수 있겠는가?

6. 권력을 받을 자격이 있는 사람과 자격이 없는 사람

어린아이에게 장전된 권총을 주겠는가? "한 끼만 사먹고 돌려주시오"하면서 신용카드를 건네줄 수 있겠는가? 열 살배기 어린아이에게 자동차 열쇠를 맡길 수 있겠는가?

일정한 수준에 도달되지 못한 사람에게 무엇인가 맡긴다는 것은 위험한 일이다. 권력도 마찬가지이다. 잘못된 손에 권력이 들어가면 우리를 죽일 수도, 엉뚱한 곳에 데려다 놓을 수도, 파멸에 이르게 할 수도 있다. 그렇다면 어떤 사람이 권력을 소유해야 할까? 어떤 사람에게 직위를 맡겨야 할까? 어떤 사람에게 권력을 나눠 줘야 할까? 여기서 과연 어떤 사람이 권력을 획득하고 사용할 자격이 있는지 알아보는 것은 중요할 것이다.

1) 권력을 받을 자격이 있는 사람의 성향

(1) 권력의 한계를 인정하고 수용한다.

권력은 그 한계를 아는 사람들의 손에 들어가는 것이 안전하다. 어느 정도 권력을 가지고 있든, 여전히 조직의 모든 구성원들의 도움이 필요하다고 여기는 사람이야말로 권력을 가질 자격이 있다.

(2) 유 연 성

권력을 배분할 때는 '합리성'을 최우선으로 고려해야 한다. 즉 적합한 사람에게 적합한 양의 권력을 배분해야 하며, 파괴적인 성향을 가졌거나 권력을 독점하는 사람들은 제외시켜야 한다. 유연성은 불확실하고 불명확한 상황에도 충분히 대처하는 능력을 뜻한다.

(3) 너그러움

적극성과 너그러움을 갖춘 사람은 어디서든 환영받는다. 권력은 타인의 해체가 아니라 보호를 위해 존재한다는 점, 권력을 통해 타인의 불완전함과 실수를 용서해야 한다는 점, 권력은 타인을 몰아붙이는 게 아니라 다친 자들을 치유하기 위해 사용되어야 한다는 점도 분명히 해야 한다.

(4) 겸 손

우리는 겸손과 함께 실수를 인정하는 의지를 가져야 한다. 그리고 직원들도 실수를 수정하고, 운영을 개선하고, 문제를 덮기에 급급하지 말고 역량을 강화시키기 위한 목적으로 권력을 사용하도록 유도해야 한다. 또한 겸손의 환상에 빠지지 않도록 조심해야 한다. 재능이 아무리 뛰어나더라도 자신의 한계를 인식하고 받아들이려는 노력이 필요하다.

(5) 정 직

아부하는 사람들, 입에 발린 소리만 하는 사람들, 장점만 늘어놓는 사람들, 앞에서 하는 얘기와 뒤에서 하는 얘기가 다른 사람들에게는 권력을 쥐어 줘서는 안 된다. 권력은 정직하고, 옳지 못한 것은 끝까지 거부하고, 지난 아이디어든 새로운 아이디어든 타당성을 면밀히 검토하고, 우리가 잘못된 방향으로 가고 있을 때는 기꺼이 문제를 지적할 수 있는 사람들에게 권력을 부여해야 한다.

(6) 넓은 시야

자기 부서, 자기 역할 등 자기만의 '영역'에 대해서만 말하는 사람들에게는 절대로 권력을 나눠 줘서는 안 된다. 이런 사람들은 권력과 정략을 혼합하여 오로지 자신의 권력기반을 강화하는 데만 관심이 있다. 따라서 넓은 시야를 가진 사람들, 조직의 다른 부서, 다른 조직, 다른 업종 또는 거래집단, 경제 전반, 일과 사업과 무관한 다른 분야까지 바라보는 능력을 가진 사람들을 찾아야 한다. 이런 사람들이 권력을 활용하는 폭은 대단히 넓다.

(7) 여유로운 생각

여유롭다고 해서 열심히 하지 않는 건 아니다. 목적의식을 가지고 밀어붙이는 것, 즉 열심히 일하는 건 무언가를 완수하기 위해 꼭 필요한 부분이다. 그래서 권력을 부여하면서 직원들이 더 열심히 일해 주기를 바라면서도, 한편으로는 직원들이 서야 할 때와 가야 할 때, 중단해야 할 때를 스스로 판단해 주길 기대한다.

(8) 분 별 력

분별력이 있는 사람은 움직여야 할 때와 서야 할 때, 말해야 할 때와 입을 닫아야 할 때와 물러서야 할 때를 안다. 그리고 권력을 낭비하지 않으며 기회를 놓치는 법도 없다. 이런 사람들을 찾아내기 위해서는 가진 권력이 적음에도 불구하고 상황을 효과적으로 처리하는 직원들을 눈여겨봐야 한다.

(9) 정 의

타인 또는 다른 조직과의 상생을 추구하는 사람들, 즉 권력을 통해 다수의 장기적 이익을 도모할 수 있는 사람들에게 권력을 배분해야 한다. 정의를 첫 번째로 생각하며 개인적인 이익은 목적이 아니라 그 부산물로 여기는 사람을 찾아야 한다.

(10) 열 정

우리 인생에서 가장 중요한 것이 무엇이냐고 묻는다면 열정이라고 말할 수 있다. 열정이 있으면 이미 반은 완성한 거나 다름이 없다. 열정이 있는 사람에게 권력을 배분해야 한다. 열정적인 사람들의 뜨거운 불꽃과 에너지는 삽시간에 주변으로 확산된다. 이런 사람들은 자기만의 집중력과 창의력, 의지를 가지고 있다. 그래서 아랫사람들을 리드하기에는 적잖은 어려움이 있는 것은 사실이나, 열정의 불을 지펴야 한다.

2) 권력을 받을 자격이 없는 사람

(1) 독 재 자

일반적인 명령에 의존하는 사람들, 무조건 통제하려 드는 사람들이 여기에 해당한다. 독재자들은 권력을 행사하면서 쾌감을 느끼며 그 과정에서 더 많은 권력을 추구한다.

(2) 감 시 자

독재자가 외골수 리더라면 감시자는 외골수 관리자다. 감시자는 직원들을 옭아매기 위하여 가능한 모든 권력을 동원한다. 완벽한 규칙과 절차를 직원들이 완벽하게 따라올 때 비로소 성공이 가능하다는 생각 때문이다.

(3) 기술관료

기술관료들이야말로 직원들의 꿈과 비전, 목표, 계획을 무참히 짓밟는 데 일가견이 있는 사람들이다. 그들은 창조와 건설이 아니라 분석과 비판을 위해 권력을 행사한다.

분석 기술은 분명 중요한 도구 가운데 하나이다. 그러나 그것이 기술의 한계를 벗어나지 못할 때는 치명적인 결과를 가져올 수 있다. 그들은 엄격하고 고압적이며 차갑고 계산적이다. 그리고 누구의 말도 들으려 하지 않는다. 그들이 말하는 ‘리더’란 직원들을 자신의 계산대로 움직이는 것에 불과하다. 경청하지 않는 자에게 권력을 배분해서는 안 된다.

(4) 용서하지 않는 사람

이들은 무서우리만큼 차갑고 냉정한 시각을 가진 사람들이다. 이런 사람들은 실수한 직원들을 학대하기 위해 권력을 사용한다. 그래서 비난과 처벌도 마다하지 않으며, 특히 그 실수가 자신에게 직접적인 피해를 입혔을 때 그 직원을 쫓아

내기 위해 만사를 제치고 달려든다.

(5) 반대를 일삼는 사람

반대만 일삼다가 권력을 획득하는 정당도 있다. 그러나 부정적인 프로그램만 만드느라 시간을 허비하다 보면 정작 가치 있는 무언가를 추진하는 요령조차 잊어버리게 된다.

발전을 가로막고 현재를 보전할 목적으로 권력을 행사하는 사람들이 많다. 현상유지는 결코 바람직한 노력이 아니다. 발전하지 않는 건 존재의 의미가 없기 때문이다. 반대에 익숙한 사람들은 새로운 아이디어를 사장시키고, 어떤 제안이든 결점만 부각시키고, 타인의 계획을 저지하기 위해 연대를 형성하고, 안정된 현재만을 강조한다. 반대를 위한 권력행사도 건설적일 때가 있지만 대부분은 진행을 방해할 목적으로 사용된다. 이런 사람은 권력배분 대상에서 제외해야 된다.

"아니오"란 대답은 어렸을 때부터 습관화된다. 아이들은 관찰해 보면 한 번 "예"라고 하기까지 평균 여덟 번에서 열두 번 정도 "아니오"란 대답을 사용한다. 그만큼 어렸을 적부터 반대에 익숙해지는 것이다. "모든 CEO들이 반드시 알아야 할 게 있다. CEO라면 직원들에게 하지 말라는 말을 절대 사용해서는 안 된다." Ken Lay의 말이다.

(6) 숨기기에 급급한 사람

진실을 숨길 목적으로 권력을 사용하는 사람들도 있다. 숨기는 방법은 여러 가지이다. 자신 또는 자신의 프로젝트에 해가 될 수 있는 정보를 숨기는 행위도 그 한 가지다. 누구나 조금씩은 이런 성향을 가지고 있지만, 문제는 상습적으로 이런 행위를 일삼는 사람들이다.

(7) 희생양을 만드는 사람

실패의 탓을 남에게 전가하는 사람이 있다. 리더들 가운데는 무조건 희생양을 만드는 사람들이 있다. 대개 이런 사람들은 책임을 인정하지 않는다. "내 일이 아니야," "내 분야가 아니라고," "난 모르는 일이야," 또는 자신들은 아무런 권력도 소유하지 못한 것처럼 말한다.

"나는 그럴만한 지위에 있지 않아." 문제를 해결할 힘이 없었기 때문에 자신은 오히려 '희생양'이라 항변하는 꼴이다. 남 탓으로 돌리기 위해 엄청난 시간과 노력을 소비한다. 그리고 자신들이 마치 희생양인 것처럼 행동하지만, 실제로는 그들이 비난을 전가하는 타인들이 진짜 희생양이다. 희생양은 권력의 피해자들이다. "이건 내 잘못이 아니에요"라는 말을 입에 달고 사는 사람들을 눈여겨보자. 역시 권력배분에 제외시켜야 할 사람이다.

그 이외에도 사기꾼, 전복자, 그리고 살인자들에겐 권력을 주어서는 안 된다.

제 5 절 리더십의 진화

권력을 구성원과 공유하여야 한다는 리더십에는 거의 동의하나 역시 리더들의 사고는 낡은 패러다임에서 명확하게 벗어나질 못하고 있는 것을 볼 수 있다. 권력이 분배되고 이에 따라서 리더십이 변화하는 과정은 어떠하였는가? 혹은 리더십이 변화하면서 권력 분배가 어떻게 변화하고 있는지에 대한 진화과정을 파악한다는 것은 미래 리더십의 변화를 예측하게 할 것이다.

오늘날의 리더들은 그들 혹은 그들의 조직 주변 세계에서 무엇이 일어나고 있는지 예측이나 통제하기 어렵다는 것을 발견한다. 그러므로 우리는 이제 6개월 혹은 1년이 넘는 계획을 세울 수 없다. 그리고 잇따른 불연속이 우리의 삶에 생활화되고 있다.[1)]

1. 리더십의 내용

Daft는 리더십사고와 행동의 진화를 4시기 혹은 시대를 걸쳐 가면서 설명하였다. 리더십 진화를 설명하기 위하여 리더십 업무가 micro level 혹은 macro level인가 혹은 환경적 조건이 안정한가? 혹은 혼란한가의 두 척도를 선정하였다.[2)] 다음은 그의 리더십 진화론을 요약한 것이다.[3)]

- Micro versus Macro Leadership Scope

리더십의 micro side는 특정한 상황들, 과제들 그리고 개인들에 관심을 갖는다.

1) Daft, *op. cit.*, p. 46(재인용).
2) *Ibid.*, pp. 46-47.
3) *Ibid.*, pp. 46-52.

초점은 한 번에 한 개인과 한 과제에 둔다. 이 리더는 어떤 목적을 달성하기 위하여 필요한 업무과정과 부하들의 행태에 관한 명백한 세부적인 지식을 가지고 있다.

리더십의 macro side는 개인, 집단, 전체 지역사회 그리고 전체조직에 초점을 두기 위하여 특정한 상황들을 초월한다. Macro 리더십은 근본적인 아이디어, 가치, 그리고 대규모 집단을 특징하는 전략들을 다룬다. 이것은 목적, 전략, 구조, 의미, 그리고 문화에 관심을 갖는다.

- Stable versus Chaotic Conditions

안정 대 혼란 척도는 환경의 요소들이 동태적인가에 관계한다.

오늘날 거의 모든 기업들은 신속하게 변하는 환경 속에서 운영하고 있다. 오늘날의 세계는 세계화, 과도한 경쟁, 정보의 홍수, 급격한 변화, 그리고 뜻밖의 일에 의하여 특징된다. 조그만 사건들도 예측하기 어려운 거대한 결과를 초래할 수도 있다. 혼란스러운 사회에서 리더들은 위험, 다양성, 관계, 협동, 그리고 학습을 배우지 않으면 안 된다.

2. 분석의 틀

다음의 그림은 리더십의 진화를 설명하는 틀로서 두 척도들이 결합하여 4형태의 리더십을 보여 준다. 각 cell은 그 당시에 적합한 리더십 사고의 시기를 요약하였다. 그러나 오늘날 신속하게 변화하는 세계에서는 부적절할 수 있다.

ERA 1. 안정된 세계에서 Macro Leadership

ERA(시대) 1은 산업 전 그리고 관료제 전 시대로 개념화한다. 대규모 조직들은 규모가 작고, 그리고 친구나 혹은 친척들이기 때문에 고용하는 개인에 의하여 운영되었다. 기술이나 혹은 자격은 그리 문제가 되지 않았다. 조직의 규모나 단순성뿐만 아니라 안정된 환경들은 단지 한 사람이 개인적 비전을 갖고, 자원을 얻고, 모든 활동을 조정하고, 그리고 모든 일들이 제대로 돌아가게 하는 것이 어렵지 않았다.

이 시대는 위인 혹은 영웅 리더십의 시대이다. 초기 리더십의 연구는 리더는 어떤 특질을 가지고 타고난 것이라 믿었다. 영웅으로서 그는 커다란 그림을 그리면서 그리고 모든 것들을 전체 속에 포함해서 보는 macro 수준에서 운영한다. 위

[그림 3-1] 리더십의 진화

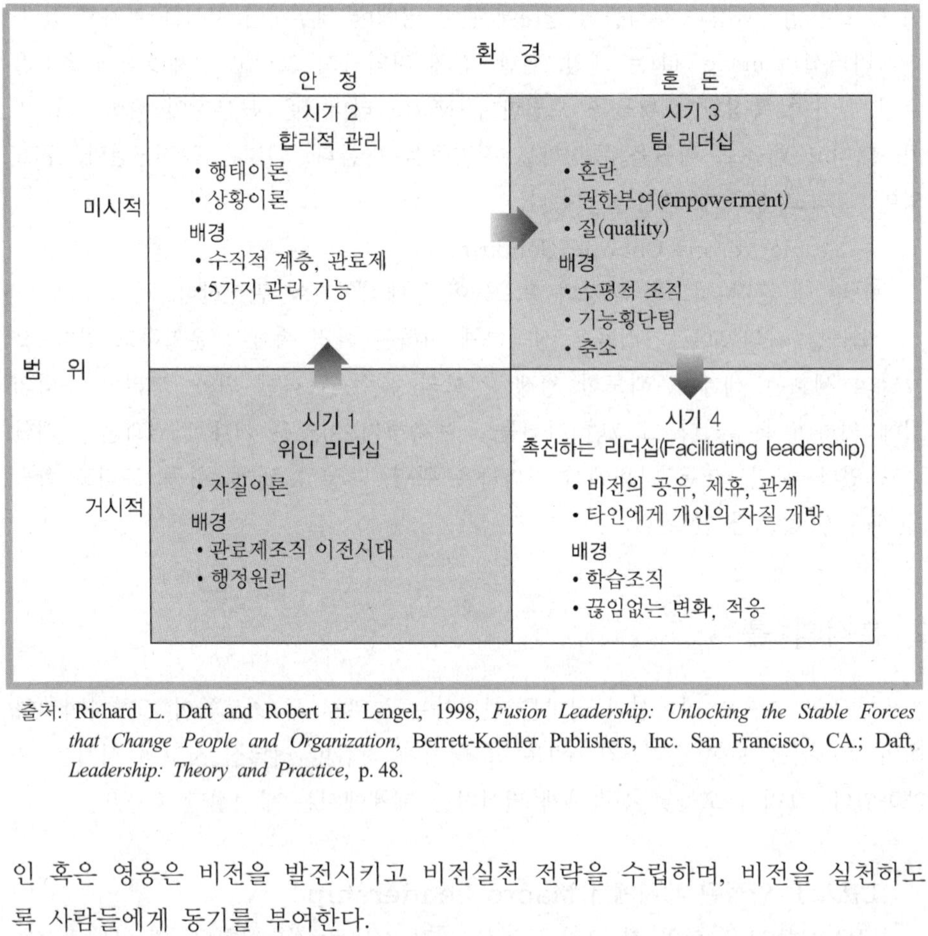

출처: Richard L. Daft and Robert H. Lengel, 1998, *Fusion Leadership: Unlocking the Stable Forces that Change People and Organization*, Berrett-Koehler Publishers, Inc. San Francisco, CA.; Daft, *Leadership: Theory and Practice*, p. 48.

인 혹은 영웅은 비전을 발전시키고 비전실천 전략을 수립하며, 비전을 실천하도록 사람들에게 동기를 부여한다.

예를 들면 Vanderbilt와 Carnegie와 같은 기업리더들, Washington과 Lincoln과 같은 정부리더들, Gandi와 Martin Luther King, Jr.와 같은 사회적 리더들, 혹은 Napoleon, Caesar, Richard Ⅲ, 혹은 Henry V., 알렉산더 대왕, 칭기즈칸 등과 같은 역사적 리더들을 포함한다. 이러한 위인 접근법은 자질론의 연구를 부추기고 있으며, 아직도 우리를 구해 줄 강한 리더가 탄생되는 것을 기대하는 것이 이러한 연구의 징후를 보는 것이다.

ERA 2. 안정된 세계에서 Micro Leadership

시대 2는 계층제와 관료제의 출현이 있었다. 비록 세계는 안정하였지만, 조직들의 목적이 효과적으로 능률적으로 달성되도록 규칙과 표준운영절차가 요구될 만큼 대규모 조직으로 성장하기 시작하였다. 권위의 계층은 민감한 감독과 근로자들의 통제 방법을 제공하였다. 과학적 관리와 같은 엄격한 원리를 활용하여 능률과 통제의 단단한 뿌리를 형성하였다. 이때는 몰인간적인 접근방법으로 다른 사람을 통제하고 지시하는 합리적 관리자의 시대였다.

이 시대의 리더십들은 학문적으로 리더들에 대한 연구를 하였고, 기업들은 더욱 능률적으로 운영하기 위하여 분업하는 것을 추진하였다. 부하들을 더욱 효과적으로 성과를 내도록 시도하는 리더십의 구체적 행태 연구들은 리더십의 다양한 행태이론을 연구하게 하였다. 1970년대에는 행태가 효과적인 산출을 가져오는 유일한 요인이 아니며, 리더 행태가 상황조건 적합한 상황을 연구하는 상황조건적합이론의 발달을 보게 되었다.

ERA 3. 혼돈의 세계에서 Micro Leadership

이 시대에 놀라운 것은 세계는 불안정하고 합리적인 관리는 이제는 적합하지 않았다. 세계 제2차 대전 후 미국 기업들과 경쟁할 수 있는 기업들은 다른 나라에서는 거의 없었다. 전쟁은 유럽, 소련, 그리고 일본을 파괴하였고, 미국은 기술과 완전한 제조기반과 합리적 관리에 의하여 커다란 경제적 성공을 누렸다. 1972-1973년 OPEC의 석유수출 금지와 1980년대 심각한 세계경쟁의 지속 가운데, 관리자들에게 많은 조건들이 혼돈스러웠다. 일본은 팀 리더십과 질이 좋은 최고 상품을 가지고 세계시장을 지배하기 시작하였다. 이것은 중간관리층의 축소, 최소를 가지고 더 많은 기대, 근로자의 동기부여를 증진하는 때인 관리의 혼돈의 시대이었다. 이 당시 일어난 현상들에 많은 관리자들이 전통적인 수직적인 계층제에서 수평적인 조직구조로 변화하며, 프로젝트 그리고 기능횡단 팀의 리더십, 그리고 근로자들에게 권한을 부여하는 예들이 일어났다. 특히 조직들은 팀을 기반으로 하는 접근법, reorganizing, downsizing 그리고 성과를 증진하기 위한 empowerment를 사용하였다. 그리고 팀워크, 즉 권한을 부여한 상태에서 프로그램을 수행하도록 노력하였다.

ERA 4. 혼돈 속에 Macro Leadership

이 시대는 전통적인 의미의 통제를 포기하고 봉사하는 리더십을 나타낸다. 리더들은 관계를 통하여 다른 사람들에게 영향을 미친다. 혼돈된 세계에 적응하기 위하여 새로운 도전에 적응할 수 있도록 지속적으로 학습조직을 창조하려고 노력한다. ERA 4 리더들은 가치의 공유와 이 가치의 달성을 도울 수 있는 문화를 구축함으로써 관계를 통하여 다른 사람들을 통제한다. 그들은 전체 조직을 목적과 정보를 공유한 지역공동체로서 전체조직을 구축하면서 계층제에 의한 통제에 의존하는 것이 아니라 오히려 공유된 가치와 결과를 발전한다. 특히 리더들은 개인적인 리더 자질을 발전하며 그리고 다른 사람들에게 이 자질들을 개방하는 것을 배운다. 이 리더들은 큰 그림(비전)에 관심이 있고 이 비전은 모든 사람에 의하여 공유된다. 리더들은 다른 사람들에게 그 자신과 조직의 비전에 헌신하는 봉사자가 된다. 그들은 보스로서 생각하기보다는 조직의 최고 봉사자로서 생각한다.

위의 [그림 3-1]은 위인 리더십에서 합리적 관리로, 팀 리더십에서 다시 봉사하는 리더십으로의 흐름에 대하여 더 큰 세계의 변화 경향을 참조하면서 설명한다. 이러한 함축적 의미는 리더십이 조직, 산업, 그리고 사회의 시대 혹은 내용의 반영이라는 것이다. 상대적으로 안정된 사회에서 합리적 접근법이 비교적 적용 가능한 것임에는 틀림없다. 그러나 대부분의 조직들은 안정에서 혼돈의 환경으로 변화하는 과정에서 생존을 위하여 투쟁하고 있다. 이러한 환경에서는 환경변화에 적합한 접근법과 더욱 새로운 자질을 가지고 있는 리더십을 요구한다. 예를 들어 팀 리더십, 권한부여, 그리고 조직에서 수평적 조직 등은 더욱 많은 사람들과 관계를 발전시킬 수 있는 장점이 있다. 조직들이 진정한 학습조직들이 되도록 노력함으로써, 혼돈의 사회에서 요구하는 봉사 혹은 촉진하는 리더십(facilitating leadership)이 학습조직의 발전과 문제를 해결하는 데 커다란 도움이 될 것이다. 학습조직에서 리더들은 가치의 공유를 발전하고, 관계를 통하여 비전을 실천하는 데 사람들의 동기부여가 필수적이라는 것을 발견한다. 리더들은 변화하는 환경에 조직이 적응하도록 돕기 위하여 사람들에게 권한을 부여하고, 재능을 개방한다면 서로 배울 수 있을 것이다. 특히 21세기 리더십 연구는 혼돈스러운 환경적 조건들, ERA 3의 팀 리더십과 ERA 4의 촉진리더십에 대한 학습을 강조해야 한다.

제 4 장

리더십의 자질과 행태적 접근 및 리더의 행태변화

최근 리더들에 대한 개인의 특성들과 개성을 이해하려는 연구가 늘어나고 있다. 특히 오늘날 리더십을 이해하기 위하여 상황적인 특징들보다는 오히려 많은 기업들의 성공적인 리더들에 대한 사례연구들, 리더십 스타일의 역할, 면접, 인구학적인 배경, 개인성격의 자질들, 그리고 기술 등을 재강조하고 있는 것은 흥미로운 일이다.

우리 주변에서도 상황적인 요인보다 리더를 잘 만났기 때문에 기업들이 다시 재기하고, 패전의 위기에서 승전으로 전환하며, 대학을 더욱 재건하는 등 많은 예들을 보고 있다. 예를 들면 Warren Bennis는 수많은 면접이나 관찰을 통하여 리더의 카리스마, 개인의 스타일 그리고 조직에 대한 그들의 영향을 강조하였다.[1] 리더의 자질에 대한 지속적인 연구를 한 다른 예는 리더십의 카리스마 이론,[2] 변혁적 리더십,[3] 그리고 리더십의 핵심으로 신뢰성에 대한 Kouzes와 Posner[4]의 연구들이다.

초기 자질론 연구와 주요한 다른 점은 연구자들이 더욱 복잡한 관계를 고려

---

1) W. G. Bennis, 1992, *Leaders on Leadership*, Boston: Harvard Business Review Books.

2) J. A. Conger, 1991, "Inspiring Others: The Language of Leadership," *Academy of Management Executive* 5, no. 1: 17-24.

3) B. M. Bass, 1985, *Leadership and Performance beyond Expectation*, New York: Free Press.

4) J. M. Kouzes and B. Z. Posner, 1993, *Credibility: How Leaders Gains and Lose It, Why People Demand It*, San Francisco: Jossey-Bass, 1999; *Id., Encouraging the Heart: A Leader's Guide to Rewarding and Recognizing Others*, San Francisco: Jossey-Bass.

하고 있다는 것이다. 다른 말로 표현하자면 현대 연구들은 단순히 리더의 자질 혹은 자질들 간의 조합만이 아니라, 연구자들은 자질들, 행태들 그리고 상황적 특징들의 복잡한 상호작용을 고려하였다는 것이다. 이러한 관점에서 볼 때 어떤 성격자질들이 리더십 스타일과 행태에 중요한 영향을 미치는지에 대한 연구로 초점을 맞추는 것 같다.

리더십에 대한 현대 과학적인 연구방법은 3개의 일반적 시대로 나누어질 수 있다: 자질시대, 행태시대, 그리고 상황 이론적 시대.[1] 각 시대는 리더십에 대한 우리의 이해를 위하여 분명한 기여를 하였으며, 각각은 우리의 사고에 영향을 계속 미치고 있다.

제 1 절 자질론 시대: 1800년대부터 1940년대

1. 자질론 접근법(Trait Theory)

1920년에 리더십 연구에 가장 많이 사용되었던 접근법이 자질론 접근이며, 그 후 30년 동안 리더십의 자질에 초점을 두고 있었다. 이 접근에서는 성격, 동기, 가치, 기술과 같은 리더가 갖고 있는 자질을 강조한다. 이것은 위인 접근법(Great Man Approach)으로 알려져 있다. 이 이론의 근본적인 것은 어떤 사람은 자질을 가지고 태어나서 그러한 자질들이 타고난 리더를 만든다는 것이다. 리더는 타고난 것이라고 믿었던 시대였다. 그 결과 타고난 리더들은 다른 사람들을 이끄는 데 특별한 재능을 가지고 있다고 보통 생각하였다. 이러한 특별한 재능들은 상황에 관계없이 리더들에게 리더십을 갖게 한다고 가정한다. 그 시대의 역사적 상황이나 사회 구조는 보통사람들이 사회적, 정치적, 그리고 산업분야에 리더들이 되는 기회가 적었으므로 이러한 가치관이 자연히 강화되었던 것으로 생각된다. 따라서 리더의 성격과 리더의 다른 내부의 특성들에 대한 리더십 연구가 활발하였었고, 자연히 리더십의 자질들을 수집하는 연구로 방향이 진행되기 시작하였다.

역사적 및 근대의 관찰들에 의하면 위대한 사람들은 다소간 선천적인 리더로서 나타난다고 보는 경향이 있었다. 나폴레옹, 처칠, 히틀러, 헨리 포드와 같은

---

1) Nahavandi, *op. cit.*, p. 33.

사람들이 상당한 권력을 장악할 수 있는 어떤 자질들을 가지고 있는 것으로 판단하였다. 그러한 자질을 밝혀내는 것이 자질 접근법의 목적이다. 그리고 리더의 선택 기준은 이러한 자질을 가지고 있느냐에 따라 임명하면 효과적인 리더십을 달성할 수 있다고 믿었다. 여기에 연구자들은 키, 지능, 우울함, 외향성, 공정성, 유머감각, 그리고 열정 등과 같은 자질을 탐색하는 데 시간을 보냈다.

자질에 관한 연구는 20세기를 통해 이루어졌으나, 특히 대표적이라고 할 수 있는 연구는 Stogdill에 의하여 1948년과 1974년에 완성한 2개의 조사라고 볼 수 있다. 그의 1948년 조사에서 그는 1904년과 1947년에 수행한 124개의 자질연구를 분석하고 종합했다. 그의 두 번째 연구에서 그는 1948년과 1970년 사이에 수행된 다른 163개의 연구를 분석했다.1)

1) Stogdill의 1948년 연구

그의 첫 연구는 여러 집단에서 개인들이 어떻게 리더가 되는지에 관련된 중요한 리더십 자질들을 조사했다. 그의 연구결과는 리더십 역할에서 개인들은 평균적으로 다른 집단과 지능, 민첩함, 통찰력, 책임감, 창의성, 인내, 자아확신, 그리고 사교성에 있어서 차이가 있었다. 그의 첫 연구의 연구결과의 흥미로운 점은 사람은 그가 어떤 자질을 가지고 있기 때문에만 리더가 되지 않는다는 것을 밝혀냈다. 오히려 리더가 소유한 자질들은 리더가 기능하는 상황과 관련이 있다는 것이다. 한 상황에서 리더는 다른 상황에서는 반드시 리더가 되지 않을 수도 있다는 것을 의미한다. 이 연구는 리더의 행태와 리더십 상황에 초점을 두는 리더십 연구의 새로운 접근법의 지평을 열었다고 본다.

2) Stogdill의 1974년 연구와 Bass의 연구

그의 1974년에 출판한 두 번째 연구는 163개의 새로운 연구를 분석했으며, 이 분석의 연구결과를 첫 연구의 연구결과와 비교했다. 두 번째 연구는 자질의 역할과 리더십을 더욱 균형 있게 설명했다. 반면에 첫 연구는 리더십은 본질적으로 개인적인 요소들보다는 상황적 요소들에 의하여 주로 결정된다.

그의 두 번째 조사는 개인적인 자질요소와 상황적인 요소들이 서로 리더십을 결정한다고 중간 정도로 주장했다. 본질적으로 두 번째 연구는 리더의 특징들

1) Northouse, *op. cit.*, p. 16.

[표 4-1] Stogdill의 리더십의 자질

육체적 특징	활동성, 에너지, 용모, 몸차림
사회적 배경	교육, 사회의 신분, 기동성
지식과 능력	지능, 판단, 결단성, 지식, 언어의 구사력, 개성 혹은 성격, 적응성, 조정, 상태, 공격성, 결단성, 빈틈없는 성격, 우월성, 지배력, 균형적인 감정, 통제력, 독립성, 불복종, 객관성, 강건한 마음, 독창력, 창조성, 청렴결백, 윤리적 행위, 풍부한 재력 혹은 기략, 자아확신, 강한 확신, 스트레스의 탈피
과업과 관련된 특성	성취욕구, 탁월하려는 욕망, 책임을 지키는 욕망, 모험성, 주도성, 장애를 극복하려는 투지, 목적을 추구하려는 책임성, 과업지향
사회적 특성	협력을 추구하는 능력, 행정적 능력, 협동심, 인기, 명예, 사회성, 인간관계 기술, 사회참여, 과묵한 형, 사교성

출처: Alan Bryman, 1986, *Leadership and Organization*, London: Routledge & Kegan Paul, p. 21.

이 리더십의 주요한 요소라는 원래의 자질 아이디어를 정당화했다고 할 수 있다.[1]

많은 연구자들이 리더십 자질은 보편타당성이 없다는 Stogdill의 연구결과에 따라 자질론 접근법을 포기하였지만, 다른 연구자들은 확장된 자질들을 가지고 계속 연구를 하였다. 25년 후 Stogdill은 성공적인 리더십과 일치하는 것으로 나타나는 새로운 자질을 발표하였다(표 4-1 참조). 그는 자질들로 행정적 기술, 공격성 그리고 독립성을 첨가하였다.[2] 그러나 그는 다시 특정한 자질들의 가치조직의 상황에 따라 다르다고 결론을 맺었다.

최근 연구자들에 의하면 어떤 자질들은 효과적인 리더십에 필수적이라고 논의를 하였다. 그러나 다른 요인들과 결합을 하였을 때만 가능하다고 한다.[3] 필수적이라고 주장하는 3가지 요인들은 자아확신, 정직, 그리고 추진력을 들고 있다.

1990년 연구결과를 검토한 Bass는 리더십에 관련된 자질들의 초기연구 결과를 6개로 분류하였다(표 4-2 참조).

6개의 분류들은 성격자질과 개인의 특성들의 광범위한 영역을 포함한다. 그러나 최근의 연구는 독특한 자질 혹은 자질들의 조화가 리더십의 능력 혹은 효과성과 일정하게 강한 상관관계를 가지고 있었다는 것을 발견하였다.

자질이론의 단점은 그 이론 자체가 가지고 있는 본질적인 문제가 있기 때문

1) *Ibid.,* p. 17.
2) *Ibid.* and Daft, *op. cit.*, p. 66(재인용).
3) Edwin Locke and Associates, 1991, *The Essence of Leadership*, New York: Lexington Books.

[표 4-2] 개인 리더십자질들의 일반적 분류

분 류	유일한 자질 혹은 특성
능 력	지능 경계 언어솜씨 창의성 판단
성 취	박학 지식 체력의 완성
책임감	신뢰성 솔선 인내 자신감
참 여	활동성 사교성 협동성
신 분	사회경제적 지위 인기
상 황	정신적 수준 부하들에 대한 관심 목적 혹은 목표

출처: B. M. Bass, 1990, *Bass and Stogdill's Handbook of Leadership*, 3d. ed., New York: Free Press.

이다. 예를 들면 리더는 타고난 것이지 만들어진 것이 아니기 때문에 리더의 타고난 자질에 대한 가정은 리더십 발전과 훈련의 필요성을 무시한다는 것이다.1)

그 후 잇따른 연구들도 자질에 대한 합의를 가져오지 못하였으며 자질이론의 부적절함을 지적하였다. 40년간의 연구를 거치면서 리더들이 타고난 것이라거나 혹은 리더십이 하나 혹은 그 이상의 자질들의 조합을 통하여 설명될 수 있다는 주장을 정당화할 수 있는 증거는 존재하지 않았다. 어떤 자질은 중요한 것으로 사려된다. 예를 들면, 일반적으로 많은 증거에서 나타나듯이 리더들은 다른 사람보다 더 사교적이고, 더 공격적이며, 더 활기차다. 이외에도 리더들은 일반적으로 독창적이고, 인기가 있고, 그리고 유머감각이 있다. 그러나 어떤 자질은 상황 변수와 밀접한 관계를 가지고 있다는 의문이 들기 시작하였다. 왜냐하면, 이

1) John E. Adair, 1983, *Effective Leadership*, London: Pan.

자질들의 조합을 가져왔다고 하더라도, 그 사람이 효과적인 리더가 되리라고는 보장할 수 없다는 것이다.

그러나 아무도 훌륭한 리더들의 공통적인 특징을 지금까지 찾아내지 못하였다. 자연히 보편타당성이 있는 자질들을 탐색하려는 노력은 다른 접근방법에서도 이루어졌다. 1930년대 후반과 1940년대 초반에 학자들 사이에 공통적으로 동의하는 가치관은 비록 자질이 리더십 능력과 효과성을 결정하여 주는 변수이기는 하지만 그것은 최소한이고 리더십은 주어진 상황의 밖에서는 연구되어질 수 없는 집단현상으로 보아야 한다[1]고 하였다.

2. 자질론 접근법에 관한 새로운 시각

Quinn은 자질론 접근법을 비판하면서 역동성을 고려한 리더십의 새로운 관점을 제시하였다.[2] 아래 그의 리더십의 근원적 상태를 이해하는 이론을 요약 정리하였다. 그가 제시한 개념들이 어떤 실행방법과 경로를 통하여 리더십의 근원 상태를 이끄는지에 대한 설명은 우리의 관심을 끌기 충분하여 그의 새로운 관점을 소개하기로 한다. 그의 주장에 관심을 가진 독자는 Quinn의 「Leading Change」를 참조하기 바란다.

1) 정적인 관점

고대로부터 현재까지 사람들의 사고방식에는 일정한 패턴이 있다는 사실에 주지되어 왔다. 이것은 단어의 의미를 대조적이고 대척점에 있는 성질로 분류해 볼 때 분명해진다. 뜨겁거나 차갑고, 부드럽거나 딱딱하고, 과거 아니면 현재, 사랑과 증오, 활동과 정지 등 이분법적 사고를 볼 수 있다. 이러한 양극에서 우리에게 긍정적인 것만 선택하거나 부정적인 면을 끌어안는다면 역동적인 균형이 빠진 세계 속에 살 수밖에 없다.

이러한 일반적인 나누기 작업에 빠져 있는 한 우리는 새롭게 나타날지도 모

1) L. Ackerson, 1942, *Children's Behavior Problems: Relative Importance and Intercorrelations among Traits*, Chicago: University of Chicago Press; R. M. Stogdill, 1948, "Personal Factors Associated with Leadership: A Survey of the Literature," *Journal of Psychology* 25: 35-71; C. Bird, 1940, *Social Psychology*, New York: Appleton.

2) Robert E. Quinn, 2004, *Leading Change*, John Wiley & Stone. Inc., 최원종 · 홍병문 옮김, 리딩체인지, 2005, 늘봄, pp. 116-136.

르는 현실을 무시하게 된다.

사람들의 행위패턴은 일반적인 규정의 범주에 머무르지 않고 경계를 뛰어넘으려는 경향을 띤다. 역설적으로 행동을 할 만큼 사람들의 성향은 복잡하다는 사실을 잊어서는 안 된다. 예를 들어, 자신감에 넘치면서도 겸손하고, 독립적이면서도 상호의존적이며, 엄격하면서도 사랑이 충만하고, 실행력이 높으면서도 심사숙고하며, 실용적이면서 이상적이고, 책임감이 강하면서도 자유로우며, 마음에서 우러나 행동하면서도 의무적으로 행동하기도 한다. 리더십의 자질 이론은 이러한 사람들의 역설적이고 역동적인 특징들을 설명할 수 없다.

자질 접근에 의하면 기업은 대범하고, 자기절제가 잘 돼 있고, 책임감이 강하며, 능동적이고, 정력적이며, 헌신적이고, 참여적인 사람을 원한다. 훌륭한 목록이다. 이러한 특성을 발전시키기 위하여 훈련 프로그램을 만들 수 있어야 한다. 그렇지 않으면, 아마 조직에 부정적인 영향을 끼치는 사람까지 양성할 수 있다. 왜 그럴까? 자질이론 접근(Trait Approach)의 속성목록은 한쪽 측면에 초점이 맞춰진 편향성을 지니고 있는 반면 조직의 성공에 결정적인 역할을 할 수 있는 다른 차원은 무시하고 있기 때문이다. 이것은 자질 접근이 낳은 전형적인 결과이며 왜 그러한지 아래 설명할 것이다.

실제로 효과적인 리더십은 우리가 종종 반대되는 속성으로 간주하는 것들의 '역동적인 전체'(dynamic whole)로 이루어지는 경향이 있다(표 4-3). Quinn은 기존의 리더십 요소들로는 이 역동적 전체를 볼 수 없다고 한다. Quinn이 지적한 바와 같이 리더십이란 이 고정된 목록으로 구성된 특징으로 리더십을 설명하는 주장은 설득력이 없다. 실제로 리더십은 역동적이며 복합적이고 살아 꿈틀대는 과정이다. 자질 관점은 리더십에 대한 이 같은 시각을 가로막는다.

[표 4-3] 리더십 특성

능동적	정력적	독립적	현실적
순응적	참여적	통합적	반추적
단언적	표현적	개인적	책임감 있는
대범한	사실중시적	주의 깊은	확고한
인정 많은	유연한	개방적	자기절제적
배려 깊은	현실기반적	낙관적	자발적
확신적	희망적	원칙적	강인한
건설적	겸손한	분석적	비전 있는

출처: Quinn, *Leading Change*(최원종 · 홍병문 옮김), p. 128.

[표 4–4] 리더십 특성: 대척적 관점

인정 많은, 배려 깊은	단언적, 대범한
자발적, 표현적	자기절제적, 책임감 있는
주의 깊은, 반추적	능동적, 정력적
원칙적, 통합적	참여적, 개입적
현실적, 분석적	낙관적, 건설적
현실기반적, 사실실증적	비전 있는, 희망적
독립적, 강인한	겸손한, 개방적
확신적, 확고한	순응적, 유연한

출처: Quinn, *Leading Change*(최원종 · 홍병문 옮김), p. 129.

2) 대척적 관점

일반적으로 인간의 사고방식은 이분법적 논리 방식을 따른다. 대체로 '겸손함-자신감'과 같은 서로 대조적인 특성으로 구분 지으려는 경향이 있는 이분법적 사고방식을 따른다. 이러한 상황에서 동시에 작동하는 대조적인 특성, 즉 대척성의 측면에서 사고하는 데는 어려움이 따른다. 위의 표(4-4)는 32개 특성 목록의 대척성을 이해하는데 도움이 된다. 이 특성들을 8가지 상태 혹은 대척성의 관점에서 제시한 목록을 든다면 [표 4-4]와 같다.

이분법적 특성에서 눈을 돌려 대척적 관점으로 바라볼 때 리더십을 보다 완벽하고 역동적으로 볼 수 있다. 우리가 리더를 관찰할 때 대조, 대척성을 활용한다면 자질적 접근으로 보는 것보다 더 많이 이해할 수 있다.

3) 경쟁가치 관점

대척성은 더 복합적인 경쟁가치 모형으로 발전할 수 있다. 이것은 32개 리더십 자질을 8개의 대척성으로 구분하고, 이모형은 리더가 긍정적인 가치를 지나치게 강조할 때 그 긍정적인 자질이 부정적 속성으로 바뀔 수 있다는 것을 보여주고 있다. 그림에서 보듯이 리더가 대척성을 분리해 나오게 되면 바깥 가장자리의 부정적인 속성으로 옮겨 간다. 예를 들면, 리더가 배려하는 마음이 크더라도 이것이 지나치면 기강이 해이해진다. 지나치게 단언적인 리더는 횡포가 심한 리더가 된다. 지나치게 분석적인 리더는 냉소적인 리더가 되고 지나치게 낙관적인 리더는 흐리멍덩한 리더가 된다.

이 같은 시각은 더욱 복잡한 관점으로 이끌 수 있다. 효과적인 리더십은 대

[그림 4-1] 리더십의 경쟁가치모델

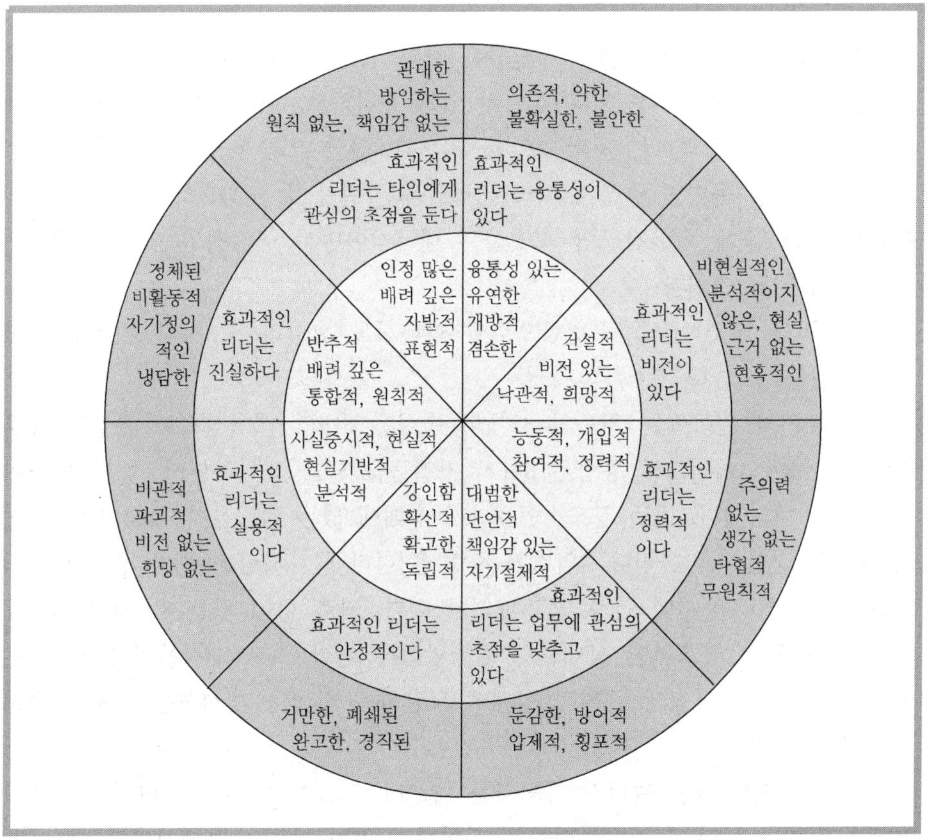

출처: Quinn, *Leading Change*(최원정 · 홍병문 옮김), 리딩 체인지, p. 131.

척성을 넘어설 뿐 아니라 그림의 가장자리 칸의 부정적인 속성으로 밀려나지 않고 긍정적인 대조성을 유지해야 된다.

경쟁 가치모형은 사회에서 작동하고 있는 대척성을 볼 수 있도록 도와준다. 사람들은 리더가 되기 위해서는 이 같은 변화를 빠르게 순응할 수 있어야 하며 복합적인 차원의 행동을 보여야 한다. 그러나 불행하게도 일반적으로 사람들은 이분법적 사고에 사로잡혀 경쟁가치모형의 장점을 보지 못하고 자질 접근으로 추락하는 경향이 있다.

4) 통합적 관점

리더십의 근원적 상태에서 사람들은 보다 집중적이고, 희망적이며, 낙관적이게 된다. 그들은 또한 비전과 자신감이 있고 용감하고, 꾸준하며, 순응적이고, 배려심 깊고, 남을 염려하는 등의 속성을 지닌다. 만약 우리가 이들 내면의 본질적인 특성에 눈을 돌리면 충분히 이러한 점들을 발견할 수 있다. 하지만 우리가 이분법적 사고 속에 살아간다면 그것들은 대척적이면서 긍정적인 특성이 있다는 것을 놓치게 될 것이다.

긍정적인 대조점들을 통합함으로써 리더십을 묘사하는 8가지 새로운 개념도식을 만들 수 있다.

[표 4-5]의 왼쪽에는 처음의 32개의 속성을 8개의 대척성으로 구성해 놓은 것이다. 이들 언어적으로 통합된 8가지 자질들을 달리 표현하면서 창조적인 8가지 상태로 나타낸다. 이들 창조적인 8가지 상태에 있는 사람은 대척성의 양 측면에서 모두 강한 사람들이다. '엄격한 사랑'을 나타내는 사람은 예를 들어 단언적이면서/대범하고 동시에 인정 많고/배려가 깊다. 좌측 항에 있는 8가지 대척성은 우측 항에 있는 창조적인 상태들의 실행방법을 위한 기본 개념들이다. Quinn은 이들이 어떻게 리더십의 근원적 상태에 도달하는 방법을 제시하는지 보여 주고 있다.

이들 개념은 일반 과학적 개념과는 다르다. 그것들은 서로 배타적이지 않고 오히려 겹친다고 할 수 있다. 과학은 실험하기 위해 사물을 해체하려고 한다. 해체해서 각각을 보려하지 서로 다른 개념을 적절히 통합하려 하지 않는 속성이

[표 4-5] 8가지 대척성과 창조적인 8가지 상태

8가지 대척성	창조적인 8가지 상태
자발적, 표현적/자기절제적, 책임감 있는	책임감 있는 자유
인정 많은, 배려 깊은/단언적, 대범한	엄격한 사랑
주의 깊은, 반추적/능동적, 정력적	심사숙고하는 실행력
원칙적, 통합적/참여적, 개입적	순수한 개입
현실적, 분석적/낙관적, 건설적	장점 탐구
현실기반, 사실중시/비전 있는, 희망적	현실기반 한 비전
확신적, 확고한/순응적, 유연한	순응적 자신감
독립적, 강인한/겸손한, 개방적	독립된 상호의존성

출처: Quinn, *Leading Change*(최원종 · 홍병문 옮김), p. 133.

있다. 예를 들어 리더십 연구자들은 과업지향성과 인간지향성을 별개로 보았기에 이들의 상관관계를 깨닫기까지 오랜 시간 수많은 연구를 거쳐야 했다. 오랜 세월 동안 고도의 훈련을 거친 분석가들도 충분한 자료가 있는데도 불구하고 그들의 사고방식 때문에 이들 자료들 간의 상관성을 보는 데 실패하였다. 심지어 오늘날에도 연구자들은 변수들 간에 상관관계가 드러나는 것이라 해도 우리는 종종 그것들이 갖고 있는 잠재적 연관성과 중첩되는 특성을 찾으려 하지 않고 별개로 보는 경향이 있다.

이 점에 대하여 Bass는 다음과 같이 비유하였다.

“새로운 이론을 만들 때 새 병에 낡은 와인을 어느 정도 부어야 하는가는 거의 답을 내기 어려운 과제나 다름없다. 예를 들어 BC 1세기경 쥴리어스 시저가 갈리아 전쟁에서 보여 준 리더십 스타일이 오늘날 Blake and Mouton이 고안한 9-9 스타일이론에서 나타나고 있다. Fleishman은 이 개념을 ‘높은 주도성과 배려(high initiative and consideration)’라는 용어로 풀어 놓았고, 그는 미래 2500년이 지난 후 리더십 이론가들은 이 개념에 또 다른 이름을 붙일지 모른다고 주장한다. 우리의 이해력은 과연 보병 돌격부대를 지휘했던 시저의 이해력보다 얼마나 진보한 것일까?”[1] 시저가 말하는 진정한 리더는 인간과 과업, 모두에 높은 관심을 지니고 있다는 특성을 이해한 복합적인 인물이었다. 하지만 리더란 과업과 인간뿐 아니라 다른 긍정적인 대척성에서까지 뛰어나야 한다는 사실을 밝혀 주지는 못했다.

Quinn은 [표 4-5]에서 8가지 대척성을 각각 공통성이 있고 알기 쉽게 표현한 창조적인 8가지의 상태들의 실행방법들을 설명하여 조직과 개인의 완전성을 증진시키기 위한 것들이다(그림 4-2).

리더십의 근원적 상태에서 개인과 조직은 그들이 추구해야 하는 목적을 달성하면서 완전성을 증진시킨다.

8가지의 리더십 개념은 우리가 리더십의 근원적 상태에 도달하기 위하여 실행방법 및 경로를 제시하여 줄 뿐만 아니라 현실 속에 존재하지만 우리가 보지 못하는 것을 보여 주는 렌즈가 되기도 한다. 예를 들면 20세기 초반 우주과학자들은 태양계에 우리가 알지 못하는 행성이 있다는 가설을 뒷받침하는 자료와 이

---

1) B. Bass, 1997, “Concepts of Leadership,” In R. P. Vecchio(ed.), *Leadership: Understanding the Dynamics of Power and Influence in Organizations*, Notre Dame, Ind.: University of Notre Dame Press, p. 16; Quinn, *op. cit.*(최원종 · 홍병문 옮김), pp. 133-134(재인용).

[그림 4-2] 리더십의 근원적 상태를 나타내는 8가지 개념

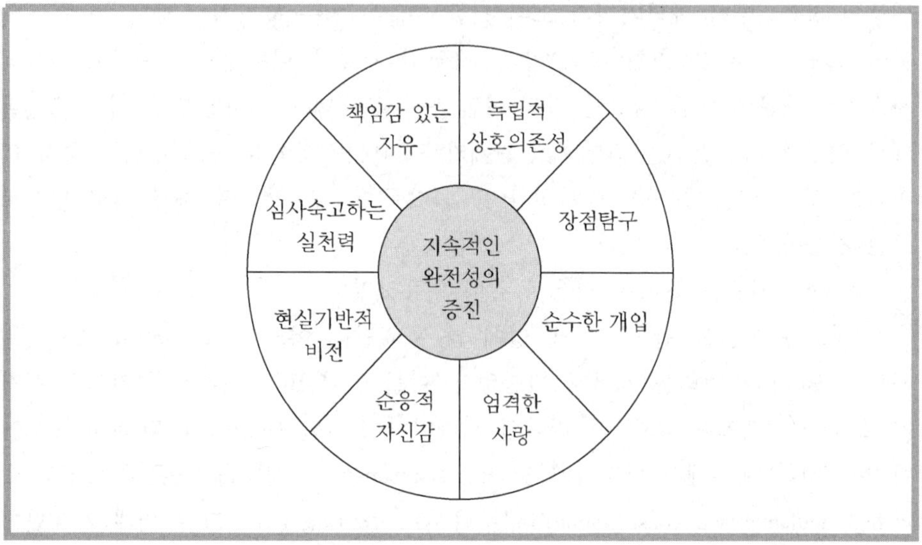

출처: Quinn, *Leading Change*(최원종 · 홍병문 옮김), 리딩 체인지, p. 135.

론이 있었음에도 불구하고 이 행성을 찾아내지 못하였다. 하지만 그들은 결국 오랜 노력 끝에 명왕성을 찾아냈다.

사회과학에서는 인간관계를 예측하려 하지만 우주과학자들과 같이 쉽게 성공을 거두기는 힘들다. 사회과학은 아직 발견하지 못하였지만 사회현상의 패턴을 찾으려 한다. 리더십의 근원적인 상태로 알려진 체계를 탐구하기 위하여 대조적인 개념들을 받아들이고 있다. 이들 개념은 우리가 전에는 보지 못한(시저조차 알지 못하는) 것을 볼 수 있게 하는 도구들이다. 물론 또 다른 개념들이 발견될 수 있다. 단지 이제 겨우 시작일 뿐이다. 그러나 Quinn이 발견한 개념들은 리더십의 역동성을 이해하는 데 새로운 관점을 제시하였다고 본다. 특히 Quinn은 「*Leading Change*」에서 그가 제시한 8가지 개념을 보다 더 자세하게 파고들어 이들 개념이 어떤 실행방법과 경로를 통해 리더십의 근원적 상태로 이끄는지 설명하였다.

제 2 절 리더십의 행동 및 행태접근법(Leadership Action and Behavior Approach)

1. 행태시대: 1940년대 중반에서 1970년대

1) 연구의 경향

행태적 접근법은 적절한 행태를 채택하는 리더는 가장 효과적인 리더가 될 수 있다고 주장한다. 리더십 연구의 다양한 연구 프로그램들이 리더가 어떤 자질을 가지고 있느냐보다 오히려 리더들이 상황에 적합한 행위를 하고 있는 행태를 밝혀내려고 노력하였다. 실제로 행태들은 자질보다 더 쉽게 학습되어질 수 있다는 논리상 유리한 장점이 더욱 리더십의 행태적 접근법의 발전을 부추긴 것으로 보인다.

행태접근은 자질(특성) 접근에 실망한 연구자들이 관리자가 직무에서 실제로 무엇을 하는가에 좀 더 주의를 기울이기 시작한 1950년대 초부터 시작하였다.

리더십연구의 방향이 자질에서 리더의 행태로 변하였던 것은 특히 Hawthorne 연구와 인간관계 이론의 대두로 관리에 있어 행태적인 사고의 발전에서 기인된 것으로 본다. 행태관점은 리더십의 효과성과 관련이 있다. 즉 리더의 자질이 아니라 리더가 무엇을 하는가, 그들의 스타일 및 행태에 초점을 두는 것이다. 리더십의 효과성은 리더의 집단이 그들에 할당된 업무를 얼마나 잘 수행하였는가?로 정의한다.[1)]

행태주의의 도입으로 사회과학은 50년대에 급속도로 발전하기 시작하였다. 더욱 많은 연구들이 설문조사 혹은 컴퓨터 분석과 같은 새로운 기법들을 활용하였으며, 역시 인간행태에 대한 체계적인 관찰들의 필요성이 계속 일어나고 있었다. 특히, 1950년대 사회과학을 휩쓸었던 행태주의 물결에 리더십의 자질이론은 자취를 감추기 시작하였다. 자연히 리더십 연구는 리더의 행태분석으로 방향을 바꾸었다.

리더십 연구에 리더의 행태연구라는 새로운 통찰력을 제공한 사람은 집단역

---

1) Fred E. Fiedler and Martin M. Chemers, 1974, *Leadership and Effective Management*, Glenview, IL: Scott, Foresman.

학연구의 아버지라고 일컫는 Kurt Lewin이다.[1] 행태적 접근법의 선각자로서 첫 연구는 독재적 그리고 민주적 리더십 스타일을 인식하였다. 권위주의적 리더는 권위가 집권화하고 그리고 권력은 지위, 보상의 통제 그리고 강요에서 나오는 리더이다. 민주적 리더는 권위를 다른 사람에게 위임하고, 참여를 촉구하며, 과제의 완성을 위하여 부하들의 지식에 의존하고 그리고 영향을 위하여 부하들의 존경에 의존한다.

일찍이 K. Lewin, R. Lippitt, 그리고 R. K. White는 3달 동안 10살 된 어린아이들을 두 집단으로 구성하고 그들에게 다른 리더십의 형태를 적용한 후 그에 따른 효과를 연구하였다.[2] 세 가지의 다른 리더십의 형태가 소년단원의 각 집단에게 적용되어졌다: 권위주의 리더십, 민주적 리더십, 그리고 자유방임주의 리더십. 이 실험을 통하여 흥미로운 연구결과를 도출하였다.

독재적인 리더를 가지고 있는 집단들은 그 리더가 감독하고 있는 한 높은 생산성을 가져올 수 있었다. 그러나 집단 구성원들은 권위주의적 리더십을 좋아하지 않았으며 때로는 적의가 있는 감정이 폭발하곤 하였다. 권위주의 리더십은 집단 활동에 대한 엄격한 통제로 특징된다. 소년단원들은 어떠한 의사결정의 참여에서 배제된다.

반대로 민주적인 리더십은 집단 참여 및 다수가결의 과정을 통하여 운영하였다. 반면에 자유방임 리더들은 본질적으로 아무것도 하지 않았으나 집단 구성원들에게 그들이 원하는 대로 행동할 수 있도록 완전한 자유를 주었다. 그 연구의 결과는 권위주의 리더들은 다른 두 종류의 리더보다 더 많은 생산성을 가져왔다고 지적하였다. 그러나 민주적 리더 하에서 작업하는 집단들은 더욱 큰 창조성을 발휘하였고 높은 동기부여를 가지고 있었다. 소년들은 압도적으로 민주주의 리더십 스타일을 좋아하였다. 민주적 리더십하에 집단 구성원들은 리더가 부재중이라도 성과는 높았다고 한다. 민주적 리더십의 이러한 특징들이 왜 오늘날 근로자에 권한부여가 인기가 있는지를 잘 설명한다. 이 연구 이후에 Lewin은 효과적인 리더십은 작업환경의 상황요소와 근로자들의 태도와 감정에 의존한다는 결론을 내렸다.

이러한 연구결과들은 인간관계론 접근법과 관리의 감독과 리더십의 스타일

1) Kurt Lewin, 1948, *Resolving Social Conflict*, New York: Harper and Row.
2) Alan Bryman, 1986, *Leadership and Organization*, London: Routledge & Kegan Paul.

에 대한 인간관계론의 편견 그리고 근로자들의 태도와 생산성에 대한 인간관계론의 영향 연구에 의하여 더욱 확장되어 갔다.

이 접근에서 선호하는 연구방법은 행동기술 질문지를 사용한 현장조사 연구였다. 지난 50년에 걸쳐 수백 편의 조사연구들이 리더십 행동과 다양한 리더십 효과성 지표들간의 상관관계를 조사해 왔다.

2) 행태적 접근방법

자질 접근법이 기대된 결과를 얻지 못하였고, 그리고 리더의 일체화나 훈련을 위한 필요가 제 2 차 세계대전이 도래하면서 나타났기 때문에 연구자들은 효과적인 리더의 근원을 찾기 위하여 자질보다는 오히려 행태연구로 방향을 전환하였다. 행태에 대한 연구경향은 이 시기 어느 정도 강력한 영향력을 가지고 있는 행태이론에 의하여 유발되었던 것으로 보여진다. 행태적 접근법은 효과적인 리더가 무엇을 하는가를 강조한다.

행태에 대한 강조는 자질접근법보다 다음과 같은 장점을 가지고 있다.[1)]

① 행태는 자질보다 객관적으로 관찰될 수 있다.

② 행태는 자질보다 더 세부적으로 그리고 정확하게 측정될 수 있다.

③ 자질이 타고난 것이나 혹은 생의 초기에 발전한다는 것과 반대로 행태는 학습이 될 수 있다.

위의 세 가지 요소들은 실제적으로 리더십에 흥미를 가지고 있는 군대나 여러 다른 조직에 분명한 장점을 제공하였다. 독특한 성격자질을 가지고 있는 리더를 찾으려고 노력하는 대신에 그들은 사람들을 훈련하여 효과적인 리더십 행태를 수행하는 데 초점을 두고 있다.

3) 리더십의 행태적 접근법의 유형

(1) Ohio State 연구

Lewin과 그 동료들의 초기 연구가 민주적, 독재적, 그리고 자유방임적 리더십에 대한 행태적 연구의 초석을 놓았다.[2)] Lewin과 다른 연구의 결과를 참조하

1) Nahavandi, *op. cit.*, p. 35.

2) K. Lewin and R. Lippit, 1938, "An Experimental Approach to the Study of Autocracy and Democracy: A Preliminary Note," *Sociometry* 1: 292-300.

면서 리더십 행태의 다른 연구들이 나타나기 시작하였다. 그 중 리더십의 행태에 대한 연구로서 가장 잘 알려진 연구는 Ohio State Leadership Studies이다.

20세기 중엽동안 행태주의 도입으로 사회과학은 갑자기 발전하기 시작하였다. 많은 연구들이 설문지나 컴퓨터분석과 같은 새로운 분석기법을 사용하였고 그리고 인간행태에 대한 체계적인 관찰을 강조하였다. 이러한 영향에 의하여 Ohio State 대학의 연구자들은 리더행태의 척도들을 확인하기 위하여 서베이기법을 수행하였다. Ohio 주립대학의 리더십 연구는 인간의 자질들보다는 리더의 업적과 행태를 조사하고 측정하는 것이다. 이 연구는 리더십활동에 초점을 두었다.

Ohio 주립대학의 연구자들은 군대, 학교 그리고 다른 조직에서 추출한 표본을 가지고 그들의 상관들의 행태를 묻는 설문지를 발전시켰다. 설문지들의 결과를 계속적으로 분석한 후 그들은 리더들에 대한 관찰은 두 가지 척도 즉 배려(consideration)와 구조(initiating structure)로 나누었다.

Ohio 주립대학의 일련의 연구들은 좋고 나쁜 리더십의 성격연구보다는 다양한 척도를 조사하고 기술하는 것이 의도였다. 이러한 목적을 위하여 연구자들은 거의 2,000 문항의 리더 행태 리스트를 리더의 150개의 문항으로 축소하면서 설문지를 만들어 리더행태기술설문(Leader Behavior Description Questionnaire: LBDQ)이라고 부르는 조사도구를 설계하고[1)]그리고 그것을 근로자들에게 적용하였다. 전체 작업 팀인 감독자의 부하직원, 상관 그리고 동료를 포함하는 집단에게 적용한 이 도구는 상대적으로 리더들이 실제로 어떻게 행위를 하는가에 대한 이해를 도와준다.

LBDQ를 되풀이하여 적용하면서 리더십 척도의 첫 리스트가 작성된다. 이 척도들을 요인 분석한 결과 두 척도가 강하고 일정하게 나타났다: 배려(consideration)와 과업 구조(initiating structure).

배려구조는 리더가 직원들에게 따뜻하고 협조적이며 존경하는 행태를 가지고 있는 것으로 정의한다. 이러한 리더들은 직원들과 의사소통이 활발하고 직원들의 복지에 많은 관심을 나타낸다. 다른 말로는 관계 지향적(relationship-oriented), 사람 지향적(people-oriented), 및 사람에 대한 관심(concern for people) 등으로 표현한다.

반면에 과업구조는 리더가 과제 중심적이고 그리고 목적달성을 위하여 부하

---

1) J. K. Hemphill and A. E. Coons, 1957, "Development of the Leader Behavior Description Questionnaire," in *Leader Behavior: Its Description and Measurement,* Eds. R. M. Stogdill and A. E. Coons, Columbus, OH: Ohio State University, Bureau of Business Research.

들의 업무를 지시하는 정도를 의미한다. 루틴 작업의 유지 그리고 의사소통의 공식적인 통로의 설정은 역시 과업지향적인 구조행태의 특성을 보여 주는 것들이다. 이 개념에 적용하고 있는 다른 표현은 과업 지향적(task-oriented)과 생산에 대한 관심(concern for production)이다. 이 두 요소는 리더십의 독립변수로서 인정을 받았고 현대리더십 연구에 많은 영향을 주었다.

많은 리더들은 배려와 과업구조 행태들을 포함하는 연속선상에 속하지만, 이들의 행태분류는 서로 독립적이다. 다른 말로 한 리더는 배려와 과업구조의 높은 정도를 나타낼 수 있고 혹은 이 두 행태의 낮은 정도를 가지고 있을 수 있다. 첨가적으로 한 리더는 높은 배려와 낮은 과업구조, 혹은 낮은 배려와 높은 과업구조를 드러낸다. 이 연구는 모든 리더스타일의 4개의 조합이 나타날 수 있다는 것을 지적한다.

그러나 Ohio 연구의 조사방법과 가정은 다음과 같은 근거로 비판을 받았다.[1)]

① 리더십은 집단의 지각과 관찰 그리고 리더 자신들의 행동을 통하여 개념화하였기 때문에 설문조사의 자료들이 리더들의 지각 및 태도를 평가하는 데는 바람직하지만 리더의 업적과 결과의 측정을 실제로 포함하고 있지 않다는 점이

[그림 4–3] 구조(Initiating Structure) 배려(Consideration) 점수

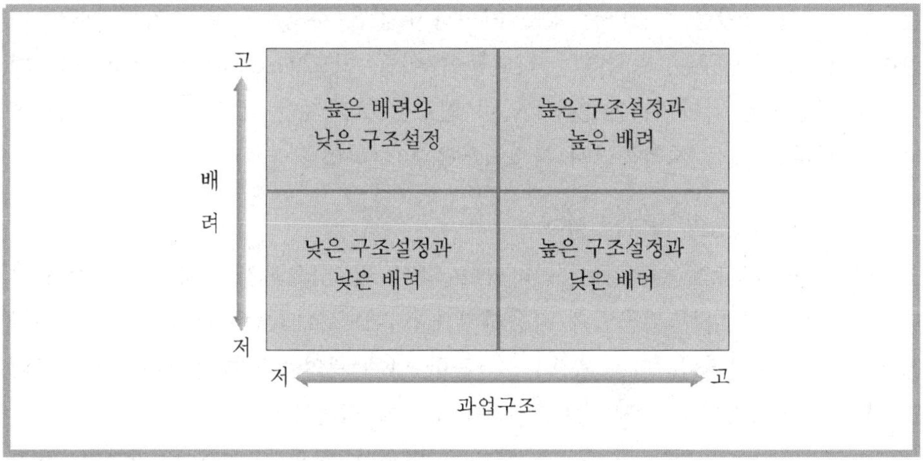

출처: Szilagyi and Wallace, 1990, *Organizational Behavior and Performance*, HarperCollins Publishers, p. 393.

1) Jamil E. Jreisat, *Public Organization Management*, Praeger Publishers, 88 Post.

Ohio 연구의 결과를 평가절하하고 있다.

② 설문조사에서 포함하고 있는 리더들이 계층제의 상위 지위를 가지고 있기 때문에 공식적인 책임과 통제 이외에 존재할 수 있는 비공식 리더십을 배제하는 것 같은 생각을 할 수 있다. 리더십을 영향력으로 리더십 문헌에서 지적하듯이 현직에 있지 않은 리더들이 공식적인 구조에 속하지 않다고 하더라도 비공식 리더로서 영향력을 가지고 있다면 리더로 인정하는 것을 간과하는 인상을 준다.

③ Ohio 연구에서 리더의 행태와 결과 사이의 관계에서 영향을 줄 수 있는 상황변수를 고려하고 있지 않은 점이다. 예를 들면 조직의 일반적인 상황들인 기술적용, 규모 및 환경과의 관계 등은 Ohio의 리더십형태에 대한 연구에서 배제되었다. 그러나 그러한 상황들이 집단의 반응 및 리더십 형태의 결과에 영향을 줄 수 있다. 비슷한 논리로 부하직원들의 업적과 리더십 행태는 서로 영향을 주며 그리고 그들의 관계에서 조정과 변화의 원인이 될 수도 있다.

④ 이 이론을 검토하면서 제기된 문제는 두 중요한 척도(dimensions)에 대한 설문지 측정의 적절성에 대한 의문이었다. 왜냐하면 이 척도들은 리더십 실행과 효과성에 대한 완전한 상황을 설명할 수 없다는 것이다.

그럼에도 불구하고 Ohio의 연구는 리더십 연구를 경험적인 연구로 전향시키는 데 중요한 역할을 하였다는 것을 지적하지 않을 수 없다. 특히 자질이론을 비판하면서 Ohio 연구는 효과적인 리더들이 이들 척도(dimensions)에 따라 다르며 속성의 획일성을 나타내지는 않았다. 이 연구는 효과적인 리더십은 이 두 척도에 따라 다르다는 것을 지적하면서 자질이론을 비판하였다.

(2) Michigan의 리더십 연구

Michigan 대학의 연구들은 리더의 효과적 및 비효과적 행태를 직접적으로 비교하기 위하여 다른 접근법을 사용하였다. 리더의 효과성은 부하집단들의 생산성에 의하여 결정되어진다는 것이다. 다양한 업무 지역에서 행한 첫 현장 연구와 면접조사는 LBDQ와 다르지 않는 설문지 조사에 의존하였다.[1)]

미시간 대학에 있는 설문조사 센터의 연구가 집단의 업적, 동기부여, 조직

---

1) J. Taylor and D. Bowers, 1972, *The Survey of Organizations: A Machine Scored Standardized Questionnaire Instrument*, Ann Arbor, MI: Institute for Social Research, University of Michigan.

구조 및 리더십활동을 연구하기 시작한 것은 1940년대이었다. 연구자들이 대부분은 심리학자들이었으며 이 연구진을 리드한 사람은 Rennis Likert이다.

특히 1947년에 Michigan 대학의 조사연구센터는 최적의 리더십스타일에 관한 일련의 연구를 수행하였다. Ohio의 연구에서와 같이 미시간 대학의 연구진도 리더십을 두 척도로 개념화하였다.

이 프로젝트의 목적은 집단 생산성과 집단의 만족에 영향을 끼치는 변수들의 양적인 측정을 발전시키는 것이었다. 이 접근방법은 같은 업무를 수행하면서 생산성이 높은 작업 단위와 생산성이 낮은 작업 단위를 비교를 하는 것으로 구성하였다. 높은 생산성을 나타내는 작업 단위는 근로자 지향적인(employee-oriented) 리더를 가지고 있었으며 그들의 감독스타일은 밀접한(close) 감독이 아닌 느슨한(loose) 형이었다. 이와 같이 미시간 연구자들은 각 타입이 두 척도를 포함하는 두 타입의 리더십 행태를 확립하였다.[1] 근로자 지향적인 리더는 그들 부하들의 인간적 욕구에 관심을 집중한다. 리더 지원과 상호작용 촉진은 근로자 지향적인 행태의 두 중요한 척도이다. 근로자 지향적 리더들은 부하들과 적극적인 상호작용을 촉진하며 그리고 갈등을 최소화한다. 리더십의 근로자 지향적인 형태는 Ohio의 배려와 대충 일치한다.

다른 한편 업무 지향적(job-centered) 리더는 능률, 비용 삭감, 그리고 스케줄에 대한 활동을 지시한다. 목적 강조와 업무 촉진은 이 리더십 행태의 척도이다. 과제 목적과 과제의 구조를 촉진함에 의하여, 업무 중심적인 행태는 Ohio의 과제 구조의 것과 유사하다.

그러나 Ohio의 연구에 의하여 정의된 배려와 과업구조와 달리, Michigan 연구자들은 근로자 중심적인 리더십과 업무 중심적인 리더십이 서로 반대되는 다른 스타일로 고려하였다는 점이다. Ohio의 연구와는 달리 미시간 연구의 또 다른 특징은 목적 강조의 행태, 업무 촉진, 지원을 지적한 것뿐만 아니라, 상호작용 촉진은 리더에 의하여서보다도 오히려 부하들 집단에 의하여 의미 있게 수행될 수 있다는 것이다. 다른 말로 집단의 한 사람이 성과를 향상시키는 역할을 할 수 있다는 것이다. 리더십 행태가 성과와 부하들의 만족에 영향을 끼친다고 증명하지만, 성과는 역시 리더들과 부하들이 일하는 상황과 관련된 변수들에 의하여 영향

---

1) D. G. Bowers and S. F. Seashore, 1966, "Predicting Organizational Effectiveness with a Four-Factor Theory of Leadership," *Administrative Science Quarterly* 11, 238-263.

을 받는다고 주장한 점이 Ohio의 연구와 다른 점이다. 또한 미시간 대학의 연구와 Ohio 대학 간에 연구의 차이점을 지적한다면, 미시간 대학은 기업의 기록을 이용하고 생산성에 초점을 두었고, Ohio 대학은 행태의 설명을 감독인 혹은 상관의 보고서에 의존하였다. 미시간의 연구진은 대부분이 심리학자인 반면 Ohio의 연구진은 사회학 배경을 가진 종합 학문적 배경을 가지고 있는 것이 특징으로 나타난다.

실제로 Likert가 은퇴할 때까지 이끄는 미시간의 사회연구소에 의하여 많은 연구들이 행하여졌으며 많은 연구들이 Likert의 모델을 인용하였다. 그중 흥미 있는 Likert의 모델로서 조직의 4가지 체제를 언급을 한다:1)

- 착취적인 권위주의 체제(exploitative authoritative system)
- 자비로운 권위주의 체제(benevolent authoritative system)
- 상담권위주의 체제(consultative authoritative system)
- 참여권위주의 체제(participative authoritative system)

착취적인 권위주의 체제는 Weber의 관료제 모델이나 Douglas McGregor의 Theory X와 유사한 특성을 가지고 있다. 참여적 권위주의 체제는 참여관리에 기초하고 있다. 참여권위주의 체제하의 리더의 특징은 협조적이고, 접근하기 쉬우며, 친절하고 말 붙이기 쉬운 것은 물론 부하들의 복지에 많은 관심을 나타낸다. 더욱이 참여 리더는 부하직원들의 응집력을 강하게 하며, 높은 효과성과 협동적인 문제의 해결 팀을 조성하는 데 도움이 된다.

그 이외에도 참여적 리더는 부하직원들이 조직 전반에 관한 사항을 알게 되어 자신들의 업무를 효과적으로 계획할 수 있다. 따라서 질이 높은 업적을 기대할 수 있다.

행태적 접근법의 많은 장점에도 불구하고 미시간 연구에 대한 비판은 Ohio의 연구와 같은 문제점을 가지고 있다는 지적을 받고 있다. 즉 리더의 행태에 대한 실제적인 깊은 관찰보다는 리더의 행태를 파악하는 데 부하직원들의 설명을 참조하여 그들 의견의 평균에 지나치게 의존하였다는 점이다. 그리고 리더십에 대한 스타일의 결론이 지나치게 지각적이고 태도의 측면을 강하게 의존하는 경

1) R. Likert, 1961, *New Patterns of Management*, New York: McGraw-Hill; R. Likert, 1967, *The Human Organization: Its Management and Value*, New York: McGraw-Hill.

향을 띠고 있다. 역시 이 두 연구는 비공식 리더에는 언급이 없으며 리더 행태의 변화를 가져올 수 있는 상황변수를 고려하지 못하였다.

(3) Leadership Grid

Ohio 주립대학의 리더십 연구는 Blake와 Mouton의 Managerial Grid 접근법에 의미 있는 영향을 주었다.[1] Texas 대학의 Blake와 Mouton은 Ohio State 대학과 Michigan 대학의 연구를 참조하면서 Leadership 혹은 Managerial Grid라고 불리는 두 척도 리더십 이론을 제안하였다.

Managerial Grid는 관리기술을 향상하는 데 적절한 접근방법이다. Blake와 Mouton은 Ohio 대학의 연구에 분명한 뿌리를 가지고 있는 두 척도인 사람을 고려한 수직적인 축(concern for people)과 생산을 고려한 수평적인 축(concern for production)으로 조직을 특성화하였다. 각 축은 관심의 정도를 나타내는 9점 척도로 분리된다. [그림 4-4]에서 보듯이 다섯 가지의 리더십 스타일이 이 Grid에 위치한다. 스타일 1.1을 Blake와 Mouton은 무기력하고 모자란 리더십이라고 불렀으며 대단히 낮은 활동으로 특징된다. 이 리더들은 사람과 생산성에 대하여 분명한 의도나 관심 없이 행동한다. 스타일 9.9는 반대로 사람과 생산과업에 높은 관심을 가지고 있다. 그들은 이것을 팀 리더십이라고 불렀다. 9.1의 스타일을 가지고 있는 리더들은 인간적 요소들을 희생하면서 생산성을 강조한다. 이러한 리더십은 과업 혹은 권위 순종형 리더라고 부른다. 1.9 스타일은 좋은 이웃 혹은 시골 클럽의 리더십과 같은 따뜻한 모습을 가지고 있어 사람에 대하여 강한 관심을 가지고 있는 반면 목적달성 혹은 과업구조 및 권위관계에는 관심이 없다. 마지막으로 5.5 스타일은 중도적인 특성을 가지고 있는 리더십이며 목적달성과 개인만족 사이의 팽팽한 줄을 걷는 형이다. 이러한 중도적인 리더십은 그들의 부하들에게는 아주 헐렁하거나 혹은 타협하려고 하는 사람으로 비쳐진다.

Blake와 Mouton은 9.9 리더십을 더욱 좋아하고 다른 종류의 리더십은 선호하지 않는다. 예를 들어 과업을 지나치게 강조하는 9.1 스타일은 너무 엄격하고 배려하지 못하는 리더십으로 결국에는 근로자를 소외시키는 결과를 초래한다. 동네 클럽의 리더와 같은 1.9 스타일은 너무 부드러워서 근로자들이 이러한 상황을 악용한다. 그와 같이 Managerial Grid는 가장 좋은 리더십을 탐색하는 다른 방법으

---

1) Robert Blake, and Jane Srygley Mouton, *The Managerial Grid*, Houston: Gulf.

[그림 4-4] 리더십 그리드(Leadership Grid)

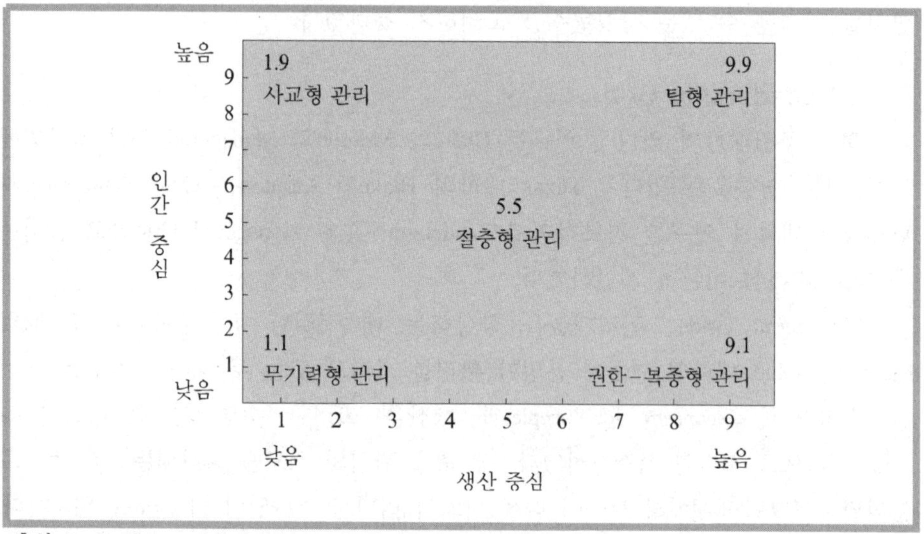

출처: R. R. Blake and J. S. Mouton, 1964, *The Managerial Grid*, Houston: Gulf Publishing.

로 판명된다. 또한 이 접근법은 개방적인 의사소통, 참여를 통한 문제해결과 목적설정, 대화를 통한 갈등조정 및 팀 관리 등 방법을 통하여 조직을 이 두 척도의 높은 수준 혹은 팀 관리(team management)로 이끌려고 노력한다. 특히 이 틀은 정부조직, 기업 및 제삼 영역 조직 등에 넓게 적용하였던 Blake와 Mouton의 조직발전 상담방법에 기여하였다.

지금까지 리더십 스타일에 대한 연구는 리더의 행태나 행동이 고정된 분류에 국한되었다. 그러나 최근 리더십 연구의 결과는 경직된 보편적인 리더 행태의 분류를 부인하고 그 대신 상황에 따른 리더 행태의 변화를 제안하였다. 다른 말로 리더들은 조직을 운영하는 데 그들의 스타일을 변경하고 그들의 행태를 조정한다. 그러나 아직도 의문인 점은 무엇이 그들의 행태를 변경하게 하느냐이다.

제 3 절 개인의 차이를 가져오는 특징요소와 한계

자질론에서는 각 리더들이 가질 수 있는 자질을 밝혀내려고 노력하였으나 이 자질들이 생기게 된 원인을 설명하지 못한다. 또한 행태적 접근법 역시 행태간의 차이가 왜 나타났는지 그 원인을 설명하여 주지 못한다. 무엇이 행태의 차이를 가져오는지 행태적 접근법에서는 행태를 주어진 것으로 보며 개인들간의 차이를 가져올 수 있는 변수들에 대하여 논의하지는 않는다. 단지 주어진 행태가 어떠한 리더십의 효과성과 관련이 있는지를 조사한다. 따라서 이 절에서는 위의 두 접근법들이 풀지 못한, 개인의 특성들이 왜 생겼으며, 아울러 무엇이 이들 간의 차이를 가져오는 원인인가를 설명하는 것이 목적이다.

1. 특징적인 요소

모든 개인을 유일하게 만드는 것은 인구학적, 물리적, 심리학적, 그리고 행태적 차이를 포함하는 많은 요소들의 조합이다. 다음은 개인의 차이들과 그들의 복잡한 구성요소들을 이해하기 위한 틀을 나타낸다.

유전과 환경은 개인 차이의 특징들을 가져오는 두 가지 결정적인 요소들이다. 아래 분석의 틀(그림 4-5)을 설명하면 다음과 같다.

개인의 차이에 대한 상호작용론자들의 관점은 유전과 환경이 서로 상호작용하여 개인의 차이를 가져온다고 제안한다. 전문가들 가운데 논의는 있지만 이러한 관점은 어느 정도 설득력을 가지고 있다. 유전은 개인의 염색체군, 성, 인종, 그리고 인종적 배경으로 구성한다. 그리고 초기의 어떤 학자들은 유전이 성격형성에 지울 수 없는 영향력을 가지고 있다고 한다. 비록 염색체 연구들이 유전과 성격자질과의 관계를 발표하기는 하였지만 다른 연구는 환경이 우리에게 영향을 끼치는 것으로 나타낸다. 영향들은 물리적 지역, 부모, 문화, 종교, 교육, 그리고 동료들을 포함한다.

개인의 차이를 이해하기 위하여, 유전과 환경간의 상호작용을 이해하지 않으면 안 된다. 환경적과 사회적 조건들은 문화적 요소들, 교육체제, 가정교육이 할 수 있는 것과 같이 리더의 성격형성에 영향을 미치는 유전학적 패턴을 강화할 수 있다. 예를 들어 남성과 전형적으로 관련이 있는 유전학적 자질은 남성들이 경쟁적이고 공격적인 반면 여아들은 남아보다 더 일찍이 언어 기술이 발전하는 경향이 있고, 부모가 여성들에게 더 말을 한다든지, 여성들이 언어에 능숙하기를 기대한다든지 모든 이러한 요인들이 그들의 언어기술을 발전시키고 있다.

[그림 4-5]에서 보듯이 3가지 주요한 개인자질들의 차이는 리더십 스타일에

[그림 4-5] 개인들간의 차이를 분석하는 틀

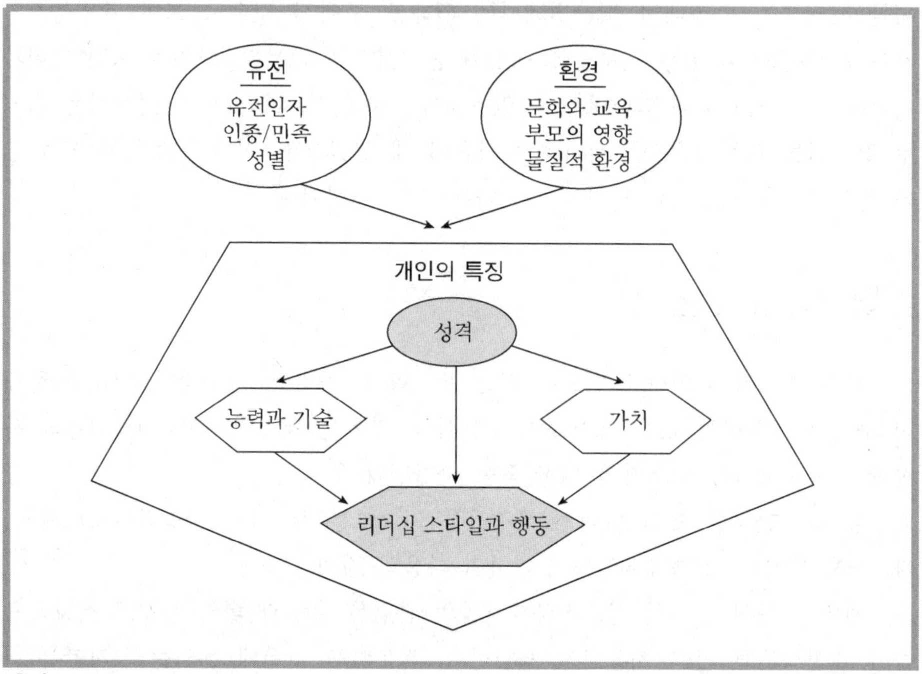

출처: Nahavandi, *op. cit.*, p. 59.

영향을 미칠 수 있다: 성격, 가치 그리고 능력과 기술. 성격(personality)은 개인을 유일하게 만들 수 있는 일련의 안정적인 물리적 그리고 심리적 특징들이다. 그것은 많은 성격자질로 구성되고 그리고 상호작용하는 생물학적 그리고 환경적 요소들의 산물이다. 이것은 개인 차이의 주요한 요소이며 그리고 다른 특징에도 영향을 미친다. 우리의 성격은 우리의 행태를 결정하며 또한 많은 환경에서 우리의 업적에 영향을 미친다. 연구조사에 의하면 성격은 안정적이고 상황에 따라서도 안정적인 경향이 있다. 그렇다고 성격은 완전히 경직된 것이 아니며 장기적으로는 점증적으로 진화한다. 또한 성격은 하나나 혹은 두 개의 자질보다는 오히려 일련의 특징들로 구성된다. 이러한 특징들은 계속 변하고 그러하기에 개인들을 유일하게 만든다.

다음 개인들을 차이 나게 만드는 특징은 가치이다. 가치는 안정적이고 장기적으로 유지하는 가치관이며 무엇이 가치 있고 바람직한지에 대한 선호도이다. 성격은 사람들의 특성 혹은 특질이고 기질이며 반면에 가치는 한 개인이 믿는 원리들이다. 성격자질과 같이 생의 초기를 형성하였고 그 다음 변화에 저항을 한다. 가치는 자신의 문화에 강하게 영향을 받는다.

리더십에 있어서 역할을 하는 두 가지 다른 개인의 차이는 능력과 기술이다. 능력 혹은 수완은 어떤 정신적 혹은 물리적인 일을 하기 위한 자연적 재능이다. 기술은 한 개인이 어떤 특정한 과제를 연마하면서 습득한 재능이다. 능력은 지속적으로 안정적인 반면 기술은 훈련과 경험에 의하여 변하며 그리고 과제마다 다르다. 사람들은 리더들이 새로운 기술을 받도록 훈련할 수 있다. 그러므로 조직들은 능력과 재능을 가진 사람을 채용하며 그런 다음 필요한 기술을 습득하도록 그들을 훈련한다.

2. 개인의 특징들의 한계

비록 개인의 특징들이 안정적인 경향이 있다고 하더라도 그 안정의 의미가 사람들의 성격, 가치, 그리고 태도와 불일치한 방향으로 행동할 수 없다는 것은 아니다.

안정적인 지역은 행태를 수용하는 영역이기 때문에 행동하는 데 편안함을 느낀다. 안정적인 영역 이외에서 행위 하는 것은 부자연스럽고, 연습을 하여야 하며 그리고 어떤 경우에는 수용하지 못한다. 안정적인 영역 밖에서의 행태는 우리에게 도전이 될 수 있고 우리의 한계로 몰고 갈 수도 있다. 그러므로 어렵긴 하지만 효과적인 학습도구는 안정적인 영역의 밖에서 행태의 수용을 용이하게 하기 위하여 필요하다. 아래 수용을 용이하게 하기 위한 고려할 점을 지적하고자 한다.

1) 가 치

가치는 무엇이 훌륭하며, 바람직한가에 대하여 오래 지속되게 할 수 있는 행태의 기준이다. 무엇이 옳고, 잘못되었으며, 좋고 나쁜지에 대한 개인적 판단을 결정하여 준다. 사람들의 가치체계를 이해하는 것은 그들을 어떻게 혹은 어디로 인도할지 방향을 결정하여 주기 때문에 리더들에게 중요하다. 이 절에서는 가치의 두 종류를 검토하는데 하나는 문화가 어떻게 가치에 영향을 미치는지 그리고 둘째는 가치와 윤리가 어떻게 상호작용하는지를 고려할 것이다.

[그림 4-6] 개인의 특징과 행태

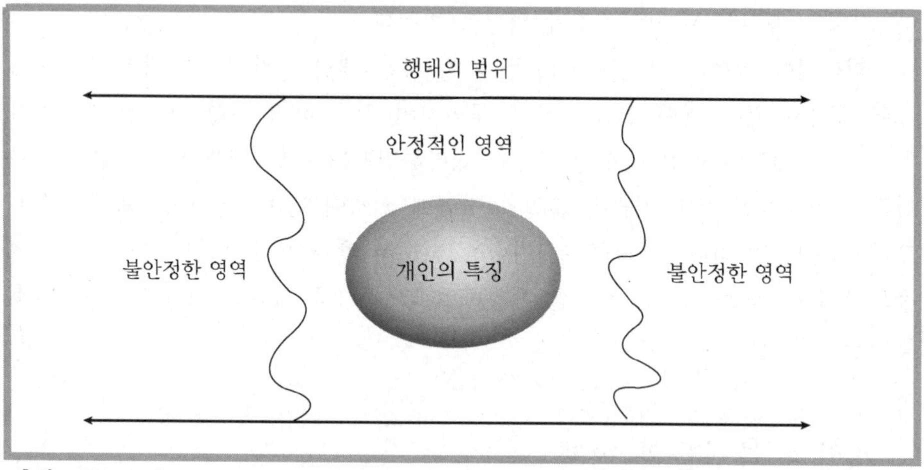

출처: Nahavandi, *op. cit.*, p. 61.

(1) 가치와 문화

한 개인의 선호도의 우선순위를 결정하여 주는 방법은 개인의 가치체제의 문제이다. 예를 들어 어떤 개인에게는 가정의 가치가 신념, 경력, 및 사회적 관계와 같은 문제들과 비교하여 가장 우선순위가 높다. 반면에 다른 사람은 그들의 가정, 신념, 정신 그 이외의 무엇보다도 그들의 경력을 높게 평가한다.

모든 사람들은 어떤 가치를 가장 선호하는지에 관한 우선순위를 가지고 있다. 어떤 사람들은 가치관들의 선호도를 아는 반면, 다른 사람들은 그들 자신들의 가치관들의 우선순위를 모르다가 이러한 가치관들의 갈등이 일어날 때 그들 자신의 선호도를 인식하는 경향이 있다.

비록 가족의 구성원들이 문화 혹은 가치관들을 서로 공유한다고 하더라도 각 개인의 가치체제는 다를 수 있다. 예를 들면, 미국의 정치적 태도에 대한 설문조사에 의하면 성의 차이에 의해 남성과 여성의 가치체제가 달리 나타날 수 있다는 것이다. 대부분의 여성들은 가족과 사회적 문제에 많은 관심을 두고 있는 반면, 남성들은 경제적 문제에 높은 가치를 부여하고 있었다. 이러한 차이는 그들의 투표성향에서도 나타난다. 성에 근거하여 발생한 차이 이외에도 세대 간 혹은 문화에 따라 가치체제의 차이는 역시 존재할 수 있다.

우리는 문화의 가치를 공유한다. 문화의 가치는 리더 개인의 가치관의 기반을 형성하여 리더들은 문화의 가치를 이해하는 것이 유리하다.

물론 모든 사람들이 같은 문화권 내에 산다고 하더라도 반드시 같은 가치관을 가진다고 볼 수는 없을 것이다. 집단적인 문화보다 개인적인 문화에서 현저하게 나타나는 것은 개인의 존엄성, 개인의 독특성, 자율, 가치에 높은 관심을 두는 것으로 나타난다. 반대로 집단 문화는 지역공동체에 높은 가치를 두나 개인에게는 낮은 가치를 두고 있다. 예를 들어 일본에서는 집단에 대한 충성이 존중되며 보상을 받는다. 일본의 부모들은 개인의 가치는 전체의 이익을 위하여 희생을 하여야 된다고 가르친다. 그러한 문화는 리더들이 그들의 지역사회에 공헌하는 것을 높게 평가한다. 문화가 스웨덴과 같이 개인적이며 수평적인 권력욕구가 강한 것을 강조할 때, 리더들은 협조적이고 그리고 지위상징과 계층제를 피하는 경향이 있다. 문화가 남성다운 경우에는 개인들은 명예와 자립에 가치를 두는 경향이 있다.

학자들은 가치체제에 대한 국가 간의 문화의 차이와 가치체제에 대한 나이, 인종, 그리고 다른 집단의 문화적 차이의 영향을 논하고 있다. 젊은 계층의 사람들은 나이든 세대의 가치관이 낡고 의미가 없는 것으로 생각한다. 일반적으로 나이에 따른 가치관의 차이는 여러 연구에서 나타나고 있다. 예를 들어 55세 이상의 사람들은 전쟁과 세계 공항과 같은 어려움을 겪은 사람들이기 때문에 그들의 지배적인 가치관이 열심히 일하고, 검소하며, 애국심이 강한 반면, 30세의 사람들은 X세대 사람들이고, 생을 즐기고, 건달 형이며, 자율과 융통성을 위한 욕구를 가지고 있다. 일반적으로 전쟁을 겪은 세대는 보수적인 경향이 있고, 반면에 젊은 세대는 진보적이며 평화와 안정의 귀중함을 덜 느끼는 경향이 있다. 이와 같이 이들은 다른 가치관을 발전시키며, 이들의 가치체제는 조직의 윤리적 행태와 리더들을 위한 중요한 관계를 가지고 있는 요소들에 영향을 끼친다.

(2) 윤 리

윤리는 사람의 옳고 그름의 개념이다. 윤리의 두 가지의 일반적인 관점은 상대적 및 보편적인 관점이다. 윤리의 상대적 관점을 가진 사람들은 무엇이 옳고 그른지를 상황과 혹은 문화에 의존한다. 부패를 통제하는 기준들은 각 나라마다 윤리적인 가치에서 다르게 나타나는 것을 볼 수 있다. 투명성기구의 지표(2001년 6월 지표)에 의하면 방글라데시, 나이지리아, 우간다, 그리고 인도네시아 등은 가장 부패한 나라로 평가되었고, 덴마크는 가장 부패되지 않은 나라로 분류되었다.[1] 이를 설명한다면 미국인의 관점에서는 비윤리적이고 불법이라고 할지라도 미국 이외의 많은 지역의 기업인들은 계약을 하는 경우 뇌물, 상납 및 선물은 용인될 수 있는 행태라고 생각한다. 윤리에 대한 상대적 관점을 가진 사람은 로마에 있을 때는 로마인들과 같이 행동하라고 할 것이다. 즉 계약을 체결하기 위하여 타일랜드 관료에게 뇌물을 제공하는 것을 배운 미국 기업인들은 타이 공직자들에게 뇌물을 제공하는 것이 당연한 것으로 고려할 것이다. 그러나 미국의 법에 의하면 세계 어느 곳이라도 뇌물을 제공하는 것은 법으로 금지되어 있기 때문에 미국에 근거를 두고 있는 기업들은 기업 상황에서 윤리의 상대적 관점을 채택한다는 것이 불가능하다.

반대로 윤리의 보편적 타당성을 가진 사람들은 모든 행동들이 상황 혹은 문화에 관계없이 같은 기준에 의하여 평가되어야 한다고 믿는다. 예를 들면 동등한 기회와 문화의 다양성 원리를 따르는 미국 법에 의하면 미국의 정유회사는 종교나 문화의 차이에 의하여 발생하는 문제가 있음에도 불구하고 여자 관리자를 사우디에 있는 미국의 상주회사에 임명할 것이다.

이와 같이 리더가 직면하는 가치와 윤리문제는 아주 복잡하다. 더욱이 21세기에 직면하고 있는 불가피한, 국제적이고 문화 횡단적인 문제들이 이러한 복잡성을 더욱 복잡하게 만든다.

윤리나 가치가 함유된 문제를 다루는 데 가치에 있어 문화적이나 개인적 차이는 모든 리더들의 주요한 문제가 될 것이다. 그러하기 때문에 다양한 문화를 이해하기 위하여 대학에서 문화에 관한 다양한 과목들을 설강하는 것은 이해할 만하다.

2) 능력과 기술

리더십 특징들에 대한 초기 연구의 대부분은 리더십의 능력에 초점을 두었다. 비록 리더들이 분명히 능력 혹은 기술을 가지고 있을지라도 이들이 리더십의 효과성과 강한 상관관계를 가지고 있지 않았다.[2] 그럼에도 불구하고 특히 지능, 기술, 대인관계 및 인식기술들이 특별한 관심을 받고 있다.

---

1) Transparency International, 2001, www.global corruuptionreport.org/press.htm, accessed February 19, 2002.

2) B. M. Bass, 1990, *Base and Stogdill's Handbook of Leadership*, 3rd. ed., New York: Free Press.

예를 들면, 한 과제에 대하여 능력이 있다고 판단되는 경우, 지능도 있다면 리더들은 더 잘할 수 있다. 그러나 대인관계 기술을 요하는 상황에서 일반적인 지능은 충분하지 않을 수도 있다. 리더십의 수준이 중요한 요소가 될 수도 있다. 특히 통찰력 혹은 직감은 상위조직 수준에 있는 리더에게 중요하다.

(1) 창의성

우리가 직면하는 불확실성을 고려한다면 리더의 창의적인 능력은 점점 더 중요하여진다. 다양한 사고 혹은 수평적인 사고는 창의성 혹은 독특하고 유용한 대안들을 발견하려는 분위기를 조성한다.

창의적인 리더들은 아래 문제들을 극복하기 위하여, 특히 나쁜 소식들과 관련된 모든 근원들을 의도적으로 청취하는 것이 중요하다. 그들은 주관적뿐만 아니라 객관적인 자료에도 가치를 부여하여 신중하게 검토한다. 그들은 4가지의 특징들을 공유한다.[1)]

- 장애에 직면할 때 인내력과 자아 확신: 창의적인 사람들은 문제에 직면하면 더욱 인내하고 그들의 아이디어의 옳음에 대하여 강한 신념을 가진다.
- 자발적인 위험부담을 함: 창의적인 사람들은 실패할 확률이 많은 극단적인 위험보다는 높은 위험을 기꺼이 수용한다.
- 성장에 대한 선호도와 경험에 대한 개방성: 창의적인 사람들은 경험에 개방적이고, 기꺼이 새로운 방법을 택한다.
- 불명확한 것에 대한 포용력: 창의적인 사람들은 구조가 잘 구성되어 있지 않거나, 명확한 답변을 갖지 못하는 것을 포용한다.

위의 특징들이 제안하는 것과 같이 창의적 리더들은 그들이 선택하는 길들에 확신하는 경향이 있고 다른 사람들이 포기하는 위험들을 기꺼이 수용한다. 그들은 학습을 강조하고 그리고 그들의 목적을 달성하는 불확실성을 기꺼이 받아들인다.

(2) 기　　술

리더십 기술에 대한 연구는 리더십 능력에 관한 연구보다 더욱 명확하고 그

---

1) R. J. Sternberg and T. I. Lubart, 1995, *Defying The Crowd: Cultivating Creativity in Culture of Conformity*, New York: Free Press.

[표 4-6] 리더십 기술

기술 분류	설 명
전문적 기술	업무과정, 방법, 도구 그리고 기술에 대한 지식
대인관계기술	의사소통, 갈등관리, 협상 그리고 팀 구축을 포함하는 대인관계에 대한 지식
개념적 기술	문제해결, 논리적 사고, 의사결정, 창조, 그리고 추리에 대한 지식

출처: Nahavandi, *The Art and Science of Leadership*, p. 69.

리고 더욱 확실하다. 리더십 기술들은 일반적으로 3가지로 분류된다. 전문적(Technical), 대인 관계적(Interpersonal), 그리고 개념적(Conceptual).1)

리더들과 관리자들은 조직의 상위로 올라가면서, 전문적 기술에 덜 의존하게 되고 점점 더 대인적 그리고 개념적 기술들을 사용한다. 기업의 CEO들, 학교교장, 혹은 병원행정가들은 세부적으로 다양한 업무를 수행할 필요는 없다.

그러나 그들은 조직의 내외에서 성공적으로 혹은 효과적으로 다양한 대인관계에서 협상할 수 있어야 한다. 더욱더 최고관리자들은 낮은 수준의 리더들이나 관리자들보다 더 그들의 내부와 외부환경을 읽고 분석하는 것이 필요하고 역시 놀랄 만한 문제 해결기술을 요하는 전략적인 결정을 만든다.

리더십의 능력과 기술들의 영향은 상황에 크게 의존한다. 조직의 타입, 리더십의 수준, 지지자들의 능력과 욕구 및 과제의 타입 등 손쉽게 생각할 수 있으며, 모든 리더들이 효과적이기 위하여 위의 상황 가운데 어떤 능력과 기술이 필요할 것인가를 파악하는 것이 중요하다. 리더십의 최근의 접근법은 복잡한 문제를 해결하고 사회적인 판단을 하는 기술들이 경험의 결과로 발전한다는 것을 강조한다.2)

---

1) Nahavandi, *The Art and Science of Leadership*, p. 69.

2) M. D. Mumford, S. J. Zaccaro, J. E. Johnson, M. Diana, J. A. Gilbert, and K. V. Threlfall, 2000, "Patterns of Leader Characteristics: Implications for Performance and Development," *Leadership Quarterly* 11, no. 1: 115-133.

3. 성격자질(Personality Traits)

1) 성격과 리더십

초기 리더십의 자질 접근법을 검토해 보면 어떤 특정한 자질들에 의하여 누가 리더가 되고 어떤 리더가 효과적인가를 예측할 수 없었다. 그러나 몇 가지 방법에서 자질이 중요한 역할을 한다는 것은 부인할 수 없다.

확실히 성격은 리더십의 역할에 중요한 영향을 끼치는 것이 분명하다. 어떠한 성격을 가지고 있느냐에 따라 그들의 행동은 달라진다. 역시 부하들은 리더의 말보다 행동을 보고 따른다고 하는 것은 많은 사례를 통하여 이미 밝혀졌다.

아래의 5가지 측정치들은 상대적으로 독립적으로, 관리하는 데 몇 가지 의문을 가지고 있을 수 있다. 특히 어떤 하나의 측정치만으로 성과 혹은 리더십을 예측할 수는 없을 것이다. 이들을 상호 보완 관계로 보는 시각이 더욱 설득력이 있다.

성실성은 업무성과와 가장 관련이 있으며, 그리고 의존할 만하고, 조직적이며, 열심히 일하는 사람은 당연히 더 높은 성과를 내는 경향이 있다.

외향성은 업무와 관련된 변수로서는 두 번째로 강한 상관관계를 가지고 있

[표 4-7] 다섯 가지 성격특징

성격 측정(personality dimensions)	설명(description)
성실성	의존할 수 있고, 책임감이 있으며, 조직적이고 그리고 미리 계획을 세우는 정도
외향성/내향성	사교적이고, 이야기하기 좋아하고, 단언적이며, 적극적이고 그리고 야망이 있는 정도
경험에 대한 개방성	상상력이 있고, 도량이 크며, 호기심이 있고, 그리고 새로운 경험을 찾는 정도
감정의 안정성	근심이 많고 우울하며, 성나고 그리고 불안한 정도
동의함	정중하고, 호감이 가며, 좋은 성격을 가지고 있고 융통성이 있음

출처: Norman, 1963, Toward an Adequate Taxnomy of Personality Attributes: Replicated Factor Structure in Peer Nomination Personality Ratings Journal of Abnormal and Social Psychology 66: 547-583; Digman, 1990, "Personality Structure: Emergence of the Five Factor Model," *Annual Review of Psychology* 41: 417-440. and Barrick and Mount, 1991, "The Five Big Personality Dimensions and Job Performance: A Meta-Analysis," *Personnel Psychology* 44, no. 1: 1-76; Nahavandi, *The Art and Science of Leadershi*, p. 70(재인용).

다. 특히 관리 혹은 판매를 하는 것과 같은 사회 활동하는 사람들에게 더욱 중요한 변수이다. 그러나 Assembly Line(일괄작업라인)에서 종사하는 근로자들에게는 필요하지 않을 수 있다.

모든 경험에 대한 개방성은 어떤 경우에는 성과에 도움이 될 수 있으나 다른 경우에는 그렇지 않다. 예를 들면 새로운 경험을 수용하려는 개방적인 태도는 근로자와 관리자들에 신선한 아이디어를 탐색하고 배우려고 하는 동기부여가 될 것이기에 훈련을 잘 수행하도록 도와줄 수 있다. 새로운 아이디어는 해외에서 근무하면서 더욱 성공적으로 얻을 수 있다. 1997년 Microsoft의 CEO인 Bill Gates가 인도를 여행한 후에 관찰한 것은 다음과 같다. 비록 전 세계의 고객들로부터 들은 것의 80%가 우리들과 같다고 하더라도, 우리의 사업에 도움이 될 수 있는 것은 오직 우리 기업의 밖에서 생각하지 못했던 새로운 것을 배우는 것이라고 믿는다. 그러나 일을 처리하기 위하여 현존하는 과정과 절차들이 새로운 아이디어와 방법을 탐색하려는 열의나, 달성하려는 업무의 성과에 방해가 될 수 있다. 감정적인 안정은 업무 행태와 성과에 영향을 미칠 수 있다. 예를 들면, 극단적으로 신경질적인 사람들은 조직에서 적응하기 쉽지는 않다. 그러나 어느 정도 긴장, 근심과 걱정은 사람들에게 자극을 주어 보다 낫게 잘 수행하도록 도움을 줄 수 있다. 반면에 동의하는 성격도 사회의 환경에서 아주 바람직한 성격자질이지만 때로 이 성격은 업무와 관련된 행태나 혹은 성과의 개선에 영향을 미치지 않을 수 있다.

실로 5가지 성격측정의 신뢰성과 정확함에도 불구하고, 이들 중 어느 하나의 특질만으로 리더들 혹은 관리자들이 업무를 성공적으로 달성하는 데 강하게 영향을 미치지 않는다는 것이다.

그들이 통제할 수 없는 외부의 힘, 즉 운, 다른 강력한 사람, 혹은 깊은 종교적 믿음과 같은 그러한 요소들에 의하여 기인된다고 한다. 그들은 성공이 그들의 지적인 능력보다는 운과 대인관계에 달려 있다고 믿는다. 다른 말로 그들은 일반적으로 자신들의 인생에 대하여 높은 정도의 통제력을 가지고 있다고 지각하지 않는다. 그러므로 그들은 사건들에 더욱 역행하고 스트레스가 많은 상황에서 벗어나기 어렵다. 그들은 내부자들보다 다른 사람의 판단에 의존하고, 더 권위에 의존한다. 리더들은 외부에 의하여 통제된다고 믿는 사람들에게 더욱 강요적인 권력을 사용하는 경향이 있다.

몇몇 연구는 리더십과 통제의 소재들 간의 연계를 탐색하였다. 어떤 연구의 결과에 의하면 내부자(Internals)들은 집단리더가 되는 경향이 있고, 그리고 외부자들(Externals)보다 내부자에 의하여 리드되는 사람들이 더욱 높은 성과를 가져온다고 한다. 다른 연구들은 CEO들의 행태와 그들 조직의 전략선택에 대한 통제소재의 영향에 대하여 조사하였다. 연구결과에 의하면, 내부적으로 통제되는 CEO들은 그들의 기업을 위하여 외부적으로 통제받는다고 믿는 사람들보다 더욱 위험부담이 있고 혁신적인 전략을 선택하였다.[1] 그들은 역시 미리 생각하고 미래 지향적이었다.

2) Machiavellian 성격

마키아벨리는 1469년 이탈리아의 가난한 귀족 집안에서 태어나 58세를 일기로 세상을 떠난 정치가요, 역사가요, 관리자였다. 피렌체 공화국의 10인 위원회 서기장을 역임하기도 하였으며, 프랑스와 독일에 외교적 사명을 띠고 대사역을 하기도 했다. 그러나 결국 음모자로 낙인 찍혀 삭발관직된 후 피렌체 근교 산카리노 근처의 산장에 은거하며 가난한 불운 속에서 세상을 떠났다. 그 당시 레오나르도 다빈치, 미켈란젤로 등 수많은 예술인을 후원하며 유럽의 르네상스를 이끌었고 300년에 걸쳐 유럽을 주도했던 이태리의 메디치가(家)는 15세기 전 유럽의 재산을 모두 합한 것보다 더 많은 재산을 가지고 있었다고 한다. 이 새로 등장한 메디치가에 바치려는 개인적인 작품이 바로 그 유명한 「군주론」이다. 이 책은 권력을 장악한 군주가 어떻게 해야 강력해지고, 그 군주가 통치하는 국가가 강력해지며, 그러한 군주와 국가가 어떻게 해야 영속성을 유지할 수 있느냐 하는 점에 중점을 두었다. 다시 말해 군주의 도덕성이나 정권의 정통성 같은 것보다 권력의 운용체제나 방식에 대하여 보다 현실적으로 기술한 것으로 유명하다.

당시 시대적인 상황을 알아보자. 14세기 이탈리아는 수많은 도시국가와 군주국으로 구성되어 있었고, 이런 상황에서 1494년 프랑스의 샤롤 8세가 이탈리아를 침략하였다. 마키아벨리는 이탈리아를 살리기 위해서는 강력한 군주의 출현이 필요하다는 점을 절감하고 있던 터였다.

물론 「군주론」이 공개되자 1599년 로마교황청이 이 책을 포함한 마키아벨리

1) D. M. Miller and C. Droge, 1986, "Psychological and Traditional Determinants of Structure," *Administrative Science Quarterly* 31: 539-560.

의 모든 저작물을 금서목록으로 조치했지만, 이러한 혹독한 평가에도 불구하고 근대 정치학을 개척한 책으로 또는 사상으로 현재까지 무한한 생명력을 가지고 있다는 점 또한 간과할 수 없다.[1)]

목적이 수단을 정당화할 수 있는가? 당신은 당신이 원하는 것을 얻기 위하여 다른 사람을 조작할 재능이 있는가? 당신은 무자비하고 재능이 있는 협상자인가? 만약 당신이 이러한 질문에 긍정적이라면 당신은 마키아벨리인 성격을 가지고 있다고 볼 수 있다. 마키아벨리인(마키아)성격은 Christie와 Geis에 의하여 발전하였고,[2)] Niccolo Machiavelli's 저서인 「군주론」에 기초하고 있다. 마키아(The Machiavelli)척도는 집단의 이익보다는 자신의 이익이나 선호도를 앞세우려는 사람의 정도를 측정하며 그리고 개인의 이익을 위하여 다른 사람들에 영향을 미치고 그리고 조정하는 개인의 능력을 측정한다.[3)] 이 척도에서 높은 점수를 받은 사람은 개인의 목적을 달성하고, 다양한 수단을 사용하는 데 능숙하다. 더욱이 인간의 성격에 대한 냉소적인 관점을 가지고 있다. 이러한 사람들은 효과적인 리더십의 필수적 조건인 정직성과 성실성이 결여되어 있고 그들의 지지자들을 돕는 것보다는 오히려 자신들의 이익을 추구하는 것이 목적이다. 줄리어스 시저(B.C. 100-44)는 매력적인 개성과 무한한 자기중심 주의자이었으며, 두려움과 망설임이 없었다. 그는 목적을 위해서라면 수단과 방법을 가리지 않았고, 방해가 되는 어떤 것도 용납하지 않았다. 다른 로마 지도자들과는 달리 시저는 목표를 이루기 위하여 어떤 희생도 불사했다. 원하는 것을 위하여 파렴치한 수단을 쓰기도 하였다. 정치개혁을 성공시키기 위해서라면 동료 정치가들을 희생시키는 것도 마다하지 않았다. 그가 심중에 간직한 목표는 오로지 권력의 쟁취였다.[4)]

반면에 낮은 마키아 점수를 받은 사람은 아주 순진하고 믿을 만한 성품을 가지고 있는 경향이 있다. 더욱이 이들은 정치적 육감을 충분히 증명하지 못하였고 그러므로 그들의 집단에게 필요한 자원을 제공할 수 없을 수도 있다.

1) 정한용, 2005, 21C의 힘 탁월한 리더십 드골, 도서출판 글로리아, pp. 24-25.
2) R. Christie and F. L. Geis, 1970, *Studies in Machiavellianism*, New York: Academic Press, Nahavandi, p. 78(재인용).
3) E. D. Jeffe, I. D. Nebenzahl, and H. Gotesdyner, 1989, "Machiavellianism, Task Orientation, and Team Effectiveness Revisited," *Psychological Reports* 64, no. 3: 819-824.
4) William J. O'neil, 2004, *Military and Political Leaders & Success*, 이근수 · 이덕로 옮김, 2005, 정치 · 군사 리더와 성공: 최고는 무엇이 다른가, by 한국 방송통신대학교출판부, p. 37.

높은 마키아 점수나 낮은 마키아 점수를 받은 사람도 효과적인 리더가 되기는 어렵다. 높은 마키아 사람은 그들 자신의 목적에 지나치게 집착을 하고 낮은 마키아 사람들은 효과적인 리더십을 위하여 필수적인 합법적인 영향력을 행사하는 전술에 재능을 가지고 있지 못하다. 일반적으로 이들의 중간 점수를 가진 사람들이 가장 효과적인 리더가 되는 경향이 있다. 그러한 사람은 능력 있는 협상자이며 목적을 달성하기 위하여 다른 사람을 조작하는 데 육감을 가지고 있는 사람들이다. 그러나 그들은 권력을 남용하지 않으며, 개인의 목적보다는 조직의 목적을 달성하는 데 초점을 두고 있다. 중간 마키아 점수를 가지고 있는 사람은 성공적이고 효과적인 리더가 될 수 있는 사람들이다.[1)]

권력의 지각과 사용에 관련이 있는 개념으로부터 상상할 수 있는 것과 같이, 마키아 점수는 문화 횡단적인 차이에 따라 다르게 나타날 수 있다. 예를 들면, 홍콩과 중국 관리자들의 마키아 점수는 미국의 관리자들보다 높았다.

각 개인들의 특징과 자질은 리더들이 어떻게 상호작용하고 혹은 의사 결정하는 데 역할을 한다. 하나의 자질만으로 혹은 몇 개의 자질로서 리더십의 효과성을 설명하거나 혹은 예측할 수 없다. 그러나 이러한 특징들은 자아인식과 이해를 위한 유용한 도구이며, 그리고 리더십 발전을 위한 유용한 도구가 될 수 있다. 역시 어떤 특징들은 효과적인 리더십발전에 장애가 될 수 있다.

3) 실패한 리더와 성공한 리더

이 시대 미국의 IT 혁명을 이끌어가고 있는 두 사람은 애플의 스티브 잡스와 마이크로소프트의 빌 게이츠일 것이다. 스티브 잡스가 스마트 폰을 통해 위대한 혁신을 했다면 빌 게이츠는 컴퓨터 통해 위대한 혁신을 하고 있다.

잡스나 빌 게이츠가 그토록 오랫동안 성공할 수 있었던 것은 바로 변화를 읽었기 때문이라고 할 수 있다.

새를 잡을 때도, 물고기를 잡을 때도 일직선으로 나아가는 새나 물고기는 잡기가 쉽다. 어디로 갈지 예측을 할 수 있기 때문이다. 하지만 어디로 진행할지 도무지 예측할 수 없는 변화무쌍한 새나 물고기는 도저히 잡을 수가 없다. 인간이나 기업도 누구나 다 예상 가능한 삶을 살면 잡아먹히기 딱 좋은, 세상의 먹잇

---

1) F. Luthans, 1989, "Successful vs. Effective Managers," *Academy of Management Executive* 2, no. 2: 127-132.

감이 될 수밖에 없다. 하지만 변화무쌍한 삶을 살고 날마다 변화를 시도하는 사람의 경우에는 이 세상도 잡아먹기가 쉽지 않을 것이다. 오히려 세상보다 먼저 변화하고, 이 세상을 이끌어가는 혁신가들은 이 세상을 잡아먹는다.[1] 빌 게이츠가 그랬고, 스티브 잡스가 그랬다. 모두가 세상을 변화시키려고 하지만 정작 실패할까 두려워 스스로 변하겠다고 생각하는 사람은 드물다.

세상에서 실패하는 리더는 실패를 두려워하고, 실패 앞에서 좌절하고 의기소침 하는 사람이고 세상 변화를 읽지 못한다. 실패 속에서 우리는 성공으로 직결되는 열차를 탈 수 있다는 사실을 알아야 한다. 성공한 리더들은 실패로부터 배우는 사람인 것이다. 재미있는 사실은 위대한 경영자들은 실패를 제대로 이용할 줄 안다는 사실이다. GE를 세계적인 초일류기업으로 만든 위대한 경영자인 잭 웰치는 실패의 규모에 따라 1,000달러나 텔레비전 등을 상품으로 주기도 하면서 실패의 교훈을 조직 전체로 공유했던 인물이라는 사실을 아는가? 실패의 교훈을 공유하여 조직 전체를 더 현명하게 만드는 것이 중요하다. 이들이 성공하는 리더들인 것이다.

세계가 변하면 조직도 따라 변하여야 한다. 그러나 우리나라에도 많은 기업, 정치집단 혹은 대학을 포함하여 조직의 리더들이 이러한 변화를 인식하지 못하고, 설사 인식하였다고 하더라도 역시 낡고 그리고 새로운 패러다임의 과도기에 있는 것을 어렵지 않게 볼 수 있다. 이들은 산업사회와 포스트모던 세계에서 나타나고 있는 원리들을 정의하는 실무와 원리 사이의 중간에 사로잡혀 있다. 팀워크, 권한부여, 조직의 다양성을 달성하기 위한 시도가 필요하다는 것을 알면서도, 리더뿐만 아니라 근로자들의 가치와 사상들이 역시 통제, 안정, 그리고 조화를 선호하는 가치 속에 사로잡혀 있기 때문에 실패하곤 한다. 새로운 세계는 이와 다른 접근법을 원한다.

The Center for Creative Leadership in Greensboro, North Carolina는 최고 지위에 오른 20명의 성공한 관리자들과 실패한 21명의 관리자들을 비교하였다.[2] 실패한 관리자들은 가치가 있는 것으로 기대된 유망주들이나, 그들은 정상에 오른

1) 김병완, *op. cit.,* pp. 249-50.

2) Morgan W. McCall, Jr., Michael M. Lombardo, “Off the Track: Why and How Successful Executives Get Derailed”(Technical Report No. 21, Center of Creative Leadership, Greensboro, NC. January 1983): Carol Hymowitz, 1988, “Five Main Reasons Why Managers Fail,” *The Wall Street Journal,* May 2.

후 해고되고 더욱이 퇴직하도록 강요받았다. 그들은 모두 다 총명하였고, 열심히 일하였으며, 엔지니어나 회계와 같은 전문영역에서 아주 우수하였다.

이 두 집단 간의 차이는 새로운 패러다임의 핵심인 인간기술(human skills)을 사용하는 능력에 있었다. 실패한 사람의 25%는 사람들과 좋은 관계를 가진 것으로 나타났고 반면에 성공한 사람들의 75%는 사람을 활용하는 기술(people skills)을 가지고 있었다. Daft는 실패의 7가지 이유를 [표 4-8]에서 지적한다.

아래의 이유들은 관리자들이 7가지의 성품을 가지고 있을 때 성공할 수 없는 경우를 지적하였다. 리더들은 그들의 가치관이 우리의 세계에서 일어나고 있는 변혁들과 조화를 가지고 있을 때, 그들이 안정보다는 변화, 통제보다는 권한부여, 경쟁보다는 협동, 물체보다는 관계, 획일성보다는 다양성에 가치를 두고 있을 때, 성공적으로 조직을 이끌어 나갈 수 있을 것이다. 우리의 많은 리더들은 산업사회 시대에서 성장한 사람들이고, 그들의 사고 역시 낡은 패러다임과 일치하며 그러한 행동이 몸에 배어 있는 경우를 흔히 볼 수 있다. 예를 들어 권한을 위임한다고 하지만 실제로는 단지 립 서비스에 지나지 않는 예는 특히 우리 사회에서는 보기 쉬운 일들이다.

[표 4-8] 관리자 실패를 초래한 7가지 이유들

1. 감수성이 없고, 짜증나게 하며, 위협하고, 남을 못 살게 구는 사람
2. 냉정하고 냉담하며, 오만한 사람
3. 사람의 신뢰를 배신하는 사람
4. 과도하게 야망이 있고, 자기중심적이며, 다음 직업을 생각하고, 정치적으로 행동하는 사람
5. 기업의 구체적인 성과를 결정하는 문제
6. 지나친 관리: 팀에게 위임하거나 혹은 구축할 수 없는 사람
7. 좋은 부하를 선택할 수 없는 사람

출처: Daft, *op. cit.*, p. 15.

위의 리스트에서 보는 바와 같이 사람의 재능결핍과 관계 관리의 무능력들이 중심적인 문제이다. 지지자들과 좋은 관계를 가지고 있는 사람은 성공의 기회가 많다.

우리는 리더십을 말할 때 일반적으로 성공한 리더들을 말한다. 리더십산업은 미국의 생산품이라고 말한 적이 있다. 미국은 땅에 리더십 씨앗을 뿌리고 거의 대부분 성과를 수확하였다. 그렇기 때문에 미국의 경험으로 리더십을 낙관주의로 생각하는 것이 물론 이상한 일은 아닐 것이다. 미국의 위대한 리더였던 George Washington은 그의 고별 연설에서 미국이 "인류에게 정의와 박애를 따르는 고결하고 귀한 모범을 보일 것"이라고 예언했다. 위대한 리더인 Abraham Lincoln, Reagan, Kennedy 등을 보더라도 리더십은 당연히 좋은 리더십을 생각하게 되는 것은 당연할 것으로 보인다.

우리는 리더가 되는 것을 선한 일을 하는, 선한 사람이 되는 것으로 가정한다. 그러나 리더십에는 성공한 리더십만 있는 것이 아니다.

실패한 리더십을 모르고 성공한 리더십을 알 수는 없다.

Kellerman은 나쁜 리더십의 7가지 유형을 말하였다: 무능, 경직, 무절제, 무감각, 부패, 편협, 그리고 사악.[1] 이러한 리더십을 가진 사람들은 소위 실패한 리더들이다. 왜냐하면 이들은 한때 큰 영향력을 행사하여 많은 추종자를 이끄는 탁월한 기술로 시작은 하였지만 결국에는 많은 사람들을 부패하게 만들고 나라를 망치고, 기업을 망치는 문화를 조장하였다. 다음은 Kellerman이 설명한 소위 7가지의 실패한 리더십을 살펴보았다. 그 가운데 우리의 관심을 끄는 사례들을 선택하여 실패의 원인을 밝혀 보고자 한다.

- 무능한 리더십은 리더와 추종자들이 효과적인 행동을 지속할 의지나 기술, 혹은 2가지 모두 부족하다. 가장 중요한 문제 중 하나는 긍정적인 변화를 만들지 못한다는 것이다.
- 경직된 리더십은 리더와 추종자들이 목이 뻣뻣하고 완고하다. 유능하더라도 새로운 생각이나 정보, 변화에 순응하지 못하거나 거부한다.
- 무절제한 리더십은 리더가 자제심이 부족하고 중재하기를 꺼리거나 효과적으로 중재하지 못하는 추종자들에게 선동 당한다.
- 무감각한 리더십은 리더와 추종자들이 불친절하다, 집단이나 조직, 특히 부하직원들이 요구하는 것과 필요, 희망을 무시하거나 도외시한다.
- 부패한 리더십은 리더와 추종자들이 거짓말을 하고 속이거나 도둑질을 한다. 정상적인 수준을 넘어 공익에 앞서 사익을 추구한다.
- 편협한 리더십은 리더와 추종자들이 직접적인 책임이 있는 집단이나 조직 외 다른 사람들의 건강과 복리에 소홀하다.
- 사악한 리더십은 리더와 추종자들이 잔학한 행위를 저지른다. 고통을 권

1) Kellerman, *op. cit.*, 한근태 역, pp. 64-75.

력의 도구로 사용한다. 남자, 여자, 어린아이에게 가차 없는 해를 가한다. 그 손해는 신체적인 것, 정신적인 것, 혹은 둘 다에 해당할 수 있다.

Kellerman은 무절제한 리더십으로서 몇 가지 사례를 설명한다. 예를 들면, 술을 좋아했던 러시아 대통령 보리스 옐친은 사석에서나 공석에서 종종 만취해서 정부와 러시아인들을 당황하게 만들었다. 예를 들면, 1999년 옐친은 만취한 나머지 아일랜드 수상 영접을 위해 비행기에서 내릴 수 없었고 수상은 활주로에서 오랫동안 기다리다가 떠났다. 옐친의 경우는 러시아 국가 원수로서의 역량에까지 악영향을 미쳤다.

Garry Hart는 미국 정치인 가운데 성추문으로 평판을 망친 최초의 사람이다. 1987년 하트는 자신의 사생활을 의심하고 있는 기자에게 자신을 쫓아다녀 보라고 말했다. 기자들은 Hart를 미행하면서 여배우 Donna Rice와의 관계가 발각이 되고 나서 대통령 선거 유세에 문제가 생겼고 그는 일주일 만에 출마를 포기하고 말았다. Rice가 상원의원의 무릎에 안겨 목에 팔을 두르고 있는 사진이 공개되자 유권자들의 그에 대한 지지는 변하고 말았다.

Jesse Jackson 목사는 Rainbow/PUSH Coalition 워싱턴 사무소의 소장인 Karin Stanford와의 혼외정사를 통해 아버지가 되었다. 사람들은 충격을 받았지만 그리 놀라지 않았다. Jackson의 여자관계가 수년 전부터 소문이 나돌았기 때문이다. 그러나 부인이 아닌 여자와의 사이에서 아이를 갖는 것이 그렇게 만만한 일은 아니었다. 물론 그가 그동안 쌓아 놓은 업적이 많았기 때문에 추종자들은 계속적으로 그를 지지하였으나 그 사건으로 인하여 그의 영향력을 약하게 만들었다. 지난 20년간 그의 행동에 도덕성과 명성에 손상을 입었다.

이 사건은 미국인들에게 큰 충격을 주었다. 더욱이 Hart는 유능한 정치인이고 인기가 대단히 높았으나 그 자신의 사생활인 여자 문제로 미국이 그를 버린 것이 잘한 것인지를 애석하게 생각하고 후회스러운 생각을 가지고 있는 것으로 보인다. 그 후 클린턴 역시 그에게 성추문 문제가 발생하였을 때 미국 국민이 좀 더 유연한 자세를 가지게 된 것은 Hart의 사건에서 나온 것 같다고 보는 사람들이 많다. 하트와 잭슨의 스캔들에 대해 사람들의 태도는 변했고 앞으로도 변할 것이다. 미국 정치는 20년 전만큼 고지식하고 비판적이지 않다. 하지만 지금도 사람들이 대통령이나 목사의 도덕적 행위에 전혀 관심이 없는 것은 아니다.

Kellerman은 7가지 나쁜 리더들 혹은 실패한 리더들의 종류를 흥미 있는 사례를 들어가면서 설명하였으나, 그가 선택한 사례들 가운데 다시 우리에게도 널리 알려진 사례를 선택하여 나쁜 리더가 사회 및 인류역사에 얼마나 큰 피해를 줄 수 있는지 간단히 요약하였다.

예로서 1981년부터 2000년까지 후안 안토니오 사마란치(Juan Antonio Samaranch)는 나쁜 리더십이 드러나기까지 국제올림픽 위원회의 회장으로 거의 20년 동안 위원장이었다.[1] 그의 업적은 대단하였다고 하더라도 임기가 끝날 무렵 명예를 지켜 나가야 할 그가 경기에 불명예를 안겨 주었다. 재정 위기에 처한 올림픽 경기를 인기와 번영의 새로운 고지로 올렸고 IOC를 "초국가적이고 비정부적이면서도 영리를 추구하는 거인"으로 변모시켰다. 하지만 긴 재임기간 동안, 사마란치는 점점 자기만족에 빠졌고, 모든 일을 얼버무리며, 그러다 보니 IOC 위원들 사이에 경솔한 언동과 부패행위가 만연하였다. 결국 부정행위를 적발하고 바로잡지 못하는 바람에 기품 있고 안전해야 할 올림픽의 명예를 손상시켰고 개인적인 평판도 나빠지는 추문이 발생하고 말았다.

1896년 프랑스인 피에스 드 쿠베르탱(Pierre de Coubertin) 남작은 아테네가 최초의 현대적 국제 올림픽 대회를 주최하도록 설득했다. 쿠베르탱의 이상주의를 반영한 경기규칙은 엄격하였다. 아마추어만이 참여할 수 있으며, 금전적인 값어치가 있는 상은 주지 않았다. 쿠베르탱은 "올림픽 정신의 목표는 평화로운 사회건설을 격려하고, 스포츠를 통해 인간의 화목한 발전을 도모하는 것이다"라고 선언했다.

평화친선의 도구가 제 1 차 대전과 같은 국제정치의 변화에 의하여 몇 번은 경기가 열리지 않았다. 냉전이 끝나고, 정치적 중요성이 줄고, 경제적 중요성이 급속도로 커져 갔다. 특히 1980년 후반과 1990년대에는 전 세계를 상대로 TV 방영권을 판매하고, 제품을 팔려는 다국적기업들이 올림픽을 통해 마케팅을 하면서 거대한 수익을 올렸다.

사마란치가 IOC 위원장이 되었을 때, 올림픽의 분위기는 참혹하였다. 이스라엘 선수 11명이 뮌헨에서 살해되고, 재정난에 허덕이고, 또는 국제적인 스포츠는 냉전의 희생물이 되기도 하였다. 오늘날 우리가 알고 있는 올림픽을 알린 것은 사마란치이다. IOC는 본부를 스위스 로잔에 두고 사마란치를 CEO라고 부를 수

1) Kellerman, op, cit.(한근태 역), pp. 84-161

있는 국제적인 다국적 기업으로 성장하고 있었다. 막대한 TV 중개료만도 엄청난 수익이었다. 그뿐만 아니라 올림픽 마케팅을 하여 엄청난 상징적인 상품을 만들어 수익을 올리기도 하였다. 예를 들면 모스코바 경기를 중계한 NBC에서 지불한 중계료는 8,700만 달러였다. 사마란치는 최대가 아니면 만족하지 않았기에 IOC는 2008년까지 새로운 계약을 세 개나 맺고 50억 달러 이상을 받았다.

사마란치는 1920년에 바르셀로나에서 태어나서 자수성가한 부유한 가정의 아들로 태어났다. 1940년대 후반까지 사마란치는 열정적인 스포츠맨이자 가문의 돈으로 자기보다 나이 많은 사교계의 미녀와 결혼함으로써 지위가 강화된 남자가 되었다.

그는 젊은 시절부터 포부가 컸다. 프란시스코 프랑코(Francisco Franco, 1892-1975) 총통의 청년 파시스트당에 가입하여 프랑코의 독재정권 서열에 따라 꾸준히 올라갔다. 1996년 마침내 체육부 차관에 맞먹는 지위에 올라서 IOC 위원이 될 수 있었다.

사마란치의 후원자인 아디다스의 CEO인 다슬러의 도움으로 소비에트 연방과 동유럽 동맹국의 지지를 획득하고 이와 더불어 라틴아메리카의 지원을 받아 사마란치는 47표라는 압도적인 지지로 IOC의 최고위원 지위를 얻었다. 그 이후부터 사마란치는 세계스포츠를 통해 돈을 버는 데 관심을 가지고 있는 사람들과 친분을 나누기 시작하였다. 사마란치가 취임하였을 때 IOC 위원장은 사람들이 갈망하는 자리가 아니었고 전 IOC 위원은 "다들 올림픽 폐지"를 생각했다고 말했다.

그는 1988년 한국경기에 참가하도록 160개국을 설득하였고 실제 경기에 167개국이 참가하였다. 게다가 개인적인 외교 수완과 좋은 선물에 응해, IOC에는 새로운 위원이 대거 들어왔다. 2000년까지 사마란치의 재임기간 동안 들어온 위원이 80% 이상이었다.

올림픽 역사가인 John Lucas는 이렇게 말했다. "사마란치가 임기 초에 일으킨 변화들은 역대 IOC 위원장들의 성과를 합친 것보다 더 실제적이고 건설적이었다고 지적하였다."

하지만 시간이 지남에 따라 IOC는 거대한 사업체로 변모하면서 본래의 올림픽 정신이 사라지기 시작하였다. 다슬러 동료와 함께 사마란치는 높은 이상을 희생시키면서 IOC의 재정적 및 정치적 이익을 보호하기 시작하였다.

시간이 지나면서 사마란치는 경솔해졌다. 재정확장에만 집중한 나머지 상업

주의와 부패행위를 부추기는 급증하는 사건을 보지도 들으려고도 하지 않았다. 이런 문제점에 부주의했던 것이 부패와 무능함으로 발전했다. 결국 사마란치는 리더이자 높은 이상을 품은 운동조직의 위원장이었지만 타락하고 말았다. 올림픽 시상을 동독의 Erich Honecker와 루마니아의 독재자 Nicolae Ceausecu와 같은 권력자들에게 맡겼다. 전자는 국가가 지원하는 금지약물 복용 조직을 운영한다는 소문이 널리 퍼져 있었고 후자는 부도덕한 독재자였다. 평판이 좋지 않으면서 IOC 위원으로 추대 받은 사람들에는 우간다 이디 아민 휘하의 Francis Nyangweso, 한국 박정희 독재 정권에서 중앙정보국 고위직에 있던 김운용, 흑인에 대한 인종차별 운동가로 '인간 진공청소기'라 불리던 사치스럽고 탐욕적인 콩고공화국의 Jean-claude Ganga 등이었다. 그는 후에 솔트레이크 시티 경기에서 25만 달러 이상의 뇌물을 받은 것으로 비난받았다.

IOC의 원래 이상을 유지하려면, 투명한 조직문화 속에 사마란치가 관장했던 확장사업이 모든 수준에서 통제되어야 했다. 그러나 행정적인 규제라고는 아예 없었다.

시간이 지나면서 그는 나쁜 습관이 생겼다. 이익이 커지자 지역 올림픽 위원들은 경기를 각자의 도시로 유치하고 싶어 하며 개인적으로 사마란치에게 호소하기 시작하였다. 그는 이를 즐기면서 나가노 올림픽위원회에서는 1998년 동계올림픽 경기를 유치하려고 1991년 그를 위해 7,000달러를 들여 차량을 빌렸고 사마란치는 고쿠사이21 호텔의 최고급 스위트룸에서 거의 한 달간 머물었고 그 비용은 7만 5천 달러 이상이 들었다. 일이 더욱 악화된 것은 베를린 2000년 하계올림픽을 유치하려고 했을 때, IOC 위원 20명이 그곳에 5일 이상 머물면서 8만 5천 달러에 상응하는 선물을 받았다. 더욱이 IOC 위원들에게 선물과 노골적인 금액을 제공하고 투표권을 사는 대리인을 고용했다. 그러나 사마란치는 위원들의 행위도 감독하지 않았고 모르는 채 넘어가는 것이었다.

사마란치의 측근들도 그를 망쳤다. 사마란치와 가까운 사람 중 기꺼이 잘못을 지적하려는 이는 한 명도 없었다. 모든 위원들도 그의 추종자가 되었다. 그의 행위를 비난하는 사람도 없었다. 타임지는 IOC가 풍족해졌지만 스캔들로 얼룩졌고 사마란치가 "스포츠의 건전성과 고결함을 회복하기 위해 숙청작업을 하기보다는 편안한 현 상태를 더 좋아하는 것 같다"고 보도하였다.

사마란치의 잘못된 관리와 단속은 내부통제가 필요하였다. 그러나 그는 독재에 친숙한 사람이었다. 권력을 처음 경험했던 것이 청년 파시스트 당원 시절이었으며 후에는 프랑코 지배하에 공무원이 되었다. 공동 의사결정이나 조직 투명성, 개인의 책임감 같은 민주주의 덕목에 대해 알지 못했다. 리더는 벌을 받지 않고 권위를 행사할 수 있다는 생각에 안심했다.

사마란치의 지도하에서는 돈이 올림픽의 이상을 거의 능가하였고 스캔들로 그의 임기가 더럽혀질 줄은 몰랐을 것이다. 2001년 올림픽 선수였던 벨기에 출신 의사 자크로게가 21년 만에 IOC 최초로 경쟁을 통해 위원장으로 선출되었다.

놀라운 것은 그가 퇴임 후에도 아무런 추궁도 받지 않고 그의 아들이 IOC 위원으로 선출되었다. 결국에는 사마란치는 손해를 보지 않고 물러난 셈이다. 사마란치는 무능하였다. 그뿐만 아니라 그의 추종자들을 감독하지 못하였고 태만하고 무관심한 리더로서 평가를 받고 있다. 더욱이 경영특징은 봉건주의자이었다. 그는 종신임명으로 생각하였기 때문에 고상하고 정도가 약한 독재자로서 행위를 하였다. 사마란치는 모든 일과 사람을 강하게 통제하였기 때문에 무능력했다. 올림픽경기는 전 세계 각국에 위원회를 가진 글로벌 기업이 되었다. Kellerman은 사마란치를 눈이 멀고 귀가 먹은 무능력한 21세기의 대표적 리더로서 선정하였다.[1)]

Kellerman은 편협한 리더로서 Bill Clinton의 리더십의 예를 들고 있다.

반세기 가량 벨기에의 지배를 받은 뒤 1962년, 르완다는 독립했다. 거의 동시에 소수민족인 투치족에서 다수민족인 후투족에게로 권력이 이동되었다. 1960년 중반 권력 이동은 사실상 완료되었다. 국가는 외형상 안정되어 보였지만 두 집단은 적대관계에 있었다. 오랫동안 겪은 모욕을 보복하는 차원에서 후투족은 투치족을 고의로 차별했다. 대다수인 후투족보다 외모상 서구인에 가깝기 때문에 식민지 세력의 호의를 받았다. 특히 벨기에 사람들은 투치족이 후투족보다 유능하다고 생각해 지역 계급구조에서 높은 지위와 교육의 기회를 보장했다. 하지만, 1959년 독립 무렵 상황이 역전되었다. 후투족은 투치족으로부터 권력을 빼앗고 대량학살이 일어났다.

르완다는 초기에 미국의 개입을 요구하였으나 클린턴 대통령은 자국의 안보에 분명한 위협이 없는 한 다른 나라 문제에 개입하고 싶어하지 않았다.

대량학살이 시작되었지만 대통령의 선택은 단호했다. 일부 미국인을 희생해서라도 중재하는 것이 많은 아프리카인을 살리는 길이었지만 클린턴은 중재하지

---

1) Kellerman, *op. cit.*(한근태 역), pp. 87-106.

않았다.

르완다 대량학살에서 가장 충격적인 것은 그 진행속도이다. 100일 동안에 약 80만 명의 투치족과 후투족이 죽었고 2주 후에는 또 25만 명이 죽었다. 필립 고레비치는 시간당 333.3명, 1분에 5.5명이 죽은 것이라고 계산했다.

전임 대통령 부시와는 달리 클린턴은 외교 경험이 없었기 때문에 임기 초에는 가능한 해외사건에 관여하지 않으려고 했다. 더욱 혼란스러운 일은 그 당시 미국은 이미 보스니아, 소말리아, 아이티에서 일어난 외교적 위기에 둘러싸여 있었다. 또한 소련의 붕괴 후 신세기에 적절하게 대응할 수 있는 여론을 형성하지도 못했을 뿐더러 아프리카지역은 클린턴의 우선항목이 아니었다. 중요한 문제는 클린턴 행정부에서 르완다에 대한 정보가 빈약하였고, 내각의 장관들도 국제 정세에 대한 지식수준이 낮았으며, 평화유지 사명에 대한 행정부의 태도가 아주 소극적이었다.

1990년 초 그의 관심과 의지는 오로지 국내였다. 할 수만 있다면 해외문제에는 일절 언급하지 않았다. 베트남 전쟁에 참전하지 않았기 때문에 대통령은 군과 관련된 발언을 할 수 없었다. 게다가 공직 경험이라고는 아칸소 주지사 정도이었기 때문에 해외보다는 국내에 자연히 뿌리를 내리고 있었다. 더욱이 클린턴은 외교 정책팀과도 정기적인 회의도 하지 않았다.

여러 정황과 그의 연설을 보더라도 그리고 대사와 함께 미국인 250명이 르완다에서 대피한 것만을 보더라도 클린턴과 힐러리 클린턴 여사가 몰랐을 리 없다. 더욱이 그들이 피신할 때 2,000명이 죽었다. 그러나 그의 결정은 단호하였다. "인도주의가 위기에 처했기 때문에 행동을 결심했고 소말리아 사태에 개입하였습니다. 그렇지만 거기서 얻은 첫 번째 교훈은 앞으로 미국이 이런 일에 간섭하지 않겠다는 것입니다. 이런 위기에는 항상 정치적인 문제와 군사적 갈등이 있기 때문입니다."

아프리카에 있는 국가들과 더불어 국제사회에 살상이 시작된 후 신속하게 행동을 하지 않았다. 그 이후 클린턴이 아프리카를 방문할 때 신속하게 대처하지 못한 것을 사과하고 역시 미흡하게 르완다에 지원을 하기 시작하였다. 최근에 사망한 저명한 기자인 Michael Kelly는 클린턴의 노력은 엄청난 모독이라고 말했다. Kelly가 언급하였듯이 르완다 대량학살이 집단학살이라면, 미국은 집단살해죄의 방지와 처벌에 관한 협약(1948년)에 따라 잔학행위를 저지해야 할 의무가 있다.

행정부의 국무장관인 워렌 크리스토퍼, 국가 안보 고문인 레이크, 국방부 장관 윌리엄 페리 등 고위 측근들도 르완다에 관여하고 싶어하지 않았으며 어떠한 재정 지출도 하지 않았다. 공화당 상원의원의 지도자인 Bob Dole을 포함하여 의원들도 클린턴과 같은 의견이었다.

르완다의 인도주의 참사로 다시 이런 질문이 제기되었다. 국제적으로 지도할 준비가 된 개인이나 기구가 있는가? UN 사무총장 Boutros Boutros-Ghali의 무력한 모습도 충격적이었다. 르완다 문제에서 클린턴의 입장을 따랐다. 후임자인 Kofi Annan도 효과적으로 집단 학살에 대처하지 못했다.

물론 르완다 사건에 대한 책임이 대통령에게만 있는 것이 아니다. 그 이외 대다수의 다른 국가 수장, UN 사무관들, 의회의 의원들, 클린턴 자신도 자신들의 책임을 포기했다. 정치, 군사, 조직, 심리적 요인으로 효과적인 중재를 하지 못하는 바람에 르완다 집단학살이 일어났다. 그것은 미리 정해진 것이 아니었다. 클린턴이 강한 리더십이 있었다면 얼마든지 다른 결과를 낳았을 것이다. 편협한 리더십은 집단을 다른 집단과 분리시킨다.

이 지구상에 사악한 리더로서 앞에 예를 들었던 사람 이외에도 살인, 고문, 집단학살과 민족말살을 자행했고 같은 민족에게 화학무기를 사용한 사담 후세인, 폴 포트는 1970년대 크메르루주 군을 통해 가장 급진적인 공산주의 혁명에 영향을 준 캄보디아의 지도자인 그는 겨우 3년밖에 지배하지 않았지만 캄보디아 인구의 3분의 1을 죽였다. 그는 젊은 시절 민감하고 소심했으며 학생들에게 사랑받는 교사이자 프랑스 시를 찬미하던 사람이었다. 하지만 지도자 역할에 있어서는 전혀 다른 사람이었다. 고질적이고 극단적인 편집증으로 괴로워하다가 결국 비참한 결과를 초래하였다.

1992년 보스니아 세르비아 행정부의 첫 대통령이 된 라도반 카라지치(Radovan Karadzic)는 세상에서 가장 필요한 사람으로 추앙받던 시인이자 정신과 의사였다. 그러한 그는 보스니아 무슬림을 강간하고 약탈하고 살해하도록 허용했고 더 나아가 장려했다. 유고슬라비아 시절 강력한 Tito의 지배하에 종교, 민족, 국적이 다른 2,500만 명이 평화스럽게 살고 있었다.

20세기 마지막 10년 동안 유고슬라비아는 산산이 흩어졌다. 15만 명에서 25만 명의 남자, 여자, 아이들이 죽었다. 눈알이 빠지거나, 녹슨 칼에 목이 잘렸으며, 여자들은 인종을 의식한 고의적인 강간을 당했고 남자들은 절단된 생식기를 입에 물고 있었다. 마을이 불타고 약탈당하고 폐허가 되었다. 세르비아인들은 수세기 동안 간직한 꿈이 마침내 실현된다고 생각했고 세르비아 제국을 상상했다. 보스니아는 욕구가 커진 세르비아의 공격을 받기 쉬웠다. 보스니아에는 다수민족이 없었고 44% 무슬림, 33% 세르비아인, 18% 크로아티아인이었다.

1992년 3월 마침내 세르비아 공화국을 선언했다. 이미 세르비아인들이 무슬림 마을을 공격하고 잔학행위를 하기 시작했다. 갈등초기부터 세르비아 약탈자들은 보스니아로 건너가 강간과 살인을 저질렀다. 카라지치가 임명한 보스니아 세르비아 군대지휘관인 몰라디치는 모든 무슬림 남자, 여자, 어린아이들을 가차 없이 학살했다. 사디스트 적이고 매우 위험한 인물로 알려진 몰라디치는 무슬림에 대해 극단적인 증오심을 가졌다. 민족주의 열정에 타올라, 세르비아 사람들은 모스크를 파괴하고 수십만 무슬림을 내쫓고 수만 명을 살해했다. 카라지치는 제2차 세계대전 이후 유럽 최악의 인도주의 위기를 가져왔다.

보스니아 전쟁은 민족에 대한 증오와 집단학살의 특징, 즉 다른 것을 파괴하겠다는 결심으로 발발한 점에서 르완다 참사를 상기시킨다. 세르비아인들이 무슬림에 대해 느끼는 감정은 후투족이 투치족에 대해 느낀 감정, 혹은 나치 당원이 유태인에 대한 느낀 것과 같다. 그들은 모조리 없애 버려야 했다. 민족말살이라는 용어는 문자 그대로 제거, 정화 혹은 어떤 수단을 통해서라도 독일 전역에서 유태인을 없애는 것을 뜻한다.

세르비아 문화가 아닌 것은 흔적까지 없애기 위하여 모스크 성당, 4만 7,000채 이상의 집을 파괴했다. 1993년 프리예도르에서 살해당하거나 추방당한 사람은 총 5만 2,811명이었다. 프리예도르에 살던 전체 무슬림 인구와 크로아티아인의 절반 이상에 해당하는 숫자이다. 라도반 카라지치는 보스니아 무슬림에 대한 모든 범죄에 책임이 있다. 첫째는 1992년까지 무슬림 소녀와 여성들의 강간보고가 넘칠 정도로 계획적이었다. 둘째는 사라예보와 스레브레니타에서 일어난 살인사건이다. 카라지치뿐만 아니라 밀로셰비치와 몰라디치도 책임이 있다. 결국 보스니아 세르비아인들이 무슬림에 가한 잔학행위와 민족말살 문제는 라도반 카라지치에게 돌아온다.

카라지치가 4년 이상 견디고, 이런 일을 할 수 있게 지지한 사람들을 어떻게 이해해야 할까? 악한 리더라고 확신한 사람들이나 잔학행위에 분노한 개인, 집단, 혹은 기구가 왜 그를 끌어내지 않았을까? 우리는 이러한 질문에 대답을 할 때가 되었다.

그럼에도 불구하고 카라지치의 대의가 사라지고 더 이상 권력이 없을 때도 계속 추종하는 사람이 있었다는 사실이 의미하는 바가 있다. 보스니아 세르비아인의 지도자로 있던 기간은 5-6년에 지나지 않지만 두려움과 강한 혐오감을 철저히 자극하였기 때문에 모든 권위를 빼앗긴 후에도 많은 사람들에게 영웅으로 남았다. 보스니아 세르비아인들은 카라지치가 대 세르비아를 이끌어 주기를 기다리고 있었다. 카라지치가 그들 앞에 서기 오래 전부터 이런 꿈을 실현시켜 줄 누군가를 기다리고 있었던 것이다.

사람들이 병에 걸리면 병을 치료하려고 의학연구자들은 연구를 한다. 병리학자, 바이러스학자, 종양학자, Aids 치료 연구를 위하여 막대한 연구 자금을 투여하고 있다. 사마란치, 히틀러, 폴 포트, 카라지치 등 이들은 존경받을 만한 업적을 내었던 사람들이다. 그들이 나쁜 인간의 본성을 가지고 있으리라고는 아무도 생각하지 못했다. 그러나 결국에 이들은 때로는 다양한 병들보다도 더 비극적인 결과를 초래하였던 나쁜 리더 혹은 실패한 리더들로 그들의 명예를 더럽히고 인류사회에 막대한 피해를 주었다. 왜 이들이 그렇게 될 수밖에 없었는지 그 이유를 분석하는 정신 사회학적 연구에는 커다란 관심을 보이지 않는 것은 이해하기 어렵다.

4. 개인의 성격들을 활용하는 유용성

우리가 알고 있는 개인의 자질들이 효과적인 리더십측면을 분명하게 설명하고 있지 못하다. 실제로 우리는 무엇이 효과적인 리더십을 만드는가에 대하여 충분히 알지 못한다.

리더십 효과성의 첫 단계는 사람의 강점, 약점, 그리고 성격의 특징을 아는 것이다. 이 특징들은 부분적으로 왜 어떤 사람이 새로운 행태를 배우는 것이 다른 사람보다 더 어려운지를 설명한다. 아직까지 개인의 자질들이 채용하는 도구나 승진 혹은 다른 업무와 관련된 결정을 위하여 사용할 만큼 충분히 정확하지 못하다.

그러나 어떤 조직들은 최고 리더십 지위에 임명하기 위하여 각 후보자들을 평가하는 데 $5,000이 소요되는 심리적인 테스트를 여러 시간 동안 받게 하고 있다. 이러한 조직들은 그러한 테스트의 결과들이 그들의 문화에 잘 적응하는 리더를 채용하는 데 도움을 준다고 주장한다.

기업영역에서 자아인식성향들은 360도의 환류의 사용을 요구한다. 관리자들은 그들의 상관으로부터 뿐만 아니라 그들의 동료 및 부하들로부터 환류과정을 통하여 자신들의 행태, 스타일, 그리고 성과에 대한 정보를 받을 수 있다. 때로는 그 결과가 리더들을 곤란하게 만들 수 있다고 하더라도 그들은 약점을 극복하는 데 도움을 줄 수 있다. 다른 조직들에서 인기를 얻고 있는 다른 자아인식 도구는 자아 인식을 증진하고 스트레스를 관리하는 데 명상과 자아 반성을 위하여 사용한다. 리더들이 융통성 있고, 창조적이며 그리고 더 나은 성과를 위한 요구가 증가하고 있는 때에 리더들이 자기인식을 위한 촉구가 자체발전을 위하여 필요하다. 비록 리더들이 어느 정도 훈련이 필요하다고 가정한다고 하더라도 현재의 경향은 지속적인 리더십 증진이 개인수준에 집착하는 경향을 보여 주고 있다.

결론적으로 비록 개인 간의 차이가 행태를 명확하게 결정하여 주지는 못하지만 그래도 어떤 행태와 행동을 좌우하는 경우도 있다. 가치관은 오래 지속될 수 있는 믿음이다. 그들은 강하게 문화에 의하여 영향을 받는다. 그리고 문화는 윤리를 결정하여 주는 요소들의 하나이다. 또는 지성 혹은 지능은 리더십에 영향을 미치는 가장 중요한 능력 가운데 하나이다. 물론 지능이 있다는 것이 효과성을 예측하기 위한 충분한 조건은 아니다. 그러나 새로운 접근법을 요구하는 상황에서 창조성은 리더십 효과성에 중요하다. 양심이나 외향성 척도는 업무와 관련된 행태에 어떤 연관을 가질 수 있다. 그러나 어떤 자질은 리더십과 직접적으로 관련이 없지만 어떤 자질은 리더십과 연관이 있다.

제 4 절 조직의 변화 실태와 리더십의 행태변화

1. 조직변화에 따른 리더십 행태

오늘날 세계는 500년 전 과학의 혁명 이래 우리가 기대하였던 것보다 더 심오하고 신속하게 변하고 있다. 사회가 결정적으로 농업사회에서 산업사회로 이동함에 따라, 일어나는 사건들은 우리의 개인적 그리고 전문가적 생활에서 서로 상호작용하는 방법들을 변화하게 하고 있다. 급작한 환경 변화는 조직에 극적인 영향을 가진 근본적인 변혁을 야기하고 있으며 리더십에 새로운 도전을 제공하고 있다. 이러한 변혁은 다음과 같이 전통적으로부터 새로운 패러다임의 변화를 나타내고 있다.

[표 4-9] 리더십을 위한 새로운 현실

낡은 패러다임	새로운 패러다임
산업사회	정보사회
안정	변화
통제	권한부여
경쟁	협동
물체	사람과 관계
획일성	다양성

출처: Daft, *op. cit.*, p. 9.

1) 안정에서 변화

우리 생활에서 안정을 추구하는 것은 우리 인간의 본능이다. 그러나 오늘날의 세계는 끊임없이 이동하고 있다. 세계는 질서보다는 무질서에 의하여 특징이 되고 있으며, 조직들은 그들의 리더들이 안정을 즐길 때 많은 어려움을 겪는다. 과거에는 많은 리더들이 만약 그들이 조직의 현상유지를 잘하면서 원활하게 운영한다면 조직은 성공적이었을 것이라고 가정하였다. 안정하게 운영한다는 것은 비용을 절감하고, 에너지를 효율적으로 활용하는 것이며, 그리고 변화는 운영을 파괴하고 자원을 낭비하는 것이라고 보았다. 그러나 새로운 패러다임은 우리가 무작위와 불확실에 의하여 특징되고, 그리고 조그만 변화가 크고 훨씬 광범위한 결과를 자아내는 복잡한 사회에 살고 있다는 것을 인식하게 되었다. 자주 가치관의 변화 때문에 원칙은 점점 더 중요하여지지 않고 있다. 중요한 것은 시기가 도래하였을 때 신속하게 상황을 바로잡을 수 있는 능력이다. 리더들은 내일을 다루어 나가야 한다. 우리의 임무는 완벽한 계획을 세우는 것이 아니다. 완벽한 계획을 수립한다는 것은 그 자체가 불가능한 시대에 우리가 살고 있다. 우리의 임무는 계획을 맡아서 실행할 탄력적이고 유연한 조직을 만드는 것이다.

2) 통제에서 권한부여

과거 강력한 지위에 있는 리더들은 엄격한 통제가 조직이 능률적이고 효과적으로 운영하기 위하여 필요하였다고 믿었다. 엄격한 조직의 계층과 절차, 작업과정, 구조화된 업무와 같은 이러한 낡은 가정들은 점점 더 타당성이 없이 사라져 가고 있다.

권한부여는 세계적인 현상이다. 사람들은 그들의 업무를 포함하여 그들의 생활에서 권한부여와 참여를 요구하고 있다. 통제와 엄격성에 대한 강조는 원하는 결과를 산출하는 것보다는 동기부여와 사기를 억누른다. 오늘날의 리더들은 권력을 축적하는 것보다 공유하는 것이 필요하다는 것을 인식하고 있다. 이러한 인식변화의 중요한 이유는 지식과 정보가 주요한 자산이 되고 있기 때문에 리더들은 조직에 모든 사람들을 참여시킴으로 조직에 사람들이 몰두하게 하고 그리고 조직의 두뇌 힘을 찾는 방법을 모색하려고 한다.

성공은 모든 근로자의 지적인 능력에 달려 있다. 조직이 이들의 재능과 능력을 얼마나 발굴하여 조직을 위하여 활용할 수 있느냐가 조직의 성패에 중요한 결정요인이다. 근로자들의 능력을 발전하고 활용하기 위해서는 조직구성원에게 권한을 부여하고, 존경하며, 그들의 능력을 발전시킬 수 있는 분위기를 조직은 조성하여야 한다. 동양과 서양간의 문화나 발전의 격차를 가져온 것은 조직구성원들의 능력을 얼마나 발전시키고, 조직을 위하여 그들의 능력을 활용할 수 있는 분위기를 조성하였느냐에 달려 있다.

조직이 근로자들을 명령하고 통제할 수 있었지만 그들의 마음까지 통제할 수 없었다. 권한부여는 높은 지위에 있는 사람이 권한을 자비스럽게 내려주는 것이 아니라, 권한은 정당하게 모든 구성원들에게 속한다는 것을 의미한다. 오늘날 리더들의 가장 도전적인 임무는 구성원들이 그들 자신의 권력을 효과적으로 그리고 책임 있게 사용하고 그리고 모든 근로자들을 위하여 존경과 발전을 위한 분위기를 발전하도록 근로자를 인도하는 것이다.[1)]

---

1) Charles Handy, 1994, *The Age of Paradox*(Boston: Harvard Business School Press), pp. 146-147.

3) 경쟁에서 협동

업무의 새로운 방식은 경쟁과 갈등보다는 협동을 강조한다. 물론 어떤 경쟁은 조직을 위하여 건전하다. 그러나 경쟁의 성격에 대한 아이디어는 변하고 있다. 어떤 사람이 잃는 동안 얻으려고 투쟁하는 것보다 오히려 조직들과 개인들은 그들이 할 수 있는 최선을 위하여 그들의 경쟁적인 에너지를 추진하는 것이다. 타협은 약점이 아니라 강함의 신호이다.

조직 내에 자체 운영 팀들과 다른 수평적 협동의 형태는 부서간의 경계를 허물고 있고 그리고 조직을 통하여 지식을 확산하는 데 돕고 있다. 오늘날 조직들은 경계를 허무는 경향을 보이며 그리고 다른 조직과 협동을 증가하고 있다. 이전 경쟁의 낡은 개념보다 협동이 기업 리더들에게 커다란 도전으로 나타나고 있다. 조직 내에 리더들은 팀워크의 환경을 창조하고 그리고 협동과 상호존중을 육성하는 공동체 의식을 갖는 것이 필요할 것이다.

4) 물체에서 관계

우리의 존재하는 조직과 리더십에 대한 대부분의 아이디어는 세계를 기계로 취급하는 산업사회 패러다임에 기초하고 있었다. 모든 목적은 미리 정하여지고, 지시되며 그리고 개수로 측정된다. 이러한 패러다임은 조직을 물체의 혼합으로 보는 관점이다. 그러나 새로운 패러다임은 양자물리학과 생태학에서 계기가 발견되었다. 이러한 계기는 어떤 현상은 다른 현상과 관계하여서만 이해할 수 있고 그리고 모든 것이 그 밖의 모든 것과 연관을 맺고 있다는 논리에서 단서를 얻은 것이다. 이러한 관점에서 볼 때, 세계는 현실이 분리된 것이 아니고 그들 사이에 관계가 있는 복잡하고, 동태적인 것으로 지각된다. 따라서 리더는 우리의 현실을 새로운 전체적인 관점에서 보아야 할 것이다.

5) 획일성에서 다양성

오늘날 대부분의 조직들은 획일성, 세분화 그리고 전문화의 가정을 가지고 만들어진다. 비슷하게 생각하고 행동하며 그리고 비슷한 업무기술을 가지고 있는 사람들은 회계 혹은 제조 부서와 같은 그러한 부서들로 그룹화 된다. 동질적인 집단은 서로 어울리기 쉽고, 서로 의사소통과 이해하기 용이하다는 것을 발견한다. 그러나 획일적인 생각은 더욱 다중 국가적 그리고 다양하여지는 세계에서 재난이 될 수 있다는 것을 잊어서는 안 된다.

세계는 신속하게 국가 및 세계적 수준의 다양성으로 이동하고 있다. 예를 들어 다음 2년 내지 3년 내에 미국의 노동력에 추가되는 노동자의 45%는 백인이 아닐 것이다. 이들 중 약 반은 대부분 아시아나 남미에서 온 일세대 이민자들일 것이다. 그리고 거의 3분의 2는 여성이 될 것이다. 많은 기업들도 다중 국가 기업운영이 필요하고 있다. 다양성을 조직이 받아들이면서 장점은 가장 재능이 있는 사람을 채용하는 방법이고 그리고 다국적 세계에서 번영하기 충분한, 광범위한 조직의 마인드를 발전시킬 수 있다는 것이다.

제 5 장

리더십의 상황조건적합 이론
(The Contingency Theory to Leadership)

Part I. 자원을 효과적으로 활용하는 상황접근법

리더십의 상황조건적합이론은 40년 이상 미국의 리더십관점을 지배하여 왔다. 그러나 이 모델이 얼마나 성공적이었는가? 의문을 자아내는 것은 많은 미국의 관리이론의 경우에서와 같이 다른 문화의 특성을 적절히 고려하지 못하였기 때문이다. 그러므로 이 모델이 성공하는 열쇠는 문화횡단적으로 문화요소들을 충분히 고려하는 것이다.

제 1 절 상황조건적합이론의 배경

1. 상황조건적합이론의 특성

상황조건적합모델에 의하면 리더십의 가장 좋은 방법은 존재하지 않으며, 효과적인 리더십의 타입과 스타일은 상황적인 요인들에 의하여 영향을 받는다고 주장한다. 상황조건적합이론 관점에서 볼 때, 20세기 초반에 널리 퍼져 있었던 독재적인 리더십과 1960년대와 1970년대의 주요한 초점이었던 참여리더십도 항상 효과적인 것이 되지 못하였다.

1960년 중반까지 관리과학 이론들은 관리학 분야에 가장 좋은 방법이 없다는 명제로부터 시작하여 조직의 연구를 위한 새로운 접근법을 발전하기 시작하고 있었다. 다른 말로 조직 혹은 지도하기 위한 가장 좋은 방법에 대한 영원한 진리와 기본적인 처방을 탐색하려는 의도는 반드시 실패한다는 것이다. 이러한 주장을 한 새로운 학파의 제안을 상황조건적합이론 혹은 상황이론(Contingency theory)이라고 부른다.

상황조건적합이론에 의하면 관리기능을 수행하기 위한 적절한 방법은 조직변수들을 전반적으로 검토함으로써 발견할 수 있다고 주장한다. 그와 같이 적절한 조직구조는 조직 환경의 복잡성, 조직이 수행하는 업무의 성격, 규모, 그리고 관련된 변수들을 평가한 후에 설계될 수 있다는 것을 의미한다. 오늘날 상황조건적합이론을 적용한 조직설계에 관한 연구가 활발하며, 특히 이 접근법을 활용한 리더십에 대한 연구는 더욱 많은 관심을 끌었다.

1940년대 후반 Stogdill은 비록 그가 그 시대 리더십행태연구자들을 충분히 납득시키지 못하였으나 상황의 개념을 제안하였었다. 1960년대 중반에 이르러서야 비로소 리더십에 대한 상황조건적합이론이 발전되었고 그리고 결국 이 분야의 많은 학자들에 의하여 채택되었다.

그러나 리더십이론들을 전반적으로 검토하여 보면 상황조건적합이론에서 벗어나려는 움직임이 역시 일어났고 이러한 벗어나려는 이론들이 오늘날 관리와 리더십사상을 지배하고 있는 것을 보더라도 리더십이론이 상황에만 의존하지 않는다는 것을 지적한 것으로 볼 수 있다.

다양한 상황이론들이 서로 특징적인 차이를 나타내고 있기 때문에 관심분야에 따라 상황조건적합이론을 두 분류로 나눌 수 있다고 본다.[1] 한 부류는 리더들이 어떻게 자원을 활용하는가를 고려하고, 다른 관점은 리더들이 어떻게 부하들과 관계를 발전하고 유지하는가에 대한 초점이다. 그러나 이들 모두는 효과적인 리더십이 리더와 상황의 조합기능이라고 하는 데는 다 동의를 한다.

상황조건적합이론들의 연구 결과는 범위나 강조에 있어서 다르다. 예를 들어 리더의 행태는 관리 이념, 기술의 복잡성 그리고 시간의 상호작용에 의하여 영향

---

1) M. M. Chemers, 1993, "An Integrative Theory of Lerdership," In *Lerdership Theory and Research: Perspectives and Directions*, edited by M. M. Chemers and R. Ayman, New York: Academic Press, 293-320; Nahavandi, *op. cit.*, pp. 123-124(재인용).

을 받는다. 또 다른 학자는 리더십을 상하의 영향과정으로서 강조를 한다. 상황조건적합이론의 내용을 초기에 분명하게 표명한 것으로 넓게 인정을 받고 있는 Fiedler는 조직의 업적을 향상시키기 위하여 필요한 리더십의 스타일은 상황적으로 다르게 일어날 수 있다고 주장한다.

2. 상황조건적합이론 시대: 1960년 초기부터 현재까지

리더십 효과성을 설명하고 예측하는 데 행태적인 접근법이 충분하지 못하다는 주장이 알려지기 전까지 많은 연구자들은 리더십을 이해하려고 더 포괄적으로 연구를 추진하고 있었다.[1] 그들은 특히 과제 그리고 업무집단의 타입과 같은 그러한 상황적 요인들이 고려되어야 한다고 주장하였다. 그러나 1960년까지 이러한 제안들은 받아들여지지 않았다. Fred Fiedler[2]의 연구를 기점으로 리더십 연구는 단순한 상황이론 관점을 강조함으로써 더욱 복잡한 모델로 발전하였다. 과정목표이론(the Path-Goal Theory)과 규범적 의사결정모형(the Normative Decision Model)과 같은 다른 모델들이 뒤를 이었다. 그러한 관점이 현재 리더십연구의 지배적인 위치를 점유하고 있다.

이 장에서는 효과성을 달성하기 위하여 리더들이 자원을 사용하는 방법에 초점을 둔 Fiedler의 상황모델, 규범적인 의사결정모델 그리고 더 최근에 발전된 것으로 인식적인 자원이론(Cognitive Resources Theory)들이 논의될 것이다.

많은 연구자들이 리더십에 대한 상황조건적합이론의 가정에 동의하지만 양분된 의견이 있는 것은 사실이다. 심지어는 상황이론 학자들 간에도 무엇이 효과성을 구성하는지? 리더십 스타일이 자질인가 혹은 학습된 행태인가? 리더십을 평가할 때 어떤 상황적 특징이 고려되어야 하는지에 대하여 서로 동의한 바가 없다. 그럼에도 불구하고 주로 토론은 여러 학자들이 사용한 조사방법과 결과를 해석하는 방법에 관하여 집중하고 있는 것 같다. 불행하게도 이러한 토론들은 연구결과를 활용하며, 훈련프로그램을 선택하고 적용하려는 학생들의 확신을 자주 흔들어 주는 결과를 가져온 것은 부인할 수 없다. 그러나 상황이론은 실무자들에게 많은 의미를 주고 있는 것은 사실이다.

---

1) R. M. Stogdill, "Personal Factors Associated with Leadership: A Survey of the Literature," *Journal of Psychology* 25: 35-71.

2) F. E. Fiedler, "A Contingeney model of Leadership Effectiveness", 1964, in L. Berkowitz(ed.)

상황이론을 이해하기 위해 기본 가정을 파악하는 것이 중요하다. 대부분의 리더십이론들은 상황의 틀 내에 속한다고 가정한다. 그러므로 이 틀은 다음과 같은 가정을 포함하고 있다.

① 리드하기에 가장 좋은 방법은 없다. 다른 리더십 자질, 스타일 혹은 행태들이 효과적일 수 있다.

② 여러 가지 관련된 상황들에 어떤 스타일 혹은 행태가 가장 효과적인가를 결정할 것이다.

③ 사람들은 좋은 리더가 되기 위하여 배울 수 있고 다양한 면에서 좋은 리더가 될 수도 있고 증진할 수 있다.

④ 리더십은 집단과 조직들의 효과성에 있어서 차이를 만들 수 있다. 많은 상황요소들은 조직이 택하려는 방향과 의사결정에 영향을 미칠 수 있다.

⑤ 개인적 그리고 상황적 특징들은 효과적인 리더십에 영향을 미친다.

제 2 절 Fiedler 상황조건적합이론

1. Fiedler의 상황이론

리더십에 대한 다양한 상황조건적합이론들이 있지만 Fiedler의 이론이 가장 광범위하게 알려져 있다. 상황이론 혹은 상황조건적합이론은 리더들과 상황이 조화를 이루려고 노력하는 것을 의미하는 리더-조화이론(leader-match theory)이다. 다른 말로 리더의 효과성은 리더의 스타일이 상황과 얼마나 잘 적합한가에 달려있다는 것이다. 리더의 성과를 이해하기 위하여 리더가 직면하고 있는 상황을 우선 이해하는 것이 필수적이다. 효과적인 리더십은 리더의 스타일이 환경에 적합하게 조화를 이루고 있느냐에 달려 있다.

Fiedler는 다른 환경, 즉 군 조직들에서 근무하는 많은 다른 리더들의 스타일을 연구하면서 상황조건적합이론을 발전시켰다. 좋거나 혹은 나쁜 수백 명의 리더들의 스타일을 분석한 후 Fiedler와 그의 동료들은 주어진 조직 환경에서 리더십의 어떤 스타일이 가장 좋고 그리고 어떤 스타일이 가장 나쁜가에 대한 근거를 경험적으로 일반화하였다.

Fiedler의 배경

Fiedler는 1922년에 Vienna에서 태어났으며 Hitler가 Austria를 침공한 후 곧 미국으로 이주하였다. 궁극적으로 그는 Chicago 대학으로 가서 그곳에서 학사학위와 임상심리학 분야에서 개인 심리분석에 관하여 박사학위를 취득하였다. 1951년 그는 Illinois 대학으로 옮겨서 그곳에서 심리학 교수로 채용되었다. 여러 해 동안 그의 주요한 관심영역은 사람들간의 지각이었고 그는 치유적인 관계 그리고 후에 리더십연구에 관심을 두었다. 1950년 중반경에 Fiedler는 임상심리학의 저술활동에서 리더십과 리더와 부하들간의 관계로 방향을 바꾸었다. 1969년 Illinois에서 Washington 대학으로 옮긴 후 그는 부교수로 Business School과 더욱 밀접하게 일하였다. 그러나 그는 주로 심리학분야에 주요한 기반을 두고 있었던 것은 틀림이 없다. 그는 대학원생들과 그리고 다른 교수들과 같이 연구하여 다수의 논문들과 저서들을 발표하였다. 그는 외국에서 태어난 관계로 문화 횡단(cross-cultural research)연구에 흥미를 가지고 있었던 관계로 해외 대학들에서 많은 교환교수로 역할을 하였다. 그는 계속 저술활동을 하였으나 1992년 Washington 대학에서 은퇴를 하였다.

출처: Miner, *op. cit.,* p. 275.

간단히 말하여 상황이론은 스타일과 상황을 고려한다. 이 이론은 리더와 상황이 효과적으로 조화를 이루기 위한 틀을 제공한다.

Fred Fiedler는 리더십의 상황적 관점을 채택하는데 Stogdill의 조언을 들은 첫 연구자였으며 그리고 리더십에 대한 상황적 접근을 제안하였다.

상황조건적합이론은 1951년까지 거슬러 가면서 오랜 역사를 가지고 있으며 서서히 진화하였다. 상황조건적합이론이 발전하게 되는 데는 두 개의 주요한 단계가 있었다. 첫째는, 1950년 초에서 1960년 초에 이르기까지 본질적으로 탐색적이었다. 많은 자료를 수집하였고 역시 검증하였다. 두 번째 단계는 현존하는 이론과 별로 다르지 않은 상황조건적합이론의 시작이었다. 이 단계는 현재까지 초기의 제안들과 그 당시 이래로 발생하여 온 제안들을 검증하였다.

Fiedler의 상황조건적합이론은 가장 오래되었고 가장 리더십에 대한 연구가 잘된 상황접근법이다. 그의 기본적인 명제는 리더십의 효과성이 리더스타일과 리더십상황의 조화의 기능성이라는 것이다. 다시 말하여 만약 리더의 스타일이 상황과 조화를 이룬다면 그 리더는 효과적이 될 것이다. 만약 리더의 스타일이 환경과 조화를 가져오지 못한다면 그 리더는 효과적이지 않을 것이다.

리더십의 효과성에 관한 모형을 고안하려고 처음으로 시도한 학자는 역시 Fiedler이었다.[1)] 그는 다른 환경, 즉 군 조직들에서 근무하는 많은 다른 리더들의

1) F. E. Fiedler, "A Contingency Model of Leadership Effectiveness," In L. Berkowitz(Ed.),

스타일을 연구하면서 상황이론을 발전시켰으며 주위에서 많은 관심을 받았다. 그 이유는 그의 이론이 리더십스타일과 조직의 환경 사이의 관계를 설명하는 데 가장 좋은 틀 가운데 하나이며, 그리고 그것이 어떻게 리더의 효과성에 영향을 주는지를 제공하여 주었기 때문이다. 즉 리더십은 전적으로 개인에게 있는 것이 아니라 그 개인이 속한 집단 내의 다른 구성원들과의 기능적 관계 속에 존재한다는 것이다. 주변 환경은 리더가 될 사람을 결정하는 데 중요한 요인이다. 이와 같이 리더십은 사회 안에서 끊임없이 변화하는 변수들 간의 상호작용을 통하여 이해되어야 한다. 다시 말하여 리더십은 상황에 가장 잘 부합되어야 한다. 이러한 다양한 리더십의 변수로는 리더행태에 대한 기대, 집단의 목적, 조직의 환경 등의 변수가 변화에 적응하는 리더 유형이 요구되는 것이다.[1)]

이와 같이 리더십 행태는 시간과 장소에 따라서 달라질 수 있으며, 어떤 리더도 모든 상황에 똑같은 리더십 행태를 적용하지 않는다.

1) 리더십 스타일 측정

거의 20년 동안 Fiedler는 설문조사방법을 가지고 리더십을 측정했다. 리더의 스타일을 결정하기 위하여 그는 가장 선호하지 않는 동료 척도(the Least Preferred Coworker scale)를 사용했다. 아래 Northouse는 Fiedler와 Chemers가 제시한 LPC 질문들을 요약했다.[2)] 높은 LPC 점수를 가진 리더들은 낮은 LPC 점수를 가진 사람보다 더욱 인간관계 중심적이었다.

가장 선호하지 않는 동료(LPC)측정

설명: 당신은 일을 가장 잘 못하는 사람을 생각하라. 그 사람은 현재 같이 일하는 사람이거나 혹은 과거에 당신이 같이 일했던 사람일 수도 있다. 그는 당신이 아주 좋아하지 않는 사람일 필요는 없다. 그러나 업무를 달성하는 데 가장 어려움을 가지고 있는 사람이어야 한다. 아래 적절한 숫자에 원표를 하면서 당신에게 보인 그 사람을 설명하라.

Advances in Experimental Social Psychology(pp. 149-190), 1964, New York: Academic Press and F. E. Fiedler, 1967, *A Theory of Leadership Effectiveness*, New York: McGraw-Hill.

1) C. Handy, 1985, *Understanding Organization*, Harmondsworth: Penfuin.

2) Northouse, *op. cit.,* pp. 124-125. Fiedler, F. E. & Chemers, M. M., 1984, "The LPC Questionnaire," *Improving Leadership Effectiveness: the Leader Match Concept,* 2ed., New York: Wiley.

1. 기분 좋음	8 7 6 5 4 3 2 1	기분 나쁨
2. 친절	8 7 6 5 4 3 2 1	불친절
3. 거절	1 2 3 4 5 6 7 8	수락
4. 긴장	1 2 3 4 5 6 7 8	느슨함
5. 희미함	1 2 3 4 5 6 7 8	치밀함
6. 냉담함	1 2 3 4 5 6 7 8	따뜻함
7. 협조적	8 7 6 5 4 3 2 1	적의
8. 싫증	1 2 3 4 5 6 7 8	흥미
9. 싸움을 좋아함	1 2 3 4 5 6 7 8	화목함
10. 침울함	1 2 3 4 5 6 7 8	상쾌함
11. 개방적	8 7 6 5 4 3 2 1	폐쇄적
12. 뒤에서 험담	1 2 3 4 5 6 7 8	충성
13. 신뢰할 수 없음	1 2 3 4 5 6 7 8	신뢰성
14. 배려	8 7 6 5 4 3 2 1	배려심이 없음
15. 불쾌함	1 2 3 4 5 6 7 8	좋음
16. 동조적임	8 7 6 5 4 3 2 1	까다로움
17. 불성실	1 2 3 4 5 6 7 8	성실
18. 친절함	8 7 6 5 4 3 2 1	불친절

□ **채점 해석**

당신의 최종 LPC 점수는 18개의 문항에서 원을 친 숫자의 합이다. 만약 당신의 총 점수가 57 혹은 그 이하라면 당신은 과제가 동기 부여시킨다고 제안하는 low LPC이다. 만약 당신이 58-63점수 내에 속한다면 당신은 자주적이라고 말하는 middle LPC이다. 만약 당신이 64점 혹은 그 이상에 속하는 경우 인간관계가 더 동기 부여시킨다고 생각하는 high LPC이다. LPC는 성격측정이기 때문에 당신이 LPC 척도에서 얻은 점수는 비교적 안정적이고 쉽게 변하지 않는다고 믿는다. Low LPC는 낮고, Moderate LPC는 온건하며, High LPC는 높게 지속하는 경향이 있다. 거듭 검증과 재검증을 거친 결과 LPC의 신뢰성은 높다고 학자들은 주장한다.

2) 리더십 스타일(Leadership Style)

상황조건적합이론의 틀에서 리더십 스타일은 과제 지향적(task-motivated) 혹은 관계 지향적(relationship-motivated)으로서 분류한다. 과제지향적인 리더들은 주로 목적을 달성하는 데 관심을 가지고 있으며 과제를 달성하는 자부심에 의하여 동기 부여된다.1) 반면에 관계지향적인 리더들은 주로 밀접한 인간 상호관계를 발전하는 것을 고려한다. 높은 LPC 점수를 가지고 있는 리더들은 사람들을 충성심이 있고, 진지하며, 따뜻하고 그리고 수용력이 있는 사람으로 묘사하며 동료들을 긍정적으로 평가한다.

리더십 스타일을 측정하기 위하여 Fiedler는 가장 적게 선호하는 동료(the Least Preferred Coworker(LPC))척도를 개발했다. 이 척도에서 높은 점수를 얻은 리더들은 관계 지향적이라고 부르고, 이 척도에서 낮은 점수를 얻은 리더들은 과제

[표 5-1] 과제나 관계에 의하여 동기부여되는 개인들의 차이

Task Motivation(Low LPC): 과제중심	Relationship Motivation(High LPC): 인간관계중심
과제를 완성함으로써 자부심을 갖는다	인간상호관계를 통하여 자부심을 갖는다
과제에 우선 초점을 둔다	사람에 우선 초점을 둔다
실패한 근로자에게 냉담할 수 있다	다른 사람을 즐겁게 하기를 좋아한다
동료의 능력을 중요한 자질로 고려 한다	동료의 충성심을 주요한 자질로 고려한다
세부적이고 섬세한 것을 즐긴다	세부적이고 섬세한 것에 싫증을 갖는다

출처: Nahavandi, *op. cit.*, p. 127.

지향적이라고 Fiedler는 설명했다. 예를 들면 [표 5-1]에서 보듯이 관계에 의하여 동기 부여되는 사람들은 그들의 자부심을 다른 사람과 좋은 관계를 가짐으로써 얻었다. 그러한 사람에게 가장 적은 선호를 받고 있는 동료는 무능력보다는 충성심이 없고 그리고 비협조적인 사람이었다.

리더들은 리더십에 대하여 학자들마다 서로 다른 견해를 가지고 있고, 자신들이 믿고 주장하는 스타일이 서로 다른 경우가 있다. 이러한 경우 우리는 어떤 상황 하에서 어떤 리더십스타일이 더욱 효과적일까에 대한 의문을 상황이론에서

1) Fiedler, F. E. and M. M. Chemers, 1974, *Leadership and Effective Management,* Glenview, Il.: Soft-Foresman.

풀어 보려고 하였다. 예를 들어, 상담하는 대기업의 한 CEO가 과제 지향적이며 낮은 LPC를 가지고 있다. 그는 태도보다는 생산에 초점을 두라고 지시한다. 그는 자신의 리더십 스타일을 다음과 같이 설명한다. "리더들은 만약 사람들이 어떻게 수행하는가보다 사람들이 어떻게 느끼는가를 더 고려한다면 성공할 수는 없다. 이러한 관계중심적인 관점과는 달리 대부분의 기업들은 엄격하게 숫자, 정보 그리고 분석에 의하여 좌우되고 있다. 그러나 이러한 사고는 리더들이 미래 성공을 하기 위하여 필요한 기술, 통찰력, 느낌 그리고 비선형적인 사고를 발전시키는 데 더욱 어렵게 만들 수 있다. 그러나 만약 우리가 모든 구성원과 그리고 그들의 모든 마음이 통하면서 일을 한다면, 우리는 구성원들이나 조직을 위하여 더 나은 성과를 달성할 수 있을 것이다.

Fiedler는 그의 연구를 진행하면서 그는 작업집단의 생산성에 관한 연구의 결과가 일정하지 않기 때문에 점점 더 의문을 갖게 되었다. 공군의 폭격기 승무원들에 대한 그의 첫 연구에서 자주 폭격지점에 바르게 폭격하는 승무원들의 가장 효과적인 리더들은 낮은 LPC 점수를 얻은 과제중심적인 리더였다. 그러나 후에 다른 집단들과 다른 환경에서 수행한 연구에서는 공군조종사들에 관한 연구와는 다른 결론을 얻었다. 다시 말하여 가장 효과적인 리더들은 높은 LPC 점수를 얻은 인간관계중심적 리더였다. 거듭된 연구 후에 얻은 결론에 대한 논리적 근거는 낮은 LPC 리더들, 즉 과제중심적인 리더는 모든 것이 정돈되어 있고 부하들은 단순히 지시받을 필요를 인정하며 그러한 지시를 주는 것이 리더의 당연한 권위로서 인정하는 그러한 상황에서 가장 잘할 수 있다는 논리이다. 비행기 승무원의 리더는 명확한 권력을 소유하였고, 강한 과업구조 및 부하들과 좋은 관계를 가지고 있었기 때문에 승무원들이 자연히 과업을 가장 잘 달성하기 위한 명령을 잘 따를 수 있었음으로 효과적이었다고 Fiedler는 설명을 한다.

더욱더 Fiedler는 리더의 효과성의 변화를 설명할 수 있는 다른 요소들을 탐색하기 시작하였으며, 이러한 탐색의 결과 리더십 효과성을 위한 상황조건 적합 이론의 발달을 낳게 된 것이다. Fiedler의 이론은 리더십 스타일이 어떤 것이든지 간에 리더가 직면하고 있는 상황과 적절히 어울리느냐에 따라 효과적이 될 수 있다고 주장한다.

3) 상황통제변수

이 모형은 Fiedler의 리더십 스타일의 분류(배려 대 과제 중심적 혹은 높은 혹은 낮은 LPC)와 그가 가장 중요하다고 생각하는 상황변수들과 조합한 것이다. Alan Bryman은 리더스타일과 상황변수와 조합을 처음으로 연구한 학자는 Fiedler였다고 주장한다.[1] Fiedler는 리더십 상황을 설명하기 위하여 3가지 요소들을 사용하였다. 중요한 순서로 본다면 다음과 같다.[2]

(1) 리더와 구성원간의 관계(leader-member relations: LMR)

이들의 관계가 우호적이고 협조적인 정도; 그리고 근로자들이 리더를 믿고 충성하는 정도; 리더와 집단 간의 개인적 혹은 애정적 관계의 질. Fiedler에 의하면, 어떤 리더십 상황에서 가장 중요한 요소는 인간관계의 질과 리더와 부하들 그리고 부하들 간의 응집이다. 좋은 리더와 부하들 간의 관계(leader-member-relation: LMR)는 집단이 응집하며 그리고 협조적이라는 것을 의미한다.

그러한 경우 리더들은 그들이 원하는 것을 수행하기 위하여 강력한 통제력을 가진다.

(2) 과업구조(task structure: TS)

그 집단의 과업이 루틴하고 예측성이 있는 정도; 과업의 명확성 및 구체성, 과업구조는 리더십 상황의 두 번째 요소이다. 높게 구조화된 과제 혹은 과업은 분명한 목적과 절차를 가지고 있으며 쉽게 평가되어질 수 있다. 구체적으로 만들어진 청사진은 아주 높게 구조화된 과제이다. 구조화되지 않은 과제는 목적이 불분명하고 과제를 어떻게 다루어야 되는지에 대한 절차도 명확하지 않다. 실제로 다양한 다른 방법들과 절차가 존재한다. 과제의 구조를 완만하게 하는 요소는 리더의 경험수준이다. 만약 리더들이 과제들에 대한 경험을 가지고 있다면 리더들은 그 과제가 더욱 구조화되었다고 지각할 것이다. 다른 한편 경험이 없다면 어떠한 과제도 구조화되지 않은 것으로 나타나게 만들 것이다.

(3) 지위권력(Position Power: PP)

리더권위의 근원과 명확성; 부하들이 명령에 따라오게 할 수 있는 리더의 능

1) Alan Bryman, 1986, *Leadership and Organization*, London: Routlesge & Kegan Paul, p. 128.
2) Richard L. Daft, 1999, *Leadership: Theory and Practice*, The Dryden Press, p. 95.

력, 리더가 집단의 구성원들에게 보상하고 형벌을 가할 수 있는 능력, 리더가 가지고 있는 공식적인 권력의 정도, 리더십 상황의 가장 적은 영향력을 가지고 있는 것이 지위권력이다. 부하들에 대한 리더의 공식적 권력과 영향력은 임명, 해고, 보상 혹은 처벌할 수 있는 것을 의미한다. 많은 공식적인 권력을 소유한 리더는 적은 권력을 소유한 사람보다 많은 통제력을 느낀다.

이 세 요소들을 분석하고 조합을 함으로써 [그림 5-1]에서 보듯이 8개의 리더십 상황들의 리스트를 만들 수 있다.

[그림 5-1] 상황의 유리함에 대한 Fiedler의 분류

	매우 유리함		중간 정도				매우 불리함	
리더와 구성원의 관계	좋음	좋음	좋음	좋음	나쁨	나쁨	나쁨	나쁨
과업 구조	높음		낮음		높음		낮음	
리더 지위 권력	강함	약함	강함	약함	강함	약함	강함	약함
상황	Ⅰ	Ⅱ	Ⅲ	Ⅳ	Ⅴ	Ⅵ	Ⅶ	Ⅷ

출처: Fred E. Fiedler, 1972, "The Effects of Leadership Training and Experience: A Contingency Model Interpretation," *Administrative Science Quarterly* 17, 455.

상황 I은 리더에게 가장 유리하다. 왜냐하면 리더와 구성원간의 관계가 좋고, 과업구조가 높으며(잘 체계화됨), 그리고 리더의 지위권력이 강하기 때문이다. 이러한 상황하에서는 리더가 과제지향적인 리더십 스타일이 효과적일 수 있다. 상황 Ⅷ은 리더에게 가장 불리하다. 왜냐하면 리더와 부하들과의 관계가 좋지 않고 과업구조가 잘 되어 있지 않으며 그리고 리더의 지위권력이 약하기 때문이다. 이러한 경우도 역시 강제적으로 과업지향적인 리더십이 효과적이다. 이 둘을 제외한 다른 상황들은 리더를 위하여 중간정도의 유리함을 나타낸다.

Fiedler의 설명에 의하면, 상황이 유리한 경우, 그 집단은 이미 지시받도록 준비가 되어 있고, 다음 무엇을 할 것인가 말하여 줄 것을 기대하며 그리고 구성원과 상의 없이 독단적으로 결정하고 행동한다고 하더라도 용납이 되는 그러한 분위기를 말한다.

상황이 아주 불리한 경우에는 리더의 적극적인 개입 및 통제 없이 집단은 거의 와해될 것이므로 과업지향적인 리더십이 효과적이라고 한다.

반면에 적당히 유리하고 불리한 상황에 속하는 경우 인간적인 리더십이 더욱 효과적이라고 한다. 그 이유는 상황이 아주 나쁘거나 아주 좋지 않기 때문에 상황을 개선할 수 있는 여지가 있고, 구성원들이 제안을 하거나 토론을 하는데 자유스러움을 느낀다는 점에서 우호적인 관계를 조성하는 데 기여할 수 있기 때문이다.

선호의 정도는 이 세 가지 상황 측면들에 가중치를 부여하고 점수를 결합하여 결정된다. 가중치를 부여하는 절차는 리더-구성원 관계가 과제구조보다 더 중요하고, 과제구조는 지위권력보다 더 중요하다고 가정한다.

리더와 부하들과의 관계가 서로 협조적인 경우 그 집단의 과업은 높게 구조화가 되어 있고 리더는 강한 지위권력을 갖게 된다. Fiedler는 이러한 상황을 유리하다고 표현을 한다.

그 반대인 경우 그 상황을 불리하다고 한다. 그러면, Fiedler는 상황이 아주 명확하게 유리하고 혹은 불리할 때 과업중심적인 접근법이 더욱 효과적일 것이라고 한다. 반대로 그 상황이 분명히 아주 유리하지 않고 혹은 분명히 불리한 경우 인간관계 지향적이 더욱 효과적이라고 주장한다. 이들을 그림으로 표시하면 다음과 같다(그림 5-2 참조).

[그림 5-2] 리더스타일과 상황과의 관계

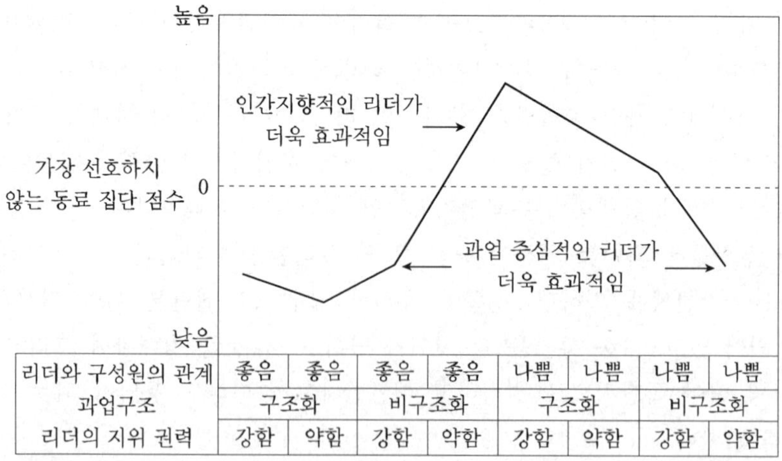

리더와 구성원의 관계	좋음	좋음	좋음	좋음	나쁨	나쁨	나쁨	나쁨
과업구조	구조화		비구조화		구조화		비구조화	
리더의 지위 권력	강함	약함	강함	약함	강함	약함	강함	약함

출처: Fielder, 1972, *The Effects of Leadership and Experience: A Contingency Model Interpretation*, 455.

2. 상황모델의 사용과 사용을 위한 훈련

Fiedler의 상황조건적합모형은 사람들에게 리더십스타일과 직면한 리더십상황을 인식하는 데 도움을 준 것은 커다란 공헌이라고 볼 수 있다. 이 모형에 근거한 주요한 훈련도구는 리더 매치(Leader Match)라고 부르는데 이것은 첫째, 리더에게 자신의 스타일(LPC)을 인식하도록 가르치고 그리고 그들이 직면한 다양한 리더십 상황을 평가하도록 가르친다. 상황들은 자주 동태적일 수 있고, 조화로운 상황(in-match situation)에서 조화롭지 않은 상항(out-of-match situation)으로 리더를 움직일 수 있다. 예를 들면 과제와 관련된 문제를 해결하게 하거나 혹은 리더와 부하의 응집력이 좋은 관계를 조성하여 그들의 집단이 효과적으로 완만한 통제 상황을 이끌어 상황을 높은 통제로 이동한다. 그렇게 함으로써 관계지향적인 리더가 조화롭지 않은 상황을 효과적으로 변화할 수 있다는 것이다. 유사하게, 그들이 과거에 성공하였기 때문에 새롭고 더욱 어려운 임무를 부여받은 과제지향적인 리더들은 그들이 조화를 가질 수 없는 잘 알려지지 않은 과제에 직면할 수도 있다. 그러나 리더 매치(주요한 훈련도구)는 필요할 때는 언제든지 사람들의 리더십 스타일을 변하게 하기 위하여 상황을 어떻게 변화시킬지를 리더들에게 가르친다. 다른 리더십 훈련모델과 비교하여 볼 때, Fiedler는 상황과 조화를 가져오기 위하여 리더들의 스타일을 변화하는 것을 촉구하지는 않는다. 왜냐하면, 사람들인 LPC scores는 오랫동안 지속되고 안정적이기 때문이다. 상황모델은 상황 변화를 지지하며, 요컨대 자원의 효과적 사용을 위하여 리더를 훈련한다.

• 리더십 훈련을 위하여 상황조건적합모형은 몇 가지 실제적인 문제들을 고려해야 한다.[1)]

(1) 리더들은 그들의 스타일을 이해하고 그들이 어떻게 효과적일 수 있는지를 이해해야 한다.

(2) 리더들은 그들이 어떻게 행동하는가를 변화하려고 노력하는 대신에 그들의 스타일에 조화를 가져오기 위하여 상황을 변화하는 데 초점을 두어야 한다.

(3) 부하들과 좋은 관계는 리더들이 부하들을 이끌어 나가는 능력의 열쇠이다. 그리고 그것은 권력의 결핍을 보상할 수 있다.

---

1) Nahavandi, *op. cit.*, pp. 133-134.

(4) 리더들은 훈련과 경험을 쌓음으로써 과제의 모호성을 보상할 수 있다.

그에 대한 또 다른 논란은 리더들은 그들의 리더십 스타일을 개선하는 것 대신에 그들의 상황을 개선해야 된다는 그의 가정이다. 많은 학자들은 리더에 대한 책임을 상황에 적합하게 하기 위하여 그들의 스타일을 변화시키는 데 둔 반면, Fiedler는 관리자들이 그들의 상황변수를 조작함으로써 그들의 효과성을 증진하도록 도울 수 있는 리더 훈련프로그램을 발전하였다. 리더의 기본적인 스타일은 다소간 주어진 것으로 보고, Fiedler 모형의 처방에 따라 참여자들은 그들의 지위, 과업구조 그리고 상호집단간의 관계를 개선하는 방법으로 교육을 받는다. 이 프로그램은 리더들이 그들의 리더십 스타일에 가장 적합한 업무과제를 찾아야 된다는 명제로 결국 귀착하는 논리이다. 학자들은 Fiedler의 연구에 대하여 리더들이 불리한 상황변수를 인식하고 그들을 변화하는 훈련을 쌓는 것은 가능하다고 주장한다. 다른 연구자들은 Fiedler 연구의 결과는 호손 영향(Hawthorne effect)에 기인한다고 말한다. 다시 말하여 참여자들은 어떤 사람들이 그들에게 관심을 가지고 있기 때문에 단순히 더 잘 업무를 수행한다. 어쨌든 많은 장점에도 불구하고 Fiedler의 이론은 대단히 한정된 상황변수와 제한된 리더십 스타일을 포함하고 있는 것은 분명하다.

3. Fiedler의 상황조건적합이론의 장점과 비평

1) 장 점

상황조건적합이론은 몇 가지의 장점을 가지고 있다. 첫째, 상황조건적합이론은 상황과 리더의 영향을 고려하게 함으로써 리더십에 대한 우리의 이해를 넓혀주었다. 상황조건적합이론이 발전되기 전에는 리더십 이론들이 리더십의 가장 좋고 유일한 이론(예: 자질이론)이 있는지에 초점을 두었었다. 그러나 상황조건적합이론은 리더의 스타일과 다양한 상황의 요구들 사이의 관계에 초점을 두어야 하는 중요성을 강조했다. 둘째, 이 이론은 사람들이 모든 환경에서 효과적이 되어야 한다는 것을 요구하지 않기 때문에 장점이 있다. 리더들은 자주 모든 사람들에게 지나치게 많은 것을 요구하는 경향이 있다. 그러나 상황조건적합이론은 리더들이 모든 상황을 리드할 수 있다는 기대를 갖지 않아야 한다고 주장한다. 기업들은 리더의 리더십 스타일을 위해 이상적이라고 생각하는 최상의 상황에 리더들을 배치해야 된다. 리더들이 나쁜 환경에 있다는 것이 분명할 때 상황 변수를 변화시키든지 혹은 리더를 다른 환경으로 이동시키는 노력이 필요하다. 상황조건적합이론은 리더와 환경의 조화를 고려하나, 리더가 모든 환경에 적합하다고는 요구하지 않는다.

2) 비 평

마지막으로 상황이론은 리더와 상황 간에 부조화가 있을 때 조직이 무엇을 해야 하는지를 적절히 설명하지 못한다. 이 이론은 일종의 성격이론이기 때문에 상황조건적합이론은 조직의 리더십을 향상하는 수단으로 그들의 스타일을 다양한 상황에 어떻게 적응시키는지를 리더들에 학습하지 못한다. 오히려 이 접근법은 리더들이 상황을 조정하는 데 관심을 쓰게 하는, 즉 상황을 조정하여 리더에 적합하게 하는 것을 주장한다. 비록 Fiedler나 그의 동료들이 리더의 스타일에 적합하게 하기 위하여 대부분의 상황들이 어떤 면이나 다른 측면에서 변화를 가져올 수 있지만 리더가 상황을 조정하는 데 어떻게 해야 하는지에 대한 처방은 분명하게 이 이론에서는 설명되지 않았다. 실제로 상황은 리더의 스타일과 조화를 가져오기 위하여 항상 쉽게 변화되기는 어렵다. 만약 리더의 스타일이 구조화되지 않고, 낮은 지위권력과 조화를 가져오지 못한다면 그 과제를 더 구조화하고 그리고 리더의 스타일에 적합하게 하기 위하여 지위권력을 증가시킨다는 것은 불가능할 수 있다. 리더가 승진한다고 가정하면 리더가 적합하지 않은 새로운 상황으로 이동하는 것을 의미할 수 있다. 예를 들면 높은 LPC score를 가진 관리자가 리더와 구성원간의 좋은 관계, 과제상황, 그리고 지위권력을 가진 상황으로 승진하였다고 가정하면 상황조건적합이론에 따라 비효율성을 초래할 것이다. 확실히 기업들이 이러한 상황을 변화시킨다는 것은 의문을 갖게 한다. 전반적으로 이러한 상황을 변화시킨다는 것은 긍정적인 결과를 가져올 수 있다. 그러나 이것은 조직을 위해 실행가능성문제를 고려하게 한다.

가장 논란이 되었던 것 중의 하나는 LPC 점수이다. 그는 그것을 OSU 연구의 배려구조(consideration structure)와 과업구조(initiating structure)의 리더행태와 동일시하였다. 그러나 이러한 동일성은 경험적인 분석에 기여하지 못하였다. 예를 들면 응답자의 LPC 점수를 OSU의 설문조사에 기초한 LBDQ 결과와 비교한 연구에 의하면, 이들 둘은 같지가 않다는 것을 나타내었다.[1] 다시 말하여 높은 과

---

1) Martin Chemers and Robert Rice, 1974, “A Theoretical and Empirical Examination of

업 및 배려구조를 가지고 있는 리더들은 반드시 일치하는 LPC 점수를 가지지 않았다.

그 이외에도 많은 학자들이 지난 40년 동안 상황모델을 지지하여 왔지만 반면에 몇 학자들은 강하게 비판하였다. 특히 LPC scores의 의미와 타당성, 이 모델의 예측가치, 그리고 중간 LPC 리더들에 대한 연구의 부족이 주로 비판의 대상이었다.[1] 그러나 지난 30여 년 동안 연구한 것을 관찰하여 보면 전부는 아니지만 거의 위의 비판지적에 관심을 둔 연구이었다. 결론적으로 상황모델은 많은 연구에 의하여 가장 믿을 만하고 예측력 있는 것으로 계속 인정받고 있는 것은 사실이다.[2]

전반적으로 연구결과의 방향은 Fiedler가 예측한 것과 같다. LPC 척도도 타당성이 있고 믿을 만한 것으로 주장하는 학자들도 있다. 가장 중요한 것은 실험실 환경에서 군 조직 및 자원봉사 조직에 이르기까지 검증하였으며, 대부분의 경우 예측력에 있어서 지지를 받았다. 실로 리더스타일과 상황이 조화를 이룬 리더들이 조화를 이루지 못한 리더들보다 더 잘 수행하였다는 것을 검증한 셈이다. 이 이외에도 상황조건적합모형에 대한 효과성의 기본적 정의는 근로자의 만족과 리더 스트레스와 같은 개념을 포함할 만큼 포괄적이다.

특히 의미 있는 것은 한 사람의 LPC가 리더의 행동과 가치관에 가장 유일하고 혹은 강한 결정요인이 아니라는 것을 아는 것이 중요하다. 비록 초점은 전형적인 과제지향적 그리고 관계지향적인 리더의 설명에 두고 있다고 하더라도, 한 사람의 행태는 많은 다른 내부 및 외부의 요소들에 의하여 결정된다는 것이다. 그러므로 상황이론의 범위를 과제 혹은 관계지향으로 한계를 정하는 것은 적절치 않다. 상황조건적합모델 내에서 리더십효과성을 발견하기 위하여 믿을 수 있는 예측변수들이지만 이 범위를 초월할 수도 있다.[3]

Fiedler's Contingency Model of Leadership Effectiveness," In *Contingency Approaches to Leadership*, ed. J. G. Hun and L. Larson, 91-123, Carbondale: Southern Illinois University Press.

1) *Ibid.*

2) Rice, *op. cit.*, pp. 106-118.

3) Nahavandi, *op. cit.*, p. 133.

Part Ⅱ. 교환, 관계발전 및 관리를 위한 상황접근법

앞의 장에서 설명한 Fiedler의 상황모델은 리더들이 효과적이 되기 위하여 다양한 자원을 어떻게 사용하여야 되는지를 고려하였다. 그러나 이 장에서는 리더들과 그들의 부하들과 교환, 리더들과 부하들이 서로 간에 관계를 확립하고 발전하며, 그리고 그들의 관계를 관리하는 방법들에 초점을 두는 상황조건적합이론을 검토한다. 위의 장에서 말하였듯이 상황조건적합이론은 일반적으로 상황적합이론 혹은 상황이론이라고도 부른다. 이 장에서 논할 이론들이 상황에 대한 개념을 계속 사용하나 효과성에 대한 다른 정의를 사용하고 그리고 다른 상황변수들을 사용한다는 점이 다르다. 아주 중요하게 다른 점은 리더들이 어떻게 자원을 사용하는가보다는 오히려 효과적이 되기 위하여 리더들이 부하들을 관리하는 방법에 초점을 둔다는 것이다. 이 장에서 검토하고 있는 모든 이론들은 리더들이 그들의 과제를 이해하고 그리고 부하들의 요구를 시정하기 위하여 그들의 행태를 변화시킬 수 있다는 것을 가정한다.

다음 모델들이 이 장에서 고려될 것이다: Path-Goal Theory, Attribution Models, the Leader-Member Exchange Model(LMX), 리더십 대체이론 모델의 활용과 한계에 대하여 언급될 것이다.

제 1 절 리더와 부하들의 관계에 따른 상황이론

1. 경로-목표이론(Path-Goal Theory)

Evans와 House의 배경

Evans는 1939년에 태어났으며 영국의 Manchester 대학에서 학사학위와 석사학위를 끝낸 후 그는 1968년에 미국의 Yale 대학에서 박사학위를 받았다. 그 당시 Hackman, Lawler, Argyris, 그리고 다른 사람들이 Yale을 연구하고 배우기 위한 좋은 곳으로 만들었다. 학위를 취득한 후 그는 London Business School에서 2년을 보냈으며, 1973년에 그는 Toronto 대학에서 교수로서 정착하였다. 그는 지금도 관리학의 교수로 재직중이다.

House는 더 다양한 경력을 가지고 있다. Detroit 대학을 졸업한 후 그는 Chrysler에서 일하였고, 그리고 모교에서 MBA를 시작하였다. 그는 Ohio 주립대학에서 경영학 분야에서 박사학위프로그램을 시작하여 1960년에 박사학위를 취득하고 그곳에서 교수로서 봉직하였다. 이 시기 동안 그는 Shattle과 Stogdill를 알게 되었다. 그러나 그의 기본 교육은 조직행태가 포함되지 않는 고전관리이었다. 후에 독학으로 공부하였으며 Mckinsey and Company에 가기 위하여 1963년에 Ohio State를 떠났다. 후에 다시 New York의 City University로 옮겼다. 1972년에 House는 Toronto 대학으로 가서 여러 해 동안 Evans와 같이 동료교수로 근무하였다. 최근에는 House는 Pennsylvania 대학의 Wharton School의 교수들과 합류하였다.

출처: Miner, *op. cit.*, pp. 273-274.

리더십의 경로-목표이론(Path-Goal Theory)은 1970년대 초기에 발전되었고 그리고 리더의 중요한 역할은 부하들이 목적을 달성하기 위하여 택하여야 되는 경로를 명확하게 하는 것이다.[1] 그렇게 함으로써 리더들은 부하들이 욕구를 성취하게 하며 그 결과 리더들 역시 자신들의 목적을 달성한다.

묵시적 혹은 명시적인 계약은 아니라 하더라도 리더와 부하들의 교환 개념이 이 모델의 핵심이다. 리더들과 부하들은 생산과 만족을 위하여 서로 교환하는 관계를 설정한다.

지금까지 리더십의 행태와 근로자의 동기부여와 연결하여 만든 이론들이 다수가 있다. 이러한 이론들 가운데 하나가 Path-Goal 이론이며 오늘날 가장 포괄적인 이론으로 평가를 받고 있다. 오늘날 가장 포괄적인 이론인 Path-Goal 이론은 동기부여의 기대이론에서 유래하였다.[2] 기대이론은 사람들이 자신들의 노력과 성과에 대한 보상으로 자신들이 가치 있다고 기대하는 결과를 초래할 수 있다는 지각에 근거하여 자신들의 행태에 대한 합리적 선택을 하는 것으로 설명한다.

1) R. J. House, 1971, "A Path-Goal Theory of Leader Effectiveness," *Administrative Science Quarterly* 16, pp. 321-339; R. J. House and G. Dessler, 1974, "The Path-Goal Theory of Leaderships: Some Post Hoc and a Priori Tests," *In Contingency Approaches to leadership* edited by J. G. Hunt and L. L. Larson, Carbondale, IL.: Southern Illinois University Press, pp. 29-55.
2) L. W. Porter and E. E. Lawler, 1968, *Managerial Attitudes and Performance*, Homewood, IL.: Irwin-Dorsey.

Robert House는 리더의 동기부여 기능이 부하직원들이 업무의 목적을 달성하기 위하여 개인적인 능력을 향상시키는 것을 포함하며, 그리고 목적의 명확성, 장애의 제거, 아울러 개인이 만족하는 기회를 증가시킴으로써 목적달성을 위하여 개인의 진로를 더욱 쉽게 만드는 데 있다고 말했다.[1] 즉 리더들은 부하들에게 목적달성하는 경로를 이해시키고, 그리고 이 경로를 효과적으로 따르는 방법을 알려 준다. 리더들은 부하직원들에게 결과에 통제를 할 수 있다는 것을 알려 주며, 부하직원들에게 결과의 가치를 증가시키는 방법을 찾아 주며, 결과에 이르는 길을 명확하게 하기 위하여 적절한 자문과 방향을 제시하고, 결과에 이르는 길에 닥칠 수 있는 장애와 좌절을 제거하여 줌으로써 부하직원들을 도와주는 행위를 한다. 사용할 수 있는 전략은 근로자의 동기유발을 분명하게 하고, 존재하지 않은 실현가능한 목적의 도입, 그리고 목적을 달성하는 데 구조적 및 개인간의 장애 제거 등을 포함한다.

보상의 파악은 리더가 부하와 같이 어떤 보상이 그들에게 중요한 것인지 말

[그림 5-3] Path-Goal 모델의 리더 역할

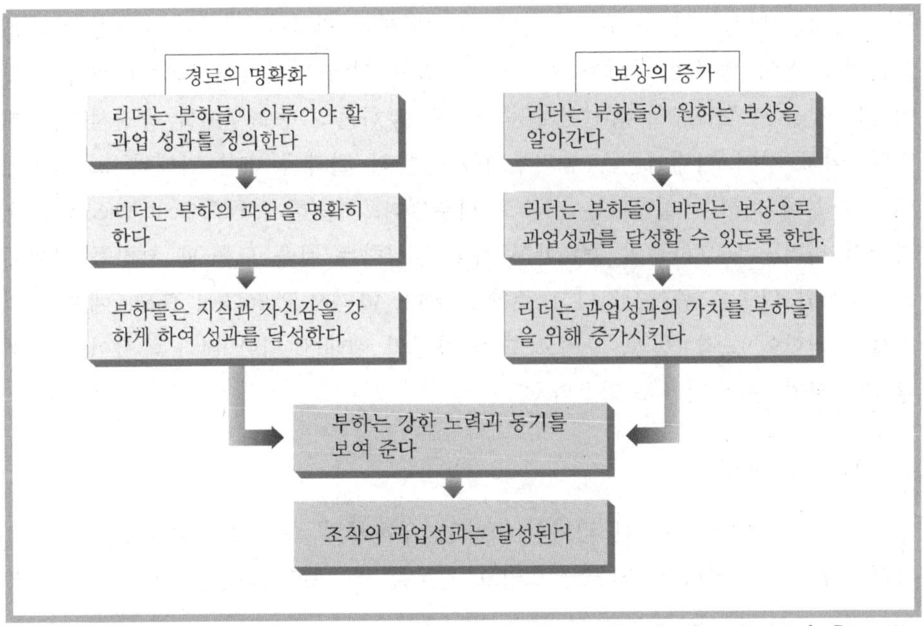

출처: Bernard M. Bass, 1985, "Leadership: Good, Better, Best," *Organizational Dynamics* 13(Winter), 26-40.

1) House, Robert, 1971, "A Path-Goal Theory of Leader Effectiveness," *Administrative Science Quarterly* 16(September), p. 324.

하는 것을 의미한다. 리더의 임무는 목적달성을 위하여 부하들의 개인적 이익을 실현하게 하며, 목적달성을 위한 경로를 쉽게 만들어 주는 것이다. 이 모델은 상황조건적합이론이라고 부르는데 왜냐하면 이 모델은 3개의 상황을 동시에 고려하기 때문이다: 리더스타일, 지지자들과 상황, 그리고 부하들의 요구를 충족시키는 보상.

Evans와 House는 이 이론의 발전에 주로 기여하였다. Martin Evans는 처음으로 그가 Yale 대학의 박사과정에 있을 때 그의 생각을 발전하였으며, 결국 1968년에 완성한 그의 박사논문에서 그 주제를 더욱 발전시켰다.[1] Robert House는 1970년대 초기 New York City University의 Baruch College에 교수로 있는 동안에 처음으로 그의 생각을 발표하였다.[2] 이 두 학자들은 계속 연구를 거듭하였으나, 그들의 생각은 기대이론에 뿌리를 두고 있기 때문에 서로 다른 것보다는 유사한 점이 많았다.

기대이론으로부터 착상을 얻으면서 이 Path-Goal Approach를 옹호하는 사람들은 리더들이 기대, 동기부여의 총량, 수단 및 도구적 관점을 조정하면서 부하들의 작업을 향상시킬 수 있는 방안을 구체화하려 하였다. 리더의 주요한 목적은 그들의 노력이 업무의 달성을 초래할 수 있고 이어 바람직한 보상이 뒤따를 것이라는 것을 부하들에게 확신시켜 줌으로써 부하들의 동기부여를 증진시키는 데 있다. 이와 같이 기대이론은 동기부여를 행동의 결과에 대한 기대와 그 결과에 대한 가치에 의하여 일어나는 것으로 다루었다. 비슷하게 Path-Goal Theory도 효과적인 리더들은 부하들의 중요한 목적을 달성하는 것을 도울 때 부하들 사이에 동기부여와 만족을 증가시킨다고 주장을 한다. 따라서 Path-Goal Theory에서는 리더들의 역할이 노력, 성과, 그리고 그들 자신의 행태에 의한 결과들 사이의 연계를 강화시켜 주는 것을 도와준다.

1) 리더 행태

이 이론은 역시 다양한 리더십 스타일, 부하들의 특성 및 상황적인 요인들을 고려한다. 과제, 리더십 스타일, 그리고 업무는 잘 구조화되었는지? 얼마나 많은

---

1) M. G. Evans, 1970, "The Effect of Supervisory Behavior on the Path-Goal Relationship," *Organizational Behavior and Human Performance,* 5, 277-298

2) R. J. House, 1971, "A Path-Goal Theory of Leader Effectiveness," *Administrative Science Quarterly,* 16, 321-339.

공식적인 권한을 가지고 있는지? 업무집단이 강한 부하들의 특징들이 어떤 리더십 행태가 부하들의 만족에 기여하는지를 결정한다.

만약 과제가 새롭고 그리고 불명확하다면, 부하들은 지식과 경험이 부족하기 때문에 그들의 노력을 낭비할 가능성이 많다. 그들은 좌절되고 동기부여가 되지 않는다. 그러한 경우 리더는 지시나 훈련을 제공하여야 하며 그로 인하여 부하들의 성과에 대한 장애를 제거하고 그들에게 임무를 달성하도록 도와주는 것이다. 이 과정에서 리더들은 다음과 같이 4개의 리더십 스타일들 가운데 선택을 한다.[1)]

① 지시적 리더십(Directive Leadership): 과업지향 혹은 과업구조의 스타일로서 리더들은 부하들이 참여할 기회를 제공하지 않고 지시한다. 리더의 과업은 작업 할당, 작업 지속, 작업 구조 그리고 업적기준의 강요와 감독을 포함한다.

② 후원형 혹은 지지적 리더십(Supportive Leadership): 이 리더의 행태는 부하들에게 친절하고 존경받는 리더로 특징을 갖고 있다. 근로자들은 평등하며, 리더는 근로자를 위한 작업환경을 쾌적한 곳으로 만들려고 최선을 다한다. 업무를 수행하는 데 장애를 제거하려 노력한다.

③ 참여적 리더십(Participative Leadership): 리더들은 결정을 하기 전에 부하들과 상의하고 그들과 함께 문제 상황과 계획에 대하여 논의한다.

④ 성취지향적 리더십(Achievement-Oriented Leadership): 리더들은 목적을 적절히 달성할 수 있다는 자신들의 확신을 보여 주면서 부하들을 위하여 도전적인 목적을 수립한다.

2) 상황과 상황조건적합

Fiedler의 Contingency Model과는 달리 Path-Goal Theory는 관리자들이 다양한 상황에 가장 적합한 리더십 스타일로 처방을 하면서, 필요에 따라 관리자들은 그들의 리더십 스타일을 변경할 수 있다는 것을 가정한다. 원래 Path-Goal Theory의 해석은 협조적 그리고 지시적 리더십의 두 리더행태에서 출발하였다. 협조적 리더십은 배려행태와 유사한 반면, 지시적 리더십은 과제 지향적(구조) 리더십과 비슷하다. 더욱 연구를 통하여 참여적 그리고 성취 지향적 리더십이 이 모델에 첨가되었다.[2)]

---

1) House, Robert and Terrence Mitchell, 1974, "Path-Goal Theory of Leadership," *Journal of Contemporary Business* 3(Autumn): 81-97.

2) R. J. House and T. R. Mitchell, 1974, "Path-Goal Theory of Leadership," *Contemporary*

[그림 5-4]는 어떻게 리더십 행태가 상황에 맞추는가에 대한 4가지 예를 제시한다. 첫 상황에서, 부하가 확신이 서지 않는 경우, 협조적 리더십 스타일은 부하가 업무를 수행하고 보상을 받는 데 필요한 행태를 착수하도록 용기를 북돋우는 사회적 지지를 제공한다. 실제로 모호하고 불확실한 상황은 지시적인 리더십에 의하여 다루어지는 것이 바람직하다. 그 이유는 근로자들은 불확실한 상황에서는 불안하고 걱정을 하기 때문이다. 그와 같이 과업구조의 사용이 적절하고 바람직할 것으로 간주될 것이다. 둘째 상황에서 업무는 모호하고, 그리고 부하들은 효과적으로 수행하지 못한다. 이러한 경우 지시적 리더십 스타일이 지시를 하며 그리고 부하들이 어떻게 업무를 달성하며 그리고 보상을 받는지를 알 수 있도록 과제를 명확히 한다. 세 번째 상황에서는 부하는 업무에 의하여 도전을 받지 않는다. 그러므로 성취 지향적 행태가 더 높은 목적을 설정하기 위하여 사용된다. 네 번째 상황에서는 틀린 보상이 부하에게 주어지는 경우이다. 이러한 경우, 참여적 리더십 스타일을 사용하여 이를 시정한다. 부하들의 요구를 논의한 후, 리더는 과제 달성을 위하여 정당한 보상을 탐색할 수 있다.

[그림 5-4] Path-Goal 상황과 선호하는 리더십행태

상 황	리더의 행태	부하들의 영향	성 과
부하들은 자기 확신이 부족	지원적 리더십	증가하는 확신에 과업성과를 달성한다	더 많은 노력: 증가하는 성과와 만족
불명확한 업무	지시적 리더십	명확한 보상의 방침	더 많은 노력: 증가하는 성과와 만족
과업 도전의 부족	성취 지향적 리더십	높은 목표 설정	더 많은 노력: 증가하는 성과와 만족
잘못된 보상	참여적 리더십	부하들의 요구의 명확화와 보상의 변화	더 많은 노력: 증가하는 성과와 만족

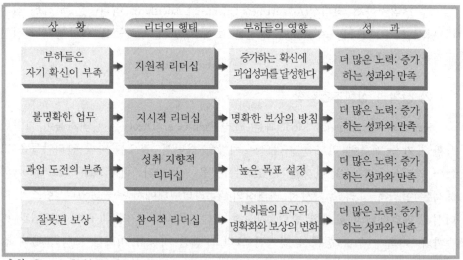

출처: Gary A. Yukl, *Leadership in Organizations*, Fourth Edition(Englewood Cliffs, NJ.: Prentice-Hall, 1998).

Business 3 Fall: 81-98.

3) 제한과 적용

비록 몇몇 연구들은 Path-Goal 이론을 지지하였으나 아직도 이 이론에 대한 경험적인 지지는 혼합되어 있는 편이다. 그럼에도 불구하고 Path-Goal 이론은 우리의 관심인 행태에 초점을 두어 리더십에 대한 우리의 이해에 기여하였다는 것은 부인할 수 없다. 더욱이 리더십 효과성을 위한 기준으로 부하들의 만족을 사용하는 경로-목표 이론은 리더십에 대한 우리의 시야를 넓혀 주었으며 다른 이론들에 비하여 비교적 사용하기 쉬워 많이 활용되고 있는 것을 부인할 수 없다.

특히 Path-Goal 이론은 리더십을 이해하는 데 많은 공헌을 하였다. 이들 가운데 가장 현저한 것은 리더의 행태와 근로자의 동기부여간의 관계를 탐색하는 것이다.

이 이론은 근로자가 어떠한 상황에 어떻게 반응할 것인가를 파악할 수 있는 안목을 주었으며, 그리고 리더들이 어떻게 행동하여야 조화를 가져오는가에 대한 제안을 준다는 장점이 있다. 이것은 리더들이 이전의 많은 다른 이론들이 제안하여 왔던 것보다 부하들에게 더 많은 책임감을 가지고 있다는 것을 의미한다. 리더들이 그들의 스타일을 작업환경에 적합하게 하기 위하여 리더의 스타일을 변경할 수 있고 변경하여야 된다는 주장은 Path-Goal 이론이 관리자들로 하여금 그들의 상황을 진단하고 따라서 그들 자신의 행태를 변화할 것을 실제로 요구한다는 것을 의미한다.

Yukl은 Path-Goal Theory의 유용성을 제약하는 이 이론의 개념적인 약점을 지적하였다.[1] 그에 의하면 일반적으로 이 이론의 가장 큰 단점은 리더의 영향을 설명하기 위하여 주요한 근거로 기대이론을 사용하였다는 것이라고 지적한다. 기대이론은 자아개념과 같은 그러한 인간의 동기부여의 어떤 중요한 면을 고려하지 못한다. 기대이론은 리더십영향에 관한 설명을 단지 부하들의 지각 변화에 국한하여 리더의 영향을 설명하고 있다는 점이 문제다.

다른 개념적 단점은 모호하고 광범위하게 분류한 리더십행태에 지나치게 의존하여 부하들의 행태와 일치하지 않는 일이 중간과정에서 발생할 수 있다는 점이다. 그러한 설명은 역할기대의 명확화, 성취의 인정, 상황에 적합한 보상제공, 부하들이 모방할 적절한 모델 행태, 그리고 부하들의 업적에 대한 높은 기대의

---

1) Gary Yukl, 2002, *Leadership in Organizations,* Fifth Edition, Prentice-Hall, Inc., Upper Saddle River, NJ. 07458, p. 216.

전달과 같은 구체적인 행태들을 고려하면서 리더의 행태와 부하들의 동기부여를 연계하여 설명하는 것이 바람직하다. 그렇기 때문에 Path-Goal 이론이 리더십 스타일과 부하들의 동기부여의 다양한 복잡성을 파악하지 못한 것을 종종 지적받는 것은 이해할 만하다.

최근에 House는 이 이론의 단점을 보완하기 위한 시도로서 더욱 구체적인 행태 변수를 첨가하였다. 그러나 문제는 이 이론이 한 타입의 상황변수보다 더 많은 변수를 가진 행태들과 그리고 이들간의 상호작용들에 역점을 두지 않으면서 리더십행태의 각 타입만을 별개로 계속 다루고 있다는 것이다.[1] 예를 들면 이 이론에 의하면 지시적 리더십이 과제가 구조화되어 있지 않을 때 유익할 것이나, 높은 수준의 전문적인 훈련과 경험을 가진 그러한 부하들의 역할을 명료화하려고 노력한다면 도움이 되지 못한다. 지시적 리더십은 비구조화된 과제를 위해서는 적합하지 않다.

하지만 많은 제약점에도 불구하고 Path-Goal Theory는 리더들이 잠재적으로 관련된 상황변수를 탐색하기 위한 개념적인 틀을 제공함으로써 리더십 연구에 중요한 기여를 한 것은 틀림없다. 최근에 이 이론에 대하여 더욱 포괄적이나[2] 초기의 이 이론보다 더욱 증진을 가져오는지는 두고 보아야 할 것이다.

2. 귀인이론(Attribution Theory)

Attribution Theory는 심리학에서 오랜 역사를 가지고 있다. 이 이론이 조직행태가 논의되기 전 이미 사회심리학에서 연구가 진행되었다. 이 이론에 대하여 가장 잘 알려지고 연구를 많이 한 학자는 Terence Mitchell과 그의 동료에 의하여 발전된 접근법이며, 이 접근법은 리더들이 부하들의 낮은 성과를 어떻게 지각하며 그리고 설명하는가를 밝혀 내려고 하였다. 귀인이론은 다른 사람들간의 행동에 대하여 설명하는 이론이다. 다시 말하여 Attribution Theory는 효과적 혹은 비효과적인 성과를 위한 이유와 그리고 적절한 반응을 결정하기 위하여 리더에 의하여 사용되는 인식적인 과정으로 설명한다.[3]

---

1) R. N. Osborn, 1974, "Discussant Comments," In J. G. Hunt & L. L. Larson(Eds.), *Contingency Approaches to Leadership*(pp. 56-59). Carbondale: Southern Illinois University Press.

2) R. J. House, 1996, "Path-Goal Theory of Leadership: Lessons, Legacy and a Reformulated Theory," *Leadership Quarterly,* 7, 232-352; Yukl, *Leadership in Organization*, p. 216(재인용).

3) S. G. Green & T. R. Mitchell, 1979, "Attributional Processes of Leader-Member Exchanges,"

1) 귀인이론의 배경

Mitchell의 이론은 두 영역의 배경에서 뿌리를 찾을 수 있다. 귀인이론은 부하들의 비능률을 진단하여 그 원인을 찾아내는 진단이론을 발전한 것이다.[1] 귀인이론의 구성요소는 아주 광범위하고 그리고 시간적으로 훨씬 과거에서 시작하였다. 처음에는 1958년 Fritz Heider의 연구인 것으로 고려되었고, 후에 Edward Jones와 Harold Kelley 그리고 Julian Rotter의 영향을 받았다.[2] Mitchell은 이들의 연구를 그의 생각의 근원으로 생각하였다. Jones는 특히 행위자들과 관찰자의 차이에 기여를 하였고, 그리고 Kelley는 Mitchell의 이론을 공식적으로 구축하는 데 귀인과정에 대한 관점을 제공하였다.[3] Rotter는 낮은 성과의 원인을 밝혀내는 Mitchell의 귀인이론에 기여를 하였다.

Mitchell의 배경

1942년에 태어나고 1964년 Duke 대학에서 심리학 분야에서 학사학위를 취득하였다. 그리고 영국의 Exeter 대학에서 행정학을 공부하였으며 그의 석사학위과정은 Illinois 대학의 심리학 분야에서 전공으로 그리고 부전공으로는 행정학을 공부하였다. 그는 1969년에 박사학위를 받았으며, 그 후 즉시 Washington 대학 경영대학에서 조직행태와 심리학을 가르쳤다. 1969년에 Fred Fiedler는 Illinois 대학에서 Washington 대학으로 옮겼으며, 그들이 개인간의 지각에 많은 관심을 가지고 연구를 한 것은 우연이 아니다. 비록 그들이 1970년대 이래로 그들의 연구 방향이 다른 곳으로 향하였으나 서로 저술활동을 같이하였다. 그는 Washington 대학에서 종신 교수로 임명된 후, 그 이래 그 대학에서 교수로서 활동하였다. 그는 많은 다른 학자들과 같이 연구하였으며, 이러한 연구가 귀인이론(Attribution Theory)에 기여를 하였다.

출처: Miner, *op. cit.,* p. 679.

Organizational Behavior and Human Performance, 23, 429-458.

1) T. R. Mitchell and J. R. Green, Jr., 1977, "Leader Behavior, Situational Moderators, and Group Performance: An Attributional Analysis," *Organizational Behavior and Human Performance* 18, 254-268.

2) J. B. Rotter, 1966, "Generalized Expectations for Internal versus External Control of Reinforcement," *Psychological Monographs*, 80(609).

3) Harold H. Kelley, 1967, "Attribution Theory in Social Psychology," *Nebraska Symposium on Motivation*, 15, 192-238.

사회심리학자들은 부하들 행태의 원인에 대한 리더의 귀인이 부하들을 평가하는 데 영향을 미칠 수 있다고 주장한다.[1] 즉 사회심리학자들은 사람들이 어떻게 서로들에 원인을 돌리는지, 혹은 어떻게 사람들이 특징들을 다른 사람들에게 귀인하는지에 관한 이론을 발전시켰다.

어떤 학자들은 이러한 관점을 리더십에 적용함으로써 유용한 통찰력을 얻는 데 도움이 된다고 한다. 즉 행동의 결과에 대한 원인을 파악하기 전에 리더는 섣부른 행동을 결정해서는 안 된다. 다시 말하여 리더들이 어떻게 반응하여야 하는지를 결정하기 위하여 우선 부하들의 행위와 성과에 대한 원인을 파악하여야 한다. 인간은 저마다 다르다는 것을 인정해야 한다. 서로 다른 안경을 쓰고 세상을 보는 것과 같다고 할 수 있다. 생김새와 나이, 이름도 제각각 다르다. 따라서 사람들은 하나의 현상에 대해서도 가정교육이나 환경, 가치 문화 등에 따라 각기 다른 정의를 내린다. 이러한 차이를 인정한다면 원인을 찾는다는 것이 쉽지 않다는 것을 이해할 수 있다. 예를 들어, 부하가 중요한 잠재적 고객과 접촉을 실패하고, 그 결과 경쟁자에게 자신의 고객을 빼앗겨 버렸을 때, 그 관리자는 앞으로의 대책을 강구하기 위하여 잘못된 원인을 찾기에 노력할 것이다. 관리자가 부하의 게으름 혹은 그 업무에 대한 관심의 결핍이라고 원인을 지각하든지 혹은 고객의 중요성을 의사소통하지 못한 원인이 미래 관리자의 행동을 결정하여 줄 것이다.

리더는 문제 직원을 일대일로 만나 자신의 행동을 객관적으로 설명하게 한 다음 해결책을 만들어 시행할 수도 있다. 직원의 사소한 몸짓, 목소리 톤, 언행이나 침묵을 자세하게 파악도 하여야 한다.

몸짓에는 말하는 사람의 심리나 의도가 담겨 있다. 화가 났는데 그렇지 않은 척한다면, 목소리가 평상시와 다를 것이다. 리더가 문제를 솔직히 말하고 진정으로 귀담아들을 경우, 부하직원들은 리더에게 더욱 많은 정보를 제공할 것이다. 즉 부하직원들을 통제하는 데 필요한 많은 정보들을 제공받을 수 있는 방법이기도 하다.

사회심리학자들은 여러 해 동안 행태의 원인을 추정하는 과정을 연구하였다. 그러한 과정을 귀인(attribution)이라고 불리며 그리고 다른 사람의 행태들과 그리

1) Barry M. Staw, 1975, "Attribution of the Causes of Performance: A General Alternative Interpretation of Cross-Sectional Research on Organizations," *Organizational Behavior and Human Performance*, pp. 414-432; H. H. Kelley and J. L. Michael, 1980, "Attribution Theory and Research," *Annual Review of Psychology*, pp. 457-501.

고 우리 자신의 행태의 원인을 해석하는 방법을 설명하는 데 초점을 두었다. 학자들은 상황에 대한 분석뿐만 아니라 민족의 문화를 포함하여 많은 요인들을 고려한다.

두 요인들이 리더십상황에서 작용을 한다. 첫째, 리더는 잘못의 원인이 부하의 내부에 있는지 혹은 외부에 있는지(예: 과제의 어려움, 훈련 혹은 지지의 결핍, 운이 나쁨 등)를 파악하고, 둘째, 리더는 행동의 올바른 코스를 결정하지 않으면 안 된다. 부하의 행동이 목적 달성과 생산성에 영향을 미치는 정도와 그에 적절한 행동을 결정하기 위하여 더 많은 정보를 수집하여야 한다.

2) 귀인이론의 내용과 분석절차

Green과 Mitchell은 낮은 성과에 대한 관리자의 반응을 두 단계로 설명했다. 첫 단계는 관리자가 낮은 성과의 원인을 결정하려고 하는 것이고, 두 번째 단계는 관리자가 문제를 시정하기 위하여 적절한 반응을 선택하는 것이다.

관리자들은 낮은 성과의 주요한 원인을 부하 내부의 어떤 것(예: 노력 혹은 능력의 결핍)과 부하의 통제력을 초월한 외부의 문제들(예: 과제가 본질적으로 장애를 가지고 있고, 자원은 부적절하고, 정보는 불충분하며, 다른 사람은 필요한 협조를 제공하지 못하고, 혹은 아주 운이 나쁘다)에 귀인(탓으로)한다. 외부적인 귀인은 ① 부하가 비슷한 과제의 낮은 성과에 관한 전 기록이 없을 때, ② 부하가 다른 과제를 효과적으로 수행할 때, ③ 부하가 비슷한 상황에서 다른 사람들과 같이 잘 수행할 때, ④ 실패 혹은 잘못의 영향이 중요하거나 해롭지 않을 때, ⑤ 관리자가 성공을 위하여 부하에게 의존하고 있을 때, ⑥ 부하가 다시 노력하여 회복하는 자질이 있다고 지각할 때(예: 인기, 리더십 기술), ⑦ 부하가 변명과 사과를 하였을 때, ⑧ 외부적인 원인들을 암시하는 증거가 있을 때 발생하기 더욱 쉽다. 외부적인 원인이 밝혀졌을 때는 관리자는 더 많은 자원을 공급한다든지, 장애를 제거한다든지, 더 좋은 정보를 제공한다든지, 본질적인 어려움을 감소하기 위하여 과제를 변경하든지, 혹은 운이 나쁠 때 동정을 표시하는 것과 같은 그러한 상황을 변호하게 함으로써 반응하기 쉽다.

반면에 내부적인 귀인(원인)이 밝혀지고 그리고 관리자들이 그 문제가 불충분한 능력이라고 결정할 때, 유사한 반응은 세부적인 지시를 제공하는 것이며, 부하들의 업무를 더욱 면밀히 감독하고, 필요할 때는 코치하며, 더욱 쉬운 목적과 최종시한을 제시하고 혹은 부하들에게 더욱 쉬운 업무를 할당한다. 만약 그 문제가 부하들의 노력과 책임의 결핍으로 지각된다면, 역시 유사한 반응은 직접적 혹은 비직접적 상담을 제공하고, 부하에게 경고 혹은 꾸지람 및 처벌을 하며 잇따른 행태는 자세히 감독하고 혹은 새로운 자극을 찾는다. 부하직원은 업무를 불충분하게 얼렁뚱땅 처리하였다는 사실조차 인식하지 못하고 있을지도 모른다. 대부분의 사람들은 자신이 업무를 깔끔하게 처리했다고 생각하기 때문이다. 이러한 경우 구체적인 증거가 있는 사례를 가지고 설명하는 것이 설득력이 있다.

업무 처리 기술이 부족한 부하와 다른 이유로 업무를 제대로 처리하지 못하는 부하를 구별하도록 해야 한다. 업무처리를 제대로 처리하지 못하는 경우 리더는 보통 업무능력이 부족해서 그럴 것이라고 지레 짐작할 수 있다. 그러나 정작 그 사실을 알고 보면 그 원인이 다른 데 있다. 예를 들어 업무를 얼렁뚱땅 대충대충 처리하려는 업무자세에 원인이 있는 경우가 많다. 문제가 업무기술과 관련된 것이라면, 리더는 해당 직원에게 어떤 도움을 줄 수 있을지 파악한다. 동료직원들이 해당 직원에게 업무에 박차를 가하도록 동기부여를 할 수 있는가? 전문지식을 가르치는 세미나가 도움이 될 것인가? 동시에 해당 부하가 다른 업무에서는 얼마나 뛰어난가 하는 점도 고려한다. 자신의 장점이 맡은 업무와 맞아떨어져 빛을 발할 때는 약점을 모두 덮고도 남을 것이기 때문이다. 어떤 분야에 문제가 있는지 정확히 파악하여야 한다. 많은 것을 고려해 보아도 현재 자리에 역부족이라고 판단이 되면 해당 부하를 다른 부서로 전출하는 문제를 진지하게 생각해 볼 수 있다.

실례를 들어 보자. 병리학 연구실에서 일하는 한 의료보조원의 업무 업적은 지난 6개월 동안 모든 면에서 만족할 만한 수준이 못되었다. 이를 두고 3인의 감독자들이 다른 평가를 하였다고 하자. 예를 들면, 연구실 감독자는 장비의 잦은 고장이 이 보조원의 수준 미달의 업적을 가져오게 하였다고 주장한다. 실험책임자는 이 보조원은 업무의 과중 때문에 낮은 업적을 달성하고 있다고 원인을 찾는다. 부서책임자는 이 보조원이 게으르기 때문이라고 주장한다. 이러한 예에서 중요한 것은 보조원을 평가하기 위하여 이들 3인의 리더 행태는 상황을 서로 다르게 보는 시각이다. 즉 연구실 책임자는 더 좋은 장비를 요구할 것이고, 실험책임자는 인원 보충을 주장하며, 부서 책임자는 보조원에 대한 질책을 가할 것이다. 이러한 예는 귀인이론이 개발하게 된 원인을 잘 설명하여 준다. 귀인이론은 부하의 행태가 직접적으로 리더의 행태로 연결되는 것이 아니라 부하의 행태는 리더로 하여금 부하 행태의 원인을 찾고 그러고 나서 리더의 행태로 연결된다.

Kelley에 의하면 이러한 귀인들은 원인으로서 근로자의 인식, 원인으로 업무, 그리고 원인으로 그 사건을 둘러싸고 있는 외부환경에 대한 인식을 근거로 분류할 수 있다.[1)]

아래 귀인이론의 모델은 두 영역에 대한 관찰로서 시작한다. 첫 관찰은 혈액을 분석하는 한 의료보조원의 생산 업적이 수준 이하라는 것을 관찰하는 것이고 두 번째의 관찰은 이 보조원의 업적 수준에 영향을 끼친다고 보는 상황적인 요인들을 관찰한다. 이 두 영역에 대한 관찰은 다시 관찰단서(observation cues)들에 의하여 분석된다.

다음과 같은 세 개의 관찰단서들은 아주 중요한 것이다.[2)]

① 특수성(distinctiveness): 개인에게 다른 종류의 업무를 시켜 보더라도 같은 결과가 나오는지 관찰한다. 예를 들어 혈액을 분석하는 이 보조원에게 다른 종류의 업무를 시켜 보더라도 같은 결과가 나오는지 관찰한다. 만약 이 보조원이 혈액을 분석하는 것에는 낮은 업적을 산출하였으나 다른 종류의 업적에는 높은 산출을 내었다면 우리는 이 보조원의 행태는 특수한 것이라고 말할 수 있다. 혹은 다른 시간 즉 아침, 오후 및 저녁시간에 같은 일을 수행하도록 하고 그 결과를 검토하여 본다. 그렇게 하여도 계속 같은 결과가 나온다면 그의 행태는 일관성이 있다고 본다.

② 일관성(consistency): 업무에 대한 그 사람의 성과가 지속적으로 다른 정도라면 일관성이 없다고 본다. 이 사람이 혈액을 분석하는 데 항상 성과가 낮았는지? 만약 그가 그 일에 만족하지 않는다고 하더라도, 그의 혈액 분석업무의 성과가 항상 일관성이 있는지? 이 행태가 다른 사람에게 같은 일을 시켜 보아도 같은 성과가 발생하는 일관성이 있는지를 판단하여 보는 것이다.

③ 일치성(consensus): 다른 사람에게 같은 일을 시켜 보아도 같은 정도의 업적이 수준 미달로 달성되는 정도를 말한다. 이 보조원이 하는 혈액검사를 다른

---

1) Harold, H. Kelley, 1973, "The Process of Causal Attribution," *American Psychologist*, 28, pp. 107-128.

2) H. H. Kelley, 1967, "Attribution Theory in Social Psychology," in D. Levine(ed), *Nebraska Symposium on Motivation,* Lincoln: University of Nebraska Press; H. H. Kelley and J. L. Michela, 1980, "Attribution Theory and Research," *Annual Review of Psychology*, pp. 457-501.

기능인에게 시켜 보아도 같은 수준의 업적이 달성되는 경우 우리는 일치성이 있다고 말할 수 있다.

이러한 관찰의 목적은 인과관계 속성을 발견하는 것이다. 우리는 내부 및 외부의 인과관계 속성을 분류하여 관찰할 수 있다. 내부요인은 관찰된 사람에게 내재되어 있는 원인들이고, 외부원인은 관찰되는 사람의 주변 변수들이다. 즉 이 의료보조원의 낮은 업적은 동기부여의 낮은 수준, 혹은 능력의 낮은 수준, 혹은 조직에 충성하고자 하는 의식의 결여 및 게으름과 같은 요인의 탓으로 돌릴 수 있다. 외부 요인은 수준이 낮은 장비, 과도한 업무량, 충분치 못한 인력, 혹은 비현실적인 시간제약 등으로 지적할 수 있다. 문제 직원이 개인적인 문제로 고통을 겪고 있는 경우도 있다(몸이 아프신 부모님 문제, 반항이 심한 자녀 문제, 이혼 또는 경제적인 어려움 등). 이런 경우라면 곤경을 충분히 이해하고 있다는 점을 보여 주도록 한다. 가능하다면 해당직원이 개인적인 문제를 해결하는 데 전력을 기울일 수 있도록, 업무 시간을 빼주거나 일정을 조정해 줄 수 있다. 그러나 문제가 지속되고 직장에 심각한 부정적인 영향을 미칠 경우에는, 반드시 일종의 결단이 필요하다는 점을 스스로 깨닫게 해야 한다.

결국 인과관계 속성분석은 리더가 택할 실제적 리더십을 결정하는 데 도움을 줄 것이다. 만약 외부요인들이 잘못된 것이라면 감독자들은 다 같이 전반적인 상황의 증진에 노력할 것이고 반대로 내부요인이 잘못된 것이라면 직업훈련, 통제, 질책, 다른 업무로 이전 혹은 이직이 고려될 것이다.

오늘날 귀인이론은 행태주의자들의 많은 관심을 얻고 있을 뿐만 아니라 더욱이 인과관계 속성은 리더들이 어떠한 행태를 선택할가를 결정하는 데 중요한 역할을 한다고 볼 수 있다.

리더가 귀인의 결정에 영향을 미칠 수 있는 또 다른 요소는 국가의 문화이다. 예를 들면, 문화가 서로 다르기 때문에 원인(귀인)을 찾는 것이 얼마나 어렵다는 것을 인식할 수 있다.[1)] 요르단에서 근무하는 한 캐나다의 국적 이탈 관리자가 그가 지방기업으로부터 새로운 장비를 구입하는 결정을 하기 전에 그의 요르단 보좌관에게 의견을 물었다.

그의 요르단 보좌관은 확실하거나 정확한 대답을 주지 않았다. 하지만 느낌

1) Nahavandi, *op. cit.*, pp. 164-165.

으로 어떤 기업이 다른 기업보다 더 잘할 것이라는 것을 제안하는 것 같았다. 그 캐나다 관리자는 그 기업에서 주문을 하였다. 그러나 그 결정이 잘못되어 결국에는 비용이 많이 드는 것으로 판명이 되었고, 한마디로 재난이었다. 그 캐나다 관리자는 그의 보좌관이 창의력이 결핍한 것을 지적하면서 비협조적이고, 심지어는 무능력과 불성실하다고 비난을 한다. 그러나 그 요르단 보좌관은 자신에 대한 비난이 확신의 결여나 무능력한 운영자란 인식에 그 캐나다 관리자는 놀라 당혹한다.

이 경우의 리더는 그 자신의 문화의 틀에서 그의 부하의 반응을 해석하려는 오류를 범할 수도 있다는 위험을 인식하는 것이 중요하다.

캐나다인의 문화는 사람들 사이에 권력의 현격한 차이가 없다. 그러므로 리더가 모든 정보를 가지고 있지 않을 때, 부하들로부터 환류를 얻는 것은 당연하고 바람직하다. 캐나다 문화의 틀 속에서는 돕기를 거절하는 부하는 무능력하고 혹은 불성실한 것으로 비난의 대상이 된다. 그와 같이 그 캐나다 관리자는 자신의 요르단 보좌관을 자신의 문화 틀 내에서 그 보좌관의 행태를 해석하고 있다. 그러나 요르단의 문화는 사람들 사이에 권력의 차이가 현저하고 그리고 강한 애국적인 전통을 가지고 있다. 그 요르단 보좌관의 관점으로는, 상관이 해결을 하지 못하거나 그의 근로자로부터 정보와 같은 도움을 얻으려는 리더는 무능하고 약하다고 생각한다.

이와 같이 문화의 차이로 인한 편견과 잘못된 해석이 잘못된 귀인을 만들 가능성이 많다는 것을 인식하여야 할 것이다. 심지어는 같은 문화권 내에서도 세대간, 성별간, 종교간, 지역간의 차이에서도 귀인은 상당한 편견의 차이에 의하여 영향을 받을 수 있다.

3) 제한과 해결방안

리더십의 귀인이론은 리더십상황에 대한 잘 확립된 심리학적 원리에 근거를 두고 있다. 그러나 이 이론은 리더십의 광범위한 모델이라기보다는 오히려, 리더와 부하들 사이의 특정한 면의 관계에만 주로 적용한다. 즉 리더가 부하들의 행태와 행동을 이해하고, 그리고 그에 따른 해석들이 리더와 부하들의 상호작용을 결정한다는 것이다.

그들의 제한된 범위에도 불구하고 귀인이론의 제안과 연구결과들은 리더십 상황에 많이 적용되고 있다.[1)]

---

1) Nahavandi, *op. cit.*, p. 165.

거듭 고려할 점은 우리가 부하들을 평가할 때, 편견에 좌우될 수 있는 위험이 있다는 것이다. 이러한 편견들 가운데 고정관념의 잠재적 영향, 사람들이 성공을 위해서는 칭찬을 얻고 실패에 대한 비난을 무시하는 이기적인 편견, ego 방어, 그리고 행동가와 관찰자의 견해의 차이들이 있다. 예를 들면 리더들은 그들이 좋아하는 부하들의 낮은 성과를 외부요인들의 탓으로 쉽게 돌릴 수 있고 반면에 그들이 좋아하지 않는 부하들의 실수를 부하들의 게으름으로 돌릴 수 있다. 비슷하게, 어느 집단에 대한 리더의 고정관념은 부하들의 행동을 해석하는 방법에 영향을 미칠 수 있다. 추진력이 강한 여성부하는 공격적이고 밀어붙인다고 보일 수 있는 반면, 똑같은 행동을 남성부하가 하였다면 적절히 경쟁적이라고 말한다. 인종적인 고정관념 때문에 한 아프리카 미국인 근로자의 잘못은 게으름으로 돌릴 수 있곤 하나 반면에 같은 잘못을 백인이 하였다면 무시하여 버리고 마는 경향이 있다.

부하들의 행동에 대한 리더의 올바른 해석의 주요한 열쇠는 자신과 그리고 다른 사람의 고정관념을 인식하여야 한다. 이외에도 인상이나 느낌보다는 오히려 잘 설계된 성과측정체제에서 사용되는 것과 같은 그러한 명확한 행태적 기술과 객관적인 측정에 의존하면서 리더들이 그들의 해석이 옳다는 것을 확인하는 것을 도울 수 있는 방법이다. 다른 주요한 열쇠는 역시 비난을 가하기 전에 부하들과 개방적이고 정직한 의사소통이다. 부하들은 그들의 행태를 설명할 수 있는 정보에 접근을 할 수 있어야 한다. 리더들은 귀인이 만들어지기 전에 가능한 한 언제든지 그들이 수집한 자료를 가지고 부하들과 더불어 정보를 공유할 필요가 있다.

성과의 결핍을 시정한다는 것은 쉬운 일이 아니다. 대부분의 관리자들은 적절치 못한 행태나 혹은 보잘것없는 성과에 대하여 부하들과 마찰을 가져오는 것을 피하는 경향이 많다. 그 이유는 중요한 문제를 해결할 수 없을 정도로 감정적인 갈등으로 확산될 수 있기 때문이다. 부자연한 관계를 증진시키며 혹은 우호적인 관계를 유지하는 방법을 고려하는 것이 중요하다.

효과적인 관리자들은 부하의 부적절한 행태 혹은 빈약한 성과를 다룰 때 협조적인 문제해결 방법을 택한다.

• 다음 지침은 변명이나 분노를 감소시키는 반면 의사소통과 문제해결을 증진시키기 위한 방안을 제시한다.[1)]

(1) 성과문제에 대한 정보를 수집하라

빈약한 성과에 대하여 부하들과 마찰을 갖기 전에 솔직한 사실을 파악한다는 것은 중요하다. 실제로 부하들이 부적절한 행위를 하는 것을 직접 관찰하지 못한 경우 진상조사를 하는 것은 필요하다. 정보는 문제가 발생한 시기, 부정적인 결과, 그 문제가 발생하게 된 선례, 문제의 범위 등에 관한 것들이 될 것이다.

(2) 귀인에 관한 편견을 피하도록 하라

귀인(탓으로 돌림)의 관점에서 문제는 부하의 동기부여나 자격의 결핍 때문이라고 하는 가정을 피하는 것이 필수적이다. 부적절한 성과에 대한 이유는 여러가지가 있을 수 있다. 이미 지적한 바와 같이 빈약한 성과는 상황적 요인, 내부적 원인 혹은 이 둘의 조합 혹은 그 이상일 수 있다.

(3) 올바른 환류를 신속하게 제공하라

옳은 환류는 사람이 그 사건을 잊어버리기 전에 문제가 발견되면 즉시 제공되어야 한다. 어떤 관리자는 매년 평가 모임 혹은 계획된 발전검토모임을 위하여 비평을 모아 둔다. 이러한 방법은 아주 비효과적일 수 있다. 환류를 지연시킴으로써 사람들은 그 문제가 더욱 나빠지기 전에 즉시 그 문제를 다룰 기회를 잃게 된다. 더욱이 부적절하거나 혹은 비효과적인 행태를 신속하게 대처하지 못함으로써 잘못된 메시지가 전달될 수 있다.

(4) 결함을 구체적으로 간단하게 기술하라

환류는 구체적인 행태나 혹은 성과의 결함에 대하여 구체적 사례를 포함한다면 더욱 효과적이다. 모호하거나 일반적인 비판은 그 사람이 무엇을 잘못하였는지를 파악하기 어렵고 그리고 그 비판 자체를 부인하는 결과를 가져올 수 있다. 무엇이 잘못되었는지, 어디에서 발생하였는지, 언제 그 사건이 일어났었는지와 같이 구체적으로 밝혀 주는 것이 좋다. 성과에 대하여 비판할 때, 불만족스러운 성과에 대하여 구체적으로 언급을 하여야 한다. 예를 들면 당신 부서의 서비

---

1) Gary Yukl, 2002, *Leadership in Organizations*, pp. 124-127.

스가 신속하지 못하다고 두 고객이 불평을 하였다고 지적한다.

(5) 비효과적인 행태의 역효과를 설명하라

올바른 환류는 만약 이 환류가 왜 어떤 사람의 행태가 부적절하고 비효과적 인지에 대한 이유를 포함한다면 더욱 유용하다. 예를 들면 그 행태가 다른 사람을 위하여 어떠한 원인을 제공하는지 그리고 다른 사람의 업무를 어떻게 방해를 하는지를 설명하는 것이 바람직하다.

그러한 행태가 어떻게 중요한 프로젝트를 위험한 파국으로 몰고 갈 수 있는지 설명하고 그리고 그에 대한 자신의 의견을 제시하라.

(6) 침착성과 전문성을 유지하라

성과문제나 혹은 잘못에 대하여 관심을 나타낸다는 것은 적절하다. 그러나 바른 환류는 성을 내지 않고 그리고 개인적인 반감을 가지지 않게 제공되어야 한다. 성난 관리자는 사람들에게 욕을 하고 모욕(멍청함 혹은 게으름)을 주어, 그 사람이 업적을 증진시키는 데 동기부여를 하지 못한다. 더욱이 이러한 행태는 문제해결을 저해하고 그리고 관리자와 부하간의 관계를 악화시킨다. 사람을 비난하지 말고 행태를 꾸짖어라.

(7) 부적절한 성과에 대하여 공동으로 탐색하라

성과문제에 관한 예비조사 후에까지도 그 문제에 관한 중요한 정보를 얻지 못할 수도 있다. 그 원인에 대한 결론을 내리기 전에 그 문제에 대하여 부하들의 설명을 들어 보는 것이 타당하다. 그 사람에게 잘못, 적당하지 않은 성과 혹은 부적절한 행태를 설명할 기회를 부하에게 주어야 한다. 때때로 그 사람은 책임을 인정하기보다는 오히려 이유를 알지 못하거나 혹은 변명을 늘어놓게 마련이다. 상황적인 원인과 개인적인 원인과 차이를 설명한다는 것은 어렵다. 부적당한 성과에 대한 개인적인 원인은 상황적인 원인보다는 탐색하기 어렵다. 왜냐하면 사람들은 자신의 실수나 실패에 대하여 인정하기를 싫어하기 때문이다. 개인적인 원인에 대한 논의는 어설픈 판단, 무책임, 혹은 동기부여의 결핍과 같은 개인적인 원인보다는 오히려 비효과적인 혹은 부적절한 특정한 행태에 초점을 두도록 하여야 한다.

(8) 사람들에게 해결책을 제안하도록 요구하라

사람들에게 성과의 부족을 다루게 하는 책임을 갖게 하는 것은 중요하다. 만약 사람들이 변명하고 책임을 지지 않는다면 증진은 일어나기 어렵다. 만약 사람들이 문제를 처리하기 위한 방법을 제안한다면 증진하기 위한 몰두는 일어나기 쉽다. 성과부족을 어떻게 시정하는지를 논의할 때, 무엇을 해야 되는가를 지시하지 말고 오히려 제안을 물어보면서 시작하여야 된다. 좁은 범위 내에서 해결방안을 모색하기보다는 다양하고 가능한 해결책을 고려하는 것을 격려하는 것이 유리하다.

(9) 사람들의 신뢰를 표현하라

자신감이 결핍된 부하나 그리고 과제를 빈약하게 수행함으로써 사기가 저하된 부하는 성공하기 쉽지 않다. 한 중요한 리더십 기능은 과거의 실패에도 불구하고 어려운 과제들이 서로 협조된 노력으로 달성될 수 있다는 부하들의 확신을 증가시키는 것이다. 어떻게 다른 사람들이 유사한 실패 혹은 좌절을 극복하였는지 사례를 들어 설명하면 도움이 될 것이다. 부하들이 반드시 성공할 수 있다는 자신을 갖도록 해야 된다.

(10) 부하를 돕는다는 진지한 자세를 표현하라

자신의 의도는 사람들을 돕는 것이라는 것을 의사소통하는 것이 중요하다. 자신의 지식, 영향력, 혹은 접촉을 활용하여 부하들에게 도움을 제공할 기회를 항상 찾아야 한다. 부하들은 그들이 도움을 청하는 것이 약점의 인정이라고 믿는다면 도움을 청하는 것을 싫어할 것이다. 이러한 경우에 리더가 할 수 있는 것은 그 사람이 관심과 감정을 탐색하고 표현하도록 도와주는 것이고, 그 사람이 개인적인 문제들을 위한 이유를 이해하도록 도와주는 것이며, 그 문제에 대한 새로운 관점을 제공하고, 다른 대안을 찾도록 도와주고, 그 문제를 어떻게 처리하는가를 자문하며, 그리고 그 사람을 도움을 받을 수 있는 전문인들과 접촉하게 하여 주는 것들이다.

(11) 구체적인 행동단계에 대한 의견일치를 구하라

부하들이 수행할 구체적인 행동단계를 탐색하는 것이 바람직하다. 만약 당신이 가능한 해결책을 논의하나 그러나 구체적인 행동 단계에 합의 없이 토론을 마친다면 그 사람은 무엇을 해야 되는지를 이해하지 못하고 그 논의 장소를 떠날 것이다. 이와 같이 부하들에게 더 잘하도록 노력하라고 말하는 것은 충분하지 못하다. 부하가 구체적 행동단계를 수행하는 명확한 약속을 만들지 않는다면 그 부하는 토론의 내용을 쉽게 잊어버릴 것이다. 명확한 의견일치의 부분으로, 당신은 부하가 성과를 증진하는 것을 돕기 위한 활동단계를 분명히 말하여야 한다.

(12) 논의를 요약하고 합의 여부를 확인하라

합의가 이루어진 후 토론의 핵심을 요약하라. 요약의 목적은 합의와 상호 이해를 재확인하는 것이다. 당신이 회의를 끝냈을 때, 당신이 기꺼이 도움을 줄 것을 약속하고 그리고 앞으로 제기될 문제들에 대하여 논의를 같이할 수 있다는 것을 언급하는 것이 바람직하다.

3. 리더-구성원 교환이론(Leader-Member Exchange: LMX)

리더와 구성원의 교환이론은 리더와 부하 개인 사이의 역할관계를 기술한다. 리더십은 집단 현상보다는 오히려 리더 혹은 부하 사이의 개인적인 관계로 리더십을 경험한다. 실제로 우리 모두는 관리자들과 매일매일 상호작용하고 그리고 그들과 개인적인 관계를 형성한다. 이와 같이 우리는 리더들이 모든 부하들과 똑같은 관계를 가지고 있지 않다는 것을 이해해야 한다.

1) LMX 이론

[그림 5-5]에서 보듯이 각 둘 사이의 관계는 다르며 그리고 리더는 각 부하들과 일대일의 관계를 확립한다. 각 관계는 교환의 질에 따라 크게 다르다. 이것이 수직적 양자관계연결이론(Vertical Dyad Linkage Theory: VDL)이라고 부르는 초기 LMX모델의 핵심적인 개념이다.[1] 한 사람이 다른 사람에게 직접적으로 권한을 행사하는 수직적 양자관계 가운데 상호영향과정에 초점을 두었기 때문이다.

교환의 관계에서 리더는 부하를 위한 역할을 설정한다. 이러한 교환관계 혹은 역할설정은 부하들을 신뢰함에 따라 각기 다른 형태를 발전시킨다. Graen과 Cashman은 교환관계가 개인적 양립가능성과 부하의 능력 및 신뢰성을 토대로 형성된다고 제안한다.[2]

---

1) N. T. Duarte, J. R. Goodson, and N. R. Klich, 1994, "Effects of Dyadic Quality and Duration on Performance Appraisal," *Academy of Management Journal* 37: 499-521; Yukl, *op. cit.*, p. 116.
2) G. B. Graen and J. F. Cashman, 1975, "A Role Making Model of Leadership in Formal

높은 질 관계(high-quality relationship)를 가지고 있는 부하들은 핵심집단(in-Group)이다. 즉 높은 질 LMX(high-quality LMX)는 상호존경, 강한 신뢰, 지속적이고, 성장하는 전문가적 관계들과 의무들에 의하여 정의된다. 높은 수준의 교환관계(in-Group)를 가지고 있는 부하들은 리더들의 관심, 지지, 및 확신을 즐기며 그리고 도전적이고 흥미 있는 과제를 받는다. 그 리더들은 부하들의 잘못을 눈감아 주고 그리고 그들의 잘못들이 부하가 통제할 수 없는 외부의 요인에 기인된 것이라고 주장한다. 이러한 높은 수준의 관계를 위한 교환으로 부하들은 열심히 일하고 충성을 바치며 그리고 리더를 지원한다. 핵심그룹에 속하는 사람들은 공식적으로 규정된 업무 이상을 수행하며 그리고 그들의 목적에 몰입한다.

높은 수준의 교환관계로부터 리더가 얻는 혜택은 막대하다. 리더가 관할하는 집단이 구성원들의 주도성과 노력을 상당히 요구하는 과제를 성공적으로 수행하여야 할 때 부하의 동참은 중요하다. 자신이 책임을 맡는 모든 행정적 의무들을 수행할 시간과 에너지가 부족한 관리자에게는 헌신적인 부하의 지원이 매우 소

[그림 5-5] 리더-부하 교환관계(LMX)모델

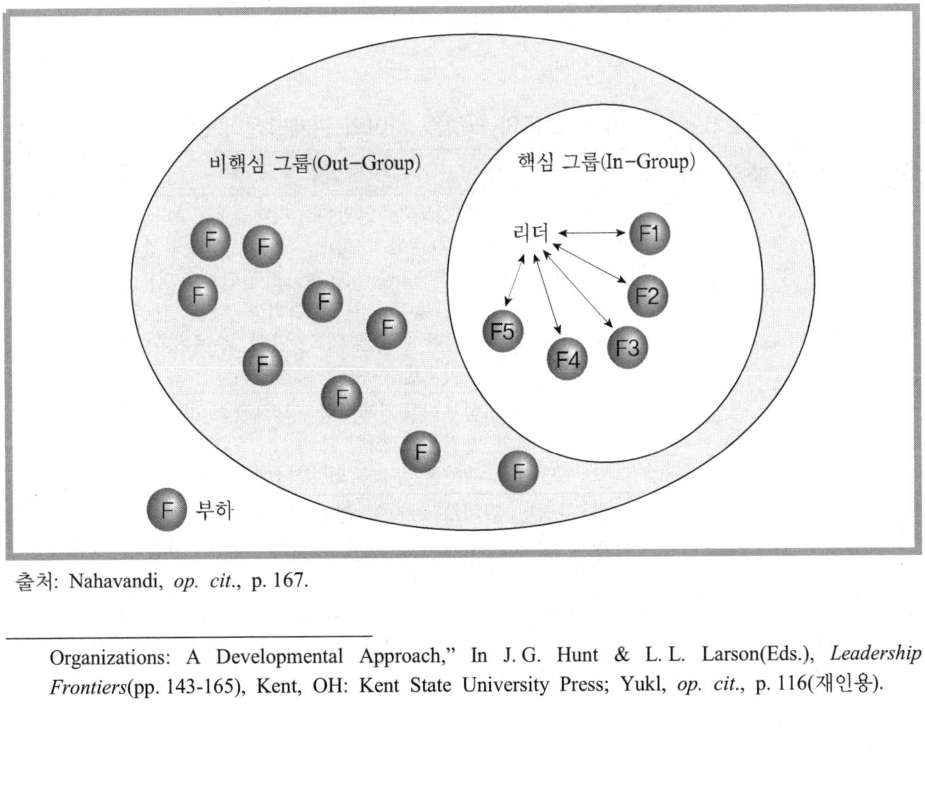

출처: Nahavandi, *op. cit.*, p. 167.

Organizations: A Developmental Approach," In J. G. Hunt & L. L. Larson(Eds.), *Leadership Frontiers*(pp. 143-165), Kent, OH: Kent State University Press; Yukl, *op. cit.*, p. 116(재인용).

중할 수 있다. 최근의 연구는 리더와 긍정적인 관계를 가진다는 것은 근로자들이 자신들의 조직이 그들을 지원하는 정도를 느끼게 한다.

낮은 수준의 교환관계를 가진 비핵심부하(out-group)들은 다른 상황을 직면한다. 리더들은 그들이 덜 동기부여되어 있다고 믿으며, 혹은 능력이 빈약하고, 그 부하들과 덜 접촉을 하며, 그들에게 업적을 성취할 수 있는 기회를 충분히 주지 않고, 그리고 그들을 자주 승진시키지도 않는다. 낮은 수준의 교환관계 조건을 만족하기 위하여 부하들은 공식적 역할 요건(예: 의무, 규칙, 표준절차, 리더의 적법한 지시)에 복종하기만 하면 된다. 결과적으로, 낮은 수준의 교환관계를 가지고 있는 비핵심부하(out-groups)들은 업적의 수준이 낮을 것이며 그리고 더 많은 스트레스를 경험할 것이다. 그들은 역시 조직에 대한 복수심을 가질 수도 있다.

리더와 각 부하 사이의 관계는 초기에 형성된다. LMX 모델은 리더-부하관계의 발전이 다음 요약된 단계에서 일어난다고 제안한다.

문화는 역시 핵심 집단들을 구성하는 데 중요한 역할을 한다. 미국과 독일과 같이 그러한 성취지향적인 문화에서는 개인들이 그들의 과거 혹은 어떤 계급에 의한 것보다는 오히려 그들의 성과와 성취에 따라 평가된다.

중동과 혹은 프랑스와 같은 그러한 신격화된 문화를 가지고 있는 나라에서

[표 5-2] 리더와 그들의 부하들 사이의 관계발전의 단계

단 계	설 명
시험 및 평가	어떤 관계도 형성되지 않았다. 리더들은 부하들이 아직까지 주관적·객관적 기준에 의하여 집단에 귀속되었다고 믿지 않는다(in-group 혹은 out-group 어느 집단이든지). 충성과 같이 부하들의 잠재적, 능력, 기술 그리고 다른 심리적 요소들이 시험대상이다. 집단에 업무의 할당이 부여된다. 비핵심 부하들과의 관계는 이러한 수준을 넘지 않는다.
신뢰의 발전	이 단계는 핵심부하들에게서만 일어난다. 리더는 핵심 부하들에게 신뢰의 발전을 강화할 수 있는 도전과 기회를 제공한다. 그 보답으로 부하들은 그들의 리더에게 충성을 바친다.
감정적 결속의 창조	잘 확립된 관계를 가지고 있는 핵심집단들은 그들 사이의 관계가 강하고 감정적인 단계로 움직인다. 부하들은 리더의 비전에 아주 강도 높게 몰두한다.

출처: Graen and Uhi-Bien, 1991, "The Transformation of Work Group Professionals in Self-Managing and Partially Self-Designing Contribution: Toward a Theory of Leadership-Making," *Journal of Management System* 3, 33-48.

는 평가가 사회계급과 출생신분과 같은 그러한 요인에 근거를 두고 있다. 성취지향적인 문화에서는 리더들은 개인적인 관계보다는 오히려 그들의 핵심부하를 선정할 때는 능력, 성과, 그리고 조직에 대한 몰입에 근거한다.

그 밖의 것은 편애, 친척, 동료 및 동족에 따른 임명이라고 불려진다. 지역, 종족 혹은 가족에 충성하는 집단주의 문화에서는 관리자들은 자신들이 알고 있는 사람을 채용하고 혹은 자신들이 알고 있는 사람에 의하여 추천된 사람을 고용한다. 예를 들면 홍콩이나 말레이시아의 리더들은 그들 자신의 사람들을 우선 고려하는 것이 의무이다. 여러 아랍 국가들을 포함하는 많은 중동국가와 비아랍권인 아프가니스탄과 이란의 리더들은 그들 자신들의 주변인 가족, 신뢰하고 충성을 바치는 씨족들 가운데서 선정한다. 현명한 리더들은 그들이 아무리 능력이 있고 자격을 갖추었다고 하더라도 낯선 사람들을 핵심부하로 허용하지 않는다.

2) LMX의 측정

LMX를 정의한 방법은 연구마다 다르다. 일반적으로 교환관계의 질은 상호신뢰, 애정, 지지, 그리고 충성과 같은 그러한 것을 포함하는 것으로 가정한다. 그러나 때때로 LMX는 관계의 다른 면(예: 협상재량, 점증적으로 증가하는 영향력, 공유된 가치) 혹은 리더나 부하의 속성들을 포함하는 것으로 정의하고 있다.

LMX를 측정하는 다양한 방법들이 이 이론이 발전된 이래 제안되었다. 그러나 최근에 가장 넓게 사용되는 측정방법은 LMX-7이라고 부르는 7개 항목 척도이다. 이들의 항목들의 예들은 [표 5-3]에서 볼 수 있다.

[표 5-3] LMX-7 질문 문항

설명: 아래 질문 문항들은 당신이 당신의 리더(추종자) 혹은 당신의 부하들 중 한 사람과의 관계를 설명해 줄 것을 묻는 질문을 포함하고 있다. 각 질문 항목의 아래 표시하고 있는 응답의 하나에 원을 그리면서 이 항목들이 당신에 적합하다고 생각하는지 그 정도를 나타내어라.

1. 당신은 당신의 리더(추종자)와 어디에서 조화를 이루는지를 아는가? 그리고 당신의 리더(추종자)가 당신이 하는 것에 얼마나 만족하는지를 아는가?

거의 모름	때때로	이따금	아주 자주	대단히 자주
1	2	3	4	5

2. 당신의 리더(추종자)가 당신의 직무의 문제와 욕구를 얼마나 잘 이해하는가?

전혀	조금	적당이 많이	아주 많이	대단히 많이
1	2	3	4	5

3. 당신의 리더(추종자)가 당신의 잠재력을 얼마나 잘 인정하는가?

전혀	조금	적당히	대부분	충분히
1	2	3	4	5

4. 당신이 당신의 지위가 부여한 공식적인 권한엔 관계없이, 당신의 리더(추종자)가 당신의 업무의 문제를 해결하는 것을 돕기 위해 권력을 사용할 기회를 어느 정도 가지고 있는가?

전혀	조금	적당히	많이	대단히 많이
1	2	3	4	5

5. 다시, 당신의 리더(추종자)가 가지고 있는 공식적 권한과는 관계없이, 그가 자신의 비용을 들여가면서 당신을 구제할 가능성은 어느 정도인가?

전혀	조금	적당히	많이	대단히 많이
1	2	3	4	5

6. 만약 나의 리더(추종자)가 출석하지 않았더라도, 나는 그의 결정을 방어하고 정당화 할 나의 리더(추종자)에 충분한 확신을 가지고 있다.

강하게 반대	반대	중립	동의	강하게 동의
1	2	3	4	5

7. 당신은 당신의 리더(추종자)와 업무관계의 특징을 어떻게 설명할 수 있는가?

아주 비효과적	평균이하	보통	보통보다 더 나음	아주 효과
1	2	3	4	5

출처: G. B. Graen and M. Uhi-Bien, "Relationship-Based Approach to Leadership: Development to Leader-Member Exchange(LMX) Theory of Leadership Over 25 Years: Applying a Multi-Level, Multi Domain Perspective," *Leadership Quarterly* 6(2), 219-247. Northouse(2007), *op. cit.,* p. 169(재인용).

• 점수 해석

LMX 7은 이론적인 문제를 탐색하기 위해서 연구자들에 의하여 가장 많이 사용되지만 자신의 리더십을 분석하기 위해서 LMX 7을 사용할 수도 있다. 다음 가이드라인을 사용하면서 당신의 LMX 7을 해석할 수 있다: 대단히 높음=30-35, 높음=25-29, 적당=20-24, 낮음=15-19, 그리고 대단히 낮음=7-14. 상위 범위에 속하는 점수는 더 강하고, 높은 질의 리더와 구성원간의 교환관계(예로 핵심집단멤버)를 가르치며, 반면에 더 낮은 범위(예로 비핵심 멤버)는 보다 낮은 질을 가르친다.

3) LMX의 상관관계 변인들에 대한 연구

1970년대 이래 많은 연구들은 LMX와 다른 변인들과 관련되는지를 검토한 연구들이다. 대부분은 현장조사연구, 소규모의 실험실 실험을 하였다. 특히 높거나 낮은 수준의 LMX 관계 내의 의사소통 패턴을 관찰하고 분석하였다.[1] LMX의 상관관계들에 대한 연구는 논문에서도 종종 나타나고 있다.[2]

위의 연구들은 리더와 구성원 사이의 질에 관한 변인들을 검토하였다. 예를 들면, 부하가 유능하고 신뢰할 수 있다고 지각될 때 부하의 가치와 태도가 리더의 그것과 유사할 때, 호의적인 관계가 나타날 가능성이 높다. 그러나 일반적으로 교환관계의 발전에 영향을 미치는 상황조건들에 대한 연구는 거의 없었다.

요즘 많은 연구는 LMX와 부하의 만족과 성과의 결과 사이의 관계를 시험하였다. 이 연구들에 의하면 하향적(downward)인 유리한 교환관계는 더욱 역할이 명확하고, 높은 만족, 더욱 강한 조직 몰두, 그리고 더 나은 부하의 성과와 일반적으로 관계가 있었다고 발견하였다.

4) 제한과 적용

LMX 모델에 대한 많은 연구에서 지지를 받고 있으나 반면에 이 모델에 대한 흥미가 늘어나는 만큼 비판도 뒤따르고 있다. 간단히 요약하면, 이 모델은 많

1) M. W. Kramer, 1995, "A Longitudinal Study of Superior-Subordinate Communication During Job Transfers," *Human Communications Research,* 22, 39-64; G. T. Fairhurst, 1993, "The Leader-Member Exchange Patterns of Women Leaders in Industry: A Discourse Analysis," *Communication Monographs,* 60, 321-351.

2) C. R. Gerstner and D. V. Day, 1997, "Meta-Analysis Review of Leader-Member Exchange Theory: Correlates and Construct Issues," *Journal of Applied Psychology,* 82, 827-844; R. T. Sparrowe and R. C. Liden, 1997, "Process and Structure in Leader-Member Exchange," *Academy of Management Review,* 22, 522-552; Yukl, *Leadership in Organization*, pp. 118-119(참조).

은 부분에서 명확성이 결여되어 있다는 것이다. 이러한 개념적 취약성이 이 이론의 유용성을 제한하고 있다.

리더들은 의식적으로 주요한 갈등과 의견에 차이가 있는 사람을 선택하려 하지 않는다. 그렇게 하기 위하여 높은 교환관계를 가지고 있는 핵심멤버(in-group)로 팀을 구성한다. 예를 들어 두 조직이 합병을 하고 난 후 합병한 조직의 CEO는 자기 편의 사람들을 새로운 조직의 고위직에 임명하는 경우이다. 새로운 사람을 찾으려는 노력 없이 대부분 CEO들의 핵심집단들은 그들과 같고 유사한 배경과 견해를 가지고 있는 사람을 선택한다. 동질성은 물론 장점은 있으나 최근에는 많은 문제를 야기하는 것 같다. 그러한 예로 General Motors, AT&T, 그리고 IBM과 같은 거대한 산업기업들은 최고관리팀의 창조성의 결핍으로 어려움을 겪고 있다. 그 멤버들이 업무를 잘 수행하였으나 외부로부터 새로운 투입을 무시했다. 코드가 같거나 혹은 유사한 배경을 가진 사람으로 팀을 구성함으로써 응집력이고 핵심멤버들과 같이 일하는 편함과 능률성을 가져오는 데 유리한 면이 있다. 그러나 이러한 장점은 때로는 새로운 의견을 받아들이지 못하여 창조성의 결핍과 제한된 결정에 의하여 상쇄된다.

(1) 강 점

LMX는 리더십 과정을 이해하는 데 몇 가지 긍정적인 공헌을 했다.

첫째, 이것은 강한 서술적인 이론이며, 조직에서 더 많이 공헌하는 사람과 최소한 공헌하는 사람들에 대한 작업 단위들을 설명하는 데 의미를 둔다.[1] 조직에서 일하고 있는 사람들은 핵심집단(in-group)과 비핵심 집단(out-group)으로 분류된다. 우리 모두는 조직에서 리더들이 더 많이 공헌하고 더 많은 혜택을 받고 있는 사람들과 특별한 관계를 가지고 있다는 것을 안다. 물론 이것은 불공정하다. 사람들이 서로 믿고 협조적이며 조직을 위하여 불필요한 논쟁과 지연에 직면하지 않아도 되는 사람과 같이 일한다는 것은 리더들에겐 이상적이다. 최고수준의 간부들이 최고관리자 팀과 이사를 선임할 때 그들이 서로 믿고 같이 일할 수 있는 사람을 선택하려 할 것이다. LMX 이론은 이러한 상황을 설명해 준다.

둘째, LMX 이론은 두 사람간(dyadic)의 관계를 리더십과정의 중심으로 연구한 리더십 접근법으로 유일하다. 다른 리더십 이론들은 리더, 추종자, 환경, 혹은

1) Northouse, 2007, *op. cit.*, p. 159.

이들의 조합의 특징을 고려하나 이들 가운데 어느 하나도 리더와 각 부하들간의 특별한 관계를 다루지 못했다. LMX 이론은 효과적인 리더십이 효과적인 리더와 부하들간의 관계에 영향을 받는다는 것을 강조했다. 효과적인 리더십은 리더와 부하들의 의사소통이 상호 신뢰, 존경, 그리고 헌신에 의하여 특징될 때 발생한다.

셋째, LMX는 리더를 위한 중요한 경각심을 불러일으킨다. 리더들은 의식적이든지 혹은 무의식적이든지 누가 핵심집단에 속하도록 하는 편견을 피하도록 하게 한다. 모든 부하들을 똑같이 대할 필요는 없다고 하더라도 부하 개개인은 자신이 중요하고 존경받는 구성원이라고 생각하도록 해야 할 것이다.

요약하면, LMX 이론은 어떤 부하들은 특별한 대우를 받고 어떤 부하들은 그렇지 못한지에 대한 민감한 사항들을 설명해 준다. 그 이외에도 이 모델은 모든 부하들에게 공정하고, 그들의 각각이 원하는 부서에서 일하는 것을 허용하도록 LMX 이론은 도와준다.

(2) 단 점

첫째, LMX가 받고 있는 가장 분명한 비판은 이 이론이 기본적인 공정성에 대한 인간의 가치를 반대한다는 것이다. 모든 사람들은 동등하게 대우를 받아야 한다. 그러나 조직의 핵심집단을 구성하고 이 집단에 속하지 않는 사람들이 불리한 대우를 받게 한다는 것은 잘못된 것이다. 다시 말하여 LMX는 특별한 혜택을 받는 핵심집단(in-group)과 그렇지 않는 비핵심집단(out-group)으로 분리했기 때문에, 비핵심집단을 차별한다는 비난을 피할 수 없을 것이다. 부하들은 인위적으로 편애하는 것보다는 능력을 바탕으로 균등한 기회를 가질 수 있다고 지각한다면 낮은 수준의 교환관계를 가지고 있는 구성원이 원망을 하지 않을 것이다.

둘째, LMX 이론의 기본적인 아이디어가 충분히 발전되지 않았다고 비난을 받고 있다. 예를 들면 어떻게 리더와 구성원들의 교환의 높은 질이 만들어졌는지 설명하지 않았다. 또한 이 모델은 신뢰구축, 존경, 리더와 부하관계에서의 의무를 아주 강하게 장려한다. 그러나 상호관계의 진전을 위해 이러한 요소들이 어떻게 발전해야 되는지에 대해선 설명하지 못한다. 그러나 많은 학자들의 연구에 의하면, 리더-구성원 교환관계에 대한 이론구성과 이론의 기본적인 과정이 필요하다는 데 동의한다.

셋째, 의문은 LMX 이론의 리더-구성원 교환의 측정에 제기되고 있다. LMX

과정을 분석하기 위하여 두 사람간(dyadic)의 측정에 대하여 어떠한 경험적인 연구도 하지 않았다.1)

뿐만 아니라 이 이론은 거의 수직적 양자관계에만 집중하여 연구하였다. 그러나 이 이론은 다른 유형의 양자관계로 확장할 수 있다. Sparrowe와 Liden은 사회적 network이론이 보다 폭넓은 사회맥락에서 양자관계가 어떻게 발전하는지를 설명하는 데 도움이 될 수 있다고 지적했다.2) 특히 이론의 적정성, 다차원적 측정, 그리고 그 개념을 시험하기 위하여 사용하고 있는 방법들에 의문을 자아내고 있다.3)

넷째, LMX 이론은 교환과정에 영향을 미칠 수 있는 상황변인들에 거의 관심을 두지 않은 일반이론이다. LMX에 관련될 가능성이 높은 상황측면들로는 작업집단 구성원의 인구론 속성, 직무특징, 작업집단 특징들, 조직유형 등을 고려할 수 있다. 이러한 변인들의 양자관계 유형의 바탕을 이루고 있는 교환과정들과 개인과 조직에 미칠 수 있는 영향요인들을 간과하였다고 볼 수 있다.

LMX 이론에서 설명한 아이디어는 조직 내의 모든 수준에서 사용될 수 있다. 예를 들면, LMX이론은 최고의 상관이 새로운 전략적 그리고 전술적 기업의 목적을 발전하기 위하여 상위 관리층에 근무하는 적절한 사람과 특별한 관계를 어떻게 발전해야 하는가를 설명한다. 이와 같이 공장의 계선관리자가 작업부서에 할당된 생산을 달성하기 위하여 적절한 사람을 어떻게 사용하는지를 설명하기 위하여 LMX이론이 사용될 수 있다. 이외에도 LMX 이론의 아이디어는 업무를 효과적으로 달성하기 위하여 사람들이 리더십 network를 어떻게 구성해야 하는지를 설명하기 위하여 사용된다.4)

마지막으로 교환관계가 시간이 지남에 따라 어떻게 발전하는지를 밝혀 보기 위해 종단연구(longitudinal analysis)가 이루어져야 하며, 통상적으로 사용하는 질문지를 보완하기 위해서 보다 철저한 측정치(예: 관찰, 일기, 법, 면접, 의사소통의 분석)를 포함해야 할 것이다.

---

1) Northouse, 2007, *op. cit.,* p. 160.

2) Sparrowe, R. T. & R. C. Riden, 1997, "Process and Structure in Leader-Member Exchange," *Academy of Management Review,* 22, pp. 522-552.

3) Nahavandi, *op. cit.,* p. 169; Yukl, *op. cit.,* p. 119.

4) Graen, G. B. & Scandura, T. A., 1987, Toward a Psychology of Dyadic Organizing, in B. Staw & L. L. Cumming(Eds.), *Research in organizational behavior*(Vol. 9, pp. 175-208), Greenwich, CT: JAI; Northouse, 2007, *op. cit.,* p. 172(재인용).

제 2 절 위 모형들의 비교

지금까지 이 장에서 설명한 모델들은 리더와 부하들 사이의 관계에 초점을 맞춘 상황조건적합모델들이다.

경로-목표 이론에서 리더의 주요한 기능은 부하들이 그들의 임무를 성공적으로 수행하기 위한 경로에서 장애를 제거하고, 부하들을 동기부여하고, 그리고 만족하게 하는 것이다. 즉 과제 및 부하들의 특징을 고려하면서 리더는 과제 혹은 관계행태를 고려하는 것이 필요하다.

귀인 모델은 리더가 부하들의 성과정보를 해석하는 방법을 고려한다. 리더들과 부하들 사이의 관계에서 여러 가지 요소들이 리더의 해석과 잇따른 행동에 영향을 미친다.

LMX 모델은 리더와 각 부하들 사이의 양자간의 관계에 초점을 두고 있으며, 그리고 그 관계의 요소들을 정의하는 것과 같이 핵심과 비핵심집단의 개념을 제안한다.

마지막으로 상황리더십모델은 리더들과 부하들 그리고 리더의 행태간의 관계를 결정하는 요소로서 부하의 성숙도를 토대로 한 상황이론은 다른 저서에서 많이 언급되었기 때문에 본 저서에서는 소개하지 않기로 했다.

이 모든 모델들은 리더십의 상황적 관점을 사용하며, 그리고 그들 모두는 리더의 행태가 상황의 요구에 의존한다고 주장한다. 이외에도, 그 모델 전부는 역시 리더들이 부하들과의 관계를 발전하고, 관리하며, 그리고 유지하는 방법에 관

[표 5-4] 리더십의 상황조건적합 모델들의 비교

	리더의 특징	부하의 특징	과 제	기타 특징	효과성 기준
Fiedler의 모델	동기부여를 토대로 한 LPC; 별로 변화가 없음	집단의 응집력	과제 구조	지위 권력	집단의 성과
Path-Goal Theory	리더행태; 변할 수 있다	개별적 부하의 성장욕구	과제의 명확성과 루틴		부하의 만족과 동기부여
LMX					부하와 관계의 질

출처: Nahavandi, *op. cit.*, p. 176.

심을 집중하고 있다. 비록 과제와 관계지향의 개념이 지속적으로 지배적이라고 하더라도 이 모델들은 역시 다른 요소들을 포함하고 있어, 그에 의하여 우리의 리더십관점을 넓혀 줄 수 있다.

결론적으로 리더십의 상황조건적합이론들은 오늘날 리더십의 분야를 지배하고 있는 것은 사실이다. 리더십을 이해하는 데 많은 도움을 준 것도 역시 부인할 수 없다. 물론 이 모델들이 고려하고 있는 리더의 스타일 혹은 행태, 그리고 리더십 상황의 요소들에 있어서 차이가 있다. 그러나 연구의 초점은 리더와 상황 사이의 조화에 있다. 이 장에서 다룬 다양한 상황조건적합이론에 대한 많은 연구들이 리더십의 상황 개념의 광범위한 수용과 확립을 제안한 것은 역시 공헌이라고 지적하지 않을 수 없다. 분명히 어떤 이론이 가장 좋은 이론이라고 말할 수는 없다. 왜냐하면 이들이 고려하는 관점이 다르기 때문에 그 상황에 맞는 이론을 선택하는 것이 효과적이다. 한마디로 언급한다면 효과적인 리더십은 리더와 리더십 상황 사이의 연합과 조화에서 온다고 주장한다면 이 장의 취지에서 크게 벗어나지 않을 것이다.

어쨌든 가장 중요한 요점은 상황적인 변수가 리더십 결과에 영향을 미친다는 것이다. 상황접근법은 리더와 조직간의 관계를 체계적으로 시정하기 위하여 발전되었다. 상황접근법은 역시 리더십 스타일, 부하의 특징, 그리고 상황적인 요소들이 어떻게 서로 영향을 하는지에 초점을 두고 있다. 리더십을 위하여 위에 제시한 각각의 모델들은 다른 상황들이 어떻게 리더십 행태의 다른 스타일을 요구하는지를 시험한다. Fiedler에 의하면 상황이 유리하거나 혹은 불리함에 따라 리더십 스타일을 결정할 수 있다. 과제지향적 리더들은 매우 유리하고 혹은 매우 어려운 상황에서 더 잘하는 경향이 있다. 반면에 사람지향적인 리더들은 중간적인 유리한 상황에서 가장 잘할 수 있다.

경로-목표 이론은 리더들이 바람직한 보상을 가지고 목표 달성을 위한 길을 적절히 명확히 하는 스타일을 사용할 것이라고 말한다.

제 6 장

변혁적 리더십(Transformational Leadership)·
거래적 리더십(Transactional Leadership)·
신뢰받는 리더십(Authentic Leadership)

리더들이 이미 직면하고 있는 21세기의 대 개혁적인 변화에 적응하고, 창의성 있는 조직을 유지할 수 있는가? 어떤 리더십 스타일이 이러한 변화를 유도하고 부하들을 동기부여할 수 있는가? 1980년 이래 이러한 질문에 대답하기 위해 몇몇 학자들은 변혁적 개념을 제안하였다. 그 중 Burns의 연구는 자원과 생산성의 단순한 교환 차원을 넘어서 변혁적 리더십을 제안한 것으로 오늘날 주목받고 있다. 그리고 최근에 왜 신뢰받는 리더십이 요구되고 있는지 논할 것이다.

변혁적 그리고 서번트 리더십과 유사하면서도 신뢰받을 수 있는 리더십(Authentic Leadership)은 특히 도덕적 측면을 가지고 있다. 신뢰성 있는 리더십은 최근의 이론 가운데 하나이다. 이 리더십은 순수성과 진실성에 초점을 두고 있다. 공·사영역의 리더십 실패의 결과로 신뢰받을 수 있는 리더십은 리더십이 순수하고, 신뢰할 만하며, 그리고 선한 사회적 요구에 대한 반응으로서 나타나고 있다. 물론 신뢰받을 수 있는 리더십 이론은 발전 단계에 있다. 이 이론의 개념과 접근법 및 이 리더십의 구성요소에 대해 논할 것이다.

리더십에 관한 가장 새롭고 도전적인 접근법 가운데 하나인 변혁적 리더십은 리더가 목적을 달성하기 위하여 부하들에게 어떻게 감명을 주는가에 대한 과정을 다루고 있다. 이 접근법은 리더가 부하들의 욕구와 동기요인을 이해하고 적응하는 것이 필요하다고 강조한다. 변혁적 리더들은 좋은 역할모델이며, 조직을 위하여 명확한 비전을 만들고, 부하들이 높은 기준을 충족하도록 권한을 위임하며, 다른 사람들의 신뢰를 얻고, 그리고 조직생활에 의미를 줄 수 있는 변화의 역군으로 인정된다.

변혁적 리더십이라는 용어는 처음에 Dowinton에 의하여 만들어졌다.[1] 그러나 정치사회학자 James MacGregor Burns의 「*Leadership*」이라는 고전적 저서에서 처음으로 리더십의 중요한 접근으로 부상하였다. 이 책에서 Burns는 리더십과 팔로우십의 역할을 연계시키려고 노력했다. 그는 리더를 리더와 추종자의 목적을 더 잘 달성하기 위하여 추종자의 동기를 일으킬 수 있는 사람으로 보았다.

변혁적 리더십은 새로운 리더십 패러다임[2]이며 리더십의 카리스마와 감정적 요소에 더 많은 관심을 주고 있다. Bass와 Riggio는 변혁적 리더십의 인기는 내면적인 동기부여와 부하들의 발전을 강조하기 때문에 높다고 한다.[3]

리더십에 관한 이전의 이론들은 거의 리더와 부하들 간의 거래 및 교환에 초점을 맞추고 있다. 예를 들어, 경로–목적 이론에 의하면 리더는 과제의 구조를 제공하고 배려하면서 부하들의 동기부여와 교환하며 장애를 제거하는 것이다. 그러한 기본적 교환을 거래적 리더십이라고 부른다.

변혁적 리더십은 오늘날 불확실성에 직면하여 성공하기 위하여 감명과 권한을 부여받기를 원하는 부하들의 욕구에 잘 들어맞는다. *Leadership Quarterly*에 발표된 논문을 내용 분석한 Lowe와 Gardner는 연구논문 가운데 1/3이 변혁적 그리고 카리스마 리더십에 관한 것을 발견했다.[4] 이와 같이 논문 발표수를 감안하여 볼 때 확실히 많은 학자들이 변혁적 리더십을 연구하고 있고, 리더십 연구의 중심을 차지하고 있다고 판단된다.

그 이름이 의미하는 것과 같이, 변혁적 리더십은 사람을 변하게 하고 변혁하는 과정이다. 이것은 감정, 가치관, 윤리, 표준 그리고 장기적 목적에 관한 것이

---

1) Dowinton, J. V., 1973, *Rebel Leadership: Commitment and Charisma in a Revolutionary Process*, New York: Free Press; Northouse, 2007, *op. cit.*, p. 176(재인용).

2) Bryman, A., 1992, *Charisma and Leadership in Organization*, London: Sage; Northouse, 2007, *op. cit.,* p. 175(재인용).

3) Bass, B. M. & Riggio, R. E., 2006, *Transformational Leadership* (2nd ed.), Mahwall, NJ: Lawrence Erlbaum; Northouse, *op. cit.,* p. 175(재인용).

4) Lowe, K. B. and Gardner, W. L., 2001, *Ten Years of the Leadership Quarterly*: Contributions and Challenges for the Future, *Leadership Quarterly*, 11(4), 459-514; Northouse, *op. cit.,* p. 175(재인용).

며 그리고 부하들의 동기부여를 평가하고, 그들의 욕구를 만족시키며 그리고 그들을 완전한 인간으로 다룬다.

변혁적 리더십은 부하들 개개인에게 영향을 미치는 것에서부터 조직 전체와 문화 전반에 미치는 것에 이르기까지 광범위하게 설명한다.

제1절 21세기의 조직 환경변화에 따른 리더십의 특징

1. 21세기 조직의 환경변화

조직들이 직면하는 가장 공통적인 문제는 변화라고 말하고 싶다. 리더십의 결과는 능률이나 안정도 아니고 21세기는 변화이다. 변화하지 못하거나 변화에 적응하지 못하면 조직은 도태될 수 있다. 변화는 항상 혼돈과 불안을 동반한다. 변화를 극복하면서 모든 조직들은 스트레스와 어려움을 경험하며, 오늘날 세계 변화의 증가하고 있는 속도는 리더들에게 가장 큰 도전이라고 할 수 있다. 우리는 오늘날 조직들이 변화를 위한 필요성을 우선 검토하는 것이 중요하다고 본다. 그런 다음 리더들이 어떻게 변화와 변혁을 이끌어 내는지를 탐구해야 할 것이다. 참으로 21세기 리더들의 중요한 과제는 리더들이 창조적이고 그리고 조직을 육성하면서 변화를 촉진할 수 있느냐가 될 것이다.

세계는 전보다 더 신속하게 변하고 있다. 오늘날의 가장 성공적인 조직들은 빠르게 변화하고 있는 조직들이다. 그들의 리더들은 내부의 변화들이 외부에서 일어나고 있는 변화와 보조를 맞추지 않으면 안 된다는 것을 인정한다. General Electric의 CEO인 Jack Welch는 한때 "외부의 변화율이 내부의 변화율을 초과할 때 조직의 멸망이 보인다"라고 말하였다. 조직들은 번영하고 성장하기 위하여 미리 멀리 보고, 변화를 위하여 준비를 하고 있어야 한다. 특히 신속한 기술의 변화, 시장의 세계화 그리고 변화하는 시장 등은 조직의 리더들에게 더욱 위협이 될 뿐만 아니라 기회가 되고 있다. 물론 변화의 과정을 구성원들이 감내하며 적응할 수 있도록 속도 조절이 필요하다. 급속히 너무 많은 변화를 시도하면 구성원들의 저항에 부딪힐 수밖에 없고, 리더십 발휘는 어려워진다.

조직들은 국내적 혹은 국제적으로 경쟁이 계속 증가하고 있다. 1980년대 Sears,

IBM and General Motors 등과 같은 미국의 대기업들이 직면할 것을 예측하지 못하여 심하게 피해를 입은 사례들은 우리에게 많은 교훈을 남기고 있다.

살벌한 국내 경쟁 이외에, 크고 작은 경쟁기업들은 국내 영역에서 국제화 경쟁을 직면하고 있으며, 역시 세계시장에서 경쟁하는 것이 필요하다.

상품과 서비스를 신속하게 전달하는 능력은 오늘날 조직이 직면하는 다른 도전이다. 미국과 캐나다의 기업들은 과거 20년 동안 질적인 문제에 있어서 극적인 증진을 가져왔다. 물론 질과 비용이 중요하지만 우선 경쟁적인 장점은 얼마나 신속하게 상품과 서비스를 소비자들에게 전달하느냐이다. 기업들은 그들의 시장과 보조를 맞추고 그리고 앞서가기 위하여 시간 지향적인 경쟁을 한다. 예를 들면 Texas주의 Austin에 위치하고 있는 3M's 거대한 전자운영회사는 새로운 상품 개발 시간을 2년에서 2달로 단축하였다. 새로운 정보기술의 공격적인 사용을 통하여 GTE 전화운영회사는 4일에서 두 시간이 채 안 되는 시간으로 단축하여 고객의 주문을 완성하기 위하여 시간을 단축하는 데 성공하였다. 이와 같이 기업들은 유지하는 자세보다 빠르게 일을 처리하지 않으면 안 되며 그리고 스피드는 기업문화, 기술 및 구조의 변혁을 요구한다. 이러한 예들은 변화라도 지속적으로 변화하지 않으면 생존하기 어렵다는 것을 단적으로 보여 준 사례들이다.

2. 변화에 적응하는 리더십

변화를 이끌어 내는 리더십이 필요하다. 그래서 변혁적 리더십이 21세기 핵심적 리더십이다. 리더는 극적인 변혁을 시도하나 항상 성공적이지 않았다. 예를 들면 많은 조직들이 리엔지니어링 과정을 통하여 세계도전을 극복하려 하고 있다. 그러나 리엔지니어링 프로젝트의 약 70%는 실패하고 있다. 1990년대 중엽 미국역사의 가장 큰 합병이 일어났는데 대략 10,000건 이상의 합병을 보았고 비용은 $660 billion이 들었다. Boeing은 McDonnell-Douglas를 구입하였고, British Telecom은 MCI를 샀고, 그리고 Gillette와 Duracell을 합병하였다. 이러한 합병의 거의 모두는 성공할 잠재력을 가지고 있으나 그러나 약 반은 실패하였다. 변화의 어려움은 다른 예에서도 볼 수 있다. 지난 10년 동안 대량의 감축은 많은 기업들의 비용을 줄이고 이익을 증가하게 하였다. 그러나 리더들은 계속하여 적은 자원을 가지고 더 많은 일을 하게 되는 여파와 투쟁을 하고 있다.

변화는 조직 구조에도 영향을 미치고 있다. 조직들이 외부의 변화에 반응하는 방법은 자발적인 작업팀 혹은 다른 조직으로부터 아웃소싱하는 기능과 같은 구조적 혁신에 의하여 적응하려고 노력한다. 국제적으로는 그들의 운영과 시장을 팽창하기 위하여 어떤 기업은 합작투자, 컨소시엄, 가상의 조직을 활용한다. 리더들은 구조 및 문화의 극적인 변화와 그리고 기술과 생산품의 혁신을 원하는 주민의 끊임없는 요구에 직면하고 있다. 또는 어떤 조직은 그들의 조직들이 혼란스러운 환경에 적응하고 지속적으로 배우는 학습조직이 되고 있다.

그러나 이러한 변화를 극복하지 못하고 실패할 가능성이 많다. 왜냐하면 조직의 변화과정은 복잡하고 번잡스러운 일이며, 리더들은 불확실한 두려움 때문에 이미 알고 있는 것에 집착하는 경향이 있기 때문이다. 리더들이 범하는 최악의 비극은 리더들이 노력한다고 하더라도 성공할 것이란 확신이 적고, 심지어는 그 결과가 실패할 것을 안다고 하더라도 현실에 안주하려는 그러한 자세이다.

따라서 조직은 조직구성원이 자율에 따라 자신들의 업무를 책임지는 경영풍토를 조성하여 구성원들이 조직에 몰입을 극대화하도록 해야 한다. 즉 21세기 리더십은 신뢰를 바탕으로 자율적으로 업무를 수행할 수 있도록 구성원들에게 힘을 실어 주어 경쟁력의 원천으로 삼아야 한다. 그리고 리더들은 조직구성원간에 권력과 정보가 고루 공유되는 리더십을 실현하고, 미래의 조직에서 리더와 구성원의 관계는 종전의 수직적인 것으로부터 수평적인 방향으로 이루어질 때 조직의 효과성은 향상될 것을 확신하여야 한다.

리더십의 교환적 및 변혁적 개념이 거론되기 시작한 것은 어떤 리더는 부하들로부터 탁월한 업적을 가져올 수 있는 반면 다른 리더들은 그렇지 못하였던 리더십 연구에서 유래되었다. 변혁적 리더들은 부하들을 감동시켜 다수의 이익을 위하여 개인의 이익을 초월하게 하는 동시에 부하들에게 많은 영향력을 가질 수 있는 리더들이다. 다른 한편 교환적 리더들은 조직의 정상적, 및 만족할 만한 기능을 유지하는 리더와 부하들 사이의 일상적인 교환을 의미한다. 이러한 맥락에서 거래적 리더십과 변혁적 리더십이 논의될 것이다.

3. 변화 관리와 변화를 위한 기술[1)]

엄격한 위계질서는 확립된 전통사회나 동양에서 가능했다. 싱가포르에 범죄가 없고 법질서가 엄격하게 지켜지는 것은 이광요 전 수상의 덕분이다. 강력한 법치주의에 근거한 사회 변화를 누가 거부할 수 있을까? 또는 조작에 의해 변화를 이끌어 내는 것이다. 목표를 이루기 위해 수단과 방법을 가리지 않는 마키아벨리 수법이라고 할 수 있다. 마지막으로 리더십을 발휘해 사회를 변화시키는 방법이다. 이것을 '선한 목자'(good shepard) 유형이라고 한다. 사회의 공공선을 위해 모성적인 리더가 하나하나 돌보고 챙겨 주는 것이 이에 속한다. 영국의 전 수상이었던 대처는 여성이었음에도 불구하고, 국가적인 이슈를 하나하나 챙기면서 강력한 개혁을 실시했다. 그녀의 리더십 덕분에 영국의 경제는 활기를 회복하게 되었다.

개혁은 종종 적절하고 효과적이지만, 조직을 혼란시키고 분열시킬 수도 있다. 그래서 조직은 강한 리더십을 기대한다. 왜 리더십에서 상상력, 전문성, 개방성이 중요한 요소가 되는 것일까? 리더는 바로 리더십의 발휘 과정에서 순간순간 유연성 있게 대응할 수 있는 수단을 필요로 하기 때문이다.

이건희 회장의 '메기론'은 위기조성을 잘 설명하여 준다.[2)] 그가 취임하고 5년이 지나 1993년 마누라와 자식만 빼고 다 바꿔보자는 신 경영 선언을 통해 위기를 극복하기 위해 실천했다. 그 당시 삼성은 2류였다. 삼성이 1987년을 기점으로 2012년인 25년 만에 시가 총액이 303배의 성장을 한 것은 그의 위기 경영 마인드 때문일 것이다. 이건희의 위대함은 위기상황에 움츠러들지 않고 과감하게 공격, 도전한다는 것이다. 그의 위기론을 주장한 말들을 종합하면 다음과 같다.

"정신 안 차리면 구한말 같은 비참한 사태가 올 수도 있다."

잘 나간다고 자만하지 말고 항상 위기의식을 갖고 변화의 흐름을 잘 파악해 한다. 과거에 해오던 대로 하거나 남의 것을 베껴서는 절대로 독창성이 생기지 않기 때문에 모든 것을 원점에서 보고 새로운 것을 찾아내는 창조성이 필요하다.

"21세기를 대비하는 모든 준비가 2~3년 내에 이루어지지 못하면 세계 일류 기업으로 도약할 마지막 기회를 잃는다는 위기의식을 가져야 하며 올해가 그 마지막 기회다. 첨단 경영은 21세기를 미리 예측하여 대비하는 경영이다. 앞으로는

---

1) 서성교, 전게서, pp. 161-167.
2) 김병완, op. cit., pp. 89-95.

하드웨어 제조기술보다는 소프트웨어 개발이 더 중요해질 것이므로 인재 확보와 고급두뇌 양성이 무엇보다 시급하다."

"바람이 강하게 불수록 연은 더 높게 뜰 수 있다. 위기를 도약의 계기로 불황을 체질 강화의 디딤돌로 삼아야 한다."

"물이 깊지 않으면 큰 배를 띄울 수 없고, 바람이 세지 않으면 큰 날개를 띄우지 못한다."

위기란 또 다른 기회인 것이다. 위기를 많이 겪을수록 더 단단해지고, 더 강해지고, 더 성공하게 되는 것이다.

메기론이란 미꾸라지만 어항에 집어넣으면 별다른 시련이나 역경이 없기 때문에, 즉 위협의 존재가 없기 때문에 미꾸라지들이 안락하게 자고 편한 생활을 하게 되어 그 결과 결국 생기를 잃고 비실비실해지는 데 반해 천적인 메기를 한 마리 풀어 넣으면 미꾸라지들은 잡아먹히지 않으려고 이리저리 도망쳐 다니게 된다. 그렇게 하는 과정에서 미꾸라지들은 활력적이고 싱싱하게 되는 것이다. 한마디로 그러한 악조건에서도 살아남는 강한 체질의 미꾸라지로 변하게 되는 것이다.

인간도 역시 미꾸라지와 같이 위험과 시련과 위기와 불황이 없을 때는 편안함을 추구하고 안주하게 된다. 하지만 위험과 시련과 역경과 불황이 있을 때 현재의 자신을 넘어서는 위대한 업적을 이룩해낼 수 있게 된다.

로마 역시 시련과 역경이 많았을 때는 더욱 강해졌고, 더욱더 위대한 업적을 성취해나갔지만 모든 것을 다 이루고 나서 더 이상 적이 없어졌을 때는 내부로부터 서서히 멸망해갔다는 역사적 사실을 통해 성장을 멈추고 안주하고 있을 때가 가장 위험하다는 사실을 우리는 알아야 할 것이다.

"시련과 역경이 없는 안전지대에 우리가 살고 있다면 그것이 가장 큰 위기라는 사실을 알아야 한다."

"위기에 처한 때가 바로 약진할 수 있는 절호의 기회다."

● **Kotter는 기업이 원하는 대규모 변화를 성공적으로 이끄는 8가지 단계를 아래와 같이 제시했다:**[1)]

1단계 — 위기 조성

변화가 필요하다는 절박감을 느끼게 하는 것이 필요하다. 혼자만이 아닌 관

1) 상게서, pp. 163-167.

련된 사람들 사이에서, 변하지 않으면 죽는다는 위기감을 불러일으키는 것이 성공적인 변화의 첫걸음이다.

2단계 — 변화 선도팀 구성

위기감이 확산되면 변혁적 리더십을 갖추는 데 필요한 신뢰성이 있는 사람, 훌륭한 자질을 갖춘 사람, 인간관계 능력이 뛰어난 사람, 평판이 좋은 사람, 공식적인 권위를 가진 사람들을 모아 하나의 변화 선도 팀을 구성한다.

3단계 — 비전 재정립

변화 선도 팀이 상황을 고려해 비전과 전략을 개발한다. 비전은 변화의 추세와 조직의 현실을 제대로 반영해, 명확하고 간결하게 분위기를 고양시킬 수 있는 것이어야 한다. 그 다음에 비전을 달성할 수 있도록 구체적이고 상세한 계획과 예산을 짜야 한다.

4단계 — 의사소통

비전과 전략을 담아내는, 간결하면서도 심금을 울리는 메시지를 여러 채널을 통해 전파해야 한다. 이러한 커뮤니케이션의 목적은 조직원들의 자발적인 참여를 유도하고, 동시에 비판 세력을 설득하는 것이다. 그 결과 비전을 달성하는 것에 보다 많은 에너지를 집중할 수 있다.

5단계 — 권한부여

비전에 따라 사람들이 행동하도록 권한을 부여해야 한다. 권한을 위임하지 않는 리더, 부정확한 정보와 독선에 빠져 변화를 거부하는 사람들의 감정을 무마해야 한다.

6단계 — 단기간인 1차에 성공을 이룰 것

일단 권한을 부여받은 사람은 비전을 달성해 단기간에 1차적인 성공을 이루어야 한다. 이러한 초기 성공이 있어야만 조직원들의 신뢰를 받을 수 있다. 그러나 변화 과정을 제대로 관리하지 못해 성공이 늦어진다면, 변화를 거부하는 사람들로부터 저항을 받게 된다.

7단계 — 변화의 속도를 늦추지 말 것

변화하려는 리더는 최초의 성공으로부터 추진력이 형성되어 초기에 변화가 굳어지지 않도록 비판할 틈을 주지 말아야 한다. 비전이 최종적으로 실현될 때까지 계속 새로운 변화의 물결을 모색해야 한다.

8단계 — 변화의 정착

변화하는 리더는 조직 전체를 통해 새로운 문화를 육성함으로써 변화가 고착되도록 만들어야 한다. 조직에 변화가 완전히 정착된 다음에는 과거의 행태가 완전히 사라지고, 리더가 바뀌더라도 새롭게 형성된 행동이 지속된다.

제 2 절 변혁적 리더십과 거래적 리더십 모델

1. 변혁적 리더십과 거래적 리더십

많은 리더십 학자들과 실무자들은 오늘날 조직들은 부하들에게 영감을 주고 혁명적인 변화를 유도할 수 있는 리더십을 필요로 한다고 제안한다.[1)] 변혁적 리더십은 Burns의 세미나 과제인 리더십에서 인기를 얻었다.[2)] Burns에게 리더십은 집단목적과 관련이 있고, 리더십의 효과성은 실제적인 사회변화에 의하여 판단되며, 리더십 효과는 의도와 인간욕구 및 기대의 만족에 의하여 측정된다.

리더십에 관해 베스트셀러의 책을 썼던 Burns는 리더십의 두 형태인 거래적 리더십과 변혁적 리더십을 구별했다. 거래적 리더십(Transactional Leadership)은 리더와 추종자 사이에 일어나는 교환에 초점을 두는 대부분의 리더십 이론을 말한다. 새로운 세금을 부과하지 않는다고 공언하여 투표를 얻는 정치인은 거래적 리더십을 수행하고 있는 예이다. 업무를 초과 달성하는 근로자에게 승진을 제안하는 관리자는 거래적 리더십을 활용하고 있다.[3)]

이와 반대로, 변혁적 리더십(Transformational Leadership)은 다른 사람들과 어울려 리더와 추종자들 모두에게 동기부여와 도덕성의 수준을 향상시키는 연계를 창조하는 과정이다. 이런 유형의 리더는 부하들의 동기부여와 요구에 주의를 기울이며 부하들의 잠재력을 키워 주려고 한다.

Burns는 Mohandas Gandhi를 변혁적 리더십의 고전적 전형으로 보았다. Gandhi

1) B. M. Bass, 1985, *Leadership and Performance Beyond Exception,* New York: Free Press: Bass, 1990, "From Transitional to Transformational Leadership: Learning to Share the Vision," pp. 19-36; W. G. Bennis and B. Nanus, 1985, *Leaders: the Strategies for Taking Charge,* New York: Harper and Row.

2) James MacGregor Burns, 1978, *Leadership,* New York: Harper & Row, p. 3.

3) Northouse, *op. cit.,* p. 176.

는 수백만 명의 사람들의 요구와 희망을 일깨웠으며 그와 동시에 자기 자신도 바뀌었다.[1)]

다른 좋은 변혁적 리더십의 본보기는 Ryn White의 삶에서 볼 수 있다. 이 어린 10대 소년은 미국인들의 에이즈에 대한 인식을 불러일으켰고 동시에 연설가가 되어 에이즈 연구에 대한 정부의 지원을 이끌어 냈다.[2)] 캐나다에서 Terry Fox는 변혁적 리더의 좋은 보기가 되고 있다. 그는 골수암을 앓고 있었고 오른쪽 다리가 무릎 위로 6인치에서 절단되었다. 그는 다른 환자들의 고통으로 눈을 돌리고 암 연구를 위한 기금마련을 위해 캐나다 횡단 희망의 마라톤을 뛰게 되었다. 비록 그는 세상을 뜨고 없지만 그의 유지는 아직도 강력히 남아 그의 이름으로 3억 달러의 기금이 모아졌다.[3)] 조직세계에서 변혁적 리더십의 본보기는 집단적인 가치를 보다 더 인간적이고 정의로운 것으로 바꾸려고 하는 관리자일 것이다. 그러는 와중에 리더와 부하 모두 보다 더 강력하고 높은 도덕적 가치를 발휘하게 된다.

변화에 대한 관점에서 변혁적 및 거래적 리더십 간의 차이를 Burns는 지적했다. 변혁적 리더는 조직에 혁명적이고 근본적인 변화를 가져올 수 있고 거래적 리더들은 물론 조직의 변화를 가져올 수 있으나, 근본적인 변화 없이 진화적 및 적응적 리더의 스타일이란 특색에서 차이점이 있다.

1980년 중반에 Bass는 더욱 확대되고 정제된 변혁적 리더십을 제공했다.[4)] 이것은 1976년 House와 1978년 Burns의 이전의 이론에 기초를 두지만 이들과 전적으로 일치되는 것은 아니었다.[5)] Bass는 리더의 욕구보다는 오히려 부하들에 더 많은 관심을 두면서, 변혁적 리더십은 더욱 긍정적이지 않은 상황에 적용할 수 있다고 제안하면서, 변혁적 리더십과 거래적 리더십이 상호 독립적인 연속이라고 보기보다는 오히려 하나의 연속체로 설명하면서 Burns의 이론을 확장했다.[6)]

1978년 Burns에 의해 수립된 변혁적 리더십의 개념은 도덕적 수준의 향상을 포함하고 있기 때문에 부정적인 방법으로 변혁을 일으켰던 Adolf Hitler와 Sadan

---

1) *Ibid.,* p. 176.
2) *Ibid.,* p. 177.
3) *Ibid.*
4) Northhose, *op. cit.,* p. 179.
5) *Ibid.,* p. 180.
6) *Ibid.,* p. 176.

[표 6-1] 리더십 요소

변혁적 리더십	거래적 리더십	자유방임 리더십
Factor1 이상적인 영향 카리스마	Factor 5 상황에 맞는 보상 건설적 거래	Factor 7 자유방임적 비거래적
Factor 2 영감을 주는 동기부여	Factor 6 예외관리 교정하는 거래	
Factor 3 지적 자극		
Factor 4 개별화된 배려		

출처: Northouse, 2007, *op. cit.,* p. 181.

Hussein을 묘사할 때는 변혁적 리더십을 사용할 수 없다.1) 이러한 문제를 다루기 위하여 Bass는 1998년 사이비 변혁적 리더십(pseudo-transformational leadership)이란 용어를 만들어 냈다. 이 용어는 자기 헌신적이고 자기 소비적이며 착취적이고 권력 지향적 성향으로 도덕성이 왜곡된 리더들을 가리킨다. 사이비 변혁적 리더십은 다른 사람의 이익보다는 오히려 자신의 이익에 치중하는 개인화된 리더십이다. 진정한 변혁적 리더십은 사회적인 리더십이고 그것은 공동선과 관련되어 있다. 사회적 변혁적 리더들은 다른 사람들의 안녕을 위해 그들의 이익을 초월한다고 1993년 Howell과 Avolio는 말했다.2)

[표 6-1]에서 보듯이 변혁적 그리고 거래적 리더십은 다음 7요소들을 포함한다. 이 7개의 각각에 대한 설명은 Bass의 모델을 이해하는데 도움이 될 것이다.

1) 변혁적 리더의 사례

지난 20년 동안 거래적 리더십과 변혁적 리더십이 연구와 논의의 중심이 되어 왔다. 거래적 지도자는 중개인 역할을 하며, 특히 이해관계가 심각하지 않을 때 그의 역할은 비교적 중요하지 않고 자동적인 것일 수 있다. 하지만 '변혁'은 무엇을 의미할까? 우리는 여기서 바꾸다(change)와 변혁시키다(transform)라는 동사의 정확한 정의를 구분해야 한다. 바꾸다는 말은 어떤 것을 다른 것으로 대체하

1) *Ibid.,* p. 177.

2) Howell, J. M., & Avolio, B. J., 1993, "The Ethics of Charismatic Leadership: Submission or Liberation?" *Academy of Management Executive,* 6(2), 43-54; Northouse, *op. cit.,* p. 177(재인용).

는 것, 주고받는 것, 자리를 바꾸는 것, 어떤 장소에서 다른 장소로 옮기는 것을 의미한다. 거래적 리더십은 이러한 특성이 있다고 본다. 하지만 무엇인가 변혁을 한다는 말은 보다 심층적으로 파고드는 것을 의미한다. 개구리가 왕자로 탈바꿈하거나 마차 공장이 자동차 공장으로 탈바꿈할 때처럼 형식이나 구조의 대변신을 일으키는 것, 사물의 상태나 본질 그 자체를 변화시키는 것이다.

뉴욕주립대의 리더십 연구센터의 버나드 베스는 "1차" 변화 또는 정도의 변화들과 '더 높은 수준의 변화'를 구분했다. 이는 '태도, 신념, 가치, 요구' 등에서 구조적 개조를 이루어 내는 변화를 말하는데, 양적인 변화로는 충분하지 않다고 본다. 변화는 또한 질적이어야 한다. 그렇다고 이상의 모든 것이 총체적 변화를 의미하지는 않는다. 인간의 삶에 총체적 변화란 불가능하다.

단순히 몇 가지 개조를 이루었다고 하여 변혁적 리더십이라고 할 수 있는가? 즉 거래가 많을수록 변혁적인 변화가 많은 것인가? 그렇지 않다. 문제는 변화의 본질이지 변화의 정도가 아니다. 주전자에 담긴 물의 온도가 점차 올라가서 비등점에 이르면 탈바꿈을 하듯이 즉 끓어오르듯이 질적 변화가 문제인 것이다. 시간 또는 타이밍이 중요할 수도 있다. 오랜 기간 연속되는 거래가 변혁으로 이어질 수 있다. 그런데 그러한 점진적인 변화가 일생을 필요로 한다면 사람들은 얼마나 기다려야 할까? 변혁적 리더십은 단순히 위인이론의 새로운 변혁인가? 변혁적 리더십에 관한 연구가 '거인들의 시대'에 출현한 것은 분명하다. 예컨대 영국의 처칠과 애틀리에서 대처까지, 루즈벨트와 트루먼에서 케네디와 존슨까지, 스탈린에서 흐루시초프까지, 마오쩌둥에서 제 3 세계의 수많은 주목할 만한 탈식민지 지도자들에 이르기까지 말이다. 프랭클린 루스벨트가 가장 좋은 예이다. 처칠의 경우도 마찬가지이다. 처칠은 두 번의 세계대전이라는 아주 어려운 상황 속에서 지도자로 활약했고 성공했다.

아래 Burns가 설명한 변혁적 사례 가운데 하나의 사례를 예로 들어 변혁적 리더십에 대한 이해를 돕고자 한다.[1)]

- **하버드 대학의 변혁**[2)]

변혁적인 리더십의 예로서 하버드 대학의 변혁을 들 수 있다. 특히 변혁을

1) James MacGregor Burns, 2003, *Transforming Leadership* by Grove/Atlantic, Inc. New York, 조중빈 역, 2006, 역사를 바꾸는 리더십, 한국방송통신대학 출판부.

2) *Ibid.*, pp. 96-100.

이끈 하버드 대학의 총장 Charles Williams Eliot는 독창적인 화학교수였으며 하버드 대학을 발전시킨 변혁적 리더이다. 그는 대학의 감독관 중 16대 8로 1869년 하버드의 새로운 지도자로 선출되었고, 5개월 후에 총장에 취임했고, 40년 동안 총장직에 있으면서 하버드를 변혁시켰다. 그는 우선 교수들의 급료를 3천 달러에서 4천으로 인상하였고, 이러한 조치로 인해 훌륭한 교수진을 끌어 모으고 유지할 수 있었다. 그는 인재를 찾기 위해서 눈을 번득였다. 더욱이 교수들의 불만과 항의에도 불구하고 의무적인 예배모임을 폐쇄하고, 필수과목 대신 학생들에게 강좌 선택의 자유를 주는 선택 과목제를 도입했다. 그것은 개인의 자유, 즉 지적 압제에서 벗어날 수 있는 자유권이었다. 19세기는 이러한 믿음이 일반적이었고 그는 학생들에게 출석의 자유를 부여함으로써 교수들의 신경을 거슬릴 정도까지 이 정책을 확대하여 나갔다. 20세기에 들어오면서 그의 변혁적 아이디어 창안분야에서 국내외에 지도자가 되었을 뿐만 아니라 미국에서 가장 존경받고 많은 사람들의 본보기가 되는 대학의 총장이 되었다. 그는 오로지 위대한 대학으로 만들어야겠다는 신념을 가지고 있었다.

이와 같은 과격한 개인주의는 Eliot을 갈등으로 몰아넣었고 많은 저항에 부딪쳤지만 이들은 그를 주저앉히기보다는 오히려 고무시키면서 하버드 대학의 자유뿐만 아니라 전문성을 강조하는 위대한 대학으로 발전해 나갔다.

그는 90세까지 장수를 누렸다. 그는 자신의 개혁이 완벽하지 않았으며, 심지어 그가 그렇게 소중히 여기던 선택과목제조차 너무 도가 지나쳤다는 사실을 깨달았다. 또한 자신이 캠퍼스 안팎에서 학생들의 생활여건을 충분히 향상시키지 못했다는 점도 깨달았다. 그럼에도 불구하고 그가 이끌었던 하버드 대학의 변혁은 대부분 그대로 유지되었고, 다른 교육계 지도자들을 위한 지침으로 이용되고 있다.

2) 변혁적 리더십 요소(Transformational Leadership Factors)

Bass는 변혁적 리더십이 다음과 같은 요소들을 포함하고 있어 거래적 리더십보다 우월하다고 주장한다.[1] 변혁적 리더십의 중심적인 요소 가운데 하나는 카리스마이다.

변혁적 리더십은 부하들의 성과를 증진하고 부하들의 잠재력을 충분히 발전

---

1) B. M. Bass, 1990, “From Transitional to Transformational Leadership,” pp. 254-255.

하려고 한다. 변혁적 리더십을 드러내는 사람은 강한 내적 가치와 이상을 가지고 있으며, 그들은 자신의 이익보다는 오히려 더 큰 목적을 지지하도록 부하들을 동기부여하는 데 효과적이라는 리더의 행위적 차원을 실증적으로 증명했다.

- **요소 ①: 이상적인 영향**(Idealized Influence): **카리스마**

요소 1은 이상적인 영향 혹은 카리스마라고 부른다. 이것은 부하들을 위해 강한 역할 모델로서 활동하는 리더로 묘사한다. 부하들은 이러한 리더들과 일치하려고 하며 그리고 그들을 닮으려고 노력한다. 이 리더들은 일반적으로 높은 수준의 도덕적 및 윤리적 품행을 가지고 있고 올바른 일을 한다. 부하들에게 비전과 사명감을 제공하고 자긍심을 고취시키며, 부하들로부터 신뢰와 존경을 받는다.

본질적으로 카리스마 요소는 리더십의 요소들 가운데 핵심이다. 카리스마 리더십은 리더와 부하들의 강력한 감정적인 결속을 초래한다. 부하들은 리더의 비전을 수행하도록 영감을 받는다. 실제로 카리스마에 대한 최근의 이론과 연구는 변혁적 리더십과 다르지 않다. 카리스마 리더십을 가진 사람으로서 예를 들면 남아프리카의 첫 흑인 대통령인 Nelson Mandela를 들 수 있다. Mandela는 높은 수준의 도덕적 기준을 가지고 있으며 남아프리카의 사람들이 어떻게 통치되어야 하는지에 대한 획기적 변화를 가져오기 위하여 남아프리카를 위한 비전을 사람으로 간주하고 있다.[1)]

- **요소 ②: 영감을 주는 동기부여**(Inspirational Motivation)

요소 2는 영감과 영감을 주는 동기부여라고 불린다. 이 요소는 부하들에게 높은 기대를 전달하고, 동기부여를 통해 조직의 비전에 몰입하고 공유하도록 부하들에게 영감을 주는 리더로 표현된다. 실제로 리더들은 상징을 사용하며, 집단의 구성원들에게 그들 자신의 이익을 얻는 것보다 오히려 더 많은 것을 달성하도록 구성원에 감정적인 호소를 사용한다. 팀 정신은 이러한 리더에 의하여 증진될 수 있다.

- **요소 ③: 지적 자극**(Intellectual Stimulation)

이 요소는 창의적이고 혁신적이 되도록 부하들을 자극하고 그리고 그들 자

---

1) Northouse, *op. cit.,* pp. 182-183.

신의 신념과 가치관뿐만 아니라 리더와 조직의 것에도 도전하게 하는 리더의 능력이다.

리더십의 이 형태는 부하들이 새로운 접근법을 시도하고 그리고 조직의 문제를 다루는 데 혁신적인 방법으로 발전할 때 부하들을 지원한다. 이것은 부하들이 자신들의 문제를 스스로 처리하고 그리고 신중한 문제를 해결하도록 촉진한다. 카리스마 결속력은 이러한 노력을 하는 데에 지원과 격려를 제공한다. 리더십의 이러한 예는 생산 지연을 야기했던 원인을 찾아 문제를 해결하는 유일한 방법을 개발하려고 생산직 근로자의 개인 노력을 부추기는 공장장에서 볼 수 있다.[1)]

- **요소 ④: 개별화된 배려**(Individualized Consideration)

이 요소는 부하들의 개인적인 요구에도 세심한 관심을 기울이고 지원적 분위기를 조성하려는 리더들의 특성이다. 부하들이 맡은 일에 익숙해지도록 코치와 조언자로서 역할을 수행한다. 결과적으로 부하들은 자신을 특별하게 느끼게 되고, 격려와 동기부여를 받는다. 또한 부하들이 도전을 받아 성장하도록 권한 위임을 활용한다. 이러한 리더는 종업원들에게 매우 구조적이고 구체적인 지시를 내리는 반면, 어떤 종업원들과는 강한 우호관계를 가진다. 적합한 사례로서 종업원을 돌보는 데 많은 시간을 보내는 리더를 지적할 수 있다.

위의 요소들은 리더가 조직의 변화를 실행하는 데 필요하다. 카리스마적 감정 결속은 변화에 대한 심리적 및 감정적 저항을 극복하게 한다. 지적 자극은 역시 새로운 해결책과 개혁을 제공한다. 그리고 리더와 부하들의 개별적 관계는 부하들에게 더 강력한 동기부여를 제공할 수 있다. 많은 학자들은 다양한 연구를 통하여 변혁적 리더십을 보이는 사람들이 단지 거래적 리더십을 나타내는 사람들보다 더 나은 업무성과를 달성하는 더 효과적인 리더라고 파악하였다. 이러한 연구결과는 높은 리더나 낮은 리더 그리고 공·사 환경의 모든 리더에게 적용된다는 것을 발견했다.[2)]

3) 거래적 리더십 요소(Transactional Leadership Factors)

거래적 리더십은 리더들과 추종자의 사회적 교환으로 설명할 수 있다. 이러

---

1) *Ibid.,* p. 183.
2) *IbId.,* p. 184.

한 교환은 리더와 부하들 모두에게 편익이 비용보다 높으면 지속될 수 있다는 시각이다.[1] 거래적 리더들은 원하는 것을 부하들이 하게 하는 가장 좋은 이익을 리더들이 가지고 있기 때문에 영향력이 있다. 이러한 교환은 Burns는 리더십이란 한 개인이 어떤 행위나 보상, 인센티브를 사용하여 다른 사람들로부터 바람직한 행동을 일으키는 과정으로 이해하고 있다. 이 과정에서 리더와 부하들 간에 교환이나 거래가 일어난다는 것이며 이를 거래적 리더십(Transactional Leadership)이라고 부른다.

거래적 리더들은 현재에 초점을 두고 조직을 순조롭고 능률적으로 운영하는 데 탁월하다. 그들은 기획 및 예산과 같은 그러한 전통적 관리기능에 익숙하며 일반적으로 업무성과의 측면에 관심을 집중한다. 이러한 상황에서 거래적 리더십은 아주 효과적이다. 거래적 리더십은 규칙을 준수하기 때문에 거래적 리더들은 자주 변화하는 것보다 오히려 안정을 추구하려 한다.[2]

- 요소 ⑤: 상황에 맞는 보상(Contingent Reward)

부하들의 노력이 특정한 보상을 위하여 교환된다는 점에서 리더와 부하들 사이의 교환과정이다. 거래적 리더들은 부하들의 요구나 그들이 원하는 바를 인식하고 있으며, 부하들의 노력 대가를 어떻게 만족시켜 주어야 할지를 명백히 알고 있다. 필요하다면 부하들이 자신들의 요구를 만족하는 물질적 혹은 심리적 보상을 획득하기 위해서 리더와 거래를 명확하게 해야 한다. 즉 리더의 요구에 대한 만족은 부하의 성과와 일치한다. 이러한 리더십 타입의 한 예는 어린 아이들이 피아노 레슨을 받은 후 얼마나 많은 시간 TV를 볼 수 있는지 어린 아이와 협상을 하는 부모를 들 수 있다.[3] 또 다른 예는 학장이 종신 재직권을 받거나 승진을 하기 위하여 어느 정도의 논문을 발표해야 되는지를 교수들과 같이 협상한다.[4]

빌 게이츠는 마이크로소프트사를 창립하여 세계적인 컴퓨터 회사로 발전시켰다. 마이크로소프트사의 성공 비결은 여러 가지 요인들을 들 수 있지만, 그 중

1) B. M. Bass, 1990, “From Transactional to Transformational Leadership: Learning to Share the Vision,” *Organizational Dynamics,* Vol. 18, Winter, p. 319.
2) Daft, 1999, *Leadership: Theory and Practice,* p. 427.
3) Northouse, *op. cit.,* p. 185.
4) *Ibid.,* p. 185.

에서도 빌 게이츠의 탁월한 경영전략을 가장 큰 이유로 들 수 있다. 즉 강력한 리더십의 소유자 빌 게이츠로 인해 마이크로소프트사는 세계 최고의 기업이 되었으며, 그 역시 세계 최고의 갑부가 되었다. 그는 업무의 성과에 따라 직원 개개인에게 이익을 분배하여 사내 분위기를 적극적으로 이끌었고, 다가올 새로운 사업경쟁 상황에 늘 철저하게 대비했다. 특히 투명한 기업경영을 강조하여 직원들의 동기를 향상시키는 탁월한 거래리더십을 발휘했다.

- **요소 ⑥: 예외 관리**(Management by Exception)**와 자유방임적 리더십**(Laissez-faire Leadership)

거래적 관계의 일종인 다른 타입은 많은 관리자들에 인기 있는 '예외 관리(management by exception: MBE)'이다. 이 상황에서 리더는 단지 일이 잘못되었을 때에만 간여한다. 예외 관리는 두 가지 형태가 있다: 적극적과 소극적. 예외관리의 적극적인 형태를 띤 리더는 부하들이 잘못하는지, 규정을 위반하지 않은지를 면밀히 감시하고 그리고 적극적으로 시정한다. 다른 타입인 자유방임주의(Laissez-faire)는 리더들이 소극적이고 부하들과 과제들에 무관심하다. 요소 7은 리더십 부재를 의미한다. 이 프랑스 말이 의미하는 것 같이 손을 떼고, 그리고 그냥 굴러가게 하는 접근법을 말한다. 이 리더는 책임을 포기하고, 결정을 지연하며, 환류를 하지 않고 그리고 부하들을 만족하게 하기 위하여 별로 하지 않는다. 예외관리와 자유방임주의 리더십은 적극적인 강화 혹은 격려를 하지 않는다. 이 두 경우의 리더들은 거의 전적으로 규율과 처벌에 의존한다.

예외 관리의 적극적인 리더십의 한 예는 근로자들이 고객에게 어떻게 접근하는지를 매일 감시하는 판매 감독자의 리더십에서 볼 수 있다. 감독자는 규정된 방법으로 고객에 접근하고 있는지 혹은 접근이 느린 판매원을 지적하고 시정한다. 소극적인 리더는 기준이 충족되지 않거나 혹은 문제가 발생한 후에만 간여한다. 소극적인 예외관리의 한 예는 근로자의 이전의 업적 평가에 대하여 근로자와 상담하지 않은 채 근로자에 나쁜 업적 평가를 하는 감독자의 리더십에서 설명된다.

거래적 리더십은 모든 리더들에게 가장 중요하다. 그러나 조직이 변화를 필요로 할 때 다른 리더십 스타일이 필요하다.

거래적 리더십이 성공하기 위하여 다음과 같은 조건을 우선 충족해야 한다.

첫째, 부하들에게 기대하는 성과가 무엇인지를 명확하게 명시해야 한다.

둘째, 기대를 만족시킬 수 있는 방법을 설명해야 한다.

셋째, 성과측정방법을 명시해야 한다.

넷째, 목표에 관한 올바르고 적절한 피드백을 제공해야 한다.

다섯째, 보상 분배의 공평성을 유지해야 한다.

즉 리더는 부하들이 원하는 보상을 제공하고 그 대가로 부하들로부터 리더가 원하는 업무성과를 제공받는 관계라고 할 수 있다.

거래적 리더십의 중요성에도 불구하고 상황적 보상의 사용과 교환에 전적으로 의존하는 부하들과의 거래는 부하들의 낮은 기대와 최소한의 성과를 조직에 가져오게 한다는 비난을 면치 못한다. 단적으로 거래적인 계약은 부하들이 탁월한 업적을 내도록 감명을 주지 못한다. 오히려 그들은 단기적이며 즉각적인 결과에 관심을 가지고 있다. 장기적인 영감은 변혁적 리더십을 요구한다.

4) 변혁적 리더와 거래적 리더의 차이

Bass에게는 변혁적 리더십과 거래적 리더십은 별개로 존재하지만 상호배타적이지 않는 과정이다. 변혁적 리더십은 거래적 리더십보다 부하의 동기와 성과를 더 증가시키지만, 효과적인 리더는 두 가지 유형의 리더십 모두를 사용한다.[1] 그와 같이 변혁적 리더십은 대부분의 리더십 이론들이 리더와 부하들 간에 교환과 거래에 관심을 가져야 된다고 제안하면서 이 두 리더십 간에 차이가 있다고 주장한다.

변혁적 리더십은 다음 네 가지 영역에서 거래적 리더십과 다르다.[2]

① 변혁적 리더십은 부하를 리더로 발전시킨다.

변혁적 리더는 부하들이 스스로 주도하도록 권한을 부여하고 문제를 해결하고 사람들이 새로운 방법으로 문제를 바라보도록 도와준다. 실제로 발전하는 용기 있는 부하들은 변화를 피하지 않고 촉구한다. 그렇게 하기 위하여 부하들은 자신의 행태를 통제하기 위하여 더 큰 자유를 부여받는다.

1) Bass, 1985, *Leadership and Performance Beyond Exception*; Yukl, 2002, *Leadership in Organizations,* p. 253(재인용).

2) Daft, 1999, *Leadership: Theory and Practice*, pp. 427-428; Bass, 1995, "Theory of Transformational Leadership Redux," *Leadership Quarterly* 6, No. 4(Winter), pp. 463-478; Bass, "From Transactional to Transformational Leadership: Learning to Share the Vision."

② 변혁적 리더십은 부하들의 낮은 욕구수준(Maslow의 하위욕구)을 높은 욕구수준(Maslow의 상위욕구)으로 끌어 올린다. 변혁적 리더는 각 개인이 성장과 발전을 위한 욕구에 관심을 집중한다. 변혁적 리더는 조직을 변화시키기 위하여 부하들이 도전하고 권한을 부여받도록 촉구한다.

③ 변혁적 리더들은 부하들이 자신의 이익보다는 집단의 이익을 위하여 헌신하도록 독려한다. 변혁적 리더들은 원래 부하들에게 기대한 것 이상으로 역할할 것을 동기부여한다. 이 리더들은 부하들이 변화를 위해 필요한 지식과 결과를 알도록 허용하며, 그런 다음 조직의 목적을 위하여 자신의 목적을 초월하게 한다.

④ 변혁적 리더십은 바람직한 미래 상태의 비전달성과 변화의 고통을 극복할 수 있는 정도의 가치에 걸맞는 변화의 노력을 유도한다.[1] 가장 의미 있는 역할은 낡은 방법보다 의미 있게 더 좋은 변혁적인 비전을 발견하고, 그 꿈을 실현하는 데 협조를 얻는 것이다. 꿈은 사람들이 행동으로 옮기게 하는 비전이고 부하들의 헌신을 보장한다. 비전 없이는 변혁이 없다.

이와 같이 변혁적 리더는 거래적 리더십과 대조적이다. 거래적 리더는 조직의 규율과 리더가 원하는 것에 동의하는 조건으로 보상교환에 따른 부하들의 복종에 초점을 둔다. 거래적 리더십은 높은 업적을 위하여 보상을 교환하고 실수를 하든지, 수준 미달의 업적을 지적하고 질책을 가함으로써 리더는 근로자들을 동기부여를 한다. 변혁적 리더는 높은 수준의 업적에 보상을 하는 것과 같이 거래적 리더의 역할을 수행하기도 한다. 그러나 변혁적 리더십은 부하에게서 잠재적인 동기부여 요인을 찾아내고, 상위욕구들을 만족시키기 위하여 리더는 노력하며 그리고 부하들의 충분한 인격을 존중하는 특징이 있다. 변혁적 리더는 부하들이 조직을 재활성화하기 위한 필요를 이해하는 데 도움을 준다. 부하들이 다른 조직을 방문하게 하는 것도 변화를 동기부여할 수 있는 방법이다. 이러한 과정을 통하여 부하들은 전적으로 거래적 리더십 아래 종사하는 것보다 더 성장하고 발전한다.

Burns는 처음엔 거래에 중심적으로 관심을 둠으로써 부하들의 욕구를 끌어올리고 개인, 집단, 조직의 성과를 극적으로 향상시키려고 시도하는 변혁적 리더

1) Noel M. Tichy and Mary Anne Devanna, 1986, *The Transformational Leader,* New York: John Wiley & Sons, pp. 265-266.

십을 구체화했다. 그에 의하면 변혁적 리더십은 리더의 가장 주된 관심사로 부하들의 신념, 가치, 욕구의 변화를 도모하는 것이다. 거래적 리더십은 리더의 직접적인 영향력의 행사로 인해 부하들의 순응을 요구하였으나, 변혁적 리더십에서는 부하들의 개인의 자유, 정의, 평등 등 인본주의 등과 같은 높은 차원의 가치에 호소하여 그들의 의식을 고양함으로써 한층 더 높고 넓은 기여를 촉구한다는 것이다. 정도는 다르더라도 효과적인 리더들은 거래적 리더십과 변혁적 리더십 패턴의 적절한 조화가 요구될 것이다. 예를 들면, 정치적 지도자인 Franklin D. Roosevelt는 거래적과 변혁적 리더십의 균형을 반영했다. 그의 벽난로 옆에서 하는 담론, 영감을 불어넣는 스피치, 미국의 전망을 재구성하는 것들이 그를 완전한 변혁적인 리더로 보여 준 것이다. 동시에 그는 그의 목적을 달성하기 위하여 정치적 보상으로서 주고받는 형태인 거래적 리더로서의 모습도 역시 보여 주었다.[1)]

5) 변혁적 리더십의 성공조건

변혁적 리더십에 의존하는 리더들이 관심을 가져야 하는 것 가운데 우선 중요한 것은 목적의 구체성과 부하들의 능력을 확신하고 부하들의 지각수준을 올릴 수 있다면 성공의 가능성이 높아질 것이다. 또한 명확한 비전을 제시하고, 비전을 서로 공유해야 하며, 권한 부여를 통해 창의성을 격려해야 된다. 만약 실수가 있어도 잘못한 일에 대해선 관용을 베풀어야 한다. 특히 도전적인 기대를 설정하고 협조적인 환경을 조성해야 된다. 부하들과 개인적인 관계를 구축하는 것은 부하들로부터 신뢰를 얻고 열정을 유지하게 하는 데 필수적이다.[2)] 리더십은 변화를 조성할 수 있고 변화를 실현할 수 있는 능력이 있어야 한다. 미래에 대한 상상인 비전이 부하들의 도움이 없이 그 자체만으로 조직에서 우수한 업적을 달성할 수 없을 것이다. 조직의 비전을 다른 사람들이 공유하게 하기 위하여 리더는 목적을 설명하고 신뢰를 발전시키며 그리고 변화를 위한 적절한 수단을 효과있게 활용하기 위하여 의사소통의 과정을 이용해야 한다.

의사소통을 활성화하기 위한 방안으로 조직의 구성원들에게 참여할 수 있는 권한을 주어야 한다. 물론 참여는 새로운 개념은 아니다. 참여가 이론의 중심개

---

1) Bass, 1985, *op. cit.,* pp. 22-26.
2) Yukl, *op. cit.,* p. 253.

념인 고전 이론들을 예로 든다면 인간관계론 관점들, Likert의 체제 4, 그리고 McGregor의 Y이론 등이 있다. 오늘날에는 팀 구성, QC, TQM, 재구조운동들은 모두 좋은 업적을 산출하기 위한 중요한 이론들이며 중심적인 개념으로 구성원의 참여권한을 높이 평가한다. 참여는 더욱 많은 업적을 가져오고 문제에 대한 더 나은 해결책을 산출하며, 결정을 더욱 잘 받아들이도록 하므로 중요하다. 그러므로 참여와 리더십은 분명히 근본적이다.

비전은 고정된 것이 아니라 항상 변화할 수 있으며, 부하들과 공유와 협조를 얻지 못하는 비전은 허황된 계획에 불과하다. 리더가 잘못된 비전이나 실패한 비전을 만들지 않기 위하여 우선 고려해야 하는 것은 자신의 욕구를 반영하기보다는 시장 및 고객의 욕구를 먼저 분석해야 하고, 비전을 달성하기 위한 정확한 재원을 판단하고, 환경변화를 인식하여 비전의 수정을 서슴지 말아야 한다. 이러한 가운데 만들어진 비전은 조직의 구성원 간에 공유하기 쉬울 것이다.[1)]

또한 변혁적 리더십이 성공하기 위해서 고려하여야 되는 것은 문화적인 요인이다. 조직의 구성원들이 서로 공유할 수 있고 조직의 업적에 뚜렷한 영향을 가할 수 있는 알맞은 문화를 활용할 수 있는 것이 성공의 필요조건이다. 문화는 일관성, 조직 전반적인 동의, 명확성의 특징을 가지고 있다. 조직의 문화에 대한 더욱 깊은 이해를 한다면, 조직 내에 무엇이 진행되고 있는지뿐만 아니라 더욱 중요한 것은 리더들과 리더십을 위하여 우선적인 문제는 무엇인지를 아는 것이다. Schein은 문화와 리더십의 조직 측면을 똑같은 동전의 양면으로 보았다. 리더가 해야 하는 참으로 중요한 것은 문화를 창조하고 관리하는 것이며 그리고 리더의 진정한 재능은 문화를 가지고 활용할 수 있는 능력이라고 볼 수 있다.

서성교는 변혁적 리더가 갖추어야 할 필수요건으로 다음과 같이 지적한다.[2)]

제 1 원칙 ― 리더 한 사람으로 모든 것을 할 수 없으니 새로운 방식을 제시해 줄 수 있는 정보를 적극적으로 수집해야 하며, 조언을 해줄 수 있는 네트워크를 만들어야 한다.

제 2 원칙 ― 조직의 관행을 깨트려야 한다. 리더는 천리안적 사고(Kaleidoscope thinking)를 개발해야 한다. 이것은 이용할 수 있는 자료 조각을 모아 어떤 형태를 구성하고, 또 다른 형태로 가공하는 것을 의미한다. 개혁적인 리더들은 조직의

1) Judith R. Gordon, 2002, *Organizational Behavior: Diagnostic Approach,* 7th(ed.), Pearson Education, Inc.: Upper Saddle River, NJ. 07458, p. 272.
2) 서성교, *op. cit.,* pp. 167-169.

각 부분에 문제의식을 가지고 의문을 제기해야 한다. 또한 문제마다 많은 해결책이 있다는 것을 인식해야 한다.

제 3 원칙 — 변화를 위한 동맹관계를 구축하여야 한다. 리더는 자원과 지식을 가졌다고 하더라도 정치적 영향을 지닌 사람의 도움이 필요하다. 오피니언 리더, 분야의 전문가들, 가치를 지향하는 리더들이 필요할 수 있다.

제 4 원칙 — 책임을 전가하려는 유혹을 벗어나야 한다. 성공을 결정하는 것은 개인과 팀의 능력뿐만 아니라 팀에 자원이 적절하게 제공되느냐 여부에도 달려 있다. 팀 스스로 아이덴티티를 확립하고 역할을 분담하여 외부로부터의 압력을 거부할 수 있어야 한다. 나아가 팀 구성원들에게 과도한 책임을 지우지 말고 업무에 전념할 수 있도록 해야 한다.

제 5 원칙 — 인내를 배워야 한다. 개혁이 중간에 실패하는 것처럼 보일 때가 있다. 그러나 변화과정을 중단하면 결국 실패하고 말 것이다. 환경과 전제조건들을 다시 점검하고, 추진중인 개혁이 여전히 적절한 것인지 재고하는 끈기를 가진 리더십이 필요하다.

제 6 원칙 — 모든 사람을 영웅으로 만들어야 한다. 조직원들의 성취를 인정하고 보상하는 일도 리더십의 중요한 기술이다. 칭찬은 조직 구성원들에게 기대를 불어넣어 강한 동기를 유발한다. 성공의 성과를 구성원들과 공유하는 것도 리더십 기술 중 하나이다.

2. 변혁적 리더십 효율성 검토

1) 변혁적 리더십 평가

일반적으로 이 접근법은 리더들이 어떻게 조직의 의미 있는 변화를 시도하고 발전하며 수행하는지를 설명한다. 비록 결정적인 것은 아니나, 변혁적 리더들이 수행하는 행동단계는 다음과 같다.[1] 변혁적 리더는 부하들에게 권한을 위임하고, 부하들을 변화 지향적으로 교육시키며, 부하들의 만족을 더 고양시키는 데 도울 수 있다는 것을 알게 되었다. 변혁적 리더들은 개인들의 양심을 일으키고 그리고 다른 사람의 이익을 위해서 자신의 이익을 초월하게 한다.

변화를 창조하기 위하여, 변혁적 리더들은 자신의 부하들을 위해서 강한 역

1) Northouse, *op. cit.,* pp. 189-190.

할 모델(role model)이 된다. 그들은 고도로 발전된 도덕적 가치와 자신의 확고한 정체성을 가지고 있다. 그들은 자신감이 있고, 능력이 있으며, 표출하는 능력과, 그리고 강한 이상을 나타낸다. 그들은 부하들의 의견에 귀를 기울이며, 자신에 반대되는 의견에도 개방적이다. 그리하여, 변혁적 리더들과 부하들 간에 협동적인 분위기가 조성될 수 있다.

이러한 과정을 통해 변혁적 리더들은 신뢰를 구축하고 다른 사람들과 협동을 촉진하는 데 기여한다. 최근의 연구는 성격속성의 연계관계가 변혁적 리더십 연구에까지 확장되었다. 한 예로 실용성, 애정 깊은 높은 수준의 배려, 공격성의 낮은 수준과 비판적인 특징을 가지고 있는 성격패턴은 변혁적 리더십과 관련이 있다는 것을 제안하였다.

다른 연구는 성(gender)과 문화에 관련된 변혁적 리더십의 연구였다. 예를 들면, 변혁적 리더가 여성인 경우, 여성은 사람간의 관계를 원활히 지향하는 리더십을 선호하여 부하들과 각각 독특하고 이해심이 많은 관계를 갖는 경향을 보여주고 있다. 여성리더들은 다른 사람, 표현, 협조에 대한 관심이 남성보다 더 강하다고 한다. 문화적인 관점에서 캐나다, 이스라엘, 멕시코, 스웨덴, 남아프리카, 그리고 싱가포르 등 많은 나라를 통하여 볼 때 이상적인 리더십 특징들은 변혁적 리더십의 요소들을 가지고 있는 것으로 나타난다. 그리고 집단적 문화는 변혁적 리더십을 잘 받아들일 가능성이 많다고 한다.

2) 변혁적 리더의 강점

변혁적 접근법은 몇 개의 장점을 가지고 있다.[1]

첫째, 1970년 처음으로 소개된 변혁적 접근법은 대규모 연구의 초점이 되고 있다. 지난 10년 동안 *Leadership Quarterly*에서 발표된 모든 논문의 내용분석에 의하면 발표된 논문의 34%는 변혁적 혹은 카리스마 리더십에 관한 것이었다. 그 외에도 석사학위, 박사학위논문 그리고 연구과제의 200편 이상이 이 접근법을 활용하였다.

둘째, 변혁적 리더십은 직관적인 매력을 가지고 있다.

변혁적 시각은 리더가 어떻게 선두에서 변화를 주장하고 옹호하는가를 설명하고 있다. 사람들이 변혁적 리더십을 의미 있는 것으로 이해하기 때문에 변혁적

1) *Ibid.*, pp. 191-192.

리더십에 매력을 느낀다. 리더가 비전을 제시한다는 것이 매력적일 수 있다.

셋째, 변혁적 리더십은 추종자와 리더 간에 일어나는 과정으로 리더십을 간주한다.

변혁적 리더십은 부하의 욕구와 리더의 욕구 모두를 결합하는 과정이기 때문에 리더십은 리더와 부하 간의 상호작용으로부터 나오는 현상이라고 할 수 있다. 따라서 변혁적 리더는 다른 사람의 욕구에 중요한 관심을 갖는다. 부하들의 속성이 리더십 과정에서 도움이 되기 때문에 부하들은 변혁적 리더십 과정에서 중요한 위치를 가지고 있다.

넷째, 변혁적 접근법은 다른 리더십 모델들을 증대하는 리더십에 대한 넓은 관점을 제공한다.

많은 리더십 모델들은 주로 리더들이 성취한 목적들에 어떻게 보상하는가에 대해 주요한 관심을 가지고 있었다. 변혁적 접근법은 보상의 교환뿐만 아니라 부하들의 욕구와 성장에 대한 리더의 관심을 포함하는 리더십의 확대된 모습을 제공한다.

다섯째, 변혁적 리더십은 부하들의 욕구, 가치관 그리고 도덕을 중요하게 강조하고 있다.

Burns의 주장에 의하면 변혁적 리더십은 구성원들로 하여금 보다 높은 수준의 도덕적 책임감을 갖도록 하기 위한 리더들의 노력을 포함한다고 하였다. 변혁적 리더십은 부하들에게 자신의 이익을 초월하여 팀과 조직, 지역공동체의 이익을 먼저 생각할 수 있도록 동기유발하려는 노력이 포함된다. 본질적으로 변혁적 리더십은 '도덕수준의 향상'을 위해 노력한다.

3) 변혁적 리더십의 비판[1)]

첫째, 변혁적 리더십의 약점은 개념의 명확성이 결여되어 있다는 것이다. 몇 가지 예를 든다면 비전, 동기부여, 변화역군, 신뢰구축, 양육, 그리고 사회의 건설자와 같은 광범위한 범위를 포함하고 있기 때문에, 변혁적 리더십의 변수를 정의한다는 것은 어렵다. 따라서 리더십 요인으로 선택한 4 I's(이상적 영향, 영감 있는 동기부여, 지적 자극 그리고 개별적 고려)도 서로 심각하게 중복되는 경향이 있다. Bryman이 지적한 것과 같이 카리스마는 변혁적 리더십의 한 부분일 뿐이지만 변

---

1) Northouse, *op. cit.,* pp. 192-194.

혁적 리더십과 카리스마 리더십은 종종 동일한 것으로 취급되고 있다.[1)]

둘째, 다른 비판은 변혁적 리더십을 어떻게 측정하는가이다. 연구자들은 변혁적 리더십을 측정하기 위하여 다중요인리더십 설문지(Multifactors Leadership Questionnaire: MLQ)를 개발했다.[2)] 그러나 경험적인 연구를 위하여 사용한 측정치는 다양한 형태의 분류를 일정하게 측정해 주지 못하고 개념적으로도 명확성을 결여하고 있다. 그러므로 카리스마, 변혁적, 비전적인 리더의 많은 것을 측정하기 어렵다. 어떤 연구는 MLQ의 타당성을 의심하고 있다고 한다. MLQ를 사용하면서 변혁적 리더십의 4요소들을 분석하면 이들이 서로 상관관계가 높아서 별개 다른 요소라고 말할 수 없는 것을 발견했다. 그 이외에도 만약 변혁적 리더십의 어떤 요소가 거래적 리더십의 요소 및 자유방임적 요소들과 상관관계가 높다면, 이들이 변혁적 리더십에게 유일한 것이라고 말할 수 없을 것이다.

셋째, 변혁적 리더십은 리더십을 행태적인 것보다는 자질 혹은 개인의 기질로서 다룬다는 것이다. 만약 변혁적 리더십을 자질로서 본다면, 이 자질을 어떻게 가르칠 수 있을런지에 대한 의문을 갖게 된다. 자질은 어느 정도 타고난 것이고 행태는 훈련에 의하여 가능하기 때문에 변혁적 리더십을 자질로 간주한다면 사람에게 변혁적 리더십을 훈련한다는 것은 거의 불가능한 것이 된다. 일반적으로 변혁적 리더들은 다른 사람들을 변혁하기 위한 자질을 가지고 있는 사람으로 보는 경향이 있다. 이러한 이미지는 변혁적 리더십의 자질 특성을 강조한다는 것을 부인하지 못할 것이다.

넷째, 어떤 사람들은 변혁적 리더십이 엘리트 혹은 비민주적이라고 비판한다. 변혁적 리더십은 자질론(Trait Approach)과 같은 분석틀에 의존하고 있고, 또는 영웅적 리더십 편견을 지워버리기 쉽지 않다. 이것은 리더에 의하여 비생산적으로 혹은 부정적으로 사용될 수 있는 잠재력을 가지고 있다는 것이다. 예를 들면 변혁적 리더는 변화를 창조하고, 비전을 제시하며, 그리고 새로운 방향을 주장하는데 직접적인 역할을 한다. 이것은 리더가 독립적 혹은 독재적인 역할을 하고 있다는 강한 이미지를 준다. 이를 반박하면서 Bass와 Avolio는 변혁적 리더들은 지시적이고 참여적일 수 있을 뿐만 아니라 민주적이고 권위적일 수도 있다고 주

---

1) Bryman, A., 1992, *Charisma and Leadership in Organization,* London: Sage; Northouse, *op. cit.,* p. 192(재인용).

2) Bass and B. J. Avolio, 1990, *Manual for the Multifactor Leadership Questionnaire*, Palo Alto, CA: Consulting Psychologist Press.

장하였다.[1] 부하들은 리더에 영향을 미칠 수 있는 것과 같이 리더들도 부하들에게 영향을 미칠 수 있다는 것을 의미한다.

다섯째, 변혁적 리더십은 사람들의 가치관을 변화하고 새로운 비전으로 전향하는 데 관심을 가지고 있다. 그러나 누가 그 새 방향이 좋고, 확신하는지를 누가 결정하는가? 새로운 비전이 더 좋다는 것을 누가 결정하는가? 만약 리더가 부하들을 움직이는 가치가 좋지 않다면, 만약 인간적 가치들이 더 회복되지 않는다면, 리더십은 도전을 받음에 틀림없다.

여섯째, 카리스마 리더십에서 보듯이 변혁적 리더십이 조직의 문제에 대한 만병통치로 보는 경향이 있다. 그러나 심도 높은 상황적 접근법을 고려할 때 연구자들은 변혁적 리더십의 효과성에 기여하는 여러 가지 조직의 변수들을 고려하는 것이 필요할 것이다. 그러므로 Yukl은 변혁적 리더십이론은 카리스마와 변혁적 리더십 간의 차이들과 변혁적 리더십을 초래하는 중개과정과 상황변수들을 명확히 밝혀내는 것이 중요하다고 제안했다.

어떻게 변혁적 리더들이 추종자들에 심리적으로 어떻게 영향을 미치는지 그리고 리더들이 어떻게 추종자들의 반응에 부응하는지를 이해해야 되는 필요가 있다. 실제로 Burns는 이 분야의 이해(예: 카리스마 그리고 추종자의 숭배)는 오늘날 리더십 연구의 중심적인 문제들 가운데 하나이다. 변혁적 리더의 카리스마 성격은 카리스마가 파괴적인 목적으로 사용될 수 있기 때문에 상당한 위험이 따른다. 역사는 카리스마 리더들이 사람들을 나쁜 목적으로 초래한 예들이 많다.

약점에도 불구하고 변혁적 리더십은 유익하고 그리고 넓게 사용되는 접근법이라고 알려져 있다.

3. 변혁적 리더십 측정

변혁적 리더십을 측정하는 데 가장 많이 사용되는 것이 MLQ이다. MLQ의 초기 의견은 원래 Bass에 의하여 발전되었으며, Bass와 그의 동료들이 남아프리카의 70명에 달하는 고위관료들과 면접한 것에 의하여 시작되었다. 이 관리들은 누가 그들에게 넓은 시야를 갖도록 했는가? 누가 그들에게 더 높은 기대를 갖도

1) Bass & Avolio, 1993, "Transformational Leadership: A Response to Critiques," In M. M. Chemers & R. Ayman(Eds.), *Leadership Theory and Research: Perspectives and Directions*(pp. 49-80), San Diego, CA. Academic Press; Northouse, *op. cit.,* p. 193(재인용).

록 하였는가? 혹은 누가 자신들의 이익보다 다른 사람을 고려하게 하였는가? 그런 다음 리더들이 어떻게 행동하였는지 설명하도록 관리들에게 질문했다. 위의 설명과 중간 및 고위관료와 인터뷰를 하면서, Bass는 MLQ의 설문지를 구성했다. 이 설문지로 리더의 행태에 대한 부하들의 인식을 측정한다.

Antonakis, Avolio, 그리고 Sivasubramaniam는 3,000명보다 많은 평가자들의 기업표본을 사용하면서 MLQ의 심리적 속성을 평가하였다.[1] 그리고 그들은 MLQ의 강한 타당성을 발견했다. 그러나 MLQ는 처음으로 만들어졌기 때문에 계속 수정을 거치면서 신뢰성과 타당성을 강화시키고 있다.

- Multifactor Leadership Questionnaire**로부터 표본 항목**[2]

이 질문들은 리더십 스타일을 평가하기 위하여 사용하는 항목들 가운데 예이다. 자체형식(self-form)은 리더십 행태에 대한 자신의 지각을 측정한다. 평가자형식(rater form)은 리더십을 측정하기 위해서 사용된다. 아래 예문에서 보듯이 리더십 스타일을 생각하면서, 당신은 당신의 리더십에 대한 당신 자신의 가치관을 파악할 수 있을 것이다.

● 다음 항목들을 아래 다섯 가지 대답에 대한 지침을 활용하여 선택하시오.

0－전혀 아님, 1－아주 가끔, 2－가끔, 3－자주, 4－아주 자주

○ 변혁적 리더십 스타일

이상적인 영향(속성)--집단에 공헌하기 위하여 자신의 이익을 초월한다.	01234
이상적인 영향(행태)--나는 결정에 대한 도덕적 윤리적 결과를 고려한다.	01234
영감을 주는 동기부여--나는 미래에 대해 낙관적으로 생각한다.	01234
지적 자극--나는 그들이 적절한가를 질문하기 위하여 중요한 가정을 재시험한다.	01234
개별화된 고려--나는 그들의 강점을 돕기 위하여 다른 사람을 돕는다.	01234

1) Antonakis, J., Avolio, B. J., & Sivasubramaniam, N., 2003, "Context and Leadership: An Examination of the Nine-factor Full-range Leadership Theory using the Multifactor Leadership Questionnaire," *Leadership Quarterly:* 14(3), 261-295; Northouse, *op. cit.,* pp. 201-202(재인용).

2) 발행자의 특별한 허가에 의하여 인용되었다. Mind Park, CA USA. www.mindgarden.com from the Multifactor Leadership Questionnaire for Research by Bass, Avolio, 1995; Northouse, *op. cit.,* p. 203(재인용).

ㅇ 거래적 리더십 스타일

상황에 맞는 보상--나는 성과목적이 달성되었을 때 사람들이 무엇을 얻기 원하는지 명확하게 한다. 01234

예외에 의한 관리--나는 모든 잘못의 근원을 찾는다. 01234

ㅇ 소극적/회피적 리더십 스타일

예외에 대한 관리: 소극적. 01234

행동을 취하기 전 일들이 잘못 행해질 것을 기다린다. 01234

자유방임--나는 결정하는 것을 피한다. 01234

4. 카리스마와 변혁적 리더십

우리가 훌륭한 리더들 가운데 몇 사람의 이름을 거론하라고 묻는다면 Martin Luther King Jr., Mohandas Gandhi, Nelson Mandela, Franklin D. Roosevelt, Churchill, 그리고 John F. Kennedy 등을 대곤 한다. 이 리더들은 부하들로 하여금 확신을 갖게 하고, 강한 감정적 반응을 일으킬 수 있는 능력을 가지고 있었다. 실제로 그들은 부하들, 조직 그리고 사회는 물론 심지어는 세계역사의 방향을 바꾸어 놓았다. 그들은 세계를 변화시키는 데 커다란 역할을 할 수 있는 카리스마를 가지고 있다고 말할 수 있다.

Burns의 책이 출판되는 때에 House는 카리스마 리더십에 대한 이론을 발표했다.[1] House가 카리스마 리더십에 이론을 발표한 이래 많은 연구자들에 의하여 많은 관심을 받았다.[2] 물론 동의어는 아니지만 변혁적 리더십과 유사한 것으로 묘사되곤 했다.

성격특징 이외에도, 카리스마 리더들은 특정한 행태의 유형을 나타낸다고 한다.[3]

---

1) R. J. House, 1976, "A 1976 Theory of Charismatic Leadership," In J. G. Hunt & L. L. Larson(Eds.), *Leadership: The Cutting Edge*(pp. 189-207), Carbondale: Southern Illinois University Press; Northouse, *op. cit.,* p. 177(재인용).

2) J. A. Conger, 1999, "Charismatic and Transformational Leadership in Organizations: An insider's Perspective on these Developing Streams of Research," *Leadership Quarterly,* 10(2), 145-179; Hunt, J. G., & Conger, J. A., 1999, "From Where We sit: An Assessment of Transformational and Charismatic Leadership Research," *Leadership Quarterly,* 10(3), 335-343; Northouse, *op. cit.,* p. 177(재인용).

3) Northouse, *op. cit.*, p. 177(재인용).

첫째, 그들의 행태는 부하들이 따르기를 원하는 믿음과 가치를 위한 역할 모델들의 특성을 가지고 있다. 예를 들어 Gandhi는 비폭력을 지지했고, 시민 불복종의 역할 모델의 전형을 보여줬다.

둘째, 카리스마 리더는 부하들에게 유능한 것으로 보여진다.

셋째, 카리스마 리더는 도덕적으로 확고한 이상적인 목적을 표출한다. 예를 들어 Martin Luther King Jr.의 유명한 "I have a Dream" 연설은 카리스마 행태의 본보기가 될 만하다.

넷째, 카리스마 리더들은 부하들이 높은 기대를 갖도록 의사소통한다. 그리고 그들은 이러한 기대를 실현하는 부하들의 능력을 확신한다. 이러한 행태의 영향은 부하들이 그들의 성과를 향상시킬 수 있는 능력과 자기 유효성에 대한 감각을 키워 준다.

다섯째, 카리스마 리더들은 부하들의 협력, 권력 혹은 존경을 나타내는 과제와 관련된 동기를 유발시킨다. 예를 들어, John F. Kennedy는 "국가가 당신을 위해 무엇을 해줄 수 있는가를 묻지 말고, 당신이 미국을 위해 무엇을 할 수 있는지를 물어라"고 연설했을 때 그는 미국국민들의 인간적 가치에 호소했다.

거의 1970년대 중반까지 리더십에 대한 과학적 연구가 활발히 진행되지 않았다. 그 이래 학자들은 카리스마 개념을 조직의 맥락에 적용하곤 했으며, 조직의 대규모 변화에 초점을 두는 카리스마 리더십 모델을 개발하였다. 이 절에서는 이 장과 관련이 있는 카리스마 모델, 변혁적 리더십, 그리고 리더십의 변화지향적인 이론을 설명할 것이다.

1) 카리스마 리더십

카리스마란 말은 영감(inspired)을 주고 그리고 신성(divine)한 재능을 의미한다. 이러한 재능을 가진 사람은 매력과 자질을 신성하게 부여받는다. 카리스마 리더들은 상상력을 사로잡고 그리고 그들 부하들에게 헌신과 충성을 하도록 영감을 준다. 카리스마 리더들은 그들의 부하들에게 심오한 감정적 영향을 주는 리더들로서 정의된다. 부하들은 그들을 단순히 상관으로서가 아니라 현실보다 더 큰 영웅 그리고 역할모델로서 본다. 다시 말하여 카리스마 리더들은 그들의 부하들에게 영감을 주며, 그들의 부하들은 대신 그 리더들에게 충성을 바친다. 그들의 관계는 단순한 교환관계를 초월한다.

어떻게 변혁적 리더들이 그들의 부하에게 영향을 주고 변화를 가져올 수 있을까?

변혁적 리더는 카리스마 리더들이다. 그들은 조직에 좋은 것들이 어떻게 있을 수 있는가에 대한 비전을 가지고 있다. 카리스마 리더는 그의 비전을 자신들의 근로자들과 소통하며 그리고 그들의 환상과 열정을 통하여 근로자들이 환상적으로 이 비전을 지지하도록 유도한다. 이 비전의 감동을 전달하기 위하여 카리스마 리더들은 높은 수준의 자아 확신과 존중을 가지고 있는 경향이 있으며 그로 인하여 그들의 근로자들이 리더들을 존경하고 찬양하는 것을 장려한다. 변혁적 리더들은 그들의 근로자들이 집단이나 조직의 문제들을 이해하도록 능란하게 근로자들을 자극하고 새로운 관점, 즉 리더의 비전과 일치하는 관점에서 문제를 보도록 영향력을 가한다.

사회의 위기가 발생할 때, 리더가 부하의 마음을 사로잡아서 비전을 믿게 할 때, 비전이 달성 가능하게 보이도록 하는 몇 가지 성공을 부하들이 경험할 때, 부하들이 리더를 비범한 존재로 지각하게 되는 경우 카리스마가 나타난다.

카리스마에 대한 부하의 귀인을 오래 지속하기 위하여 리더는 부하들이 수용할 수 있는 정도의 비전을 제시하여야 한다. 너무 과격하고 과중한 비전을 신봉하지 않을 가능성은 높다.

카리스마가 없는 리더가 일반적으로 점진적이고 작은 변화만을 주장하는 이유는 부하들이 수용하지 않을 위험을 피하기 위해서다. 어쨌든 비전을 달성하기 위하여 관습에서 벗어난 방식으로 행동하는 리더에게 카리스마가 있을 가능성이 높다. 즉 리더가 목적을 달성하는 방법은 통상적인 것과 달라야 한다. 리더가 개인적 위험을 무릅쓰고 희생하거나, 신뢰를 쌓거나, 리더의 부와 이익을 부하에게 나누어 준다든지, 그리고 참여적 결정을 사용하는 것보다는 비전 설정과 설득하는 호소력을 사용하는 리더에게 카리스마가 있을 가능성이 더 높을 것이다.

- Yukl은 카리스마 특성과 행동들을 다음과 같이 요약한다.[1)]
- 매력적인 비전을 천명한다.
- 비전을 천명할 때 강력하고 명쾌한 의사소통을 사용한다.
- 비전 달성을 위해 개인적으로 위험을 무릅쓰며 자기희생을 한다.
- 높은 기대를 전달한다.

---

1) Yukl, *Leadership in Organizations*, p. 244.

- 부하들에게 신뢰감을 표현한다.
- 비전과 일치하는 행동의 역할모델이 된다.
- 인상 관리를 한다.
- 집단이나 조직과 일체감을 구축한다.
- 부하들에게 권한을 부여한다.

카리스마 리더들의 특징들 가운데 하나는 그들 자신의 능력에서나 그들의 가치관과 행동의 정확성과 도덕적 정당함에 대한 그들의 자신감이다.[1] 간디의 움직이지 않는 가치관인 인도에 대한 변화와 Martin Luther King, Jr.의 초지일관 인권에 대한 마음은 카리스마 리더의 이면에 자주 인용되는 사람들이다. 그들 활동에 대한 높은 수준의 기대는 그들의 부하들을 동기부여하고 달성을 확신한다. 리더가 자신감을 많이 가지면 가질수록 부하들은 더욱 동기부여된다.[2] 그리고 부하들은 온 정성을 다하여 리더가 원하는 것을 수행한다.

기업인들뿐만 아니라 정치인들 가운데에서도 자신감을 가지고 있는 카리스마 리더를 발견할 수 있다.[3] 그들 중 Fidel Castro는 지난 40년 동안 막대한 권력을 유지하고 그리고 그의 접근법에 있어서도 변함이 없다. 미얀마의 정치 저항의 지도자인 AnSan su Kyi는 수년 동안 집에서 감금되어 오고 있지만 민주적 개혁을 위한 그의 주장을 선언하는 데 변함이 없다. 이집트의 대통령인 Gamal Abdul Nasser는 1950년과 1960년 사이에 Arab의 프라이드를 소생시켰으며 그리고 통일된 Arab 세계는 중동의 수백만 사람들의 정신과 꿈을 지배하였다. 자신감이 높은 카리스마 리더들은 많은 에너지를 가지고 있고, 그들의 아이디어와 행동은 아주 환상적이다. 그들은 표현력이 있으며, 역시 부하들을 그들의 아이디어와 흥분 속으로 몰아넣는 표현기술을 가지고 있다. Hitler와 같이 Martin Luther King, Jr.는 놀랄 만한 웅변기술을 가지고 있다. 탁월한 의사소통기술은 카리스마 리더들의 부하들에게 의미 있고, 관련이 되어 있는 방법으로 조직과 집단의 사명을 매혹적으로 정의하여 전달할 수 있다. 카리스마 리더들은 집단의 역사 그리고 공통적인 과거, 그들의 공통적인 일체감, 그리고 미래 희망과 공통적인 목적을 강조한다.

이외에도 카리스마 리더들은 언어, 상징, 그리고 이미지를 사용하여 그들의

1) Bass, 1985, *Leadership and Performance beyond Expectation*, New York: Free Press.
2) Nahavandi, *op. cit.*, p. 226.
3) Nahavandi, *op. cit.*, p. 225.

부하들의 감정에 호소한다.

Shamir처럼 많은 정치적인 카리스마 리더들이 감옥에서 많은 시간을 보내는 경우도 있다. 왜냐하면 카리스마 리더들은 그들의 비전을 다루기 위하여 위험을 기꺼이 감당하려고 하기 때문이다. 예를 들면, 간디와 Nelson Mandella는 그들의 신념 때문에 투옥되었었다.

역할모델링의 과정은 역시 상징적일 수 있다. 그 경우는 Lee Iaccoca가 주식 매입이나 연금을 통하여 많은 수입을 받은 반면, 그가 연봉으로 $1을 받은 것은 많은 의미의 상징성을 포함하고 있다. PepsiCo's CEO인 Roger Enrico는 1998년에 그의 봉급 $900,000를 포기하는 대신에 그 회사의 이사진에게 PepsiCo 직원들의 자녀들에게 장학금을 지급할 것을 요구하였다.[1] 실제적이든 혹은 상징적이든 간에, 역할 모델링이나 구두 메시지는 리더의 이미지의 향상을 위하여 기여한다. 사이비종교지도자들은 그들 신도들에 대한 관계와 지배를 강화하기 위하여 강력하고 무제한으로 지속할 수 있는 신비를 창조하려는 모든 행태를 사용한다.

카리스마 리더들은 능란한 인상관리자들이다. 그들은 그들 스스로 실제적인 모습보다 더 큰 이미지를 형성하기 위하여 드라마틱하고 신비스러운 베일에 싸이게 한다. Bass는 이러한 예로서 John F. Kennedy(1917-1963)를 인용하였다. 그의 행정부는 민주주의를 위하여 공산주의에 대항하여 전쟁터에서 싸우는 것을 왕비와 기사를 비유한 아서왕의 궁전인 Camelot의 이미지를 발전시켰다. Kennedy는 백악관에 약 1000일을 보냈고 역시 민주주의의 발전을 위하여 노력을 하였던 아서왕도 Camelot성에 비슷한 1000일 동안 머물렀다. 더욱더 러시아보다 먼저 우주를 지배하겠다는 경쟁은 미국이 답답하였던 Eisenhower 시대에서 벗어나려는 젊은 정치인의 신비적이고 영웅적인 이미지에 기여를 하였다.[2] 이러한 상징성과 그들의 결과적인 감정적 결속은 그가 암살당한 후 강한 의미에 의하여 증명되었다. 조직의 리더들은 그들의 이미지를 유지하기 위하여 동등하게 효과적인 상징들을 사용한다.

여러 가지 재능을 모두 갖추었던 케네디는 그 누구보다도 열심히 노력했다는 점에서 특히 뛰어나다. 제2차 세계대전 중 케네디가 지휘하던 어뢰정은 일본군에 의하여 격침되었다. 중상을 입은 위험한 상황에도 불구하고 케네디는 모든

1) *Ibid.*, p. 226.
2) *Ibid.*

생존자들을 안전하게 지휘했다. 1955년 그는 「용기 있는 사람들: *Profiles in Courage*」를 저술해 퓰리처상을 수상하였다. 최연소로 미국의 35대 대통령으로 선출되었으며, 그의 경제정책에 힘입어 미국은 제2차 세계대전 이후 최장기간의 부흥기를 누렸다. 그는 1963년 텍사스 주 댈러스에서 발생한 암살 사건으로 생을 마감하였다.

2) 부하들의 특징과 카리스마 리더십의 효과

카리스마 리더십은 리더와 부하들 간의 상호작용과 관계에서 초래되기 때문에 그러한 리더들의 부하들은 일반적으로 어떤 특징을 가지고 있다. 첫째, 가장 중요한 것은 부하들이 리더를 매우 존경한다는 것이다. 부하들은 강하게 리더에게 헌신하고, 그리고 부하들과 그들의 카리스마 리더 사이에 강한 감정적 결속과 리더에 대한 매력은 무조건 리더에 복종하는 상황을 만들어 낼 것이다. 부하들은 리더의 비전과 방향에 대하여 전적으로 확신을 갖는다. 둘째, 어떤 부하들의 성격 자질은 카리스마 관계의 발전과 결부되어 있다. 특히 자체 감독과 자아상은 카리스마 관계가 어떻게 발전하는지에 영향을 줄 수 있다.[1)]

학자들은 카리스마 리더들이 부하들에게 어떤 욕구가 달성되게 원하도록 부하들의 지각을 변화할 것을 제안하였다. 그 외 카리스마 리더 출현의 중요한 구성요소의 하나는 부하들이 현재의 상태가 수용할 수 없고, 그들이 위기에 직면하여 있거나 혹은 이미 존재하고 있다고 믿기 때문에 변화의 필요를 지각하기 때문이다.

● Nahavandi는 다음과 같이 카리스마 리더들에 대한 부하들의 특징을 지적하였다.[2)]

- 리더들을 위한 높은 정도의 존경과 존중
- 리더에 대한 충성과 헌신
- 리더에 대한 애정
- 높은 성과에 대한 기대
- 무조건적인 복종

---

1) S. J. M., 1997, "Who Wants to Play Follow the Leader? A Theory of Charismatic Relationships based on Routinized Charisma and Follower Characteristics," *Leadership Quarterly* 8, no. 2: 171-193; Nahavandi, *op. cit.*, p. 227(재인용).
2) Nahavandi, *op. cit.*, p. 227.

3) 카리스마 상황(Charismatic Situation)

위기에 직면할 때면 부하들은 변화를 요구하며 생존을 위하여 카리스마 리더를 찾는다.

카리스마 리더의 핵심적인 이슈는 어떻게 리더가 없는 집단에서 리더로서 나타나는가 혹은 임명된 리더를 대신하는가이다. 많은 카리스마적인 혁명적 리더들이 공식적으로 지명을 받지 않고 카리스마 지위를 달성한다는 것이다. 카리스마 리더가 때로는 선거에서 당선되거나 혹은 임명된다고 하더라도, 그들은 자신들이 소속되어 있는 집단에서 이미 부하들로부터 카리스마 리더라고 인정을 받고 있었다. 이와 같이 공식적으로 권력의 지위에 임명된다는 것은 마지막 단계이다. 세계에서 처칠 수상, 드골 장군과 같이 인기 있는 정치가나 Matin Luter King, Jr. 와 같은 종교인들은 공식적인 지위에 오르기 전에 이미 부하들의 마음속에서 리더로서 깊이 인정을 받았다.

외부의 위기 상황들은 사람들로 하여금 가느다란 희망을 가지면서 카리스마 리더를 목마르게 기다리게 만든다.

● Nahavandi는 카리스마 리더의 발전에 기여하는 외부의 영향에 대하여 다음과 같이 언급하고 있다.1)

- 현실적이고 혹은 직면한 위기 감각
- 변화를 위한 의식적인 욕구
- 이상적인 목적을 표현할 수 있는 기회
- 이용 가능한 극적인 상징성
- 위기를 관리하는 데 부하들의 역할을 분명히 표현하기 위한 기회.

물론 위기의 상황이 카리스마 리더가 출현하는 데 필수적인 것은 아니나 많은 학자들은 불행과 위기의식이 카리스마 리더의 출현과 성공을 위하여 필요하다고 주장한다.2) 위기의 상황에서는 부하들이 카리스마 리더가 자신들의 문제를 해결해 줄 수 있는 유일한 사람으로 인식한다. 그러므로 리더들은 변화 그리고

---

1) *Ibid.*, p. 229.

2) B. Shamir and J. M. Howell, 1999, "Organizational and Contextual Influence on the Emergence and Effectiveness of Charismatic Leadership," *Leadership Quarterly* 10, no. 2: 257-283.

새로운 이상적인 비전을 주장하기 위한 필요가 있는 상황에서 나타난다. 카리스마 리더들은 새로운 시작, 급진적인 해결, 그리고 과거 바람직하지 않은 가치 및 습관으로부터 벗어나는 약속을 하면서 출현한다. 그들은 목적을 달성하기 위하여 극단적인 상징을 사용하며, 그들의 부하들이 위기를 해결하는 유일한 사람이라고 확신을 한다.

● 외부 위기 이외에도, 아래 내부조직의 환경 역시 카리스마 리더를 조장한다고 학자들은 주장한다.[1)]

- **조직의 생활 주기**(organizational life cycle)

카리스마 리더는 조직이 어떠한 방향이 정하여지지 않거나 혹은 변화와 부흥이 필요할 때, 조직의 초기 그리고 마지막 단계에서 일어나기 쉽고 효과적이다.

- **과제의 타입과 보상구조**(type of task and reward structure)

솔선과 창의성이 필요하고, 그리고 외적 보상이 성과와 명확하게 일치하지 않는, 복잡하고, 도전적이며, 그리고 모호한 과제는 카리스마 리더를 위한 이상적인 상황이다.

- **조직의 구조와 문화**(organizational structure and culture)

융통적이고 유기적인 문화와 비관료적 조직문화는 카리스마 리더가 출현하는 충분한 조건이 되는 경향이 있다.

비록 이러한 제안들이 카리스마 리더의 출현에 도움이 된다고 하더라도 역시 경험적인 테스트가 필요할 것이다.

4) 카리스마의 어두운 면(The Dark Side of Charisma)

영감을 주는 카리스마 리더십의 사례들은 수많은 리더십에 관한 저서들에서 접할 수 있다. 어떤 학자는 말하기를 이 세계에서 출판된 책들 가운데 가장 많은 저서는 경제에 관련된 책들이고 그 다음 많이 저술된 책은 리더십에 관한 책들이라고 하였다. 실로 리더십은 가장 흥미 있는 주제의 하나인 것만은 틀림이 없다. 그러나 영감을 주는 리더들에 대한 이야기들은 많이 전하여 오지만, 카리스마의 잠재적인 부정적 효과에 대해서는 충분히 논의되지 않았다. 부하들에 대한

---

1) Nahavandi, *op. cit.*, pp. 229-230(재인용).

카리스마 리더의 강력한 감정적 지배를 참작한다면, 카리스마 리더들은 권력을 쉽게 남용하거나 혹은 부적절한 목적으로 권력을 사용할 수 있다.

역사적 리더들을 상기하여 볼 때 어떤 리더는 역사에 남길 만한 훌륭한 일을 한 반면 어떤 리더는 스탈린과 히틀러와 같이 수천만과 수백만의 사람들을 죽음으로 몰아넣은 예들을 보면 긍정적 카리스마와 부정적 카리스마를 구별하는 논리들이 자주 리더십연구에 문제로 제기되어야 할 것이다.

일반적으로 부정적인 리더들은 개인화된 권력 지향을 가지고 있으며, 이상보다는 자기 자신에 헌신할 것을 의도적으로 강조한다. 이들은 이데올로기를 사용해서 호소할 수도 있지만, 단지 권력을 획득하기 위한 수단으로서만 그러할 뿐이다. Yukl은 카리스마 리더의 부정적 및 긍정적 효과를 지적하였다.

- **카리스마 리더의 부정적인 결과**:1)
- 부하들은 리더를 두려워하여 좋은 제안들을 하지 못하게 된다.
- 부하들은 리더의 인정을 받고자 비판을 억제한다.
- 부하들은 리더를 숭배하여 리더들에게 무오류성의 착각을 일으킨다.
- 리더는 과도한 자신감과 낙관주의에 사로잡혀 실제 위험에 눈멀게 된다.
- 문제와 실패를 부정하여 조직학습이 감소된다.
- 위험하고 거창한 계획이 실패할 가능성이 높다.
- 충동적이고 불합리한 행동은 신봉자뿐만 아니라 적들을 만들어 낸다.
- 리더에게 지나치게 의존함으로써 유능한 후계자의 개발을 저해한다.
- 후계자 개발의 실패는 궁극적으로 리더십위기를 유발한다.

- **카리스마 리더의 긍정적인 결과**:2)
- 부하들은 심리적으로 성장을 경험하고 자신의 능력을 개발한다.
- 조직은 역동적인 환경에 적응을 할 수 있다.
- 성취 지향적 문화를 창조한다.
- 참여와 가치 지향적 조직을 창조하여 부하들에게 활력을 준다.
- 의사소통은 개방적이고 정보를 공유한다.

---

1) Yukl, *Leadership in Organizations,* p. 251.
2) *Ibid.,* p. 252.

다른 학자들은 비윤리적인 카리스마 리더십에 대한 측면들을 조사하였다.[1] 앞에서 지적하였듯이 비윤리적 카리스마 리더들은 조직의 목적보다는 개인적 목적에 치우치고, 그들의 개인적 비전을 진척시키고 그리고 부하들을 착취하기 위하여 선물이나 특별한 관계를 유지하려고 한다. 이와 반대로 윤리적 카리스마 리더들은 그들의 권력을 다른 사람을 위하고, 부하들을 발전하게 하며, 그리고 공동의 비전을 달성하려고 한다. 비윤리적인 카리스마 리더는 반대의견을 통제하고 일방적인 의사소통을 고집하는 반면 윤리적 카리스마 리더들은 비판을 수용하고 그리고 부하들에게 의사소통을 개방하고 환류를 적극적으로 지지한다.

카리스마 리더의 막대한 권력과 부하들과의 탄탄한 결속력을 감안한다면, 리더들의 윤리적 및 비윤리적 행태들간의 구별이 모호하여진다. 예를 들어 리더들의 비전을 확신하는 사람은 그 비전의 정당성에 대하여 의심할 여지는 없으며, 설득할 능력을 가진 리더는 모든 다른 사람들의 구별능력을 모호하게 만들 수 있다.

Howell과 Avolio는 사회화된 카리스마 리더와 개인화된 카리스마 리더들을 대조하였다. 사회화된 리더들은 그들 부하들의 목적을 만족시키며 그리고 서로 공유하고 있는 가치와 욕구에 일치하는 메시지를 발전하는 데 관심을 집중한다. 개인화된 리더들은 자신들의 개인적 가치와 믿음과 일치하고 동의하는 부하들에 의존한다.[2]

5) 변혁적 리더십과 카리스마 리더십의 비교

많은 사람들이 변혁적 리더십과 카리스마 리더십을 구별 없이 사용하는 경우가 많다. 두 용어는 비슷한 면도 많지만 구별하는 점도 역시 많다. 그러나 리더십 연구자들에게 가장 중요한 쟁점은 이 두 리더십이 어느 정도 비슷하고 양립할 수 있느냐이다. 문제는 이들 두 리더십 간의 차이를 인정하는 학자들도 있고 본질적으로 유사하다고 말하는 학자들도 있는 것과 같이 여전히 의견의 일치를 보지 못하고 있다.[3]

---

1) B. M. Bass and P. Steidlmeier, 1999, "Ethics, Character, and Authentic Transformational Leadership Behavior," *Leadership Quarterly*, 10. no. 2: 181-217; J. A. Conger, 1990, "The Dark Side of Leadership," *Organizational Dynamics* 19: 44-55; Nahavandi, *op. cit.*, pp. 231-232(재인용).

2) J. M. Howell and B. J. Avolio, 1992, "The Ethics of Charismatic Leadership: Submission or Liberation?" *Academy of Management Executive,* 6(2), 43-54.

3) G. Yukl, "An Evaluation of Conceptual Weakness in Transformational and Charismatic Leadership Theories," *Leadership Quarterly,* 10, 285-305; Yukl, *Leadership in Organizations*, pp.

Bass는 카리스마가 변혁적 리더십의 필요한 요소라고 제안하였으나 리더가 카리스마적이 될 수 있으나 변혁적이 될 수 없음을 또한 지적하였다.

변혁적 리더십은 부하를 고무시키고, 개발하며, 활력을 부여한다. 즉 변혁적 리더의 중요한 권한을 부하에게 위임하고, 부하의 기술과 자신감을 개발하고, 자율관리 팀을 만들어 내고 민감한 정보를 공유하고, 불필요한 통제를 없애고, 권한을 위임하는 문화를 권장하여 부하들로 하여금 리더에게 덜 의존하게 만든다.

이와 반대로 카리스마 리더는 인상관리, 정보제한, 관습에 얽매이지 않는 행동, 개인적인 모험 감수와 같이 비범한 능력을 가진 사람으로 이미지를 불러일으킨다.

Yukl에 의하면 이들 두 리더십 간의 차이는 보편성의 정도, 리더십을 촉진하는 조건 그리고 사람들의 전형적인 반응에 있어서 차이가 있다고 한다. Bass는 변혁적 리더는 어느 조직의 어느 계층에서도 나타날 수 있으나 카리스마는 드물게 나타난다. 카리스마 리더는 새로운 조직을 설립하는 비전이 있는 창업가이거나, 기존의 조직에서 공식적 권한으로는 심각한 위기를 대처하지 못하고 전통적 가치와 신념이 의문시될 때 출현하는 개혁가일 가능성이 매우 높다. 그러므로 카리스마 리더는 암살의 표적이 되는 경우가 많다.

제3절 신뢰할 수 있는 리더십(Authentic Leadership)

신뢰성 있는 리더십은 리더십 연구를 위한 최근의 이론 가운데 하나이다. 이 리더십은 순수성과 진실성에 초점을 두고 있다. 이 이론의 주제가 의미하는 바와 같이 이 리더십은 리더의 진정성과 그들의 리더십에 대한 것이다. 우리가 지금까지 언급하였던 이론들과는 달리 진정성 리더십은 아직까지 발전단계에 있다. Northouse[1)]은 그의 저서에서 신뢰할 수 있는 리더십(Authentic Leadership)을 심도 있게 다루고 있다. 최근에 주장된 이론이기 때문에 독자들에게 신뢰성 있는 리더십의 이해를 돕게 하기 위하여 Northhoue의 이론을 간단히 설명하고자 한다.

최근에 발생하고 있는 사회의 격변들은 신뢰성 있는 리더십을 위한 필요성

260-263.

1) Peter G. Northouse(2010), Leadership, : Theory and Practice. Fifth Edition, Sage Publications, Inc., pp. 205-240.

을 한층 더 요구하고 있다. 9/11 테러, 각종의 기업비리, 줄지 않고 있는 정부의 부정부패 그리고 은행 산업의 광범위한 실패 등등이 공포와 불확실성을 낳고 있다. 사람들은 그들의 사회에서 일어나는 전반적인 부정부패들에 대하여 걱정하고 불안해하고 있으며, 이러한 문제를 해결할 수 있는 믿을 수 있는 신뢰성 있는 리더십 혹은 정직하고 유익한 리더들을 동경하게 되는 것은 당연할 것이다.[1] 21세기 불투명하고 불확실한 신속한 변화는 변혁적 리더십을 초래했고, 각종의 부조리가 범람한 사회의 불안은 신뢰할 수 있는 리더십을 요구하고 있다. 앞으로 사회의 요구의 변화에 따라 어떠한 리더십이 나타날까는 두고 보아야 한다.

신뢰성 있는 리더십의 흥미는 미국에 많은 사회적 격변과 불안이 있었던 때에 증가하였다. 9/11테러, 널리 퍼진 기업의 부패, 그리고 문제가 많은 경제 등이 모두가 불확실성과 리더십에 대한 사람들의 불신에서 탄생하였다. 광범위한 비윤리적 그리고 비효과적인 리더십은 공익을 위하여 봉사하는 데 더 인간적이고 건설적인 리더십을 요구하게 만들었다.

그 이외, 연구자들은 진정한 변혁적 리더십에 관하여 Bass와 Bass and Steidlmeier의 연구를 확대할 필요를 느꼈다. 신뢰성 있는 리더십의 의미를 조작화하고 그것을 설명하기 위한 이론적 틀을 만드는 것이 필요하였다. 신뢰성 있는 리더십의 이론을 발전하기 위해 리더십 연구자들은 리더십, 긍정적 조직의 학문, 그리고 윤리의 분야에서 참여하였다.

1. 신뢰성 있는 리더십의 정의

우리는 신뢰성 있는 리더십을 더 정확히 이해하기 위하여 Northbound가 지적한 3가지 관점을 가지고 고려할 것이다.[2]

1) 개인 내의 정의(intrapersonal definition)

개인 내에서 발생하는 관점에서 정의한 신뢰성 있는 리더십은 리더와 리더 내에서 진행하고 있는 리더 자신에 초점을 둔다. 그것은 자기인식(self knowledge), 자기조절(self regulation), 그리고 자아상(self concept)을 포함한다.

1) Ibid. p. 205
2) Ibid. p. 206

2) 발전적 정의(developmental definition)

신뢰할 수 있는 리더십은 발전적 관점에서도 정의할 수 있다.[1] 이러한 관점에서 신뢰성 있는 리더십은 정체된 자질보다는 오히려 리더들이 배울 수 있는 동태적인 자질로 고려된다. 사람들의 신뢰할 수 있는 리더십은 평생 인생의 경험을 통하여 발전하고, 심한 병 혹은 새로운 경력과 같은 주요한 인생의 사건들에 의하여 점화된다.

발전적인 접근법을 택하면서 Walumbwa et al[2]들은 신뢰할 수 있는 리더십은 4개의 명확한 그러나 관련된 구성요소들인 자아인식, 내면화 되어 있는 도덕적 관점, 균형 잡힌 처리, 그리고 상호 관계가 있는 투명성으로 구성된다고 제안했다. 인생을 통해 진정한 리더들은 이 네 가지 행태의 유형들을 배우고 발전한다.

3) 개인 간의 정의(interpersonal definition)

신뢰성 있는 리더십을 정의하는 3번째 방법은 개인 간의 과정으로 본다는 것이다. 이러한 관점은 신뢰성 있는 리더십이 상대적이며 리더나 추종자들에 의해 만들어진다는 것이다. 이것은 리더들 자신의 노력으로써만이 아니라 추종자들의 반응으로 이루어진다. 진정함은 리더들과 추종자들 사이의 상호작용에서 나타난다. 리더가 추종자에게 영향을 미치고 아울러 추종자가 리더에게 영향을 미치기 때문에 상호작용 과정이다.

2. 신뢰성 있는 리더십의 접근법

신뢰성 있는 리더십은 두 영역에서 다룰 수 있다: ① 현실의 사례, 훈련, 그리고 발전문헌에서 진화된 실용적 접근법, ② 사회과학연구의 결과들에 근거를 둔 이론적 접근법. 이 두 접근법은 신뢰할 수 있는 리더십의 복잡한 과정을 알기

---

1) Avolio, B. J., & Gardner, W. L., (2005). Authentic Leadership Development: Getting to the root of positive forms of leadership, Leadership Quarterly, 16, 315-338. Avolio B. J. Walumbwa, F. O., & F. O. & Weber, T.J. (2009) Leadership: Current theories , research, and future directions. Annual review of Psychology, 60, 421-449.

2) Walumbwa, F. O., Avolio, B. J., Gardner, W. L., Wermsing, T. S., & Peterson, S. J.(2008), Authentic Leadership: Development and validation of a theory-based Measure. Journal of Management, 34(1), 89-126. Northouse, op. cit p. 207(재인용)

쉽게 보는 통찰력을 제공한다.

1) 실용적인 접근법

사람들은 신뢰성 있는 리더십의 실용적 접근법에 흥미를 가지고 있다. 특별히 사람들은 진정한 리더가 되는 단계를 알기를 원한다. Robert Terry의 신뢰성 있는 리더십 접근법(1993)과 Bill George의 신뢰성 있는 리더십 접근법. 이 접근법들의 각각은 신뢰성 있는 리더십을 어떻게 실습하는가에 대한 관점을 제공한다. 이 절에서는 신뢰받을 수 있는 리더십을 설명하기 적합한 Bill George의 접근법을 요약하기로 한다.

● Bill George의 신뢰성 있는 리더십 접근법

George가 창안한 신뢰성 있는 리더십 접근법은 진정한 리더의 특징에 초점을 두고 있다. George는 실용적인 방법으로 신뢰성 있는 리더십의 본질적인 자질과 그리고 사람들이 진정한 리더가 되기를 원한다면 어떻게 이 자질들을 발전할 수 있는가를 설명한다.

기업의 이사로서 30년 경험을 토대로, 그리고 125명의 성공적인 리더들과 인터뷰를 통하여 George는 진정한 리더들은 다른 사람을 봉사하려는 순수한 욕구를 가지고 있고, 그들이 자신을 알고 있다면, 그들이 자신들의 핵심 가치를 실현하는 것이 자유스럽다는 것을 발견했다. 특히 진정한 리더들은 5가지의 기본적 특질을 증명했다. ① 그들은 목적을 이해한다. ② 그들은 옳은 일을 하는 데 강한 가치를 가지고 있다. ③ 그들은 다른 사람과 진실된 관계를 가지고 있다. ④ 그들은 자제력을 가지며, 그들의 가치에 따라 행동한다. ⑤ 그들은 그들의 사명에 정열적이다.

다음은 George가 제안한 5가지의 신뢰성 있는 리더십의 특징들이다. 목적, 가치, 관계, 자제, 그리고 마음(heart). 이 제안들은 사람들이 진정한 리더로 발전하기 위하여 필요한 관련된 특징인 정열, 행태, 연고(connectedness), 일정함(consistency), 그리고 동정심(compassion)을 각각 설명한다.

George는 인터뷰하면서 진정한 리더는 의미 있는 목적을 가지고 있다는 것을 발견했다. 진정한 리더들은 그들이 무엇을 하고, 어디로 가는지를 안다. 그들이 목적을 아는 것 이외에도 진정한 리더들은 본능적으로 그들의 목적 자체에 대하여 영감을 받고 그리고 동기 부여된다. 진정한 리더들은 그들이 무엇을 하고 있는지와 그들의 일에 깊은 흥미를 가지고 있는 열정적인 사람들이다.

진정한 리더들은 자신들의 가치를 이해하고 그리고 이 가치에 따라 다른 사람들에게 행동한다. 다른 방법으로 말하면, George는 진정한 리더들은 그들이 누구며, 그들이 어디로 가고 있는지? 그리고 무엇이 옳은 것인지?에 대해 명확한 생각을 가지고 있다. 어려운 상황에 시험대상에 있을 때에도 진정한 리더들은 그들의 가치를 타협하지 않으며, 오히려 그들의 가치를 강화하기 위하여 그 상황을 활용한다.

강한 가치의 신념을 가진 예로 노벨평화상을 수상한 Nelson Mandela를 들 수 있다. 그는 강한 양심을 가진 대단히 도덕적인 사람이다. 남아프리카에서 인종차별을 철폐하기 위해 싸우는 동안 그는 모든 사람들을 위한 정의와 평등을 추구하는 데 투쟁하였다. 그가 감옥에 있을 때 그의 인종차별 철폐 의지를 포기한다면 일찍 석방하여준다고 제안 받았으나 그는 그의 입장을 타협하는 것보다는 오히려 감금되는 것을 선택하였다. 그는 그의 가치를 따랐고, 그의 리더십은 그의 가치를 반영하였다.

George 접근법에서 신뢰성 있는 리더십의 3번째 특징은 강한 관계(strong relationship)이다. 진정한 리더들은 자신들을 개방하고 다른 사람들과 관계를 맺는 능력을 가지고 있다. 그들은 다른 사람들과 그들 자신의 이야기를 서로 나누며, 그리고 다른 사람들의 이야기를 청취한다. 상호 개방을 통해 리더들과 부하들은 참된 가까움을 발전시켜 나간다.

George는 오늘날 사람들은 자신들의 리더들에 접근하기를 원하며, 리더들이 자신들과 개방적이기를 원한다. 사람들은 리더들에게 리더십 역할의 경계를 완화하기를 요구하고 있으며, 그리고 그들의 관계가 투명하기를 바란다. 사람들은 그들의 리더들과 신뢰할 수 있는 관계를 갖기를 원한다. 그 대신 사람들은 리더들에게 충성과 몰입을 바치기를 기꺼이 한다.

자기 수양은 신뢰성 있는 리더십의 다른 특징이며, 리더들은 자신들의 목적을 달성하게 도울 수 있는 자질이다. 자기 수양은 리더들에게 집중과 결단력을 준다. 리더들이 목적, 심사표준을 설정할 때, 자기 수양은 목적을 달성하게 도우며 그리고 모든 사람들이 책임 있게 행동하도록 돕는다. 더욱더, 자기 수양은 진정한 리더들에게 그들의 가치에 따라 수행하도록 에너지를 준다.

마라토너와 같이 자기 수양이 있는 진정한 리더들은 그들의 목적에 집중할 수 있다. 그들은 내부 중심부를 들을 수 있고, 심지어는 극한 상황에서도 전진하도록 훈련할 수 있다. 스트레스가 심한 경우, 자기 수양은 진정한 리더들이 냉정하고, 침착하며, 그리고 일상적으로 활동하게 한다. 수양이 된 리더들은 자신들의 행태를 예측할 수 있기 때문에, 다른 사람들은 무엇을 기대하며, 그들과 의사소통하는 데 더 쉽다는 것을 발견한다. 리더가 자발적이고 그리고 이미 예정된 방향대로 나아갈 때 다른 사람들은 안정을 느낀다.

마지막으로 George 접근법은 동정심과 감정을 신뢰성 있는 리더십의 중요한 측면으로 밝히고 있다. 동정심은 다른 사람들의 어려운 입장에 민감한 것을 의미하며, 그들을 기꺼이 도우려 한다. George는 리더들이 동정심을 발전함에 따라 그들은 진정성을 배운다. 리더들은 다른 사람들의 이야기를 청취하고, 지역공동체의 서비스 프로젝트에 종사하고, 다른 인종적 민족적 집단과 교류하고, 개발도상국들에 여행을 함으로써 더욱 동정심을 발전할 수 있다. 이러한 행동들은 리더들에게 다른 문화, 배경, 그리고 생활환경에 그들의 민감성을 증가시킬 수 있다.

동정과 사랑을 가지고 있는 진정한 리더의 예는 *Three Cups of Tea*의 공동저자인 Greg Mortenson이다. 그는 이 세계에서 가장 도전적인 지리적 그리고 정치적 지역의 하나에서 55개 학교들을 위해 모금, 건설, 그리고 행정을 지휘했다. 그는 그가 돕는 사람들을 위해 강한 동정심을 가지고 그리고 그들을 돕는 데 깊이 몰입했다.

요약하면, George의 신뢰성 있는 리더십 접근법은 진정한 리더의 5개의 중요한 특징을 강조했다. 종합해서 이러한 특징들은 사람들이 진정한 리더가 되기 위해 필요하다고 생각하는 실용적인 그림을 제공한다. 신뢰성 있는 리더십은 일생을 통한 발전과정이며 각 사람들의 인생 스토리에 의해 형성되고 널리 알려진다.

2) 이론적인 접근법

이 이론의 발전은 초창기에 있지만, 신뢰성 있는 리더십 이론은 사회과학 문헌에 나타나고 있다. 여기에 우리는 기본적인 신뢰성 있는 리더십의 구성요소들을 밝혀내고, 이들이 어떻게 서로 상호작용하는지를 설명한다.

(1) 이론적인 접근법의 배경

비록 사람들의 진정성에 대한 흥미는 끊임이 없다고 하더라도, 신뢰성 있는 리더십에 대한 연구는 2003년 첫 논문이 나타나면서 아주 최근에 일어나고 있다. 이 연구를 위한 기폭제는 Nebraska 대학의 리더십 정상회담이었다. 이 회담은 Gallup 리더십 연구기관의 후원에 의하여 이루어졌고, 신뢰성 있는 리더십과 그의 발전에 집중하였다. 이 회담에서 두 가지 종류의 출판물이 나타났는데 하나는 2005년 여름 Leadership Quarterly의 특집이었고, 다른 하나는 "Authentic Leadership Theory and Process: Origins, Effects and Development" 주제로 리더십과 관리에 관한 논문이 2005년에 발표되었다. 이 회담 전에 Luthans와 Avolio는 신뢰성 있는 리더십 발전과 긍정적인 조직 학문에서 발표되었다. 그 논문은 연구에 불을 붙이는 역할을 하였다.

이 장에서 우리는 Walumbwa et al.에 의하여 발표한 최근의 논문에서 설명한 정의를 선택한다. 그는 자아인식, 내면화한 도덕적 시각, 균형 잡힌 처리, 그리고 적극적인 자신의 발전을 촉진하면서 추종자들과 상관의 상관적 투명성을 육성하기 위하여, 신뢰성 있는 리더십을 두 개의 적극적이고 심리적인 능력과 적극적인 윤리적 문화를 증진하고 촉진하는 리더 행태의 패턴으로 정의하였다. 비록 복잡은 하지만, 이 정의는 신뢰성 있는 리더십의 현상과 그리고 그것이 어떻게 작용하는지에 대하여 학자들의 현재의 사고를 보여준다.

(2) Walumbwa의 신뢰성 있는 리더십의 구성요소

신뢰성 있는 리더십에 대한 우리의 이해를 증진하기 위하여 Walumbwa와 그 이외 연구자들은 어떤 구성요소들이 신뢰성 있는 리더십을 구성하는지를 결정하고, 이 구성의 타당성 있는 특징을 발전하기 위하여 그 분야의 내용 전문가들과 인터뷰를 했고 그리고 그 문헌에 전반적인 검토를 수행하였다. 그들의 연구는 4개의 구성요소들을 밝혀냈다. 자기 인식(self awareness), 내면화된 도덕적 시각(internalized moral perspective), 균형 잡힌 처리(balanced processing), 관계가 있는 투명성(relational transparency) 이 네 가지 구성요소들이 신뢰성 있는 리더십의 기본을 형성한다.

① 자기 인식(self awareness)

자기 인식은 리더의 개인적인 통찰력으로 간주한다. 리더가 그들 자신을 이

해하고, 그들이 누구인지를 명백히 알고, 그리고 그들이 무엇을 위하여 주장하는지를 알 때, 그들은 그들의 결정과 행동을 위한 정신적 지주를 가지고 있다. 다른 사람들은 더 큰 자기인식을 가지고 있는 리더들을 진정한 리더라고 본다.

② 내면화 된 도덕적 시각(internalized moral perspective)

내면화된 도덕적 시각은 사람들이 자신들을 통제하기 위하여 외부의 압력을 허용하는 것보다는 오히려 자신들의 행동을 인도하는 내면화된 도덕적 기준들과 가치에 따라 행동하는 자제력 과정으로 간주한다. 사람들은 자신들의 행동이 자신들의 가치관과 도덕에 일치하기 때문에 내면화된 도덕적 시각을 가진 리더들을 진정한 리더로 본다.

③ 균형 잡힌 처리(balanced processing)

균형 잡힌 처리는 역시 자제력 행태이다. 그것은 정보를 객관적으로 분석하고, 의사결정하기 전에 다른 사람들의 의견을 탐색하기 위한 개인의 능력으로 간주한다. 균형적인 처리감각을 가진 리더들은 그들이 그 자신의 관점에 개방적이고, 그러나 다른 사람의 시각을 고려하는 데 객관적이기 때문에 진정성이 있다고 보여진다.

④ 관계가 있는 투명성(relational transparency)

관계가 있는 투명성은 다른 사람들에게 자신의 진실성을 나타내기 때문에 개방적이고 정직한 것으로 간주한다. 관계가 있는 투명성은 사람들이 그들의 핵심적인 감정, 동기, 그리고 다른 사람과 성향을 공유할 때 일어난다. 간단히 요약하면, 관계가 있는 투명성은 다른 사람과 관계하는 데 개방적이고 진실되게 소통하는 것이다.

근본적으로 신뢰성 있는 리더십은 위의 네 가지 요소를 포함한다. 이 요소들은 신뢰성 있는 리더십을 위한 기본을 형성한다.

(3) 신뢰성 있는 리더십에 영향을 미치는 또 다른 요소

신뢰성 있는 리더십에 영향을 미치는 다른 요소들은 적극적 심리적 능력, 도덕적 추론, 그리고 중요한 인생 사건들이 있다.

신뢰성 있는 리더십에 영향을 미치는 4개의 중요한 심리적 특징들이 있다. 자신감, 희망, 낙천성, 그리고 발랄함. 이들은 긍정적 조직행태 이론에서 발췌하였다. 긍정적인 이들 속성은 신뢰성 있는 리더십의 구성요인을 발전하기 위하여 리더의 능력을 향상시킨다. 그들은 자질과 같다.

자신감을 가지고 있는 리더들은 성공하는 데 동기부여되기 쉽고, 장애가 발생할 때 더 극복하기 쉽고, 도전을 기꺼이 받아들이기 쉽다. 희망은 의지력과 목적을 가지고 긍정적으로 동기부여된 상태이다. 희망을 가진 진정한 리더들은 그들이 가지고 있는 목적이 달성될 수 있다는 것을 알고 있다. 그들의 희망은 추종자들이 그들을 믿도록 영감을 줄 수 있고 그리고 그들의 목적을 믿는다.

낙관주의는 긍정적인 밝음에서 상황을 보고, 미래에 대한 유리한 기대를 보는 인식적 과정으로 간주한다. 낙관론(optimism)을 가진 리더들은 그들의 능력과 그들이 달성한 결과에 대하여 긍정적이다.

탄력성(resilience)은 역경으로부터 극복하고 적응하는 용기라고 간주한다. 그것은 고통과 곤란함에도 긍정적으로 적응하는 능력을 의미한다. 어려운 시기동안 활동적인 사람들은 환경에 도전함으로써 쉽게 회복할 수 있고, 그 결과 강해지며 더 풍요로움을 느낄 수 있다.

도덕적 추론은 신뢰성 있는 리더십에 영향을 미칠 수 있는 다른 요소이다. 그것은 문제에 대하여 옳고, 그른 것 혹은 좋고 나쁜 것에 대하여 윤리적 결정을 내릴 수 있는 능력이다. 도덕적 추론을 위한 능력을 발전하는 것은 일생을 통한 과정이다. 이를 통해 리더들이 이기심이 없고, 집단, 조직, 그리고 지역사회를 위하여 더 큰 선을 봉사할 수 있는 판단을 내리게 할 수 있다. 도덕 추론 능력은 진정한 리더들이 정의를 증진하고 지역사회를 위하여 옳은 것을 달성하기 위한 능력을 사용할 수 있다.

신뢰성 있는 리더십에 관련된 마지막 요소는 중대한 인생 사건이다. 중대한 사건들은 사람들의 삶을 결정하는 중요한 사건들이다. 중대한 사건들은 변화를 위한 기폭제가 될 수 있다. 그들 자신의 인생경험을 이해함으로써, 리더들은 더 진정하게 된다.

중대한 인생 사건들은 개인들의 성장을 자극하며, 그들이 더 강한 리더가 되도록 돕는다. 예를 들면, Howard Schultz(Starbucks의 창립자이며 CEO)는 그가 어렸을 때의 이야기를 했다. 배달하는 사람이었던 그의 아버지는 근무하는 중 넘어져서 다쳤다. 그러나 그의 아버지는 의료보험이나 직업보상도 받지 못했다. 그의 아버지가 직면한 어려운 사건을 보면서, 그가 Starbucks를 개업할 때, 일주일에

20시간을 일하는 직원들을 위해 모두 의료보험을 가입시켰다. Schultz의 리더십 스타일은 그가 겪은 어린아이 시절의 경험이 계기가 되었다.

오늘날 진정한 리더가 되기 위한 사람들의 능력에 영향력 있는 요소들로서 말할 수 있는 요소는 긍정적인 심리적 능력, 도덕 추론 능력, 그리고 중대한 인생 사건들을 지적했다.

3. 리더십 측정 도구(Leadership Instrument)

발전의 초기 단계에 있다고 하더라도, 신뢰성 있는 리더십 질문(Authentic Leadership Questionnaire: ALQ)은 신뢰받는 리더십의 가정들을 탐색하고 확인하기 위하여 Walumbwa와 그의 연구자들에 의하여 만들어졌다. 이것은 신뢰성 있는 리더십의 4요소를 측정하는 16개의 문항으로 구성된다. 자기 인식, 내면화된 도덕적 시각, 균형 잡힌 처리, 그리고 상관 관계있는 투명성. 중국, 케냐, 그리고 미국의 표본을 가지고, Walumbwa와 그의 동료들은 이 도구의 특징의 정당성을 인정하였고, 그리고 그것이 조직의 시민, 조직의 몰두, 그리고 감독자와 업적에 만족과 같은 결과와 관계가 있다는 것을 발전하였다.

이 질문지는 이미 설명한 신뢰성 있는 리더십의 4가지 구성요소를 평가한다. 이 평가의 결과는 당신에게 신뢰성 있는 리더십의 중요한 특성에 대한 신뢰성 있는 리더십의 수준에 대한 정보를 당신에게 줄 것이다. 이 질문지는 당신에게 신뢰성 있는 리더십의 복잡함을 이해할 수 있도록 실용적인 적용을 위해 의도되었다. 이것은 연구 목적으로 구성된 것은 아니다.

◉ 신뢰성 있는 리더십 자체평가 질문

사용설명: 이 질문지는 신뢰성 있는 리더십의 다른 특징들에 대한 항목을 포함한다. 이들은 옳은 혹은 틀린 반응은 없으며. 그래서 정직하게 답하는 것이다. 당신이 각 문항마다 가장 적절하다고 느끼는 아래 점수에 표시하라.

key: 1=강하게 동의하지 않음. 2=동의하지 않음. 3=중간. 4=동의 5=강하게 동의

1. 나는 3가지 가장 큰 약점을 제시할 수 있다.	1 2 3 4 5
2. 나의 행동은 나의 핵심적 가치를 반영한다.	1 2 3 4 5

3. 나는 나 자신의 마음을 결정하기 전에 다른 사람의 의견을 반영하다. 1 2 3 4 5
4. 나는 숨김없이 다른 사람들과 같이 나 자신의 느낌을 공유한다. 1 2 3 4 5
5. 나는 나의 3가지 강점을 제시할 수 있다. 1 2 3 4 5
6. 나는 나를 통제하기 위한 집단 압력을 허용하지 않는다. 1 2 3 4 5
7. 나는 나와 동의하지 않은 사람들의 의견을 자세히 듣는다. 1 2 3 4 5
8. 나는 한 인간으로 내가 누구인지 알게 한다. 1 2 3 4 5
9. 나는 한 인간으로 내가 진실로 누구인지를 이해하는 방법으로 환류를 찾는다. 1 2 3 4 5
10. 다른 사람들은 논쟁을 일으키는 문제에 내가 어느 입장을 택하고 있는지를 안다. 1 2 3 4 5
11. 나는 다른 사람을 희생하면서 나 자신의 의견을 강조하지 않는다. 1 2 3 4 5
12. 나는 다른 사람에게 부정적인 태도를 거의 보이지 않는다. 1 2 3 4 5
13. 나는 나 자신에 대하여 가지고 있는 느낌을 순응한다. 1 2 3 4 5
14. 나의 도덕은 내가 리더로서 하는 것을 인도한다. 1 2 3 4 5
15. 나는 내가 의사결정하기 전에 주의 깊게 다른 사람의 의견을 청취한다. 1 2 3 4 5
16. 나는 다른 사람들에게 나의 잘못을 인정한다. 1 2 3 4 5

◉ 점수 기입:

1. 1, 5, 9, 그리고 13 항목의 점수를 합하라(자아 인식:self awareness).
2. 2, 6, 10, 그리고 14 항목에 점수를 합하라(내면화된 도덕 시각: internalized moral perspective).
3. 3, 7, 11, 그리고 15 점수를 합하라(균형 잡힌 처리:balanced processing).
4. 4, 8, 12, 그리고 16 점수를 합하라(상관 관계있는 투명성:relational transparency).
5. 모든 항목의 점수를 합하라(신뢰성 있는 리더십: authentic Leadership).

◉ 전체 점수(Total Scores)

자아 인식____

내면화된 도덕적 시각______

균형 잡힌 처리_______

상대적 투명성______

신뢰성 있는 리더십______

◉ **점수 해석**

자체평가 질문은 이 과정의 4구성 요소를 평가함에 의하여 당신의 신뢰성 있는 리더십을 측정하기 위하여 설계되었다.

이 구성 요소들의 각각에 대한 당신의 점수를 합산하면, 당신의 전반적인 신뢰성 있는 리더십 점수에 대하여 당신의 강점과 약점을 파악할 수 있다. 당신은 다음 지침을 사용하면서 당신의 신뢰성 있는 리더십 점수를 해석할 수 있다.

very high=64-80

high=48-64

low=32-48

very low=16-32

상위에 속하는 점수는 강한 신뢰성 있는 리더십을 나타내는 반면, 낮은 점수에 속하는 점수는 더 약한 신뢰성 있는 리더십을 설명한다.

공·사영역의 리더십 실패의 결과로 신뢰성 있는 리더십은 리더십이 순수하고, 믿을 만하며, 그리고 선한 사회적 요구에 대한 반응으로서 나타나고 있다. 신뢰성 있는 리더십은 투명하고, 도덕적이며, 그리고 사람들의 욕구와 가치에 순응하는 리더십이다. 신뢰성 있는 리더십이 아직 발전의 초기 단계이지만 참된 리더십을 동경해온 사람들에게 희망을 제안하면서 신뢰성 있는 리더십에 대한 연구는 아주 시기적으로 적절하며 가치가 있다.

4. 신뢰성 있는 리더십의 장·단점

신뢰성 있는 리더십은 발전의 초기 단계에 있기 때문에, 사람들이 신뢰성 있는 리더십 행태를 발전하고 증진하기 위하여 사용할 수 있는 전략에 대한 연구는 없는 편이다.

신뢰성 있는 리더십은 역시 발전 단계에 있고, 실용적인 접근법에서 제안한 개념과 아이디어는 충분히 설명되지 않았다. 도덕적 구성요소도 충분히 설명되지 않았다. 그러나 사회의 진실한 리더십의 필요를 만족시킨다. 지난 20년 동안 공공 및 사적 리더십의 실패는 사람들 사이에 불신을 자아냈다. 신뢰성 있는 리더십은 공허를 채우고, 불확실한 세계에서 선과 건전한 리더십을 추구하는 사람들에게 답을 제공한다.

신뢰성 있는 리더십은 진정한 리더가 되기를 원하는 사람들을 위한 광범위한 지침을 제공한다. 실용적 혹은 이론적 접근법은 진정한 리더가 되기 위해 리더들이 무엇을 해야 되는지 핵심을 제공한다.

세 번째 변혁적 그리고 서번트 리더십과 유사한 신뢰성 있는 리더십은 명백한 도덕적 측면을 가지고 있다. 실용적 그리고 이론적 접근법이 강조하는 것은 진정한 리더들이 그들의 추종자와 사회를 위하여 옳고 그리고 선한 것을 하는 것을 요구한다.

신뢰성 있는 리더십은 진정한 가치와 행태가 지속적으로 리더들에서 발전할 수 있다는 것을 강조한다. 신뢰성 있는 리더십은 유일하게 어떤 사람만이 나타내는 자질이 아니라 모든 사람들이 진정성을 발전할 수 있고 더 진정성이 되기 위해 배울 수 있다. 리더들은 역시 도덕적 추론 능력을 발전시킬 수 있다. 더욱더 학자들은 리더들이 확신, 희망, 낙관주의, 그리고 활발성과 같은 긍정적 심리적 능력을 발전하기 위해 배울 수 있다고 주장한다. 그리고 적극적인 조직 문화를 창조하기 위하여 이들을 사용할 수 있다. 그들은 리더들이 일생동안 진정한 리더가 되기 위하여 배울 수 있는 많은 방법이 있다고 주장한다.

반면에, 리더의 가치들이 리더의 자기인식에 어떻게 관련이 있는지? 도덕적 가치들을 통해 신뢰성 있는 리더십의 다른 구성요소들에 영향을 미치는 길이나 혹은 기초가 되는 과정은 무엇인가? 현재 신뢰성 있는 리더십은 이 문제들에 대한 철저한 대답을 주지 못하고 있다. 신뢰성 있는 리더십의 본질적인 부분으로서 긍정적 심리학적 능력을 포함하기 위한 논리적 근거는 연구자들에 의하여 명확하게 설명되고 있지 않다.

셋째, 연구자들은 긍정적 심리학적 능력들이 신뢰성 있는 리더십의 구성요소로서 포함되어야 하는지를 질문했다. 사회과학에서 적극적인 인간의 잠재력과 인간조건의 가장 좋은 것을 연구하기 위해 흥미가 있다고 하더라도, 그 이외에도 어떤 사람들은 신뢰성 있는 리더십에 긍정적 리더 능력 포함은 신뢰성 있는 리더십을 너무 광범위하게 확장함으로 측정하는 것을 어렵게 만든다. 신뢰성 있는 리더십에 대한 연구를 발전하는데 신뢰성 있는 리더십 이론에 긍정적 심리학적 능력의 역할은 더 명확성을 필요로 한다.

마지막으로, 어떻게 신뢰성 있는 리더십이 긍정적인 조직의 결과로 초래하는지를 명확히 설명하지 못하고 있다. 연구의 새로운 영역이라고 참작할 때, 결과에 대한 자료가 부족하다. 그러나 이 자료들은 새로운 이론을 설명하는데 필요하다. 비록 신뢰성 있는 리더십이 직감적으로 표면에 호소력이 있지만, 이 접근법이 효과적인지, 어떤 내용에서 효과적인지, 그리고 신뢰성 있는 리더십이 결국 생산적이 될 것인지에 대한 많은 의문이 남아 있다. 관련이 있지만, 신뢰성 있는 리더십이 조직의 목적을 달성하는데 충분히 설명을 하지 못하고 있다. 신뢰성 있는 리더십의 본질적인 부분으로서 긍정적 심리학적 능력을 포함하기 위한 논리적 근거는 연구자들에 의하여 명확하게 설명되고 있지 않다.

제 7 장

팀 리더십(Team Leadership)과 갈등관리

제 1 절 조직 내 팀제의 활용

조용한 혁명이 세계 도처의 조직에서 일어나고 있다. 치열한 글로벌 경쟁 환경에서 조직은 소수 직원의 인력만으로 목표한 생산성을 달성하도록 강요하고 있다. 그러다 보니 많은 조직들이 목표를 달성하기 위하여 더욱 강력하고 효율적인 방법으로 팀워크를 구축하며, 새로운 방향으로의 전환을 추구하고 있다. 다양한 기술과 재능을 가진 개개인이 팀으로 구성된다는 사실을 인식한다면, 팀워크의 구축은 생각만큼 복잡한 개념이 아니다.

미국이나 다른 나라들에서 팀을 사용하는 것은 20세기 말 주요한 경향 중에 하나이며 지금까지 계속되고 있다. 특히 21세기에 팀의 사용은 새로운 경쟁 압력, 융통성, 그리고 신속성의 필요에 부응하면서 극적으로 증가하고 있다. 이러한 팀제도의 활성화는 일본의 경제 성공과 팀에 의존 및 참여관리의 영향을 받아 세계적으로 확산되는 결과를 가져왔다.[1)]

한 설문조사는 3년 동안에 팀을 사용하고 있는 Fortune 1000 기업들의 수가 거의 20%까지 증가하였고 그리고 기업 훈련프로그램에서 가장 자주 가르치고

---

1) A. Nahavandi and E. Aranda, 1994, "Restructuring Teams for the Re-engineered Organization," *Academy of Management Executive* 8, no. 4: 58-68.

있는 주제라고 한다. 한국의 대학들과 기업들도 팀제를 활용하는 것은 이제 아주 보편적인 현상이 되고 있다. 캐나다의 109개의 조직들에서 42%는 팀을 근간으로 하는 활동을 하였고 단지 13%만이 팀제를 활용하지 않았다.

특히 공・사 조직에서는 팀을 조직의 구성원들만으로 구성한다든지 혹은 외부의 전문가들만으로 팀을 구성하는 경우도 있고 때로는 혼합의 형태를 취할 수도 있다. 특히 인적자원이 충분하지 못한 공공조직에서 외부의 전문인들을 아웃소싱하여 팀을 구성하면서 조직의 목적을 달성하는 현상은 우리나라에서도 흔히 볼 수 있다.

팀 연구의 역사적 뿌리는 인간 집단의 오래되고 다양한 연구에서 찾을 수 있다.

학자들은 집단에 대한 연구는 과학적 관리 이론가(Scientific Management Theorists)들이 주로 다루었던 개인의 노력과는 대조적으로 집단의 협동적인 노력에 초점을 두어 연구하였던 인간관계론자들의 주장에 따라 1920년과 1930년에 시작되었다고 지적했다. 1940년 이래 연구의 초점은 사회과학이론의 집단역학과 발전으로 변하였다.[1)]

1950년 이래 연구의 주요한 관심은 조직발전의 기법인 민감성 훈련(sensitivity training)과 T-groups, 그리고 집단의 리더십역할로 변하였다. 초기 많은 연구는 집단의 발생근원에 대한 연구는 무시한 채, 실험집단들의 실험실 연구와 실제 집단생활에 대한 현지 연구가 근간을 이루었다.[2)]

1980년대 일본 그리고 다른 나라들과의 경쟁은 질적 팀(quality teams), 벤치마킹(benchmarking), 그리고 지속적 증진을 촉구했다.

1990년대 연구의 초점을 질에 두면서, 조직의 팀들은 경쟁우위를 확보하고 유지하기 위하여 글로벌 관점으로 전환하는 조직전략에 관심을 집중했다. 조직들은 시간과 공간을 초월하는 의사소통을 가능하게 하기 위하여 팀과 새로운 기술에 의존하면서 더욱 수평적 조직구조를 발전시키고 있다. 실제로 팀을 근간으로 하고 있는 조직구조는 신속하게 팽창하고 그리고 항상 신속하게 변화하는 환경에 적응함으로써 경쟁력을 유지할 수 있는 새로운 방법으로 부각되고 있다.[3)]

---

1) Peter G. Northouse, 2007, *Leadership: Theory and Practice,* "Team Leadership" by Susan E. Kogler Hill, Fourth Edition, Sage Publications, p. 207.
2) *Ibid.*
3) *Ibid.,* p. 208.

팀에 대한 근래의 연구는 조직의 팀이 직면하는 문제와 팀을 더 효과적으로 만들기 위한 방법에 초점을 두고 있다. 조직 팀의 효과성에 대한 연구는 팀의 사용이 더 생산적이고, 자원을 더 효과적으로 사용하며, 더 나은 결정과 문제해결, 더 질이 좋은 생산, 그리고 더 큰 개혁과 창의성을 초래한다고 제안했다.[1)]

1. 팀의 팽창과 성격

1) 조직의 팀

오늘날 조직의 많은 책임활동을 팀에게 부여하는 경향이 점점 더 늘어나고 있는 현상이다. 팀은 공통의 목적, 상호 의존된 역할 그리고 서로를 보완해 주는 기술을 가지고 있는 소규모 과제집단을 의미한다. 많은 경우에 팀들은 공식적으로 개인에 의하여 만들어진 결정을 집단적으로 만들기 위하여 권한을 부여받는다.

팀의 개념은 업무를 조직화하는 방법에 있어서 하나의 근본적인 변화이다. 많은 조직들은 팀제도가 고도의 질이 높은 도전, 빠른 서비스, 그리고 전체적인 고객만족을 충족하는 가장 좋은 방법이라고 인식하고 있다. 각 팀들은 새로운 사람을 고용할 권한을 가지고 있고, 동료들이 계획을 수립하고, 그리고 자신들의 임무를 적절히 수행하지 못하는 구성원들에게 징계를 가할 수도 있다.

실제로 팀을 기초로 하는 접근법은 도전에 부응하기 위하여 더 많은 융통성을 부여하여 부하들의 동기부여와 헌신을 향상시킨다는 것이다. 어느 부하들이건 낡은 계층제에 돌아가고 싶은 사람은 없을 것이다. 그러나 팀제도로의 변화는 특히 권력과 권위를 포기하여야 되는 관리자들에게는 쉬운 일이 아니다.

그러나 팀은 전통적인 계층제 조직보다 팀원들에게 더 큰 도전과 기회를 줄 수 있다. 모든 팀 구성원들은 어떤 종류의 리더십 능력을 서로 발휘하지 않으면 안 된다. 이 장에서 오늘날 조직의 팀 리더십에 대하여 논의를 할 것이다.

2) 팀의 정의

팀은 특정한 목적을 달성하기 위하여 그들의 업무를 상호작용하고 그리고 조정하는 둘 혹은 그 이상의 사람들의 단위이다.[2)] 이 정의는 3가지의 구성요소

1) *Ibid.*
2) Carl E. Larson and Frank M. J. LaFasto, 1989, *Team Work*, Newbury Park, CA.: Sage.

들을 갖는다. 첫째, 팀은 둘 혹은 그 이상의 구성원으로 구성한다. 그러나 팀은 대체로 15명 이상이 되면 팀의 역할을 충분히 할 수 없으나 반드시 그 이상이 될 수 없다는 것은 아니다. 둘째, 팀의 구성원들은 규칙적이고 밀접하게 서로 업무를 한다. 규칙적으로 참여하여 일을 하지 않는 구성원들로 팀을 구성할 수 없다. 셋째, 팀의 구성원들은 차를 만든다든지, 새로운 노트북 컴퓨터를 만든다든지 혹은 교재를 같이 쓴다든지 목적을 서로 공유한다.[1]

물론 팀제가 전적으로 성공을 가져오지는 않지만 많은 조직들은 창의성, 혁신, 그리고 질을 향상하기 위한 수단으로 팀을 사용하고 있다.

Nahavandi에 의하면 팀의 가장 분명한 첫 번째 특징은 팀 구성원들이 달성하려고 하는 공통적인 목적과 접근법에 대한 헌신이라고 말하면서 다음과 같이 (표 7-1 참조) 몇 가지 특징들을 더 언급하였다.[2] 첫 번째 특징을 말하면, 구성원들은 팀의 목적에 가치가 있다고 동의하고 그 목적을 달성하기 위한 접근법에 동의를 한다. 그러한 동의는 부하들에게 비전과 동기부여를 제공할 수 있다. 두 번째 특징은 팀 구성원들이 서로에게 책무성을 진다. 팀으로 성공하기 위하여 구성원들은 서로를 존중하고, 책임을 져야 하며 그 업무의 과정과 결과에 대하여 조직도 책임을 져야 한다. 반면에 집단의 구성원들은 리더 혹은 그들의 관리자에게 보고하고 그리고 이들에게 책무성과 책임성을 져야 하고, 팀에 대한 그들의 헌신 때문에 의무를 이행한다. 세 번째 특징은 신뢰와 협조에 기반을 두고 있는 팀 문화이다. 집단은 규범을 공유하는 반면 팀 구성원들은 서로 공유하고 있는 문화를 가지고 있다. 팀 구성원들은 타협하고, 협조하며, 그들의 공통적인 목적을 공동으로 수행한다. 그러나 공동으로 협조하는 문화가 갈등이 없다는 것을 의미하는 것은 아니다. 갈등은 건설적으로 행하여진다면 팀의 창의성과 성과의 향상을 가져온다. 집단은 한 사람이 리더로서 역할하는 반면 팀들은 모든 구성원들이 리더십을 공유한다는 점에 있어서 다르다. 마지막으로 팀들은 시너지를 가져올 수 있다. 시너지는 팀 구성원들이 서로 각 개인이 할 수 있는 것보다 더 달성할 수 있다는 것을 의미한다. 집단 구성원들은 목적을 달성하기 위하여 노력을 결합하는 반면, 팀들은 더 높은 수준의 성과를 달성한다.

1) Daft, *op. cit.*, p. 269.
2) Nahavandi, *op. cit.*, p. 204.

[표 7-1] 집단과 팀의 비교

집 단	팀
집단 구성원들이 공통적인 목적을 위하여 일한다	집단구성원들은 그들이 스스로 개발한 공통적인 목적에 충분히 몰두한다
구성원들은 관리자에 책임을 진다	구성원들은 상호 서로에 책무를 진다
구성원들은 분명하고 안정적이고 공유하는 문화를 가지고 있지 않다. 그리고 갈등은 빈번하다	구성원들은 서로 신뢰하고 그리고 그 팀은 협동적인 문화를 가지고 있다
리더십은 한 사람에게 지정된다	구성원들 모두는 리더십을 공유하고 행사한다
그들은 목적을 달성한다	그들은 시너지(상승작용)를 달성한다 2+2=5

출처: J. R. Hackman, 1990, *Groups that work(and those that don't)*, San-Francisco: Jossey Bass; J. R. Katzenbach and D. K. Smith, 1993, *The wisdom of teams: Creating the high performance organization*, New York: Harper Business; Nahavandi, *op. cit.*, p. 204(재인용).

2. 팀 구축을 위한 지침

팀을 구축하는 목적은 집단의 응집력, 상호협조, 그리고 집단의 일체감을 증가하는 것이다. 팀의 효과에 대한 연구결과는 아직 분명하지 않으나, 대체로 학자들은 팀 구축 활동이 어떤 조건하에서는 유익하다고 주장한다.1)

팀은 높은 성과를 산출할 수 있도록 여러 기회를 팀원들에게 제공하기 유리하다. 유연한 환경을 갖추고 있는 팀은 자원을 효과적으로 사용할 수 있고, 급변하는 시장 상황에서 신속하게 대응할 수 있다. 나아가 팀원들에게 학습 기회를 제공함으로써 경쟁력을 키우고 폭넓은 경험을 하도록 이끈다.

- 다음은 Adams와 Yukl이 이론, 연구 및 실무의 통찰력을 참조하면서 성공적인 팀을 이루기 위하여 핵심 지침을 제안한 것이다.2)

---

1) S. I. Tannenbaum, R. L. Beard & E. Salas, 1992, "Team Building and Its Influence on Team Effectiveness: An Examination of Conceptual and Empirical Developments," In K. Kelly(ED.), *Issues, Theory, and Research in Industrial/Organizational Psychology*(pp. 117-153), New York: Elsevier Science Publishers B. V. E. Sundstrom; K. P. DeMeuse & D. Futrell, 1990, "Work Teams: Applications and Effectiveness," *American Psychologist*, 45, 120-133; Yukl, *op. cit.*, pp. 323-326(재인용).

2) Yukl, *op. cit.*, pp. 323-326; Adams(임태조 옮김), *op. cit.*, pp. 128-130.

• 공동의 이익과 자치를 강조하라

목적을 달성하기 위한 전략과 노력을 위하여 집단 구성원들의 동의를 얻는 것은 강한 일체감의 가능성을 크게 증가시킨다. 차이보다는 상호 이익을 강조하고 팀원 전체가 확실하게 서로 정의된 목적을 공유하여야 한다. 그 목적을 달성하기 위하여 왜 협조가 필요한지를 설명하라. 집단의 멤버들이 정보와 아이디어를 공유하고 그리고 서로 도우는 것을 격려하라. 팀은 리더를 중심으로 뭉치고, 확실하게 정의된 목표에 맞추어 팀의 진척 상황을 수시로 확인해야 한다.

• 헌신하라

최종 결정된 사안에 대해 못마땅하게 여기는 팀원이 있더라도, 팀원들이 모든 지침 및 절차를 따르도록 지도한다. 또한 팀은 목표를 실현하기 위해서 운영지침을 명확하게 정의해야 한다.

• 예식과 의식을 사용하라

예식과 의식은 집단의 일체감을 증가시키기 위하여 사용될 수 있고, 멤버십을 대단히 특별한 존재로 나타내게 한다. 입회식은 새로운 멤버를 집단으로 영입하는 데 사용될 수 있고 은퇴식은 오래된 멤버의 떠남을 축하하기 위하여 사용될 수 있다. 예식은 특별한 업적을 달성한 사람을 축하하기 위하여 사용될 수 있고 혹은 집단 역사의 특별한 행사를 기념하기 위하여 사용되기도 한다. 실로 의식과 예식은 그들이 집단의 가치와 전통을 강조할 때 가장 효과적이다.

• 시간을 할애하라

리더는 팀의 기능이 제대로 이루어지고 변화에 적극 대응할 수 있도록 시스템 구축에 시간을 할애해야 한다. 또한 팀원들이 충분한 여유를 가지고 업무를 효율적으로 수행할 수 있도록 절차 및 전략을 개발해야 한다.

• 집단의 일체감을 발전하기 위하여 상징을 사용하라

팀 이름, 슬로건, 로고, 휸장, 기 혹은 상징들과 같이 집단의 일체감의 상징들은 국기, 기장, 옷 혹은 보석 등으로 표현될 수 있다. 상징들은 팀을 위한 특별한 존재를 창조하는 데 아주 능률적일 수 있다. 집단의 일체감은 멤버십의 상징들을 입거나 혹은 표현할 때 강화된다.

• 사회적 관계를 격려하고 촉진하라

응집력이 있는 집단의 발전은 멤버들이 개인적으로 서로 안다면, 그리고 사회적으로 만족한다는 것을 발견한다면 더욱 쉬워진다. 즐거운 사회적 관계를 촉진하는 방법은 점심, 저녁, 파티와 같이 정기적인 사회활동을 갖는 것이다. 다양한 종류의 소풍(예: 여행, 등산, 음악회 등) 역시 사회의 활동을 촉진하기도 한다.

- 집단의 활동상황과 업적을 사람들에게 전하라

사람들은 그들 자신의 팀들과 부서들의 계획, 활동, 그리고 성과에 대하여 정보를 받지 못하였을 때, 사람들은 소외당하고 있다고 느끼는 경향이 있다. 멤버들이 이러한 일들에 대하여 정보를 얻고 그들의 업무가 팀 사명의 성공에 얼마나 기여하는지를 설명하는 것이 중요하다.

- 소속감을 갖도록 노력하라

팀원들은 팀의 업무 성과에 지속적인 관심을 가지는 동시에 업무를 철저하게 수행하여 팀을 기업의 대표 부서로 만들고, 팀이 확실한 자리를 구축하도록 노력해야 한다. 무엇보다 중요한 것은 팀원 자신이 부서에 중요한 문제점을 제기할 수 있어야 하며, 이러한 문제점에 영향을 미칠 수 있는 의사결정에도 의견을 적극 제시할 수 있는 권한을 가지고 있어야 한다.

- 과정분석회의를 행하라

과정분석회의는 회의를 증진시키는 노력에서 개인간의 관계 그리고 집단 과정에 대한 솔직하고 개방적인 토론을 의미한다. 한 접근방법은 각 사람들에게 집단을 더욱 효과적으로 만들기 위한 방법을 제안할 것을 묻는다. 이러한 제안들은 멤버들이 의사소통하고, 서로 일하고, 의사결정하고, 업무의 기술적인 면보다는 오히려 견해의 차를 어떻게 해결하는지에 대하여 집중한다.

- 긴밀한 협력 회의를 수행하라

서로 부정적인 고정관념과 속성을 가지고 있는 사람들 사이에 상호 신뢰나 수용은 적은 편이다. 부정적인 고정관념은 다양한 멤버들간에는 보통 있는 일이다. 멤버들이 과제 이슈에 대하여 신랄하게 반대하는 부정적인 속성은 흔한 현상이다. 긴밀한 협력회의 목적은 팀 멤버들 사이에 상호 이해를 증진하는 것이다. 우선 이러한 회의 전에 각 멤버는 가치, 관심, 그리고 개인의 목적에 관한 개방된 설문지를 배포하면서 서로 이해 수준을 높인다. 질문의 예들은 앞으로 당신의 경력에서 달성하려고 하는 것이 무엇인가? 어떻게 당신은 기억되길 원하는가? 당신에 대하여 잘못 이해한 것은 무엇인가? 어떤 업무의 경험에 가장 만족하였는가? 어떤 경험에서 가장 심한 좌절을 느꼈는가? 이러한 질문들에 멤버들이 응답을 함으로써 다른 사람들이 그들을 이해하고 헤아린다. 각 멤버들은 이 질문의 응답을 기술하고 설명하며, 도우미는 이 회의가 상호이해에 초점을 두도록 관심을 집중한다.

• 상호 협조를 위한 동기부여를 증가시킨다

개인의 업적에 기초한 동기부여는 팀 멤버들이 서로 경쟁하도록 촉진할 수 있다. 반면에 집단에 대한 동기부여는 협조를 증가시킨다. 응집력과 팀의 일체화를 증진시키는 한 방법은 팀 성과의 증진에 기초한 보너스와 같은 공식적인 동기부여를 강조하는 것이다. 다른 방법은 팀에 대한 중요성을 강조하기 위하여 자발적 및 비공식적 보상을 사용하는 것이다. 예를 들면, 팀이 어려운 일을 완성한 후에 특히 과외시간에 일하였든지 혹은 주말에 일하였던 사람을 중심으로 며칠 휴가를 주는 것을 말한다. 때로는 이들을 위하여 파티를 열어 줄 수도 있다.

조직의 경영진과 조직은 각 팀의 성과를 인정하면서 지속적으로 지원해야 한다. 조직은 각 팀의 업무가 지니고 있는 가치와 중요성을 늘 상기시켜야 하며, 팀의 리더들도 조언과 지원의 역할을 담당하여야 한다. 리더가 자신의 역할을 확실히 인식하고 수행할 때 팀의 가치는 조직 전체에 알려지면서 상승한다.

3. 최강 팀장의 조건[1)]

저자들은 "팀원들을 돕고 싶거든 물고기를 주지 말고 물고기를 잡는 법을 가르쳐라"라고 주장한다.

팀장이 지나치게 열정적으로 일해서 팀원들의 업무에 개입하기 시작한다면 팀원들의 자발성을 말살시키고 그들의 일을 돕는 것은 일시적 도움밖에 되지 않는다. 그들이 해야 할 일을 팀장이 대신 해치우는 것이라고 한다.

예를 들어 직원이 찾아와 상담을 요구하며 도움을 청했을 때, 팀장은 "매우 중요한 문제군. 하지만 지금 당장은 의논할 시간이 없네, 내가 생각을 좀 더 해볼 테니 나중에 다시 이야기 하도록 하세." 그렇게 말한다면, 팀원의 업무는 팀장의 업무가 되고 만다. 나중에 다시 그 팀원을 만날 때, 그는 "팀장님 그 일은 어찌 돼 가고 있습니까?" 이때 부하직원은 감독자 역할을 하고 누가 팀장인지

1) Blanchard, Ken; Oncken, William; Burrows, Hal(1989) The One Manager Meet The Monkey, Published by Blanchard Family Partnership and The William Pmcken Corporation. 김지현 옮김 (2011)Korean Copyright Center, Seoul Korea.

구별이 가지 않는다. 예를 들어, 5명의 팀원이 일을 만들어 내면 팀장 혼자서 일을 마무리 하느라고 열심히 하다보면 팀원들이 더 많은 일을 가져오니 팀장 자신의 일을 할 수 없는 것이 당연하다. 실제로 부하직원들의 밑에서 팀장이 일하고 있는 격일 것이다.

이와 같이 팀장이 팀원의 많은 업무를 떠맡고 그 일을 제대로 해결해 주지 못한다면 팀장이 스스로 업무를 지연시키는 결과를 자초하고 팀원들이 병목현상에 시달리게 한다. 이러한 팀장은 조직의 교통체증을 유발시킨 장본인이 되는 것은 물론 팀원의 자발성을 박탈하는 꼴이 된다.

최강의 팀장이란 팀원들의 능력을 최선으로 이끌어 내면 결국 팀원들이 자신을 존경하게 되고 더 나아가 자신을 사랑하게 될 것이란 사실을 실현하는 것이다. 팀원들이 아직 업무를 맡을 준비가 되어 있지 않다면 팀장은 팀원들이 자신의 일을 스스로 하도록 준비시키는 것이 자신의 일이란 것을 깨달아야 한다. 내가 그 문제에 대해 생각해보고 자네에게 알려주겠네, 라고 하기 보단 오히려 "이 문제에 대해 좀 더 생각하는 것이 좋을 걸세" 혹은 "이것보다 더 나은 제안서를 만들 능력이 있지 않은가?"라고 말해 줄 수 있어야 한다.

팀원들이 문제를 잘 다룰 수 있도록 자유재량을 부여하고 자유롭게 일하도록 해주면 결국 팀장과 팀원 모두 이득을 보게 된다. 우선 팀장은 자유재량의 시간을 얻게 된다. 뿐만 아니라 자신의 일을 스스로 하는 자유를 누리게 된 팀원들은 자기관리를 통해 많은 이득을 얻을 수 있을 것이다. 이러한 방법이 팀원들의 능력을 키우는 방법이다.

4. 팀 파괴자를 경계하라

팀이 어려움에 직면하면 그 상황을 학습의 기회로 삼도록 하고, 목표를 실행할 수 없는 이유를 분석하며, 잘못된 부분이 발견되면 반복되지 않도록 재평가를 한다. 팀원들 간에 갈등이 발생하면 갈등을 해결하기 위한 창조적인 과정이 필요하다. 이를 위해 팀원들이 서로 긍정적으로 인식하고, 서로의 의견을 존중하는 자세를 가지며, 서로의 의견을 개진할 수 있는 팀 분위기를 만드는 데 최선을 다하면 갈등은 어렵지 않게 해결될 수 있다. 그러나 팀을 파괴하려는 다음과 같은 요인들을 고려하여야 한다.[1)]

1) Adams(임태조 옮김), *op. cit.*, pp. 135-136.

• 시기심이 팀을 좋지 않은 방향으로 이끈다. 새로운 팀을 합류시킬 때, 기존 팀원들이 시기심을 갖지 않도록 조심한다. 일부러라도 기존 팀원들에게 업무능력이 대단히 뛰어나 고마움을 느낀다고 말로 칭찬한다.

• 사람은 천성적으로 다른 사람을 비하하기를 좋아한다. 천성적으로 모든 것을 부정적으로 바라보는 직원도 있고, 조직이 성공할 수 없으리라고 생각하는 직원도 있을 수 있으며, 기업의 규모와 관계없이 무조건 기업 자체를 싫어하는 사람도 있다. 회사의 긍정적인 성과를 전체 직원들에게 강조하도록 한다. 노골적으로 비하하는 직원을 그냥 내버려 두지 말고, 좋지 않은 행동을 곧바로 바꾸도록 강력히 요구한다.

• 자신만만한 것이 반드시 좋은 것은 아니다. 자신감이 결여된 직원들은 "내 15년간의 경험이 아무짝에도 소용없다는 것인가?"라고 대꾸하면서, 자신의 의견에 대한 반론을 인격에 대한 공격으로 받아들인다. 이와 유사한 말싸움은 그만두고, 개인적으로 만나 인내심을 가지고 이야기를 나누면서 이러한 방어적인 행동을 지적한다.

제 2 절 팀의 종류

기능운영 팀, 기능횡단 팀, 자체관리 팀, 자체설계 팀 그리고 집행 팀을 포함하여 몇 개의 팀들이 조직에서 발견된다. 각각의 팀들은 사명, 멤버십, 그리고 지속적인 팀의 존재를 위하여 얼마나 많은 영향력이 있느냐에 대하여 서로 다르다. 구별할 수 있는 다른 특징들은 공식적인 리더의 지위 존재, 리더의 선택하는 과정, 팀 존재의 기간, 지속적인 팀 구성원들의 안정성, 그리고 구성원들의 기능적인 다양성을 포함한다. 이들의 특징을 가지고 5개의 팀들을 구별한다.

1. 기능 팀(Functional Team)

이 기능 팀은 전통적인 수직적인 계층제의 일종이다. 이 팀은 공식적인 명령의 체인하에 감독자와 부하들로 구성된다. 수직적인 팀 혹은 명령 팀이라고 알려진 기능 팀은 어떤 경우에는 한 부서 내에 3 혹은 4 계층수준을 포함한다.[1] 전형적으로 기능 팀은 조직의 한 부서를 만든다. 재정분석부서, 인적자원부서, 그리고 판매부서들은 모두 기능적 혹은 수직적 팀들이다. 이 팀들은 상대적으로 오랜 기간 존속하며, 안정적인 경향이 있다. 이 팀 내에는 임명된 리더가 있으며, 그 리더는 내부운영을 위해 막대한 권한을 가지며 조직의 다른 부분들과 외부 관계를 갖는다.

● **Yukl은 기능 팀이 목적을 효과적으로 달성하기 위하여 다음 사항을 고려하여야 한다고 주장한다.**[2]

1) 기능 팀의 리더십

기능 팀의 리더십 책임은 비록 다른 집단 구성원들이 특정한 리더십 기능을 수행하는 데 돕는다고 하더라도 일반적으로 공식적인 리더에 집중되어 있다. 이 리더십은 주로 팀의 효과성을 결정하는 변수들 혹은 과정을 증진하는 것이다.

2) 협력과 과제 몰두

협력이나 과제의 몰두는 팀이 목적을 중요하게 고려하고 팀의 구성원들이 목적을 달성하기 위한 능력을 확신하였을 때 높아진다. 특히 이러한 몰두를 가져오는 리더십 행태는 팀에 의하여 달성할 목적을 명확히 하고, 목적을 달성하려는 팀의 구성원들에게 능력을 향상시키고, 구성원들의 가치와 이상을 서로 공유할 때 효과적으로 목적을 달성하는 데 도움이 된다.

3) 멤버 기술과 역할의 명확성

팀의 성과는 구성원들이 재능이 있고, 그들의 과제 역할을 충분히 이해할 때 높아질 수 있다. 재능과 역할의 명확성은 특히 팀 멤버들의 상황이 변화함에 따라 자주 그들의 행태를 조정하고 적응하는 것이 필요하며, 복잡한 업무를 수행할 때는 더욱 중요하다.

---

1) Daft, *op. cit.*, p. 270.
2) Yukl, *op. cit.*, pp. 306-309.

4) 성과전략

집단의 성과는 구성원들이 기술을 사용하기 위하여 어떻게 잘 조직화되어 있는지에 달려 있다. 만약 사람들이 기술 혹은 재능은 있으나 자신들과 관련이 없는 업무가 주어진다면 성과는 낮아질 것이다. 한 집단에서 사용하는 성과전략은 업무가 얼마나 잘 능률적으로 달성되느냐를 결정한다. 예를 들어 명확하고 강력한 기업전략을 가진 기업은 약한 전략을 가진 기업보다 더 성공할 가능성이 있다.

5) 상호신뢰와 협조

재능이 있고 잘 조직화된 팀이라 하더라도 팀의 구성원들 사이에 높은 수준의 협조, 응집력, 그리고 상호신뢰가 없다면 실패할 가능성이 많다.

특히 집단이 정보, 장비, 그리고 다른 자원을 공유하며, 스트레스가 많은 상태라도 오랜 기간 동안 근거리에서 서로 돕고 서로 일을 같이 하는 과제를 가지고 있을 때, 협동은 무엇보다 중요하다. 신뢰나 수용의 결핍은 새롭게 형성된 팀에서, 멤버십의 빈번한 교체가 있는 곳에서, 문화적으로 다양한 구성원들로 구성된 곳에서, 그리고 감정적으로 미성숙한 사람들로 구성한 곳에서 더욱 문제가 되기 쉽다.

6) 자원과 정치적 지원

집단의 성과는 업무를 수행하기 위하여 필요한 자원들을 얻느냐에 달려 있다. 자원은 예산, 장비, 도구, 재료, 그리고 시설을 의미할 수 있다. 생산 팀들이 의존할 만한 자원의 공급처를 가지고 있지 못하다면 높은 수준의 산출을 생산하기는 어려울 수 있다.

7) 외부의 조정과 적응

집단의 성과는 역시 외부와의 관계들에 의존한다. 집단 외부의 다른 조직들과 수평적으로 상호의존관계에 있을 때, 그리고 수용하여야 하는 외부의 강력한 고객들에게 의존하여야 할 때는 역시 그들과 조정관계는 더욱 필요할 것이다. 집단이 관계를 하고 있는 외부 조직들의 지지와 신뢰를 유지하기 위하여 정직성,

노련한 봉사, 신뢰성과 융통성이 있다는 명성을 유지하는 것이 집단에게 필요하다.

기능 팀에서는 리더가 모든 일정을 관리하고 팀 회의를 주재하며, 팀원 개개인에게 업무를 분담해 준다. 이러한 경우 대부분 부서에서 가장 높은 사람이 팀의 리더(팀장)를 맡는다.

팀의 리더는 능력이 뛰어나야 한다. 그렇지 않으면 팀이 곤경에 빠질 수 있다. 능력이 뛰어난 리더는 브레인스토밍을 활성화하고 일의 경중을 확실히 정하며, 무엇보다도 중요한 프로젝트의 일정을 정해 팀이 업무에 집중하도록 만든다. 또한 모든 팀원들에게 의견을 구하고, 팀원 개개인의 기술을 최대한 활용해야 한다.

● **팀 리더는 다음 사항을 염두에 두어야 한다.**[1)]

1) 명확하고 간결하며 측정 가능한 목표를 세운다.

2) 다양한 팀을 만들어 성과를 높인다.

3) 시간적 여유를 가지고 팀의 발전을 지켜본다. 진행과정을 급하게 밀어붙여서는 안 된다. 만족스런 결과를 실현할 수 있도록 시간을 충분히 주어야 한다.

4) 팀원들의 기술 및 재능을 평가한다. 리더는 팀원 전체가 자신만의 독특한 기술을 발휘할 수 있도록 격려한다.

5) 명확하고 공개적이며 곧바로 효과를 얻는 커뮤니케이션 전략을 장려한다. 모든 팀원들이 자유롭게 의견을 말할 수 있도록 분위기를 조성하며, 다른 팀원들이나 경영진이 이를 귀담아 듣도록 한다.

6) 팀의 성공을 드러내놓고 인정한다. 팀의 노력을 격려하고, 팀의 성공을 공개적으로 축하하기 위한 구체적인 방법도 만든다. 이런 방법을 지속적으로 강화해 팀의 가치 및 성공을 강조한다.

2. 다기능 혹은 기능횡단 팀(Cross-Functional Team)

다기능 팀은 그 이름이 의미하듯이 조직 내에 다른 기능부서들의 멤버들로 구성된다.

기능횡단 팀이라고도 불리는 다기능 팀은 조직의 하위단위들간에 상호의존적인 활동의 조정을 증진할 수 있기 때문에 조직에서 점점 더 사용되고 있다.[2)]

---

1) Adams(임태조 옮김), *Everything Leadership*(팀장 리더십), pp. 130-132.

2) R. C. Ford and Randolph, W. A., 1992, "Cross-Functional Structure: A Review and Integration

이 팀은 일반적으로 활동 혹은 프로젝트에 관여하고 있는 각 기능별 하위부서들의 대표자를 포함하며, 공급, 고객, 공동연구자와 같은 외부 조직들의 대표자를 포함하는 예가 많다. 조직의 다양한 부서에 소속된 직원들이 한 팀을 이루어 자연스럽게 유대관계를 가지면서, 각각의 부서가 형편 없는 해결책을 내놓지 않도록 예방하는 등 복합적인 업무를 맡는다.[1]

근로자들은 수직적 및 수평적 경계를 넘어서서라도 같은 계층의 수준으로 팀을 구성한다. 기능횡단 팀들은 전형적으로 특정한 팀 리더를 선정하며, 제조기업의 새로운 상품을 생산하는 창의적인 프로젝트의 변화를 인도한다. 기능횡단 팀들은 일반적으로 몇 개의 부서들에 영향을 미치는 프로젝트에 개입하므로 그들은 다양한 관점을 고려할 수 있는 장점이 있다.

기능횡단 팀은 전 기능들의 경계를 망라하는 정보를 공유하는 것을 촉진하고, 관련된 부서들을 조정하는 제안을 제시하며, 현존하는 조직의 문제를 위한 해결과 새로운 아이디어를 제시하고, 새로운 실무나 혹은 정책을 발전하는 데 도움을 줄 수 있다.

독립된 기능횡단 팀은 다른 활동, 프로젝트 혹은 고객들을 위해 한 조직 내에서도 구성될 수 있다. 예를 들어, 어떤 기능횡단 팀은 조직의 공식적인 구조에 영구적으로 증설될 수 있다. 그러나 대부분은 그들의 존속기간이 일시적인 경우가 많다. 단지 그들의 임무가 완성될 때까지 존속한다. 멤버십은 팀이 존속하는 한 안정적이나 때로는 어떤 기능이 중요하여지고 다른 기능이 덜 중요하여짐에 따라 변할 수 있다. Yukl은 기능횡단팀의 장점과 단점에 대해 설명한다.[2]

1) 잠재적 이익

기능횡단 팀들은 조직에 많은 잠재적 이익을 줄 수 있다.[3] 팀들은 융통성 있고, 그들이 탄생된 것과 같이 문제를 해결하기 위하여 인사나 자원의 효과적인 처리를 가능하게 한다. 팀에 올바른 사람이 들어온다면 중요한 설계를 하고, 운영하는 결정을 만드는 개인적인 관리자들보다 더 전문성을 가지기 쉽다. 조정은 쉬울 수 있고, 다른 기능을 하는 사람들이 같이 모여 동시에 일을 할 때, 그렇지

---

of Matrix Organization and Project Management," *Journal of Management,* 18, pp. 267-294.

1) Adams(임태조 옮김), *Everything Leadership*(팀장 리더십), p. 133.

2) Yukl, *op. cit.*, p. 310.

3) Ford and Randolph, *op. cit.*, pp. 267-294.

않을 때보다 더욱 효과가 클 것이다.

기능횡단 팀 구성원들의 다양성은 아이디어를 창출하고 문제를 해결하는 데 창의성을 더욱 조장할 수 있고, 다른 관점에서 문제를 보게 되기 때문에 도전의식을 갖게 하는 장점이 있다.

2) 리더십의 도전과 단점

실제로 팀 리더들에게는 어려운 점들이 있다. 팀 모임이 잘못 운영된다면 시간을 낭비하는 경우를 초래한다. 기능적으로도 다른 부서들에서 책임을 지고 있는 사람들을 전부 함께 참여시킨다는 것 역시 쉬운 일이 아니다. 구성원들의 다양한 기능들이 의사소통의 장애를 가져올 수 있는 것도 예측할 만하다. 각 기능 팀들은 자신만이 가지고 있는 프라이드와 편견을 가질 수 있고, 더 나아가 다른 목적, 다른 선호도 등을 가지고 있어, 이러한 차이들이 갈등을 만들어 내는 경향이 있는 것은 당연히 짐작할 만하다.

특히 우리가 우려하는 것은 그들 자신의 기능 팀에 충성을 하고, 자신들의 영역을 보호하려는 분위기에서는 전체의 목적을 달성하기 어렵다. 더욱이 이러한 분위기에서는 결정이 만들어지기 어렵다. 기능횡단 팀의 리더는 주요한 변화에 대한 동의를 받기 전에 각 기능 팀들의 리더들로부터 승인을 얻는 것이 필요한데 이는 많은 시간을 소요할 수도 있다. 이러한 어려움들은 좋은 인간관계 기술과 지위 권력의 필요성을 더욱 갖게 한다. 기능횡단 프로젝트가 자체 관리되어지는 상황에 있을 때, 자연히 많은 시간을 과정문제와 해결되지 않는 갈등들에 소모해야 하기 때문에 그 팀의 주요한 사명을 수행할 시간이 적을 수밖에 없다.

3) 리더십 기술과 행태

1980년대부터 기능횡단 팀의 광범위한 사용이 있었으나 팀 내의 효과적인 리더십에 대한 연구는 거의 없었다.

● Yukl은 기능횡단 팀의 팀 리더를 위한 필요한 기술을 다음과 같이 언급하였다.[1)]

• 기술적 전문성(Technical Expertise): 리더들은 다양한 배경을 가지고 있는 각

1) Yukl, *Leadership in Organizations,* pp. 311-312.

팀 멤버들의 기술적인 문제를 서로 의사소통할 수 있는 능력이 필요하다.

- 행정 기술(Administrative Skills): 리더는 프로젝트 활동을 계획하고 조직하며, 팀을 위하여 자격을 갖춘 사람을 선택하고, 또한 예산 및 재정적 책임을 다룰 수 있는 능력이 필요하다.
- 개인간의 기술(Interpersonal Skills): 리더는 팀 멤버들의 가치와 욕구를 이해하고, 갈등을 해결하며, 응집력을 구축할 수 있어야 한다.
- 인식적인 기술(Cognitive Skills): 리더는 팀의 복잡하고, 내부 및 외부적인 관계를 이해하며, 어떻게 다른 기능들이 그 프로젝트의 성공과 관련이 있는지를 이해할 수 있어야 한다.
- 정치적 기술(Political Skills): 리더는 협동을 발전시킬 수 있고, 자원과 도움을 얻으며, 최고 관리자나 다른 관련된 사람들로부터 승인을 얻을 수 있는 능력이 있어야 한다.

● Barry는 다른 연구결과들을 참조하면서 기능횡단 팀 리더십의 네 가지 역할을 제시하였다.[1)]

① **미래 상상**(Envisioning)

- 팀 멤버의 몰두에 영감을 줄 수 있는 전략적 목적과 비전을 표현.
- 과제 변수들 사이의 관계에 대하여 그들의 가정 및 정신적 모델을 이해하고 향상시키도록 팀을 돕는 것.
- 창조적인 아이디어를 제안하고 팀들이 혁신적인 성과전략을 고려하도록 촉구함.

② **조직화**(Organizing)

- 조정을 달성하고 그리고 프로젝트 시한 내에 달성하기 위하여 팀 활동을 계획하고 스케줄을 짬.
- 팀으로 하여금 전진과 성과를 측정하는 기준을 설립하도록 도와줌.
- 문제를 해결하고, 체제적인 방법으로 의사결정을 만들기 위하여 모임을 주선하고 조정함.

---

1) D. Barry, 1991 Summer, "Managing the Bossless Team: Lessons in Distributed Leadership," *Organization Dynamics*, 31-47; Yukl, *op. cit.*, p. 312.

③ **사회적 통합**(Social Integration)

- 팀 멤버들 사이에 상호신뢰, 수용, 및 협조를 촉구함.
- 개방적 의사소통, 동등한 참여, 그리고 의견의 차이를 수용하도록 촉진함.
- 다른 사람들간의 갈등을 조정하고, 그들로 하여금 통합적 해결에 도달하도록 도움을 줌.

④ **외부의 전체 관리**(External Spanning)

- 팀에게 영향을 미칠 수 있는 고객의 욕구, 출현하는 문제들, 정치적 과정들을 탐색하기 위하여 팀의 외부환경을 감시.
- 외부인들 사이에 팀에 대한 유리한 이미지를 증진함.
- 적절한 자원을 공급하고, 승인, 도움 및 협조를 제공하기 위하여 팀 외부의 사람들에게 영향을 미치는 것.

위의 각각 다른 리더십의 상대적 중요성은 얼마간은 집단발달의 상태에 따라 달라질 수 있다. 예를 들면, 미래 상상은 집단이 형성될 때 특히 중요하다. 반면에 조직화는 집단이 목적에 동의한 후에 더 중요하다. 심지어 리더십의 각 타입을 제공하는 능력이 있다고 하더라도, 팀은 만약 멤버들이 리더십의 다른 패턴이 다른 시기에 필요하다는 것을 이해하지 못한다면 성공적이지 못할 것이다. 많은 기능횡단 팀들이 직면하는 어려움과 장애는 공식적인 리더가 모든 리더십 역할들을 홀로 감당할 수 없을 정도로 크다는 것이다. 따라서 그 팀이 효과적이 되기 위해서는 리더 이외의 모든 멤버들이 리더십들 가운데 어떤 부분들의 책임을 서로 공유할 때 성공적이 될 수 있다.

기능횡단 팀의 성공적인 성과는 조직 내의 다른 사람들의 효과적인 리더십을 필요로 할 것이다. 그 팀 이외 외부 리더들의 적극적인 노력과 협력 없이 그 팀의 리더가 무엇을 하든지 간에 성공적인 업적을 가져온다는 것은 가능하지 않을 수도 있다.

3. 자율관리 팀(Self-Managed Team) 혹은 자율관리 작업 팀(Self-Managed Work Team)

전통적인 관리자나 리더들은 명령과 통제가 성과를 위하여 중요한 것으로 보는 반면, 자율관리 팀에서 리더의 역할은 팀 멤버들을 지원하고 과정을 촉진하는 것이다. 리더는 전반적인 목적들과 목적을 정하고, 팀 구성원들은 모든 다른 결정을 만들고 그들을 수행한다. 자율관리 작업 팀에서는 관리자의 지위에 주어진 책임과 권위의 많은 부분들이 팀의 구성원들에게 인계된다.[1] 대부분의 자율관리 팀들은 상호의존적인 활동을 가지고 있고 특정한 상품과 서비스를 생산하는 데 책임을 지고 있다.

다른 전문가들을 포함하는 기능횡단 팀들과는 달리, 자율관리 팀들의 구성원들은 서로 유사한 기능적인 배경(유지기술 혹은 생산운영자 등)을 가지고 있는 점이 다르다.

자율관리 팀들은 제조업무 혹은 과정생산을 위하여 자주 사용된다. 그러나 그들은 점점 더 서비스 업무에 적용하는 경향이 있다. 예를 들면, AT&T, General Electric, Goodyear Tire and Rubber, Motorola, Volvo, Xerox Corporation, Toyota, General Foods, and Proctor & Gamble과 같은 수많은 조직들은 수년 동안 자율관리 팀들을 활용하고 있다.[2]

모회사는 자율관리 팀을 위한 사명, 운영의 범위, 예산을 결정한다. 각 팀은 성과 목적과 질의 기준을 설정, 업무 할당, 업무 스케줄 결정, 업무절차결정, 필요한 공급과 자원의 구입 그리고 개인 멤버들의 성과문제를 다루는 것과 같은 그러한 결정을 운영하는 권위와 책임이 주어진다.

예를 들면, 자율적으로 운영되는 팀들은 금융 팀, 마케팅 팀, 운영 팀, 판매 팀, 총무 팀을 비롯해 많은 팀의 팀원들로 구성된다. 이들 팀원들은 대개 기술 수준이 서로 다르고 재능도 다른 직원들과 일선 관리자(Line Manager)들이다.

자율적으로 운영되는 팀은 팀 내부의 리더십에 의해 유지되고, 매일 또는 주간 단위로 경영진이 개입하는 것을 절대 배제한다는 전제하에 구성된다. 자

---

1) S. G. Cohen, 1991, *Teams and Teamwork: Future Directions*, Los Angeles: Center for Effective Organizations, University of Southern California; R. A. Katzenbach and D. K. Smith (1993), *The Wisdom of Teams*, Boston: Harvard Business School Press; Yukl, *op. cit.*, p. 313.
2) Yukl, *op. cit.*, p. 313 and Nahavandi, *op. cit.*, p. 205.

율적으로 운영되는 팀들은 생산적인 팀원들의 역할에 의지하고 있다. 팀원들이 서로 협력해서 모두가 공감할 수 있는 전략을 만드는 것이 이상적이다.

● 자율관리 팀은 다음과 같이 6개의 특징을 가지고 있다.[1)]

• 자신들의 업무를 관리하기 위한 권한

자율관리 팀들은 목적, 계획, 직원, 스케줄, 질 감독 그리고 의사결정을 집행할 수 있다.

• 다른 전문성과 기능적 전문성을 가진 멤버

팀 멤버들은 마케팅, 재정, 생산, 디자인, 그리고 등등. 광범위한 범위의 경험이 없다면, 그 팀은 업무의 전반적인 측면을 관리할 수 없다.

• 외부 관리자의 부재

팀은 외부 관리자에게 보고를 하지 않는다. 팀 구성원들은 리더십을 공유하면서 예산 업무를 스스로 관리한다.

• 의사결정을 집행하기 위한 권한

팀 멤버는 그들의 의사결정을 집행하기 위한 권력과 자원을 가진다.

• 팀들의 결정에 의하여 영향을 받는 다른 팀들 및 개인들과의 조정과 협조

각 팀은 상호의존적이고 그리고 공식적으로 한 관리자에게 보고하지 않기 때문에, 관리자들보다는 오히려 그 팀 자신들이 통합을 확인하기 위하여 그들의 과제와 활동을 조정한다.

• 촉진을 토대로 한 팀 리더십

리더십은 특정한 상황을 처리하는 데 각 구성원의 전문성에 의존하면서 멤버들간에 자주 교류한다. 다른 사람들에게 무엇을 하라고, 목적을 결정하고 혹은 성취한 것을 감독하는 리더 대신에 팀 리더들은 팀을 위한 장애를 제거하고 그리고 팀이 목적을 달성하는 데 자원이 충분한지를 확인하는 것이다.

● 팀의 성공적인 수행을 위하여 Yukl은 아래 몇 가지의 중요한 요소들을 고려하여야 한다고 주장하며 자율관리 팀의 장점에 대해 언급한다.[2)]

첫째, 기술과 전문성을 가진 사람을 구성원으로 선택하여야 한다.

---

1) Nahavandi, *op. cit.*, pp. 205-206.
2) Yukl, *op. cit.*, pp. 313-317.

구성원들 사이에 상호의존이 중요하기 때문에 올바른 결합은 필수적이다. 이러한 결합은 개인 상호간의 관계기술만큼 기술적인 기술을 의미한다.

둘째, 팀 구성원들은 팀의 목적에 집중하고 몰두하여야 한다.

예를 들어 다른 부서에서 팀에 합류한 팀원들은 자신이 속하였던 부서의 목적과 사고를 떠나서 팀의 목적에만 집중을 하여야 한다.

셋째, 팀의 과제는 적절히 복잡하고, 팀은 목적을 성공적으로 달성하기 위하여 필요한 자원이 공급되어져야 한다.

넷째, 팀은 팀의 과제를 달성하고 팀의 이상을 집행하기 위하여 충분한 권력과 권한을 가져야 한다.

그 이외에도 효과적인 팀을 구축하기 위하여 신뢰, 공통적 비전, 능력과 적절한 사람간의 관계기술의 발달이 필요하다. 신뢰의 구축을 위하여, 팀의 구성원들은 정직성, 성실성, 상호존중을 서로 보여 주어야 한다. 경쟁보다는 협동하며 서로에 대하여 공정하고 공개적으로 의사소통하는 것 역시 팀의 발전을 위하여 필요할 것이다.

1) 잠재적 장점

자율관리 작업팀은 다양한 잠재력을 가지고 있다. 예를 들면, 업무에 대한 구성원들의 몰두, 질의 향상과 능률성, 업무에 대한 높은 만족감 그리고 낮은 이직률이나 결근율 등이 구성원들 사이에 나타난다.

팀 구성원들이 다른 업무를 하도록 교차훈련(cross-training)을 함으로써 이직에서 발생할 수 있는 인사부족을 충당할 수 있는 융통성을 증가시킨다. 그리고 그들의 업무과정을 통하여 습득한 광범위한 지식은 팀 구성원들로 하여금 문제를 해결하고 발전을 제한하는 것을 도와준다. 마지막으로 자율관리 집단으로의 전환은 조직의 관리자나 전문가들의 수를 줄일 수 있어 조직의 비용을 절감하게 한다.

다양한 학자들의 주장인 잠재적 이익의 실현은 팀들이 조직에서 어떻게 운영되느냐에 달려 있다고 말한다. 예를 들면 Hackman과 Lawler는 자율관리 팀들은 이행하기 어렵고, 적절하지 못한 상황이거나 능력이 없는 리더십 그리고 협조가 없는 상황에서 사용되어질 때, 처절한 실패가 따를 수 있다고 하였다.[1)]

---

1) J. R. Hackman, 1986, "The Psychology of Self-Management in Organization," In M. S. Pollack

2) 자율관리 팀을 촉진하는 조건

어떠한 환경하에서 잠재적 장점들이 실현될 수 있는가에 대한 연구를 하는 학자들이 몇 가지의 조건을 제안하였다. 그러한 학자 가운데 Yukl은 다음과 같이 정리하였다.1)

- 명확하게 정의한 목적

만약 분명한 목적과 선호도가 정하여지지 않는다면, 자율관리 팀은 전체 조직의 요구보다 그들 자신의 목적을 우선시할 수도 있거나 혹은 팀과 조직의 목적을 번갈아 가면서 혼돈스럽게 일할 수 있다.

- 복잡하고 의미 있는 과제

팀들은 협조를 필요로 하는 의미 있고 명확한 과제를 가져야 하며 사람들이 서로 일하고 노력을 조정한다면 달성될 수 있는 그러한 과제를 의미한다.

- 규모가 작고 안정적인 멤버십

자율관리 팀의 최적 규모는 과제를 수행하기 위하여 가장 적은 규모를 말한다. 구성원들이 같은 장소에 있고 규칙적으로 상호작용한다면 더욱 효과적이다.

- 중요한 권위와 자유재량

팀은 과제를 책임 있게 수행하기 위하여 충분한 권한이 있어야 한다. 그리고 관리자나 노조의 간섭 없이 업무를 수행하기 위한 적절한 자유재량을 가져야 한다. 팀은 모든 구성원들이 능력이 있고 높은 동기부여가 있어야 한다.

- 정보에 대한 접근

자율관리 팀의 성공은 팀의 활동을 통제하고 그 성과를 감독하기 위하여 필요한 정보에 대한 접근에 달려 있다.

- 적절한 인정과 보상

보상체제는 개인의 성과보다는 팀의 성과를 강조하여야 한다. 그리고 집단에 의하여 필요한 기술을 발전하기 위하여 구성원들을 격려하여야 한다. 팀은 성과 보너스와 같은 보상이 구성원들 사이에 어떻게 분배되어야 하는지를 결정하는 데 영향력을 가져야 한다.

& R. O. Perloff(eds.), *Psychology and Work: Productivity, Change, and Employment*(pp. 89-136), Washington, DC: American Psychological Association; E. E. Lawler, 1986, *High Involvement Management*, San Francisco: Jossey-Bass.

1) Yukl, *op. cit*., pp. 316-318.

• 최고 관리자의 강력한 지원

이 지원은 적절한 권한의 위임, 팀의 업무를 효과적으로 수행하기 위하여 팀에 의하여 필요한 자원의 할당, 팀의 자율관리와 권한부여와 양립하는 조직문화의 창조 등을 포함한다.

• 적절한 인간관계 기술

자율관리 집단에서 필요한 신뢰와 협조의 높은 수준과 서로 공유하는 리더십에 대한 의존은 중요하다. 구성원들은 효과적으로 청취하는 법과 의사소통하는 법을 배워야 한다. 그 이외에도 적절한 영향력을 가하는 전술을 사용하고, 갈등을 긍정적인 방향으로 해결하며, 집단의사결정을 하는 효과적인 절차를 사용하는 법을 배워야 한다.

4. 자체정의(Self-Defining Teams) 혹은 자체설계 팀(Self-Designing Teams)과 자체 방향설정 팀(Self-Directed Teams)

이 세 가지 형태의 팀들은 가장 많은 자율권을 소유하고 있다는 점에서 공통점을 가지고 있다. 이러한 종류의 팀은 모 조직(parent organization) 내의 별개의 사업으로 취급되며, 팀들은 자신의 조그만 사업을 운영하기 위하여 필요한 대부분의 결정들을 하게 허용된다.

이 팀들의 특징을 든다면 다음과 같다: 팀은 필요한 장비와 물자를 구입하고, 고객과 공급자들과 거래를 하며, 새로운 멤버를 선택하고, 질의 기준을 결정하며, 멤버들의 성과를 평가하며, 봉급률을 결정하고, 업무의 할당을 결정하며, 만족하지 못하는 멤버를 해고할 수 있다.

별개의 생산 부서 혹은 자회사들을 가지고 있는 재벌기업의 경우와 같이, 모회사들은 재정지출과 활동(예: 새로운 상품과 서비스를 만드는 결정, 새로운 마켓에 진출, 합작 투자)의 사명(missions)과 범위에 대한 어떤 통제를 갖는다.

골고루 분산된 리더십의 가장 극단적인 형태는 권위 계층이 존재하지 않을 때 일어나며, 모든 중요한 결정이 집단적으로 만들어지고, 모든 멤버들이 리더십 책임을 공유한다. 많은 자율권을 가지고 있는 팀들은 수가 적은 근로자 소유 기업, 협동조합, 공동생활체 및 사회 클럽들에서 종종 발견된다. 리더십의 분산은 유일한 자체 설계(designing) 혹은 정의(defining) 팀으로 효과적으로 운영될 수 없는 대규모 조직에서는 더욱 복잡하다. 대규모 기업들이 팀들 자신의 사명, 활동의 범위, 멤버십, 그리고 구성하고 해체할 때를 결정하는 것을 팀에게 전적으로 허용하는 경우는 드물다.

많은 다양한 위의 팀들을 구성하고 있는 대규모 조직들은 활동의 조정과 전략적 문제에 동의를 얻는 데 심각한 문제가 있을 수 있다. 팀들이 상호의존적인 활동들, 자원의 공유 그리고 상호 연루되어 있는 재정을 가지고 있을 때, 조정과 협조는 조직의 효과성을 위하여 필요하다. 그러나 상호의존적인 팀들이 다른 목적과 전략을 추구하기 위한 자율권을 가지고 있을 때, 많은 갈등이 이 팀들 사이에 일어나기 쉽다.

Daft는 아래 [그림 7-1]에서 팀들과 팀 리더십의 진화에 대해 언급하였다.

기능적인 팀은 전통적인 조직 내에 공통적인 기술과 활동에 의하여 개인들이 집단화하는 것을 보여 준다. 리더십은 수직적인 계층에 의존한다.

기능횡단 팀에서는 멤버들이 계층제로부터 더 많은 자유를 갖는다. 그러나 이 팀은 전형적으로 리더 중심적이고 리더 지시적이다. 리더는 조직에 의하여 임명되며, 그 팀을 대표하는 부서들의 감독자 혹은 관리자이다.

그러나 조직의 리더들은 팀이 효과적으로 기능하기 위하여 팀의 구성원에 대한 통제와 권력의 어떤 부분을 포기하여야 한다. [그림 7-1]에서 진화의 가장 발달한 부분은 팀의 리더 없이 혹은 관리자들의 지시 없이 서로 일하는 것이다.

[그림 7-1] 팀들과 팀 리더십의 진화

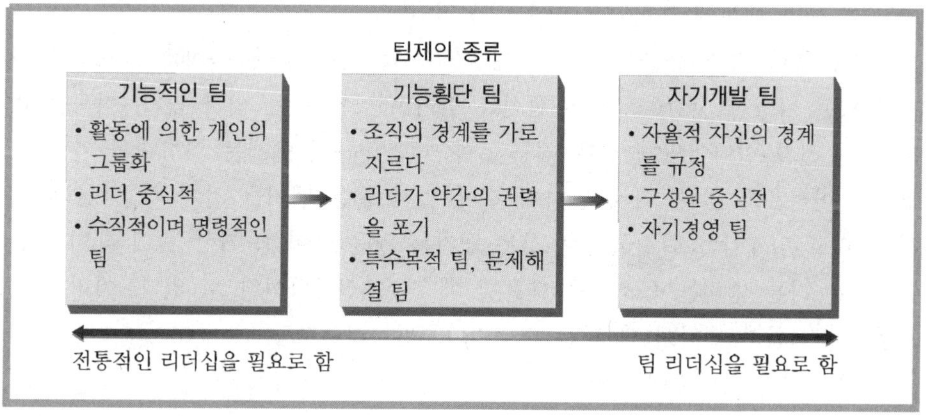

출처: Daft, *Leadership: Theory and Practice*, p. 272.

위의 자체정의(self-defining teams) 혹은 자체설계 팀(self-designing teams) 혹은 자체 방향설정 팀(self-directed teams)들은 리더 지향적이라기보다는 멤버 지향적이다.

5. 가상 팀(Virtual Teams)

가상 팀에서는 멤버들이 지리적으로 떨어져 있어 그들은 거의 맞대면하여 만나지 못한다. 멤버들 사이의 의사소통의 대부분은 컴퓨터에 의존하거나 전자 통신(예: 인터넷, video회의, groupware, cellular phone)을 사용하기도 한다. 오늘날 조직에서 가상 팀들의 사용이 빠른 속도로 증가하고 있다. 어떤 학자는 가상 팀들이 미래의 근무 장소의 혁명을 일으킬 것으로 예측하고 있다. 가상 팀의 증가원인으로 급속하게 변하고 있는 세계화, 증가하고 있는 상호조직간의 협조, 업무조정의 융통성을 위한 근로자의 욕구(예: 전자통신, 독립적인 계약자들), 서비스와 지식관리활동에 대한 점증적인 강조, 상품발전을 위한 더 많은 융통성과 혁신 그리고 주문 서비스의 전달 등을 들 수 있다.

어떠한 종류의 팀도 가상적이 될 수 있다. 그러나 가장 공통적인 형태는 기능횡단 팀과 유사한 면이 있다. 가상 팀은 특정한 과제를 수행하기 위하여 임시적인 계획이나 혹은 전략적인 결정, 공동문제를 해결, 일어나는 사건들을 계획, 그리고 조직의 산발적인 단위들간의 조정활동과 같은 책임을 수행하기 위하여 더욱 장기적인 팀이 될 수도 있다.

기술은 사람들이 필요할 때 다양한 방법으로 사람들을 참여시키는 것을 쉽게 하여 주기 때문에 멤버십은 아주 유동적이다.

기능 횡단 팀과 유사하게 많은 다른 업무를 하나, 다른 목적과 선호도를 가지고 있는 다양한 사람들로부터 헌신을 얻어 낸다는 것은 쉽지 않다. 더욱 어려운 것인 전자 미디어의 단점은 접근할 수 없는 사람들에게는 영향력을 가할 수 없다는 어려움이 있다. 다시 말하여 같이 있지 않은 멤버들 간에 상호 신뢰, 이해, 그리고 일체감을 확립한다는 것은 쉽지는 않을 것이다. 가상 팀에 흔히 있는 어려움은 다른 멤버들이 조직을 대표할 때 더욱 심각하여질 수 있다. 이러한 문제점을 조사하기 위하여 더 많은 연구가 필요할 것이다.

제 3 절 팀 리더십의 발전단계와 갈등관리

팀 리더십의 두 가지의 중요한 측면이 있다. 첫째, 리더에게 필요한 것은 개인의 능력이다. 둘째는 리더들이 팀의 효과성을 제고하기 위하여 팀의 특징과 절차를 어떻게 사용하는가이다.

팀을 지도하고 팀원들에게 영향을 미치는 리더는 팀원 개개인의 다양한 특징 및 강점을 고려하여야 한다. 리더는 전반적인 목표를 달성할 수 있도록 저마다의 장단점을 파악하고, 팀원들의 강점을 적절히 활용해야 할 것이다. 또한 팀의 목표에 맞춰 각 팀원의 일정을 균형 있게 조율해야 한다는 점도 반드시 염두에 두어야 한다.

팀을 성공적으로 이끈 예는 주로 섀클턴의 팀을 들곤 한다. 어니스트 섀클턴(Ernest Henry Shackleton, 1874-1922)은 아일랜드 출신으로 1914년 남극대륙 횡단을 위한 탐험대를 이끌었다. 이 탐험대의 목표는 최초로 남극대륙을 횡단하는 것이었다. 그러나 남극을 향하던 중 그들을 태운 배는 빙벽에 둘러싸이고 말았다. 배가 빙하에 난파되자 섀클턴은 5개월간 빙원을 횡단하여 엘리펀트 아일랜드에 도착하였다. 거기에서 그와 5명의 원정대는 조그만 배를 이끌고 500마일의 거친 바다를 뚫고 고경기지에 이르렀다. 그는 남은 대원들을 구출하기 위해 구출 대원들과 함께 다시 그곳을 찾아갔고, 혹독한 조건에서도 남겨둔 대원들을 모두 구출하는 데 성공했다. 지옥과 같은 상황에서도 섀클턴은 팀워크, 희생정신 등 강한 리더십을 발휘하여 28명 전원이 무사히 귀환할 수 있도록 이끌었다.[1)]

1. 팀 리더의 개인적 역할

성공적인 팀은 우선 효과적인 팀 리더가 있어야 한다는 것을 본 저서에서 강조하였다.

---

1) Dennis N. T. Perkins, 2000, *Leading at The Edge: Leadership Lessons from the Extraordinary Saga of Shackleton's S. Antarctic Expedition*, Amacom, division of American Management Association; 최종옥 옮김, 2001, 섀클턴의 서바이벌 리더십.

● **효과적인 리더가 되기 위하여 Daft는 5가지의 조건을 제시하였다.**[1)]

• 긴장을 푸는 법을 배우고 당신의 무지를 인정하라

효과적인 팀 리더는 모든 것을 알지 못한다는 것을 두려워하지 않으며 공개적으로 그들의 잘못과 두려움을 인정한다. 공개적으로 약점을 보임으로써 팀 구성원들의 신뢰를 구축하고 팀 관계를 향상시킬 수 있다. 잘못을 인정하고 배우는 자세는 거의 어떤 다른 행태보다도 더 빨리 팀 멤버들에게서 존경을 받을 수 있다. 단지 리더는 팀원들이 정보, 재정, 혹은 그들이 필요한 무엇이든지 얻게 함으로써 마치 팀원들이 그 프로젝트를 소유한 것 같이 느끼도록 도와주는 것이다.

• 팀의 구성원들을 돌보라

효과적인 리더는 항상 자신의 승진과 봉급인상 등을 생각하는 것보다, 그의 시간의 대부분을 팀원들을 보살피는 데 보낸다. 리더들은 사람들이 자주 그들의 기여가 얼마나 가치가 있다고 느끼는 것이 얼마나 중요한지 그리고 직원들의 낮은 수준의 기여를 인식하는 것을 잊어버리곤 한다.

• 의사소통

좋은 의사소통 기술은 효과적인 리더십을 위하여 필수적이다. 그러나 이것은 자신을 분명하게 표현하는 방법을 배우는 것만을 의미하는 것은 아니다. 우선 첫째로 청취하는 법을 우선 배워야 한다. 리더들은 팀 구성원들이 문제에 집중하고, 팀의 균형잡힌 참여를 촉진하며, 차이와 일치를 요약하고, 모든 대안을 브레인스토밍하여야 한다. 이 모든 것이 주요한 청취를 요구한다.

• 권력을 공유하는 것을 배워야 한다

팀 리더들은 팀워크의 개념을 행동뿐만 아니라 말로서도 포용해야 한다. 이것은 권력, 정보, 책임의 공유를 의미한다. 비록 그 결정이 리더의 마음에 들지 않는다고 하더라도, 리더들은 팀의 구성원들이 가장 좋은 결정을 만들 것이란 신념을 가져야 한다. 효과적인 리더는 명령을 하는 것이 아니며, 팀의 구성원들이 더욱 행복할 수 있는 것을 배우고 팀의 구성원들이 할 수 있는 것에는 덜 생각(관여)하고, 할 수 없는 것에는 더 생각하면서(개입) 생산수단을 발견하는 데 더욱 집중해야 한다.

부하들에게 일정한 권력을 위임한 당신은 그들과 더불어 훨씬 수월하게 성공의 목표를 이룰 수 있을뿐더러, 존경받는 리더로 거듭날 수 있다. 간단히 말하

---

1) Daft, *op. cit.*, pp. 275-276.

면 권력을 공유하는 것은 직원이 기업의 성공에 매우 값진 기여자라는 사실을 알려 주는 것이다.

• 공유한 목적과 가치의 중요성을 인식

팀을 구축한다는 것은 가치와 공헌을 서로 공유함으로써 통합된 지역공동체를 만들어 나가는 것을 의미한다. 팀워크를 증진하기 위하여 리더들은 의식, 이야기, 예식, 그리고 다른 상징주의를 사용하며, 팀원들에게 자신들이 팀의 중요한 사람이란 것을 인식하게 하여 주어야 한다. 팀 리더들은 커다란 조직의 문화 내에서 한 부분이 될 수 있는 팀의 비전과 문화를 구축하는 책임이 있다.

2. 팀의 효과성 지침

아래 그림과 같이 많은 요소들이 업무 팀의 효과성과 연관이 되어 있다. 팀 효과성은 4가지의 성과 결과—혁신/적응, 능률, 질, 그리고 근로자의 만족—를 달성함으로써 정의될 수 있다.[1)]

[그림 7-2] 팀 효과성 모델

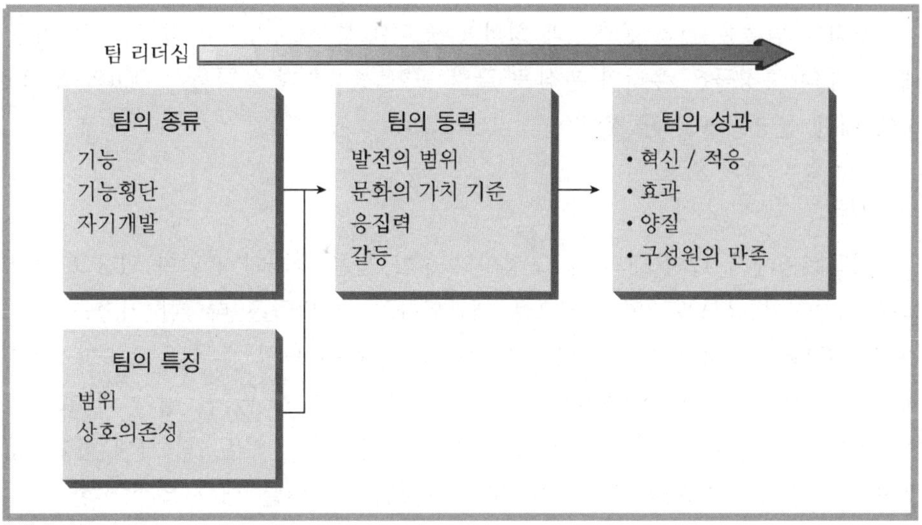

출처: Daft, *op. cit.*, p. 278.

1) Dexter Dunphy and Ben Bryant, 1996, "Teams: Panaceas or Prescriptions for Improved Performance," *Human Relations* 49, No. 5, 677-699; and Cohen, Ledford, and Spreitzer, "A Predictive Model of Self-Managing Work Team Effectiveness," Daft, *op. cit.*, pp. 276-278(재인용).

혁신/적응은 환경적 필요와 변화에 신속하게 부응하기 위하여 팀들이 조직의 능력에 영향을 끼치는 정도를 의미한다. 능률성은 그 팀이 최소의 자원을 가지고 조직의 목적을 달성하도록 돕느냐에 속한다. 질은 더 적은 결함을 달성하고 고객의 기대를 초월하는 것을 말한다. 만족은 고객에 대한 헌신과 팀 멤버들의 개인적 욕구를 충족함에 따라 팀원들의 열정을 유지하기 위한 팀의 능력을 말한다.

성과는 팀의 타입(기능, 기능횡단적 혹은 자체설계), 팀의 규모, 팀의 상호의존 정도를 포함하여 팀의 특성에 의하여 결정된다. 이러한 특징들은 팀의 동태성에 영향을 미쳐 결국에는 팀의 성과 결과에 긍정적인 영향을 주게 된다. 팀 리더들은 팀 발전의 단계, 문화적 규범과 가치, 그리고 팀의 응집성과 갈등을 이해하고 다룰 수 있어야 한다. 성과 결과는 긍정적인 방법으로 이러한 과정을 통하여 팀을 인도하는 리더의 능력에 의존한다는 것을 잊어서는 안 된다. 팀 리더들은 위의 그림에서 서술된 요소들에 영향을 미친다.

3. 팀의 특징

조직의 팀들은 팀의 동태성과 성과에 중요한 특징을 가지고 있다. 이들 가운데 두 개의 특징들은 우리의 관심을 끌며 또한 중요하다.[1] 다음은 Daft의 두 특징에 대한 설명을 요약한 것이다.

1) 규　모

비록 5명에서 12명 내의 팀 구성원의 수가 높은 성과와 관련이 있다고 하더라도 이상적인 규모는 7명인 것으로 생각된다.[2] 이 팀들은 다양한 기술을 이용하기 때문에 충분히 크고, 구성원들이 서로 친밀감을 느낄 수 있을 정도로 수가 적다. 큰 것이 아름답다는 Newton의 주장과 같이 규모가 더 큰 팀이 더 효과적일 수 있으며, 정보기술의 발달은 오히려 더욱 밀접한 접촉을 가능하게 하고, 상호작용을 더 규칙적으로 하게 하며 또한 정보를 공유하는 데 더욱 용이한 면이 있다는 주장을 부인할 수는 없다.[3] 그러나 일반적으로 팀의 규모가 커 감에 따

1) Daft, *op. cit.*, pp. 278-280.
2) Daft, *op. cit.*, p. 278.
3) K. Newton, 1988, "Is Small Really So Beautiful? Is Big Really So Ugly? Size Effectiveness,

라 각 구성원들이 다른 사람과 상호작용하고 영향을 미치는 것을 어렵게 만든다는 연구결과들이 지배적이다.

규모에 관한 연구를 검토하여 보면, 규모가 작은 팀은 동의를 가져오기에 더 수월하고, 질문도 많이 하고, 의견교환도 더 많이 한다는 것이다. 또한 멤버들은 서로 친숙하여질 수 있다고 한다.

규모가 적은 팀은 더 만족함을 보고하고, 개인적으로 서로 의견을 타진하는 토론을 많이 할 수 있다는 장점이 있다. 더욱더 작은 팀의 멤버들은 응집력과 귀속감을 더 갖는다고 한다. 큰 팀은 일반적으로 12명이나 그 이상으로 구성되어 있는데 작은 팀과는 달리 더욱 불화와 의견의 차이를 가져오기 쉽다. 자주 하위집단들이 형성되고, 그들 사이에 갈등이 일어난다. 또한 멤버들의 참여가 밀접하지 않기 때문에 제반사항을 잘 파악할 수 없어 규모가 큰 팀의 리더에 대한 요구는 더 많을 수 있다. 큰 팀은 덜 친절하고 멤버들은 그들의 강한 응집력을 갖지 못한다. 일반적으로 큰 팀에서 멤버들의 욕구가 만족되기는 어렵다.

2) 상호의존

상호의존은 팀 멤버들이 그들의 목적을 달성하기 위하여 서로 정보, 자원, 혹은 아이디어에 의존하는 정도를 의미한다. 병원의 외과 수술 혹은 군사작전을 지휘하는 것과 같은 과제들은 상호작용과 교환의 높은 정도를 요구한다. 반면에 일괄작업하는 제조와 같은 과제는 덜 요구할 것이다. 아래 세 가지 형태의 상호의존이 팀에게 영향을 미칠 수 있다.

① 집단 상호의존(Pooled Interdependence): 상호의존이 가장 낮은 형태이며, 멤버들은 팀에 참여하면서 그들의 업무를 달성하는 데 서로 자주 상호의존하지 않는다. 그들은 공동으로 계를 공유하며 공동으로 비서를 활용한다. 그러나 그들 업무의 대부분은 독립적으로 수행된다. 세일즈 팀(sales team)이 한 예가 될 수 있다. 같은 비서를 활용하면서 각 판매원은 자신들의 판매영역과 고객들에 책임이 있다. 판매원들은 그들의 업무를 달성하기 위하여 서로 상호작용할 필요는 없으며, 서로 조정을 할 필요도 없다.

---

and Democracy in Local Government," Herbert M. Levine, *Public Administration Debated*, by Prentice Hall(eds.), pp. 101-113.

② 연속되는 상호의존(Sequential Interdependence): 한 팀의 산출이 다른 팀 멤버들에겐 투입으로 되는 연속적인 의존형태를 말한다. 한 멤버가 다음 멤버의 성과를 잘 내게 하기 위하여 잘 실행하지 않으면 안 된다. 팀 멤버들이 정보와 자원을 교환하고, 서로 의존하기 때문에, 이것은 높은 수준의 상호의존을 말한다. 자동차 공장의 엔진의 연속적인 작업 팀이 좋은 예이다. 각 팀 멤버들은 각각 서로 다른 업무를 수행한다. 그러나 그의 업무는 다른 팀 멤버에 의한 만족할 만한 완성에 의존한다. 규칙적인 의사소통과 조정은 작업을 부드럽게 하기 위하여 요구된다.

③ 호혜적인 상호의존(Reciprocal Interdependence): 상호의존이 가장 높은 수준이다. 팀 멤버들은 상호호혜적인 형태로 서로 영향을 받고 미친다. 팀 멤버 A의 산출은 팀 멤버 B에겐 투입이다. 그리고 팀 멤버 B의 산출은 다시 팀 멤버 A의 투입이 된다. 호혜적인 상호의존은 지식기반 업무를 수행하는 대부분의 팀에게 가장 적합하다. 예를 들어 병원의 긴급 정신질환에 관한 팀을 들어보자. 이 팀의 멤버들은 환자에게 공동으로 다양한 조정된 서비스를 제공한다. 집중적인 조정이 필요하고, 팀원들은 각 개인들의 장점과 단점을 조정하면서 특별한 문제의 변화하는 상황에 적응하는 동시에 그들의 치료법을 보호할 것으로 기대된다. 호혜적인 팀들에서 각 개인 멤버들은 기여한다. 그러나 대체로 팀만이 수행을 한다.

팀의 상호의존 수준에 따라서 팀 멤버들 사이에 필요한 조정과 의사소통은 차이가 있다. 진정한 팀 리더십은 상호의존의 수준이 높을 때 가장 가능하다. 다양한 연구에 의하면, 결정을 한다든지 혹은 행동을 한다든지 등의 팀에 권한을 부여하는 것은 팀의 상호의존이 높은 경우 특히 높은 성과에 중요하다는 것을 발견하였다. 그러나 낮은 상호의존을 가진 팀에서는 전통적인 리더십, 개인의 보상, 그리고 팀보다는 개인에게 권한과 권력을 부여하는 현상들이 뚜렷이 나타난다고 한다.

3) 팀의 동태성을 위한 추진 방안

Daft는 지속적으로 변하고, 팀리더에 의하여 영향을 받을 수 있는 팀의 동태성과 상호작용을 논한다. 이들은 팀 발전의 단계, 문화, 응집력을 포함한다고 그는 주장한다.

(1) 팀 발전

사람이 태어나서 청년, 장년, 노년과 같은 여러 단계를 거치듯이 팀 역시 탄생된 이래 발전의 몇 단계를 거친다. 이러한 단계를 비교하면서 새로운 팀이 성숙된 팀과 다르다는 것을 우리는 쉽게 인식한다. 처음에 사람이 팀에 들어가면, 처음에는 서로 아는 단계를 거치고, 그 다음은 질서를 확립하고, 책임을 나누며, 그리고 목적을 명확히 한다. 이러한 일련의 활동들은 멤버들이 매끄럽게 기능하는 팀의 부분이 되는 것을 알게 하는 데 도움이 된다.

Daft는 네 가지 단계가 연속적으로 일어난다고 주장하면서 아래와 같은 한 모델을 제시하였다.

- 형성(forming)

이 단계는 준비기간으로 서로 상견례하는 시기이다. 팀 구성원들은 이 시기에 다른 사람들에게 어떤 행태가 수용성 있고, 서로간의 우정의 가능성을 파악하

[그림 7-3] 팀 발전의 단계

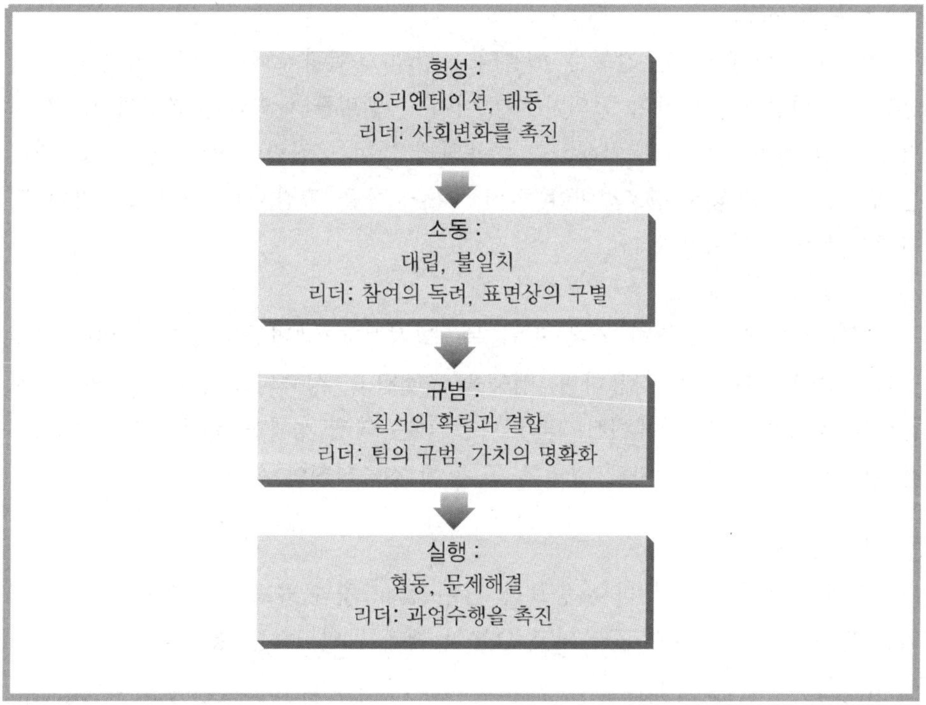

출처: Daft, *op. cit.*, p. 281.

며, 어떻게 과제 준비를 해야 하는지 발견하게 된다. 불확실성은 높다. 왜냐하면 기본원리가 무엇인지? 혹은 그들에게서 무엇을 요구하는지도 알지 못하기 때문이다. 멤버들은 공식적이든 혹은 비공식적이든 간에 제공되는 권력 또는 권한을 수용할 것이다.

• 소동(storming)

이 소동 단계에서는 개인들의 성격이 분명히 나타난다. 사람들은 그들의 역할을 명확히 하는 데 단정적이다. 그리하여 이 단계에서는 갈등과 불화가 자주 일어난다. 팀 멤버들은 팀의 사명 혹은 목적에 대한 그들의 지각에 동의하지 않는다. 자연히 이 팀은 통합과 응집력이 결핍되어 있는 것으로 나타난다. 이 팀이 이 단계를 초월하지 않으면 그들은 결코 성과를 낼 수 없을 것이다. 리더의 역할은 각 팀 멤버의 참여를 촉진하는 것이며, 아울러 멤버들에게 그들의 공통적인 비전과 가치를 발견하도록 도와주는 것이다. 멤버들은 아이디어를 토론하고, 갈등과 서로간의 불일치를 표면화하며, 팀의 과제와 목적에 대한 불확실성과 갈등하는 지각들을 극복하면서 업무를 수행하여야 한다.

• 규범(norm)

이 규범 단계에서는 갈등은 해결되고 팀의 통합과 조화가 이루어진다. 누가 당연한 리더인가에 대하여 동의가 이루어지며, 멤버들의 역할은 분명하다. 이 시기에는 팀 멤버들은 서로 이해하고 수용하게 되며 응집력이 있게 된다. 팀 리더는 팀 내에 개방성을 강조하여야 하며, 의사소통을 촉진하고, 팀 역할, 가치 및 기대를 분명히 하여야 한다.

• 실행(performing)

실행 단계에서 중요한 것은 팀의 목적달성이다. 멤버들은 팀의 사명에 몰입한다. 그들은 자주 상호작용하며, 행동을 조정하고, 성숙되고 생산적인 방법으로 불화를 처리한다. 이 단계에서, 팀 리더는 높은 과제 성과를 촉진하고 팀의 목적을 달성하기 위하여 팀 자체 관리를 돕는 데 집중하여야 한다.

(2) 팀 문화

팀의 동태성에 관한 다른 중요한 면은 팀 가치와 규범의 발전이다. 팀의 규범은 팀 멤버들에 의하여 공유되고 그들의 행태를 인도하는 행위의 표준이다.[1)]

---

1) Susan G. Cohen, Gerald E. Ledford, Jr., and Gretchen M. Spreitzer, 1996, "A Predictive Model of Self-Managing Work Team Effectiveness," *Human Relations* 49, No. 5, pp. 643-676.

리더들은 수용할 수 있는 행태의 경계를 정의하고 그리고 무엇이 옳고 혹은 그른지에 대한 준거 틀을 제공하기 위하여 팀의 문화적 가치와 규범을 형성한다. Daft에 의하면, 리더들은 3가지 중요한 방법으로 가치와 규범을 촉진한다: 중요한 사건(critical events), 수위(primacy), 상징들과 명확한 선언(symbols and explicit statements).[1)]

• 중요한 사건(Critical Events)

규범과 가치들은 자주 멤버들이 주요한 사건들에 반응하면서 발생한다. 한 예는 Bay of Pigs의 침공을 완강히 반대하였던 Arthur Schlesinger가 그 당시 법무부 장관이었던 Kennedy 대통령의 동생인 Robert Kennedy에 의하여 대통령에게 그들의 반대를 보고하지 못하도록 강력히 압력을 가하였을 때 일어났다. 이 중요한 사건은 팀의 멤버들이 대통령과 반대되는 의견은 삼가야 한다는 팀의 지배적인 규범 때문이었다. 이 팀은 Bays of Pig를 다루는 위원이었고, 위원장은 Robert Kennedy였으며 이 팀 집단의 압력은 침공을 선호하고 있었다. 그러나 침공을 반대한 사람은 전 위원(팀) 가운데 Schlesinger를 포함하여 두 사람이었는데 결국에는 반대한 사람 가운데 한 사람은 팀에서 사임을 하고 그 외 모든 집단의 멤버들은 집단 규범에 찬성하여 침공하는 결정을 하였다.[2)] 다시 말하여 어떤 중요한 사건은 팀 멤버들의 행태를 인도할 규범, 가치, 그리고 믿음을 초래할 수 있다는 것이다.

• 수위(Primacy)

수위는 팀에서 일어나는 첫 행태가 후에 팀에서 일어나는 기대를 위한 전조를 형성한다는 것을 의미한다. 즉 팀 리더가 팀 멤버들이 참여한 가운데 처음으로 진행하는 회의 스타일은 그 팀 리더가 존재하거나 혹은 않거나 그 팀의 규범이 되어 계속 지속된다는 것이다.

• 상징 그리고 명확한 선언(Symbols and Explicit Statements)

리더 혹은 멤버들은 규범과 가치를 주입시키기 위하여 상징뿐만 아니라 명확한 선언을 사용할 수 있다. 인간의 본능이란 상징성을 이용하여 팀에서 일어나는 웬만한 잘못은 포용하고 이해하면서 팀 리더는 팀의 목적을 달성하는 데 매진하도록 팀 멤버를 격려하는 경우를 예로 들 수 있다.

---

1) Daft, *op. cit.*, pp. 283-284.
2) 정우일, 행정통제론, 박영사, 2004, pp. 309-310(참조).

명확한 선언은 리더들이 이미 설립된 팀의 규범을 변화하기 위한 가장 효과적인 방법인 것으로 알려져 있다. 팀 리더가 팀의 경직된 분위기를 쇄신하기 위하여 팀원들에게 정장을 하지 않을 것을 권고하였다. 팀의 분위기는 한층 더 부드러워지고 팀원들 사이에 의사소통이 원활하여짐에 따라 새로운 규범을 점증적으로 창조하는 데 도움이 되었다. 물론 경직된 분위기에서는 창조성이 발생하기 어렵다는 논리를 팀의 리더는 활용하였던 것이다.

(3) 팀의 응집성

응집성은 공동의 목적을 추구하는 데 멤버들이 서로 단결하는 정도를 의미한다. 응집력이 있는 집단의 멤버들은 팀의 목적과 활동에 몰두하고, 그들이 어떤 의미 있는 일에 개입된다고도 느끼며, 팀이 성공할 때 서로 행복을 느낀다. 덜 응집된 팀의 멤버들은 팀의 복지에 덜 관심을 갖는다. 응집력은 팀의 효과적인 성과와 밀접한 상관관계를 가지고 있다.

- 응집력의 결정요인

리더들은 팀의 응집력을 가져오기 위하여 몇 개의 요소들을 사용할 수 있다. 하나는 팀의 상호작용이다. 팀 구성원들의 접촉이 많고 그들이 서로 많은 시간을 보내면 보낼수록, 그들의 응집력은 강해진다. 반대의 현상도 발생할 가능성이 없지는 않다. 왜냐하면 서로 자주 만나면 서로간의 이해와 신뢰를 가져오는 반면에 갈등 또한 무시할 수는 없기 때문이다. 세계의 전쟁과 갈등의 역사를 검토하여 보면, 서로 가까운 곳에 위치한 나라들에서 전쟁과 갈등이 많이 일어나는 예이다. 다른 요인은 서로 공유하고 있는 사명과 목적이다. 팀의 구성원들이 목적과 방향에 있어서 서로 동의를 할 때, 그들은 더욱 응집력이 강할 것이다. 가장 응집력이 강한 팀들은 그들이 막대하게 관련이 있고 중요한 어떤 일에 개입되어 있다고 느끼는 팀들이다. 세 번째 요인은 팀에 대한 개인적인 매력이다. 사람들이 팀에서 공통점을 발견하고, 팀과 유사한 태도와 가치 그리고 팀에 속함으로써 즐기는 것과 같은 매력을 사람들이 가져야 한다.

조직의 배경도 역시 팀의 응집력에 영향을 미칠 수 있다. 팀이 다른 팀과 완만한 경쟁에 있을 때 팀은 승리하고자 노력하기 때문에 팀의 응집력은 증가한다. 마지막으로 팀의 성공과 외부인에 의한 팀의 업적에 대한 유리한 평가는 응집력을 강하게 한다. 만약 팀이 사회적으로 명망이 있고 존경을 받는다면 팀의 규범에 따르게 되어 결국 응집력은 강할 것이다. 가령 팀에서 탈퇴를 하게 된다면 사회적으로 받는 유리한 입장을 손실하기 때문에 더욱 팀의 규정에 순응할 것이다.

• 팀의 응집력의 결과

응집력의 결과는 두 분류에 따라 검토될 수 있다: 사기와 성과. 일반적인 논리로 의사소통의 증가, 우호적인 분위기, 충성, 그리고 의사결정과 활동의 참여 때문에 팀 구성원의 사기는 응집력이 높은 팀에서 높게 마련이다. 팀의 구성원들 간에 응집력이 높으면 높을수록, 팀 구성원들의 만족과 사기에 긍정적인 효과가 있다.

성과 측면에서, 비록 연구결과는 혼합되어 있는 것은 사실이나, 응집력과 성과는 일반적으로 긍정적인 관계를 가지고 있다. 응집하는 집단은 때때로 막대한 에너지와 창의성을 폭발할 수 있는 분출구 역할을 한다는 것이 많은 연구결과의 주장이다. 이에 대한 설명으로 한 연구는 팀에서 일한다는 것 자체가 개인의 동기부여와 성과를 증가시킨다는 것이다.

이와 관련하여, 한 연구는 지속적으로 자주 있는 상호관계, 조정, 그리고 의사소통을 요구하면서, 팀의 상호의존이 높을 때, 응집력이 더욱 밀접하게 높은 성과와 관련이 있다는 것을 발견하였다.

성과에 영향을 미치는 다른 요인은 팀들과 최고위 리더십 사이의 관계이다. 한 연구는 200개가 넘는 업무 팀들을 설문조사를 하였으며 업무성과와 응집력이 상관관계에 있다는 것을 발견하였다.[1)] 응집성이 높은 팀은 팀 멤버들이 조직의 리더들에 의하여 지원을 받고 있다고 느꼈을 때 더 생산적이었고 반면에 그들이 리더들로부터 적의나 부정적 사고를 받고 있다고 믿을 때 덜 생산적이었다. 다시 강조하면, 리더들의 지지는 높은 성과 규범의 발전에 기여를 하는 반면, 적의는 낮은 팀 규범과 낮은 성과를 초래한다는 것이다.

4. 팀의 갈등관리

팀의 마지막 동태성의 특징은 팀의 갈등이다. 효과적인 팀 리더십을 위하여 필요한 모든 기술들 중, 팀 멤버들 사이에 불가피하게 발생하는 갈등을 해결하는

---

1) Stanley E. Seashore, 1954, *Group Cohesiveness in Industrial Work Group*, Ann Arbor, Mich.: Institute for Social Research; Daft, *op. cit.*, p. 285(재인용).

것보다 중요한 것은 없다.

갈등은 팀의 멤버들 사이에 일어날 수 있거나 혹은 팀들 사이에도 발생할 수 있다.

갈등은 한쪽 편이 다른 쪽 편의 의도와 목적을 좌절시키려고 시도한다는 점에서 적의 혹은 반 목적 상호관계를 말한다. 갈등은 자연스러운 것이며 모든 조직에서 일어난다. 장점과 단점을 다 포함하고 있으며 때로는 팀의 발전을 위하여 갈등을 조성하고 활용하기도 한다. 그러나 너무나 많은 갈등은 파괴적이고, 팀의 내분을 조장하고, 팀 발전과 응집력을 위하여 필요한 아이디어와 정보의 건전한 교환을 방해한다.

(1) 갈등의 원인

리더들은 개인들 혹은 팀들 사이에 갈등을 일으키는 몇 요인들을 알 수 있다. 부족한 자원을 위하여 서로 경쟁을 할 때는 불가피하게 갈등이 발생한다. 갈등은 역시 과제 책임이 불분명할 때도 발생한다. 갈등은 누구에게 책임을 맡기느냐를 결정할 때도 의견의 일치를 가져오지 않을 수도 있으며 리더들은 합의를 도출하여야 한다.

갈등의 다른 이유는 단순히 개인들 혹은 팀들이 서로 갈등하는 목적을 추구하기 때문이다.

예를 들면, 판매의 수를 늘리려는 판촉부 직원들의 목표와 영업이익을 내려는 영업부의 직원들의 목표간에 갈등을 가져오는 경우가 흔히 있다.

마지막으로 두 사람이 서로 잘 어울리지 못하는 경우나 한 이슈에 대하여 합의를 보지 못할 때 갈등이 일어난다. 성격의 충돌은 성격, 가치, 그리고 태도에 있어서 기본적 차이에 의하여 원인이 될 수 있다.

(2) 갈등을 다루는 스타일

팀뿐만 아니라 개인들도 서로 만족하게 하는 차원에서 갈등을 해결하는 구체적인 스타일을 발전하는 것이 중요하다. [그림 7-4]는 갈등을 해결하는 다섯 가지 스타일을 설명한다. 한 개인이 갈등을 어떻게 접근하느냐가 두 가지 척도에 따라서 측정된다: i) 독단(assertiveness) ―자신의 관심을 만족시키려고 시도하는 것. ii) 협동(cooperativeness)― 다른 쪽의 관심을 만족시키려고 시도하는 것. 효과적인 리더들과 팀 멤버들은 각 스타일이 어떤 경우에는 적절한 것이 상황의 변화에 따라 리더스타일이 적절하게 달라질 수 있다[1]는 것을 안다.

① 경쟁 스타일(the competing style)

자신의 방법을 채택하기 위하여 독단을 반영하는 것. 이 경쟁 스타일은 중요한 이슈에서 신속하고 결정적인 행동이 중요할 때, 위급 혹은 긴급하게 비용을 절감하여야 하는 위기에 직면할 때 사용된다. 또는 비인기적인 행동이 중요하다고 판단되는 경우 역시 경쟁 스타일을 사용하지 않을 수 없을 것이다.

② 회피 스타일(the avoiding style)

독단도 아니고 협동도 아닌 것을 반영하는 이 회피 스타일은 이슈가 사소할 때, 승리할 기회가 없을 때, 더 많은 정보를 얻기 위하여 지연이 필요할 때, 혹은 혼란이 과도한 비용을 초래할 때 적절히 상용되어질 수 있는 스타일이다.

③ 타협 스타일(the compromising style)

이 스타일은 독단과 협동의 온건한 정도를 반영한다. 이 스타일은 양쪽의 목적이 동등하게 중요하고, 상대편이 동등한 권력을 가지며 양편이 차액을 나누기를 원할 때, 사람들이 시간의 제약 가운데에서 일시적 혹은 편한 해결책을 선택

[그림 7-4] 갈등을 다루는 스타일의 모델

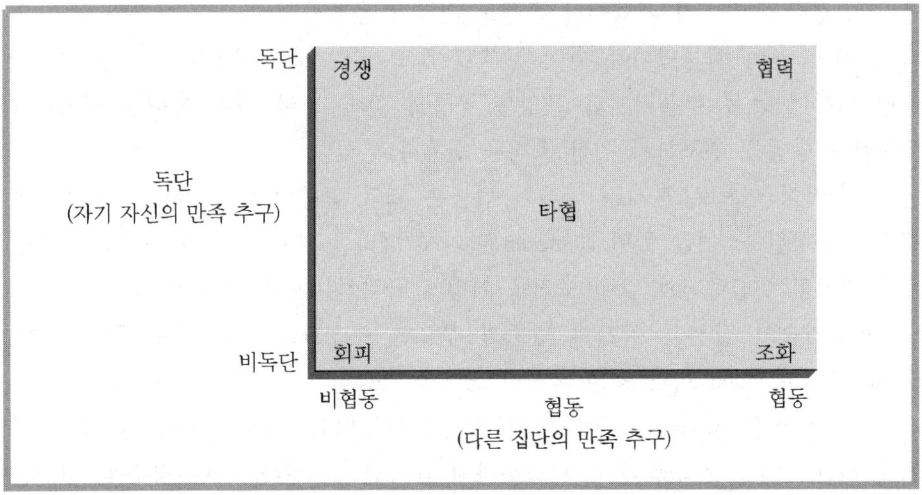

출처: Kenneth Thomas, 1976, "Conflict and Conflict Management," in *Handbook of Industrial and Organizational Behavior*, ed. M. D. Dunnette, New York: John Wiley, p. 900; Daft, *op. cit.*, pp. 287-288(재인용).

1) K. W. Thomas, 1977, "Towards Multidimensional Values in Teaching: The Example of Conflict Behaviors," *Academy of Management Review* 2, 487; Daft, *op. cit.*, p. 287(재인용).

할 수밖에 없을 경우에 적절하다.

④ 조화 스타일(the accommodating style)

이 스타일은 협동의 높은 정도를 반영한다. 사람들 자신이 잘못되었다는 것을 인식할 때, 한 이슈가 자신보다는 다른 사람에게 더 중요할 때, 응집력을 유지하는 것이 더 중요할 때, 미래 신뢰성을 구축하는 것이 중요할 때, 이 스타일이 잘 반영한다.

⑤ 협력 스타일(collaborating style)

이 스타일은 독단과 협동의 높은 정도를 반영한다. 비록 이 스타일이 중요한 대화와 협상을 요구한다고 하더라도 양편이 승리할 수 있게 한다. 이 협동 스타일은 양쪽의 관심은 협상을 중요시 생각하고, 다른 사람의 통찰력이 전반적인 해결을 위하여 다른 사람들의 통찰력을 결합하는 것이 필요할 때, 혹은 양편의 몰입을 위하여 동의를 얻는 것이 필요할 때, 이 스타일이 중요하다.

(3) 국제적 팀의 통솔

오늘날의 세계는 많은 조직들이 국제적 팀을 설립하는 특징을 보이고 있다. 각 나라의 기업들이 국경을 초월하여 합병하는 예는 오늘날 하나도 이상한 일이 아니다. 한국의 자동차 기업이나 은행도 외국의 동류의 기업들과 합병을 하고 있다. 조그만 것이 아름답다는 말이 무색할 정도이다. 실로 기업들이 경쟁력을 갖추기 위하여 몸을 부풀리지만 운영은 공룡과 같이 느린 것이 아니라 신속성을 유지하는 방법을 추구하기 위한 조직을 설계하고 있다.

초국가적 팀으로 불리는 국제적 팀들은 그의 활동이 많은 나라들에 미치는 멤버로 구성된다. 예를 들면 Heineken은 다섯 나라를 대표하는 13개의 팀을 구성하여 기업의 생산촉진과 같은 도전을 어떻게 극복하는지를 파악하였다.

정보기술의 발전은 국제적 팀들의 주요한 구성요소이다. 예를 들면, 전화, e-mail 그리고 video 회의 등은 국제적 팀들을 가능하게 만들고 있다.

국제적 팀은 팀워크의 개념에 새로운 도전이 되고 있다. 국제적 팀들의 리더들은 시간, 거리, 문화를 통하여 조정하지 않으면 안 된다. 어떤 경우에, 팀원들은 다른 언어를 사용하고, 다른 기술을 사용하며, 권위, 시간 그리고 의사결정에 대한 다른 문화적 가치관을 가지고 있다는 사실을 인정하고 인도하여야 한다.

국제적 팀 리더들은 구성원들간의 차이를 인정할 수 있을 정도로 문화적으로 능통해야 하며 융통성이 있어야 한다. 국제적 팀의 효과성을 위한 모델인 GRIP는 리더들이 네 가지 중요한 영역에 관한 공통적인 이해를 발전하는 데 관심을 집중하여야 한다고 제안하였다. 목적(goal), 관계(relation)들, 정보(information), 그리고 업무과정(process).[1] 그와 같이 리더들은 업무에 관한 높은 수준의 협동성을 파악하는 데 도움이 된다. 국제적인 팀의 사용과 필요는 증가하고 있다. 리더들은 다양한 배경과 흥미를 가진 조직의 세계에서 조직의 목적을 달성하는 데 초점을 두고 있는 팀워크 문화로 혼합되는 것을 파악할 수 있다. 머지않아 국경은 더욱 모호하여지고, 언어나 문화가 거의 통일이 되는 지구촌이 우리의 앞에 기다리고 있다. 우리의 학생들도 새로운 문화, 새로운 변화를 이해하고 적응하기 위하여 준비를 게을리하여서는 안 된다.

5. 기타 접근법

위에서 언급한 갈등 해결 스타일들은 사람들 사이에 의견이 통합되지 않는 경우 한 개인의 주장을 사용하는 것이 특히 효과적이다. 그러나 다른 사람들 사이에 갈등이 분출할 때, 팀 리더는 무엇을 할 수 있는가?

● Daft에 의하면, 연구들이 사람들 혹은 팀들 사이에 갈등을 해결할 수 있는 몇 개의 기술들을 제안하였다고 한다.[2]

• 비전

강력한 비전은 사람들을 서로 응집하게 할 수 있다. 비전의 달성은 갈등하는 부분들의 협동을 요구한다. 리더들이 대규모 팀 혹은 조직의 비전에 집중할 수 있는 정도에 따라 갈등을 감소할 수 있다. 왜냐하면, 개입된 사람들은 큰 그림을 그릴 수 있고, 그들은 비전을 달성하기 위하여 서로 협조하지 않으면 안 된다는 것을 인식하기 때문이다.

• 흥정과 협상

흥정과 협상은 상대편들이 타협한 해결책을 체계적으로 달성하기 위한 시도에서 서로 행위를 하는 것을 의미한다. 그들은 갈등을 찾고 시정하기 위하여 논

1) O'Hara-Devereaux and Robert Johnson, 1994, *Globalwork: Bridging Distance, Culture, and Time*, San-Francisco: Jossey-Bass, pp. 227-228.

2) Daft, *op. cit.*, pp. 288-289.

리적 문제해결을 시도한다. 이러한 접근법은 만약 개인적인 반감을 제쳐 두고 사업 식으로 갈등을 해결하려고 한다면 잘 해결되리라고 본다.

- 중재

논쟁을 해결하기 위하여 제 3 의 개인 혹은 집단을 사용하는 것을 중재라고 할 수 있다. 중재자는 감독자, 팀 리더, 혹은 제 3 의 인물이 될 수 있다. 중재자는 각각의 상대자들과 해결점을 찾기 위하여 갈등을 논의할 수 있다. 만약 서로에게 만족할 만한 해결책을 찾지 못하면 갈등을 중재자에게 넘겨 중재자의 해결을 따른다.

- 의사소통을 촉진

갈등을 감소하는 가장 효과적인 방법의 하나는 갈등하는 상대편들이 서로 공개적으로 의사소통하는 것이다. 갈등하는 쪽에서 정보를 교환하고 상대편에 대하여 더 배움에 따라 의심은 줄어들고 팀워크가 가능하여진다. 결국 갈등을 해결하는 방법은 서로 대화를 통해서 이루어질 수 있다.

이러한 접근법들의 각각은 개인들 혹은 집단들 사이의 갈등을 해결하는 데 도움이 될 수 있다. 효과적인 리더들은 큰 비전을 제시하고, 계속적으로 의사소통을 촉진하며 팀이 진전하는 동안 갈등을 최소로 유지하기 위하여 규칙적으로 이 접근법들의 조합을 사용한다.

제 8 장

리더십과 문화 및 다양성

제 1 절 문화와 리더십

1. 조직의 문화

문화의 중요성을 인식하고 있지만 문화의 개념이 최근에 거론되고 있는 것은 이해하기 어렵다. 특히 1980년대 초 동안 미국에서 의미 있는 주제로 등장했다. 그 이유는 미국의 기업들이 지속적으로 발전하고 있는 일본의 기업들에서 무엇인가 배울 것이 있다는 관심 때문이었다. 학자들이나 실무자들이 국가문화 혹은 기업문화가 성과의 차이를 설명해 줄 수 있다는 전제하에서 문화의 연구는 활기를 띠기 시작했다.

21세기 들어오면서 세계화는 우리 세계를 통하여 급속도로 진행되고 있다. 세계화는 경제적, 사회적, 기술적 그리고 정치적으로 상호의존이 날로 증가하고, 사람들은 더 밀접하게 상호작용하고 있다. 세계 시장은 국제적이며, 문화 교환은 늘어나고, 세계적 원거리 통신을 더 자주 사용하고 있다. 우리 사회는 과거보다 훨씬 더 국제화되고 있고 각 나라의 문화를 이해하지 않고는 우리가 직면한 문제를 극복하기 어렵다.

우리는 세계화가 증가함에 따라 효과적으로 대처할 수 있는 다국적조직을 설계하고, 이러한 조직들을 위하여 능력 있는 리더를 선정하며, 그리고 문화적으로 다양한 근로자들을 관리하는 것을 포함하여 많은 도전을 직면하고 있다.[1] 세계화는 문화의 다양성이 리더십 성과에 어떻게 영향을 미치는지를 이해할 수 있어야 한다. 세계화는 리더들이 문화의 다양성에 능통해야 할 필요성을 요구하고 있다.

Adler와 Bartholomew는 국제적 리더들이 5가지의 문화 횡단에 관한 능력을 발전하는 것이 필요하다고 주장한다.[2] 첫째, 리더들은 세계적인 정치와 문화 환경을 이해하는 것이 필요하다. 둘째, 리더들은 많은 다른 문화의 시각, 스타일, 경향, 그리고 공업을 배우는 것이 필요하다. 셋째, 리더들은 다른 문화권 내의 사람들과 같이 일할 수 있는 능력이 필요하다. 넷째, 리더들은 다른 문화 내의 생활과 의사소통에 적응할 수 있어야 한다. 다섯째, 리더들은 문화의 우월성보다는 오히려 동등한 입장에서 다른 문화의 사람들과 관계를 맺는 것이 필요하다. 그 외에도, Ting-Toomey는 세계적 리더들은 문화를 초월한 비전을 창조하는 데 익숙해야 한다고 주장한다.[3]

1) 문화의 정의

문화는 일련의 가치관, 가정, 이해, 조직의 구성원들이 공유하는 사고방식, 그리고 새로 입사하는 구성원들에게 옳은 것을 가르치는 것으로 정의한다.[4] 문화는 동태적이고 다른 사람들에게 전파한다.

문화와 관련된 것으로 다중문화와 다양성이 있다. 다중문화는 하나보다는 더 많은 문화를 고려하는 접근법이다. 그것은 아프리카, 미국, 아시아, 유럽, 중동과 같은 다중문화를 언급한다. 또는 다중문화는 인종, 성, 민족, 나이 등으로 정의하는 일련의 하위문화들을 말한다. 문화는 어떻게 일들이 조직에서 실행되어지는가에 대하여 공유하고 있는 행위의 패턴이다.

---

1) House, R. J. & Javidan, M., 2004, Overview of GLOBE, In R. J. House, P. J. Hanges, M. Javidan, P. W. Dorfman, V. Gupta, & Associates(Eds.), *Culture, Leadership, and Organizations: The GLOBE study of 62 Societies*(pp. 9-28), Thousands Oaks, CA: Sage.

2) Adler, N. L. & Bartholomew, S., 1992, Managing globally competent people, *Academy of Management Executive*, 6, 52-65; Northouse, *op. cit.*, p. 302(재인용).

3) Ting-Toomey, S., 1999, *Communicating Across Cultures,* New York: Cuilford; Northouse, *op. cit.*, p. 302(재인용).

4) W. Jack Duncan, 1989, "Organizational Culture: Getting a 'Fix' on an Elusive Concept," *Academy of Management Executive* 3, 229-236; Linda Smircich, 1983, "Concepts of Culture and Organizational Analysis," *Administrative Science Quarterly* 28, 339-358.

[그림 8-1] 문화의 3가지 수준

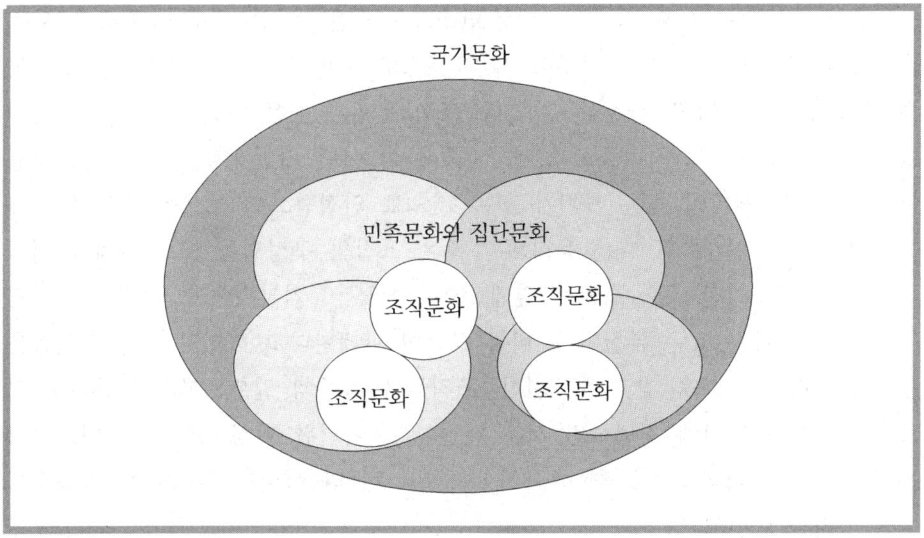

출처: Nahavandi, *op. cit.*, p. 8.

문화는 [그림 8-1]에서 보듯이 3가지 수준을 형성하는 것으로 생각할 수 있다. 첫째, 국가의 문화, 즉 한 나라의 국민들이 공유하고 있는 일련의 가치와 믿음으로 정의한다. 전반적인 국가문화 이외 다른 민족과 다른 문화적 집단들이 각 나라에 살고 있을 수 있다. 비록 이 집단들이 국가의 문화를 공유한다고 하더라도 미국, 캐나다, 인도네시아와 같은 이질적인 문화로 구성되어 있는 나라들은 많은 하위문화들로 구성되어 있다. 둘째, 다른 문화적, 민족적, 종교적 집단들은 이 나라들의 전반적인 문화의 부분이다. 다른 하위문화들은 종교, 지역, 혹은 성별의 특징들에 근간을 형성한다. 문화의 세 번째 수준은 조직의 문화이다. 조직의 문화는 조직의 구성원들에 의하여 공유하고 있는 일련의 가치, 규범, 가치관들이다. 시간적인 관점으로 본다면, 모든 조직들은 구성원들의 공통적인 가치와 믿음을 공유하는 유일한 문화 혹은 특징으로 발전한다. 또한 이 조직들의 가치들은 자주 리더십에 대해 마음속 깊이 품고 있는 가치관을 포함한다. 많은 경우에 리더들과 창립자들은 문화를 창조하고 촉진하는 도구들이다.

또 다른 관점으로 접근하여 보면, 문화를 볼 수 있느냐, 볼 수 없느냐 혹은 의식적으로 인식 못하더라도 깊이 뿌리를 내린 수준이냐에 따라 문화를 정의할

수 있다.[1)]

문화를 표면에서 볼 수 있는 인공물(artifacts)들은 옷 입는 매너, 행태의 패턴, 물리적 상징, 조직의 의식, 사무실 설치 등으로 이러한 것들은 모두 눈으로 볼 수 있고, 들을 수 있고, 관찰할 수 있다. 또한 문화가 깊은 수면에 감추어져 관찰할 수 없는 명확한 가치관들도 있다. 예를 들어 어떤 기업에서는 모든 근로자들이 혁신 혹은 개혁이 높은 가치가 있는 것으로 인정받으면 보상을 받는다는 것을 의식적으로 안다. 또 다른 문화의 수준은 조직의 구성원들이 그 가치를 의식하고 있진 못하지만 문화 속으로 깊게 스며 있다. 이 기본적이고, 근원적인 가정들이 문화의 가장 깊은 본질이다. 비록 상관이 반대한다고 하더라도 각 개인들은 옳다고 생각하는 것을 믿고 추진한다. 조직들은 가족의 일부분이기에 당연히 서로 돕고, 특히 위기에 직면하면 서로 해결한다. 이러한 가정들은 서로 인식하지는 못한다고 하더라도 이러한 문화의 수준은 그들의 행태를 인도하며, 마음속에 깊이 뿌리를 내리고 있다.

2) 문화의 중요성

문화는 근로자에게 조직의 일체감을 주고 그리고 특정한 가치나 일하는 방법에 몰입을 하게 한다. 문화는 조직에서 두 가지 중요한 기능을 한다. i) 문화는 구성원들을 통합한다. ii) 문화는 조직이 외부환경에 적응하도록 하게 한다.

(1) 내부 통합

문화는 구성원들에게 집단적인 일체감을 갖도록 도와주며, 어떻게 효과적으로 업무를 수행하는지를 알게 한다. 문화는 매일 일상적인 생활을 좌우하고, 사람들이 조직에서 어떻게 의사소통하며, 어떤 행위를 수용할 수 있고 또는 할 수 없으며, 어떻게 권력과 지위가 할당되는지를 결정한다.

전통적인 미국과 일본의 관리에 관한 비교연구에 의하면, 1980년대 일본 기업의 상대적 성공은 부분적으로는 근로자 참여, 의사소통의 개방, 안전과 평등에 기초한 팀 협동을 강조하였다.[2)]

---

1) Daft, *op. cit.*, pp. 183-184.

2) William Ouchi, 1979, *Theory Z: How American Business Can Meet the Japanese Challenge*, Reading, MA: Addison-Wesley; R. Pascale and A. Athos, 1981, *The Art of Japanese Managemen*, New York: Simon & Schuster.

(2) 외부의 적응

문화는 조직이 어떻게 목적을 충족하며 외부인들을 어떻게 다루는지 결정한다. 문화는 근로자들이 조직의 핵심적인 목적과 그 목적을 달성하기 위한 기본적 수단인 몰입을 촉구한다.

문화는 조직의 환경에서 성공하기 위하여 조직이 필요로 하는 가치와 가정들을 포함하여야 한다. 만약 경쟁적인 환경이 특별한 고객서비스를 요구한다면, 기업문화는 좋은 서비스를 촉구하여야 한다. 문화는 근로자들을 서로 단결하게 하고, 조직이 단지 개인들의 집합이라기보다는 하나의 공동체를 형성하게 한다. 그러나 조직이 건강하고 유익하게 머물기 위하여 문화는 외부 환경에 적응하도록 노력하여야 한다.

3) 강한 문화와 적응

강한 문화는 특정한 가치나 일을 처리하는 방법에 대하여 근로자들간의 동의의 정도를 의미한다. 만약 동의가 광범위하게 구성원들 사이에 퍼져 있다면 그 문화는 강하고 응집력이 있다고 말할 수 있다.

강한 문화는 근로자의 응집력과 가치, 목적, 그리고 조직의 전략에 대한 몰두 혹은 헌신을 증가시킬 수 있다. 그러나 약 200개의 기업들의 문화에 대한 Harvard의 연구는 강한 문화가 외부 환경과 건전한 적응을 촉진하지 않는다면 성공을 보장할 수 없다고 한다.[1)] 실제로 적응을 촉진할 수 없는 강한 문화는 약한 문화보다 조직에 해가 될 수 있다.

적응하는 문화에서 리더들은 고객들, 조직 내부 구성원들, 과정들, 그리고 유용한 변화를 가져오는 절차에 관심을 갖는다. 반면에 적응하지 못하는 문화의 리더들은 그들 자신 혹은 자신의 특정한 프로젝트에 관심을 가지며, 그들 자신의 가치들은 위험부담과 변화를 피하고 단념시키는 경향이 있다. 한마디로 건전한 문화는 기업들이 외부환경에 적응하도록 노력한다.

바람직하고 실제적인 가치와 행태들 사이의 차이를 문화 격차(cultural gap)라고 부른다. 문화의 격차는 적응하지 못하는 합병의 경우 크게 발생한다. 합병과 흡수한 기업들은 문화통합의 어려움 때문에 실패할 확률이 일반적으로 높다. 어

1) John P. Kotter and James L. Heskett, 1992, *Corporate Culture and Performance*, New York: The Free Press.

떤 전문가는 합병한 기업들의 90%는 기대만큼 잘 견뎌내지 못하고 있다고 주장한다.[1] 그럼에도 기업전략으로 오늘날 합병과 흡수는 인기가 있는 것들이다. 합병의 시작부터 두 문화들이 충돌을 할 수도 있다. 특히 관리자들은 흡수하는 기업의 재정체제를 통합하는 데에만 관심을 집중한다. 그러나 문화에 심각한 관심을 쓰지 않는다면 기업에 해를 초래하게 될 것이다. 그러므로 조직의 리더들은 인간체제 특히 기업문화의 습관과 가치는 그들의 조직이 추구하려는 변화를 추진하기도 하고 저항하기도 한다는 것을 명심하지 않으면 안 된다.

2. 문화의 형성

리더들은 완만한 내부의 통합을 실현하고 있을 뿐만 아니라 외부환경의 욕구에도 조직이 적응할 수 있는 강하고 건전한 문화를 창조하기 위하여 많은 기술을 사용하고 있다.[2] 리더들은 조직의 의식, 이야기, 상징들을 사용하고, 문화적 가치를 주입시키기 위하여 특별한 언어를 사용한다. 그 이외에도 리더들은 문화를 유지하기 위하여 특정한 사람들을 선발하기도 한다.

- 의식

의식은 특별한 가치를 강화하고, 그들에게 중요한 사건을 공유하게 함으로써 근로자들의 결속을 창조하며 중요한 업적달성을 상징화하는 근로자들을 위하여 성직의 의식을 갖거나 혹은 축하를 한다. 의식은 특별한 사건을 만드는 계획된 활동이다. 리더들은 조직이 가치 있다고 믿는 것에 극적인 예들을 제공하기 위하여 의식을 계획할 수 있다.

- 설화(story)

설화는 자주 되풀이되고 그리고 근로자들 사이에 공유되고 있는 진실한 사건에 기초한 이야기이다. 설화는 그 기업의 주요한 가치를 새로 들어오는 신입사원들에게 알려 주기 위하여 들려 준다. 또한 리더들은 가치를 생생하게 지켜 나가기 위하여, 부하들간에 이해를 공유하기 위하여 설화를 사용하기도 한다. 월마트가 그토록 짧은 시간 내에 세계적으로 신뢰받고 있는 유통기관으로 발전할 수 있었던 것은 고객을 우선적으로 대접하는 서비스 정신이었다. 어떤 물건을 사든

1) Oren Harari, 1997, "Curing the M&A Madness," *Management Review,* July/August, 53-56; Morty Lefkoe, 1978, "Why So Many Mergers Fail," *Fortune,* June 20, p. 113-114.

2) Daft, *op. cit.*, pp. 188-191.

지 하자가 있거나 불만족하면 다시 현금으로든지 다른 새 물건으로 반환하여 주는 많은 사례들이 월마트의 전통이 되어 직원은 물론 시민들 사이에 내려오고 있다. 미국인들은 월마트를 사랑하고 신뢰한다.

• 상징

문화적인 가치를 전달하는 다른 도구는 상징이다. 상징은 다른 사람들에게 의미를 전달하는 사물, 행동, 혹은 사건들이다. 어떤 의미로 설화와 의식은 상징들이다. 그러나 물리적인 인공물들(artifacts)은 특별한 가치를 상징화하기 위하여 리더들에 의하여 사용된다.

• 언어

언어는 조직의 가치와 믿음을 형성하고 영향을 미칠 수 있다. 리더들은 역시 기업의 사명선언문 혹은 다른 공식적인 선언문과 같은 그러한 서면으로 된 공식 선언문을 통하여 문화적 가치를 표현하고 강화한다. Eaton 기업은 모든 의사결정에 근로자 참여를 격려, 관리자와 근로자간의 규칙적인 직접의사소통, 내부로부터의 승진 강조, 그리고 항상 근로자의 적극적인 행태에 관심과 같은 가치를 포함하는 '사람을 통한 탁월성'이라고 불리는 철학적인 선언문을 개발하였다.1)

• 선택과 사회화

새로운 근로자들의 선택과 사회화는 특정한 문화적 가치를 유지하는 것을 도와준다.

일반적으로 리더들은 신규채용한 사람들에게 중요하지 않은 과제를 할당하여 그들이 가치와 문화를 동화하기 위하여 여유를 가질 수 있도록 한다. 광범위한 훈련을 통하여 신규 채용자들은 기업의 가치들과 지배적인 목적들에 대하여, 그 기업의 획기적인 사건들에 대하여, 그리고 극단적으로 중요한 문화적 가치를 나타내는 개인들에 대하여 끊임없이 듣는다.

강하고 건전한 문화를 가진 기업들은 주의 깊고 종교적인 고용관례를 갖는 경우도 있다. 때로는 자신들의 문화에 적합한 사람들이 채용되도록 단골 고객들을 포함하여 광범위한 면접도 시행하기도 하고 사회화시켜 기업의 사람으로 만든다.

• 일상 행동

의식, 설화, 슬로건, 그리고 심벌들은 만약 리더들이 그들의 일상 행동을 통

---

1) Gerald E. Ledford, Jr., Jon R. Wendehof, and T. Strahley, 1995, "Realizing a Corporate Philosophy," *Organizational Dynamic* 23, No. 3(Winter), 5-19.

하여 중요한 문화적 가치를 지원하지 않는다면 소용이 없을 것이다. 근로자들은 리더들이 어떤 태도와 행태에 관심을 가지고 있고 보상을 하는가, 리더들이 어떻게 조직의 위기에 대처하는가, 그리고 리더 자신의 행위가 그가 설명한 가치와 일치하는지를 통하여 기업에서 무슨 가치가 중요한지를 파악할 수 있다.

- 몸으로 행동표현

문화마다 표현방식이 다르다. 리더는 다양한 문화를 이해하여 부하들의 심리 상태를 유추할 수 있어야 한다. 문화마다 차이가 있을 수 있으나 보편적인 몸언어 혹은 제스처(gesture)를 이해한다면 부하들이 가지고 있는 문제점의 원인을 파악하는 데 유리할 것이다. 예를 들면 다음과 같다.[1]

1) 가슴에 손을 포개고 있으면 방어적이거나 근심걱정에 쌓여 있다.
2) 팔을 흔들 경우에는 상황에서 벗어나기를 원한다고 볼 수 있다.
3) 눈을 심하게 깜빡거리면 스트레스를 받고 있다고 볼 수 있다.
4) 메모를 할 경우에는 관심이나 참여하려는 마음을 보여 준다고 할 수 있다.
5) 손으로 입을 가릴 경우에는 지겨운 심정을 보여 준다고 할 수 있다.
6) 머리를 양손으로 감싼 채 뒤로 젖히고 있으면 권위를 찾으려 애써 마음을 제어하려 한다고 볼 수 있다.
7) 코트를 벗어놓으면 마음을 열어놓는다고 볼 수 있다.
8) 양손을 뒤로 한 채 곧게 서 있으면 자신감이 있다고 볼 수 있다.
9) 목청을 가다듬으면 신경이 예민하다고 볼 수 있다.
10) 목덜미를 문지르면 방어적이라고 할 수 있다.
11) 테이블에 손을 얹어놓으면 동의할 준비가 되어 있다고 생각할 수 있다.
12) 턱에 손을 괴고 있으면 평가나 생각을 하고 있다고 볼 수 있다.
13) 다리를 떨면 불안하다고 볼 수 있다.
14) 양손을 문지르면 무엇인가 기대한다고 볼 수 있다.
15) 고개를 갸우뚱거리면 관심을 가지고 있다고 할 수 있다.
16) 귀를 잡아당기면 주저하고 있다고 볼 수 있다.

좋은 리더들은 그들이 어떻게 근로자들에 의하여 주의 깊게 주시받고 있는지를 인식한다. 리더의 행위를 통하여 언제 누가 일시해고되는지도 미리 알 수

1) Adams(임태조 옮김), *op. cit.*, pp. 260-261.

있다. 리더가 기분이 좋을 때는 어떤 종류의 옷을 입고 얼굴 표정은 어떠한지를 이미 근로자들은 안다. 이와 같이 문화에 대한 리더의 가장 큰 영향은 그의 일상적인 행위로부터 나온다는 것을 설명한다.

의식, 설화, 심벌, 언어, 채용, 그리고 훈련 관례 등을 통하여 리더는 문화에 영향을 미칠 수 있다. 문화의 변화가 환경에 적응하는 데 혹은 더욱 원만한 내부 통합을 가져오는 것이 필요할 때, 리더들은 이러한 변화를 수용하기 위하여 새로운 가치가 스며들게 하는 책임이 있다. 문화를 변화하는 것은 쉽지 않다. 그러나 리더들은 그들의 행동과 말을 통하여 자신의 조직에서 무엇을 가치 있게 생각하는지 다른 구성원들이 알게 할 수 있다.

제 2 절 문화의 모델

오늘날 학자들은 국가의 문화를 이해하는 모델을 만들었다. 아래 설명하는 모델들은 최근에 학자들이 발전한 모델로서 조직에 직접적으로 적용하고 리더십을 이해하는 데 도움을 줄 수 있다.

문화에 대한 다른 많은 연구들은 모든 나라에 적용할 수 있는 모델을 탐색하기 위하여 문화 횡단적인 연구들이 점점 더 늘어가고 있다. 주로 이들이 다루었던 주제들은 다음과 같다.

1) 리더십 행태의 개념화 차이
2) 효과적인 리더십 행태에 대한 가치관의 차이
3) 각 나라의 리더십 행태 패턴의 차이
4) 부하의 만족, 동기부여, 성과와 같은 결과에 대한 리더십 관계의 차이

몇 가지 방법론적 문제점들은 문화 횡단적인 연구를 어렵게 만든다.

1) 한 나라에서 발전한 측정치에 대한 의미가 다른 나라와 동등하지 않음
2) 표본선정이나 공변량분석에 의하여 통제되지 않은 인구학과 상황적 변수들의 혼동 효과
3) 문화의 차이로 인한 반응의 편견
4) 통계적으로는 유효하지만 실용적으로는 너무 차이가 적음

5) 커다란 지역의 차이를 가지고 있는 나라를 일반화하는 데 필요한 표본의 부족

이와 같이 많은 문화 횡단적인 연구들의 유용성은 이러한 문제를 인식하는 데 부족하고 그들을 적절히 다루지 못하여 많은 한계를 노출하고 있다. 더욱이 많은 연구들이 리더십의 차이를 설명하여 줄 문화 횡단적인 변수들을 찾지 못하고 있는 것도 어려움 중의 하나이다. 예를 들면 리더십의 어떤 행태는 어떤 문화권 내에서는 강한 것으로 나타난다든지 하는 이유를 설명하는 것이 필요할 것이다.

리더십에 대한 문화 횡단적인 연구는 문화의 차원을 설명하기 위하여 사용할 수 있는 적절한 개념적인 틀을 찾아야 한다. 물론 이러한 연구는 어려운 도전적인 것임에는 틀림이 없다. 측정치 혹은 차원(dimensions)들에 대한 연구도 부족하고, 문화 횡단적인 연구의 상대적인 장점에 대해선 아직 동의를 하고 있지 않은 실정이다.

1. 리더십 연구에 적합한 문화 횡단적인 접근법

1) Trompenaars의 문화 차원(dimensions)

Trompenaars와 그의 동료들은 리더들이 국가의 문화를 연구하며, 국가의 문화가 조직과 기업 문화에 미치는 효과를 이해하는 데 돕고자 복잡한 모델을 제시하였다.1)

그들은 47개의 문화의 조직들을 조사하기 위하여 15,000명을 대상으로 연구한 후 한 모델을 발전하였다. 비록 한 국가의 문화를 이해하는 데 많은 다른 차원 혹은 척도(dimensions)들이 필요하더라도, 문화횡단적인 조직의 문화들(cross-cultural organizational cultures)은 두 차원을 토대로 더욱 능률적으로 분류될 수 있다고 제안한다. 두 차원 혹은 척도(dimensions)는 평등－계층(egalitarian-hierarchical)과 사람 또는 과제에 대한 관심(orientation to the person or the task)들이다. 그들이 그것을 조합했을 때, 4개의 일반적인 문화횡단적 조직문화들이 다음과 같이 만들어졌다.2)

---

1) A. Trompenaars and C. M. Hampden-Turner, 2001, *21 Leaders for the 21st Century*, Chicago: McGraw-Hill; A. Trompenaars, C. M. Hampden-Turner and F. Trompenaars, 1997, *Riding the Wave of Culture: Understanding Diversity in Global Business*, Chicago: McGraw-Hill.

2) F. Trompenaars, 1994, *Riding the Waves of Culture: Understanding Culture and Diversity in*

Incubator 문화는 평등주의이고 사람들의 욕구에 집중적인 관심을 갖는다. 이 예로는 미국과 영국에서 창설하는 많은 높은 기술기업에서 발견된다. 이 문화는 전적으로 개인주의 문화이고 전문가들이 그들의 업무를 하는 데 많은 자유재량을 갖는다. 그러한 조직들의 리더들은 임명되는 것보다는 집단에서 탄생한다. 그러므로 리더십은 능력과 전문성에 의하여 형성되며, 리더의 역할은 자원을 공급하고, 갈등을 관리하며, 장애를 제거하는 것이다.

Guided Missile 문화는 평등주의이며, 초점은 사람들의 요구보다는 과제의 완성에 있다. 결과적으로 조직의 문화는 몰인간성이고, 과제 달성을 위하여 지시적이다. Trompenaars는 미국의 NASA(National Aeronautics and Space Administration)를 예로 들었다. NASA와 같은 guided missile 조직에서 리더십은 전문성과 부하들의 참여를 기대한다.

Family나 Eiffel Tower 문화는 둘 다 계층제이다. Eiffel Tower 문화는 과제에 집중하는 반면, Family는 사람들을 돌본다. 이 이름에서 나타나듯이, 이 리더들의

[그림 8-2] Trompenaars의 문화 횡단적인 조직문화

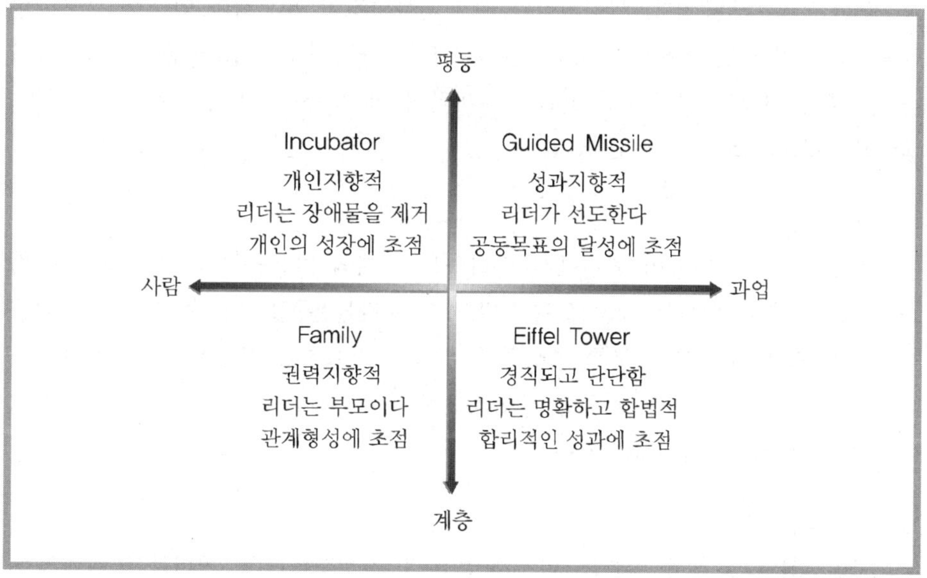

출처: Nahavandi, *op. cit.*, p. 13.

Busines, London: Nicholas Brealey; Nahavandi, *op. cit.*, p. 13(재인용).

역할은 모든 조직의 구성원들을 돌보는 아버지의 형이다. Trompenaars에 의하면 가족 조직문화는 그리스, 이태리, 싱가포르, 한국, 그리고 일본에서 발견된다. Eiffel Tower는 계층제적이고, 과제중심적이다. 많은 프랑스 조직들은 곧고, 안정적이고 엄격한 조직들에 의하여 특징되는 Eiffel Tower 문화를 가지고 있다. 주요한 초점은 명령 혹은 법적 · 합법적 권위에의 복종을 통한 성과에 두고 있다.

2) 경쟁적인 가치 접근법(The Competing Values Approaches)

가치가 조직을 위하여 중요하다는 것을 고려하면서, 리더들은 외부의 환경, 조직의 비전과 전략을 고려한다. 문화들은 광범위하게 다르다. 그러나 같은 산업 조직들이 같은 환경에서 운영한다면 유사한 가치관을 가지는 경향이 있다. 중요한 가치들은 조직이 효과적이 되기 위하여 필요한 것을 포함하여야 한다. 만약 경쟁적인 환경이 융통성과 부응성을 필요로 한다면, 그러한 문화는 적응성을 높게 평가하여야 한다.

문화와 효과성에 대한 연구는 환경, 전략, 그리고 가치의 적합성이 아래 그림과 같이 문화의 4분류와 관련이 있다는 것이다.

구별은 두 차원(척도)에 근거한다: ⅰ) 외부환경이 융통성과 안정을 요구하는 정도, ⅱ) 전략적인 집중이 내부 혹은 외부인 정도. 이 두 척도들은 특정한 가치를 강조하는 4개의 분류가 형성된다. 4개의 문화 분류는 적응, 성취, 족벌(씨족), 그리고 관료적으로 나누어진다.

(1) 적응문화

적응문화는 리더들이 환경에서 변화하는 행태의 반응을 위하여 조직의 능력을 전략적으로 지원하는 것으로 특징된다. 근로자들은 결정할 수 있는 자율성을 가지고 있으며, 새로운 욕구를 충족하기 위하여 자유롭게 행동하고, 고객들에 대한 반응을 높게 평가하는 가치를 우선적으로 둔다. 리더들은 적극적으로 창조성, 실험, 위험부담을 보상하고 격려한다.

(2) 성취문화

성취문화는 조직의 명확한 비전에 의하여 특징되어지며, 리더들은 판매성장, 이익, 시장배당률과 같은 특정한 목적달성에 집중한다. 조직은 외부환경의 특정한 고객들과 관계를 가지나, 융통성이나 신속한 변화 없이도 성취문화를 달성할 수 있다. 이 문화는 경쟁성, 공격성, 개인적인 주도를 높게 평가하며, 결과를 달성하기 위하여 오래 그리고 열심히 일하는 것을 기꺼이 한다.

(3) 족벌문화

족벌문화는 외부 환경의 변화를 충족하기 위하여 근로자를 내부에서 중점적으로 충원한다. 이 문화는 근로자의 욕구를 충족하는 데 가치를 둔다. 이 조직들은 일반적으로 업무를 수행하는 데 가족적인 분위기이다. 리더들은 협조, 근로자와 고객들의 배려, 지위간의 차이를 거의 인식하지 않고 피하려고 한다. 리더들은 공정성을 지키며, 다른 사람들의 동의를 얻으려고 노력한다.

(4) 관료문화

관료문화는 안정적인 환경과 내부에 관심을 집중한다. 이 문화는 질서정연하고, 합리적이며 사업을 질서 있게 하는 것을 좋아한다. 질서를 따르고 검소한 행

[그림 8-3] 4개의 조직문화

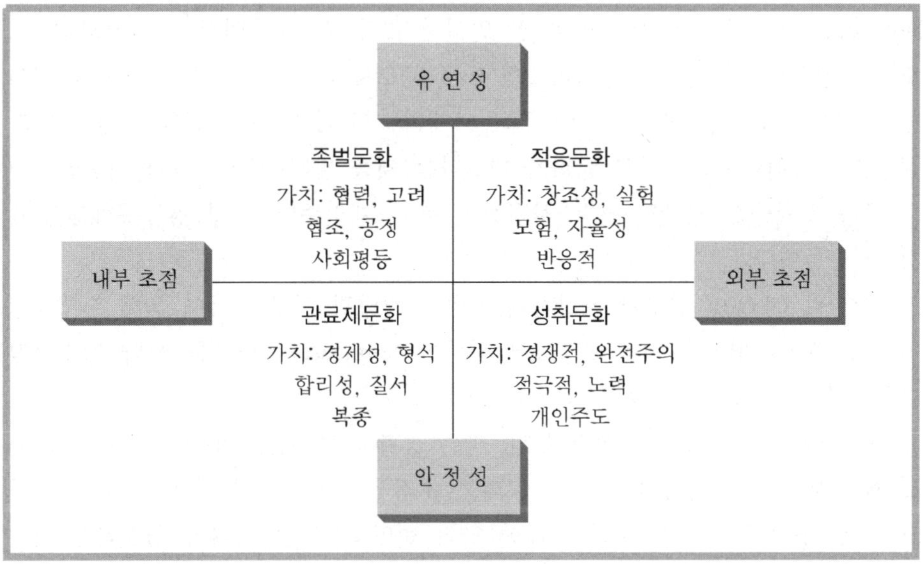

출처: Paul McDonald and Jeffrey Gandz, 1992, "Getting Value from Shared Values," *Organizational Dynamics* 21, No. 3(Winter), 64-76; Daniel R. Denison and Aneil K. Mishra, 1995, "Toward a Theory of Organizational Culture and Effectiveness," *Organizational Studies* 6, No. 2(March-April), 204-223; Robert Hooijberg and Frank Petrock, 1993, "On Cultural Change: Using the Competing Values Framework to Help Leaders Execute a Transformational Strategy," *Human Resources Management*, 32, No. 1, 29-50; Deft, *op. cit.*, pp. 193-195(재인용).

태가 높게 평가된다. 이 조직들은 통합이 잘 되고 능률적이 되므로 성공을 하게 된다.

이와 같이 문화모델들은 국가와 조직문화를 이해하는 데 유익한 방법을 제시한다. 각 문화모델들은 각각 서로 다른 특징을 가지고 있으며 그 나름대로 유용성이 있는 것은 틀림없다. 그러나 각각 국가의 문화에 고정시켜 사용된다면 잘못 적용하는 것이 될 수 있다. Hall과 Hofstede들이 국가문화에 집중하였다면, Trompenaars는 국가와 조직문화를 조합하고 난 후 이에 적절한 리더십을 제안하는 모델을 제공하였다.

3) The GLOBE Project

GLOBE 연구는 Hofstede의 분류시스템보다 폭넓은 문화차원의 분류를 제시하고 있으며, 최근의 주요한 연구로서 세계의 모든 문화권에서 리더십이 어떻게 비춰지고 있는가를 분석하고 있는 유일한 연구이기 때문에 Greet Hofstede의 문화연구는 본 저서에서 중복을 피하기 위하여 설명하지 않기로 했다. 그러나 Hofstede는 문화를 분류한 학자로 잘 알려져 있다. 우리는 이것을 Hofstede의 척도라고 부른다.[1)] 그는 40개 나라들의 IBM 근로자들을 대상으로 100,000 서베이들보다 더 많은 연구를 수행하고 그는 5개의 기본적 문화 차원을 발전하고 그 결과를 사용하여 그에 따라 문화가 다르다는 것을 발견하였다. 그가 사용한 5개의 문화 차원들은 권력의 거리, 불확실성 회피, 개인주의, 성별 평등주의(남성미), 시간적응들이다.

그러나 GLOBE 연구가 타당하게 개발된 정량적 연구 설계에 의해 수행되었기 때문에 GLOBE 연구를 설명하기 위하여 Northouse의 연구를 요약 정리하였다.[2)]

GLOBE 프로젝트는 사회적 문화, 다른 상황적 변수들(조직전략, 문화, 기술, 규모, 환경 불확실성), 리더십 과정들, 그리고 조직의 효과성간의 관계를 계속조사하고 있다. 연구에서는 각 문화에 대한 양적 변인분석뿐만 아니라 심층적인 질적

---

1) Greet Hofstede, 1997, *Culture and Organizations: Software of the Mind-Intercultural Cooperation and its Importance for Survival*, New York: McGraw-Hill; Greet Hofstede, 2001, *Culture's Consequences: Comparing Values, Behavior, Institutions, and Organizations Across Nations.* Beverly Hills, CA.: Sage Publications.

2) Northouse, *op. cit.,* pp. 301-326.

기술도 수행되었다.

문화와 리더십에 관한 특정한 분야에서, House와 그의 동료들은 62개의 사회에 관한 GLOBE 연구에서 800page에 달하는 광범위한 중요한 연구결과를 발표했다.[1] 이 연구는 Global Leadership과 Organizational Behavior Effectiveness 연구 프로그램이라고 부르는 이름에서 따온 Globe studies라고 명칭을 붙였다. 이 GLOBE 연구는 문화와 리더십간에 관계에 대하여 많은 연구결과를 제안했다. 1991년 처음으로 Robert House가 시작한 GLOBE 연구 프로그램은 160명 이상의 연구조사자들을 포함하고 있는 지속적으로 연구하는 프로그램이다.[2] 이 연구의 중요한 목적은 문화 횡단적인 상호작용과 리더십 효과성에 대한 문화의 영향에 관한 이해를 증진시키는 데 있다. GLOBE 연구자들은 세계를 통해 62개의 다른 문화를 대표하는 950개 이상의 조직에서 17,000명의 관리자들의 응답을 조사하기 위해서 양적인 조사방법을 사용했다.[3] GLOBE 연구자들은 설문조사, 면접, 중심집단들 그리고 인쇄된 매체의 내용분석 등 다양한 방법을 사용하면서 자료를 수집했다. GLOBE 연구 결과는 이 절을 통해 구체적으로 언급될 것이다.

(1) 문화 척도(Dimensions of Culture)

GLOBE 연구는 9개의 문화 척도를 제시했다. 그들은 불확실성 회피, 권력의 거리, 제도적 집단주의, 집단 내 집단주의, 성의 평등주의, 독단주의, 미래지향, 성과지향, 그리고 인간지향이다.[4] 이들 각각에 대한 설명을 언급할 것이다. GLOBE 연구자들은 아래 9개의 문화 척도[5]를 사용하여 62개의 다른 나라들의 속성을 분석했다.

① 불확실성 회피(uncertainty avoidance)

이 척도 기준은 불확실성을 회피하기 위하여 사회, 조직 혹은 집단이 이미 제정된 사회적 규범, 의식, 그리고 절차의식에 의존하는 정도를 말한다. 불확실성 회피는 문화가 규칙, 구조, 그리고 예측성 있고, 덜 불확실하게 하는 법을 활용하는 방법과 관련이 있다.

---

1) House, R. J. & Javidan, M., *op. cit.,* pp. 9-28.
2) Northouse, *op. cit.,* p. 306.
3) *Ibid.,* p. 306.
4) *Ibid.,* p. 306.
5) *Ibid.,* pp. 306-308.

② 권력의 거리(power distance)

이 척도는 집단의 구성원들이 권력은 불균등하게 공유되어야 한다는 것을 기대 그리고 동의하는 정도를 말한다. 권력의 거리는 문화가 계층화되는 방법과 관계가 있다. 그와 같이 권력, 권위, 명성, 지위, 부, 그리고 물질적 소유에 근거하여 사람들 사이에 계층을 만든다.

③ 제도적 집단주의(institutional collectivism)

이 척도는 조직 혹은 사회가 제도적 혹은 사회적 집단적 행동을 촉진하는 정도를 설명한다. 제도적 집단주의는 문화가 개인의 목적이나 성취보다 오히려 더 광범위한 사회의 이익과 일치하느냐에 관계한다.

④ 핵심 집단주의(in-group collectivism)

이 척도는 사람들이 그들의 조직에서 프라이드, 충성, 그리고 응집력을 나타내는 정도를 말한다. 핵심집단주의는 사람들이 그들의 조직 혹은 가정에 헌신하는 정도와 관련이 있다.

⑤ 성 평등주의(gender egalitarianism)

이 척도는 조직 혹은 사회가 성 역할의 차이를 최소화하고 그리고 성 평등을 촉진하는 정도를 말한다. 성 평등주의는 구성원들이 그들의 가정, 조직, 그리고 공동사회에서 하는 역할을 결정하는 데 사회가 구성원들의 생물학적 성을 얼마나 많이 무시하느냐와 관련이 있다.

⑥ 독단(assertiveness)

이 척도는 문화권 내의 사람들이 그들의 사회적 관계에서 결정적, 단언적, 대항적, 그리고 공격적인 정도를 말한다. 독단은 어떤 문화 혹은 사회가 사회관계에 있어 겁 많고, 복종적, 그리고 부드러운 것과는 대조적으로 사람들이 얼마나 강요적, 공격적, 그리고 강인한가에 관계가 있다.

⑦ 미래 지향(future orientation)

이 개념은 사람들이 미래를 위해 계획하며, 투자하고 그리고 만족감을 늦추는 것과 같은 미래 지향적인 행태에 종사하는 정도를 말한다. 미래 지향은 한 문화권에 있는 사람들이 현재를 즐기거나 임의적이 되는 것과는 달리 미래를 위해 준비하는 것을 강조한다.

⑧ 성과 지향(performance orientation)

이 척도는 조직이나 혹은 사회가 성과내거나 우수한 집단구성원을 격려하고 보상을 하는 정도를 말한다. 성과지향은 어떤 문화권 내에 있는 사람이 도전적인 목적을 수립하고 그리고 그들을 달성하면 보상을 받는 정도를 말한다.

⑨ 인간 지향(human orientation)

이 아홉 번째 척도는 어떤 문화가 다른 사람에게 공정하고, 이타적이며, 관대하고, 보살피며, 그리고 친절한 사람을 보상하고 격려하는 정도를 말한다. 인간 지향은 어떤 사회나 조직이 다른 사람, 사회의 지원, 그리고 공동체 가치에 얼마나 많이 민감하느냐에 관계한다.

(2) 세계문화의 집단과 문화의 특성

나라의 집단들이 타당성이 있느냐를 검증하기 위해, 연구자들은 집단들 각각의 개인들로부터 수집된 설문조사자료를 통계 분석했다. 이 결과들은 한 집단 내에 있는 응답자들의 점수들은 서로 관계가 있고 반면에 다른 집단의 응답자들의 점수와 관계가 없었다. 이러한 연구결과로부터 연구자들은 각 집단이 유일하다고 결론을 내렸다. 요약하면, 이 지역적 집단들은 세계의 나라들을 10개의 명확한 집단으로 구별하는 타당성 있고 신뢰성 있는 방법을 나타냈다.

지역문화 집단을 특징화하기 위해, GLOBE 연구자들은 위에서 지적한 문화의 척도들을 사용하면서 각 지역으로부터 수집한 자료를 분석했다. 사람들이 각 문화척도에 어떻게 응답하였는지를 가지고 문화 집단들을 분류할 수 있는 방법을 제공해 준다.

① Anglo

Anglo 집단들은 캐나다, 미국, 오스트레일리아, 아이슬란드, 영국, 남아프리카, 그리고 뉴질랜드를 포함한다. 이 나라들은 성과 지향에서 높은 점수를 얻었고, 핵심집단주의에서 낮은 점수를 얻었다. 이것은 이 나라들이 경쟁적이고 결과지향이나 다른 나라들보다 그들의 가정이나 유사한 집단에 덜 집착하고 있는 특징을 나타낸다.

② Confucian Asia

이 집단은 싱가포르, 홍콩, 타이완, 중국, 한국, 그리고 일본을 포함한다. 이 나라들은 성과지향, 제도적 집단주의, 그리고 핵심 집단주의에 높은 점수를 나타낸다. 이 나라들은 결과 지향적이고, 개인의 목적보단 집단의 목적을 촉진한다. 이 나라의 사람들은 그들의 가정에 헌신하고 충성한다.

③ Eastern Europe

이 집단은 그리스, 헝가리, 알바니아, 슬로베니아, 폴란드, 러시아, 조지아, 그리고 카자흐스탄을 포함한다. 이 나라들은 독단, 핵심집단주의, 그리고 성의 평등에 높았고, 성과지향, 미래지향, 그리고 불확실성 회피에 낮은 점수를 기록했다. 이 집단의 사람들은 힘이 있고, 그들의 동료에 호의적이며, 그리고 여성을 동등하게 대하는 데 높은 점수를 얻고 있다. 그들은 성과 지향적이지 않으며, 전략적 기획을 강조하고, 그리고 질서를 유지하기 위하여 규칙과 법을 강조한다.

④ Germanic Europe

이 집단들은 오스트리아, 네덜란드, 스위스, 그리고 독일을 포함한다. 이 문화권의 사람들은 성과 지향, 독단적, 미래 지향, 그리고 불확실성 회피에 높은 점수를 얻었다. 이들은 인간 지향, 제도적 집단주의, 그리고 핵심집단주의에 낮은 점수를 나타냈다. 이 문화에 속한 나라들은 경쟁과 공격성에 높은 가치를 부여하고, 인간 지향보다는 더 결과 지향적이다. 사람들은 미래를 위한 기획과 투자를 즐기며, 환경을 통제하기 위해 규칙과 법을 사용하기를 좋아한다. 동시에 이 나라들은 더 개인적이고 덜 집단 지향적이다. 사람들은 광범위한 사회집단을 강조하지 않는 경향이 있다.

⑤ Latin America

라틴 아메리카 집단은 에콰도르, 엘살바도르, 콜롬비아, 볼리비아, 브라질, 과테말라, 아르헨티나, 코스타리카, 베네수엘라, 멕시코를 포함한다. 이 지역의 사람들은 핵심집단주의에 높고, 성과 지향, 미래 지향, 제도적 집단주의, 그리고 불확실성 회피에 낮은 점수를 얻었다. 이 지역의 사람들은 그들의 가족, 친숙한 집단에 충성하는 경향이 있고, 전반적인 제도적 그리고 사회의 집단들엔 덜 흥미를 갖고 있다.

⑥ Latin Europe

프랑스, 포르투갈, 스페인, 스위스, 이탈리아, 이스라엘 등의 국가로 이루어져 있고 거의 모든 문화차원에서 중간 정도 이상의 점수를 보이고 있는 높은 점수를 받고 있는 문화차원은 거의 없다. 반면 인간지향성과 사회 · 제도적 집단주의에서는 낮은 점수를 보이고 있다. 그리고 개인의 자율성을 높이 평가하고 폭 넓은 사회적 집단은 낮게 평가하는 것이 이들 국가들의 문화적 특성이라고 할 수 있다.

⑦ Middle East

카타르, 모로코, 이집트, 쿠웨이트, 터키 등의 국가로 이루어지며 이들 국가들은 소속집단주의에 높은 점수를 부여하고 있으나, '미래지향성'이나 '양성평등주의', '불확실성 회피성'의 점수는 낮다. 그리고 이 문화권의 사람들은 자신의 가족이나 자신이 속한 조직에 대해 높은 자부심을 나타내 보이며, 헌신적이고 충실하다. 그러나 이들 나라에서는 이성의 사람들을 뚜렷이 다른 방식으로 대하는 것을 볼 수 있다.

⑧ Nordic Europe

덴마크, 핀란드, 스웨덴 등의 국가들로 이루어진 북유럽문화권에는 '미래 지향성', '양성평등주의', '사회·제도적 집단주의', '불확실성 회피성' 등에 높은 점수를 부여하고 '자기주장성', '소속집단주의', '권력중심성' 등에는 낮은 점수를 부여한다. 그리고 북유럽 사람 등은 장기적인 성공에 높은 우선권을 부여한다.

⑨ Southern Asia

필리핀, 인도네시아, 말레이시아, 인도, 타이 등으로 이루어진 남아시아문화권은 '인간지향성'과 '소속집단주의'에 높은 점수를 부여하고 있다. 그리고 가족에 대한 충성심이 강하고, 지역사회에 대해 깊은 관심을 가지고 있다.

⑩ Sub-Saharan Africa

짐바브웨, 나미비아, 잠비아, 나이지리아, 남아프리카(흑인 표본) 등의 국가들로 이루어지고 '인간지향성'에 높은 점수를 보이고 있다. 사람들의 다른 사람들에 대한 관심이 높고, 다른 사람에 대해 민감하게 반응하는 것이 일반적이다.

(3) 리더십 행태와 문화집단

GLOBE 연구 프로젝트의 전반적인 목적은 각 문화집단의 사람들이 리더십을 어떻게 보고 있는가를 규명하는 것이다. 그 밖에 또 연구자들은 문화적 특성들이 문화적으로 지지를 받고 있는 리더십 행태와 어떤 관계가 있는가를 규명하려 했다.

각기 다른 문화집단에 속하는 사람들이 리더십 행동을 어떻게 생각하고 있는가를 규명하기 위해 GLOBE 연구자들은 다음과 같이 6가지 global 리더십 행태를 밝혀냈다.

● **글로벌 리더십 행태는 다음과 같이 정의된다.**[1)]

(1) 카리스마/가치중심 리더십: 영감을 불어넣는 능력, 동기유발능력, 견지해오고 있는 핵심가치를 실현하기 위해 다른 사람들에게 높은 업적의 달성을 요구할 수 있는 능력을 나타낸다. 이 같은 유형의 리더십 행태에는 비전을 설정하고 활력을 고취하며, 자기희생적이고, 신뢰할 수 있고, 결단력이 있으며 업적지향적인 리더행태들이 포함된다.

(2) 팀 지향적 리더십: 팀구축과 팀원들간의 공동목표를 강조한다. 이 같은 유형의 리더십 행태는 협동적 노력, 통합적 노력, 외교관처럼 협상하는 행동, 악의 없는 행태, 능숙한 행정솜씨가 포함된다.

(3) 참가적 리더십: 리더가 의사결정과 그 실행에 다른 사람을 참가시키는 정도를 나타낸다. 여기에 참가적이고 비독재적인 행태가 포함된다.

(4) 인간 지향적 리더십: 지원적 행태, 배려 깊은 행태, 동정적 행태, 관대한 행태 등이 강조된다. 또 이 같은 유형의 리더십에는 겸손한 행태, 다른 사람들의 생각과 감정에 따라 민감하게 대응하는 행태 등이 포함된다.

(5) 자율적 리더십: 자주적이고, 독자적인 리더십을 나타낸다. 여기에는 자율적이고 독특한 창의적 행태 등이 포함된다.

(6) 자기 방어적 리더십: 리더와 집단의 안전이나 안정을 확보하려는 행동을 나타낸다. 여기에는 자기중심적 행태, 지위신분을 의식하는 행태, 갈등유발, 체면유지, 절차를 존중하는 행동 등이 포함된다.

이 6개의 글로벌 리더십 행태는 GLOBE 연구의 결과이며, 이 리더십 행태는 다양한 문화집단들이 리더십을 보는 다른 방법들을 평가하기 위해 사용된다. 이러한 분석으로부터 각 문화집단에 적합한 리더십 프로파일을 발견할 수 있을 것이다. 각 프로파일은 다른 문화는 다른 리더십행태에 속한다고 생각하는 상대적 중요성과 바람직한 것을 설명한다.

---

1) House, R. J. & Javidan, M., 2004, *op. cit.,* pp. 9-28.

● 10개의 각 문화집단을 적절하게 표현한 리더십프로파일은 다음과 같다.[1)]

(1) Eastern Europe 리더십 프로파일: 이 지역 리더의 이상적인 표본은 리더로서 자신의 지위를 방어하려는 강한 의지를 가지고 있는 사람인 동시에 무엇보다도 가장 독립적인 사람이다. 그 이외에 중시되는 것으로 리더는 어느 정도 카리스마/가치 중심적이고, 팀 지향적이며, 인간지향적인 사람이다. 그러나 의사결정과정에 다른 사람을 참여시키는 데에는 관심이 없다.

(2) Latin America 리더십 프로파일: 동구 유럽과는 아주 다르게 이 지역에서는 팀 지향성, 카리스마/가치 중심 리더십이고 자신을 방어하는 리더십을 중시하나 자율적인 리더십에는 흥미를 갖지 않는다. 반면에 이 문화집단에 속하는 나라들은 적절하게 참여 및 인간 중심적인 리더십에 흥미를 갖고 있다. 그리고 리더들은 얼마간 자율적이고 협조적이며, 영감을 불어넣는 리더들이며, 적절히 사람들에 흥미를 가지며 의사결정에 참여를 하는 경향을 보이고 있다.

(3) Latin Europe 리더십 프로파일: 이 문화집단에 속하는 나라들은 카리스마 지향, 팀 지향, 참여 및 자기 방어인 리더십을 선호한다. 동시에 독립적이며 인간지향적인 리더십은 이 문화권 내에서는 경시되는 경향이 있다. 간단히 요약하면, 리더십은 영감을 주고, 참여적, 그리고 자기 방어적 리더십을 나타내나 동시에 온정적이지는 않다.

(4) Confucian Asia 리더십 프로파일: 이 리더십은 팀 리더, 그리고 사람중심적인 리더십으로 묘사된다. 비록 독립적이고 어느 정도는 영감을 주지만, 다른 사람을 목적설정 혹은 의사 결정하는 데 참여시키지 않는다. 요약하면 이 리더십 프로파일은 다른 사람에 대하여 고려하고 관심을 두지만 다른 사람의 의견을 고려하지 않고 독립적으로 의사결정을 하는 리더로 묘사된다.

(5) Nordic Europe 리더십 프로파일: 매우 비전적이고 참가적인 리더십이면서 동시에 약간의 자주적이고 외교적 수완이 있는 리더십이다. 반면에 인간 지향적이거나 자기 방어적인 리더십은 덜 중요하게 여기나 영감을 주고 의사결정하는 데 다른 사람을 참여케 하는 것을 선호한다. 그들은 그들의 리더가 과도하게 열정적이길 기대하지 않으며, 지위나 자기중심적인 리더가 되기도 원하지 않는다.

(6) Anglo 리더십 프로파일: 리더가 특별히 카리스마/가치 중심적, 참여적, 그리고 사람들에 민감하길 강조한다. 다른 말로 표현하자면, 이에 속하는 나라들은

---

1) *Ibid.,* p. 314.

리더들이 아주 동기부여하며, 비전적이길 원하는 반면 독재적이나 다른 사람을 배려하지는 않는다. 더욱더 리더들이 팀 지향적이며 자율적이 되어야 한다고 기대한다. 가장 선호하지 않는 리더는 지위에 의존하든지 혹은 체면을 유지하려 한다면 리더십은 비효과적이 될 것으로 믿는다.

(7) Sub-Saharan Africa 리더십 프로파일: 이상적인 리더는 겸손하고, 열정적이며, 그리고 사람들에 민감해야 한다. 이외에도 사람들은 리더들이 상대적으로 카리스마/가치 중심적, 팀 지향적, 그리고 참여적인 리더십이 효과적이라고 생각하며 반면에 자기중심적인 리더를 선호하지 않는다. 자율적으로 행동하는 리더는 이 나라들에서는 비효과적이다.

(8) Southern Asia 리더십 프로파일: 사람들은 자기보호적이며, 인간중심적, 그리고 팀 지향적 리더를 선호한다. 그러나 참여적 리더십은 이 나라에서는 비효과적이다. 이 나라의 사람들은 효과적 리더십은 협조적이며, 영감을 주며, 사람들의 욕구에 민감하고 그리고 신분이나 체면을 강조하는 것이 특징적이다. 더욱이 그들은 독재적인 경향이 있는 리더십이 의사결정과정에 다른 사람들을 참여시키는 리더십보다 더 효과적이라고 믿는다.

(9) Germanic Europe 리더십 프로파일: 이상적인 리더는 영감을 주고 자율적인 반면 참여적인 것이 이상적인 리더십 스타일이다. 이상적인 리더는 팀 지향적이며 특유한 비전을 가지고 있는 리더이고, 지위신분의식을 가지고 있거나 체면유지에 관심이 많은 리더가 되어서는 안 된다. 효과적인 리더십은 참여, 카리스마, 자율성을 고려해야 된다고 믿는다.

(10) Middle East 리더십 프로파일: 이 지역의 리더십 프로파일은 다른 문화집단의 프로파일과 의미 있게 다르다. 사람들은 체면이나 지위신분과 같은 독자적이고 혈통적인 가족에 가치를 부여한다. 따라서 효과적인 리더십을 고려하는데 카리스마, 협동적 노력, 참가적 의사결정 등을 덜 중요한 것으로 여기며 카리스마/가치중심적 그리고 집단지향적인 리더십을 과소평가한다.

GLOBE 연구의 가장 흥미로운 결과는 62개의 나라에서 17,000명에 달하는 사람들이 선호하는 가장 효과적인 리더십의 특징들의 목록을 작성했다는 것이다. 탁월한 리더십을 촉진하는 속성들은 아주 정직하고, 카리스마/가치중심적인 리더이며 그리고 사람 상호간의 소통기술을 가지고 있는 사람이다. 반면에 보편적으로 동의하고 있는 효과적인 리더십의 장애요인으로는 비사교적이고 악의 있고, 그리고 자기중심적인 리더라고 지적한다. 명확히 모든 문화권의 사람들이 이러한 특징들은 효과적인 리더가 되기에 방해하는 요인으로 발견했다.

[표 8-1] 긍정적인 리더십속성

POSITIVE LEADER ATTRIBUTES		
Trustworthy	Just	Honest
Foresight	Plans ahead	Encouraging
Positive	Dynamic	Motive arouser
Confidence builder	Motivational	Dependable
Intelligent	Decisive	Effective bargainer
Win-win problem solver	Communicative	Informed
Administrative skilled	Coordinator	Team builder
Excellence oriented		

출처: House, R. J., Hanges, P. J., Javidan, M. Dorfman, P. M., & Gupta, V.(Eds.), *Culture, Leadership, and Organizations: The GLOBE Study of 62 Societies*, copyright 2004, Sage Publication, Inc. Reprinted with permission. Northouse, *op. cit.*, p. 322(재인용).

[표 8-2] 부정적인 리더십속성

NEGATIVE LEADER ATTRIBUTES		
Loner	Asocial	Noncooperative
Irritable	Nonexplicit	Egocentric
Ruthless	Dictatorial	

출처: House, R. J., Hanges, P. J., Javidan, M. Dorfman, P. M., & Gupta, V.(Eds.), *Culture, Leadership, and Organizations: The GLOBE Study of 62 Societies*, copyright 2004, Sage Publication, Inc. Reprinted with permission. Northouse, *op. cit.*, p. 322(재인용).

(4) GLOBE 연구의 장점

GLOBE 연구는 리더십이 세계의 모든 문화에 의하여 나타나는지를 분석한 주요하고 유일한 연구이다. 연구의 범위는 나라나 관리자의 수를 생각할 때 놀랄 만하게 광대하다. 그리고 이 연구의 결과가 가치 있는 것은 잘 발달된 양적인 연구 설계를 했다는 것도 빼놓을 수는 없다. 또한 문화의 분류는 Hofstede의 분류보다 광범한 장점을 갖고 있다. 그 이외에도 GLOBE 연구는 좋은 리더십 혹은 나쁜 리더십으로 판단할 수 있는 유용한 정보를 제공한다는 점이다.

반면에 'power-distance'나 'self-protective leadership' 등이 무엇을 의미하는지

의미가 모호하여 문화와 리더십에 대한 연구결과를 해석하고 그리고 충분히 이해하는 데 어려운 점이 있다. 이 연구에 따르면, 리더십은 다른 사람에 의해 지각되고 있는 과정이다. 각기 다른 문화권의 사람들이 리더십을 어떻게 보고 있는지에 대한 연구도 가치 있는 연구이지만 리더십이 각기 다른 문화 속에서 어떻게 기능하고 있는가에 대한 추가적인 연구가 필요할 것이다. 마지막으로 GLOBE 연구가 대량의 연구결과를 내놓고 있으나 이 연구는 문화와 리더십의 관계 또는 문화가 리더십과정에 미치는 영향 등에 관한 하나의 이론구성을 위한 명확한 가정이나 명제를 제시하지 않고 있다는 점이다.

2. 리더십 행태에 대한 문화들 간의 차이

위의 모델을 제시하면서 우리는 문화들간의 차이에 따라 대부분의 리더십 연구들이 지지적 리더십, 과제지향적 리더십, 상황적 보상의 사용, 참여 리더십 그리고 변혁적 혹은 카리스마 리더십에 관한 변수들을 고려하고 있는 것으로 알 수 있다. 또한, 우리는 리더십에 대한 문화 횡단적 연구에 의하면, 국가들간에는 유사한 문화도 있고 다른 것도 있다는 것을 발견한다.

대부분의 연구들은 각 나라의 리더십 스타일들의 차이를 연구하는 것들이다. 이 연구의 질문들은 대부분 질적인 방법이 많이 사용되었다. 일반적으로 문화 및 인류학적 접근법들은 변수의 계량화가 거의 불가능한 경우가 많아 질적인 연구방법을 사용하는 것이 보편적인 현상이다. 과제(task)나 관계(relationship)지향적인 리더십들은 대부분의 학자들이 연구한 모든 국가들에서 중요한 것으로 나타났다. 예를 들면, 미국 관리자들은 부하들에게 지시를 하기 위하여 직접적인 면담을 사용하는 것을 더 좋아하였다. 반면에 일본이나 한국 관리자들은 서면으로 쓰인 메모를 사용하는 것을 더 좋아하는 것으로 파악된 것은 문화간의 참여에 있어서 차이가 있는 것으로 설명될 수 있다.

많이 연구되지는 않았으나, 리더십의 행태가 부하들의 만족도와 성과와의 관계에서 큰 차이를 발견하지는 못하였다. 보통 리더의 배려는 미국에서는 부하들의 만족과 리더의 효과성이 의미 있는 관계인 반면에 중동국가들에서는 그렇지 않다는 것을 발견하였다. 대조적으로 과업구조(initiating structure)는 중동국가에서는 의미 있는 변수로 중요한 관계가 있었지만 미국은 아니었다.

예를 들면 Dorfman et al.은 미국 관리자들은 멕시코나 한국의 관리자들보다 더 참여적 리더십을 사용한다. 그러나 양적인 비교는 변수들의 동등성이 결여되어 있기 때문에 연구방법론상 어려움이 따른다.1)

어떤 문화 횡단 연구는 특정한 형태의 타입이 각 나라에서 정하여지는 방법의 차이를 발견하려고 노력한다. 이러한 연구문제는 질적인 방법으로 조사될 수 있다. Smith et al.은 과제와 관계 행태간의 차이는 이 연구에 포함된 모든 나라에서 의미가 있었다는 것을 발견하였다. 예를 들어 미국 관리자들은 부하들에게 지시나 부정적인 견해를 제공하는 데 직접 만나는 것을 더 좋아하나 일본의 경우에는 동료들을 통하여 서면으로 전달하기를 선호한다.

Dorfman et al.은 지시적 리더십(directive leadership)은 멕시코나 타이완에서 조직의 헌신과 관련이 있었으나 미국, 한국 일본에서는 그렇지는 않았다.

지시적(directive)인 리더십들은 멕시코, 타이완에서는 조직의 몰두와 깊은 관계가 있었다. 그러나 미국, 한국, 일본에서는 그렇지 않았다. 지지적(supportive) 리더십은 거의 모든 5개 나라들에서 만족과 관계가 있었으나 부하들의 성과와 조직의 몰두에 대한 지지적 리더십의 관계에서 문화적으로 차이가 나타난다. 참여적 리더십은 미국에서는 부하들의 성과와 관계가 있었으나 멕시코, 한국에서는 그렇지 않았다.

과거 50년 동안 리더십에 대한 연구는 주로 미국, 캐나다, 서부 유럽에서 행하여졌다. 그 이외 지역에서 행하여진 리더십의 연구는 대단히 제한적이다. 그러나 문화 횡단적인 리더십에 대한 연구는 20세기의 후반기에 흥미를 갖기 시작하였다. 그리고 동시에 그 주제에 대한 경험적인 연구의 양도 증가하였다. 주요한 주제는 한 문화에서 발전하고 테스트한 리더십 이론들이 다른 문화에도 일반화될 수 있느냐이다.

1) 문화 횡단 연구의 중요성

리더십에 대한 문화 횡단 연구는 몇 가지 이유 때문에 중요하다.2) 조직의

1) P. W. Dorfman, J. P. Hibino, J. K. Lee, Tate, U., & Bautista, A., 1997, "Leadership in Western and Asian Countries: Communalities and Differences in Effective Leadership Processes Across Cultures," *Leadership Quarterly*, 8, 233-274; Yukl, *op. cit.*, pp. 493-494(재인용).

2) P. W. Dorfman, 1996, "International and Cross-Cultural Leadership Research," In B. J. Punnet and O. Shenkar(Eds.), *Handbook for International Management Research*(pp. 267-449), Oxford: Blackwell; R. J. House, N. S. Wright, & R. N. Aditya, 1997, "Cross-Cultural Research on

세계화가 증가하고 있는 때에 효과적인 리더십을 위해서 다른 나라의 문화를 배우는 것이 중요하다. 리더들은 다른 문화의 사람들에 영향을 미칠 필요성을 점점 더 느낄 것이고, 성공적으로 영향을 미치기 위하여 다른 문화들의 바른 이해가 필요할 것이다. 리더들은 역시 다른 문화권에서 온 사람들이 그들을 어떻게 볼 것이며 그들의 행동을 어떻게 해석할지를 이해하는 것이 중요하다. 또한 한 문화에서 발전한 이론들이 다른 문화에서도 적용될 수 있는지 확인하는 것은 중요하다. 때로는 한 이론의 어떤 면은 보편적으로 적용할 수 있지만 다른 면은 특정한 문화에만 적용된다.

문화 횡단(cross cultural) 연구는 일상적인 변수들보다는 새로운 통찰력과 리더십 이론을 증진할 수 있는 더 넓은 범위의 변수들을 포함하여 연구할 것이 요구된다. 문화 횡단의 차이 검증은 연구자들이 현대 리더십이론에서 포함되지 않은 변수들을 고려하는 것이 필요할 것이다. 예를 들면, 그러한 변수들은 종교, 언어, 역사, 법, 정치체제, 윤리적 하위문화 등을 의미할 수도 있다. 마지막으로 문화 횡단 연구는 데이터 수집과 분석을 위하여 발전된 절차를 위한 조사방법론의 도전을 받게 될 것이라고 여겨진다.

2) 리더십 행태에 대한 문화적 영향

문화적 가치와 전통은 다양한 방법으로 리더들의 태도와 행태에 영향을 미칠 수 있다. 가치는 한 문화에서 성장하는 리더들에 의하여 내면화되기 쉽다. 그리고 이 가치들은 의식하지 않은 방법으로 그들의 태도와 행태에 영향을 미칠 수도 있다. 문화는 사회적 규범의 반영이다. 이 규범들은 수용할 수 있는 리더십 행태를 구체화하여 주기도 한다. 어떤 경우에는 규범들이 다른 사람들의 결정과 행동들에 영향을 미칠 수 있는 권력의 사용을 제한하는 사회의 법으로써 역할을 한다. 따라서 대부분의 리더들은 이 사회적 규범을 벗어나서 행동하지 않는다. 그 이유는 사회적 규범의 이탈은 존경심을 잃어버릴 수 있고, 조직의 다른 구성원들의 압력에 시달릴 수 있다. 사회의 규범과 일치하려는 다른 이유는 수용할 수 없는 행태를 하는 것이 행태의 효과성을 손상시킬 수 있다는 점이다.

리더십 행태는 한 국가의 문화 이외 다른 상황적 변수에 영향을 받는다. 예

Organizational Leadership: A Psychological Theory of Leadership Effectiveness," *Administrative Science Quarterly*, 36, 364-396; Yukl, *op. cit.*, p. 414(재인용).

를 들면, 조직의 특징(예: 조직의 타입, 규모, 조직의 문화 및 분위기)들과 리더의 지위의 특징(예: 리더의 수준과 기능, 지위권력, 그리고 권위)들에 의하여 영향을 받기도 한다.

또한, 국가 문화의 가치나 전통들이 지속적으로 변한다는 점을 이해하는 것은 중요하다. 예를 들어 전통적인 독재 체제에서 민주적 체제로 전향하는 국가는 조직에서 참여적 리더십과 권한부여를 받아들이는 경향이 있다.

3) 문화 횡단 연구의 어려움

문화 횡단 연구의 어려운 점은 몇 개의 연구방법론상 문제에서 발생한다.

첫째, 한 국가에서 발전한 측정치의 의미가 다른 국가에서 사용될 때는 그 의미가 동등하지 않다는 것이다. 둘째, sampling과 covariance 분석에 의하여 통제되지 않은 인구학적 상황변수의 혼란스러운 영향을 들 수 있다. 셋째, 문화를 통하여 다른 편견을 반영하는 것을 의미한다. 넷째, 통계학적으로 의미 있는 차이가 너무 약하여 실제적인 차이가 있다고 말하기 어려운 경우가 있다. 다섯째, 지역간의 차이가 큰 국가에서 대표적인 sample들을 선택하기에 어려움이 있다.

문화 횡단 연구의 활용은 이러한 문제들을 인식하지 못하고, 적절한 방법으로 다루지 못하여 제한적이라고 할 수 있다. 심지어 연구의 설계가 잘된 연구라 하더라도 결과의 해석에는 간혹 어려운 경우가 많다. 특히 중요한 문제는 많은 연구들이 리더십의 문화 횡단의 변수를 포함하지 못하고 있다는 것이다. 예를 들면, 리더십 행태의 한 특정한 타입이 어떤 문화에서는 강한 영향을 가지고 있으며, 왜 그러한지를 배우는 것은 중요하다. 결과의 해석은 역시 인간의 성격과 조직에 대한 가정과 중요한 가치관의 문화적 차이에 의하여 아주 복잡할 수 있다는 것이다. 이러한 문제를 최소화하기 위하여 연구팀에 다른 문화권 내에서 온 자격 있는 연구자들을 연구진에 참여시키는 것이 바람직하다.

제 3 절 리더십과 다양성

다양성은 인종, 민족의 정체성, 나이, 성, 교육, 사회경제적 수준, 그리고 성의 본능을 포함하여 많은 형태를 띠고 있다. 다문화 주의는 오늘날 조직의 현실이다. 국가의 인구, 노동력, 그리고 고객은 국가뿐만 아니라 나이, 인종, 성, 성 지향성, 그리고 신체적 능력에 있어서 극적으로 변하고 있다. 특히 미국의 직장에서 많은 다양성이 증가하고 있다. 과거에 미국은 다른 민족, 인종, 및 종교를 가진 사람들이 함께 왔고 서로 비슷하게 되기 위하여 융합(melting pot)사회로 보여졌다. 사회와 조직에서 성공을 위한 기회는 주류 문화에 동화되는 것이었다. 많은 이민자들은 그들의 성을 바꾸며, 그들의 모국어를 포기하고 그들 자신의 문화를 포기하는 것과 같은 절실한 변화를 택하는 경우도 흔하였다.

그러나 오늘날 적응의 짐은 개인에 있는 것이 아니라 조직에 있다. 특이한 것은 문화의 다양성에 대한 태도가 과거 20년 혹은 30년에 걸쳐 의미 있게 변하고 있다. 다른 종족, 국적, 성, 종교 등등 이제는 그들 자신의 가치와 가치관들, 그리고 적응하기 위한 다양한 방법들을 이제는 포기하려고 하지 않는다. 특히 어느 나라보다도 다민족으로 구성된 미국과 같은 나라는 지난 수십 년 동안 극적으로 변하고 있다. 미국 인구의 점점 증가하고 있는 이질성으로 말미암아 조직들도 다국적으로 운영하지 않으면 안 된다. 다문화적 세계에서 성공적인 리더들은 문화의 차이를 인정하고, 존중하며, 다양성이 조직의 운영과 산출에 어떻게 영향을 미치는지 이해하는 책임을 지게 될 것이다.[1)]

1. 다양성의 정의

노동인구의 다양성은 다른 인간적 자질을 가진 사람들 혹은 다양한 문화배경을 가진 사람들을 고용하는 것을 의미한다. 개인적인 차원에서, 다양성은 나이, 인종, 성, 혹은 종족과 같은 다른 배경을 가진 사람을 의미한다. 주요한 척도는 이들을 통하여 사람들이 그들 자신의 이미지와 세계관을 형성하는 핵심적인 요인들이다. 이들은 나이, 인종, 민족, 성, 정신적 및 육체적 능력 등이다. 그 다음 중요한 요인들은 자신의 일생을 통하여 습득되거나 변할 수 있다. 이 척도들은 핵심적인 것들보다는 작은 영향력을 가지고 있지만 그럼에도 불구하고 한 개인의 자체 정의, 세계관에 영향을 미치며 그 사람이 다른 사람들에 의하여 어떻게 보여지는가에 영향을 갖는다. 예를 들어 6.25 한국전쟁에 참여하였던 사람들은

1) Frances J. Milliken and Luis I. Martins, 1996, "Searching for Common Threads: Understanding the Multiple Effects of Diversity in Organizational Groups," *Academy of Management Review* 21, no. 2: 402-433.

심오하게 그들의 군대 경험에 의하여 영향을 받을 수 있다. 구로구에 살고 있는 근로자는 강남과 같이 풍부한 삶을 살고 있는 사람과 다르게 지각될 것이다. 업무 스타일, 의사소통 스타일, 교육 혹은 기술수준과 같은 척도들은 특히 조직의 환경과 관계가 있다. 조직의 리더들이 직면하는 어려움은 각 사람들이 다양한 특징들로 구성된 근무지에 가치와 강점을 가져올 수 있다는 것을 인정하는 것이다.

2. 다양성의 현실

다양성에 대한 태도는 변하고 있다. 조직들은 세계화와 변화하는 노동인구를 포함하여 우리 사회의 의미 있는 변화의 결과로 문화의 다양성과 문화적 다른 점들을 인정하고, 그것을 환영하는 것이 현실이다.[1] 더욱 많은 여성들이 전통적인 남성의 업무를 담당하고 있다. 평균 노동력의 나이는 좀 더 나이가 들었고, 더 많은 여성들이 들어오고 있으며, 유색인종과 이민자들이 노동력으로 편입되고 있다. 평가에 의하면, 2000년을 통하여 전세계 노동력 가운데 45%는 백인이 아니고, 그들 중 반은 1세대 이민자들이고 그리고 삼분의 이는 여성근로자였다. 과거 노동력의 거의 대부분이 백인이었으나 미국의 노동력의 반보다 적었고, 백인 출신 노동력은 2000년을 통하여 약 15%정도 노동력에 편입될 것을 기대된다. 연구는 역시 21세기에는 아시안 아메리칸, 아프리칸 아메리칸 그리고 Hispanics들이 미국 인구성장의 85%를 형성할 것이며 이들이 전체 노동력의 30%를 구성할 것이다.

점점 증가하고 있는 합작투자, 합병, 전략적인 동맹 등이 조직과 국가의 서로 다른 문화형태에서 이루어지고 있다.

증가하는 다양성에 기여하는 다른 요인은 세계화이다. 오늘날 세계에서 아이디어, 자본투자, 상품, 서비스, 사람들은 자유롭고 신속하게 세계에서 이동하고 있다. 심지어는 작은 조직도 영향을 받는다. 삼성전자의 휴대폰은 서울에서 디자인하고, 중국에서 만들며, 주로 유럽과 미국에서 판매하고 있다. 규모가 큰 다국적기업들인 Canada's Northern Telecom, US-based Coca-Cola, Switzerland's Nestle 그리고 France's Carrefour들은 모두 그들 대부분의 판매를 그들 나라의 외부에서 판매하고 있다. 세계화된 환경에서 세계적인 경험을 가지고 있는 외국 태생의

1) C. Keen, 1990, "Human Resource Management Issues in the '90s," *Vital Speeches* 56, no. 24: 752-754.

사람들이 미국은 물론 다른 나라의 대기업을 운영하고 있으며, 거의 모든 근로자들은 전보다 더 광범위한 문화를 다루고 있다. 예를 들면, 보스턴 근방에 있는 Digital Equipment Corporation 공장에서 Digital 컴퓨터 keyboard을 생산하는 데 19개 언어를 말하는 44개국으로부터 사람들을 채용하고 있다. 공장 매니저가 서면 보고서를 배포할 때는, 그들은 영어, French, Spanish, Chinese, Portuguese, Vietnamese, and Haitian Creole을 사용한다.

3. 조직의 다양성 장점과 관리의 필요성

조직의 최고 리더들은 변화하는 인구학뿐만 아니라 많은 이유 때문에 다양성과 새로운 태도에 반영하고 있다. 노동력이 변화하고 조직이 새로운 노동력의 구성에 반응하기 위하여 변화하지 않으면 안 된다는 데는 의심의 여지가 없다.

다양성은 집단 혹은 조직을 위하여 편익과 비용을 줄 수 있다.[1)]

조직은 다양한 고객들의 욕구를 충족하기 위하여 내부의 다양성을 활용하여야 한다. 문화는 사람들이 사고파는 상품, 오락, 사회서비스, 가정용품을 결정하는 데 중요한 역할을 한다. 조직들은 다양한 사람들이 어떻게 살며, 그들이 무엇을 원하고 필요한지를 이해할 수 있도록 다양한 사람을 채용하지 않으면 안 된다. 다양한 근로자들은 역시 조직들이 고객들과 더 나은 관계를 구축하는 것을 도울 수 있다.

두 번째 다양성이 필요한 것은 근로자와 조직들이 잠재력을 발전하는 것이다. 조직들이 다양성을 지원할 때, 사람들은 그것이 조직에 무엇을 가져올까, 어떤 것이 더 높은 사기를 초래하는지에 대하여 가치 있는 것을 느끼게 된다. 역시 근로자들이 문화의 다양성을 이해하고 수용하는 기술을 습득하는 기술을 발전할 때 직장에서 사람들과 더 좋은 관계를 가져올 수 있다.

1990년보다 21세기에는 4 내지 5백만에 달하는 노동인력이 노동시장으로 편입될 것이며, 조직들은 더 좋은 노동인구를 찾기 위하여 노력하나 선택의 폭은 더욱 적어질 것이고 노동 풀은 더욱 다양하여질 것이다.[2)]

---

1) T. H. Cox and S. Blake, 1991, "Managing Cultural Diversity: Implications for Organizational Competitiveness," *Academy of Management Executive,* 5(3), 45-56. and F. J. Milliken & L. L. Martins, 1996, "Searching for Common Threads: Understanding the Multiple Effects of Diversity in Organizational Group," *Academy of Management Review,* 21, 402-433.

2) Gilbert W. Fairholm, 1994, *Leadership and the Culture of Trust*, Westport, CN: Praeger, 185.

많은 다양성이 창의성의 가능성을 증가시켜 주고, 더 좋은 결정을 하게 하며, 다양한 노동력의 충분한 활용은 중요한 업무를 수행하기 위한 다양한 재능을 향상시키는 장점이 있다. 하지만 다양성은 불신과 갈등, 낮은 만족, 그리고 높은 이직을 초래할 수 있다는 것이다. 그와 같이 다양성을 관리한다는 것은 21세기 리더들의 중요한 책임이다. 주요한 어려운 점은 다양성의 장려와 강한 조직문화를 구축하는 것과 적절한 균형을 만드는 것이다. 조직은 그 자신의 하위 집단에서만 일치하는 다양한 구성원들만이 있을 때 가치를 공유하거나 구성원의 강한 몰입을 가져오기 쉽지 않을 것이다. 이 두 경쟁적인 목적들이 어떻게 잘 통합될 수 있는가는 계속적인 토론과 연구의 문제가 될 것이다.

마지막으로 조직 내의 다양성은 문제 해결, 창의성, 그리고 혁신을 위한 더 넓고 깊은 경험을 제공하여 준다. 모든 사람들은 문제를 해결하고 탐색하는 데 종사한다. 경쟁에서 생존해야 되는 압력은 모든 리더들에게 창의적인 사고와 다양한 관점의 공유를 부추기고 지원하도록 도전하고 있다. 이질적인 집단들의 사람들은 필요한 다양한 문제나 이슈들을 조직에 제공할 수 있기 때문에 동질적인 집단보다 더 창의적인 경향이 있다. 한 연구에 의하면 창의성과 혁신이 높은 기업들은 그렇지 않은 기업들보다 더 많은 수의 여성과 백인이 아닌 근로자들을 채용하고 있었다.[1]

리더들은 다양성을 위한 이해와 다양성을 촉진하기 위하여 많은 것을 할 수 있다.[2]

어떤 사람은 [표 8-3]에서 개인 리더들을 위한 활동단계를 추천하였다. 이 행동은 두 분류로 나누어진다. 어떤 행동은 관용과 감사를 촉구하려 하고, 반면에 다른 행동들은 차별과 편협에 도전한다.

다양성 훈련 프로그램은 관용, 이해, 감사를 촉구하는 공식적인 접근법을 제공한다. 훈련의 한 형태는 다양성 문제와 고정관념과 편협에 대한 더 나은 이해를 촉진하는 것이다. 다른 타입의 훈련은 문화차이에 대하여 근로자를 교육시키고 직장에서 그들에게 어떻게 반응해야 되는지를 교육시키는 것이다. 다양성에 대한 이 두

---

1) Taylor H. Cox, *Cultural and Diversity in Organization*(San Francisco: Berrett-Koehler, 1994).

2) P. L. Nemetz & S. L. Christensen, 1996, "The Challenge of Cultural Diversity: Harnessing a Diversity of Views to Understand Multiculturalism," *Academy of Management Review,* 21, 434-462; A. M. Morriston, M. N. Ruderman, & M. W. Hughes-James, 1993, *Making Diversity Happen: Controversies and Solutions*, Greensboro, NC.: Center for Creative Leadership; Yukl, *op. cit.*, p. 419(재인용).

[표 8-3] 다양성을 관리하는 지침

다양성에 대한 관용과 이해 격려
• 다양성에 대한 이해를 당신 자신의 행태에서 본보기를 만들어라
• 개인의 차이를 존중하라
• 다른 가치들, 믿음과 전통의 이해를 증진하라
• 팀과 조직을 위한 다양성의 이익을 설명하라
• 다양성의 관용을 증진하려는 다른 사람을 격려하고 지원하라
차별과 편협성에 대한 도전
• 사람을 설명하기 위하여 고정관념을 사용하지 마라
• 여성 혹은 소수민족에 대한 편견을 가진 가치관과 역할 기대를 조사하라
• 편견을 가지고 비평하는 사람에 도전하라
• 편견에 근거한 불공정한 대우에 반대하는 항의를 표출하라
• 여성 혹은 소수민족을 괴롭히는 것에 대하여 징계조치를 취하라

출처: Yukl, *op. cit.*, p. 419.

훈련은 따로 할 수 있고 혹은 병행하여 할 수도 있다.

다양성 훈련을 집행하는 리더들은 프로그램 내용에서 다양성을 존중하는 것이 조직의 모든 구성원에게 무엇을 의미하는지, 호소력이 있는 비전을 제시해야 한다. 차별이나 보상에 대한 편견을 조사하는 구조적 방법들은 다음과 같다. i) 다양성 문제를 포함하는 평가기준, ii) 차별과 편협을 조사하기 위하여 자문위원회를 구성하고, 해결책을 강구, iii) 진전을 체계적으로 감시하는 측정, iv) 근로자들이 차별과 편협을 보고하기 쉽게 만드는 직통전화 및 다른 방법.

편견이 강한 사람에게 왜 조직이 다양성을 수용하지 않으면 안 되는지를 이해시키면서 다양성을 수용하는 분위기를 조성한다면 이 훈련과정은 성과를 거둘 수 있을 것이다.

이러한 조직 분위기는 선발에서부터 균등한 기회를 장려하고 차별을 줄이기 위하여 다양한 방법을 사용하여야 한다. 역차별을 하지 않고 차별철폐조치 장려, 능력에 근거한 선발기준, 여성에 적절한 조언, 격려, 지원을 제공하는 후견제도, 그리고 모든 근로자들이 기술을 학습하고 가치 있는 경험을 획득할 수 있는 적절한 기회를 제공하여야 한다.

4. 조직과 리더들에 대한 기대의 변화

리더들은 상황이 요구될 때는 언제든지 결정을 하도록 책임을 진 사람들이다. 이러한 전통적인 관점은 근로자들과 관리자들의 책임을 좁게 정의하고 있는 계층제가 분명한 전통적인 조직에서 특히 지배적이다. 리더가 권력이나 혹은 지식 가운데 어디에 기인하느냐는 문화마다 다르다. Mexico와 같이 권력지향적인 문화를 가진 국가에서는 관리자들이 업무에 관한 모든 문제들에 대답과 해결책을 제공하여야 하며 근로자의 모든 면을 통제할 것으로 기대된다. 비록 미국의 주요 문화도 다른 국가의 문화와 같이 권력지향적은 아니지만 많은 리더십이론들은 리더들이 다른 사람들에게 묵시적 혹은 분명하게 책임을 지고 지시하는 것을 가정한다. 예를 들면 과업구조(initiation-of-structure)개념에 의하면 효과적인 리더십은 지시를 하고 부하들에게 업무를 할당하며, 최종기한을 정하여 주는 것 등을 제공한다. 이러한 활동들이 효과적인 리더행태들의 본질적인 면이 아니라고 부인할 수는 없다.

1) 리더의 새로운 역할

조직 전체의 질을 향상시키거나 혹은 팀을 활용하는 영향 때문에 오늘날 조직들과 그들의 계층제는 급변하게 변하고 있다. 특히 눈에 띄게 변한 것은 많은 전통적인 리더십기능들과 역할들이 부하들에게 위임되고 있다는 것이다. 더욱이 의사결정과 집행의 모든 면들이 질과 팀워크에 초점을 둠으로써 리더십에 대한 기대와 필수요건들을 다시 고려하게 하였다. 일례로 효과적인 팀 리더들은 반드시 집단의 통제에 속하지 않고, 과제의 기술보다는 훨씬 더 격려와 참여 기술이 필요할 것이다. 예를 들면 전통적인 조직들의 근로자들은 생산을 위해서만 책임을 지는 반면 기획, 지시, 통제기능뿐만 아니라 결과에 대한 책임은 리더에게 있었다.

그러나 근로자들에 대한 리더들의 전형적인 책임과 활동들도 점점 변화하고 있다. 이제 관리자들은 비전을 제공하고, 근로자들을 위하여 필요한 재원을 구입하고, 지원자로서 행동하며, 근로자를 다루는 전통적 방법에서 벗어나고 있다. 반면에 근로자들은 그들의 업무, 그들 자신의 활동을 기획하며, 생산목적과 생산하는 것에 관련된 전략적 및 재정적 문제를 배우며, 그들의 결과에 대한 책임도 진다. 이러한 변화는 모든 공공기관에서 일어나고 있으며 특히 모든 감독자들에게 총체적 질 관리(Total Quality Management: TQM)의 원리를 훈련하고 있다. 이러한 훈련은 공공관료들에게 시민들의 요구에 더욱 부응하도록 하려는 의미를 가지고 있다.

따라서 변화에 적응하기 위하여 많은 관리자들과 리더들은 새로운 역할을 위하여 도전적인 새로운 관리기술을 선택할 수밖에 없을 것이다. 예를 들면 최고관리자 또는 리더들은 근로자들과 만날 수 있는 충분한 시간을 가지고 있지 않기 때문에 근로자들이 다른 의견이 있다든지 혹은 리더들과 면담이 필요한 경우에는 건의함에 요구사항을 적어 넣도록 한다. 그리고 만나는 장소는 상사의 사무실이 아니라 좀 더 자유스러운 분위기인 회의실이며 특별한 경우를 제외하곤 1시간 정도로 면담시간을 제한한다. 대부분의 기업들의 우선적 중점 과제는 팀워크, 고객중심, 근로자들에 대한 공정한 대우, 창의성과 혁신 등이다. 다른 기업들은 빠른 의사결정, 훈련과 혁신에 우선권을 두고 있는 경우도 있다.

새로운 리더십스타일은 기업뿐만 아니라 정부조직과 다른 비영리조직들에서도 볼 수 있다. 오늘날 정부리더들의 리더십은 경직된 정부 관료제를 능률적이고, 고객 중심적이 되게 하며, 주주들의 의견을 경청하고, 근로자들의 긴박감을 조성하며, 근로자들을 혁신에 참여하도록 변혁시키고 있다. 그 이외에도, 리더들은 커다란 팀 조직과 같이, 그의 동료나 부하들과 수평적으로 운영한다. 특히 그들은 많은 시간을 주변사람들과 말하며 정보를 수집하면서 보낸다. 그들의 사무실은 최고관리자 사무실에서 조직의 구성원들과 접촉이 가능한 장소로 이동한다.

급작한 변화와 운영하는 조직의 복잡성과 환경을 고려하면서, 리더십의 새로운 역할은 정보의 많은 소스를 확보하고, 의사결정을 하는 데 많은 사람들을 포함시키는 것이 필수적이 될 것이다.

2) 변화를 조성하는 요인들

조직의 내부 및 외부의 많은 요소들이 조직과 조직의 리더와 관리자들의 역할을 변화시키고 있다. 첫째, 세계적인 정치적 변화가 더욱 개방적이고, 민주화를 초래하고 있다. 이러한 정치적 변화는 리더십이 고려할 이미지를 형성하고 있다. 20세기 말 소련의 붕괴로 권력을 공유하는 민주주의 원리가 세계 도처에서 확산되고 있다. 민주국가들의 국민들은 공·사영역에 속한 문제들에 대한 개방을 계속 더욱 요구할 것이 기대된다. 정치인들은 그들의 과거에는 예상치 않았던 많은 부분을 대중에게 공개할 것을 강요받고 있다. 지역사회들은 점점 더 그들의 학교, 건강정책 및 환경문제를 해결하기 위하여 참여할 것이 요구되고 있다. 둘째, 세계화와 지방화의 경쟁이 날로 증가하고 있으며, 또한 복잡하고 신속하게 변화하는 기술들이 조직들의 생존과 존재의의를 위하여 격렬한 투쟁을 피할 수 없게 할 것이다.

환경론자들의 활동이 더욱 활발하여짐에 따라 많은 사람들은 그들이 어떻게 그들의 상품과 서비스를 공급하여야 되는지 고려하지 않으면 안 된다. 그렇지 않으면, 환경 애호가들의 극렬한 저항을 초래할 것이다.

세계화 경쟁은 상품과 서비스들의 질을 향상시키며 리더들은 그들 조직들의 융통성과 창의성을 필요로 하는 고객들의 요구를 수용하여야 한다. 국제적 경쟁자들의 관리전략의 인식과 더불어 치열한 세계 경쟁은 새로운 해결책을 찾도록 강요하고 있다. 그러한 방법들은 사영역을 구조조정하거나, 혹은 공공영역인 정부를 개혁하여 새로운 활력을 찾는 것이 더욱 긴박하여졌다. 대부분의 조직들은 근로자들이 업무를 수행하는 방법을 철저하게 개혁하면서, 스스로 조직을 조정한다든지 혹은 조직을 다시 설계하고 있다. 모든 이러한 해결방안들은 새로운 리더십의 역할을 요구할 것이다.

리더십의 변화를 조성하는 다른 요인은 많은 나라에서 일어나고 있는 인구속성의 변화에 기인한다. 이러한 인구속성의 변화는 조직들의 다양성을 증가시킨다. 그들의 리더들은 의사결정을 할 때 다양성을 고려해야 한다. 어떤 경우에는 다양성은 나이와 관련이 있을 것이고, 다른 경우에는 성, 인종 혹은 다른 요인들과 관련이 있을 것이다. 다른 나라들은 유사하거나 심지어는 다른 문화를 가지고 있다. 예를 들어 말레시아의 인구는 아주 다양하고 다양한 민족들로 구성되어 있다. 싱가포르의 인구는 3백만이 중국인이나 역시 다양한 민족으로 구성되어 있다. 그 결과 그 나라들은 4개의 공식 언어를 가지고 있다. 다른 인구학적 변화는 사회활동에 여성들의 참여가 점점 더 증가하고 있다는 점이다. 비록 미국에서 간부지위에 있는 여성은 단지 10%에 불과하지만 그들이 하위 및 중견관리자 지위에는 거의 반을 차지하고 있다. 이러한 유사한 경향은 세계적인 현상이다. 터키에서는 여성이 전통적인 역할을 담당하여야 된다는 문화적 및 종교적 압력에도 불구하고 터키 전문인들의 35%는 여성이다. 결과적으로 성적 · 인종적으로 동질적인 인구에 적합한 낡은 방법들은 다양한 배경과 문화를 가진 근로자들과 고객들에게 이제는 적용할 수 없다. 이러한 변화를 조직의 리더들은 감당하여야 한다. 이질적인 집단들의 의견을 듣고 시정하는 요구는 통제나 감독에 비하여 상당한 기술을 요한다. 베이비 붐 세대의 관리자들이 투입과 참여를 동시에 요구하는 것 이외에 그들의 업무와 얼마간 다른 X세대들을 어떻게 보는지를 고려해야 한다. 이러한 젊은이들을 지도하고 동기부여하는 것이 현재 리더십을 위한 상당한 도전이 되고 있다.

오늘날 근로자들의 교육수준은 높으며 이들은 참여와 자율성을 기대하면서 조직에 입사한다. 그들은 신속한 승진, 학습기회의 도전, 훈련, 가정과 직장생활의 균형도 기대한다. 전통적인 제조 직업 대신에 서비스 직업의 증가로 말미암아 근로자들은 직접적으로 고객과 접촉을 하게 된다. 그러므로 우리는 근로자들을 어떻게 관리하고 훈련하는지, 어떻게 변화해야 되는지 고려해야 될 것이다. 특히 전통적인 관리방법과는 달리 근로자들이 많은 판단과 신속한 결정에 더욱 참여해야 된다는 것을 의미한다.

변화를 위한 압력으로 인하여 조직들은 다양한 지역사회 고객의 요구에 부응하며, 그들을 위한 정책을 따를 수밖에 없는 현실을 발견한다. 실제로 조직들은 내부적으로 더욱 다양성을 수용하고 또한 그들의 업무도 변화하고 있다.

국제적인 노동인력의 IBM 사장인 Ted Childs는 다음과 같이 말하였다.

> 당신은 당신과 다른 사람에게 팔지 않으면 안 된다. 그리고 당신과 다른 사람으로부터 사지 않으면 안 된다. 또한 당신과 다른 사람을 관리하지 않으면 안 된다 … 이것이 우리가 사업을 어떻게 하여야 하는 방법이다. 만약 이것이 당신의 운명이 아니라면 당신은 지금 이 자리에서 내려와야 한다.1)

미국의 소매상 JC Penney의 리더들 가운데 한 사람은 “만약 우리가 다양한 배경을 가진 사람들을 채용하지 못한다면 정문에 들어오는 세계의 다양한 사람들을 어떻게 만족시킬 수 있단 말인가?”라고 하였다. 의미 있는 변화를 수행하는 다양한 사람들에게 권한을 부여하면서 다양한 노동력에 관심을 집중한다는 것은 미래 조직의 성공의 주요한 요소들이 될 것이다.

---

1) K. Swan, 2000, “Difference is Power,” *Fast Company*(July): 258-266.

3) 변화에 대한 장애

변화를 유인하는 요인들에도 불구하고 조직들과 개인들은 끈질기고 지속적으로 새로운 리더십의 모델들을 채택하고 있지 않는 경우가 많다. 재정적인 압박, 그리고 그러한 상황에서 신속하게 대응책들을 발견해야 하는 급박한 시도들 때문에 조직들은 폐쇄적이고, 독재적인 리더십들로 전향한다.

리더십의 새로운 모형을 수용하는 데 있을 수 있는 장애는 비록 조직의 낮거나 혹은 중간 수준에 팀이 존재하더라도 역시 최고 관리자는 one man show를 유지하고 있다는 점이다. 이와 같은 조직의 계층제 구조는 변화를 어렵게 만든다. 전통적인 계층제의 장애를 거스르면서 진취적인 고용자와 관리자들에게 보상하는 조직은 거의 없다. 문화가 깊고 오래 될수록 변화에 저항하는 경향이 있다.

세계적인 리더십 수행을 15년 동안 연구한 Gallup 조직의 연구원인 Marcus Buckingham은 “기업세계는 기업이 사람들의 강점만을 이용하는 데 아주 민감하다”고 하였다. Gallup의 광범위한 조사는 분명히 고용자들의 충성은 조직의 성과에 긍정적인 영향을 미치는 것은 사실이나 어떠한 조직도 그들 근로자들의 투입을 충분히 활용하지는 못하였다.

이외에도, 비록 그들이 팀에서 많은 시간을 보낸다고 하더라도 고용자들은 개인의 업적에 따라 보상을 받는다. 다른 말로 우리의 보상구조는 고용자와 관리자의 협조를 증진하기 위한 시도를 아직까지도 피하지 못하고 있다. 이러한 보상체제는 팀 전체의 조화에 장애가 될 수 있다. 더욱더 많은 고용자들은 파트너로서 그들의 새로운 역할을 기꺼이 수용하려 하지 않는다. 더욱이 그들의 이전의 훈련이나 경험들은 리더의 업무라고 생각하였던 일들을 담당하는 데 방해가 되기도 한다.

심지어 조직들이 변화를 촉구한다고 하더라도 많은 리더들이 통제를 포기하는 것이 어렵다는 것을 발견할 것이다. 비록 그들이 권한 부여, 팀, 리더십의 부드러운 이미지의 유리함에 대하여 훈련을 받았지만, 그들은 과거에 한 것과 같은 행동을 되풀이하는 경향이 있다. 그들의 사고는 현대적이지만 행동은 전통적인 방식을 따른다. 변화하도록 훈련을 받고, 근로자들이 더욱 참여하도록 허용하지만 아직까지 익숙하지 못하여 보통은 개인적인 실패로 나타난다. 전통적인 훈련 때문인지 혹은 통제나 혹은 계층제에 의하여 편했었던 개인적인 특성 때문인지 간에 이러한 리더들의 스타일은 변화를 추구해야 할 필요성에 장애가 되고 있다.

제 9 장

여성과 리더십

우리는 21세기가 여성의 시대라고 하는 말을 자주 듣는다. 이 말과 같이 여성의 사회진출이 질적으로나 양적으로 많아지고 있다. 옛날에는 리더가 높은 직책과 권력을 가진 사람이라고 생각했다. 그러나 진정한 리더십을 가진 리더는 세상의 질서를 바꾸는 사람이라고 칼리피오리나는 말한다. 특히 사회의 개방화와 더불어 여성의 사회진출이 늘어나고 있는 것은 다행스러운 일이다. 왜냐하면 여성의 고급인력들이 사회에서 적절히 활용되지 못하고 있는 것은 사회의 낭비이기 때문이다.

여성의 사회 참여 숫자가 많아지면서 자연히 여성의 리더십 문제는 중요하게 부각되고 있다. 조직 내 다양성을 연구하는 학자들은 여성인력의 적극적 활용은 조직의 창의성과 혁신능력을 높여 준다고 말한다. 특히 신상품을 끊임없이 출시해야 하는 등 공격적 시장전략을 구사하는 기업에 더욱 긍정적인 효과를 줄수 있다고 한다. 그래서 오늘날 리더십 연구 가운데 가장 흥미로운 주제가 바로 여성의 리더십이다.

여기에서 흥미로운 질문은 왜 21세기에 여성의 리더십이 중요하게 부각되고 있는가이다.

1980년대 초기에 리더십 연구자들은 Burns가 처음으로 주장한 변혁적 리더십과 같은 리더십의 새로운 스타일을 연구하기 시작했으며, 그 후 Bass에 의하여 수정 보완된 변혁적 리더십으로 확대되었다. 최근 학자들의 남성과 여성의 리더십 스타일에 대한 연구에 의하면, 여성은 남성보다 더 변혁적 리더십의 경향을 갖고 있으며, 또한 여성들은 남성들보다 거래적 리더십의 특성인 상황적 보상행태(contingency reward behavior)에 더 많은 관심을 가지고 있다고 한다. 이러한 특징들은 여성에게서 자주 발견된다고 하여 21세기는 여성들의 해이며 많은 여성들이 리더십 위치에 등장할 것으로 예측하고 있다. 리더십 개발 전문가인 샐리 헬게센의 '통합의 거미줄' 이론이 있다. 그에 따르면 리더는 거미가 거미줄을 엮듯 중심에서부터 주변으로 새로운 줄을 연결하고 기존의 줄을 강화시킨다. 이때 리더는 통합의 거미줄을 짜는 건축가에 비유할 수 있다. 리더의 수단은 강제하는 힘이나 능력이 아니라 조직 구성원에게 지속적인 대화의 기회를 제공하는 것이다. 헬게센은 여성은 사람들을 거미줄과 같이 통합해내는 관계 기술을 갖고 있다고 한 바 있다.[1)]

몇몇 여성 리더들의 예를 들어 보면 왜 여성리더들의 사회진출이 활발해지고 있는지를 이해할 것이다.

마가렛 힐다 대처는 '철의 여인'으로 불린 영국의 전 총리로 보수당 유럽 최초의 여성 총리이자 영국 헌정사상 총리직 3번 연임이라는 기록을 세우며 90년까지 11년 반 동안 영국을 이끌었던 여성리더이다. 대처는 집권 후 긴축재정으로 영국의 경제부흥을 이루고, 과감한 국영사업의 사유화와 노조의 와해, 교육·의료 등 공공분야에 대한 대폭적인 국고지원 삭감 등 획기적인 정책추진과 독단적인 정부운영 등으로 '철(鐵)의 여인'이라 불리며 3기를 연임, 영국 사상 최장기 집권의 총리가 되었다.[2)]

마가렛 대처는 여성이라는 사회적 편견을 깨고 남성 권력의 상징인 정치의 세계에 들어가 그 수장이 되었으며 역사상 가장 강력하고 카리스마적인 리더십을 발휘한 인물로 대처는 군대도 다녀온 적이 없는 연약한 여성의 몸으로 전 세계가 불가하다고 판정한 포크랜드 전쟁을 불과 3주 만에 승리로 끝낼 만큼 예리한 판단력과 과감한 결단력, 그리고 강한 추진력을 가진 리더였다.

총리 재직 당시 마가렛 대처의 가장 대표적인 업적으로 꼽히는 것이 바로 '영국 병'을 해결한 것이다. 영국병이란 이미 언급했지만 국가 경제의 성장 동력을 잃고 높은 실업률과 인플레이션, 살인적인 물가 상승률 등 만성적인 경기 침체에 빠져버려 회생 불가능한 '유럽의 환자'였던 1970년 영국을 가르키는 말이

1) 미래 리더, op cit., 헤겔센, pp. 221-228.
2) 아래 교육공학과 임정하의 2014년 1학기 리포트에서 인용함. 박동운(2005), 대처리즘(자유시장경제의 위해한 승리, 개정판) FKI 미디어

다. 대처는 이런 영국병의 주된 원인으로 노조의 파업을 지목했다. 당시 영국의 국영 기업들은 방만한 경영으로 세금을 낭비하고 있었고 산업 전반에 걸친 노동조합은 시도 때도 없이 파업으로 자신들의 요구를 관철시켰다. 그래서 당시 영국은 유럽의 다른 나라보다 노동생산성은 낮으면서 임금은 훨씬 높았다. 대처가 총리가 되기 전인 78~79년 겨울 영국은 운수 노동자, 병원근로자, 미화원 등 공공부문 노조들의 대규모 장기 파업으로 공장과 발전소, 버스, 지하철 등이 멈추면서 병원과 학교도 문을 닫는 등 연쇄적인 국가 마비사태가 왔다. 이른바 대처는 신자유주의에 입각한 과감한 개혁과 정책, 강력한 리더십으로 수렁으로 빠진 영국을 침체에서 끌어올리는 데 성공한 대처리즘이라고 불리는 그녀의 정책은 가히 혁명이라 할 만큼 영국의 사회구조는 물론 영국인들의 삶의 방식과 사고까지도 뒤바꾸어 놓았다. 이 과정에서 석탄 노동자들의 장기 파업 사태 등 만만치 않는 반발이 발생하기도 했지만 대처는 노조의 압력에 굴복하기는커녕 파업 진압을 위해 군대를 동원하는 등 강경하게 맞서며 특유의 강인한 리더십을 발휘하였다. 그녀의 별명인 '철의 여인'은 마가렛 대처가 소비에트의 잡지인 '붉은 별'에서 "어느 누구도 철로 만들어지지 않고서는 그렇게 여성성을 교란시킬 수 없을 것이다."라며 그녀의 남성적인 면을 비꼬는 단어였지만 그 애초의 의도가 무엇이었든 간에 '철의 여인'이란 별명은 비평이라기보다는 여성임에도 강력한 리더를 나타내는 존경의 표상으로 재해석 되어져 왔다.

하버드 케네디 스쿨에서 리더십을 강의하면서 리더십센터의 연구원으로 있는 Kim Campbell 전 캐나다 최초의 여자 수상은 여성 리더로서 돋보인다. 힘든 경쟁을 거쳐 수상으로 당선되면서 총기 사용규제, 여성인권증진, 원주민 인재채용 등과 같은 중요한 정책을 입안하고 실시했다. 그녀는 또한 시장과 주지사를 거쳐 연방정부의 수상으로 당선된 수상이기에 다양한 경험을 통하여 국내 및 국외 문제까지 영역을 넓혀 나간 리더이다. 그녀의 말대로 한 나라를 이끈다는 것은 큰 그림을 그리고 그곳에 도달하기 위한 비전을 가져야 하는 것을 의미한다. Campbell 수상의 다양한 단계적인 경험, 국내와 국제적인 경험이 아우러져 그런 리더십을 만들 수 있었던 것이다.[1)]

세계적인 다국적기업의 휴렛패커드의 CEO인 칼리 피오리나는 2002년 187억 달러에 이르는 컴팩과의 기업 합병을 성공적으로 이루어 냈다. 그녀는 특유의 감

1) 서성교, 전게서, pp. 183-184.

성적 지능을 발휘해 거대한 공룡과 같은 휴렛패커드의 각종 개혁을 성공적으로 단행했다. 그녀는 복잡한 의사결정구조를 단순화시키고 컴퓨터의 프린터 위주의 사업을 다각화시켜 정보산업 전반으로 영역을 확장했다. 이에 덧붙여 미국 다우존스 주가지수에 편입되어 있는 30대 대기업의 여성경영자라는 이유 하나만으로 휴렛패커드는 수억 달러 이상의 광고 효과를 거두고 있는 것으로 평가되고 있다.[1] 그 이외에도, 기업이나 정치적 리더십 역할에 여성의 등장이 계속 증가하면서, 우리는 독일의 수상인 Angela Merkel, 박근혜 대통령, 미국의 국무장관인 Hillary Clinton, 미국의 전 국무장관인 Condoleezza Rice, Avon's CEO Andrea Jung 등 많은 여성 리더들이 아주 다양한 영역에서 활발하게 활동하는 것을 쉽게 발견할 수 있다.

한국사회의 여성의 약진도 더욱 두드러질 전망이다. 여성 엘리트가 크게 늘어나 법조계, 공무원, 교육계 등 일부 분야에서 절반에 이를 것이란 전망도 나온다. 2009년 여성의 로스쿨 합격자들이 상당한 수에 달한다.[2] 사법고시 여성 합격자 비율은 95년 8.8%에서 2004년 24.4%로 10년 동안 세 배 정도 늘었다. 2005년 외무고시에서도 여성합격자의 수가 50%를 넘었고, 수석 최연소 합격자도 여성이다. 법조계 · 의료계에서 불기 시작한 여풍은 남성이 지배하는 정치권 · 공학계에서도 위력을 발휘할 것으로 보인다. 이제 여성과 남성이 어깨를 나란히 할 날이 머지않았다는 것을 예측할 수 있다.[3] 위의 통계를 통하여 볼 때 앞으로 여성의 사회진출은 증가할 것이며 결코 남성에 비하여 손색이 없고 여성으로서의 특유의 장점들이 나타나고 있다.

오늘날 대두되고 있는 주요한 질문들은 남성과 여성간의 리더십 스타일의 차이와 리더십 효과성의 차이가 있는가? 있다면 무엇으로 설명할 수 있는가? 그 이외 자주 거론되는 질문은 "왜 그동안 여성들이 엘리트 리더십 역할에서 거의 진출하지 못했는가?"이다. 이 장은 이러한 질문들을 탐구하고, 유리 천장(직장 내에 소수파들이 승진하는 것을 막는 보이지 않는 장벽)에 대해 설명하고 마지막으로 여성 리더십의 참여를 촉진하는 방법을 논하고자 한다.

---

1) 상게서, p. 184.
2) 조선일보, 로스쿨 합격자, 2009. 3. 14.
3) 중앙일보, 한국사회 파워 엘리트 대 해부, 2005. 9. 30. 12655호 43판, p. 5.

제 1 절 유리 천장(Glass Ceiling)과 성 차이에 대한 설명

1. 유리 천장의 증거

Eleanor Roosevelt에 의하면 정부, 기업, 전문직에서 여성들이 여성으로서 존경받게 될 날이 있을 것이다. 그러나 우리는 그날로부터 너무 멀리 떨어져 있다고 주장했다.

실제로 여성리더들의 상황이 Roosevelt가 언급한 이래 놀랄 만하게 개선되었지만 아직도 가야 할 먼 길이 남아 있다. 현재 여성들은 모든 관리직과 전문직에 있어서 거의 반보다 더 많이 점유하고 있다(50.3%).[1] 여성들은 미국 노동시장의 반을 차지하고 있다(46.4%).[2] 그러나 여성들은 기업이나 정치권의 상류계층에 속

[그림 9-1] 유리 천장

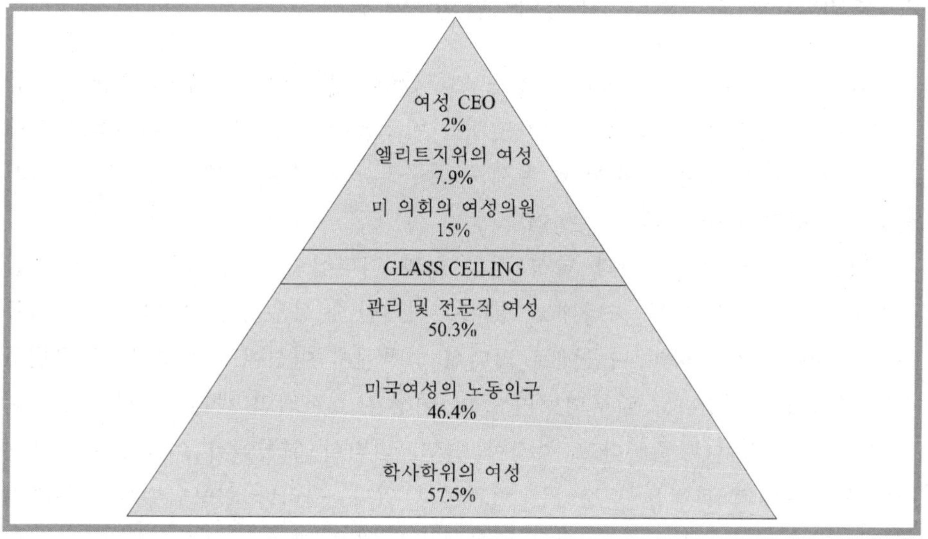

출처: Northouse. *op. cit.,* p. 269.

1) Catalyst, 2005, *Women "take care" Men "take charge": Stereotyping of U. S. Business Leaders Exposed,* New York: Author; Northouse. *op. cit.,* p. 268(재인용).

2) U. S. Bureau of Labor Statistics, 2005, *Current Population Survey, Annual Averages: Household Data*(Characteristics of the Employed, Table 9: Employed Persons by occupation, sex and age). Retrieved April 12, 2006, from http://www.bls.gov/cps/cpsaat9.ptf; Northouse, *op. cit.,* p. 268(재인용).

하는 리더십 지위에는 역시 참여가 부진한 편이다. 예를 들면 Fortune 500명의 상위 봉급자들 가운데 여성들은 단지 5.2% 정도이다.[1)]

미국 의회에서도 여성들은 535석 가운데 단지 81석을 차지하고 있다. 2006년 3월 통계에 의하면 국회 혹은 의회에서 세계 여성 의원들의 평균은 16.4%에 달하며 미국은 188개 국가들 가운데 68번째에 속하였다. 더욱이 육군준장과 해군소장 혹은 더 높은 지위에 여성은 단지 5.5%정도만 맡고 있다.

여성들이 엘리트 리더십의 지위로 승진하는 것을 막는 보이지 않는 장애는 일반적으로 유리 천장이라고 불린다.

이 용어는 1986년 두 「Wall Street Journal」 기자들에 의하여 미국 언어로 유입되었다. 심지어는 여성 지배적인 직업에서도 여성들은 유리 천장에 직면하고 있으며 반면에 백인 남성들은 상위리더십 지위들에 유리한 상승기를 타는 것으로 나타났다.

2. 성의 차이와 성의 차이에 관한 연구

남성과 여성리더들을 비교한 많은 연구들이 있다. 어떤 연구는 소규모 집단의 실험실 연구에서 남성과 여성의 행태를 비교했다. 다른 연구는 리더십 행태에 대하여 남성과 여성을 비교했다. 실제로 연구결과를 어떻게 해석해야 할지 학자들도 동의하지 못하고 있는 실정이다.

많은 언론인들이 여성과 남성 간의 성과 리더십의 의미 있는 차이에 관한 주제에 지속적인 흥미를 나타내고 있다.[2)] 이러한 논쟁은 여성은 남성보다 열등하다는 것에서 시작하여 나중에는 리더십 입장에서 여성이 남성보다 더 우월하다고 주장하고 있다. 즉 일부의 사람들이 여성은 효과적인 관리를 하는 데 필요한 기술과 자질이 부족하다고 주장한 반면, 리더십 위치에서 여성의 우월성을 찬양하는 현대적 관점을 주장하는 학자들도 있다. 그러나 연구방법론에 문제가 있든지 혹은 다른 여러 가지 이유 때문이든지 많은 남성 연구자들이 특히 리더십에 대한 성의 평등이란 학문적 주제에 흥미를 갖지 못한 것은 사실이다. 학자들조차 1970년대까지 리더십의 성과에 관한 주제에는 관심을 두지 않았었

1) Northouse, *op. cit.,* p. 268(재인용).

2) Book E. W., 2000, *Why the Best Man for the Job is a Woman,* New York: HarperCollins; Northouse, *op. cit.,* p. 265(재인용).

다.[1] 그러나 사회의 급진적인 변화에 의하여 학계에나 리더십 자리에 많은 여성들이 등장하면서 여성리더의 연구에 박차를 가하고 있다.

어떤 연구자들은 리더십 행동이나 기술에서 남녀간에 아무런 차이가 없다고 결론을 내린 반면, 다른 연구들은 몇몇 상황에서 성별에 관한 상황에서 성별에 차이가 있다고 주장한다.

Engly와 Johnson은 실제 관리자들을 대상으로 실시한 성별 연구들을 거시적으로 분석하여, 남성들보다 여성들이 참여적 리더십을 더 많이 사용한다는 것을 발견했다. 계속하여 실시한 연구에서 남성 관리자들은 강력한 과업기술이 요구되는 직위에서 더 효과적이었으며, 여성 관리자들은 강력한 대인기술이 요구되는 직위에서 더 효과적이었다. 과업 지향적 행태 혹은 지지적 행태(supportive behavior)의 사용에서는 성별의 차이가 없었다고 한다.

성별의 차이에 대한 연구의 대부분이 갖고 있는 심각한 한계는 결과의 해석들이 복잡하다는 것이다.[2] 성별의 차이보다는 직급, 기능, 재직연수, 조직의 유형과 상관관계를 이루는 경우가 종종 있는데, 성별을 연구하는 대부분은 위의 변수를 고려하지 않는 단점이 있다는 것을 지적해야 할 것이다. 만약 이와 같은 다른 변수들이 측정되지 않고 그들의 영향이 통제되지 않는다면 행태의 차이는 성과와 관련되는 것으로 나타날 것이다. 그러나 대부분의 남성과 여성의 차이에 대한 연구는 연구결과의 혼합을 발생시킬 수 있는 변수를 통제하지 않고 연구한다는 단점이 있다.

또한 리더십에 있어 성 차이에 대한 연구 결과는 사소한 변수들의 과장에 의하여 왜곡되는 경우도 있다. 예를 들어 통계적으로는 의미가 있다고 하더라도 그 중요도는 의미를 갖지 않을 수 있다. 더욱이 여성들 간의 차이가 남성과 여성 간의 차이보다도 더 클 수가 있다는 점도 간과할 수는 없다.

리더십 행태 혹은 효과성에 있어서 남성과 여성 간에 차이가 발견된다면, 그 이유를 발견하는 것이 중요하다. 한 가능한 설명은 어린 아이 시절 동안 남자와 다른 대우를 받아 성장한 생물학적 차이가 남성과 여성이 다른 가치관, 자질, 상황을 처리하는 방법에 있어서 차이가 발생한 원인이 된 것으로 설명이 가능하다.

---

1) Chemers M. M., 1997, *An Integrative Theory of Leadership*, Mahwah, NJ: Lawrence Erlbaum; Northouse, *op. cit.,* p. 265(재인용).

2) J. Lefkowitz, 1994, "Sex-related Difference in Job Attitudes and Dispositional Variables: Now You see Them. ...," *Academy of Management Journal,* 37, 323-349(Yukl, *op. cit.,* p. 412: 재인용).

또 다른 가능한 설명은 남성과 여성에 대한 다른 고정관념은 리더십 행태뿐만 아니라 다른 사람에 대한 행태의 지각 및 평가에 영향을 미치는 역할 기대에서 발견된다. 물론 이 두 설명은 서로 배타적인 것이 아니나 리더들을 선택하거나 훈련하는 데 다른 의미를 가질 수 있다는 것이다.

리더십에서 성 차이에 대한 연구결과를 고려하여 볼 때, Powell이 내린 결론은 다음과 같다.1) 남성 또는 여성이 우수한 관리자라거나 여성이 남성과 서로 다른 유형의 관리자라고 믿을 만한 설득력 있는 이유는 거의 없다. 그보다는 각각의 성별 내에서 탁월한 관리자, 평균적인 관리자, 열등한 관리자가 있을 가능성은 있다. 오늘날처럼 매우 경쟁이 치열한 시장에서 성공하기 위해서 조직은 성별에 관계없이 가장 효과적인 관리자를 파악해서 개발하고 격려하며 승진시킬 필요가 있다.

여성이 엘리트 리더십 지위에 활발하게 참여하지 못하는 이유는 리더십 스타일과 효과성의 차이 때문이라고 주장한다. 그러나 리더십의 중요한 스타일의 차이는 여성에게 불리할 수만은 없으며, 오히려 장점이 될 수도 있다. 유리 천장이 엘리트 리더십에 여성이 올라가는 것을 어렵게 하기 때문에, 그러한 장애를 극복하는 여성은 대단한 능력 있는 것이 틀림이 없을 것이다. 이것은 여성의 어떤 리더십 스타일에서의 우위를 잘 설명하는 최근의 문헌에서도 나타나고 있다. ‘칼리 피오리나(Carleton S. Fiorina) 전 HP(휴렛팩커드) CEO이자 칼리 피오리나 엔터프라이즈(Carly Fiorina Enterprises) 회장은 ‘위미노믹스(Womenomics)’로 대변되는 여성 CEO사에 큰 족적을 남긴 인물로 기억되고 있다. 피오리나 회장은 1999년부터 2005년까지 HP를 진두지휘하면서, 아직까지 미국 CEO 사회에서 3%만이 차지하고 있는 “유리천장”을 뚫은 인물로 평가받고 있다. 그는 스탠퍼드대 중세철학 역사학을 졸업했으며, 9명의 직원이 있는 회사의 비서로 사회생활의 첫발을 디뎠다. 그는 2014년 5월경 고려대에서 열린 ‘위미노믹스 시대와 성공하는 리더의 조건’을 주제 강연에서 들려준 이야기는 “참된 리더십이란 동료들의 잠재된 재능을 찾아주는 것이죠. 동료의 가능성을 볼 줄 알고, 그 가능성을 잡을 수 있도록 도와주는 게 진짜 리더십입니다.” 그에 의하면 리더십은 동료들을 관리하는 것이 아니라 촉진임을 강조하며, 21세기 리더에게 요구되는 것은 동료와 부하직

---

1) G. N. Powell, 1990, “One More Time: Do Female and Male Managers Differ?” *Academy of Management Executive,* 4, 48-75(Yukl, *op. cit.,* p. 413: 재인용).

원을 포함한 주변 사람들의 "재능과 가치 있는 목표에 집중해 모두가 오늘보다 조금 더 나은 내일을 만들어 갈 수 있도록 이끄는 것"이라고 강조했다.

리더십의 성별을 논의할 때 두 가지 관점이 대립하고 있다.

리더십에 성별 차이가 있다와 리더십에 성별 차이가 없다는 것이 그것이다. 즉 여성은 여성대로, 남성은 남성대로 각각 강점을 지니고 있어 이러한 강점이 조직에 다양한 기여를 할 수 있다고 본다.

남녀리더십 비교연구를 살펴보면, 행동유형은 일반적으로 '과업지향적－관계지향적, 민주적/참여적－권위적', 변혁적 거래적으로 구분할 수 있다. 이재은은 이를 잘 정리한다.[1)]

① 과업지향적 vs 관계지향적

160개의 논문들을 메타분석한 결과 실험실 연구에서는 남성은 과업지향적 행동을, 여성은 관계지향적 행동을 더 보인다.[2)] 실제 조직 현장에서는 이 두 리더십 유형에서 성차가 없는 것으로 나타난다.[3)] 여성은 남성보다 덜 과업지향적이었으나 직급이 높아질수록 과업지향적 성향이 높아진다.[4)] 조직의 성차별 문화가 높은 조직에서는 여성이 남성에 비해 과업지향적인 리더십을 발휘한다.[5)]

② 민주적 / 참여적 vs 권위적

실험실 연구와 조직현장에서 여성은 민주적/참여적 스타일을 보였고 남성은 권위적/지시적 스타일을 보인다.[6)]

여성은 남성에 비하여 계층제적 스타일의 리더십을 사용하기보다는 민주적이고 참여적인 리더십을 활용한다.[7)]

③ 변혁적 vs 거래적

여성이 남성보다 변혁적 리더십의 핵심측면과 관련된 행위(카리스마, 개별적 배려)를 더 많이 보이고 남성은 여성보다 더 거래적 리더십 유형을 보인다.[8)]

변혁적, 거래적, 자유방임적 리더십에 관한 45개 논문을 메타분석한 결과 여

---

1) 이재은, 2014년 1학기, 리더와 리더십, 강의 term paper
2) Valentine & Godkin, 2000; 홍용기, 2010)
3) Eagly & Johson, 1990.
4) 강혜련, 1998.
5) 김혜숙, 윤소연, 2009
6) Eagly & Johson, 1990.
7) Rosener, 1995; Lunneborg, 1990
8) Rosner, 1990

성이 남성에 비해 변혁적 리더십과 거래적 리더십의 구성요소인 조건적 보상을 더 보인다. 남성은 여성에 비해 거래적 리더십(적극적, 소극적 예외관리)과 자유방임적 리더십을 보인다.[1] 조직의 문화가 여성의 리더십 스타일을 결정짓는 데 중요한 역할을 한다. 남성적 조직에서는 여성 리더가 변혁적 리더십을 표현하지 못한다.

리더십 평가에서의 남녀 비교를 살펴보면 리더십 효율성이나 성공정도는 집단의 성과, 리더에 대한 부하의 만족도, 리더에 대한 업적평가 및 승진 등을 통해 파악할 수 있다.[2]

1) 리더십 효율성

남녀 리더십의 효율성을 평가한 130개 논문들을 메타분석한 결과, 남녀리더 효율성에 있어서는 성 차이가 없다고 밝혔다.[3] 최근에 많은 학자들은 리더십 스타일에 있어 성(gender)간에 차이가 있다고 하며, 현대 사회에서 여성의 리더십이 더 적합하다고 주장한다. 그러나 학계의 연구자들이 다양한 관점을 가지고 있는 것은 사실이며, 많은 사람들이 성과 리더십 스타일은 서로 관련이 없다고 주장한다.[4]

초기 남성과 여성 간의 리더십 스타일의 차이는 개인 간의 관계, 업무에 초점, 혹은 민주와 독재 스타일 등으로 비유하곤 했다. 거시적인 분석에서 Eagly와 Johnson은 여성들이 남성들보다 더 상호 개인 간의 관계에 관심을 갖고, 덜 과제 지향적이라고 발견했다.[5]

리더십 효율성을 6개의 차원(대인관계, 관계조정, 부하상담, 의사소통, 의사결정, 성과창출업무)으로 나누어 분석한 결과 여성리더는 남성리더보다 대인관계업무, 관계조정업무, 부하상담업무에서 높은 점수를 받은 반면에 남성리더는 의사결정업무에서 여성리더보다 높았다.[6]

리더의 유효성을 조직문화에 따라 분석한 결과 성차별문화가 높은 조직에서는 남성리더에 비해 여성리더가 자신의 전반적 효율성에 대해 낮게 평가한 반면,

---

1) Egly, Johnannesen-Schmidt & Engen, 2003)
2) Yukl, 2010.
3) Eagly, Karau & Makhijani, 1995
4) Dobbins, G. H. & Platz, S. J., 1986, "Sex Differences in Leadership: How Real are They?" *Academy of Management Review,* 11, 118-127; Northouse, *op. cit.,* p. 266(재인용).
5) Eagly, A. H. & Johnson, B. T., 1990, "Gender and Leadership Style: A Meta-Analysis," *Psychological Bulletin,* 108(2), 233-256.
6) 홍용기, 2010

성차별 문화가 낮은 조직에서는 남녀리더의 평가 간 차이가 나지 않았다.[1)]

2) 업적 평가 및 승진

남성부하는 남성리더를, 여성 부하는 여성리더를 호의적으로 평가하는 경향이 있다. 즉 동성의 관리자를 좀 더 높게 평가한다.[2)] 여성 관리자가 업적 평가 및 승진가능성에서 남성 관리자보다 낮은 평가를 받는다.[3)] 리더십 스타일(과업지향형, 관계지향형)이 승진대기기간에 영향을 미치지 않는다.[4)]

한편 여성들의 승진에 자주 인용되는 장애는 직업에 대한 열정과 리더십 역할을 하기 위한 동기부여가 다르다는 주장이 있다. 경험적 연구에 의하면 여성들은 남성들보다 리더십의 지위에 승진하려는 노력이 낮다는 경향이 있다고 한다. 예를 들면, 여성들은 그들이 스스로 승진하려고 노력할 때, 심각한 사회적 편견과 저항을 직면한다. 예를 들면, 남성과는 달리 출세하려는 여성들은 여성에 대한 사회적 인식 때문에 존경받는 사람으로의 매력을 잃어버리게 되므로 여성의 고용을 기피하려는 현상을 직면하게 된다. 그러므로 자연히 여성들은 리더십 지위로 승진하려는 욕구를 포기하려는 경향이 있다.

성의 차이는 사회화에 의하여 발생한다고 주장하는 학자들이 있다. 사람들은 남성이 본질적으로 그리고 생물학적으로 여성보다 리더십의 지위에 승진하려는 욕구가 더 강하다는 입장을 택하고 있다. 진화론을 주장하는 심리학자들은 성의 차이는 인종 역사를 통하여 리더십 행태를 포함하여 사회적 행태에 있어 재생산 압력에 적응하면서 진화해 온 심리학적 차이로부터 일어난 것으로 주장한다. 이러한 진화론적인 논쟁은 원시시대 남성과 여성 사이의 관계를 희미하나마 깊게 뿌리를 내린 문화에서 발생한 것으로 본다. 여성은 남성보다 더 정직하고 공평한 반면 남성은 여성보다 단호하고 독재적인 측면이 강하다는 심리적인 차이가 있다고 한다. 이러한 차이들이 어느 정도는 사회화 과정의 산물이라고 주장하는 논쟁은 설득력이 있다.

마지막으로 21세기 새로운 효과적 리더십의 개념정의로 등장한 변혁적 리더십은 전통적인 남성다운 용감한 자질이 아니라 오히려 여성적이거나 남성과

---

1) 김혜숙, 윤소연, 2009
2) Luthar, 1996; 김양희와 김홍숙, 2002.
3) Rice, Bender & Vitter, 1980
4) 구자숙, 2006

[그림 9-2] 유리 천장의 설명

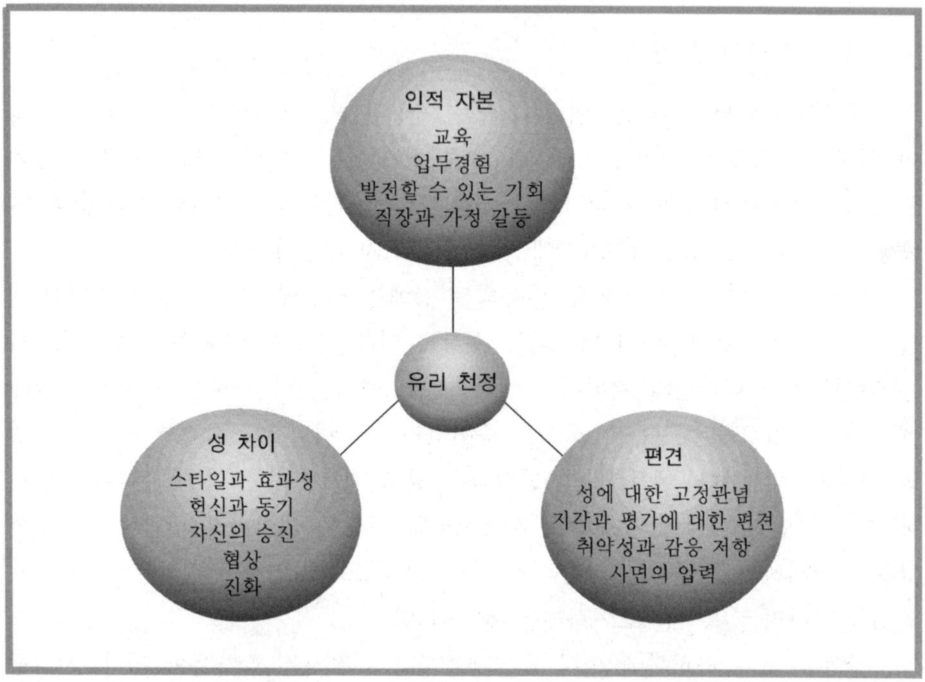

출처: Northouse, *op. cit.*, p. 271.

여성의 공통적인 자질이 두드러지게 나타나고 있다고 한다. 그래서 21세기는 여성의 시대라고 주장하는 학자들이 늘어나고 있다.

간단히 요약하면, 여성은 남성 못지않게 리더십에 있어 효과적이고, 직업에 헌신적이며, 그리고 동기부여되어 있다. 그러나 여성들은 남성보다 승진에 전념하거나 혹은 타협하려 하지 않는 경향이 있다. 비록 여성과 남성 간에 심리학적인 차이가 약간 있다고 하더라도 그러한 차이가 타고난 것인지 혹은 사회화 과정의 산물인지는 분명하지 않다. 더욱이 이 차이가 리더십 효과성에 얼마나 중요한지도 분명하지 않다.

3. 성별 차이에 대한 근원

상위리더십 지위에 여성의 열약한 대표성을 초래한 이유는 일반적으로 세 가지 형태의 설명이 가능하다.

첫째, 인적 자본(human capital)에 있어서 여성과 남성은 차이를 보인다는 것이다. 두 번째 설명은 여성과 남성은 본질적으로 다르다는 것이다. 마지막 설명의 형태는 여성 리더들에 대한 편견과 차별에 초점을 두고 있다.[1] 그 이외 여성과 남성의 특성의 차이에서도 성의 차이를 설명할 것이다.

1) 인적 자본의 차이

일반적인 유리 천장에 대한 지배적인 설명들에 의하면, 여성들은 남성보다 교육, 훈련, 그리고 업무경험이 적다는 것이다. 이러한 인적 자본의 부족은 자격있는 여성 자원의 결핍을 초래했다고 한다. 이러한 결과 여성을 정부요직에 임용하려고 해도 마땅한 여성후보자가 없다고 한다. 일반적으로 여성은 회계, 교육, 그리고 완만한 관리 영역에 몰려 있다. 관련이 있을 수 있지만 여성이 리더의 지위로 승진할 때, 여성들은 남성들보다 위험과 비난받을 수 있는 불안정한 리더의 지위로 임명될 가능성이 많다는 점이다. 그러나 유엔 보고서에 의하면 여성들은 남성들보다 57.5% 정도 학사학위를 더 많이 받고 있으며, 대부분의 전문학교에서 58.8% 석사학위를 취득하고, 모든 박사학위에서 46.3%를 여성들이 받고 있다.[2] 비록 여성들이 법과대학 학위의 47.3% 취득하고 법조원 가운데 47.4%를 여성이 차지하고 있다고 하더라도, 여성들은 단지 남성과 17.3%만 파트너로서 역할하고 있다.[3] 비록 여성들이 상위 20개 경영학교에서 MBA 학위를 가지고 졸업하는 사람들 가운데 3분의 1 정도라고 하더라도, 미국 비즈니스계의 상위계층에 있어 여성들의 대표성은 취약할 정도이다. 마지막으로 상위권에 진입하는 여성들의 수가 적은 것은 경력 발전이 일어날 수 있는 기회가 그 전에 충분히 주어지지 않았기 때문이라고 지적할 수 있다. 사회의 지도층의 대부분의 사람들은 그렇지 않은 사람보다도 사회구조적으로나 경제적 혹은 정치적 인맥관계에 의해서 경력발전의 더 유리한 기회가 주어졌던 것을 인정하지 않을 수 없다.

또 다른 여성들의 사회진출이 불리한 점은 여성들이 남성과 달리 어린이를 양육하고 가사 일을 돌보아야 할 불균형 책임을 지고 있기 때문에 얼마간 업무경험과 고용의 지속성이 어렵다는 것이다. 성의 불균형에 대한 일반적인 설명은 여성들이 남성들보다 자신들의 직업을 포기하는 경향이 많다고 한다. 어린아이가

---

1) Northouse, *op. cit.,* p. 270.
2) *Ibid.,* p. 271.
3) *Ibid.*

있는 여성은 어린아이가 없는 여성보다 일하지 않거나 혹은 더 적은 시간을 일하고 있으며, 반면에 어린아이가 있는 남성은 어린아이가 없는 남성보다 가정을 돌보기 위하여 더욱 길게 취업을 하거나 일을 더 많이 하는 경향이 있다고 연구결과는 발표하고 있다.[1] 결과적으로 가사 일들이나 어린아이 양육은 여성들이 리더십의 상위직으로 상승하는 데 무거운 짐을 부과하는 것으로 이해할 수 있다. 따라서 남성과 동등한 경력을 가지고 있는 전문직 여성들은 어린아이 돌보는 데 그들의 남편들의 도움이 크며, 특히 가사 일에도 동참함과 동시에 가정의 중요한 일에도 협조하는 것으로 나타났다.

여성들은 직장과 가정과의 갈등을 극복하기 위하여 다양한 방법으로 표현한다.[2] 어떤 여성들은 결혼하지 않거나 어린아이를 낳지 않는다. 다른 여성들은 슈퍼 여성이 되거나 모든 역할에서 남보다 뛰어나려고 하며, 때로는 가정부를 두어 직장과 가정문제의 갈등을 해결하려고 한다.

비록 여성들이 모든 관리 및 전문직의 반 이상을 점유한다고 하더라도,[3] 여성들은 남성들보다 더 발전할 수 있는 기회를 갖기 어렵다는 것이 사실이다. 이러한 많은 발전할 수 있는 기회에 대한 성차별은 리더십 영역에서 여성이 경험하는 편견에서 발생한다. 즉 남성과 같이 같은 지위에 있다고 하더라도 여성을 보호하기 위하여 위기감이나 중요성이 더 적은 책임감을 부여받는 것은 이상한 일이 아니다. 뿐만 아니라 여성들은 사회의 통념상 남성들보다 중요한 네트워크에 자유스럽게 가입하거나 공식적인 직업훈련을 받을 의욕이 적은 경향이 있고, 때로는 의도적으로 그러한 기회를 회피한다. 때로는 성공을 좌우하는 중요한 요인은 서로 인맥관계를 형성하는 것에서 발생할 수 있다. 그런데 여성들은 서로 끌어주고 밀어주는 비공식적 관계를 형성하는 데 남성들보다 사회적으로 더 어려움을 갖고 있다.

2) 편 견

유리 천장에 대한 일반적인 설명은 아무리 성에 대한 문화가 서서히 변하고

---

1) *Ibid.,* p. 272.

2) Bowles, H. R. & McGinn, K. L., 2005, "Claiming Authority: Negotiation Challenges for Women Leaders," In D. M. Messick & R. M. Kramer(Eds.), *The Psychology of Leadership: New Perspectives and Research*(pp. 191-208), Mahwah, NJ.: Lawrence Erlbaum; Northouse, *op. cit.,* p. 272(재인용).

3) Northouse. *op. cit.,* p. 272(재인용).

있다고 하더라도 여성은 보호를 받고 남성은 보호를 하는 성에 대한 고정관념에서 발생하는 편견이라고 한다.

최근 포춘에서 발표한 1,000개 기업의 여성리더들을 설문조사하면서, 응답자들의 33%는 유리 천장의 주요한 원인으로서 여성의 역할과 능력에 대한 고정관념과 선입견을 언급했다. 고정관념이라 함은 사람들이 집단과 집단 구성원에 대한 정보를 분류하는 데 인용할 수 있는 인식적인 지름길이다. 사람들은 집단 구성원들 각자의 다양한 특징에는 관심 없이 집단들과 집단의 개인구성원들에 일괄적으로 특징을 부여한다.

성에 대한 고정관념이 사람들 사이에 아직까지 깊이 잘 새겨져 있는 것은 부인할 수 없다. 남성들은 자신, 확고함, 독립성, 합리성 그리고 결단력과 같은 행동지향적인 특징으로 고정관념이 되어 있고 반면에 여성들의 고정관념 특징들은 다른 사람을 위한 관심, 민감성, 온화함, 협조적, 그리고 애정, 깊은 양육과 같은 그러한 공동생활에 적합한 특징을 가지고 있다. 그러나 리더십 역할은 여성의 특징적인 고정관념인 상호 공동체의식보다는 강인한 남성의 고정관념인 행동지향적인 자질이라고 주장하기 때문에 여성들에게는 장애로 작용할 수 있다.

리더십 역할을 담당하기 위해서 여성들은 사면의 압력에 직면하고 있다. 예를 들면 리더는 힘이 세고 강한 것으로 자주 기대된다고 하더라도 여성은 남성과 같아서는 안 된다고 하는 인식이 지배적이다. 독일의 현재 수상인 Angela Merkel에게 언론들은 Merkel의 강인함과 여성미에 초점을 두면서 사면으로 압력을 가해왔다. 언론이 Merkel의 용모에 초점을 두면서 여성미가 결핍됐다고 비판하자 Merkel은 밝은 색의 옷을 입고 머리 스타일을 바꾸었다. 사람들은 여성에게 강한 리더십을 요구하는 반면 역시 여성미를 기대하는 이율배반적인 사고를 가지고 있다. 실제로 효과적인 여성리더에 대한 평가는 여성미가 덜하고 거칠다는 평가가 일반적이다. 사람들은 여성리더를 생각할 때 부드럽고 인자한 여성의 아름다움을 갖고 그 가운데 강인한 리더의 자질을 요구한다. 이 둘이 조화를 이룬다는 것이 쉽지 않다. 이 둘 가운데 어느 하나라도 겸비하지 못하면 리더로서 인기를 지속하기 어려울 것이다. 그래서 여성리더가 탄생하기 어려운 것이다.

이러한 편견은 남성리더들보다 여성리더들에 대해 덜 우호적인 태도를 가지게 한다. 이러한 고정관념은 의사결정자가 엘리트 리더를 선정하는 데 여성에게 불리한 영향을 미칠 수 있다. 사람들은 그들과 비슷한 다른 사람을 좋아하고, 남성리더들이 공석을 임명하려 할 때 여성에게 분명히 불리할 수 있는 편견을 가질 수 있다.

3) 여성과 남성의 성격적 특성의 차이

현재 여성이 없는 직장은 거의 없다. 여성의 성향과 행동양식은 남성과 다른 부분이 있으므로 여성을 관리하는 방법이나 지도하는 방법도 달라지는 것은 자연스러울 것이다. 물론 남성과 여성의 구별을 하지 않는 unisex 시대에 접어들었지만 흥미롭게도 고야마 마사히코는 성별의 차이를 토대로 여성과 남성을 다루는 방법을 제시했다.[1] 다음은 그의 제안을 요약해서 각 성의 사고 방향을 이해하는 데 참고하도록 했다.

(1) 여성 직원을 대하는 방안

① 목표는 세세하게 설정해 주어라

여성에게는 목표를 설정해 줄 때 1주일 단위, 1개월 단위로 할 수 있는 일을 부여하는 편이 좋을 것이다. 매상에 따른 장려금을 주는 제도는 여성에게는 상당히 효과적인 제도이다. 아침회의에서 하루의 목표나 과제를 설명해 주고 일과가 끝날 무렵이나 혹은 다음날 조회에서 성과를 확인해 주는 것이 중요하다.

② 꿈이나 낭만보다 현실을 중시한다

꿈에서나 있을 법한 돈 버는 이야기에 대해 남성은 금방 넘어가지만 여성은 "그런 이야기는 나와는 상관없어"하고 좀처럼 넘어가지 않는다. 여성에게는 먼 장래의 돈 버는 일보다는 현재 눈앞의 천원이 금방 만원이 되는 이야기에 관심을 기울이는 경향이 있다. 이와 같이 여성은 아주 현실적이다.

③ 여성은 동지이며 평등의식이 있다

여성에게는 상하관계가 성립하기 어렵고 평등의식이 강하다고 할 수 있다. 여기서 10명의 여성그룹(부하직원)을 결속시켜 나갈 경우 여성과 남성 어느 쪽이 적임인가에 대해서는 어느 정도 해답이 보인다고 할 수 있겠다. 남성리더가 권위주의적인데 비하여 여성리더는 지지적 그리고 참여적 리더십을 발휘한다.

④ 목적의식이 확실하다.

여성의 경우 목적이 명확하며 하나의 목표를 달성하면 그것에 만족한다. 예

---

1) 고야마 마사히코, 2001, 유능한 부하를 만드는 리더십, 전경련 인사팀 옮김, FKI 미디어, pp. 71-76.

를 들면 여러 사람을 죽이는 연쇄살인사건의 경우 범인이 여성인 경우는 거의 없다. 여성의 목적은 분명하여 증오하는 사람을 죽이면 원한을 풀 수 있거나 달성감을 얻을 수 있기 때문에 또 다른 원한을 확산시켜 나가는 일이 없다. 즉 여성을 교육시킬 때는 한 걸음 한 걸음 완성해 가는 편이 좋다.

여성리더의 목적은 분명하여 모호한 목적을 가진 정치현실에선 적응하기 어려운 측면이 있다. 따라서 여성리더들의 명확한 목적은 오히려 정적도 만들 수 있으나 부하들은 오히려 일하기 편하여 따르는 경향이 있다고 한다.

⑤ 매일 I love you를 요구하는 심리

미국인 부부는 매일 같이 "I love you"라고 남성이 말하도록 되어 있다. 이것은 "어제의 'I love you'는 알겠다. 어제는 확실히 사랑해 주었지만 오늘은 어떤가?"라는 것을 여성이 확인하고 싶어 하기 때문이다. 어제의 'I love you'는 어제로 완결되었으며 오늘은 오늘로 완결되는 'I love you'가 필요하다는 것으로 남성으로서는 좀처럼 이해하기 힘든 부분이다. 어제오늘 매일 확인하기를 원한다. 여성의 이러한 감각을 볼 때 자상한 남성일수록 여성에게 인기가 있다는 것은 수긍이 가는 이야기이다.

여성리더들은 주어진 목적을 수행하는 데 매번 확인하는 성격을 가지고 있어 달성도가 남성리더에 비하여 더 효과적이다.

⑥ 칭찬, 전화 등 3일을 넘지 않도록 하라

3일을 넘으면 여성은 거의 잊어먹는다. 만약 당신이 여성을 처음 사귈 때는 이것저것 재면서 4~5일 후 연락하려고 생각하지 말고 3일 내에 어떤 형태로든 연락을 취할 것을 권한다. 당신의 부하직원인 여성 사원이 일을 잘 마무리했을 때 3일 이내로 칭찬을 해 주어라. 나중에 모아서 한꺼번에 칭찬을 해 주려고 한다면 이미 늦다.

⑦ 결과에 대한 평가도 세심하게 하는 편이 좋다

올 1년간 수고하였습니다. 이것은 잘 먹혀들어 가지 않는다. 이보다 "'저번 주' '어제는' 잘했네"라고 그때그때마다 될 수 있는 대로 자주 평가해야 한다. 남성의 경우는 연 2회의 보너스를 주고 크게 평가해 주면 만족감을 느끼는 것에 비해, "올 1년간 수고했습니다"라는 말은 여성에게는 먹혀들어가지 않는 것 같다. 자주 칭찬해 주도록 하라.

⑧ 테마는 하나로 집약해라

여성은 독립심이 강하고 꿈이나 낭만보다는 현실을 중시하기 때문에 커다란 꿈보다는 적은 테마를 가지는 편이 맞는 것 같다. 미국의 경우 전체 회사의 약 3분의 1이 여성 사장인데 그 회사들은 전부 작은 규모의 회사이다.

⑨ 사소한 일에 구애받는다

여성은 꼼꼼한 일이 적성에 맞으며 거기에 정서적인 요소를 도입하여 주어진 일을 확장시켜 나가는 능력을 가지고 있다. 부드러운 부가가치라는 것이 여성에게는 요구된다. 이것을 회사 업무의 예로 들어보면, 세미나 참가자의 정보 관리자, 회의장의 세팅 등은 남성보다는 여성이 잘한다. 즉 일을 주도하기보다는 윤활유 같은 존재로서의 역할을 잘하며 실제로 그러한 일을 처리하는 데 적절한 성향을 가지고 있다.

(2) 남성을 교육하는 방안

반면에 고야마 마시히코는 남성을 교육하는 방안을 제시했는데[1] 이를 통하여 남성과 여성의 차이를 파악할 수 있다.

① 커다란 목표를 갖도록 하라

남성사원에게는 목표도 책임도 크게 지우라. 남성은 꿈과 낭만을 가지고 있다. 목표가 크기 때문에 달성하기까지는 많은 시간이 걸린다. 남성은 인내심이 더 강하다. 21세기 장기적인 비전을 수립하는 데 여성보다도 유리한 면이 있다.

② 팀을 만들어 부하직원을 붙여 주어라

책임이 불분명하더라도 우선 책임을 지워 주어라. 대장으로 만들어 주어라.

남성은 자신의 성장을 부하직원의 수, 예산의 크기라는 것으로 확인하려 한다. 그러한 것들의 숫자가 커지면 커질수록 높아진 것 같은 기분이 들어 더욱 분발하게 된다. 이와 같이 남성은 여성보다 권력욕으로 동기 부여시킬 수 있다.

③ 세세하게 이야기하지 않는 편이 좋다

세세하게 이야기하기보다는 잘 들어 주어라. 잘 경청하여 주면 사람들은 자신을 존중하여 주기 때문으로 알고 열정과 헌신을 바치게 된다. 꿈과 낭만만으로는 현실감이 크게 떨어질 수 있다. 그렇기 때문에 가끔은 현실로 돌아오게 하기 위해서라도 연 2회 정도는 자세한 것까지 들어주어라. 방랑자가 남성이 많은 것

---

1) 상게서.

은 너무 꿈과 낭만만을 좇아서 현실을 잊어버리기 때문은 아닐런지.

요약하면, 남녀의 차이를 파악하고 그 위에 각각의 장점을 살려 주는 것이 중요하다. 각각의 특성에 자신을 가지게 하여 남녀리더들이 서로 공존하도록 하는 것이 중요하다. 남성이 꿈과 낭만을 좇는 것에 지쳐 있을 때에는 여성이 윤활유를 넣어주고 힘든 것, 위험한 것, 책임이 무거운 것은 책임감이 강한 남성에게 맡기는 등 남녀 리더들의 특성을 잘 살려 나가는 것이 서로 도움이 될 것이다.

4) 국제여성포럼의 연구결과

1982년 창설된 국제여성포럼(International Women's Forum)에는 37개의 단체가 가입해 있다. 이 포럼에서 여성의 사회적 역할 증대와 여성 리더십에 대해 설문조사를 했다. 그 결과를 요약하면 다음과 같다.1)

(1) 경제적인 보상 면에서 여성과 남성의 차이는 없다. 대부분의 직장에서 여성은 남성과 동일한 보상을 받는다. 하지만 여자 부하직원들에게는 남자보다 적은 봉급이 제공된다.

(2) 여성은 남성보다 리더십을 더 많이 사용한다. 특히 여성은 기득권이 크지 않기 때문에 개혁적 리더십을 쉽게 발휘할 수 있다. 여성리더 자신의 사적 이익을 조직의 목표로 전환해 조직원들에게 목표달성의 동기를 부여한다.

(3) 여성은 직위에 의해 주어지는 권한보다 개인적 영향력을 더 많이 사용한다. 예를 들어 기업의 CEO로서의 직함과 권한보다는 개인적인 카리스마 전문성을 더 많이 활용한다.

(4) 남성과 여성의 리더십에 있어서 차이는 없다. 남녀의 차이에도 불구하고 리더십에서는 남성과 여성이 각자의 특징을 골고루 포함하고 있다.

(5) 67%의 여성리더는 기혼이다. 그래서 기혼 여성들은 일과 가족에 대한 의무 사이에서 갈등을 느끼는 경우가 많다. 연구결과에 따르면 '자녀 교육은 남성의 의무'라고 답한 비율이 25%인 반면 61%의 응답자가 '여성의 의무'라고 답했다.

---

1) Judy Rosener, 1990, "Ways Women Lead," *Harvard Business Review,* Nov.-Dec.; 서성교, 전게서, pp. 178-179.

4. 성과 리더십 스타일과 효과성

1) 성과 리더십 스타일

많은 여성들이 리더십 위치에 진출함에 따라, 여성들은 남성과 다른 스타일로 리드하는지 그리고 어떤 스타일이 더 효과적인지에 관한 연구가 관심을 끌고 있다.

명확한 차이가 발생하는 경우는 여성이 남성보다 더 민주적이고 혹은 참여적인 경향이 있다. 이러한 차이를 연구할 때 문화를 고려하는 것이 중요하다. 예를 들면, 힘센 역할이 필요할 때, 남성적 리더십 역할이 중요할 때, 그리고 평가자들 대부분이 남성일 때, 여성은 일반적으로 남성보다 리더십 효과성에서 떨어진다고 평가된다. 물론 이러한 주장은 여성 리더십에 대한 편견일 수 있으나, 분명한 것은 여성이 민주적인 리더십 스타일에 더 적절하다는 결론에 일반적으로 학자들이 동의하고 있다.

2) 성과 리더십 효과성

리더십 스타일 이외, 남성과 여성의 리더십 효과성에 관한 연구와 효과성에 대한 평가가 있다. 성에 관한 한 리더십의 역할에 있어서 남성과 여성간의 효과성의 차이가 있다고 학자들은 주장한다.[1] 즉 리더의 역할이 남성적인 힘이 센 것이 필요할 경우 여성의 리더십은 덜 효과적이었다. 예를 들면 군인인 경우 여성은 남성보다 덜 효과적이다. 그러나 많은 연구에 의하면 여성은 남성들보다 교육, 정부, 사회복지 분야에서 더 효과적이고, 특히 개인간의 관계기술들이 높게 평가되는 곳인 중간 관리자 지위에서는 남성들보다 여성리더가 더 효과적이라고 주장한다. 반면에 여성들이 많은 수의 남성부하들을 감독할 때, 혹은 성과평가자들이 주로 남성인 경우 여성은 덜 효과적이라고 지적할 수 있다.

경험적 연구에서 보여지듯이 여성과 남성은 리더십 스타일과 효과성에 있어서 약간의 차이가 있다는 것으로 요약된다. 여성들은 남성적인 리더 역할에서 약간의 불리한 효과성을 경험하는 반면 여성들이 민주적이고 참여적인 스타일에 있어서 남성보다 뛰어나며 그리고 그들은 현대적 감각을 가지고 있는 스타일인 변혁적 리더십 행태와 상황에 따른 보상 스타일에 있어 더 효과적인 경향이 있다.

---

1) Eagly, A. H. Karau, S. J. & Makhijani, M. G., 1995, "Gender and the Effectiveness of Leaders: A Meta-Analysis," *Psychological Bulletin,* 117, 125-145.

제 2 절 여성 리더십 개발(유리 천장파괴)

비록 정치나 기업 리더십의 유리 천장이 분명히 존재한다고 해도, 통계자료에 의하면 유리 천장이 파괴되는 과정이라는 것을 알 수 있다. 1995년 이래 여성 CEO가 없는 포춘 500대 기업들은 거의 50%까지 떨어졌고 25% 내지 50% 이상의 여성이사들을 가지고 있는 기업들이 거의 6배까지 증가했다. 그 이외에도 나중에는 상위 리더십 지위로 승진할 수 있는 낮거나 혹은 중간 계층의 여성 관리자들이 뚜렷하게 증가하고 있는 것을 나타내고 있다. 정치면에서 비록 미국 상원의원의 단지 14%가 여성이지만, 그들 중 4명은 가장 인구가 많은 California, Texas 그리고 New York 3주에 속한다. 그들 중 Hillary Rodham Clinton은 2008년 미국 대통령 선거를 위한 중요한 후보였다. 최근 Gallup Poll 조사에 의하면 미국인들의 86%는 대통령 자격을 갖춘 여성에 투표할 것이라고 말했다. 하지만 결국 미국의 공화당 후보인 Donald Trump에게 2016년도 말 분패하였다.

다양한 요인들이 여성리더의 리더십 효과성과 리더십 증가에 기여를 하고 있다.

여성들이 리더의 지위로 승진하는 데 더욱 유리하도록 조직들은 변화하기 시작했다. 현대사회에서 남성과 여성 간의 업무의 구분이 모호해지고, 가정과 직장 간의 분리가 어느 정도 가능하며 또는 경력발전이 어느 때보다 지속 가능성이 있다는 것이다. 세계화에 따라 많은 조직들이 그들의 상위계층에 융통성과 다양성을 요구하기 시작했다. 또는 현대조직들은 경력발전 프로그램과 공식적 네트워크에 여성을 포함시켜 여성의 경력발전을 증대하여 조직의 목적에 활용하는 것이 조직의 이익을 위하여 필요하다는 것을 느끼고 있다. 그 결과 여성들은 리더십 행로에 진입할 수 있도록 주요한 업무를 할당받게 되고 조용한 지위에서 벗어나 더 경쟁적인 지위를 얻는 데 도움이 되었다.

비록 성에 기인한 노동의 분화가 유리 천장에 영향을 주었지만, 최근에 여성과 남성을 불문하고 어린아이 돌보기 혹은 가정 일에 동등하게 참여하는 경향이 있다. 얼마 전까지는 상상도 못하였지만 요즘 부부들이 같이 슈퍼마켓에서 장을 보는 현상은 흔한 풍경이다. 직장과 가정을 균형 있게 조정하면서 구조적 역할을 재조정하는 것이 중요하다. 이 접근법은 직장과 가정의 역할 기대를 재협상하도록 가족과 동료들과 같이 협상하는 것이다. 예를 들면, 가정의 여성들은 남편들과 업무량을 나눌 수 있도록 협상할 수 있고, 동료들과 가족들과 팀을 형성할 수도 있다. 직장에서 여성들은 직업을 보호하는 출산휴가와 같은 가정에 유리한 개혁을 위해 노력할 수 있다. 실제로 리더십 격차를 줄이는 중요한 접근법은 여성의 협상력을 신장시켜 가정과 직장을 균형 있게 조정하는 것이라고 말할 수 있다.

리더십 영역에서 여성이 직면하는 유리 천장의 또 다른 장애는 여성의 역할과 리더십 역할 간의 불일치에서 발생한다. 여성들은 리더십 역할에 있어 두 가지의 평가기준을 만족시켜야 한다. 즉 여성들은 대단히 능력이 있어야 하는 것뿐만 아니라 여성적이어야 매력적이다. 이 기준들은 남성들에게는 필요가 없는 이중적인 기준으로 여성들은 극복해야 하는 어려움이 있다. 여성의 따뜻함과 영향력을 증가할 수 있는 방법은 이해심이 있고 친절함을 겸비한 공동체적 자질에서 이루어진다. 그 이외에도 변혁적인 리더십 스타일은 특히 여성에게 적합하다고 한다. 왜냐하면 변혁적인 리더십은 투쟁적인 남성적 스타일은 아니기 때문이다. 변혁적 리더십은 리더십 효과성과 관계가 깊은 배려, 협조적인 것이므로 전통적인 여성상의 행태를 포함한다. 여성들은 남성과 달리 변혁적 행태와 상황적인 보상행태에 익숙하여 여성들은 우리 사회에서 남성위주의 리더십에 제동을 걸면서 리더십 지위를 점유하거나 계승하는 현상이 특히 21세기에 일어나고 있다.

최근 연구에 의하면 여성들은 그들의 여성성을 잃지 않으면서 직업의 속성에 따라 더 단호하고, 결단력이 있으며, 그리고 상호 존중하는 리더십과 권력을 추구하면서 더 남성적이 되어가고 있는 경향이 있다고 지적한다. 또 다른 연구는 리더십 역할은 덜 남성적이어서 힘 셀 필요는 없고 남성과 여성의 공통점을 더 소유해야 한다고 한다.

요약하면, 유리 천장에도 불구하고 여성들은 상위 리더십 지위로 진출하고 있다. 조직들이 변화하는 가운데 조직에서 여성들을 위한 발전적 기회, 강력한 성의 평등사고, 직업과 가정의 균형을 위한 여성들의 더 강한 협상력, 여성들이 소유하고 있는 기업들의 효과성과 탁월함, 여성과 리더십의 불일치의 변화 등을 들 수 있다. 가까운 미래 우리는 리더십 지위에 오르는 더 많은 여성을 보게 될 것이다.

여성들이 리더십의 상위계층으로 승진하는 데 불리한 장애를 제거해야 되는 중요한 요인들이 있다. 모든 사람에게 리더십 역할을 할 수 있는 기회를 허용해야 할 것이다. 실제로 연못보다 큰 호수에서 큰 물고기를 낚을 수 있는 기회가 많듯이, 사람들은 잠재적인 능력을 가진 후보자들의 풀을 넓혀 줌으로써 가장 재능 있는 사람을 발견하기 더 쉬울 것이다. 그 이외에도 큰 물고기를 낚는 것뿐만 아니라 다양한 물고기를 발견하기도 용이하다. 리더십 역할에 다양한 여성들을 등장시킨다면 정부, 기업 및 사회기관들은 더 대표성을 갖게 될 것이 분명하다. 대표성 이외에도 집단 구성원의 다양성은 더욱 큰 집단의 생산성과 관련이 있을 수 있다. 실제로 연구는 성의 다양성과 조직의 재정적 성과와 강한 관련이 있다는 것을 보여 준다.

1. 여성의 우위

최근에 여성이 현대조직에서 효과적인 리더십에 필요한 가치와 기술을 남성보다 더 많이 가지고 있다는 주장이 자주 거론되면서 우리 사회에서도 여성의 사회진출이 활발해지는 것을 볼 수 있다. 여성의 사회진출이 현대사회에 적합한 리더십의 특징을 소유하고 있다는 주장뿐만 아니라 전체 유권자들의 반에 달하는 대표성을 유지하여 주는 것이 사회적 형평을 지켜 나간다는 의미가 없는 것은 아니다. 일반적으로 여성의 특징은 협력적 · 창조적 · 분권적 · 감성적이라고 한다.

셀리 헤겔슨은 여성의 리더들의 시간 활용을 연구해서 여성 리더십의 방식을 다음과 같이 밝혔다.[1] 여성은 꾸준한 속도로 일하는 반면 쉬는 시간이 많지 않다. 그들은 40~60%의 시간을 공식적인 일을 하는 데 사용한다. 여성은 계획되지 않은 우연한 일을 방해라고 생각하지 않는다. 예기치 않은 일이 발생해도 지원을 아끼지 않는다. 여성은 실제적 만남을 좋아하지만, 간접적인 교류인 편지쓰기와 읽기에도 시간을 할애한다. 여성은 자신 이외 사람들과 많은 네트워크를 형성하고 유지하려고 노력한다. 시간 중 20~40%를 대인관계에 사용한다. 여성 리더들은 리더십 환경과 변화에 관심을 갖고 있다. 자신이 맡고 있는 여러 가지 측면에서 아이덴티티를 갖고 싶어 한다.

특히 여성은 남성에 비해 세심하고 감성이 풍부한 것으로 알려져 있다. 감성은 기술이 발전하는 것 이상으로 중요하다. 조직이 결정해야 할 심각한 문제에 직면할 때, 합의를 도출한다는 것은 그리 쉽지 않다. 합의는 합리적으로 혹은 이

1) 서성교, 전게서, pp. 179-180(재인용).

성적으로 얻을 수 있다고 믿는다. 그러나 현실의 많은 문제들은 이성적인 것만으로 합의를 이루어 낼 수 있는 것이 아니다. 많은 문제들이 이성적으로 풀 수 없을 뿐만 아니라 감정적 혹은 비이성적인 문제들이 개입되어 합의에 도달하는 것을 어렵게 만들고 있다. 이때 다양한 의견을 수렴하기 위해서는 여성 특유의 감성 리더십이 큰 힘을 발휘할 수 있다. 감성 지능이 남성보다 여성이 일반적으로 높다는 연구결과가 이를 증명하고 있다.

전통적으로 남성 리더십은 결정적 혹은 독재적 책임을 지는 태도를 가지고 있는 경향이 있다. 특히 남성 리더십은 경쟁적이고, 개인주의적이며, 수직적인 계층제하에서 일하는 것을 선호한다. 그들은 부하들을 다루는 데 공식적인 권위와 지위에 의존한다.

비록 여성 리더들이 남성 리더십의 자질을 가지고 있다고 하더라도 여성우위를 옹호하는 사람들에 따르면, 여성은 남성보다는 합의 구축, 대인관계에 더 관심을 가지며, 여성리더는 남성리더보다는 부하를 더 계발하고 정보 및 권력을 부하들과 더 공유하려고 한다.[1] 여성들은 또한 참여와 배려에 더 관심을 가지고 있다는 것을 발견하였다. 여성들은 근로자에게 권한을 부여하고, 근로자 자신들이 가치가 있다는 근로자들의 느낌을 향상시키려 노력한다는 것이다. 여성들은 사람들과 상호작용을 좋아하여, 교수이며 저자인 Rosner는 이러한 스타일을 상호작용 리더십(Interactive Leadership)이라고 불렀다.[2]

어떤 심리학자들은 여성들이 남성들보다 더 관계 지향적이라고 제안하였다. 일찍이 남성이 리더로서 더 자격이 있다고 주장하는 것과 같이 여성이 리더로서 우위를 점유하게 된 것은 건방지지 않고 성에 대한 고정관념이 과장되었던 것으로 나타났다. 또한 여성들이 권력을 지나치게 행사하지 못하는 것이 리더로서 비효과적이라고 보기보다는 오히려 장점으로 21세기에 보일 것이라고 심리학자들은 제안한다. 그러므로 남성리더가 하향적인 명령과 통제과정을 통하여 효과적인 리더십과 관련이 있는 반면, 여성들의 상호작용 리더십은 다양성과 학습조직의 미래를 위해서 더 적합하게 보인다.

---

1) N. Carr-Ruffino, 1993, *The Promotional Women: Advancing through Leadership Skills,* Belmont, CA.: Wadsworth and S. Hegelson, 1990, *The Female Advantage: Women's Way of Leadership*, New York: Doubleday/Currency.

2) Judy B. Rosener, 1997, *America's Competitive Secret: Women Managers,* New York: Oxford University Press.

어쨌든 리더십에 대한 성의 우수성에 대한 주장들의 평가는 경험적인 연구 결과를 주의 깊게 고려하는 것이 필요할 것이다.

최근에 부하들을 설문조사한 결과에 의하면, 여성리더들이 남성리더들보다 몇 가지 특징에서 의미가 있는 것으로 보인다. 예를 들면 신속하고 융통성이 있는 학습조직을 발전시키는 데 중요한 역할을 하였다고 한다. 여성리더들이 더욱 영감을 주는 영향력을 제공하는 이상적인 영향을 가진 것으로 평가되었다. 이상적인 영향은 부하들이 리더들과 일치하고 리더들과 지지 않으려고 노력하는 것을 의미한다. 이 리더들은 신뢰를 받고 존경도 받으며 높은 수준을 유지한다. 그리고 여성리더가 어떤 지위를 받고 있어서가 아니라 리더가 누구인가에 의하여 권력을 가진 것으로 고려된다. 개인에 대한 배려는 각 부하들을 개별적으로 다루고, 개별적으로 고려하나 각 부하들을 동등하게 취급하는 데에는 벗어나지 않는다. 개인의 요구는 인정되고 업무는 학습의 기회를 제공하기 위하여 부하들에게 위임된다. 개인에 대한 격려는 현재의 업무 방법을 근로자들에게 질문하고 크게 이탈되지 않는 한 도전적인 근로자들에겐 자신들이 원하는 방법을 택할 수 있도록 배려한다.

또한 부하들은 여성리더들이 더 효과적이고, 여성리더를 위하여 일하는 것을 더 만족하며, 그리고 근로자들의 초과 노력의 수준을 향상시킬 수 있는 것으로 고려한다.

2. 여성 리더십 개발

래드클리프 연구소는 유리 천장의 근원을 분석하기 위하여 여성 리더십에 대한 현황과 파악을 참조하면서 여성이 어떻게 리더십 기술을 개발할 수 있는지 그 나름대로의 방안을 제안했다.[1]

- **이 연구소의 제안은 여성 리더십 확보를 위하여 도움이 될 것이다.**

1) 내면의 호기심과 열정을 따라라. 그리고 전략적이어야 한다. 도덕성과 가족에 대한 가치를 명확히 설정하고, 그것을 리더십의 중심에 놓아라.

2) 직업에서의 성공과 만족을 위해 다양한 길을 모색하라. 단순히 전통적인 직업을 선택하지는 마라.

1) 서성교, 전게서, pp. 180-181(재인용).

3) 모든 것을 가질 수 없다는 부정적인 사람의 말을 듣지 마라. 가능한 교육을 많이 받아라. 직업을 자주 바꾸고 경력초기에 어려운 업무나 외국과 관련된 업무를 맡아라. 일을 위해 가족을 희생하지 마라. 그럴 필요는 없다.

4) 실제로 모든 것을 완벽하게 할 수는 없다. 인생에서 가장 중요한 것, 가장 행복한 것을 달성하기 위한 목표를 세우고 나머지는 포기할 수도 있어야 한다.

5) 강한 네트워크를 형성하라. 슈퍼우먼이 되려고 노력하지 마라. 30-40년 동안 가족과 직업을 위해 동시에 노력해야 하고 그리고 여러 가지 다른 직업을 갖도록 한다.

6) 직면하는 도전, 특히 직업과 가족이라는 두 가지 일에서 현실적으로 균형을 잡는 것이 필요하다. 여성의 현실을 이해하고, 가족 중심적으로 회사 분위기를 발전시켜야 한다.

7) 자신만의 독창성을 살려라. 여성의 특징을 거부하지 말고 감성과 직관으로 균형을 잡도록 배워라. 논리적인 사고가 필요하다.

마지막으로 끊임없이 배워라. 여성이 아닌 한 개인으로서 만족할 수 있는 직업을 선택하라. 남성의 세계에서 남성과 같이 되려고 노력하지 말고 자신의 인생에서 강한 여성이 되려고 노력하라.

3. 성 연구의 한계

리더십과 유리 천장에 있어 성의 차이를 조사하는 연구의 대부분은 서구에서 있었다. 그 이외 다른 지역에서 성 문제 그리고 리더십에 관한 연구는 활발하지 않았다. 여성 리더들에 관한 연구결과의 대부분은 문화적인 영향에 따라 서로 다른 결과를 갖기 때문에 일반화하기는 어렵다. 실제로 성과 리더십에 대한 우리의 연구결과는 제한된 일반화로 이해해야 할 것이다. 그러므로 연구자들은 문화횡단적인 관점에서 성과 리더십을 이해하기 위해 관점을 넓혀야 할 것이다. 특히 성과 리더십에 대한 연구는 리더십 지위에서 성의 차이를 축소하는 데 초점을 두어 왔고, 따라서 직장에서 성의 차별을 줄여 나가려고 노력하고 있다. 그러나 리더십 차이는 가정에서 볼 수 있는 성의 차이를 폐쇄하지 않는 한 없어지지 않을 것이다. 사회적 수준에서 어린아이 양육과 가정 일에 더 동등한 분배구조 변화가 여성이 엘리트 지위로 유입할 수 있는 기회를 촉진할 것이다.

제 3 절 여성의 감성 리더십

감정과 이성은 우리가 날기 위해 필요한 양 날개와 같다.[1] 한쪽 날개만으로는 날 수 없다. 아인슈타인은 다음과 같이 말했다. "지능을 우리의 신으로 받드는 일이 없도록 주의하십시오. 지능에는 강한 근육이 있지만 인격이 없습니다, 그것은 우리를 인도할 수 없습니다. 그것은 우리에게 그저 봉사할 수 있을 뿐입니다."[2] 실제로 위대한 리더는 자신과 다른 사람의 감정의 주파수를 맞출 수 있는 사람이다. 미 카네기공대가 얼마 전 '성공의 비결'을 분석해 봤더니 '기술과 실력'은 성공요인의 15%에도 못 미친다는 것으로 나타났다. '좋은 인간관계와 공감능력'이 성공요인의 85%를 차지했다. 그러므로 성공하려면 실력을 기본 요건으로 갖추되 인간관계나 타인과의 교감능력을 함께 갖춰야 한다는 말이다. '성공적인 리더'와 '실패한 리더'의 차이는 '기술적 능력'이나 '지능지수(IQ)'가 아니라 '감성지능(EI)'에 있다고 말할 수 있다는 것이다.

한쪽 날개만으로 날 수 있는 새는 없다. 가슴과 머리—감정과 사고—가 어우러질 때 비로소 타고난 리더십이 발현되는 것이다. 감정과 사고 이 둘은 리더가 하늘 높이 비상하기 위해 갖춰야 할 양 날개와 같은 것이다. 아래 Goleman의 감성지능 이론을 소개하고자 한다.

1. 감성의 필요[3]

리더가 가장 먼저 해결해야 하는 문제는 바로 '감성'이다. 이것이 부하들로부터 강한 호응을 얻어 낼 수 있기 때문에 리더의 기본 역할이라고 말할 수 있다.

리더십의 감성적 차원이라는 것이 비록 눈에 보이지도 않고 때로는 무시되기도 하지만 이것이야말로 실제적으로 리더가 하고자 하는 모든 일을 가장 잘 수행할 수 있도록 만들어 주는 것이다. 그리고 바로 그런 이유 때문에 감성지능

---

1) Daniel Goleman, 리쳐드 보이애치스, 애니 맥키, 2002, *The Primal Leadership: Realizing the Power of Emotional Intelligence*, by Brockman, Inc., New York, 옮긴이: 장석훈(감성의 리더십), 2005, 청림출판(아래 이들의 이론을 소개함).
2) *Ibid.*, pp. 6-7, 58.
3) *Ibid.*, pp. 9-13.

(Emotional Intelligence: EI)은 성공적인 리더십의 아주 중요한 요소다. 감성 리더십과 관련해서 다양하게 제기된 의문들에 명쾌한 답을 제시할 수 있었다. 의문들은 다음과 같다. 리더가 혼란과 격동의 소용돌이를 헤쳐 나가기 위해서는 어떠한 감성지능이 필요한가? 리더 자신에게 불리한 진실까지도 솔직하게 밝히는 내적인 힘을 마련해 주는 것은 무엇인가? 사람들로 하여금 최선의 노력을 기울이도록 하고, 어떠한 유혹이 있다 해도 자신을 믿고 따르도록 하는 리더의 능력은 과연 무엇인가? 리더가 창조적 혁신과 적극적인 활동, 그리고 화기애애하고 지속적인 고객 관리를 할 수 있도록 만드는 것은 무엇인가?

실제로 합리적인 방법으로 조직을 운영하는 데 감성의 중요성을 체감하지 못했다. 전통적인 관리에서는 오히려 감성을 배제하려고 노력했다. 하지만 감성이 조직을 내적 및 외적으로 관리하는 데 무관한 것이라고 보는 시대는 지났다. 오늘날의 조직이 필요로 하는 것은 감성 리더십의 유용성을 깨닫고 감성적으로 사람들 사이에 공감을 불러일으킬 수 있는 리더다.

리더나 근로자들이 감성지능을 갖추도록 대학 및 전문대학원에서도 감성지능의 중요성을 인식하여 교과 내용에 감성지능의 기초과목을 포함시키는 것이 바람직하다. 사업가들은 자신들이 이끌고 있는 조직에 좀 더 강력한 지도력을 행사하기 위해서 뿐만 아니라 나라 경제 전체가 활기를 띨 수 있도록 하기 위해 감성지능 교육을 장려하고 지원해야 할 것이다.

위대한 리더는 사람들의 마음을 쉽게 움직이고 열정을 불어넣는다. 그래서 위대한 리더는 그의 '감성'을 통해 리더십을 발휘한다. 리더가 어떤 일을 하려고 할 때 그 일의 성공여부는 어떻게 수행하느냐에 달려 있다. 그런데 리더들이 모든 것을 제대로 한다 하더라도 감성을 올바른 방향으로 이끄는 가장 기본적인 역할을 외면한다면 어떠한 일도 제대로 할 수 없을 것이다.

한마디로 말해 어떤 집단에서든 리더는 모든 사람들의 감성을 좌우할 수 있는 최상의 힘을 갖추고 있어야 하는 존재다. 사람의 감성을 열정으로 이끌어 갈 수 있는 리더라면 최상의 성과를 얻을 수 있다.

2. 사람의 마음을 끄는 인기 있는 리더

리더가 열린 사람일수록 감성적으로 사람을 끄는 힘이 있다고 할 수 있다.

사람들이 함께 일하고 싶어 하는 리더는 사람들 사이에 즐거운 기분을 자아내는 사람이다. 그렇기 때문에 재능 있는 사람들은 즐거움을 만끽하며 일하기 위해 감성지능이 높은 리더에게 몰려드는 것이다. 반대로 부정적인 느낌을 주는—쉽게 화를 내고 괴팍하며 위세만 부리고 냉정한—리더는 사람들을 멀어지게 한다. 낙관적이고 열정적인 리더의 주변에는 사람들이 모여들고, 부정적인 분위기의 리더는 주위 사람들을 쫓아버린다는 점은 이미 연구 조사를 통하여 입증이 된 바 있다.

마음이 불편하면 정신 활동이 위축될 뿐만 아니라 감성지능도 떨어진다. 내 감정이 격한 상태에 있으면 다른 사람의 감정을 정확히 읽어낼 수 없다. 결국 다른 사람의 마음에 공감할 수 있는 기본 능력이 저하되고 사회적 관계에 필요한 능력도 약화된다. 연구에 따르면 집단의 업무 수행 능력은 확연하게 긍정적 기분에 자극을 받고 부정적 기분에 의해 감소된다고 한다. 이런 의미에서 보면 직원들에게 불편한 마음을 갖게 하는 리더는 사업에서도 결코 부진을 면할 수 없다. 반대로 직원들의 마음이 편하면 리더가 사업을 성공으로 이끄는 데 큰 도움이 된다.

연구결과도 입증된 바대로 마음이 즐거우면 다른 사람이나 사물을 긍정적인 관점에서 바라보게 된다. 그것은 다시 그 사람에게 무엇이든 해낼 수 있는 큰 자신감을 안겨 주고 창의성과 판단력을 키워 주며, 뭔가 도움이 되고자 하는 마음을 갖도록 한다.

팀 단위의 활동에서는 즐거운 기분이 특히 더 중요하다는 것이 확인되었다. 리더가 팀의 분위기를 열정적이고 협조적으로 만들 수 있느냐 없느냐에 성공의 여부가 달려 있다. 집단 내에서 정서적 갈등이 일어나 각자가 맡은 바 일에 집중할 수 없게 되면 업무의 처리는 난항을 거듭할 수밖에 없다. 따라서 '집단의 IQ' 즉 모든 사람들이 최대한 발휘하는 재능의 합은 그 집단의 감성지능에 의해 좌우된다. 상호 협력을 잘 이끌어 내는 리더는 사람들 간의 화합을 최고 수준으로 유지하며 그 집단에서 내린 결정이 좋은 성과를 낼 수 있도록 만든다. 그는 자신이 이끌고 있는 집단이 주어진 일에 집중할 수 있도록 하는 한편 구성원들끼리의 인간관계에도 신경을 쓰는 균형 잡힌 모습을 보여 주어야 한다. 위대한 리더는 모든 사람의 사기를 북돋는, 다정하면서도 효율적인 분위기를 조성할 줄 아는 사람이다.

감성지능이 높은 리더의 지휘 아래서는 사람들은 서로를 격려하고 있다는 느낌을 갖게 된다. 그들은 생각을 나누고 서로에게서 배우며 함께 결정을 내리고 일을 처리한다. 그들이 맺은 정서적 유대감은 제아무리 급격한 변화를 수반한 불확실한 상황 속에서도 중심을 잃지 않게 만들어 준다. 그리고 보다 중요한 사실은 정서적 차원에서 구성원들이 서로 연결될 때 그들의 일은 더욱더 의미있는 것이 된다는 점이다. 이와 같이 유대감을 불러일으킬 줄 아는 사람이 감성지능이 높은 리더이다. 많은 연구를 통하여 여성이 감성지능 면에서 높은 점수를 받고 있다는 것을 이해할 만하다.

세계가 제아무리 감성을 배제한 지능에 높은 가치를 두는 경향이 있다고 하더라도 사실 감성이 지능보다 더 강력한 힘을 갖고 있다. 우리에게 위기가 닥치면 감정 중추인 변연계가 뇌의 다른 부분을 통제하기 때문이다.

3. 감성지능의 네 가지 핵심영역

감성지능은 자기인식, 자기관리, 사회적 인식, 관계관리라는 네 가지 영역으로 나뉘는데 네 가지 모두 사람들과 공감하는 리더십을 발휘하기 위한 중요한 능력이다. 이들은 서로 역동적인 관계를 유지하며 밀접하게 얽혀 있다. 예를 들어 리더가 자신의 감정을 제대로 인식하지 못한다면 자신의 감정을 제어할 도리가 없다. 그가 자신의 감정을 통제할 수 없다면 관계를 제어하기 위한 그의 노력은 고전을 면치 못할 것이다. 간단히 말하자면 자기 인식은 감정을 공유하는 능력과 자기관리를 용이하게 만들어 주며, 이 두 가지가 함께 어우러질 때 효과적인 관계관리가 가능하다. 따라서 감성지능 리더십은 자기인식의 바탕 위에서 형성되는 것이라고 할 수 있다.

이들 요소들은 사람의 마음을 헤아릴 줄 아는 위대한 리더십을 제대로 수행하기 위해 필요한 기본적 요소들이라고 할 수 있다. 골먼, 보이애치스와 맥키의 저서인 「*Primal Leadership: Realizing the Power of Emotional Intelligence*」에서 관련된 부분만을 요약 정리하였다.

감성지능의 네 가지 차원과 그에 수반되는 능력들은 다음과 같다.[1)]

---

1) *Ibid.*, pp. 76-77.

- **개인적 능력: 자신을 다스리는 능력**

① 자기인식 능력

- 감성적 자기인식 능력: 자신의 감정을 읽고 그것의 영향력을 깨닫는 것. 결정을 내리는 데 본능적인 감각을 이용한다.
- 정확한 자기 평가 능력: 자신의 장점과 한계를 아는 것.
- 자기 확신 능력: 자신의 가치와 능력에 대해 긍정적으로 생각하는 것.

② 자기관리 능력

- 감성적 자기 제어 능력: 파괴적인 감정과 충동을 통제하는 것.
- 솔직할 수 있는 능력: 솔직히 있는 그대로를 보여 주는 것. 진실함.
- 적응력: 상황의 변화에 적응하고 장애를 극복하기 위해 유연하게 대처하는 것.
- 성취력: 나름대로 정해 놓은 최선의 기준을 충족시키기 위해 노력을 아끼지 않는 능력.
- 진취성: 주도적으로 먼저 나서고 기회를 포착할 수 있는 능력.
- 낙천성: 모든 사물을 긍정적으로 보는 능력.

- **사회적 능력: 관계를 다스리는 능력**

③ 사회적 인식 능력

- 감정이입 능력: 다른 사람의 감정을 헤아리고 그들의 시각을 이해하며 그들의 생각에 적극적인 관심을 표명할 줄 아는 능력.
- 조직적 인식 능력: 조직단위에서의 흐름과 의사결정 구조, 경영방식 등을 읽어내는 능력.
- 서비스 능력: 부하직원과 고객의 요구를 알아차리고 부응하는 능력.

④ 관계관리 능력

- 영감을 불러일으키는 능력: 확고한 전망으로 사람들을 이끌고 동기부여를 하는 능력.
- 영향력: 다양한 설득의 기술을 구사할 줄 아는 능력.
- 다른 사람을 이끌어 주는 능력: 적절한 피드백과 지도로 다른 사람의 능

력을 지지해주는 능력.

- 변화를 촉진하는 능력: 새로운 방향을 제안하고 관리하며, 사람들을 그곳으로 이끄는 능력.
- 유대 형성 능력: 관계의 망을 만들고 유지하는 능력
- 팀워크 활동을 이끌어 내는 능력: 팀을 구성하고 협력 체제를 조성하는 능력.

제 10 장

도덕적·윤리적 리더십과 리더십의 용기

제1절 도덕적 및 윤리적 리더십

최근에 정부를 포함하여 수많은 기업들과 개인들이 윤리적 혹은 법적 기준들을 위반하고 있다고 비난들을 받는다. 하루도 빼놓지 않고 지면을 통하여 나오는 다양한 부정부패에 관련된 기사들을 보면서 도덕과 윤리에 너무 무감각한 사회에 대하여 이제는 놀라지 않을 정도로 익숙하다. 무엇이 이 사회, 국가 그리고 지구촌을 이렇게 부패가 만연하게 만들고 있는가? 이제는 이러한 의문을 가져야 할 때이다. 더 이상 공직자들의 부정부패 혹은 부동산 투기로 인한 불로소득에 익숙한 사회의 부조리를 계속 허용한다면 이 사회는 붕괴될 가능성이 높기 때문에 이를 근절할 수 있는 도덕과 윤리적인 리더십이 어느 때보다 더 기다려진다.

오래전부터 인류는 리더의 윤리문제에 대해 언급해 왔다. 위대한 리더와 그들의 품행에 대하여 자서전적 자료들이 많음에도 불구하고 리더십 윤리에 대한 연구는 아주 부족한 편이다. 1970년대 초기 이래 기업의 정도, 경영의 윤리, 경영인의 품격 등을 다루는 기업의 윤리에 대한 연구가 증가하고 있으나, 리더십에 관한 연구가 비교적 최근에 활발하게 일어난 관계로 리더십 윤리에 대한 관심이 적었던 것은 이해할 만하다. 그 결과 리더십 윤리에 관한 연구들도 많지 않았다. 이것은 이 분야의 이론적 형성이 아직 초창기에 속한다는 것을 의

미한다.[1]

특히 리더십 윤리에 관한 최근의 저서들 가운데 하나는 1996년에 출판되었는데, 이 저서는 W. K. Kellogg 재단의 도움으로 리더십에 관한 소규모 학자들이 발표한 논문들로 엮은 책이다.[2] 이 학자들은 리더십 이론과 실무가 정당한 사회를 어떻게 구축할 수 있는가를 연구했다.

실제로 경영인의 품격을 떨어뜨리는 사건들이 세계 도처에 일어나고 있다. 세계의 기업들이 많은 부정과 부패를 일으키기 때문에 리더십 윤리에 대한 관심이 폭발적으로 일어나고 있는 것은 당연하다. 그 결과 학문 분야에서도 윤리적 리더십의 특성을 탐색하는 데 강한 흥미를 갖게 되었다.

스탈린과 히틀러는 20세기 가장 큰 영향력을 행사한 권력자이다. 스탈린은 소비에트 공화국 국민 2,000만 명을, 히틀러는 유대인 600만 명을 죽였다. 실제로 도덕과 윤리의식이 없는 리더가 엄청난 죄악을 범할 수 있다는 것을 극명하게 보여준 사례이다. 멕시코는 부패한 독재자로 인해 GDP의 9.5%가 손실되었다고 한다. 이들은 보건과 교육에 대한 지출 대신 상납을 위한 활동에 더 신경을 썼다. 기업도 그렇다. 1991년 중동계 다국적은행(Bank of Credit and Commerce International: BBCI)이 파산하였을 때 방글라데시 예금주 4만 명이 예금을 몽땅 잃었다. 우리 나라도 대기업 하나 무너지면 그 피해는 고스란히 국민이 지게 될 것이다.

우리 사회뿐만 아니라 세계 도처에서도 노블리스 오블리제(noblesse oblige)가 재삼 강조되는 분위기를 볼 수 있다. 시민들이나 부하들이 리더의 말보다는 행동에서 배운다는 것을 인식한다면 사회의 지도층에 있는 리더들의 행동은 시민들의 모범이 되어야 한다. 노블리스 오블리제는 상류 사회, 즉 귀족계급의 도덕적 의무와 책임감을 의미한다. 그리하여 노블리스 오블리제는 중세와 근대사회에서도 조직을 이끄는 리더십의 표본이 되었다. 재산이 많은 사람이 더 많은 세금과 기부금을 내는 것은 그들의 의무였으며 자긍심으로 삼았다. 최근 세계 각처에서 경제의 위기와 부정부패의 위기를 직면하고 있는 많은 나라의 사회 지도층 리더들에게 노블리스 오블리제가 강조되는 것은 이러한 맥락이다.

특히 한국 사회의 지도자들이 본받아서 교훈 삼아야 할 일은 바로 금전에 대한 투명성과 부정부패에 대한 확고한 신념이다. 흔히들 정치세계에는 돈과 밀

---

1) Northouse. *op. cit.,* p. 341.
2) *Ibid.,* pp. 341-342.

접하게 관련되어 있다고 믿는 것이 통념이다. 요즘 우리나라에서는 당사자는 물론 참모진까지 얼룩진 돈과 연루되어 정치를 곤란하게 만드는 경우가 허다하다. 일반적으로 돈에 대한 애착은 동서고금을 막론하고 인간이 느끼는 유일한 공통점이 아닐까. 그러나 두 번에 걸쳐 국가를 위한 봉사에는 대가가 필요 없다는 것을 행동으로 보여 준 프랑스 전 대통령 샤를 드골(Charles de Gaulle)은 돈과 관련된 부정부패를 근절시키려고 노력했다.

1946년 1월 정부의 수반 지위를 포기하고 후계자 펠렉스 구앵(Félix Gouin)을 내세우면서 은퇴한 후 의회는 국가 최고 공훈자로서 드골의 세금면제를 가결했다. 하지만 드골은 이를 받아들이지 않았다. 1969년 4월 대통령직을 사임할 때는 퇴역군인으로서의 연금과 전직 대통령으로서 마땅히 받아야 할 연금조차 사양했다. 이러한 모범적 태도는 드골의 후계자들이 권력을 남용하게 될 것을 미리 방지하는 드골의 강력한 의지라 할 수 있다. 평소 국가관과 가치관이 남다르지 않으면 실천에 옮기기 어려웠을 것이다. 또한 그는 1952년, 62세 당시 세 통의 유언을 작성하여 두 자녀와 조르주 퐁피두(Georges Pomidou)에 맡겼는데, 그 내용에 의하면 드골은 국장을 거부했고, 생전에 전쟁회고록의 인세 전액을 정신박약아들을 위한 '안느 재단'에 기부했다고 한다.

권력을 이용해 부패의 길로 접어든 우리나라의 수많은 정치인들을 쉽게 볼 수 있는 현실에서 드골의 위대한 리더십이 그리워진다. 이것이야말로 진정 노블리스 오블리제가 아닐까.

리더의 정의 중 하나는 영향력을 행사하는 사람이다. 좋은 영향력을 행사하는 사람은 현명한 리더가 되고 그 영향력을 잘못된 방향으로 행사하는 사람은 어리석은 리더가 된다. 또한 어떤 사람이 리더가 되느냐에 따라 수많은 시민의 운명이 바뀐다. 싱가포르와 필리핀이 그렇다. 리콴유(Lee Kuan Yew)는 1965년 아시아에서 가장 가난하고 더러웠던 싱가포르의 총리로 취임해 30년 만에 세계에서 가장 살기 좋은 나라로 만들었다. 반면, 페르디난드 마르코스(Ferdinando Edralin Marcos)는 아시아에서 두 번째로 잘 살던 필리핀이란 나라를 파산시키고 말았다. 그 결과 필리핀의 일류대학을 나온 남성은 말할 것도 없이 여성들은 일류대학을 졸업하였어도 싱가포르에 가정부로 가는 신세가 되었다.

가장 강력한 리더십의 유형이 도덕적 리더십이다. 간디의 비폭력 무저항 운동, 정치적 이유 때문에 27년 동안 수감생활을 하면서 인종차별 철폐를 주장한

넬슨 만델라, 킹 목사의 인권운동, 테레사 수녀의 빈민 구제활동 등은 대표적 도덕적 리더십의 사례들이다. 도덕적인 리더들이 갖는 공통적인 특징들은[1] 첫째, 추종자들이 리더를 존경한다. 리더가 추종자들의 필요와 열망을 동시에 충족시켜 주기 때문이다. 둘째, 도덕적인 리더는 훌륭한 교육자이다. 성숙한 대화를 통해 추종자들을 안내하기 때문이다. 셋째, 리더와 추종자 사이에는 신뢰가 있다. 도덕적 신뢰감을 통해 추종자들로부터 깊은 충성심을 이끌어 낼 수 있다. 넷째, 가치와 비전을 공유한다. 간디는 세계를 변화시킨 가치를 가졌다. 그리고 그 가치를 추종자들과 철저히 공유했다.

1. 윤리의 정의[2]

서구 문헌의 관점에서 볼 때, 윤리 이론의 발전은 Plato(427-347 B.C.)와 Aristotle (384-322 B.C.)로 거슬러 올라간다. 윤리라는 단어는 Greek의 단어인 *ethos*의 뿌리를 가지고 있으며, '관례', '품행', 혹은 '인격'을 의미한다. 윤리는 개인이나 사회가 바람직하고 적절하다고 생각하는 가치나 도덕을 의미한다. 윤리이론은 우리에게 무엇이 옳고 그른지, 특정한 상황에서 무엇이 선이고 악인지를 판별해 주는 규칙 혹은 원리를 제공한다.

문제는 윤리를 보는 두 일반적 개념인 상대주의와 보편타당성주의의 관점이 있어 윤리를 보는 가치가 나라마다 차이가 있을 수 있다는 점이다. 그러므로 리더들이 직면하는 가치와 윤리문제는 아주 복잡하다.

이러한 어려움 가운데에서 리더십에 관한 우리의 관심은, 윤리는 리더가 무엇을 하고, 누가 리더들인가를 다룬다는 것이다. 윤리는 리더들의 행태와 그들의 덕행의 특성을 안내하는 역할을 하고, 의사결정 상황에서, 묵시적 혹은 명백하게 사고의 범위를 정해 준다. 리더들이 무엇을 선택하고, 환경에 어떻게 반응하느냐는 자연히 윤리의 범주에 의해 영향을 받게 되며, 이를 벗어난 행동은 사회적으로 비난을 받게 된다.

1) 서성교, 전게서, pp. 195-196.
2) *Ibid.,* p. 342.

2. 오늘날 윤리적 분위기

윤리적 그리고 법적 타락이 세계도처에서 일어나고 있고, 주요한 서베이 조사들을 보더라도 거의 대부분의 근로자들이 직장에서 병가의 남용부터 현금과 상품의 절도에 이르기까지 윤리적 위반을 범하였다고 인정하였다고 한다. 조직의 리더들이 탐욕과 이기심을 가지고 행동하는 것을 보고 자연히 부하들은 자신들의 비윤리적 행위를 당연한 것으로 생각하게 될 것이다. 예를 들어 관리자들은 상관들이 판매와 수입의 성장을 유지하도록 강요하는 압력 때문에 부정에 의존하게 된다고 말한다. 따라서 부하들에게 옳은 일을 하도록 촉구하고, 리더들이 윤리적 행동의 모범을 보인다면 윤리적 문제는 훨씬 더 적어질 것이다.

실제적으로 리더에게서 가장 바람직한 자질에 대한 서베이에서 리더의 가장 중요한 속성은 정직과 성실로 보고하였다.[1)]

우리 민족은 부정부패에 너무 너그럽다. 선진국가들의 부유한 사람들이 존경을 받고 있지만 우리나라의 부유층 사람들은 멸시와 경멸의 대상으로 보고 있다. 왜 이런 일들이 일어나는가는 도덕과 윤리의 부재 때문이다.

기업하는 사람들은 경영의 윤리를 잊어서는 안 된다. 수단과 방법을 동원하여 치부하는 것이 경영이 아니다. 경영을 함에 있어서 땅을 투기하고 돈을 버는 것은 기업의 정도가 아니다. 때로는 정치가와 결탁해서 이익을 올리는 것도 기업의 정도는 아니다. 기업은 도덕과 윤리를 지키면서 경영으로 승부를 걸어야 한다. 그렇게 하여 부를 창출하였다면 왜 사람들이 부유한 기업가들을 비난하겠는가? 시민들은 이러한 부도덕하고 비윤리적인 기업가들에게서 무엇을 배우겠는가?

우리나라 대부분의 기업가들은 정당치 못한 방법으로 치부하였다고 하더라도 나쁘다고 생각을 하지 않는 것 같다. 왜냐하면 잘못하여 법의 심판을 받아 봐야 몇 달이면 출감하고 다시 버젓이 기업을 하기 때문에 나쁜 범죄를 저지르더라도 나쁘다고 교훈을 받을 기회가 없다. 법은 있되 법은 잘 지켜지지 않는다. 이러한 나라에서는 자연히 부패가 만연할 수밖에 없다. 다시 강조하건대 시민들은 리더들의 말보다 행동에서 배운다는 것을 잊어서는 안 된다.

준법정신이 강하다고 하는 미국에서도 대중들의 54%는 대부분의 기업 관리

---

1) James M. Kouzes and Barry Z. Posner, 1993, *Credibility: How Leaders Gain and Lose It, Why People Demand It*, San Francisco: Jossey-Bass, 255.

자들이 부정직하고, 59%는 사무직 직원들도 규칙적으로 비윤리적 행위를 한다고 믿는다. 미국의 대중들은 비윤리적이고 사회적으로 무책임한 기업 활동에 환멸을 느낀다고 한다. 그러므로 리더들은 비윤리적인 타락으로 빠져들어 가는 문화와 체제들을 향상시킬 책임이 있다. 예를 들어 2001년 11월 8일에 1990년대 경기 호황기에 급부상하여 초고속으로 성장한 Enron이 지난 4년 동안 회사의 수입을 5억 8,600만 달러나 부풀렸다는 사실을 시인했을 때 미국 사람들은 경악을 금치 못했다. 이 회사는 한 달이 채 지나지도 않아 법정관리에 들어갔으며, 2002년 초에는 법무부로부터 회계 감사를 받으라는 지시가 떨어졌다. 내사에 들어간 조사관들은 Enron의 임직원들이 사원들에게는 자사주를 팔지 못하게 해 놓고 정작 자신들은 갖고 있던 주식을 10억 달러 이상 매도했다는 사실을 알아내고 그들 중 얼마나 많은 사람들이 회사의 상태를 알고 있었는지 조사하였다. 결국 회사는 파산했고, 직원들의 퇴직금은 날아갔으며, 수백만 명의 투자자들은 총 600억 달러 이상의 손실을 입었다. 또 다른 비윤리적인 기업의 예로서 Adelphia Communication 창립자와 세 아들들은 재정상태가 어려운 회사를 담보로 31억 달러를 대출받아 개인들의 물품구입이나 가족행사에 돈을 썼다는 혐의로 기소되었다. 이 회사 역시 법정관리에 들어갔다.[1] 이러한 사태들이 수없이 발생하자 기업 윤리를 염려하는 사람들은 더욱 많아졌고, 사람들의 궁금증도 커졌다. 왜 이런 일들이 일어나는가? 앞으로 이러한 일들이 계속 일어날 것인가?

3. 비윤리성의 발생원인

왜 윤리가 이러한 상태에까지 이르게 되었는지에 대한 원인은 각 나라의 문화마다 그 원인을 다르게 찾을 수 있을 것이다. Maxwell[2]은 그나마 공통적인 원인에 대하여 다음과 같이 언급한다.

① 가장 편하기 때문이다

윤리적 딜레마에 빠져 있을 때 일반적으로 사람들은 어떻게 행동하는가? 유익하다면 비윤리적인 방법이라도 서슴지 않고 쉬운 방법을 택하는 사람들이 많다. 간단한 거짓말로 나의 실수가 다 덮어진다면 당신은 어떻게 행동할 것인가?

---

1) John C. Maxwell, 2003, *There's No Such Things as Business Ethics*, Warner Books Inc., 조영희 옮김, 2004, 결정적 순간의 원칙, 청림출판, pp. 11-12.

2) John C. Maxwell, 2003, *There's No Such Things as Business Ethics*, Warner Books Inc.

고객을 끌어들일 수 있다면 얼마나 많은 과장된 광고를 할까? 예전보다도 오늘날 사람들의 윤리수준은 떨어지고 있는 듯하다.

② 이겨야 하기 때문이다

대부분의 사람들은 지기 싫어한다. 특히 성취와 성공의 욕구가 큰 사람일수록 더욱 강할 것이다. 승리를 위하여 윤리와 성공 가운데 하나만 선택하라면 대부분의 사람들은 무엇을 선택할 것인가? 참으로 선택하기 어려운 문제이다. 그러나 윤리문제를 받아들이면 선택의 폭과 기회, 사업적 성공의 가능성이 줄어들 것이라고 믿는 사람이 많다. 착한 사람이 늘 꼴찌로 도착한다는 것은 오래전부터 내려오는 믿음이다. "도덕은 개인적인 문제이며, 비용이 많이 드는 사치"라고 말하는 하버드 대학의 Herny Adams 역사학 교수의 말과 일맥상통한다. 요즘처럼 이기주의가 판치고 빚더미에 허덕이는 문화 속에서 사람들이 없어도 살 수 있다고 생각하는 유일한 사치가 윤리라니 우리 사회는 심각한 딜레마에 빠져 있는 것이다.

③ 자신의 선택을 합리화할 수 있기 때문이다

상황윤리가 퍼지고 합법성을 획득하는 수단이 팽배해지면서 윤리적 혼돈이 발생하고 있다. 모든 사람들이 상황에 따라 다르게 적용하는 각자의 기준을 가지며, 그러한 태도가 장려되었다. 이 말은 각자가 기준으로 삼는 윤리가 무엇이든 괜찮다는 것을 의미한다. 그러나 상황을 더욱 어렵게 만드는 것은 자기 자신에게는 관대한 기준을 적용하고 가장 선한 의도로써 자신을 판단하는 반면, 다른 사람들에게는 높은 윤리 기준을 적용하고, 가장 나쁜 행동으로써 판단한다는 점이다. 그러므로 10명의 사람들이 자신을 포함하지 않고 합리성을 따진다면 각자의 이해관계에 적합한 10개의 합리성들이 있을 수 있다. 이런 가운데 순수하고 보편적인 합리성을 도출한다는 것은 매우 어려운 일이 될 것이다. 즉 10명의 사람들이 모두 포함된 상태에서 합리성을 찾으려 한다면, 각자 이해관계가 다르기 때문에 합의를 이룬다는 것은 실제로는 어려울 것이다.

4. 황 금 률[1)]

워싱턴에 위치한 윤리자원센터(Ethics Resources Center)에 의하면, 옳은 일에 헌신하고 사회적 책임을 약속하며, 이를 꾸준히 지키는 기업들이 그렇지 않은 기업보다 수익성이 더 높다고 Maxwell은 말한다. 존슨 & 존슨(Johnson & Johnson)의 전 CEO 제임스 버크 회장은 이런 비유를 들었다. "만일 30년 전, 다우존스 혼합 주식(composite of the Dow Jones)에 3만 달러를 투자했다면 지금쯤 그 가치는 13만 4천 달러에 이를 것입니다. 하지만 같은 3만 달러를 사회적 · 윤리적 책임 의식이 높은 회사에 넣어 두었다면 지금쯤 그 가치는 1백만 달러 이상일 것입니다."

물론 윤리적 행동을 했다고 해서 모두 성공하는 것은 아니다. 그렇다면 윤리적 행동이 성공을 위한 초석은 될까? 물론이다. 성공이라는 결과물은 윤리와 능력이 합해졌을 때 나온다. 반면에 윤리의 경계선을 끊임없이 시험하는 사람은 반드시 그 선을 넘을 수밖에 없다. 장기적으로는 속임수로 결코 성공하지 못한다. 왜냐하면, 진실은 늘 밝혀지기 때문이다. 윤리적인 행동이 단기간에는 손해처럼 보이지만 윤리를 지키지 않으면 결국에는 실패한다. 늘 지름길을 찾고, 기만과 거짓된 행동을 일삼는 사람이 나중에 잘되는 것을 본 적이 있는가?

"나라가 번영하기 위해서는 도덕적 성품 위에 나라가 건설되어야 합니다. 그리고 도덕적 성품이 나라의 힘을 이루는 첫 번째 요소이며, 나라의 존속과 번영을 보증하는 유일한 길입니다."라고 미국 하원의원이자 교권운동가인 Jabez L. M. Curry가 말했다.[2)] 똑같은 원리를 기업에도 적용할 수 있다.

그렇다면 윤리란 무엇이며 모든 상황에 효과적인 하나의 기준은 어디에서 발견할 수 있을까? 보통 사람들은 윤리를 어떻게 생각하는가? Maxwell의 윤리의 기준은 마태복음 7장 12절과 누가복음 6장 31절에 각각 나타나는 황금률로서, 이는 예수가 산 위에서 제자들과 그를 따라온 무리들에게 가르치신 말씀 중 이웃 사랑에 관한 교훈에 속한다. 즉 "자신이 대접받고 싶은 대로 다른 사람을 대하라."를 의미한다고 그는 믿는다. 다른 말로 자신이 대접을 받고 싶은 만큼 남을 대접해 주는 것이 황금률이라는 것이다. 그러므로 다른 사람을 존중해 줌으로써 자신도 존중을 받게 되는 것이고 결국은 인류애가 확산된다는 것이다.

---

1) Maxwell, *There's No Such Things as Business Ethics*, Warner Books Inc., 조영희 옮김, 2004, 결정적 순간의 원칙, pp. 27-28.

2) Maxwell, *There is no such Things as Business Ethics*, 조영희 옮김, 결정적인 순간의 원칙, p. 29.

황금률은 모든 문화권 내에서도 존재한다. 다양한 형태로 모든 종교에서도 존재하고 있다. 예를 들면

- 기독교: 남들이 내게 해 주기를 바라는 행동을 그들에게 베풀라.
- 이슬람교: 자신만큼 이웃을 사랑하지 못하는 자는 신앙심이 없는 사람이다.
- 유대교: 내가 싫어하는 행동을 다른 사람에게 하지 말라. 이것이 진정한 '법'이다. 그 나머지는 모두 부수적인 것이다.
- 불교: 내게 고통을 주는 것으로 다른 사람들을 상처 입히지 말라.
- 힌두교: 이것이 의무의 전부이니 내가 다른 사람에게 허락하지 않은 일을 남에게 강요하지 말라 등 황금률이 문화와 종교의 경계를 넘나들며 거의 모든 사람들에게 받아들여지고 있음은 분명한 사실이다. 왜냐하면 황금률은 인류가 가지고 있는 윤리에 대한 가장 보편적인 지침과 가깝기 때문이다.

사람들은 윤리를 복잡하고 실체가 만져지지 않는 것처럼 여기기 때문에 윤리문제를 다룰 때 어려움을 겪는 것이다. 하지만 황금률은 보이지 않는 것을 보이는 것으로 만든다. 우리는 법을 알 필요가 없다. 철학적 의미를 탐색할 필요도 없다. 그저 다른 사람과 입장을 바꾸어 생각하기만 하면 되는 것이다. Maxwell은 복잡한 윤리문제를 이와 같이 쉽게 풀어나간다.

5. 윤리의 상대주의와 보편주의

윤리는 사람의 옳고 그름의 개념이다. 윤리의 두 일반적 개념들은 상대주의와 보편타당성주의의 관점들이다. 윤리의 상대주의 관점을 가진 사람들은 옳고 그른 것은 상황과 문화에 영향을 받는다고 주장한다. Berlin 투명성기구(Berlin Transparency International)에 의하여 수집된 지표에 의하면, 세계에서 부패를 감독하기 위하여 사용하는 기준들을 보면 윤리적 가치가 분명하게 국가마다 차이가 있다는 것을 보여 준다.

그들의 2001년 지표에서 Bangladesh, Nigeria, Uganda, 그리고 Indonesia는 가장 부패한 나라들로 평가되었고, 반면에 Denmark는 가장 부패되지 않은 나라로 분류되었다.[1)]

1) Transparency International, 2001, www.globalcorruptionreport.org/press.htm, accessed February

비록 비윤리적이고 비합법적이라고 하더라도, 많은 나라의 기업인들이 계약 협상에서 선물, 뇌물 혹은 상납을 수용하는 경우가 많다. 윤리의 상대적인 관점을 가진 사람은 로마에서 산다면, 로마인과 같이 행동하라고 하는 접근법을 택한다.

즉 Thailand에서 계약을 따내기 위하여 일반적으로 공직자들에게 뇌물을 제공하는 것을 배운 미국 관리자들은 Thai 공무원들에게 뇌물을 제공하는 것이 용인할 만하고 윤리적이라고 고려한다는 것이다.

미국의 법은 세계의 어느 곳에서나 뇌물을 주는 것이 금지되어 있기 때문에 미국에 근거하고 있는 기업들이 윤리의 상대주의적 관점을 갖는다는 것은 가능하지 않다.

이와 반대로, 윤리의 보편타당주의적 관점을 가진 사람들은 모든 활동은 상황이나 문화에 관계하지 않고 같은 기준에 의하여 판단되어야 한다고 믿는다. 예를 들면, 동등한 기회와 문화의 다양성 원리를 인정하는 미국 법을 준수하고 있는 석유회사들은 여성의 임명이 불러올 수 있는 종교적 및 문화적 문제에도 불구하고 여성 관리자를 Saudi CEO로 임명하는 것이 당연할 것이다.

리더들이 직면하는 가치와 윤리문제는 아주 복잡하다.1) 세계적 그리고 문화횡단적 문제들은 더욱 문제를 복잡하게 만든다. 각 문화가 가치를 어디에다 근거를 두고 있느냐에 따라, 그 문화 내에 속한 개인들은 개인적인 사생활을 보호한다든지 혹은 가족의 이익을 위한다는 것과 같은 다른 이유들을 가지고 거짓말을 할지도 모른다. 가치에 있어서 복잡한 문화 횡단성과 개인의 차이 때문에 윤리와 가치지향적인 문제를 다루는 것은 모든 관리자들의 주요한 업무가 될 것이다.

6. 비윤리적 리더십

비윤리적 리더는 옳고 그름을 구별하지 못한다. 지켜야 할 행동규범을 위반하기 때문에 리더십과정이 비윤리적이다.

Burns가 리더십에 대하여 정의한 것에는 윤리적인 행위를 수반하고 있다. Burns에게 리더십은 "지도자와 피지도자들이 상호 공유하는 목표를 실현하기 위하여 행하는 것"으로 윤리적인 의미를 포함하고 있다.

19, 2002.

1) B. Ettorre, 1994, "Why Overseas Bribery won't Last," *Management Review* 83, no. 6: 20-24; Nahavandi, *op. cit.*, p. 65(재인용).

Burns는 계속해서 다음과 같이 세 가지 원리를 주장한다.[1]

첫째, 윤리적 리더는 자신의 필요보다 다른 사람들의 필요를 우선시한다. 비윤리적인 리더는 그렇지 않다.

둘째, 윤리적인 리더는 용기와 절제 같은 개인적인 덕목을 보인다. 비윤리적인 리더는 그렇지 않다.

셋째, 윤리적인 리더는 공동의 이익을 위해 리더십을 행사한다. 비윤리적인 리더는 그렇지 않다.

현대 리더십 학자들은 첫 번째 원리가 주요하다는 데 동의한다. Greenleaf가 말하는 '섬기는 리더'는 다른 사람을 섬기기 위하여 지도한다. 두 번째는 덕으로 다스리면 사람들이 정중하며, 충성스럽고 열심히 하게 되므로 이들의 역할 모델이 되어야 한다는 것이다. 세 번째, 공공복리를 위해 권력, 권위, 그리고 영향력을 행사하는 것이다.

추종자도 예외가 될 수는 없다. 리더처럼 그들도 자신이 하는 일에 책임을 져야 한다.

- **추종자의 책임**

1) 윤리적인 추종자들은 리더를 고려하지만 비윤리적인 추종자는 그렇지 않다.

2) 윤리적인 추종자는 용기와 절제 같은 개인적인 덕목을 보이지만 비윤리적인 추종자는 그렇지 않다.

3) 윤리적 추종자는 공동의 목적을 위해 리더와 다른 추종자를 참여시키지만 비윤리적인 추종자는 그렇지 않다.

추종자들이 곤란한 일을 하지 않을 수 없는 상황에 놓이는 것은 흔한 일이다. 용감한 추종자는 옳고 그름을 판단할 능력을 갖고 있으며 옳다고 믿는 대안을 선택하는 강인한 사람이다. 양심이 부족한 추종자는 분명히 잘못된 것을 보고도 아무런 행동을 취하지 않는 사람으로 비윤리적이다.

추종자가 무작정 리더와 대결하는 것도 추종자들에게는 위험이 따른다. 사실 추종자 없이 리더가 유능해질 수는 없다. 하지만 리더라는 한 개인보다 사회 전체에 더 복종해야 한다. 존 롤스(John Rawls)의 「정의론」[2](*A Theory of Justice*)에서

---

1) Barbara Kellerman, 2005, *Bad Leadership*, 한태근 옮김, 렌덤하우스 중앙, pp. 59-61.

2) John Rawls, 1971, A Theory of Justice, Cambridge, MA: Belknap

그는 정의가 침해당하였다고 판단되면 시민들은 정의를 따라야 된다고 주장한다.

역사를 통하여 볼 때 비윤리적 리더가 제대로 성공한 예는 거의 없다. 따라서 비윤리적 리더에 추종자가 순종하여 영원히 사회의 저주 받는 사람으로 전락한다면 이것은 추종자의 현명한 선택이 아니다.

마틴 루터 킹 목사(Martin Luther King, Jr.)가 협력한 것과 그 후의 리더십에 대해 생각하여 보자. 1963년 앨라배마 버밍엄 감옥에서 쓴 편지에서 그는 그 미묘한 변화를 설명하였다. "몇 주 몇 달이 지나면서 우리 흑인들은 깨어진 약속의 희생자라는 것을 깨달았다. 서명은 남아 있지만 과거 수없이 경험했던 것처럼 희망은 꺾였고 깊은 절망의 어두운 그림자가 우리를 덮었다. 직접적(비폭력적)인 행동을 준비하는 것 외에는 아무런 대안이 없다. 지역사회와 전국의 양심 앞에 사건을 알리기 위해 우리는 몸을 바치는 수밖에 없다." 결국 어떠한 위협에도 굽히지 않은 그의 신념이 흑인들의 인권신장에 커다란 역할을 한 것을 우리는 자랑스럽게 여길 것이다. 이것은 그들의 선택이 미국의 역사를 훌륭하게 장식한 예이다.

7. 리더십의 딜레마

리더들은 직장에서 부하들의 윤리적 선택과 결정을 좌우한다. 그러나 리더들은 기업의 영역과 윤리의 영역 사이의 갈등 때문에 딜레마에 직면하곤 한다. 기업의 영역은 면밀한 측정이 가능한 사실들이다. 시장연구, 생산비용, 제고, 주가, 이익 그리고 합리적 분석. 다른 한편 윤리는 윤곽이 뚜렷하지 않은 상태에서 거의 측정이 불가능한 인간의 의미, 목적, 질, 중요성이며 가치들의 영역을 측정하기는 거의 불가능하다. 기업의 영역은 분석되고, 진단하며, 비교할 수 있는 반면, 윤리의 영역은 그 자체의 정확한 해석이 어렵고, 비교하거나 평가하는 데에도 어려움이 많다.

현대사회는 무리하게 이 둘 사이에 분리를 만들어 내려고 한다. 그러나 이 둘의 조합을 가져오도록 하는 의식적인 노력이 필요하다. 사람들에게 직면하는 똑같은 도덕과 윤리문제들이 기업들과 다른 조직들에서도 직면하고 있다. 헨리 포드(Henry Ford)는 "한때, 오랫동안 사람들은 기업의 유일한 목적이 이익을 남기는 것이라고 믿었다. 그것은 잘못된 것이며, 기업의 목적은 사람들의 복지를 위하여 봉사하는 것이다."라고 말했다.

[표 10-1] 순수한 합리적 리더 대 윤리적 리더들의 자질 비교

합리적 리더	윤리적 리더
주로 자신과 자신의 목적 및 경력의 진전에 관심을 가진다	다른 사람을 자신과 동등하게 생각하고, 다른 사람의 발전을 고려한다
개인적인 이익 혹은 영향력을 위하여 권력을 사용한다	다른 사람에게 봉사하기 위하여 권력을 사용한다
자신의 개인적인 비전을 촉진한다	비전을 부하들의 욕구와 기대에 맞춘다
중요하고 반대되는 견해를 비난한다	비판을 고려하고 그로부터 배운다
무조건 의사결정을 받아들일 것을 요구한다	부하들이 독립적으로 생각하도록 그리고 리더의 관점에 대하여 의문을 제기하도록 격려한다
일방적인 의사소통	쌍방간의 의사소통—다른 사람의 의견을 듣는다
부하들의 요구에 동기부여를 한다	부하들을 코치하고, 발전하고 지원한다 다른 사람과 인식을 나눈다
자신의 이익을 만족하기 위하여 편리하게 외부의 도덕적 기준에 의존한다	조직과 사회의 이익을 만족시키기 위하여 내부의 도덕적 기준에 의존한다

출처: Jane M. Howell and Bruce J. Avolio, 1992, "The Ethics of Charismatic Leadership: Submission or Liberation?" *Academy of Management Executive* 6, No. 2, 43-54; Daft, *op. cit.*, p. 367(재인용).

오늘날 리더십의 도전은 합리성과 윤리성의 조화, 진정으로 인류의 복지를 향상시키면서 이윤을 창출하는 조직을 창조하는 것이다.

윤리적인 리더라고 하여 이윤과 손실, 생산비용을 무시하는 것을 의미하는 것은 아니다. 윤리적인 리더란 성과의 합리적 측정에 대한 관심과 사람들을 옳게 다루는 것이 중요하다는 인식을 서로 조화하는 것을 의미한다.

[표 10-1]는 순수한 합리적 이익 접근법과 윤리적 접근을 택하는 리더들의 특징들을 비교한 것이다. 합리적 리더들은 주로 자신의 이익에 관심을 두는 반면, 윤리적 리더들은 다른 사람의 이익에 관심을 둔다.

8. 도덕적·윤리적 리더십과 리더십의 변천

1) 도덕적·윤리적 리더십

영향력은 리더십의 핵심이며, 강력한 리더는 조직의 운명과 부하들의 생명에 중요한 영향을 미칠 수 있다. 많은 사람들이 윤리적 리더십에 흥미를 가지고 있는 이유는 영향력이 있는 잠재력 때문이다. 또한 이 이유는 위에서 설명하였듯이 지난 30년 동안 정치 및 경제 지도자들이 지속적으로 하락하고 있는 대중의 신뢰에서 찾을 수 있다.[1] 리더들에 대한 대중들의 실망은 공공매체, 책 및 영화에서 지속적으로 공개되는 스캔들에 더욱 부추겨지고 있다.

도덕적 리더십은 옳은 것과 잘못된 것을 구별하여 옳은 행동을 하며, 정당한 것, 정직한 것, 선한 것을 찾는 것을 의미한다. 리더들은 다른 사람들에게 많은 영향을 미친다. 또한 도덕적 리더십은 다른 사람에게 활기를 주며 다른 사람들의 인생을 향상시킨다. 그래서 우리는 리더가 도덕적이 되기를 바라는 것이다.

Barbara Kellerman이 New Heaven Jewish Community에서 강의하던 중 히틀러를 나쁜 리더라고 말하였다. 그러나 청중석에서 히틀러가 나빴다면 윤리적으로 나쁜 것이지 매우 유능하였다는 점에서는 능력 있는 리더였다고 말하여 놀라웠다고 하면서 Kellerman은 그 청중의 말이 옳다고 하였다.[2] 1933년부터 독일이 소비에트 연방을 침략하는 실수를 한 1942년까지 나치의 활동을 상세하게 살펴보았을 때 히틀러의 정치, 군사 전략은 나무랄 데 없었다. 게다가 1941년부터 1945년 독일이 패전하는 기간에도 히틀러는 가장 중요하게 여긴 것 중의 하나가 유대민족을 전멸시키는 것이며 놀라운 성과를 거두었다. 따라서 그는 유능한 리더십을 발휘한 것은 사실이나 윤리와 도덕이 결여되어 있었던 것이다.

비도덕적인 사람은 자신의 발전을 가져오기 위하여 다른 사람들에게는 별로 관심을 쓰지 않는다. 예를 들어 Hitler, Stalin, 혹은 Cambodia의 Pol Pot와 같은 리더들은 다른 사람들에게 씻을 수 없는 극악적인 악을 행하였던 리더들이다. 그들은 20세기 역사에서 다른 누구보다도 큰 영향력을 행사하였으며 부하들을 격려하고 동원하고 이끄는 탁월한 기술을 가졌다. 그들이 강압을 사용하였다고 하더

---

1) J. M. Kouzes and B. Z. Posner, 1993, *Credibility: How Leaders gain and lose It, Why People Demand It*(San Francisco: Jossey-Bass, 1933), p. 255.
2) Barbara Kellerman, 2005, *Bad Leadership*, 한태근 옮김, 랜덤하우스 중앙, pp. 51-52.

라도 이것은 분명히 리더십이다. 이들은 나쁜 리더십이다.

나쁜 리더십은 모르고 좋은 리더십만을 알아도 별 문제가 없다고 생각한다면 이것은 리더십을 충분히 이해하지 못한 것이다. 수많은 기업가들이 정치와 결탁하고 기업의 정도를 걷지 못할지라도, 많은 추종자들을 거느리면서 온 사회를 부패하고 망치는 문화를 조성하였다면, 우리는 이들이 리더십이 없다고 말할 수 있는가? 분명히 이들은 리더십이 있으나 단지 윤리와 도덕이 결핍되어 있을 뿐이다. 반면에 간디나 테레사 수녀와 같은 사람은 가장 도덕적인 리더의 전형적인 형태이다. 부하들은 리더의 행동을 보고 따르기 때문에 도덕적인 리더들은 사람들을 도덕적으로 향상시킬 수 있는 동기부여를 제공할 수 있어 중요하다.

윤리적 및 도덕적 개념을 제외하고 리더십만을 말할 때 우리가 좋은 리더십만으로 제한한다면 3가지 문제점이 발생한다.[1)]

(1) 혼란스럽다

모든 사람에게 근래 미국의 대통령 중 가장 비난을 받는 사람이 누구냐 하고 물으면 Richard Nixon이라고 하나, 다른 리더들과 차이를 설명하라고 물어 보면 쉽지 않을 것이다. 늘 우리가 리더십에 대하여 정의하였던 것과 같이 권력이나 영향력을 통해 다른 사람을 이끄는 누군가라고 한다. 리베리아의 대통령 Charles Taylor가 살인, 강간, 유괴 등의 범죄로 고소당했음에도 불구하고 리더가 아니라고 하지는 않았다. 결코 이들은 리더로서 평가절하되지는 않았다는 점이 혼란스럽다.

(2) 오해를 불러일으킨다

Bass의 리더십에 대한 정의에 의하면 리더십은 영향력을 행사하는 것이나 권력관계, 또는 목표 달성을 위한 수단이나 일종의 차별화된 역할로 간주한다. 이 모든 정의는 가치중립적이다. 따라서 리더와 강압을 행사하는 권력자를 구분하기 어렵다.

(3) 해를 끼친다

우리는 모두 훌륭한 리더십을 원한다. 이러한 리더십을 원한다면 훌륭한 리더십을 가르치고, 연구하고, 실행하게 하는 것이다. 따라서 많은 사람들이 나쁜

---

1) *Ibid.*, pp. 32-33.

리더십을 연구하여 원인을 파악하는 것이 중요하다. 우리가 연구조차하지 않는다면 우리는 계속 나쁜 리더들을 만나게 될지도 모른다.

윤리적 리더십은 개인적 청렴성 개념을 포함한다. 개인적 청렴성은 리더십 효과성을 설명하는 데 도움이 되는 하나의 속성이다. 문화 횡단적인 연구에서 보더라도, 효과적인 리더십의 필수적인 요인으로 청렴성이 어느 문화에서든지 가장 중요한 것 중의 하나로 연구되었다. 대부분의 학자들은 윤리적 리더십을 위한 요건으로 청렴성을 고려하고 있다. 그러나 많은 학자들에 의하여 청렴성은 다양한 방법으로 정의되어 왔고, 정직성에 대한 적절한 정의는 역시 많은 논란의 대상이 되고 있다.[1)]

2) 윤리적 리더십을 평가하는 딜레마

리더들은 업무 혹은 새로운 활동에 대한 부하들의 헌신에 영향을 미친다. 왜냐하면 리더들이 부하들의 태도 및 행태의 대부분을 결정하는 데 영향을 주기 때문이다. 그러나 반대논리를 주장하는 학자들은 이 이론의 윤리에 의문을 제기하고 있다. 이러한 의문에 답변을 하면서, 이 이론의 제안자들은 리더십의 타입이 어떤 경우에 윤리적인가를 결정하는 기준을 명확히 하기 위하여 시도하였다. 이러한 기준의 예들은 [표 10-2]에서 볼 수 있다.

물론 위의 기준은 윤리적 리더십을 평가하는 데 필요한 모든 복잡성과 딜레마를 고려하지 않았다. 얼마나 많은 변수들을 고려하여야 되는지는 많은 학자들의 관심의 대상이 될 것이다.

리더, 부하, 그리고 조직의 이익들이 일치가 되고 그리고 어느 한 편에 위험과 부담을 주지 않는 행동에 의하여 서로의 이익들이 달성될 수 있을 때, 윤리적 리더십을 평가하는 것은 용이하다. 그러나 많은 경우 리더십의 영향력 과정들은 ⅰ) 위험한 전략 혹은 프로젝트를 위한 열정의 창조, ⅱ) 부하들이 자신들의 기본적인 신념과 가치를 변화하도록 유도, ⅲ) 다른 사람을 희생하면서 어떤 사람에게 이득이 가게 하는 결정에 영향을 미치기 때문에 윤리적 리더십을 평가하는

---

1) B. Barry and C. U. Stephens, 1998, "Objections to an Objectivist Approach to Integrity," *Academy of Management Review,* 23, 162-169; E. E. Locke and T. E. Becker, 1998, "Rebuttal to Subjectvist Critique of an Objectivist Approach to Integrity in Organizations," *Academy of Management Review,* 23, 170-175; Yukl, *op. cit.*, p. 404(재인용).

[표 10-2] 윤리적 리더십을 평가하기 위한 기준

기 준	윤리적 리더십	비윤리적 리더십
리더의 권력과 영향력의 사용	부하들과 조직을 위하여 봉사함	개인적 욕구와 경력 목적들을 만족하기 위함
다수의 이해관계자들의 다양한 이익들을 처리	가능하다면 다양한 이해관계자들의 이익을 균형·통합하려고 시도함	가장 개인적 이익을 제안하는 연합 파트너들을 편애함
조직을 위한 비전의 발전	부하들의 욕구, 가치 그리고 아이디어에 대한 투입에 기초한 비전을 발전	조직의 성공을 위하여 개인적 비전을 가지고 설득하려고 함
리더 행태의 정직성	지지받고 있는 가치와 일치하는 방법으로 행동	개인의 목적을 달성하기 위하여 편리한 방법을 행함
리더의 결정과 행동의 위험부담	사명완수 혹은 비전달성을 위하여 기꺼이 개인의 위험과 행동을 택함	리더의 개인적 위험을 필요로 하는 결정 혹은 행동을 회피함
운영에 필요한 관련정보의 의사소통	사건, 문제들, 그리고 행동들에 대한 관련 정보의 완전하고 시기적절한 발표를 함	문제 그리고 진전에 대한 부하들의 지각이 편견을 갖게 하기 위하여 속임수와 왜곡을 사용함
부하들의 비평과 반대에 대한 반응	문제에 대한 해결책을 찾기 위하여 비판적인 평가를 장려함	어떠한 비평과 반대도 허용치 않음
부하들의 재능과 자신감의 발전	부하들의 발전을 위하여 광범위한 코치, 지도, 그리고 훈련을 활용	부하들을 나약하고 의존하게 만들기 위하여 발전을 강조하지 않음

출처: Yukl, *op. cit.*, p. 406.

데 어려움이 있다. 그러므로 이러한 영향력은 각각 어떤 형태든지 다음과 같은 윤리적 딜레마에 직면하게 된다.

(1) 기대에 미치는 영향

많은 사람들은 결과에 대하여 부하들을 속이며, 거짓약속을 하면서 그들 자신의 이익에 반하는 어떤 것을 하도록 부하들을 교묘하게 조작하는 것은 비윤리적이라고 하는 데 동의를 한다. 위험이 따르는 모험을 하는 경우, 윤리적 리더십이 제안할 수 있는 기준은 리더가 부하들에게 비용과 이익에 대하여 충분히 알려 주고, 그 노력이 가치 있는 것인가에 대하여 부하들의 동의를 얻는 것이다.

그러나 리더가 혁신적인 전략과 프로젝트의 결과를 예측할 수 있는 객관적인 토대를 발견한다는 것은 어려운 일이다.

효과적인 리더는 위험이나 장애에 대하여 지나치게 두려워하지 않으며, 그 대신에 각각의 노력을 공유하여 무엇을 달성할 수 있는가를 강조한다. 그리고 정보를 공유하고 사건을 해석하는 데 복잡한 가치문제들이 포함되어 있는 상황이라면, 항상 해결하여야 할 복잡한 윤리문제가 따른다는 것이 예상된다. 이것은 미래에 많은 관심이 필요한 윤리적 리더십의 한 측면이라고 보여진다.

(2) 가치와 신념에 미치는 영향

논쟁을 요하는 문제는 부하들의 기본적인 가치와 신념을 변화시키려는 시도이다. 어떤 사람은 심지어 이 의도한 결과가 부하나 조직에게 이롭다고 하더라도 이러한 행태에 대한 리더의 영향은 명확하게 비윤리적이라고 주장할 수 있다. 이것을 주장하는 학자들은 리더가 부하들이 무엇을 가장 좋아하는지 안다고 하는 묵시적 가정에 의혹을 제기하며, 또한 부하들이 문제나 사건들을 지각하는 데 편견을 갖도록 리더가 정보를 통제하고 권력을 남용하는 데 관심을 가지고 있다.

조직의 생존과 효과성을 위하여 필요할 때는 조직이 개혁을 하도록 도와야 한다. 그러나 개혁을 위해 대규모 조직의 변화는 구성원의 신념과 지각의 변화 없이는 성공하기 어렵다. 따라서 효과적인 리더들은 어떠한 변화가 조직을 위하여 필요하고, 도덕적으로 옳은지를 결정하기 위하여 조직의 구성원과 다른 이해관련자들과 대화를 해야 한다. 결국 이 과정은 일련의 새로운 신념과 가치관을 공유하는 사회의 출현을 초래할 것이다.

(3) 다수의 이해관계자

리더십의 효과성을 평가하기 어려운 점은 복잡하고 부분적으로 갈등하는 이익을 가진 다양한 이해관련자들을 충족시킬 수 있는 기준이 필요하다는 것이다. 리더의 행동 및 결정에 따른 다양한 결과들이 윤리적 리더십의 평가를 복잡하게 만든다. 어떤 방법으로든 부하들에게 이득이 되는 행동이 나중에는 부하들을 해롭게 할 수도 있다. 또한 어떤 부하들의 이익을 위한 행동이 다른 부하들의 이익에 역행할 수도 있다. 이와 같은 논리로 소유자 혹은 주인에게 가장 좋은 것이 근로자, 지역공동체, 국가경제 혹은 환경에 가장 좋은 것이 되지 않을 수도 있다. 경쟁하는 가치들과 이익들이 서로 균형을 이루도록 하는 노력은 권리, 책무성,

정당한 과정 그리고 사회적 책임에 대한 주관적 판단을 피할 수 없을 것이다. 이해 당사자들의 이익들이 양립하지 못하는 경우 윤리적 리더십을 평가한다는 것은 어려울 것이다.

전통적인 관점에 의하면, 기업조직들의 관리자들은 조직의 경제적 성장을 가져오고, 기업 소유자들의 이익을 대표하는 대리인이다. 이러한 관점에서 볼 때, 윤리적 리더십은 법과 도의적인 기준에 의하여 엄격하게 금지된 것은 하지 않는 반면, 기업소유자들의 이익을 위한 경제적 산출을 극대화함으로써 만족한다. 예를 들어 삼성이나 현대가 한국에서 중국으로 제조 기업들을 옮겨 간다는 결정이 공장근로자들 혹은 그 지역의 경제에 나쁜 영향을 미치지 않으면서 기업들이 이윤을 증진시킬 수만 있다면 윤리적이라고 고려하는 것이 전통적인 관점이다.

더욱 어려운 관점은 관리자들이 조직 내외에 있는 다양한 이해관계자들의 이익을 배려해야 한다는 것이다. 물론 봉사하는 혹은 협조하는 리더십의 개념들이 호소력은 있으나, 이해당사자들간에 갈등이 있을 때는 이러한 리더십을 적용하기 어렵다.

리더십에 대한 평가는 리더가 법적 그리고 계약의 범주 내에서 이해당사자들의 이익을 서로 균형 있게 하고, 통합하는 정도를 고려해야 한다. 통합 지향적인 리더는 어떤 이익이 지배적인 영향력을 갖지 못하도록 다수의 파당을 만들고, 이들이 서로 반목하고 경쟁하여 힘의 균형을 이루어 나가면서 갈등하는 이익들간에 조정하여 통합을 이루는 것이 이해관계의 갈등을 무시하는 것보다 훨씬 윤리적이 될 것이다.

제 2 절 윤리문화의 창조

1. 윤리문화의 구축

Stewardship과 Servant 리더십의 원칙을 지키면서 운영하는 리더들은 유일하게 조직 내에 윤리적 문화를 조성할 자격을 갖추고 있다.1) 그들은 높은 도덕적인 기준에 의하여 운영하기 때문에, 그들은 다른 사람의 높은 도덕적 기준을 일

1) Daft, *op. cit.*, p. 377.

으키게 할 수 있다.

일반적으로 기업들의 공포, 탐욕, 냉담, 그리고 파벌에도 불구하고, 리더들은 도덕적 가치에 따라 행동하며 사람들로 하여금 업무를 수행하는 데 윤리적·정신적 가치들을 따르도록 격려한다. 자신의 믿음을 위하여 확신과 용기를 갖는다는 것은 오늘날 많은 이슈들이 분명치 않은 복잡한 세계에서 더욱 중요하다.

모든 리더들은 무엇이 옳고 그른지 파악하기 어려운 상황에 자주 직면하게 된다. 이러한 윤리적 딜레마는 개인과 조직 간 혹은 조직과 전체사회간의 갈등을 자주 야기할 수도 있다. 부하들은 리더의 말보다는 행동을 보고 따른다. 리더들이 윤리적 문제를 어떻게 다루느냐는 조직의 구성원들에게 하나의 모델이 될 수 있다. 리더들은 조직의 문화를 형성하고, 문화의 가치는 근로자들의 행태에 강력한 영향력을 행사한다. 윤리적인 기업에서 근무하는 근로자들은 만약 그들이 윤리적 가치를 위반한다면 그들의 기업은 걷잡을 수 없는 위험에 빠질 수 있다고 믿는다. 대략 이러한 기업의 리더들은 조직의 문화로 높은 윤리적 기준을 정하는 것으로 알려져 있다. 이러한 높은 윤리적 기준은 조직들이 사회뿐만 아니라 그들 자신에게도 유익해야 된다는 믿음에 근거를 두고 있다. 그러므로 리더들은 매일 모든 근로자들을 위하여 조직 내에서 윤리적 행태와 봉사의 중요성을 강조하는 문화를 창조하고 유지해야 하는 책임이 있다.

[표 10-3]는 윤리적 리더십의 향상을 위한 방법들을 소개한 것이다.

[표 10-3] 윤리적 리더십을 향상시키는 방법

1. 윤리의 규칙 혹은 책임이 있는 기업 행위의 규정을 만들어라
2. 모든 근로자들에게 그 규정집을 읽고 이해하였는지를 증명하게 하도록 하라
3. 윤리를 모든 성과 평가에 통합시켜라
4. 윤리적인 행동을 인정하고 보상하라
5. 비밀스러운 윤리 핫라인 혹은 자문 서비스를 구축하라
6. 윤리 문제를 근로자 의견 설문에 포함시켜라
7. 윤리적 딜레마를 다루는 비디오를 보여 주고 토론을 하라
8. 근로자들의 신문에 윤리 칼럼을 시작하라
9. 윤리적 문제들에 대한 질문들에 온라인 답변 차림표(menu-driven)를 사용하라
10. 최상의 리더들과 윤리에 관하여 공개 토론회를 가져라

출처: Nancy Croft Baker, "Heightened Interest in Ethics Education Reflects Employer, Employee Concerns," *Corporate University Review*(May/June 1977), 6-9; Daft, *op. cit*., p. 379(재인용).

위의 방법들은 리더들이 윤리적인 조직문화를 창조하기 위하여 사용할 수 있는 방법의 일종이라고 볼 수 있다.

어떤 학자는 윤리적 행동을 격려하고 증진하는 것과 비윤리적 활동 혹은 결정을 반대하는 것 사이에 구별을 하였다. 이 둘은 반드시 상호 배타적인 것이 아니고 서로 보완적이며 둘은 동시에 사용될 수 있다.

[표 10-4]는 각 접근법의 예들을 참고로 들었다.

리더들은 조직의 윤리적인 행위를 향상시키기 위하여 다양한 방법들을 가지고 있다. 리더들은 윤리적 문제를 다루기 위하여 분명한 기준과 지침을 가지고 있고, 사람들의 윤리문제를 해결하기 위하여 상담할 수 있다. 또한 리더들은 윤리적 기준과 절차적 정당성들과 일치하는 방법으로 갈등을 완화할 수 있다.

다양한 방법으로 비윤리적 행위를 반대할 수 있다. 예를 들면 비윤리적인 할당 혹은 규칙, 고위 관리자에 거절한다고 위협하는 것, 고위 관리자에게 불만을 제공하는 것, 비윤리적 행위를 외부에 노출하는 것, 실제로 비윤리적 행위를 외부에 폭로하거나 규제기관에게 보고하는 것을 포함한다. 비윤리적 행위에 대한 반대는 일반적으로 어렵고 위험한 행동이다. 정당하지 못한 행위에 반대하거나 비윤리적 행위에 반대하는 것은 조직의 권력을 가진 사람들의 보복을 당할 수

[표 10–4] 리더십 행태의 두 측면

윤리적 분위기를 증진하는 것
• 당신 자신의 행동에서 윤리적 행태의 예들을 보여 주어라 • 윤리적 행동의 법전을 촉진하고 배포하라 • 윤리와 정직에 대하여 부하들 혹은 동료들과 토론을 시도하라 • 다른 사람에 의한 윤리적 행위를 인정하고 보상하라 • 문제에 대한 도덕적인 해결책을 지원하기 위하여 개인적인 위험을 부담하라 • 다른 사람들이 갈등에 대한 공정하고 윤리적인 해결책을 발견하는 것을 도와주어라 • 지원 서비스를 시도하라(예: 윤리 핫라인, 온라인 지원집단)
비윤리적 행위를 반대하는 것
• 비윤리적 행동에 의하여 제공되는 혜택을 나누어 갖는 것을 거절하라 • 비윤리적 행동을 포함하는 할당의 몫을 받는 것을 거절하라 • 다른 사람에 의한 비윤리적 행동을 좌절시키도록 노력하라 • 조직에서 비윤리적 혹은 공정치 못한 정책을 공개적으로 발표하라 • 비윤리적 결정을 반대하고 그리고 그들을 전환시키도록 노력하라 • 해당 기관에게 위험한 생산품들과 혹은 해로운 실무를 보고하라 • 비윤리적 결정과 행위를 반대하는 사람들에게 지원을 제공하라

출처: Yukl, *Leadership in Organizations*, p. 408.

있기 때문에 보복을 당하는 위험에 빠질 수 있다. 많은 내부고발자들은 결국에는 그들의 직업을 잃거나 그들의 경력 발전에 많은 어려움을 겪게 된다고 한다. 비윤리적 행위를 성공적으로 저지하기 위하여 강요, 기만, 그리고 조작과 같은 윤리적으로 의문을 가질 수 있는 행위를 사용하게 되는 경우도 있다. 이러한 행위는 바람직하지 않은 부작용을 초래할 수 있으며, 윤리적 목적을 위하여 사용하였던 그러한 행위들이 오히려 비윤리적인 목적을 위하여 활용한 똑같은 전술을 합법화시킬 수 있다. 그와 같이 수단이 목적을 정당화하는지를 결정하는 것은 비윤리적인 행위를 반대하는 리더들에게 어려운 딜레마가 될 수 있다.

2. 윤리문화를 위한 황금률을 푸는 열쇠

사람들의 마음속을 들여다 보면 모두가 비슷한 점을 발견한다. 나이, 성별, 인종, 국적은 달라도 사람들은 어떤 공통점을 가지고 있다. 이러한 공통점을 파악한다면 서로간의 윤리의식을 제고할 수 있다. Maxwell이 이러한 공통점이 무엇인가를 다음과 같이 설명하였다.[1)]

① 사람들은 가치를 인정받고 싶어한다

오늘날 많은 사람들이 자신의 가치를 인정받지 못하고 있다고 느끼기 때문에 조직을 떠나거나 혹은 스트레스에 쌓이곤 한다. 다른 사람으로부터 가치를 인정받고 싶지 않은 사람은 단 한 명도 없을 것이다.

사람들이 누군가를 통하여 자신이 가치 없는 사람이라고 느껴 본 적이 있는 사람은 누군가로부터 인정받는다는 것이 얼마나 중요한 일인지 잘 알 것이다. 이와 같은 차원에서 생각하는 방법을 배웠다면 황금률을 인생의 윤리적 기준으로 삼는 중요한 단계를 거친 것이다.

② 사람들은 감사받고 싶어한다

사람들이 자긍심을 높일 수 있도록 항상 도와주어야 한다. 상대방을 중요한 사람으로 느끼게 하는 방법을 개발하여야 한다. 그렇게 하기 위하여 그들의 노력을 인정한다고 상대방에게 말하고, 공로를 인정하고 감사함을 표시하고, 가능한 한 자주 사람들의 공로를 인정해야 한다. 또한 가까운 친구 및 가족 앞에서 칭찬

1) Maxwell, *There is no such Things as Business Ethics*, 조영희 옮김, 결정적인 순간의 원칙, pp. 55-70.

하는 것도 중요하다. 실제로 동료가 당신을 칭찬하는데 어떻게 그들과 싸울 수 있겠는가?

③ 사람들은 신뢰를 받고 싶어한다

빅토리아 시대의 작가 George MacDonald는 "신뢰가 사랑보다 더 큰 칭찬"이라고 말했다. 「리더십 21가지 불변의 법칙」(*The Irrefutable Laws of Leadership*)에서 신뢰가 리더십의 토대라고 이야기한다. 그 말이 옳다면, 신뢰가 모든 관계의 토대라고 말할 수도 있을 것이다. 신뢰가 없는 사람에게는 마음을 터놓고 만나는 솔직한 관계란 존재하지 않을 뿐만 아니라 그런 관계는 일시적이다.

다른 사람을 신뢰한다는 것, 특히 잘 모르는 사람을 신뢰하기 위해서는 커다란 믿음이 필요하다. 황금률을 실천하기 위해 필요한 것도 그러한 믿음이다. 사람들이 우리를 신뢰하게 만들기 위해 먼저 우리가 그들을 믿어 주어야 한다. 반대로 그를 불신하고, 그 불신감을 내보이면 우리를 멀리 할 것이다.

④ 사람들은 존경받고 싶어한다

사람은 본질적으로 존경을 받고 싶은 욕망을 가지고 있다. 사람을 존경하면 상대적으로 그 사람으로부터 존경을 받는다. 그래서 존경은 존경을 낳는다고 한다. 대부분의 사람들은 상사의 존중을 받고 싶어한다. 그리고 상사가 직원들을 아낌없이 존중해 줄 때 긍정적인 업무 환경이 조성된다. 다시 말해 직원들을 존중하면 그들은 최고의 실력으로 최선을 다해 일하려는 동기를 갖는다. 리더들은 사람을 소중히 여기는 것이 사업에도 유리하다는 것을 알아야 한다.

⑤ 사람들은 이해받고 싶어한다

사람들 사이의 문제는 개인적으로 냉담하거나 무관심해서 생길 때도 있지만 이해 부족 때문에 생기는 경우가 더 많다. 우리는 다른 사람들이 우리의 패턴이나 기준을 맞추지 못할 경우 재빨리 그들의 흠을 잡는다. 하지만 그들을 이해하려는 노력을 하게 되면 그들의 방식에 문제가 없음을 발견하는 경우가 종종 있다. 그저 그들의 방식이 다르구나 하고 이해하는 것이다. 어쩌면 그들의 방식이 우리와 다른 것은 우리가 가지고 있는 이점이 그들에게 없을 수도 있기 때문이다.

사람들과 관계를 맺을 때는 상대방을 먼저 이해하고 나서 이해받도록 해야 한다. 이를 위해 융통성 있는 태도와 학습능력이 있어야 한다.

⑥ 사람들은 이용당하는 것을 원치 않는다

사람들은 자신이 이용당하고 있다는 것을 가장 싫어한다. 2003년 1월 Marvin

Bower가 세상을 떠났다. 전문 경영 컨설팅의 원조라고 불리는 McKinsey & Company를 오랫동안 이끌어 온 Bower 사장은 회사에 1933년 처음 입사할 때부터 1992년 은퇴하기 전까지 상당한 영향력을 행사했다. 그는 다른 사람들을 존중하는 것이 얼마나 중요한지를 몸소 보여 주었다. McKinsey 사내에서 발간한 책자에는 그에 관해 이렇게 적고 있다. "Bower 사장은 고객의 이익이 회사의 이익보다 앞서야 한다고 주장했다. 그리고 그 약속은 고객이 생각하는 우리의 가치가 수임료보다 높다고 여길 때에만 가능하다."

Bower 사장이 1950년대에 억만장자 하워드 휴즈로부터 자신을 도와 파라마운트 영화사에서 일해 달라는 요청을 받았다. 그러나 하워드 휴즈의 독단적인 사업 방식을 생각해 본 후 그를 도울 수 없겠다는 결론을 내렸다. 결국 제안을 거절하였다. 그에게는 가치가 돈 이상으로 중요했기 때문이었다. 그는 다른 사람을 이용하지 않았다. 그것이 황금률을 지키며 살아가는 사람들의 방식이다.

3. 윤리적 리더십의 원리(Principles of Ethical Leadership)

윤리적 리더십의 5원리의 중요성은 생의학적 윤리, 기업윤리, 상담심리학, 그리고 리더십 교육과 같은 다양한 분야에서 논의되고 있다.[1] 포괄적이진 않으나 이 원리들은 건전한 윤리적 리더십의 발전을 위한 근간을 조성할 수 있다(존경, 봉사, 정당성, 정직, 그리고 공동체 사회).[2]

1) 윤리적 리더는 다른 사람을 존경한다

존경을 가지고 다른 사람을 대우해야 한다. 그렇게 하기 위해서, 다른 사람을 수단이 아닌 목적으로 취급하는 것이다. 사람들은 자신이 자발적으로 설정한 목적으로 취급해야 하며, 다른 사람을 개인적 목적의 달성 수단으로 대우해서는 안 된다.[3]

다른 사람을 존경하는 리더는 그 사람들이 창의적 요구와 욕망을 가진 사람이 되는 것을 허용한다는 의미이다.

1) Northouse., *op. cit.*, p. 350(재인용).
2) *Ibid.*
3) Beauchamp, T. L., & Bowie, N. E., 1988, *Ethical theory and business*(3rd ed.), Englewood Cliffs, NJ: Prentice Hall; Northouse, *op. cit.*, p. 351(재인용).

존경은 리더가 자신의 부하들에 귀를 기울이며, 감정이입이 되고, 그리고 반대의견을 수용한다. 리더가 부하들에 대한 존경을 표시할 때, 부하들은 자신들의 일에 능력을 갖게 된다. 간단히 말해, 존경을 보이는 리더들은 다른 사람들을 가치 있는 인간으로 대우한다.

2) 윤리적 리더들은 다른 사람을 위해 봉사한다

봉사 원리는 분명히 애타주의의 표본이다. 봉사하는 리더는 이타적이고, 부하들의 복지를 가장 먼저 고려한다. 이타적인 봉사행태는 지도, 권한위임행태, 팀빌딩, 그리고 시민 행태와 같은 그러한 행동에서 관찰될 수 있다.[1]

사람을 위해 봉사하는 리더의 윤리적 책임은 선행의 윤리적 원리들과 대단히 비슷하다. 일반적으로 선행은 제공자가 다른 사람들의 합법적 이익과 목적을 추구하는 것을 도와주기 위한 의무를 가져야 한다고 주장한다. 의학 전문가와 같이, 윤리적 리더들은 다른 사람을 보살피고, 봉사하며, 그리고 그들의 복지에 도움이 되는 결정을 만들 책임을 가지고 있다.

지난 세기, 서비스 원리는 리더십 문헌에서 많은 강조를 하고 있다. 이것은 Greenleaf, Covey, Kouzes와 Posner와 같은 많은 학자들의 저서에서 명백하게 나타나고 있다. 특히 봉사에 대한 강조는 학습조직에 대한 Senge의 저서에서 관찰된다.[2] Senge는 학습조직에서 리더의 주요한 과제의 하나는 조직 내에 비전을 돌보는 사람이 되는 것이다. 돌본다는 것은 자신보다 더 큰 비전을 명확히 하고 육성하는 것이다. 이것은 자기중심적이 되는 것이 아니라 나 자신과 조직의 다른 사람들의 비전을 통합하는 것이다.

3) 윤리적 리더는 정당하다

윤리적 리더들은 공정하고 정당한 문제들에 관심이 있다. 이들은 부하들을 동등한 방법으로 대우하는 것이 최우선과제이다. 정당한 것은 리더들이 의사결정을 하는 데 공정성을 중심에 두어야 한다고 요구한다. 대체적으로 특별한 경우를 제외하고 아무도 특별한 대우나 고려를 받아서는 안 된다. 사람들이 다르게 대우

---

1) Kanungo, R. N., & Mendonca, M., 1996, *Ethical dimensions of leadership,* Thousand Oaks, CA: Sage; Northouse, *op. cit.*, p. 351(재인용).

2) Senge, P. M., 1990, *The fifth discipline: The Art and Practice of the Learning Organization,* New York: Doubleday; Northouse, *op. cit.*, p. 352.

를 받아야 할 경우, 차별 대우를 해야 되는 원인을 명확하고 합리적이며 그리고 도덕적 가치에 근거를 두어야 한다.

4) 윤리적 리더는 정직해야 한다

정직하다는 것이 중요한 것은 우리가 정직의 반대 경우를 직면하였을 때 더욱 이해될 수 있다.[1] 부정직은 거짓말, 현실을 왜곡하는 방법의 형태이다. 부정직은 부당한 결과를 가져올 수 있으며, 맨 먼저 불신을 자아낸다. 리더가 정직하지 않을 때, 다른 사람들은 그 리더들을 믿을 수 없거나 신뢰할 수 없는 사람으로 볼 것이다. 따라서 리더를 향한 존경은 감소한다.

정직하다는 것은 단지 진실만을 이야기하는 것이 아니다. 정직은 공개적으로 사람을 다루고, 가능한 한 현실을 충분히 그리고 완전히 나타내는 것이다. 그러나 이것은 쉬운 일은 아니다. 왜냐하면 완전한 진실을 말함으로써 파괴적이고 비생산적인 경우가 있을 수 있기 때문이다. 리더들의 도전은 특별한 경우 발표하는 것이 바람직한가를 검토하면서 공개와 솔직함간의 균형을 찾는 것이다. 리더가 믿을 만하다는 것이 중요하다. 그리고 다른 사람의 태도와 느낌에 민감해야 된다는 것이 필수적이다.

5) 윤리적 리더는 공동체사회를 구축해야 한다

공동의 목적은 리더나 부하들이 집단에서 택한 방향에 동의를 해야 된다는 것을 요구한다. 리더들은 자신과 부하들의 목적을 고려하면서 적절한 공동의 목적을 발견해야 한다.

Burns는 이러한 생각이 변혁적 리더십 이론의 핵심이라고 주장한다. 변혁적 리더는 리더와 부하들의 유익한 공동의 목적을 위해 집단을 움직이는 것이다. 공동의 목적을 위해 리더나 부하들이 변화되어야 한다. 이러한 사고가 Burns의 변혁적 리더십을 독특하게 만드는 것이다. Burns에게 리더십은 리더 부하관계에 기초를 두고 있다.

윤리적 리더는 집단에 속한 모든 사람들의 목적을 고려해야 하고, 공동체 사회와 문화의 흥미를 갖고 관심을 두어야 한다. 변혁적 리더와 추종자들이 더 광

---

1) Jaksa, J. A. & Pritchard M. S., 1988, *Communication Ethics: Methods of Analysis,* Belmont, CA: Wadsworth.

범위한 사회의 집합체에 도달하고, 더 높고 광범위한 도덕적 목적을 결정하려고 노력한다.1) 우리는 리더나 추종자에 의하여 제안한 변화가 더 큰 목적, 공동체 지역사회, 그리고 사회에 어떻게 영향을 미치는지에 주의를 하는 것이 필요하다. 윤리적 리더는 광범위한 의미에서 공공선을 관계한다.

제 3 절 윤리적 리더십의 다양한 시각

1. 윤리적 리더십의 다양한 관점

윤리적 리더십에 대한 현대적 시각은 광범위한 관점에서 리더십을 보는 몇몇 학자들에 의하여 영향을 받았다. 아래 언급할 학자들의 예들은 정치적 리더들, 지역리더들, 종교리더들, 그리고 비영리단체의 리더들을 포함한다. 또한 각 학자들이 윤리적 리더십을 어떻게 기술하였는지를 간단히 언급하였다.2)

오늘날 도덕적 리더십은 부하들이 리더로 성장하는 변화를 촉진하는 것을 의미한다. 도덕적 리더십은 부하들을 통제하고 제한하는 것보다 그들의 잠재력을 발전하게 할 수 있다. 이와 같이 리더십에 대한 사고의 변화는 부하들이 리더의 잠재력을 갖도록 발전시킴으로써 조직의 성과를 향상시킬 수 있다는 논리에서 아래 리더십의 사고 변화를 검토하는 것은 의미가 있을 것이다.

1) 윤리적 리더십에 대한 Burns의 관점

James McGregor Burns는 정치적 리더들에 대한 서술적 연구로부터 변혁적인 리더십의 이론을 만들었다. 그에 의하면, 주요한 리더십 기능과 역할은 윤리문제의 인지를 증가시키고, 그리고 사람들이 갈등하는 가치들을 해결하게 도와주는 것이다. Burns는 변혁적인 리더십을 리더들이나 부하들이 서로 도덕과 동기부여의 높은 수준에 이르게 하는 과정으로 설명하였다. 이 리더들은 공포, 탐욕, 질투 혹은 미움과 같은 감정이 아니라 자유, 정당성, 평등성, 평화, 그리고 인도주의자와 같은 이상과 도덕적 가치들에 호소하면서 추종자들의 지각을 높이는 것이다.

---

1) Bass, B. M., & Steidlmeier, P., 1999, "Ethics, character, and authentic transformational leadership behavior," *Leadership Quarterly*, (102), 181-217; Northouse, *op. cit.*, p. 356(재인용).
2) Yukl, *op. cit.*, pp. 402-404.

Burns는 리더십을 리더들과 부하들의 관계가 지속적으로 영향을 미치는 과정으로 보았다. 변혁적 리더십은 개인들 사이의 영향 관계이다. 그러나 이 리더십은 사회체제를 변화시키고, 제도를 개혁하기 위하여 권력을 동원하는 과정이다. 이 리더는 사람들의 집단들 사이에 갈등을 형성, 표현, 그리고 중재하려고 한다. 왜냐하면 갈등은 공유하고 있는 이상적인 목적을 달성하기 위하여, 에너지를 동원하고 활용하기 위하여 유익할 수 있다. 그와 같이 변혁적 리더십은 개인적인 추종자들의 도덕적 평가뿐만 아니라 사회적 개혁을 달성하기 위한 집단적인 노력이다. 이 과정을 통하여 리더들과 부하들은 변화할 수 있다. 그들은 자신을 위하여 무엇이 좋은가뿐만 아니라 조직, 지역공동체, 그리고 국가와 같은 더 큰 집단을 위하여 무엇이 이로운가를 고려하게 될 것이다.

2) 윤리적 리더십에 대한 Greenleaf의 관점

1970년에 Robert Greenleaf는 봉사하는 혹은 섬기는 리더십(Servant Leadership)의 개념을 제안하였다. Greenleaf에 의하면 부하들에 대한 서비스는 리더의 주요한 책임이며 윤리적인 리더십의 본질이라고 하였다. 서비스는 부하들을 양육하고, 방어하며 권한을 부여하는 것을 의미한다. 서비스 리더들은 부하들의 욕구를 이해하고, 부하들이 더욱 건강하고 현명하며, 책임을 기꺼이 수용하도록 관심을 가져야 한다.

오늘날 우리 사회에서 참여 리더십, Stewardship 리더십은 사람을 이끄는 데 불충분하여 리더의 봉사정신을 요구하는 섬기는 리더십(Servant Leadership)을 원하고 있다. 봉사하는 리더십은 다른 사람의 이익을 봉사하기 위하여 자신의 이익을 초월하며, 다른 사람이 성장하도록 돕고, 다른 사람들이 물질적으로 그리고 감정적으로 기회를 얻도록 도와준다. 다른 사람들의 성취가 봉사하는 리더십의 주요한 목적이다.

Servant Leadership의 개념은 Robert Greenleaf에 의하여 처음으로 언급되었던 그의 책 「*Servant Leadership*」에서 설명되었다. Greenleaf는 Herrmann Hesse's 소설인 「*Journey to the East*」를 읽은 후에 그의 아이디어를 전파하기 시작하였다.

이 소설의 이야기의 주인공은 여행하는 사람들의 집단을 위한 봉사자인 Leo이다. 그는 집단에 봉사하기 위하여 가장 비천한 머슴 업무를 수행한다. 그리고 좋은 정신과 노래를 부르면서 사람들을 기쁘게 한다. 모든 것은 Leo가 사라질 때까지 순조롭게 진행되었으나 그가 사라진 후 그 여행은 혼란에 빠지게 된다. 몇 년 후에 나래터가 원래 그 여행을 후원한 기사단(the Order)의 본부에 갔을 때, 그는 Leo를 다시 만났다. 거기에서 그는 Leo가 그 기사단의 주요한 우두머리라는 것을 발견하였다. 그는 여행자들이 미천한 사람으로 생각하였던 사람이 아니라 위대한 리더였다.[1] Hesse's의 소설적인 사람은 봉사적인 리더의 전형적이다. 의문은 조직의 실제 인간들이 다른 사람을 봉사하기 위하여 사심 없는 Leo의 수준에 달성할 수 있는가이다.[2]

오늘날 부하들은 리더의 말보다는 행동을 보고 따른다. 리더는 자신의 이익보다는 부하들의 이익을 먼저 챙겨야 하고, 자신의 위험보다는 부하들의 위험을 먼저 생각하며, 절망 속이라도 내색하지 않고 부하들에게 용기와 희망을 불어넣어 주고 때로는 자신의 생명조차 희생하면서 부하들을 사랑하는 리더들을 따른다는 것을 우리는 세계 유명한 영웅들을 통해서 지혜를 배울 수 있다. 박철언의 저서인 「바른 역사를 위한 증언」에서 보면 새로운 지도자를 결정하는 데는 네 가지 기준을 가지고 판단해야 한다고 한다. 그것은 위기관리 능력, 조직지도 능력과 경험, 정직과 성실 그리고 도덕성, 건강과 품위라고 한다.

이처럼 성공적인 리더가 되기 위해서는 정직성, 성실성 및 도덕성이 필수적인 요인으로 판단된다.[3]

Greenleaf는 리더들이 봉사하는 리더십의 기본적인 사고를 인지하도록 하기 위하여 다음과 같이 제안했다.[4]

① 자신의 이익보다 서비스를 먼저 생각하라

봉사하는 리더들은 다른 사람들과 조직의 변화와 성장을 유도하는 목적을 위하여 타고난 재능을 사용한다.

② 다른 사람을 확신하기 위하여 처음엔 청취를 하라

봉사하는 리더들은 대답을 갖고 있지 않다. 그는 묻는다. 다른 사람보다 봉사하는 리더의 가장 큰 재능은 다른 사람이 직면한 문제를 청취하고 충분히 이해하며, 다른 사람에 대한 그의 확신을 확인한다.

1) Robert K. Greenleaf, 1977, *Servant Leadership: A Journey into the Nature of Legitimate Power and Greatness,* Mahwah, NJ.: Paulist Press, p. 7.
2) Daft, *op. cit.*, pp. 374-375.
3) 박철언, 2005, 바른 역사를 위한 증언, Random House, 랜덤하우스코리아, p. 283.
4) Robert K. Greenleaf, *Servant Leadership* and Walter Kiechel III, 1992, “The Leader as Servant,” *Fortune,* May 4, 121-122; Daft, *op. cit.*, pp. 374-376(재인용).

③ 신용과 진실성 있게 행동하여 감동을 주어라

봉사하는 리더들은 사람과의 관계에 있어 전적으로 정직하며, 통제를 포기하고, 사람들의 복지에 관심을 갖고, 그들이 말한 것을 이행함으로써 신뢰를 구축한다.

④ 사람들을 육성하고 그들이 완성체가 되도록 도와라

봉사하는 리더들은 사람들이 인간다운 지도자의 리더십을 발견하게 하고 그들의 책임을 수용하는 것을 도와준다. 이것은 개방성을 요구하며, 사람들이 고통과 어려움을 기꺼이 공유하게 한다.

봉사하는 리더십의 한 극단적인 예는 Mother Teresa의 경우이다. 그녀는 한 평생을 가난하고 병든 사람을 위하여 보냈다. 그녀의 헌신은 수백만 사람들이 그녀를 따르게 하고 수백만 달러의 재정적 지원을 모았다.

봉사하는 리더들은 사람들을 노동하는 물건으로서가 아니라 인간으로서 사람들을 높이 평가하고 존경한다. 봉사를 위한 선택을 한다는 의미는 자신을 위하여 물질적인 재산을 추구하는 것보다 더 높은 목적에 믿음을 가지고 있는 사람일 것이다. 더 행복하고 안락한 생활을 저버리면서 가난하고 전쟁으로 황폐한 곳의 사람들을 봉사하는 사람들을 우리는 간혹 볼 수 있다. 이와 같은 봉사활동이 계속 일어난다면 사회에 도덕적으로 활동하는 사람이 훨씬 더 많아질 것이다.

2. 윤리적 리더십의 결정요인

리더들 가운데 윤리적 행태의 근원을 찾아본다는 것은 흥미로운 연구이며, 도덕발전에 관한 인식이론이 어느 정도 설명이 가능하다. 예를 들면, Kohlberg는 사람들이 어린아이 때부터 성인에 이르기까지 도덕적인 발전 단계를 통하여 사람들이 어떻게 진보하는지를 설명하는 모델을 제시하였다. 이 단계들을 가지고, 사람들은 정당성, 사회적 책임, 그리고 인권의 원리들에 대한 더 넓은 이해를 가져올 수 있다. 도덕발전의 가장 낮은 수준에 속하는 주요한 동기부여는 자신의 이익과 욕구들의 만족이다.

도덕발전의 중간 수준에서 주요한 동기부여는 집단들, 조직들 그리고 사회에서 결정된 역할 기대와 사회 규범을 만족시키는 것이다. 도덕발전의 가장 높은 수준에 속하는 주요한 동기부여는 내면적인 가치와 도덕의 원리를 수행하는 것이다. 이 수준의 사람들은 중요한 윤리적 목적을 달성하기 위하여 규범에서 벗어날 수 있고 사회적 거절, 경제적 손실을 모험할 수도 있다.

도덕발전의 단계는 개인 리더를 평가하는 하나의 기준이다. 도덕발전의 가장 높은 수준의 리더들은 도덕발전의 가장 낮은 수준의 리더들보다 더 윤리적인 것으로 간주한다.

Maxwell은 윤리적 리더십을 위하여 다음과 같은 행위를 권유한다.[1)]

1) 자신의 행동에 책임을 져라: 변명만 늘어놓아서는 안 된다.

2) 절제력을 길러라: 절제력을 가지지 못한 사람들은 자주 속임수의 유혹을 받는다.

3) 자신의 약점을 깨달아라: 루스벨트는 어렸을 때부터 몸이 허약하여 병에 잘 걸렸고, 천식이 있었으며, 체중미달이었다. 그런 사실을 알고 있던 그는 몸을 튼튼하게 만들기 위하여 전념을 다했다. 카우보이로 일하고, 거친 사냥도 다녔으며, 기병 장교로 전쟁에 참전하고, 권투를 배웠다. 결국 그는 병약한 소년에서 활기 왕성한 대통령으로 변신했다. 자신의 약점을 아는 사람은 자신의 약점 때문에 쉽게 놀라지 않으며, 남들이 자신의 약점을 이용하도록 내버려 두지도 않는다. 반대로 자신을 속이거나 자신의 약점을 감추며 강한 척하는 사람들은 스스로 파멸의 구렁텅이로 내모는 것과 같다.

4) 중요하다고 생각하는 것을 먼저 하라: 일관성이 있다는 것은 자신의 믿음과 행동을 일치시킨다는 것을 의미한다. 일관성을 지킨다는 것이 꼭 쉽다고는 말할 수 없지만 방법은 간단하다. 스스로 중요하다고 생각하는 가치가 무엇인지 정하고, 그것을 가장 먼저 하는 것이다.

5) 잘못은 빨리 시인하고 용서를 구하라: 최근에 일어난 많은 대기업의 몰락에는 한 가지 공통점이 있다. 사실을 은폐했다는 것이다. 이러한 대기업들의 간부들은 모두 회사의 비리를 숨기려고만 했다. 물론 이러한 태도가 기업에만 만연해 있는 것은 아니다. 어느 직업에 종사하든 나쁜 성품의 사람들은 비리를 고백하기보다는 은폐하기에 더욱 급급하다. 그러나 대부분의 사람들은 실수를 저지른 사람이 진실을 털어 놓으며 용서를 구할 때는 오히려 너그러운 마음으로 상대방을 믿어 준다.

---

1) Maxwell, *There is no such Things as Business Ethics*, 조영희 옮김, 결정적인 순간의 원칙, pp. 119-135.

6) 특히 돈 문제에 신경써라: 누군가의 성품에 대해 알고 싶으면 그 사람이 돈을 어떻게 다루는지를 보면 된다. 사람들은 때때로 돈 모으는 것을 필요 이상으로 우선시하는 실수를 저지른다. 돈을 최우선 순위에 두는 사람은 그 때문에 모든 것을 잃는 경우가 많다. 물론 돈이 도구 이상의 것은 아니지만 그 칼날은 매우 날카롭다. 잘못 취급하면 커다란 해를 입을 수도 있다. 우리가 늘 돈 문제에 각별히 주의를 하는 이유가 여기에 있다. 만일 우리가 돈에 대한 태도를 바르게 유지할 수 있다면 돈은 파괴적인 것이 아니라 건설적이고 유용한 도구가 될 것이다. 돈은 끔찍한 주인이 될 수도, 훌륭한 하인이 될 수도 있다. 그러나 돈이 주인 행세를 해서는 안 된다.

7) 일보다 가족을 소중히 여겨라: 불행하게도 오늘날의 문화를 살아가는 많은 사람들은 가족을 도외시하는 경향이 있다. 사회적으로 성공하기 위해서는 그것이 어쩔 수 없다고 한다. 이혼율이 그러한 사실을 보여 주는 증거이다. 매년 국민들이 내는 세금의 많은 부분이 부모의 보살핌을 받지 못하는 아이들을 지원하는 데 쓰이고 있다.

하지만 장기적으로 볼 때 가족을 우선시하는 것은 일에 방해가 되지 않는다. 오히려 더 큰 힘이 된다. 가족과 함께 해야만 성공할 수 있다. 소중한 것을 먼저 하라. 가정이 안정되면 자신이 원하는 것을 무엇이든 이룰 수 있다.

8) 사람에게 높은 가치를 부여하라: 사람들이 명성을 쌓을 때 어떤 사람이 되어야지, 어떤 것이 좋은 것인지에만 관심을 집중한다. 왜냐하면 그것이 성공의 과정에서 중요한 부분을 차지하기 때문이다. 하지만 진정한 황금의 기회를 잡으려는 사람들은 그 이상의 일을 해야 한다. 그것은 다른 사람들을 존중하는 것이다. 이것이 황금률의 본질이다.

리더십의 윤리적 문제에 대한 경험적 연구는 상대적으로 새로운 주제이며 더욱 많은 연구가 필요하다. 앞으로 연구할 주제는 윤리적 딜레마 그리고 불일치가 해결되는 과정, 윤리적 원리가 변화하는 조건들에 적응하는 과정, 그리고 리더들이 윤리적 의식, 대화, 그리고 동의에 영향을 미치는 요인 등을 다루어야 할 것이다.

제 4 절 리더십의 용기

진정한 리더십은 신념을 갖고 전진하는 것이며, 이는 지혜와 마음 모두를 필요로 한다. 용기(courage)라는 말은 프랑스어 'corage'에서 유래되었다. 이 단어는 머리와 심장을 의미한다. 용기가 없다면 우리는 머리로만 생각하려고 하고, 마음은 뒤에 남겨 놓는다. 미국의 뉴욕시에 있었던 9. 11사태때 용기를 내어 생존자를 구출하려고 무역센터로 뛰어든 구조대원들처럼 모두가 영웅적인 사람이 될 필요는 없다. 우리는 조용한 방법으로 일상생활에서 용기를 실천할 수 있다. 눈송이들이 모두 제 각각의 모습을 갖고 있듯이 우리 각자도 독특한 재능을 갖고 있다. 그렇지만 이러한 재능을 깨닫고 사용하려면 스스로 용기를 내야 하고 진정으로 봉사하려는 마음으로 전진해야 한다.[1)]

도덕적 리더들은 그들 자신의 신념을 위하여 자신의 생명까지 희생할 수 있는 강한 인내도 필요하다. 그러나 대규모 조직에서 근무하는 많은 리더들이 용기의 중요성을 모르는 경우가 많다. 용기가 없으면 리더들이 이루거나 혹은 얻을 수 있는 것이 없다는 사실이다. 용기가 없는 사람들에게 중요한 것은 조직과 잘 어울리는 것이며, 조직에 적응하도록 하고, 승진과 봉급인상을 위하여 보탬이 되는 모든 것을 기꺼이 한다. 안정과 풍요로운 세계에서 살면서 용기의 의미를 안다는 것이 쉽지 않으며, 이러한 상황에서는 리더들이 용기를 어디서 어떻게 찾는지 혹은 언제 용기가 필요한지도 알기 어려울 것이다. 분명히 알아야 할 것은 용기는 위기 혹은 위험속에서 탄생한다는 것이다. 두려움이 없다면 용기는 필요하지 않다.

1. 용기의 정의

대부분의 사람들은 직감적으로 용기는 박탈, 조롱, 그리고 거절을 극복하고, 깊게 생각한 어떤 것을 달성할 수 있는 것을 의미한다. 용기는 중요한 덕목이다. 행동을 할 수 있는 대담함, 옳은 것을 위해서는 목숨도 던지는 결단력이 내포되어 있어야 한다. 안정이나 풍요로운 삶은 용기의 필요성을 느끼지 않을 수 있다. 이러한 상황 가운데 리더들이 자신들의 경력을 관리하기 위하여 배운 교훈은

1) Robert Quinn(최원정 · 홍병문 옮김), *op. cit.*, p. 37.

"곤란한 일에 끼지 말고," "실수하지 말며," "위험부담은 다른 사람이 하게 하고," "자제를 하고," 이러한 사고는 리더로서 도움이 되지 못한다. 위험부담을 하려는 용기는 충분히 보상받아야 한다.

거의 10년 정도 올림픽위원회(International Olympic Committee: IOC) 위원장직을 수행하였던 후안 안토니오 사마란치와 가까운 추종자들도 그가 거의 독재자에 가까웠기 때문에 그의 잘못을 지적할 만한 용기를 가진 사람이 없었다. IOC위원들은 개인적으로 그에게 신세를 졌기 때문에 경기보다는 사마란치에게 충성을 했다. 즉 개인적으로든 다른 식으로든 그가 신뢰성과 균형을 찾도록 도와줄 사람도 없었다. 사마란치와 같이 추종자들도 주어진 역할을 다하지 못했다. 그러자 그의 리더십과 관리능력이 저하되기 시작했다. 저속한 부패행위가 증가하는 데 효과적으로 대처하지 못하였고 결국 올림픽에서는 비즈니스와 돈이 가장 중요해졌다. 그 결과 사마란치가 퇴임할 때, IOC의 명성이 더렵혀지고, 많은 IOC 동료들의 체면이 손상되었으며, 경기 자체는 세계 올림픽경기가 퇴색되어 지구촌 스포츠의 광태에 지나지 않게 되었다. 이후 2001년 올림픽 선수였던 벨기에 출신 의사 자크 로케(Jacques Roqqe)가 21년 만에 IOC 최초로 경쟁을 통해 위원장으로 선출되었다. 사마란치의 후임자로 로케가 선출된 것은 IOC의 사업과 타락한 문화에 큰 변화를 알리는 신호였다.[1)]

Raoul Wallenberg가 유태인을 구하기 위하여 Nazi 장교들을 협박하였을 때 그는 생명의 위협을 느꼈다. 사람들은 죽음, 실수, 실패, 고통, 변화, 통제의 손실, 외로움, 아픔, 불확실성, 남용, 거절, 성공, 그리고 대중연설을 포함하여 모든 종류의 두려움을 경험하면서 자신이 추구하는 목적을 달성한다.

사람들이 어떠한 종류의 위험에 직면할 때 두려움을 느끼는 것은 자연스럽고, 옳은 것이다. 그러나 진정한 리더는 책임을 지고, 위험을 부담하며, 변화를 주고, 생각을 말하고, 믿는 것을 위해 싸우기 위하여 다양한 두려움을 극복한다.

용기는 책임을 수용하는 것을 의미한다.[2)] 리더들은 앞으로 나아가고, 개인적인 책임을 진다. 리더들은 사람들이 그들에게 무엇을 하라고 말하거나 그들에게 무엇을 하라고 허락하는 것을 좋아하지 않는다. 용기 있는 리더들은 그들 조직이나 지역사회에서 차별화하기 위하여 기회를 창조한다. 리더들은 공공연히 그들의

1) Kellerman, *Bad Leadership*, pp. 103-105.
2) Daft, *op. cit.*, p. 381.

실패나 실수에 대하여 책임을 진다. 오늘날 대규모 관료조직에서 책임을 수용하는 것은 거의 존재하지 않은 것 같아 보인다. 그 대신 서로 책임을 회피하고 전가하는 경향이 많다.

용기는 사회규범의 거부를 의미하기도 한다.[1] 리더십 용기는 비위에 거슬리는 것, 전통을 깨는 것, 경계를 파괴하는 것, 그리고 변화를 시도하는 것을 의미한다. 리더들은 이미 정해진 규칙들을 맹목적으로 따르지 않는다. 그들은 기꺼이 위험을 부담하며 사람들에게도 그렇게 하기를 촉구한다. 리더들은 근로자들에게 자율적으로 일하도록 격려하고 모든 근로자들이 위험부담을 하도록 권장하는 동시에 변화를 주도한다.

용기는 무엇을 원하는지 그리고 무엇을 생각하는가를 말하게 한다.[2] 리더들은 사람들에게 영향을 미치기 위하여 거리낌 없이 큰소리로 말하여야 한다. 그러나 다른 사람, 특히 상관을 기쁘게 하려는 경우에는 때때로 진실을 피하는 경향이 있다. 용기는 사람의 부당한 요구에 no라고 말할 수 있는 능력과 비전을 달성하기 위하여 필요한 것을 과감하게 요구하는 능력을 의미한다.

용기는 당신이 믿는 것을 위하여 싸우는 것을 의미한다. 용기는 전체 국민을 위한 가치의 실현을 위하여 싸우는 것을 의미한다. 리더는 위험을 부담하고 높은 목적을 위하여 싸운다. 이 세상에는 인간의 존엄성, 인권, 자유, 독립과 같은 높은 목적을 위하여 자신의 생명을 희생한 많은 사람들이 있다. 이들이 용기 있는 리더들이다. 용기는 약자를 파괴시키기 위하여 전쟁을 하고, 약자를 못살게 괴롭히며, 다른 사람들이 가치 있다고 믿는 것을 파손하는 것을 의미하는 것은 아니다. 심지어 용기는 가능성이 있거나 자신의 생명을 희생할 가능성이 있을 때라도 당신이 옳다고 믿으면 하는 것을 의미한다.

불굴의 용기를 가진 리더를 꼽으라고 하면 프랭클린 루스벨트(Franklin Delano Roosevelt: 1882-1945)가 적합한 인물이다. 1921년 그는 소아마비에 걸렸다. 소아마비는 생명을 위협하는 무서운 병이다. 그 병으로 인해 루스벨트는 불구가 되었고 고통의 구렁텅이에 빠져 공직생활이 거의 끝날 뻔하였다. 모두가 그의 사퇴를 조언하였다. 아무도 불구의 정치가에게 투표하지 않을 것이기 때문이었다. 그러나 루스벨트는 그런 말에는 귀를 기울이지 않았다.

---

1) *Ibid.*
2) *Ibid.*, p. 382.

그 대신에 자신의 상황을 분석하였다. 그는 소아마비에 대해 조사해서 이해하고, 자신의 불구 정도를 명확하게 인식한 후 불구를 극복할 수 있는 대안을 생각했다. 그는 어떤 어려움에도 눈 하나 깜짝하지 않았다.

그가 위대한 대통령이 된 것은 이러한 자세 덕분이었다. 루스벨트는 패배주의적인 태도를 거부했다. 평범한 선거운동을 하지 않았으며, 오히려 자신을 적나라하게 드러내고 자신의 사상을 피력하였다. 결국 그는 옳았다. 그는 정계에서 살아남았고 2년 임기의 뉴욕 주지사를 연임하였다. 또한 그는 네 번 연임이라는 기록을 남긴 대통령이 되었으며 마지막 임기 도중 사망하였다.

루스벨트는 미국 역사상 가장 어려운 시기인 1933년에 대통령이 되었다. 도시마다 대공황의 여파로 실직자들이 양산되고 농부들도 곡가 하락과 기근을 면치 못하였다. 은행들도 줄줄이 파산하고 온 나라가 혼돈에 빠져 그야말로 공포의 도가니였다. 대통령에 당선되자 그는 자신이 가장 먼저 해야 할 일로 적극적인 태도를 견지하고 온 나라에 자신감을 불어넣는 일을 꼽았다. 그는 전 국민에게 전하는 취임사에서 "우리가 두려워해야 할 단 한 가지는 두려움"이라고 말했다. 그는 신속하게 움직였다. 은행 휴일을 선포하고 다양한 구호기관들을 설립하여 이 중 시민보호단은 250만 명의 일자리를 마련하였다. 그의 연설에서 국가의 위기를 극복해야 하는 일은 의무가 아니라 사명이라고 국민에게 감동을 주는 어휘를 사용하곤 하였다.

그는 솔선수범하는 지도자상이 필요하다는 것을 알고 있었다. 건강이 좋지 않았고 또 전국을 순회하기에 어려운 때이기도 했지만, 루스벨트는 기근이 든 전국의 농장을 개인적으로 직접 방문하여 실상을 파악했다. 현장을 모르고 정책을 결정하고 집행한다는 것은 그리 현명하지 못한 태도이기 때문이다.

루스벨트는 극도로 목표 지향적이었다. 그는 제2차 세계대전에 참전하여 승리하는 것 자체가 목표는 아니라고 항상 말했다. 미군이 프랑스 해안에 상륙할 때 루스벨트는 이미 전후의 세계에 활기를 불어넣을 준비를 하고 있었다. 그의 궁극적인 목표는 제2차 세계대전의 승리가 아니라 전후의 평화를 유지하는 것이었다고 말했다.

오늘날 미국이 건전하게 존재하게 된 것도 루스벨트의 불굴의 용기를 가지고 국가의 위기를 극복하겠다는 집념과 미래를 볼 수 있는 비전을 실천할 수 있는 지혜에 의하지 않았나 생각된다.

2. 도덕적 용기

도덕적으로 용기가 있는 사람은 관습에 얽매이지 않으며, 옳다고 생각하는 것을 행하고, 근로자들의 존경을 받을 만한 인격체로서 근로자나 고객을 처우하는 사람이다. 사람들과 이익을 균형잡게 한다든지, 서비스와 이기심의 균형을 가져온다든지, 통제와 완화간의 균형을 가져온다는 것은 역시 용기가 있어야 한다.

도덕적 리더십은 용기를 필요로 한다. 도덕적 리더십을 실행하기 위하여, 리더는 자신을 알고, 자신의 강점과 약점을 이해하여야 하며, 자신이 무엇을 대변하는지를 알아야 하고, 그리고 간혹 일반사회규범을 따르지 말아야 한다. 도덕성이 결여된 리더는 중대한 결격 사유인 실무능력이 없는 것과 동일하게 취급되어야 한다. 도덕성은 리더가 리더십을 발휘하기 위한 최소한의 근거가 된다. 솔직한 자신에 대한 평가는 고통을 줄 수 있고, 다른 사람의 더욱 우수한 능력을 인정하기 위하여 자신의 약점을 인정한다는 것은 강한 성격의 소유자들이다.

비윤리적 리더십에 반대하는 것은 역시 용기가 필요하다. 내부고발자는 조직에서 근로자들의 불법, 비도덕성, 혹은 비윤리적 행위의 공개를 의미한다. 비록 최근에 내부고발 사건들이 일어나고 있다고 하더라도, 자신들의 직업을 실직할 위험성, 동료들에 의한 추방, 혹은 낮은 직위로 좌천할 가능성 등과 같은 위험이 따르게 마련이다.[1] 그 이외에도 보복의 방법은 다양하다.

용기 있는 사람들은 모순된 감정과 두려움의 혼란에도 불구하고 진실을 말하기 위하여 앞으로 나아간다. 용기 있게 행동하는 것은 때로는 감정의 갈등들을 경험하게 된다. 내부고발자는 잘못된 일을 보고할 윤리적 의무를 느낄 수 있으나, 반면에 그들의 상관들과 동료들의 불충실을 느낄 수 있다. 어떤 사람은 그러한 관계가 존재하는 것 때문에 갈등 혹은 번민을 할 수도 있다.

앤드류 잭슨(Andrew Jackson: 1767-1845)의 도덕적 용기는 우리에게 많은 교훈을 준다. 독립전쟁 당시 열세 살 소년이었던 잭슨은 영국군의 포로가 되어 한 장교로부터 진흙투성이 군화를 닦으라는 명령을 받았다. 그러나 그것은 부당한 일이었다. 그는 장교에게 말했다. "장교님 나는 전쟁포로입니다. 그러니 이에 합당한 대우를 해 주십시오." 화가 난 장교는 그를 긴 칼로 후려쳤다. 이때 입은 상

---

1) Hal Lancaster, 1995, "Workers Who Blow the Whistle on Bosses Often Pay a High Price," *The Wall Street Journal,* July 18, B1.

처가 잭슨의 손과 머리에 평생 남게 되었다. 그러나 그는 절대 후회하지 않았다. 그리고 그는 앞으로도 자신은 항상 똑같이 행동하겠다고 결심했다.

그는 열네 살에 고아가 된 다음부터는 마구제조공으로 일하기도 하였지만 용기와 책임감, 예지가 뛰어났던 그는 변호사, 장군을 거쳐 마침내 정치가로 성공하기에 이르렀다. 미국의 일곱 번째 대통령인 잭슨은 국민들을 공평하게 대우하는 한편 자신의 권한을 확대하였다. 그는 특히 일부의 사람들만이 공직을 차지하는 것이 아니라 가능하다면 전체 국민들이 공직에 공평하게 참여할 수 있는 기회를 주어야 한다는 민주적 철학을 주장하는 엽관제(spoil system)를 실시하였다. "그는 통나무집에서 태어나 자신의 힘으로 백악관에 진출한 자수성가의 고전적 모범사례가 되었다. 또한 미국인의 대표적인 성공사례였다."라고 전해 온다.

그는 그의 야망을 키우면서 법률공부를 하여 변호사가 되었으며, 근면 · 결단 · 용기로 그는 변호사로서 명성을 쌓았다.

1812년 전쟁 당시 그는 지원자와 개척민으로 이루어진 부대를 지휘했고, 지휘관에게 필요한 것은 부하들의 존경이라고 생각한 그는 홀로 있기보다는 그들과 어울려 같이 먹고 자고 어려움을 함께하였다.

잭슨은 전통을 깨는 것을 두려워하지 않았다. 대부분의 미국 군대가 패전을 거듭하고 있을 때 그는 뉴올리언스 전투에서 빛나는 승리를 거두었다. 잭슨은 해적의 무리를 끌어들여 도시를 지키게 했으며, 백인들의 반대에도 불구하고 흑인 자유인들로 구성된 연대를 만들었다. 이 두 집단의 공은 혁혁했다.

그는 엘리트주의자처럼 행동하기보다는 항상 보통 사람들의 관점을 유지하려고 노력했다. 그는 순수 민주주의를 신봉했고, 외출할 때마다 일반 시민들의 의견에 귀를 기울였다.

그가 말하는 민주주의는 만인에게 공평한 기회를 제공하고 정부의 존재를 만인을 동등하게 보호하는 정직한 심판자로서 한 차원 높이 끌어올리는 것이었다. 잭슨은 이 목표를 이루기 위해 지금까지의 모든 전임자들보다 더 많은 거부권을 행사함으로써 대통령의 권한과 행정부의 범위를 확대했다.

1837년에는 2만여 명의 청중이 그의 첫 번째 취임연설 때와는 완전히 다른 기분으로 그의 고별연설을 들었다. "자유에는 국민들의 끊임없는 감시라는 대가가 따릅니다. 자유라는 축복을 지키기 위해서는 응당 대가를 지불해야만 합니다."

3. 개인적 용기의 근원

상당한 위험에도 불구하고, 리더는 공포와 혼란을 극복할 수 있는 용기를 어떻게 발견할 수 있는가? 만약 우리가 공포를 극복할 수만 있다면, 우리 모두는 용기 있게 살고 행동할 잠재력은 다 가지게 될 것이다. 사람과 관계를 하며, 자신들이 믿는 목적에 헌신하고, 실패를 자연적이고 인생의 이로운 점이 있다고 믿으면서 자신의 용기를 향상시킬 수 있는 다양한 방법 또한 있다.

1) 더욱 높은 목적에 대한 신념

용기는 우리가 진실로 믿는 어떤 것을 위하여 싸울 때 쉽게 온다. 더욱 위대한 목적을 실현하려는 의지는 사람들에게 두려움을 극복하려는 용기를 준다. 간디와 같은 개인적인 안전 위험을 감내한 것은 자신보다 더 심오한 목적이 있었던 그의 신념 때문이었다. 조직에서도 용기는 더 높은 비전의 신념에서 출발한다. 자신의 경력발전에만 관심 있는 리더는 그의 지위를 박탈당할 위험이 있기 때문에 잘못되어가는 것을 보고하지 않을 것이다. 다른 한편 1986년 우주선 Challenger호의 폭발로 인하여 7명의 우주인들이 사망한 후, NASA의 우주인 사무실의 기관장 John W. Young은 이 사건의 공개를 통해 NASA체제의 안전과 관련된 문제에 경각심을 불러일으키게 하려는 목적이 있었다.

2) 다른 사람과의 관계

다른 사람에 대한 배려와 다른 사람으로부터 지원을 얻는 것은 혼란스러운 세계에서 용기의 잠재적 근원이다. 다른 사람의 지원은 역시 용기의 근원이다.

리더가 먼저 말을 걸어야 한다. 아둔한 상사는 부하에게 먼저 말을 거는 것이 품위를 잃는 것이거나 긍지를 버리는 일이라고 생각하고 겸손해 지지 않으려고 한다. 복도에서건 엘리베이터건 만나는 곳에서 먼저 말을 건네야 한다. 젊은 사원이라고 하면 엘리베이터에 상사와 같이 탄 것만이라도 긴장을 한다. 인사는 하지만 상사에게 말을 걸기를 꺼린다. 그럴 때 상사가 부하에게 열심히 일하는데 불편한 점이 없는지 혹은 지금 어떤 일을 하나 하고 말을 걸면 이 한마디로 부하의 마음은 편해진다. 가능하면 그 사람의 이름까지 부른다면 더욱 기뻐할 것이다. 그런 의미에서 다른 부서의 사람까지 이름을 기억하는 것이 상사의 역할이다. 위대한 리더들이 자신의 부하들의 이름을 외우려고 노력한 것을 이해할 만하다.

말을 건다는 것은 다른 말로 관심의 표현이다. 이렇게 작은 마음 씀씀이가 조직 내의 분위기를 밝게 한다. 서로 복도에서 지나가면서 고개를 떨어뜨리고 인사를 피하면서 걷는다면 조직 내 분위기는 어두워질 것이다. 어두운 곳에서 조직이 발전하는 법은 없다.

3) 실패의 장점

「Soul of Care」의 저자인 Thomas Moore는 문제의 적을 만드는 것보다는 문제와 친구가 될 수 있다. 성공과 실패는 같은 동전의 앞뒷면이다. 하나는 다른 것 없이 존재할 수 없다. 한 어린아이는 실패를 거듭하면서 자전거 타는 법을 배운다. 오늘날 많은 사람들은 어려움이나 문제 없이, 그리고 투쟁을 하지 않고 성공하기를 원한다. 그러나 실패를 받아들이는 것은 용기에 힘을 실어 주는 것이다. 사람들이 실패를 인정하고 가장 나쁜 결과에 대하여 평화로워질 수 있을 때, 그들이 불굴의 정신을 가질 수 있다는 것을 발견한다. 리더들은 실패가 성공으로 이루어질 수 있다는 것을 안다. 그리고 학습의 고통은 개인들과 조직을 강화시킨다. 고공의 두려움이 계속적으로 반복될 때, 사람들은 그러한 두려움을 극복할 수 있다는 것을 입증할 것이다. 사람들은 연습을 통하여 그들의 업무에 관한 위험 부담을 극복할 수 있다. 매번 실패하고 다시 노력하면 심리적 강점과 용기를 구축할 수 있을 것이다.

4) 좌절과 분노의 조정 용기

사람들은 조직에서 불만의 힘을 쉽게 볼 수 있다. 어떤 사람이 정당한 일을 하였는데도 불구하고 해고당하였을 때, 감독자는 그 사람의 분노가 누그러들 때까지 해고를 보류할 것이다. 때때로 온화한 사람도 부당성에 대한 분노 때문에 그의 상관에 정면으로 도전할 용기를 가질 수 있다. 적절한 정도의 분노는 에너지를 얻을 수 있는 건전한 감정이라고 볼 수 있다. 도전은 분노를 삼키며 그것을 적절히 사용하는 것이다. 이와 같이 분노는 동기부여도 변하게 할 수 있다. 어떤 사람이 모터사이클 사고로 인하여 하반신이 마비가 된 후 그는 처음에는 자살로써 그의 분노를 극복하려고 하였다. 그러나 그는 지속적으로 물리치료를 받았다. 어떻게 호텔들이 장애자들에게 빈약하게 봉사하는가에 대한 그의 분노와 좌절은 그로 하여금 여행하는 장애자들이 더 편하게 사용할 수 있도록 Quality Circle과 Renaissance Ramada와 같은 호텔들을 도우는 상담회사를 설립하여 장애자들이 불편하지 않게 여행할 수 있도록 쉽게 접근이 가능한 것을 고안하게 하였다.

5) 정보를 투명하게 공개하여야 할 용기

앞으로 시대를 대략적으로 파악하면 정보화와 가치관의 다양화가 크게 진전되고 아울러 고도 기술화, 고령화, 국제화가 복잡하게 뒤얽힐 것이다. 21세기는 한마디로 초고속에 극도로 복잡한 사회가 될 것이라고 생각한다.

초고속에 극도로 복잡한 시대는 기업에게 무엇을 요구하는가. 재빠른 결단과 재빠른 실행이다. 판단이 1분 늦으면 결과적으로 사흘 늦는다. 하루 늦으면 석 달이 늦어지고, 한 달 늦으면 3년이 뒤떨어진다.

따라서 조직은 하나의 정보가 순식간에 사내를 돌아다니는 시스템을 만드는 데 역점을 두어야 한다. 부하가 손에 넣은 정보가 즉시 위로 올라가고, 위의 정보가 즉시 아래로 내려가는 상황을 만들지 않으면 앞으로 펼쳐질 초고속 시대에서 살아남기 어렵다.

지위가 높은 사람이 아무래도 다양한 정보를 손에 넣기 쉽다. 그리고 부하에게 그 정보를 숨기는 짓을 하기 쉽다. "나는 자네보다 많은 것을 알고 있다."는 것을 과시하고, 그것을 무기로 부하들을 이끌려고 한다. 의식하지 않아도 무의식중에 그러한 짓을 한다. 이러한 케케묵은 짓을 해서는 안 된다. 무엇보다도 자기 혼자 정보를 움켜쥐고 있어 봐야 아무런 도움이 되지 않는다. 그것을 일주일만 놔두어도 썩어버린다. 썩은 정보를 소중하게 간직하고 있는 상사만큼 어리석은 자도 없다.

결과적으로 정보량은 아주 빈약해진다. 지금은 한 가지 정보만으로 일이 진행되는 시대는 아니다. 많은 정보를 종합하면서 사업을 꾸려 가는 시대이다. 아무리 상사가 정보를 움켜쥐고 있어도 아무런 도움이 되지 않는다. 부하가 올리는 정보와 합쳐질 때 유익한 것이 된다.

또한 부하에게 비밀을 만들지 않고 모든 정보를 공개하는 것은 자신의 생각을 전달하는 일이기도 하다. "이러한 정보가 있는데 나는 이렇게 생각한다." "이 정보에는 좌우되지 않는 쪽이 좋다고 생각한다." 정보에 대한 평가를 하면 부하는 상사의 생각을 이해하게 된다. 아무리 사소한 정보라도 상관없다. 자신이 있는 그대로 표현하여야 되는 시대이다. 그런 의미에서 수평의 시대라고 할 수 있다. 상의, 협조, 자율, 자조, 책임, 선택, 개성의 시대이다. 조직도 그렇게 일을 진행하는 방식도 그렇다. 지금까지처럼 수직적인 관계, 명령, 지배·관리의 관계, 복종, 획일·몰개성으로는 초고속화를 따라잡을 수는 없다.

상사가 비밀을 가지면 가질수록 수직적인 관계가 만들어진다. 혹은 비밀을 휘둘러 공포정치를 할 수도 있다. 그러면 조직은 발전하지 못한다. 자신을 드러내면서 부하를 이끌어가는 상사가 용기 있는 상사이다.

지금은 행정에 대해 정보 공개를 요구하는 목소리가 거세다. 각 지방자치단체도 기밀비, 접대비 등의 공개를 요구받고 있다. 정보를 공개하는 것이 조직의 사회적 책임이라고 한다. 조직이 사회에 대해서 유리처럼 투명해지면 갖가지 부정을 막을 수도 있고 사회가 기꺼이 받아들이는 조직으로 성장할 수 있다. 기관장의 탈선도 사전에 막을 수 있다. 그렇게 되면 관리자나 책임자는 외부에 대해서 발언할 기회가 늘어난다. 대다수는 언론에 대한 발언일 것이다.

지금 언론의 영향력은 대단히 크다. 따라서 어떻게 말할 것인가 하는 방법론도 책임자라면 평소에 생각하여 두어야 한다. 투명하게 일을 진행하지 않으면 외톨이가 될 뿐이다. 자신의 일이라고 비밀로 부둥켜안고 있는 사람이 있다. 자기밖에 모르는, 자기에게만 맡겨진 일이고, 그것이 자랑이라고 생각하는 사람이 있다. 그런 사람에게 큰 일을 맡겨서는 안 된다.

"나는 이런 일을 하고 있습니다. 이 일을 꼭 성공시키고 싶습니다. 나도 내가 생각하는 정보를 공개할 것입니다. 그러니 나에게도 부족한 정보를 주십시오." 이런 식으로 당당하게 말하는 것이 일에 대한 진정한 자부심이고 애정이 아닐까.

제 11 장

추종자(Followership)

"남을 따르는 법을 알지 못하는 사람은 결코 좋은 지도자가 될 수 없다."

– 아리스토텔레스 –

리더십 연구는 주로 리더에 초점을 맞추어 왔다. 그러나 추종자 없이는 리더는 있을 수 없다. 따라서 이들 간의 상호의존 없이는 아무리 재능 있는 사람이라도 혼자 일할 수 없다. 추종자의 역할 없이는 리더십은 성공하지 못한다. 제 2 차 세계대전을 승리로 이끈 처칠 수상의 리더십도 중요하지만 리더의 요청에 따라 적극적으로 호응한 영국민의 팔로우십도 칭찬받을 만하다. 리더를 육성하고 선출한 다음에 추종자들은 리더십에 협력해야 한다. 일단 목표가 설정되면 달성을 위해 추종자들도 총력을 기울여야 한다.

리더에게 모든 것을 의존하는 것은 옳지 않다. 일이 안 되면 모든 것이 리더의 책임이다.

리더만 교체되면 모든 것이 잘될 수 있는가? 우리는 어쩌면 리더십의 과잉시대에 살고 있는 것 같다.[1)] 실적이 저조하면 그 모든 책임은 리더의 것이 되고 만다. 실제로 문제의 처방은 수백 가지가 될 것이다. 그러나 우리는 쉽게 리더나 리더십의 문제로 국한하고 있다.

리더에게만 모든 책임을 지우고 리더십에 관련된 문제로 모든 조직의 문제를 해결하려는 버릇은 수백, 수천 년 전 중국 황조에서나 최첨단 산업단지인 미

1) 신인철, 2007, Followership: 리더를 만드는 힘, 한스미디어, pp. 25-41.

국 실리콘밸리의 다국적 기업들의 임원 실에서나 마찬가지이다. 리더를 교체하는 것으로 보다 손쉽고 단순한 방법으로 문제를 해결하려 한다.

실례를 들어 가뭄이 들어 팽 지방에서만 2만여 명이 굶어 죽고 호 지방에서는 전염병이 돌아 3만이 죽고, 이로 인해 1만 5천 명의 유민이 떠돌아다니는 것에 대하여 "짐도 그 문제들에 대해서는 심려가 크고 또한 모두 짐의 불찰인 것 같아 백성들을 볼 낯이 없소. 하지만 그런 문제들이 모두 다 내 탓이라고만은 할 수 없는 것이 아니오?" 왕은 억울하다는 표정으로 항변했으나 신하들은 임금에게 물러나라고 강요하였고, 나라 살림을 제대로 챙기지 못해 산 채로 땅에 묻었다고 한다.[1)]

다른 예로 "매출이 줄어 신소재 사업부문에서만 200억 달러의 적자가 났고, 신규 출시한 제품들의 매출 또한 저조하기 그지없습니다. 이직률도 전년대비 25%나 늘었다고 합니다."

침통한 표정으로 듣고 있던 그 중년신사는 "그게 다 나의 책임이란 말이오? 나도 직원들을 볼 낯이 없습니다. 하지만 이러한 일들이 다 나의 책임이라고 할 수 없지 않소."[2)]

이 두 가지 예는 아주 유사하다. 모든 책임을 리더에게 묻는 것은 예전이나 거의 같다. 첫째 예는 1500년경 명나라 황실에서 일어났던 이야기고 두 번째 일은 2000년 미국 보스턴의 한 회사 이사회에서 있었던 실화이다.

한국의 경우도 크게 다르지 않다. 경영자들은 조직에 어떤 이상 징후나 문제가 생기면 일단 최우선적으로 리더에 대한 진단을 하고 솎아 내는 작업을 한 후 외부의 리더십 전문기관에서 교육을 하거나 우수한 리더를 영입하는 경우가 많다. 그리고 그 결과를 조바심을 갖고 지켜보는 것이다. 문제의 근원을 리더에게서만 찾으려고 한다.

다행히 현대는 이러한 생각이 잘못된 것이라고 생각하기 시작했다.

그 대신 리더를 쫓아 업무를 하고 보좌하여 원하는 방향으로 판단을 유도하기도 하며, 때로는 반대편에 서서 리더가 잘못된 길로 들어서는 것을 바로잡아 주는 사람들의 역할과 그들의 중요성에 대해 하나둘씩 눈을 뜨기 시작했다. 조직을 구성하며 리더의 지시를 따르고 그를 도와 조직의 긍정적인 발전을 유도하는

---

1) *Ibid.*
2) *Ibid.*

사람들을 일컬어 Follower(추종자)라고 칭하고 그러한 사람들이 공통적으로 갖고 있는 이러한 성향이나 행동방식 또는 사고체계 등을 포괄적으로 지칭하여 Followership(추종자십)이라 이르게 되었다.

오늘날 리더에게 요구되던 카리스마적인 권위는 이제 점점 중요성이 약화되고 있는 반면 협력과 협조의 미덕이 갈수록 더 중요해지고 있다. 따라서 이어져 내려온 전통적인 리더는 이제 바뀌어야 한다. 새로운 조직의 세계에서는 권력은 한 사람에게 있지 않다. 정치, 경제, 혹은 사회에서 권한과 책임이 분산되어 공동스타, 공동의 가치를 공유하여 공동의 목표를 달성할 협력자를 만들어야 한다. 민주적 리더십 이론에서 추종자는 리더와 대등한 위치를 지닌 동반자이다. 단지 서로의 역할이 다를 뿐이다.

리더십은 조직에 비전을 제시하고 그 비전을 현실로 바꾸는 능력을 제공해 주는 것이다. 이러한 변화는 리더와 추종자 사이의 상호작용 없이는 조직의 활력은 생겨나지 않는다. 하지만 리더십을 공부하는 학생들은 여전히 리더에게만 초점을 맞추고 추종자에게 주목하지 않는 경향이 있으나, 사실 추종자 없이는 아무 일도 일어나지 않는다. 리더와 추종자가 함께 일할 때, 인권운동과 같은 모범사례도 나오고 살인과 파괴 등과 같은 악행도 확대된다. 분명히 리더와 추종자는 리더십에 대한 책임을 공유한다.

역사적으로 볼 때 추종자의 역할이 오히려 리더보다 더 돋보였던 예는 많다. 사실 1등은 누구나 할 수 있는 것은 아니다. 1등의 영광은 오직 한 사람만이 차지할 수 있을 뿐이다. 그 한 사람 뒤에는 성공을 이루기 위하여 무수한 추종자들이 땀을 흘렸다. 그리고 바로 그들이 흘린 구슬땀을 딛고 1등은 홀로 영광의 스포트라이트를 받는 명예를 누리는 것이다.

「위대한 이인자들」(원저: *Co-Leaders*)은 이러한 1등의 신화를 만들어 내기 위해 일인자의 그늘에서 온갖 힘을 기울여온 위대한 이인자들의 이야기다.[1)] 이인자인 추종자들의 능력이 부족해서 이인자가 된 것이 아니다. 능력 면에서는 오히려 1인자인 리더보다 능가했던 사람도 많았다. 세계적으로 유명한 마이크로소프트의 빌 게이츠를 충실히 보좌하였던 스티브 발머, 중국 혁명의 불을 지핀 리더인 마오쩌둥을 위해 미련 없이 주연의 자리를 내준 저우언라이, 위험하고 해결하기 어

---

1) David A. Heenan & Warren Bennis, 1999, *CO-Leaders*, by Bonlivre Publishing Co., 최경규 역(*CO-Leaders*: 위대한 이인자들).

려운 일인 줄 알면서도 국가 원수 트루먼의 명령에 따라 중국과 협상 테이블에 선뜻 앉았던 조지 마셜, 명석하지만 말도 많고 탈도 많은 빌 클린턴 대통령을 충직히 지키는 앨버트 고어 부통령 등 리더를 따르는 충직한 추종자들의 협조가 없었더라면 분명이 리더들이 원하는 업적을 달성하지 못하였을 것이다.

리더가 충분한 능력을 갖고 있어도 추종자들이 부족하면 리더십은 실패할 수도 있다. 관료조직, 기업 및 대학 조직들에서 추종자들이 상급자의 지시나 명령에 무조건 맹목적으로 따르는 경우가 허다하다. 그러나 분명히 이러한 수동성 때문에 그러한 조직의 쇠퇴는 시간문제이다.

추종자가 의사결정과정에 참여하면 자발적인 노력이 자연적으로 생긴다. 반면에 추종자들은 리더가 결정을 내려 주기를 바라는 때도 있다. 유능한 리더는 한 가지 스타일만 고집하지 않는다. 상황에 맞게 추종자의 의견을 듣기도 하고, 아니면 신속한 결정을 내리기도 한다. 엄격하게 구조화된 조직에서는 자발성이 사라질 수 있다. 하지만 조직화되지 않은 상황에서는 일의 진행이 비효과적일 수 있다.

흔히 리더십과 추종자십을 별개의 개념으로 생각하는 경향이 있다. 그러나 실제 우리 주변의 몇 개 조직만 살펴보아도 리더십과 추종자십은 결코 다른 개념이 아닌 동전의 양면처럼 긴밀히 공존하면서 지속적인 상호작용을 통해 존재를 지켜 나가는 것을 알 수 있다.

우리가 알고 있는 위대한 리더들의 면면을 살펴보면 몇몇을 제외하고는 대부분 리더로 살아간 기간보다 추종자로 살아간 기간이 더 길었다. 역사책에서 그들의 위대함을 찬양하며 부각하는 대부분도 사실 리더십이 아닌 추종자십인 경우가 많다. 그럼에도 불구하고 리더십은 엄청나게 강조되고 부각되면서 추종자십은 그 단어의 뜻은커녕 존재유무조차도 가물가물한 것은 무슨 이유일까?

Ronald Gilbert와 Albert Hyde는 그들의 저서인 「*Followership and Federal Worker*」에서 이렇게 답했다. 첫째, 리더십만 있다면 조직의 문제점은 모두 해결될 수 있으리라는 리더십에 대한 낭만, 둘째, 추종자들을 동기 부여시키는 능력이 리더의 중요한 관리기술이라는 일반적인 상념과 전통적인 추종자들을 경시하는 문화에서 비롯되었다고 말한 바 있다.

즉 추종자는 리더가 어떤 리더십을 발휘하느냐에 따라 그저 저절로 성공적인 성과를 내거나 실패할 수 있는 수동적인 개체라고 본 것이다.

그러나 리더십과 추종자십을 별개의 것으로 보는 시대는 지났다. 오히려 리더십과 추종자십의 상호 관계와 서로간에 미치는 영향력에 대해 보다 심도 있는 연구가 필요한 시기이다.

이와 관련하여 조직학 관련 연구를 하는 한 학자는 “최고의 리더는 추종자에게 요구를 잘하는 사람이 아니라 추종자의 상황적 요구를 가장 잘 들을 수 있는 사람”이라고 말했으며 어느 학자는 “리더십의 99%는 추종자십이다”라고까지 말했다. 이와 같이 추종자는 리더에 버금가는 역할을 하였고, 추종자 없이는 리더십이 성공하지 못한다는 이들의 관계는 이제 많은 관심의 대상이 되어야 한다.

제 1 절 추종자의 사명과 역할

1. 추종자의 역할

추종자는 몇 가지 이유 때문에 리더십을 논의하는 데 중요하다.[1] 첫째, 여러 조건하에서 리더와 추종자는 서로 번갈아가면서 역할의 변화를 경험했다. 리더를 포함하여 모든 사람들은 그들의 생활에서 한때는 추종자였다. 실제로 대부분의 사람들, 심지어는 권위의 지위에 있는 사람들까지 어떤 종류의 보스 혹은 감독자의 경험을 가지고 있다. 둘째, 앞서 언급하였듯이 리더의 정의는 리더와 추종자들의 상호 영향 관계이다. 이것은 리더십의 지위에서 리더는 추종자들의 행동과 태도에 의하여 영향을 받는다는 것을 의미한다. 상황이론에서 리더들이 그들의 행태를 어떻게 상황에 맞게, 특히 부하들에게 적합하게 하느냐에 관심을 갖는다.

그와 같이 리더와 부하들간의 관계는 상호관계이며 영향력의 상호교환이라고 볼 수 있다. 리더에 대한 추종자들의 영향은 리더를 향상시킬 수 있고 혹은 리더의 단점을 강조할 수 있다.[2]

셋째, 리더에게서 발견할 수 있는 많은 자질들이 추종자들에게서도 비슷하게 발견된다. 창의성, 독립성, 공동의 목적에 헌신, 그리고 용기를 증명하면서, 추종자는 리더에게 열렬한 지지를 제공할 수 있다. 반면에 추종자들은 조직의 목적과 가치에 위협을 가하는 리더들에게 어느 정도는 도전을 할 수 있다. 이것은 리더

1) Daft, *Leadership: Theory and Practice*, pp. 396-397.

2) Ira Chakeff, 1995, *The Courageous Follower: Standing Up To and For Our Leaders,* San Francisco, CA: Berrett-Koehler.

의 역할과 아주 다르지는 않다. 리더와 추종자 이 둘의 역할은 서로 공유한 비전을 달성할 수 있다.

리더십은 리더와 추종자 사이의 상호작용이라는 것을 잊어서는 안 된다. 상대방이 없다면 다른 한 사람도 존재할 수 없다. 거기에는 공명이 있어야 한다. 리더와 추종자간의 상호작용은 단순한 지시보다 훨씬 더 암묵적이고 복잡하다. 새로운 리더십은 지휘자와 연주단원 사이든, CEO와 스태프 사이든 간에 독단적이거나 일방적인 것이 아니라 매우 감동적이며 민감한 상호작용이라는 것이다. 상호작용은 일체감을 만들어 낸다. 특히 요즘 조직들이 최고의 업적을 달성하기 위하여 그들의 부하들에게 권한을 부여함에 따라 추종자들의 헌신은 의미가 있고, 리더 부하관계를 형성하는 협력관계는 더 관심을 나타나고 있다.

2. 20:80의 법칙[1)]

저명한 조직관리 및 리더십 학자인 카네기멜론스쿨의 Kelly 교수는 1994년 그의 저서 「*The Power of Followership*」에서 다음과 같이 말했다. “조직의 성공에 있어서 리더가 기여하는 것은 많아야 20% 정도이고 그 나머지 80%는 추종자들의 기여로 볼 수 있다.”

이와 같은 내용이 발표되자 기업이나 조직의 경영자들은 고개를 갸우뚱한 것이 사실이었다. 오랜 기간 동안 경영자들과 학자들은 리더십의 중요성을 지속적으로 부각시켜 온 것에 비례하여 많은 연구가 리더십에 관하여 이루어져 왔기 때문에 리더가 기여하는 것이 고작 20%뿐이라는 켈리 교수의 주장에 쉽게 공감할 수 없었다.

최근 설득력 있게 받아들여지고 있는 것은 리더십과 추종자십을 빙산에 비유하는 의견이다.

배를 탄 채로 볼 수 있는 빙산은 바다 위에 모습을 드러내고 있는 뾰족한 일부분에 지나지 않는다. 그러나 실제로 빙산의 80% 이상은 바다 밑에 가라앉아 있다. 그 80%가 어떤 역할을 하느냐에 따라 빙산이 높이 솟아올라 있을 수도 있고, 아니면 조그마한 암초처럼 바닷물 속에 가라앉아 버릴 수도 있다는 것이다.

마찬가지로 실제 조직의 대부분은 바닷물 속에 가라앉아 있고 오직 리더만

1) 신인철, *op. cit.*, pp. 44-47.

이 물 위로 솟아오른 빙산처럼 뾰족하게 그 모습을 드러내고 있다. 바다 아래에 있는 추종자들이 어떤 역량을 발휘하고 어떤 수준의 성과를 내느냐에 따라 솟아 있는 리더들의 평가가 결정된다.

이제 더 이상 리더에게만 목맬 시기도 지났고 리더에게만 매서운 망치질을 할 시기도 지나갔다. 조직의 운명을 리더에게만 맡겨 놓을 수 있는 시기는 지났다. 우리는 지금 20%의 리더가 아닌 80%의 추종자가 조직의 운명을 결정하는 바야흐로 빙산이 거꾸로 솟아오르는 변화의 시대에 살고 있기 때문이다. 불행하게도 우리는 이제까지 리더십만을 강조했지 추종자십에 대한 진지한 고민은 외면해 왔다.

3. 추종자의 사명

나쁜 추종자는 나쁜 리더를 따른다. 리더가 무능하고 부패하면, 적어도 추종자 중에도 그런 사람이 있다. 추종자들은 무관심한 사람에서부터 깊이 관여하는 사람까지 다양하기 때문에 이들을 동질 집단으로 생각하면 오산이다.

분명히 추종자들은 매우 중요하다. 나쁜 리더십을 저지하거나 늦추기 위해서는 추종자들의 역할이 크다. 추종자들의 본성 가운데 착한 천사를 드러내야 한다. 거짓과 무지를 제거하기 위하여 싸우는 추종자들은 도처에서 적을 만나더라도 진실을 파악하고 용감하게 말해야 한다. 피해가 발생하기 전에 혹은 확대되기 전에 개입하면 리더의 나쁜 행위를 저지할 수 있다. 추종자의 본성이 착한 것만 있는 것은 아니다. 때로는 리더와 협력함으로써 이익을 보는 경우도 있다.

이제 근본적인 문제로 돌아가자. 리더와 추종자는 나와 당신과 다르지 않다. 우리는 모두 자신의 이익을 위해 행동한다. 따라서 나쁜 일이 일어날 때, 사람들은 개입할 것 같지만 종종 그렇지 않다. 왜냐하면 자신에 대하여 염려하기 때문이다.

그렇다면 바람직한 추종자를 늘리고 바람직하지 못한 추종관계를 줄이는 방법이 있다. 이를 위해 추종자가 해야 할 일은 다음과 같다.[1)]

1) 추종자가 스스로 해야 할 일

무능하고 비윤리적인 리더에게 저항하는 개인의 역량을 강화하는 방법이다.

1) Kellerman, *op. cit.*(나쁜 리더십: 한근태 역), pp. 285-290.

- 스스로 능력을 부여하라
- 개인이 아닌 조직에 충성하라
- 의심을 가져라, 리더는 신이 아니다
- 단호한 태도를 취하라
- 주의를 기울여라

2) 추종자들이 서로 연합해야 할 일[1]

추종자 서로가 리더와 더불어 최선의 방법으로 최선의 일을 수행하는 방법이다.

- 범죄에 상응하는 징계를 확실히 하라
- 같은 편을 찾아라
- 독자적인 정보 출처를 개발하라
- 집단행동을 취하라
- 감시인이 되어라
- 리더를 고려하라

모든 주주는 투명성과 열린 토론, 의미 있게 참여할 수 있는 창구를 보장받아야 한다. 리더가 책임지고 해명할 수 있도록 제도적인 변화를 시도해야 한다. 모든 조직에서 적절한 윤리 정책과 훈련, 책임감과 의무, 보호에 대한 명확한 기준을 요구하는 메커니즘이 필요하다. 최근 리더와 추종자간의 힘의 균형으로 이동되고 있다. 더 많은 추종자들이 리더의 권력이나 권위, 영향력을 가져가고 있는 것은 조직의 민주화를 위하여 바람직한 방향이라고 본다.

4. 추종자의 스타일

어떻게 리더십이 얻어지는 것일까? 어떻게 하면 부하 혹은 지지자들로부터 신뢰와 존경을 얻을 수 있는가?

사람을 따르게 하는 방법으로 세 가지 종류를 고려할 수 있다. 첫째는 따르지 않을 때 생기는 불이익이 두려운 경우이다. 이런 사람은 다른 사람을 위협한다. 이러한 사람이 가진 리더십은 두려움이다. 단기적인 관점에서 보면 공포 분

1) Kellerman, *Bad Leadership*, 한근태 옮김, pp. 287-289.

위기로 인해 부하들이 일을 적극적으로 할 수 있지만, 장기적으로는 공포감 조성이 오히려 조직 전체를 위험에 빠트릴 수 있다. 조직 내에서 공포가 업무를 처리하기 위한 수단으로 항상 활용될 경우, 부하들은 조직을 떠날 기회만을 엿볼 것이기 때문이다.

두 번째 경우는 영향력을 가져 다른 사람에게 무엇인가를 해 줄 수 있기 때문이다. 이 사람은 다른 사람들이 원하는 것을 해 줄 수 있는 능력이 있다. 예를 들면, 그는 다른 사람들에게 다음과 같이 말한다. "만일 내가 원하는 것을 해 준다면 나는 그 대가로 돈을 드리겠습니다. 귀중한 정보를 줄 수도 있고, 엄청난 기회를 제공할 수도 있습니다." 이것은 첫 번째 경우의 리더십과는 약간 다르다. 위협이나 완력이 작용하지 않는다는 것이다.

세 번째의 리더십은 완전히 새로운 접근방법이며 또한 질적으로 전혀 다른 종류의 리더십이다. 이 경우 리더십이 있는 사람은 신뢰와 존경을 받는다. 이러한 리더십은 대가를 원하지 않는다. 그들은 서로 인격적으로 신뢰한다.

사람들이 왜 특정인물을 추종하는지는 위에서 보듯이 이외에도 여러 가지 이유가 있을 수 있으며 시대의 요구에 따라 달라질 수도 있다. 그리고 가장 지속적으로 유지할 수 있는 리더십은 세 번째인 신뢰와 존경을 바탕으로 한 리더십이다. 물론 이에 적합한 역사적인 인물을 예로 들어가면서 왜 사람들이 그를 따르는지를 설명할 수 있다면 좋은 리더십의 모델들을 배울 수 있을 것이다.

Kelley는 리더들과 추종자들과 면접을 한 후 추종자의 5가지 스타일을 제시하였다.[1)]

이들 추종자 스타일들은 [그림 11-1]에서 보듯이 두 척도에 의하여 분류된다.

첫 번째 척도는 독립, 비판적 사고 대 의존적, 판단력이 없는 사고의 질이다. 독립적·비판적 사고를 가진 사람들은 조직의 목적들을 달성하는 데 사람들의 행태의 결과에 대하여 주의가 깊다. 그들은 자신의 행동과 다른 사람들의 행동에 대한 의미를 안다. 그들은 리더가 결정한 결정의 영향에 대하여 판단할 수 있고, 건설적인 비판, 창의성 그리고 개혁을 제안한다. 반대로 의존적이고 판단력이 없는 사람들은 자신들이 지시를 받은 것 이외에는 가능성을 고려하지 않으며, 조직의 개혁에 기여하지도 않으며 생각 없이 리더의 생각을 따른다.

---

1) Robert E. Kelley, 1992, *The Power of Followership*(New York: Bantam Doubleday, Dell Publishing Co.).

[그림 11-1] 추종자의 스타일

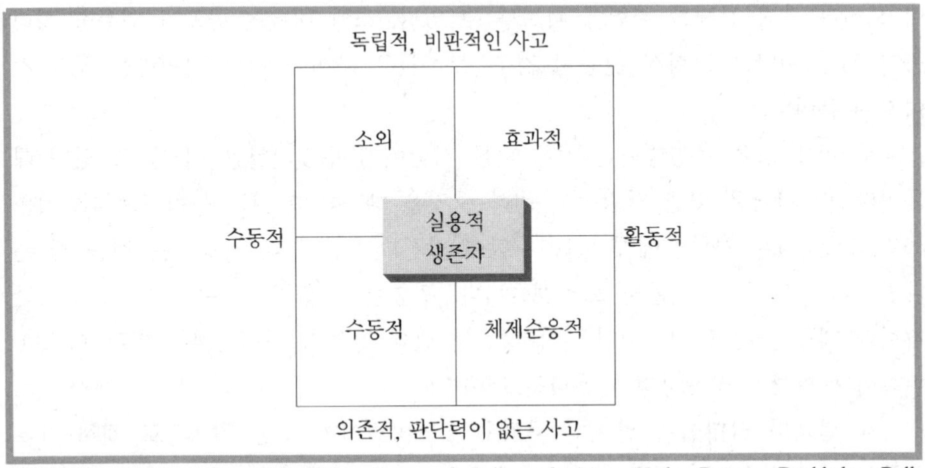

출처: Robert E. Kelley, 1992, *The Power of Followership*(New York: Bantam Doubleday Dell Publishing Co.); Daft, *op. cit.*, p. 398(재인용).

Kelley에 의하면, 추종자 스타일의 두 번째 척도는 활동적 대 수동적 행태이다. 활동적인 사람들은 조직에 적극적으로 참여하고, 업무의 제한을 초월하는 행태를 하며, 주인의식을 보이고, 문제 해결과 의사결정을 주도한다. 수동적인 사람들은 지속적인 감독의 필요성에 의하여 특징된다. 수동성은 게으르고, 필요한 업무 이외에는 아무것도 하지 않는다.

어떤 사람이 활동적인 혹은 수동적인 그리고 비판적·독립적 사고 혹은 의존적, 무비판적 사고자(thinker)인 정도는 그들이 소외된 추종자, 수동적 추종자, 체제순응적인 사람, 실용적 생존자, 혹은 효과적인 추종자가 되는지를 결정한다(위 그림 11-1 참조).

1) 소외된 추종자(Alienated Follower)

이들은 수동적이고 아직 독립적이거나 비판적으로 생각하는 사람이 아니다. 소외된 추종자들은 좌절, 장애, 및 상관에 의한 약속의 불이행을 경험한 유능한 추종자들이다. 이와 같이 그들은 능력이 있으나 조직과 다른 사람들의 단점에 배타적으로 집중한다.

자주 냉소적인 소외된 추종자들은 독립적으로 생각할 수 있으나, 그들이 이해하고 있는 문제 혹은 결함의 해결책을 발전하는 데 참여하지 않는다.

2) 체제 순응자(Conformist)

이들은 조직에 적극적으로 참여한다. 그러나 그들 자신의 업무행태에 있어 비판적인 사고 기술을 이용하지 않는다. 다른 말로 순종하는 자들은 전형적으로 과제의 성격을 무시하고 어떠한 명령이든지 수행한다. 순종하는 사람들은 기꺼이 참여하고 그들이 부탁받은 과제가 조직에 해를 끼칠 수 있는 위험이 있다고 하더라도 요청받은 일은 무조건 수행한다.

3) 실용적 생존자(Pragmatic Survivor)

어떤 스타일이 유력한 상황에 적합한지에 좌우되면서 모든 네 개의 극단적인 행위들의 질들을 가지고 있다. 추종자의 이 스타일은 자신들의 지위에 가장 적합한 스타일과 가장 위험을 최소화하는 스타일은 무엇이든지 사용한다. 실용적 생존자는 조직이 절박한 시기를 극복하려 할 때 자주 나타나며, 추종자들은 이 어려움을 극복하기 위하여 필요한 것은 무엇이든지 스스로 발견한다. 일반적으로 이들은 위험을 피하고 정치적 이유 때문에 현상유지를 지향한다.

4) 수동적 추종자(Passive Follower)

이들은 비판적이거나 독립적 사고를 가지고 있는 것도 아니고, 활동적인 참여도 하지 않는다. 수동적이고 판단력이 없이 행동하는 이러한 추종자의 스타일은 창의적이지 않으며 책임감도 없다. 그들은 시키는 일만 하고, 엄격한 감독 하에서만 주어진 업무를 달성한다. 수동적인 추종자들은 사고를 그들의 추종자에게 의지한다. 그러나 이러한 스타일은 수동적인 행태를 촉진하고, 기대하는 리더의 결과이다.

5) 효과적인 추종자(Effective Follower)

이들은 조직 내에서 비판적이며 독립적 사고자들이며, 활동적이다. 효과적인 추종자들의 행태는 조직에서 자신들의 지위와는 관계없이 모든 사람들에게 똑같이 대한다. 그들은 위험을 피하려 하지 않는다. 오히려 효과적인 추종자들은 변화를 주도하는 용기를 가지고 있으며, 그들 자신들을 위기 상황에 직면하도록 하며, 다른 사람들과 갈등을 갖도록 한다. 심지어는 조직의 가장 좋은 이익을 위하여 그들의 리더와도 갈등을 가진다. 신중하고 기꺼이 행동하는 것이 특징인 효과적인 추종자들은 조직이 효과적이 되도록 노력한다. 그들은 스스로 관리할 수 있고, 자신들과 조직의 강점과 약점을 구별할 수 있으며, 그들은 자신들보다 더 큰 목적에 공헌을 한다.

5. 추종자를 만드는 기술

과거 권위주의 시대의 위계질서는 현대 민주주의 사회에서 더 이상 통하지 않는다. 높은 직급에서 나오는 일방적인 명령을 추종자들은 받아들이지 않는다.

- **추종자를 만드는 6가지 기술을 다음과 같이 제시한다.**[1)]
- 추종자가 리더를 생각하는 것 이상으로 리더는 추종자를 이해해야 한다. 리더는 추종자들을 이해함으로써 추종자의 추종심리를 이해하게 된다.
- 추종자들과 정보를 공유하라. 추종자들도 정보를 가져야만 리더십에 동의를 할 수 있다. 동일한 정보를 가져야 리더와 추종자는 동일한 인식을 한다.
- 추종자들이 적절한 종류의 교육을 받을 수 있도록 지원하라.
- 추종자들이 자발적으로 목적을 이루도록 신뢰를 구축하라. 신뢰는 리더와 추종자를 결합시키는 본드와 같다.
- 추종자들에게 필요한 자원을 제공하라. 비전과 목표달성은 말로만 이루어지지 않는다.
- 리더 스스로 확신을 가지고 설득하라. 추종자들을 설득해 마음을 바꾸게 하는 것은 다음의 일이다.

자신이 상관이라고 하여 그 부서에서 가장 재능이 있는 사람이라고 과신해서는 안 된다. 과신이 부하의 의욕을 꺾는다는 것을 잊어서는 안 된다.

20대의 부하와 자신을 비교하면 모든 면에서 자신이 나은 것은 당연하다. 그러나 20대의 자신과 그 부하를 비교하면 어떨까? 부하가 우수할 때가 있을 것이다. 거기에 눈을 돌려야 한다. 자신이 일인자라고 생각하는 데는 큰 함정이 있다. 그런 사람은 무엇이든지 모두 자기 힘으로만 하려고 한다. 자신감이 넘치니 하려고 마음만 먹으면 해낼지도 모른다. 그러나 이래서는 부하가 무엇을 위해서 있는지 알 수 없게 된다. 부하는 의욕을 잃는 동시에 상사의 기분만을 맞추게 된다. 뭐 결국에는 부장과 과장이 전부 해 줄 테니 우리들은 기분이나 맞추자. 이런 부

---

1) 서성교, 전게서, pp. 103-104.

하들은 크지 못한다. 또한 혼자의 힘에는 한계가 있다. 아무리 우수한 사람이라도 혼자서는 큰 일을 해낼 수 없다. 팀이 힘을 합칠 때 역할 분담이 생기고 능력을 발휘할 수 있는 분야가 생겨 일이 크게 발전한다.

그리고 리더는 귀를 기울여야 한다. 남의 이야기를 들으면서 물으면서 관리해 나가는 것이 필요하다. 정치, 사회, 경제 등 닥치는 대로 자네는 어떻게 생각하나? 어떻게 하면 좋겠나? 하고 물어야 한다.

지도자가 부하들의 이야기를 청취하려고 하면 2가지의 장점이 생긴다. 우선 상사가 부하의 이야기를 열심히 들어주면 부하는 의욕이 생긴다. 그리고 또한 상사가 기뻐할 만큼 정보를 가져오려고 공부한다. 상사에게 좋은 점은 첫째로 "부하의 존경을 받는다."

부하의 이야기를 무시하거나 부하의 이야기를 도중에 자른 상사를 따르는 부하는 없다. 부하에게 묻고 의견을 구하는 상사야말로 존경과 신뢰를 받는다. 두 번째는 자연히 정보가 리더에게 모인다. 리더는 앉아서도 무엇이 일어나고 있는지 알게 될 것이다. 이것이 부하를 리더로 만들어 가는 리더의 임무이다.

6. 추종자들이 바라보는 성취적 리더십

리더십의 존재 목적은 비전과 목표를 달성하는 것으로 보며, 그렇지 못한 리더십은 실패한 것이다. 어떤 조직들도 모두 목적과 비전을 가지고 있으며, 그에 부합하는 장·단기적 목표를 수립하고 추진한다. 리더는 이 목표를 달성하기 위하여 최선을 다한다. 리더는 이 목표를 달성하기 위해 사용할 수 있는 모든 자원을 동원한다. 그리고 리더십에 대한 평가는 일차적으로 이 목표를 달성하느냐에 달려 있다. Rupert White 교수는 그의 저서인 「Effective Leader」에서 성취적 리더십을 세 가지 측면으로 고찰하고 있다. 추종자들이 보는 성취적 리더십, 리더들이 보는 성취적 리더십, 그리고 추종자들이 보는 비성취적 리더십이 그것이다.[1)]

역사에 길이 남을 위대한 지도자로 그 이름을 빛낸 사람도 있지만, 영원히 사람들의 기억에서 지워 버리고 싶은 인물로 남아 있는 이들도 있다. 추종자 역시 마찬가지이다. 리더와 함께 역사 속에서 영원히 그 이름을 남긴 사람들도 있지만 반대로 리더에게 해를 끼치고 조직에 악영향을 끼쳐 결국 조직의 운명을

---

1) Rupert Eales-White, 2003, *The Effective Leader*, Kogan Page, pp. 12-23.

망쳐 버린 추종자들도 있다.

[표 11-1] 추종자들이 바라보는 성취적 리더십

• 리더십의 역할에 대해 명확하게 인식하고 있다
• 인식과 자기 신념을 개발한다
• 조직 외부와의 접촉을 통해 의견 청취, 의견 지지, 피드백과 조언을 제공한다
• 의사결정 과정과 집행 과정에서 도덕성을 유지한다
• 추종자와 정보를 공유한다
• 실수를 하더라도 자신감 있게 실수를 인정하고, 실수로부터 교훈을 얻는다
• 추종자들에게 조언을 통해 방향을 잡아준다
• 책임과 권한을 위임한다

출처: 서성교, 전게서, pp. 156-157.

[표 11-2] 추종자들이 바라보는 비성취적 리더십

• 다른 사람의 의견을 듣지 않는다
• 권한을 위임하지 않는다
• 구성원들에게 무관심하다
• 구성원들을 무시한다
• 제 3 자에게 부정적인 영향을 준다
• 칭찬하지 않는다
• 타인 앞에서 구성원을 비난한다
• 구성원의 아이디어를 훔친다
• 지원보다 통제를 하려고 한다
• 설득보다 협박이나 위협을 한다
• 목표달성 수단을 제공하지 않는다
• 정보를 공유하지 않는다
• 분명한 목표가 없다
• 편의적으로 행동한다
• 고집이 세고 폐쇄적이다

출처: 서성교, 전게서, pp. 157-158.

제 2 절 이인자로서 추종자

한국사회의 문제는 리더를 뒷받침할 이인자의 부재와 후계자를 양성하지 못하는 경향이 있다. 리더가 물러나고 다음 리더가 새로 부임되면 전임자가 시도하였던 비전 과제의 실천은 백지로 돌리고 다시 새로운 비전을 수립한다. 전임자의 비전을 답습한다는 것은 후임자의 자존심에 관한 문제이며, 더욱이 자신이 공을 세우는 것을 중요한 것으로 생각하는 것 같다. 공을 세우는 데 급급하다 보니 조직의 비전발전에 지속성이 없고, 항상 새로운 비전 실현의 초기에 맴도는 안타까움을 갖게 한다. 어떤 리더도 비전을 완벽하게 달성할 수 없다. 리더십의 원활한 승계 여부 그 자체가 리더십 성공의 한 부분임에는 틀림없다. 예를 들어 대학에도 전임자가 10년을 내다보며 연구비를 들이면서 연구를 거듭하여 닦아 놓은 비전은 임기 만료를 맞으면서 사람과 같이 비전도 사라지는 것이 우리나라의 현실이다. 결과는 엄청난 손실이다. 우리나라 대학이 발전을 하지 못하는 원인이 지속적으로 비전을 발전시켜 나가는 이인자를 키우는 문화를 갖고 있지 않는 데도 원인이 있다. 대학만 그런 것이 아니라 정부도 그렇다. 어느 정책 하나 일관성 있게 지속적으로 발전하여 가는 것을 거의 본 일이 없다. 사람이 바뀌면 처음부터 모두 바뀐다. 설상가상으로 사람은 자주 바뀐다. 물론 사회가 발전하고 변화함에 따라 비전도 수정이 불가피한 것은 당연하다. 그러나 원인은 전체의 이익은 아랑곳없이 개인의 영달에만 관심을 갖는 우리 사회에 문제가 있는 것이다.

일반적으로 이인자의 역할은 두 가지다. 리더의 부재시 축사 혹은 환영사 등과 같은 것을 대독하면서 조직에 안정감을 부여한다. 흔히 '부(副)'자를 달면 실질적인 권한이 전혀 없다. 존슨 대통령 시절 험프리 부통령은 백악관의 내각회의에도 참여시키지 않았고 더욱이 백악관을 출입할 때 정문도 사용하지 못하게 한 설움을 당했다.

반면에 형식적인 의전을 넘어서 리더와 역할을 분담하는 예도 있다. 클린턴 대통령 당시 엘 고어 전 부통령은 환경, 과학기술, 인터넷, 우주탐사, 정부조직 개혁 등의 책임을 맡고 탁월한 능력을 발휘한 이인자로 평가를 받고 있다.

이인자를 제대로 활용하면 조직의 효율성을 높일 수 있고, 마오쩌둥과 저우언라이, 루스벨트와 트루먼과 조지 마셜과 같은 멋진 팀플레이를 할 수도 있다. 이인자의 위치는 폭넓은 경험과 지식을 쌓을 수 있는 자리이다. Nixon이 부통령 시절 세계의 위대한 리더들은 거의 만나보지 못한 사람이 없을 정도다. 또한 미국 역사상 국제 및 외교 문제에 대하여 Nixon 대통령만큼 박식한 사람이 없었을 정도로 이인자로서 충분한 수업을 받았다.

조연이 없는 주연은 빛이 바랠 수밖에 없으며, 조연을 통한 주연으로의 성장이 존중되어야 한다. 우리 사회의 정책의 일관성과 지속적인 발전을 위하여 이인자를 제대로 키우는 문화를 조성해야 한다. 이인자가 학습을 통하여 리더가 될 수 있는 가능성이 높다. 리더가 바뀔 때마다 정책이나 역사가 단절되는 손실은 이제는 재고해야 한다. 지나치게 자신의 공에만 집착해서는 안 된다.

역사 속에 유능한 추종자와 그렇지 못한 리더와 추종자의 관계를 예로 든다면 다음과 같은 사례가 있다.[1)]

부시의 선거 참모였던 칼 로브는 뜻을 굽히지 않고 부시를 설득하여 굵직한 정책을 만들어 내 선거에서 이길 수 있었다. 동성결혼과 낙태 금지, 사회보장제도 개혁 등 그들이 만들어 낸 굵직한 정책들은 공화당 지지자들의 재결집을 이뤄 냈고 그 덕분에 부시는 선거에서 승리할 수 있었다. 그 후 그는 대통령 정치담당 고문, 백악관 비서실 차장, 미국외교의 안보, 경제 등에 관한 정책수립의 큰 그림을 그렸다.

저우언라이와 마오쩌둥과의 관계가 리더와 추종자간의 파트너 관계라고 말할 수 있다. 예를 들면, 마오쩌둥은 자신의 의견과는 달리 장개석을 죽이지 않고 살려 주어 일본군을 공격하는 데 역할을 하도록 한 저우언라이의 전략과 커다란 마찰을 가져왔었다. 결국 저우언라이는 마오쩌둥을 설득하였다.

동북지방의 군벌이었던 장작린의 아들 장학량이 서안을 근거지로 하고 공산군 토벌에 앞장서고 있었다. 국민당군의 총사령관인 장개석은 장학량부대에 시찰을 나왔을 때 장학량은 쿠데타를 하여 장개석을 감금해 버렸다. 당시 공산당 내에서는 피한방울 흘리지 않고 장개석을 제거할 기회가 왔다고 쾌재를 부르고 있었다.

당시 저우언라이는 상황을 단순히 보지 않고, 비록 지금 장학량이 장개석을 죽인다면 잠깐 유리한 상황을 맞을 수 있으나 이미 중국의 곳곳에 침투해 있는 일본군 역시 큰 문제였던 것이다. 그가 평범한 참모나 2인자이었다면, 다른 무리들과 합류하여 마오쩌둥에게 입맛에 맞는 이야기로 승리의 노래를 함께 불렀을 것이다. 그러나 저우언라이는 비록 잠시 마오쩌둥과의 눈살을 찌푸리게 만들겠지만 결과적으로 조직의 먼 장래에 득이 되는 길을 택했다. 이 부분이 바로 평범한 참모, 권력에 기생하는 2인자들과 진정한 추종자간의 차이점이다.

결국 저우언라이는 장개석을 감금한 장학량에게 연락하여 자신의 적인 장개석을 살려줄 것을 부탁하고 항일 통일전선의 제 2 국공합작을 구축하여 일본세력

1) 신인철, *op. cit.,* pp. 101-132.

을 물리쳤고 열세에 몰렸던 공산당은 일거에 주도권을 잡게 되었다.

Enron은 2000년 초 *Fortune*지로부터 미국 7대 기업으로 선정되었고, 그해 8월에는 향후 10년간 성장가능성이 가장 높은 10대 주식회사로 뽑히기도 한 회사였다. 엔론은 몰락만큼이나 그 성장 또한 벼락같았던 회사였다. 이 회사는 1985년 미국 네브래스카 주 오마하에 있는 천연가스 공급업체인 Tes inter North와 텍사스 주 휴스턴의 천연가스 공급업체였던 Houston Natural Gas의 합병으로 설립되었다. 비록 합병은 했다고 하지만 그때까지 엔 론은 공급용 파이프라인 몇 개를 가진 미국 소도시의 중견업체 수준에 불과했다. 그런 기업이 15년 만에 포춘지에 선정 500대 기업에서 7위를 차지한 것이 불법적인 로비와 거래에 의한 것이었다는 사실은 Enron의 몰락 후 밝혀졌지만, 아직도 많은 부분이 월가에서 미스터리로 여겨지고 있을 정도이다.

빠른 성장만큼이나 몰락도 극적이었다. 수십 명의 임원들에 대해 5,500만 달러라는 엄청난 보너스 잔치를 벌인지 불과 이틀 뒤인 2001년 12월 2일, 엔 론 사는 법원에 파산신청을 제출했다. 이후 관계기관의 조사가 한창이던 이듬해 1월 Enron사의 부회장이었던 존 C. 벡스터는 자신의 아내 캐롤에게 한 장의 편지를 남기고 자살하고 만다. 그는 얼마 전 여전히 보너스 잔치와 이익 나눠먹기에 혈안이던 임원들에게 회사의 위기를 경고하고 퇴사한 사람이었다.

파산직전에 회사에 충언을 하고 물러났다는 점에 있어서는 아무런 문제가 없었지만 그 또한 퇴사하기 전 자신이 보유한 3,000만 달러어치의 주식을 잽싸게 팔아버렸다는 소문이 언론을 통해 퍼지기 시작하자 심적인 부담을 느껴 죽음을 택하게 된 것이었다.

유능한 전문 경영인으로 유명했던 벡스터의 죽음은 사람들에게 Enron의 파산이 갖고 있는 문제의 심각성을 새롭게 인식하게 만들었고 Enron 사태는 단순한 경제계 뉴스가 아닌 정계를 포함한 미국사회 전반을 뒤흔드는 사회적 문제로 대두되었다. 결국 이들의 문제는 금융감독기관이나 사법당국이 아닌 미 상원의회까지 조사위원회를 구성하여 다루게 된 조사보고서들에서 엔론의 직접적인 파산이유를 Enron 이사회의 부도덕성과 위험한 회계 시스템 등을 들었다. 그와 동시에 그들이 언급한 엔론의 주요한 파산이유로는 “yes man culture”, 즉 무기력한 추종자들도 포함되어 있었다. Enron의 임원진들은 적자를 내면서 위기가 닥쳤음에도 불구하고 위험신호를 알리지 않았으며 의도적으로 모든 상황을 모른 척 하거나 덮어 두기에 바빴다. 심지어는 이들 중 일부는 회사가 파산 일보직전인 것을 알면서도 회계조작으로 실적을 부풀려 주가를 띄운 뒤 자신들은 오른 가격에 주식을 팔아 이득을 챙기는 도덕적 해이의 극한을 보여 주기도 했다. 20년도 안 되는 짧은 기간 동안 가스 공급업자에서 에너지 중개, 유통 및 초고속 통신망 사업을 영위하는 굴지의 기업집단을 만들어 낸 레이 회장의 능력과 지도력 앞에 엔론을 거쳐 간 수많은 임원들은 그저 "yes맨"일 뿐이었다. 그저 묵묵히 추종하는 침묵의 추종자 역할을 성실히 수행하였다. 창립자인 레이(Kenneth Ray) 회장과 최고경영책임자인 제프리 스킬링(Jeffrey Skilling) 사장은 부적절한 침묵의 대가로 매번 높은 급여와 엄청난 보너스를 임원들에게 제공했던 것이다.

자신들에게 돌아올 권력 또는 권력으로 얻을 수 있는 열매의 몫이 줄어들지 않는다면 리더가 어떤 판단을 내리고, 그것이 조직의 발전에 어떠한 악영향을 끼치느냐에 대해서는 신경을 쓰지 않는다. 이런 추종자에 둘러싸인 리더들은 결국 자신의 의사결정으로 인한 파국을 맞을 때까지 올바른 평가를 얻지 못한다. 이것이 엔론 멸망의 문제가 되었다.

1. 추종자로서 이인자의 역할과 운명

중국 속담에 유능한 사람 뒤에는 항상 다른 유능한 사람이 있다는 말이 있다. 협력자로서 뛰어난 추종자가 없었다면 리더는 그 자신의 역량을 발휘하기는 커녕 리더십으로 무장한 리더조차 될 수 없을 것이다. 훌륭한 리더를 키우고 갖게 되는 것은 추종자들의 몫이자 자랑이다. 추종자들의 수준이 높으면 자연히 높은 수준의 리더를 갖게 되는 것이다. 민주화된 정치에서는 더욱 그렇다. 국민들이 직접 대표자를 선출하기 때문이다.

추종자인 이인자로서 그들은 매우 재능이 있고 헌신적이며, 많은 갈채를 받는 리더보다 더 능력이 뛰어난 경우들은 역사를 통하여 많이 발견할 수 있다. 그러한 추종자가 리더가 되는 경우가 많다.

저우언라이 없이 중국의 혁명은 성공할 수 있었을까? 저우언라이는 마오쩌둥 주석의 정치적 동료 역할을 수행했으며, 마오쩌둥의 또 다른 자아로서 수상 겸 외무부장관 역할을 했다. 상냥하고 실리적이며 설득력이 있는 저우언라이의 명성과 인기는 퉁명스럽고 비현실적인 상관을 앞질렀다. 그러한 이유에서인지 충성스러운 동지였던 저우언라이는 결국 마오쩌둥으로부터 버림을 받았다. 이인자로서의 역할은 참으로 힘든 것이다.

훌륭한 추종자로서 이인자 역할을 해낸 조지 마셜은 제2차 세계대전 초기에 많은 저항을 무릅쓰고 미군을 재정비하였고, 그는 마셜 플랜을 계획하고, 국무장관, 국방장관을 역임하면서 트루먼 대통령의 오른 팔 역할을 했다. 그는 여러 번 대통령 출마를 권고 받았지만 단지 이인자의 역할을 충실히 한 이인자이다. 군인으로는 처음으로 노벨 평화상을 수상한 그는 당시 여러 리더들의 영웅이었고 트루먼, 처칠, 아이젠하워는 마셜이야말로 최고의 인물이라고 말하였을 정도이다.

오늘날 리더의 역할은 변하고 있으며 협력자들인 이인자와 경계선 역시 불투명해지고 있다. 복잡한 의사결정을 통해 더 신속하게 해야 되는 현실에서 능력있는 리더들조차 모든 일을 혼자 처리할 수 없음은 이미 증명되고 있다. 조직은 마치 끊임없이 변화하는 세계 환경에 적응하는 유기체와 같다. 따라서 리더는 그 자리에 오래 있었다고 하더라도 일처리가 쉬워지는 것은 아니며 오히려 더 많은 것이 요구되기 때문에 추종자들의 도움은 필수적이다.

Heenan과 Bennis가 저술한 「CO-Leaders」에서 이인자인 위대한 추종자로서 저우언라이와 조지 마셜을 선택하여 요약하면서 추종자의 역할을 설명하려 한다.[1)]

1) 저우언라이

"중화인민 공화국이 수립되었다! 중국인민들이 일어섰다!"

1935년의 악명 높은 대장정 기간에 결성된 이 연합관계가 저우언라이와 마오쩌둥에게 역사적 승리의 순간을 가져다 준 것이다. 유럽의 식민주의, 일본의 제국주의, 소련의 모험주의와 국내의 많은 군벌들에 의한 내분 등으로 점철된 중국 2천 5백년 투쟁이 마무리지어지는 순간이었다.

어울릴 것 같지 않은 두 사람은 매우 특이했다. 투박하고 거칠며 세속적인 54세의 마오쩌둥에게서는 대부분의 세계 지도자들이 지니고 있는 세련된 교양미를 찾기 힘들었다. 그러한 덕목을 지닌 사람은 단정하고 풍채 당당한 저우언라이였다. 저우언라이의 윤기 있는 검은 머리, 강렬한 눈빛은 지중해 사람을 연상케 했으며, 약간 큰 듯 싶은 제복이 잘 어울렸다.

---

1) David A. Heenan & Warren Bennis, 1999, *CO-Leaders*, by Bonlivre Publishing Co., 최경규 역(*CO-Leaders*: 위대한 이인자들), pp. 121-142, pp. 143-170.

중국인민들에게 저우언라이가 당당했던 것만큼 서열은 명확했다. 거친 마오쩌둥이 중국의 막강한 지도자였고, 예절바른 저우언라이가 그의 충성스러운 동지였고 예절바른 저우언라이가 그의 충성스러운 추종자이었다.

그 후 25년 동안 저우언라이는 마오쩌둥의 정치적 동료 역할을 수행했으며, 마오쩌둥의 또 다른 자아로서 수상 겸 외무부장관 역할을 했다. 상냥하고 실리적이며 설득력 있는 저우언라이의 명성과 인기는 퉁명스럽고 비현실적인 상관을 앞질렀다.

두 사람은 성장 배경과 활동 경력이 너무도 달랐기 때문에 40년 동안 계속된 저우언라이와 마오쩌둥의 협력관계가 원활히 지속될 거라고 예측하는 사람은 없었다.

마오쩌둥은 1893년 12월 26일, 후난의 샤오산이라는 작은 마을에서 태어났다. 가난한 농부의 아들로 태어나서 훗날 유복한 농민이자 곡물상으로 변신한 마오쩌둥은 가부장적인 권위에 반항해 10대 초기에 지역경제의 중심지인 창샤로 떠났다. 마오쩌둥은 좌절과 불확실한 세월을 몇 년 보냈다. 비누기술자 학교, 경찰학교의 견습기간을 거친 후 그는 중국 최고 대학인 북경대학교의 사서 보조로 일하게 되었다. 그리고 독학 끝에 부유한 지주로부터 억압받는 농민 문제 등 조국의 문제를 해결할 수 있는 방안으로 서구의 자유주의를 포기하고 마르크스-레닌주의를 택했다. 1923년 그는 완벽한 혁명가가 되었고 그 후 얼마 안 되어 저우언라이를 만났다.

반면 저우언라이는 공산주의를 다른 방면으로 접근했다. 1898년 지앙쑤지방 후아안의 귀족가문에서 태어난 저우언라이는 톈진에 있는 유명한 중학교를 졸업하고 1917년 일본으로 유학을 떠났다. 그는 처음에는 미국으로 유학을 가려 하였으나 입학시험에서 떨어졌다. 1919년 그와 마오쩌둥은 학생들이 수입된 사상과 외국의 내정간섭에 항의해 베이징에서 벌인 대규모 시위인 5·4운동에 참여했다. 저우언라이는 체포되어 4개월 동안 복역한 후, 석방되어 작업연구 프로그램으로 프랑스에 갔다. 저우언라이는 유럽이 혁명사상으로 들끓고 있으며 사회개혁이 요구되는 것을 목격했다. 그는 곧 그 사상에 빠져들었고, 파리에서 중국 혁명운동에 참여했던 덩샤오핑을 비롯한 여러 동지들과 함께 공산주의에 심취했다. 그리고 평생 공산주의에 전념하겠다고 선언하고 1921년 7월 상하이에서 설립된 중국공산당의 유럽 조직책이 되었다.

1928년 중국공산당의 주요 지원국인 소련의 여섯 번째 국민회의에 초청된 그는 국제 공산당위원회 구성원으로 선출되었고 2년 뒤에는 외국인으로서 전례

없던 소련 공산당에서 연설하는 영광을 누리기도 했다. 1931년 1월 저우언라이는 소련 공산주의자들에 의해 새롭게 재건된 중국공산당의 주요 당직을 맡으며 상하이로 돌아왔다.

저우언라이는 마오쩌둥 등을 비롯한 여러 동지들보다 월등히 앞서나가고 있었다. 마오쩌둥은 저우언라이의 출세를 경외심과 질투의 눈길로 지켜본 많은 경쟁자 가운데 한 사람이었다. 좌절한 마오쩌둥은 당을 박차고 나와 일생의 신념인 농민 규합을 위해 고향 후난으로 돌아갔다.

많은 면에서 마오쩌둥의 귀향은 인생의 새로운 계기가 되었다. 가난한 농민들이 극심한 불평등에 용감히 맞서는 모습을 보고 그는 그들에게 경외심을 갖게 되었다. 그 역시 농민들로부터 존경을 받으며 그들의 누적된 분노를 토대로 군사 조직망을 만들었다. 그는 곧 중국의 수억 농민들이 폭풍처럼 일어날 것이며, 그 힘이 너무도 재빠르고 거칠어 어떤 힘도 그것을 막지 못할 것이라고 예상하였다.

처음에 중국공산당 지도부는 마오쩌둥의 수정사회주의적 의견을 받아들이지 않았다. 특히 저우언라이는 마오쩌둥의 농민에 대한 열정을 비난하며 "농민들은 이기적이고 편협한 보수주의이며 훈련이 부족해서 그들을 포용하는 것은 당의 혁명이론과 조직 강령에 위배된다."고 주장하였다. 저우언라이는 홍군이 오랫동안 이용해 온 대도시에 대한 소련식 전면공격 전술을 주도했다.

저우언라이는 마침내 진부한 소련식 전투 방법에 화가 나기 시작했다. 장제스의 엘리트 국민당 부대를 몇 개 도시에서 제거하려던 계획이 몇 차례 실패로 돌아가자 그는 중남부 지앙쑤 지방에 있던 지치고 사기가 꺾인 홍군을 재정비하였다. 이른바 지앙쑤 기간이라고 불리는 1930년대 초반에 마오쩌둥은 정책결정, 특히 군사 문제에서 아무런 힘도 발휘할 수가 없었다.

하지만 1934년 10월 저우언라이는 1백만 명에 이르는 국민당의 막강한 군대를 정면 공격하지 않는 방안을 채택함으로써 처음으로 마오쩌둥을 지지했다. 그 대신 홍군은 지방을 포기하고 중국의 북서쪽으로 6천마일이나 후퇴하는 1년여간의 긴 여정을 시작하였는데 이것이 바로 '대장정'이다. 기대에 어긋난 데다 척박한 국토를 가로질러 가는 동안 잦은 공격을 당한 공산당 군대는 7만 명에서 3만 명으로 줄었다.

저우언라이는 자신에게 없는 리더 자질이 마오쩌둥에 있음을 알게 되었다. 특히 마오쩌둥의 중요한 자질은 농민들의 마음을 움직이는 호소력과 그들의 정서를 이해할 수 있는 능력이었다.

역사학자 존 쿡 루츠의 설명에 의하면 저우언라이는 마오쩌둥에게 매우 복잡한 주제를 교육받지 못한 사람들도 이해할 수 있도록 설명하는 능력이 있음을 인정했다고 한다. 마오쩌둥은 항상 대중의 눈높이에서 이야기를 했고, 그와 인민들 사이에는 친밀한 교감이 오갔다.

저우언라이는 마오쩌둥에게서 자신에게 부족한 중국 민중의 희망과 꿈을 진심으로 존중하는 태도를 보았다. 또한 중국은 본질적으로 농업국임을 일찍이 깨달은 마오쩌둥의 식견을 인정하였으며 그의 눈을 통해 소련식 프롤레타리아 강경정책이 중국에서는 통하지 않는다는 것을 알았다. 저우언라이는 군사위원회에서 사퇴하고 마오쩌둥을 홍군사령관으로 추천한 것이었다. 그는 사석에서 "마오쩌둥은 언제나 옳았다. 우리는 그의 말에 귀기울여야 한다"라고 말하였다.

저우언라이는 최고 서열의 자리를 내준 것이 기분 좋았을 리 없었으련만 결코 그런 생각을 드러내지 않았다. 그는 마오쩌둥만이 중국의 미래를 이끌 수 있는 지도자 자질과 두뇌와 가슴, 감정과 지성을 겸비한 카리스마를 가지고 있으며, 민중을 이끌고 혁명을 완수할 수 있음을 알아차렸다.

그는 마오쩌둥에게 권력을 이양하기로 한 사항을 헨리 키신저에게 이렇게 설명을 하였다. "조타수는 조류를 이용해 배를 앞으로 나아가게 한다." 역사가 루츠는 저우언라이는 보기 드문 정치적 통찰력과 겸손이 이 중요한 변화를 가능케 했다고 말하면서 "한없이 매력적이고 침착한 사람이었던 저우언라이는 자신의 인생을 지배했던 목표에 매우 헌신적이었으며, 그 목표를 달성할 수 있는 일이라면 무엇이든 정당화할 용의가 있었다"고 썼다. 그는 당원들 사이에 신뢰와 존경을 받았으며, 그의 신조는 오직 '인민에게 봉사하는 것'이었다.

춘이회의에서 마오쩌둥은 아무도 넘보지 못할 최고의 지도자가 되었고, 그의 지휘하에 있는 홍군들은 열렬히 환영하며, "마오쩌둥 위원장이라고 소리쳤다." 한편 저우언라이는 자신이 지지하는 지도자에게 경의를 표하였다. 그는 마오쩌둥이 앞에서 달리도록 했고 자신은 뒤따랐다.

공조체제의 성패는 공유하는 가치에 의해 좌우된다. 그들은 대장정 기간중 그들 자신과 다른 많은 사람의 인생을 구체화시키는 공동성명을 만들기도 하였다. 대장정 기간중 마오쩌둥은 저우언라이에게 자신이 지니지 못한 세심한 주의력과 정치적 세련미가 있음을 깨달았다. 중국공산당의 새로운 지도자로서 마오쩌동은 저우언라이에게 국민당과 다시 공고한 유대관계를 맺도록 지시했고, 1937년 청일전쟁에서 중국이 승리하도록 노력하였으며, 세계 2차 대전 말에는 앙숙인 장제스 총통과 평화협정을 이끌어 내기도 하였다.

국민당과 화해가 불가능하다는 것을 판단하고 저우언라이는 국민당의 부패와 장제스에게 염증을 느낀 다수의 지식인과 정치인들을 재빨리 포섭했다. 그는 국민당 정부에 맞선 공동전선을 조직하는 데 성공했고, 이것은 장제스의 실각과 1947년 마오쩌둥의 승리에 결정적으로 기여를 하였다.

1949년 10월 수립된 중국 정부의 총리로서 저우언라이는 중화인민공화국의 시민관련 행정관료의 우두머리가 되었다. 천부적인 재능과 열정으로 국제관계에 열중한 그는 1949-1958년 외무부 장관을 지냈으며, 중국의 국제적 전략을 구체화하는 데 중추적 역할을 했다. 중국의 고참 외교관이었던 그는 마오쩌둥의 훌륭한 판단력에 영향력을 받았다. 그리고 많은 해외의 고위인사들과 좋은 관계를 유지했다. 언어 구사력이 뛰어났던 그는 영어, 러시아어, 프랑스어, 일본어에 능통하였으며 그 시대를 살았던 누구보다도 중국이 개방되어야 한다고 확신하고 있었다.

이들 둘의 관계가 지속되었던 것은 마오쩌둥이 저우언라이에게서 위협을 느끼지 않았기 때문이다. 마오쩌둥이 가장 중요한 동반자인 것은 틀림없지만 저우언라이는 대체로 그늘에 가려져 있으면서도 혁명을 가능케 한 가장 믿음직한 협력자였다. 흥미롭게도 그는 자신의 경력에서 일순위를 거부한 유일한 공산주의자였다.

저우언라이는 겸손했고 신뢰할 수 있었다. 그는 중국공산당 내에서 개인적으로 파당을 형성하지 않았고, 마오쩌둥과 반대되는 파벌을 만들지도 않았다. 또한 때때로 사람들로부터 요청받았지만 주석직을 추구하지도 않았다. 마오쩌둥과 경쟁하여 내분을 일으키는 것은 중국에 이득이 될 리 없다고 여긴 그는 변덕스럽지만 카리스마가 있는 지도자를 포용하는 것이 중국을 위한 길이라고 생각했다. 루츠는 "저우언라이가 아첨을 믿지 않으면서도 한편으로 배신을 우려하는 마오쩌둥의 성격에 맞출 줄 알았다. 그는 마오쩌둥의 이러한 불안을 누그러뜨릴 수 있었다"고 말했다. 따라서 그는 이따금 발생하는 내부의 권력다툼에도 휘말린 적이 없었다.

미국의 언론인이자 「중국의 붉은 별」의 저자인 에드거 스노는 "공생이라는 단어가 저우언라이와 마오쩌둥의 관계를 가장 잘 설명한 말일 것이다"라고 하였다. 개개인은 불완전하였지만 두 사람은 막강한 한 팀이었다. 작가 한쑤윈은 "바다와 바닷가처럼 두 사람은 완벽한 조화를 이루었다"고 말하였다.

오랜 세월 저우언라이는 마오쩌둥에 대한 우정과 충성심을 유지했다. 믿음직스러운 이인자인 그는 중국의 지도자를 온갖 수단을 다하여 보호했다. 두 사람이 먼 길을 떠날 때면 종종 뜨거운 햇살을 피하도록 마오쩌둥에게 모자를 건넸으며 손수 마오쩌둥의 숙소와 음식, 스케줄을 챙겼고 음식과 음료를 미리 맛보기도 했다.

두 사람 사이에 전혀 틈이 없었던 것은 아니다. 마오쩌둥과 저우언라이 사이엔 종종 긴장감이 흘렀고 반목하는 경우도 있었다. 그리고 많은 주제에 대해 심각하게 대립하였다. 예를 들어 1958년 그는 마오쩌둥에게 평등주의적 국영농장과 소수 노동집약적인 기업을 경제 근대화의 견인차로 삼자고 주장하는 대격변의 정책인 대약진 운동을 철회하도록 촉구했다. 또한 그는 중국을 적어도 한 세대 뒤로 후퇴시켰다는 평가를 받는 프롤레타리아 문화 대혁명을 공개적으로 비판을 하였다. 저우언라이는 특히 광적으로 마오쩌둥에 충성을 바치는 홍위병의 권력이 커지고 있는 것을 언짢아했다. 그는 광기의 시대였던 1966-1969년에 누구보다도 질서와 합리성을 주장한 사람이었다.

항상 불안정하고 약삭빨랐던 마오쩌둥은 계속 홀가분한 마음을 누리기 위해 어떤 잠재적인 후임자도 허용하지 않았다. 마오쩌둥은 오랫동안 저우언라이를 존중했지만, 곧잘 그를 '작은 당나귀'라고 불렀다. 문화혁명때 마오쩌둥은 저우언라이에 대해 줄곧 '부르주아의 부패한 우두머리'라고 공격하는 홍위병의 말에 귀가 솔깃해지곤 했다.

1967년 8월 26일 홍위병의 폭도들이 저우언라이를 가택연금시킨 채 이틀 동안 잠을 못 자게 하고 음식도 주지 않은 일이 있었다. 이때 저우언라이는 첫 번째 심장발작을 일으켰으며, 이는 그가 쇠약해지게 된 원인이 되었다. 하지만 마오쩌둥은 이 일에 개입하기를 거부했다. 또한 문화혁명 후에는 린퍄오를 공산당의 부주석으로 임명함으로써 저우언라이를 세 번째 서열로 내몰기도 했다. 이것은 추종자인 이인자에게 리더가 위협을 느낄 때 발생하곤 한다. 그리고 추종자가 비참하게 당하는 사례를 우리는 역사를 통하여 볼 수 있다.

저우언라이의 말년에 마오쩌둥은 충성스러운 부관을 버렸다. 마오쩌둥 주석은 병원 침대에서 죽어가는 저우언라이를 방문하지 않고 장례식에도 참석하지 않았다. 1976년 1월 8일 저우언라이의 사망 소식을 들었을 때에도 그는 아무 말도 하지 않았다. 하지만 그날 밤 마오쩌둥의 간호사와 측근들은 그가 우는 것을 보았다고 한다.

중국인민들은 9개월 후에 죽은 마오쩌둥보다 저우언라이의 죽음을 더 슬퍼했다. 1백만 명의 인파가 친애하는 이의 죽음을 애도하여 거리로 모여들었다. 그의 1주기 추도식에는 많은 사람들이 그의 영정을 들고 천안문 광장으로 몰려들어와 충성을 맹세하며 "저우언라이는 살아 있다! 그는 우리와 함께 있다"고 외쳤다.

저우언라이는 마오쩌둥이 혁명을 이끌 수는 있지만 국가를 세우기는 힘들다는 것을 깨달았다. 국가를 세우기 위하여 마오쩌둥은 저우언라이의 도움을 받아야 했다.

마오쩌둥은 분명 전략적인 통찰력과 전술력까지 갖춘 훌륭한 새 중국의 중요한 건축가였다. 그의 업적은 역사상 가장 큰 농민혁명을 이끌었다는 것과 중국을 30여 년 동안이나 통치했다는 것이다. 하지만 중화인민공화국을 살아남게 만든 사람은 저우언라이였다.

닉슨은 이렇게 말했다.

"마오쩌둥이 없었다면 중국의 혁명은 결코 불붙지 않았을 것이다. 하지만 저우언라이가 없었다면 그 불길은 다 타서 재가 되고 말았을 것이다."

2) 조지 마셜(George C. Marshall)

마셜 2세는 남북전쟁이 끝난 지 15년 후인 1880년 12월 31일에 펜실베이니아 주 유니언 타운에서 태어났다. 비교적 부유한 석탄과 코크스 납품업자의 셋째 아이로 태어난 조지는 형과 누나에 가려져 있었다. 자신감이 부족하고 눈에 띄지 않는 아이였던 그는 작은 마을의 보수적인 가치에 동화되었다.

마셜은 일찍부터 직업군인이 되기를 결심하였다. 그러나 연줄도 없고 성적도 보통이어서 웨스트포인트에는 갈 수 없었으므로 버지니아 군사학교(Virginia Military Institute: VMI)를 지원했다.

짧은 머리의 신입생은 군사학교의 온갖 어려움을 견뎌냈다. VMI는 스파르타식으로 교육을 하였고, 막사에는 수도와 수세식 화장실조차 갖추어 있지 않았다. 밤에는 창문을 열어 놓아 추운 겨울에는 간이침대에 눈이 쌓이는 경우도 있었다. 기상은 아침 5시 30분이었고, 소등시간은 매우 늦었다. 엄격한 수업 외에도 시도때도 없이 화장실 청소나 팔굽혀펴기를 해야 했고, 상급생들의 명령에 따라야 했다. 자유나 여가활동은 토요일 오후에만 할 수 있었는데, 그나마 신입생들은 시골에 갇혀 있어야 했다. 중심가인 렉싱턴에 나가는 생도들은 즉시 퇴교당했다.

그러나 마셜은 곧 빛을 내기 시작하였다. 그는 군사과목에서 좋은 성적을 받았고, 훈련기강, 의사결정과 리더십에서 뛰어난 평가를 받았다. 1학년 때에는 VMI에서 수석생도였고, 2년 후에는 만장일치로 모든 주요 행사에서 생도들을 통솔하는 대장으로 선정되었다. 키 크고 잘생긴 20세 청년은 이미 성숙한 성인이 되어 있었다. 그의 검약과 절제는 VMI의 엄격함에 의해 더욱 강화되었다. 그의 장점은 사람들과 사건을 심사숙고하는 판단력인 '사적인 지혜'였다. 그는 매우 근면하고 자제력이 있으며 사려 깊었다.

1901년 6월 사관학교를 졸업한 그는 1902년 소위로 임관되고, 같은 해에 여섯 살 위인 엘리자베스와 결혼했다. 그 후 마셜은 스페인-미국 전쟁 후에 일어난 처참한 필리핀 반란에서 18개월간 복무를 하였다. 그리고 그는 1906년에서 1908년까지 켄사스 주 포트 리븐워스에 있는 기병학교와 교관대학에서 군사전술을 공부했고 수석으로 졸업했다.

마셜은 항상 맡은 일을 훌륭히 수행해 상관들의 칭찬을 받았다. "복무기간, 나이, 지위로 볼 때 지금까지 군복무를 위해 가장 완벽하게 갖춰진 사람이었다."

또한 "그는 뛰어난 전술 감각을 가졌고 인지에 예리하다. 또 신속하게 결정하고 행동하며 항상 기회를 포착해 이용한다"고 한 관찰자가 말하였다.

게다가 미국 제3대 대법원장인 존 마셜의 후손으로 버지니아의 부유한 명문가 출신이라는 정치적 배경도 있었다. 그러나 마셜은 결백한 성격이라 자신이 원하는 걸 이루기 위해 다른 누군가에게 의지할 생각은 추호도 없었다. 그는 직접 백악관에 찾아가기로 마음먹었다.

William Mckinley 대통령을 만날 수 없을 거란 말을 듣고서도 그는 막무가내로 버텼다. 몇 시간이나 기다려 집무실로 들어가는 대통령을 붙잡았다. 다른 사람들이 모두 물러나자 "대통령은 내가 원하는 것이 무엇인지를 자상하게 물었고, 나는 내 용건을 말씀드렸다"고 훗날 마셜은 회고했다.

그가 중위가 되었을 때 육군의 더딘 진급에 실망을 느끼고, 게다가 정성들여 닦은 능력을 활용하지 못함을 안타까이 여겨 사임도 생각하였다.

그러나 전쟁의 발발로 군인으로서 마셜의 경력은 가속화되었다. 그는 1917년 제1차 대전에 참전하였고 대위를 거쳐 소령으로 진급하였으나, 가벼운 부상으로 참모직에 적합하였기 때문에 유럽의 최전선에는 가지 못하였다. 1군의 로버트 불러드 사령관은 전투계획을 세우고 명료하게 말하는 데에는 마셜이 최고라고 생각하였다. 1918년 가을, 마셜은 50만 병력과 2천 7백 정의 총이 투입된 대대적인 메우세-아르곤 공격을 불과 2주도 채 안 되어 동원했다. 불러드는 그를 전쟁에서 가장 뛰어난 참모 운영의 마법사라고 불렀다.

그 후 육군 총참모총장인 퍼싱 장군은 재능 있고 솔직한 마셜을 부관으로 선출하였다. 이 두 사람 다 어리석은 짓은 용납하지 못하는 강인한 감독자이자 지칠 줄 모르는 일꾼이었다. 그 기간에 퍼싱은 마셜에게 아버지 같은 존재였고 퍼싱은 계속 마셜에 대한 조언과 지지를 아끼지 않았다.

마셜은 1927년 사랑하는 아내 엘리자베스를 잃었지만 꿋꿋이 견뎌 냈으며, 1930년 10월 15일에 재혼했다.

그의 나이 50세에 아직 중령이었으나, 오랜 경쟁자인 더글러스 맥아더는 사성장군이자 미 육군 총참모총장이었다. 또한 그는 숙적 맥아더에 의해 준장으로 진급되지 못한 것을 알았다. 마셜은 퍼싱의 인맥이었으므로 맥아더로서는 믿어서는 안 될 사람이었다. 마셜의 진급을 위해 퍼싱이 계속 호소하고 루스벨트 대통령이 추천했지만 소용없었다. 맥아더가 육군 참모총장을 그만두고 필리핀 방위군 최고사령관이 된 후에야 마셜은 제대로 진급할 수 있었다.

1938년 11월 한 회의에서 루스벨트는 각료들과 군 고문관들에게 1만대의 비행기를 제조할 것을 제안하였다. 그것은 루스벨트가 자랑하는 프로그램 중 하나였다. 모두 참여자들이 고개를 끄덕였다. 하지만 대통령이 마셜에게 의견을 물었을 때 그는 특유의 정직함으로 "죄송하지만 대통령 각하, 저는 전혀 동의할 수 없습니다"라고 대답했다. 마셜이 판단하건대 그렇게 많은 전투기를 만들고 인원을 늘리는 것은 지나치게 야심적일 뿐 아니라 매우 비현실적인 일이었다. 그는 대통령에게 그 점을 알리는 것이 의무라고 생각했다.

루스벨트는 화를 내며 방을 떠났고, 회의는 흐지부지 끝나버렸다. 마셜의 동료들은 이제 그의 워싱턴 생활은 끝났다고 예상했다.

하지만 루스벨트는 그 일을 두 번 다시 언급하지 않았다. 그 대신 솔직한 하급 장성의 경력에 관심을 갖게 되었다. 몇 달 후 육군 참모총장의 은퇴시기가 다가오자 대통령은 차기 후보 명단에 마셜의 이름을 포함시켰다. 당연히 격렬한 홍보와 압력이 있었던 것은 사실이다. 그러나 마셜은 자신을 홍보하여 주겠다고 하는 사람들에게 편지한 내용을 보면 다음과 같다.

"군에서의 나의 장점은 일에만 전념할 뿐 영향력을 행사한 적이 한 번도 없다는 것이었습니다. 그것은 군인들 사이에서 임용 문제가 대두되었을 때 나의 가장 큰 장점이 되어 왔으며, 이는 홍보를 하거나 여론을 주지시키는 활동과는 대조적입니다. 그러므로 나에 대해 여론을 환기시키지 않은 것이 오히려 나의 가장 큰 자산이 될 것입니다. 특히 대통령에게 말입니다."

마셜의 판단은 옳았다. 조용한 자신감과 과장되지 않은 진솔함, 그리고 국민들에게 자신을 표현할 수 있는 재능이 그를 승리로 이끌었다. 루스벨트는 33명의 다른 고참들을 제치고 마셜을 새 육군참모총장으로 선택했다. 그는 대통령에게 다음과 같이 말하고 다짐을 받아냈다. "저는 제가 생각하는 바를 그대로 말씀드리는 경향이 있고, 따라서 종종 기분 나쁘실 수도 있습니다. 그래도 괜찮으시겠습니까?" 하고 상기시켰다. 그러자 루스벨트는 참을 수 있으며, 더불어 솔직하게 말해 주기를 기대한다고 말하였다.

마셜은 육군 참모총장 초기를 미국 사람들에게 나치주의의 위험성과 군대를 신속히 동원해야 하는 필요성을 알리는 데 보냈다. 제2차 대전 당시 마셜은 육군의 무력한 현황을 잘 알고 있었다. 미국은 최대한 노력하면 겨우 5개 사단을 보유할 수 있었던 반면 독일은 136개 사단을 이미 보유하고 있다고 주장했으며 많은 사단들이 전투 경험이 있었다. 미국 인구의 0.5퍼센트 이하(50만 4천 명의 남자)가 현역이거나 예비역인 것과 달리 독일은 인구의 10퍼센트에 해당하는 680만 명의 남자들이 전투훈련을 받고 있었다. 하지만 루스벨트는 군사력의 증강을 하는 데 주저했기 때문에 애를 먹었다. 결국 우여곡절 끝에 대통령은 마셜의 요구를 승인하고 임시 예산으로 적절한 수준으로 증강할 것을 허락하였다.

마셜의 제안은 의회에서 승인되었고 마침내 미국은 앞으로 다가올 전쟁에서 승리하기 위해 필요한 군대의 전력을 증강할 수 있었다. 마셜은 이 일이 미국을 위해 참으로 중요한 순간이자 자신과 민활한 루스벨트의 결속을 다진 일이라고 묘사했다. 그는 주도권을 잡았고 대통령이 최선의 행동방침을 취할 수 있도록 확신을 주었다. 제2차 대전에서 윈스턴 처칠이 '승전의 조직가'라 칭송했듯이 마셜은 미군을 1939년 17만 5천명에서 800만 명으로 증강했으며, 이 대군을 지원할 수 있는 대전략을 수립했다.[1)]

마셜과 루스벨트는 많은 면에서 대조적인 모습을 보였다. 끊임없이 싱글거리

1) O'Neil, *op. cit.*(이근수 · 이덕고 옮김), 정치 군사 리더와 성공, p. 109.

는 대통령은 사교적이고 소탈했다. 반면에 마셜은 천성적으로 쌀쌀맞고 냉정했다.

루스벨트 대통령은 미스터 나이스 가이(Mr. Nice Guy)였다. 그는 직권 남용이 심각한 경우말고는 누구도 해고할 수 없다고 생각했다. 반대로 마셜은 부하에게 매우 높은 기준을 적용했으며, 거기에 미치지 못하는 사람은 면직되었다. 한 번은 마셜이 외국 주둔기지로 친구를 발령한 적이 있었다. 친구는 부인이 여행중이어서 자신이 이삿짐을 싸야 하기 때문에 즉시 신고하지 못했다면서 미안하다고 말했다. 그러나 마셜은 "나도 미안하네만, 자네 내일 사임해야겠네"라고 잘라 말했다는 것이다.

루스벨트와는 달리 마셜은 의사결정시 직관이 아니라 엄밀한 분석에 의존했다. 까다로운 그는 모든 문제에 지시와 규율로 접근했다. 오랜 시간 브리핑을 받고도 세세한 부분까지 얼마나 잘 기억해 내는지 정말 놀라울 정도라고 한다. 의회의 상임위원회에서 중요하지는 않지만 복잡한 문제에 관해 골치 아픈 질문을 받을 때에도 그는 막힘 없이 쉽고 권위 있게 대답했다고 전 부참모장 탐 핸디 장군은 회상했다.

그는 정직을 숭배했고, 자신의 이익이나 나라의 이익을 위해 절대로 거짓말하지 않았다.

엄격한 의미에서 그는 공정한 관리상을 구현했다. 마셜의 신뢰성과 큰 도덕적 권위에 대해 하워드 가드너는 의회 역사상 가장 본받을 만한 증인이라고 일컬었다. 그는 거만한 의원들에게 동등하게 증언하는 방법을 알았는데, 절대로 비굴하지 않고 그들의 의견을 항상 진지하게 들으면서도 자신의 입장을 유지했다. 대통령의 의회 연설을 많이 들어온 한 입회인은 그들 중 누구도 사람을 다루는 일에서 마셜 장군을 능가하지 못했다고 한다.

마셜의 사고는 늘 이상주의적이었고 진실했다.

대통령은 화려한 갈채를 좋아했던 반면 마셜은 자신을 내세우지 않았다. 그는 자신의 인생 여정에 대해 글을 써주면 수십만 달러를 주겠다는 제안을 거절했다. 그는 군인은 회고록을 쓰면 안 된다고 믿었는데, 특히 그것이 자신의 옛 동료에게 상처를 줄 수 있다고 생각했다.

루스벨트가 네 번째로 대권에 도전할지 불확실하자 여러 단체에서 민주당 공천 후보로 마셜이 나서기를 원했다. 하지만 그는 군인이 정치에 관여해서는 안 된다고 주장하면서 그런 교섭을 모두 거절했다. 그는 군인이 나라를 지키는 것

이외에 다른 목적에 끼어들면 문제가 생기게 된다고 정치입문을 완강히 거절하였다. 예상대로 대통령 출마를 권고받게 되는 시기에 루스벨트 대통령은 안절부절 못하는 감정을 드러내기 시작하여 어느 정도 마셜과 거리를 두었다. 그것은 추종자로서 이인자가 겪어야 할 과정이다.

내심 그는 루스벨트를 존경하였다. 마셜은 두리 틀 폭격을 촉진하고, 진주만에 미군 함대를 배치하며, 북아프리카를 공격하기로 결정을 하고, 원자폭탄 개발을 위해 20억 달러를 확보하는 등 어려운 결정을 내리는 대통령의 용기를 존경하였다. 또한 전쟁 내내 군의 일에 관여하지 않은 대통령에게 갈채를 보냈다. 그는 루스벨트가 엄청난 스트레스에 강했다고 말했다.

루스벨트는 마셜과 대통령의 군 대변인 윌리엄 리하이 제독을 포함해 최상의 국방 팀을 구성했다. 일단 팀이 결성된 후 대통령은 각자의 전문성에 따라 일하도록 했다. 마셜도 제2차 세계대전 때 육군과 공군의 지휘관들을 임명하거나 임명을 도왔다. 아이젠하워부터 브래들리에 이르기까지 마셜은 성과가 뛰어난 사람들을 일선으로 파견하였다.

태평양 교전지역에 있던 마셜의 전역 사령관은 맥아더 장군이었다. 마셜이 편협한 사고를 가졌다면 수년 전 자신의 진로를 방해한 맥아더의 역할에 머뭇거렸을 것이다. 하지만 마셜은 은퇴한 맥아더를 다시 기용하도록 루스벨트를 설득하였다. 그 이외에도 많은 유능한 장군들을 추천하였다.

루스벨트와 마셜은 일처리 방식에는 차이가 있었지만, 신뢰를 고취시키는 데 있어서 거의 무한한 능력을 갖고 있었다. 웅변적이고 귀족적인 루스벨트는 대중의 정서를 평가하는 특별한 능력인 지지자들에 대한 신비한 감수성을 지니고 있었고 사람들을 규합하는 데 천재적인 자질을 가졌다. 역사가 에릭 래러비는 "미국의 힘 중 내재적 원동력—원동력을 결집하고 이용하며 그 한계를 측정하는 방법—을 그보다 더 잘 이해하는 사람은 없었다"고 말했다.

역사상 유례가 없는 키잡이 루스벨트 대통령은 물결이 거친 바다에서 미국을 이끌었다. 1940년 5월에 시작된 유명한 그의 벽난로 옆의 담소는 어려운 전쟁기간에 미국 국민들을 착실히 이끌며 하나로 통합시켰다. 루스벨트는 특유의 화술로 1년에 두세 번 정도 6천 5백만 사람들에게 전쟁의 진행상황을 설명했다.

본질적으로 루스벨트는 자신을 따르는 국민들에게 미국의 제2차 세계대전 참전의 전략과 위험을 이해하도록 충분한 시간을 주는 점진적 리더십을 보여 주었다. 마셜 또한 모든 리더에게 매우 중요한 특징이라고 할 수 있는 신뢰를 북돋우는 특별한 능력을 가지고 있었다. 그래서 그의 추종자들은 종종 숭배자가 되었다.

리더십 전문가인 존 가드너는 마셜의 신뢰를 구축하는 수완을 "사실상 눈에 보이지 않는 재능"이라고 말했다. 전투에서 승리하고, 청중을 압도하며, 선거에서 반대파를 굴복시킬 수 있는 리더는 언론인들과 역사가들에게 뭔가 쓸거리를 제공한다. 하지만 마셜이 그토록 조용히 만들어 낸 믿음의 결속에 대해 쓴 사람은 몇 명이나 될까? 마셜 주변에는 그가 찾아낼 수 있는 최고의 사람들이 있었고, 그는 비능률적이라고 생각하는 사람을 해임하는 데 망설임이 없었다. 마셜은 끊임없이 죽은 가지를 쳐냈다. 이런 행동은 1927년 그가 조지아에 있는 포트베닝에서 교수부장으로 있을 때 처음으로 나타났다. "그는 교관들에게 무자비했다. 자신의 기준에 미치지 못하게 되면 누구든 해고해 버렸다"고 손더스는 말했다. 그런 결과 마셜은 Ormar Bradley, George Patton, Joseph Stilwell, Maxwell Taylor 같은 유능한 장군들을 키워 냈다.

정직함은 마셜의 가장 큰 자산이었다. 마셜이 정직하지 않았다면 전쟁중에 그에게 필요했던 지지를 의회로부터 얻지 못했을 것임은 물론, '마셜 플랜'(Mashall Plan)도 승인받지 못하였을 것이다. "그는 설령 자신의 대의를 손상시키는 한이 있더라도 진실만을 말했다. 의회는 항상 그를 존중했고, 다른 사람에게는 허락하지 않았을 많은 것을 주었다"고 알려져 있다.

전후의 하원의장인 Sam Rayburn이 이렇게 회고했다. "국무장관 자리를 승낙할 때도 마셜은 어떤 공직선거에도 출마하지 않겠노라고 공언함으로써 미래의 정적을 키우게 될지도 모른다는 의회의 우려를 불식시켰다." 해리 트루먼 대통령은 170억 달러에 달하는 유럽 재건계획을 '마셜 플랜'이라 칭함으로써 그것이 정치적으로 비화되는 일 없이 공화당이 다수를 차지하고 있던 의회를 통과할 수 있도록 지원하였다. 아마도 공화당이 다수당인 의회에서 마셜이 아닌 트루먼의 이름으로는 그 법안을 통과시킬 가능성이 희박한 것으로 판단한 것을 보면, 트루먼의 리더십도 훌륭하지만 마셜 또한 여·야를 통하여 신뢰를 받고 있음을 잘 말하여 준다.

루스벨트 대통령의 그림자로써 지칠 줄 모르고 일하던 중 마셜은 1943년 영국연합군에게 해협을 횡단하여 유럽으로 침투할 것을 설득하였고 이로 인하여 역사의 흐름을 바꾸었다. 그리고 처칠을 포함하여 지휘관으로 많은 리더들이 마셜을 추천하였다. 물론 마셜도 그 임무에서 최고 사령관이 되기를 간절히 원했다. 그의 군 경력 전체가 이번 임무를 위한 것이라 해도 과언이 아니었으며, 실제로 그는 그 임무를 수행하기에 가장 적합한 사람이었다. 그의 나이 63세를 생각하면 이번이 전쟁터에 설 수 있는 마지막 기회였다. 그러나 대통령은 마셜은 워싱턴에서 꼭 필요하다고 결정했다. "그가 매우 다양하고 유능한 사람들에 의해 미 육군을 통치하고 의회와 대중에게 대표하고 연합군의 최고 전략부가 미 육군을 대표하는데 가장 적합하다고 판단하는 것은 한 사람에 대한 압도적인 찬사였다."

루스벨트는 아프리카와 지중해에서 지휘관으로서 자질을 보여 준 아이젠하워 장군이 북아프리카에서 더 많은 전투 경험이 있다고 판단했다. 또한 아이젠하워가 워싱턴에서 마셜을 대신하여 줄지 의심스러웠다. 대통령은 해리 홉킨스를 통하여 아이젠하워가 새 육군참모총장으로 워싱턴에 돌아오기보다 마셜 밑에서 침투전을 수행하고 싶어한다는 것을 알았다.

결국 결정은 내려졌고 마셜은 워싱턴에 남게 되었다. 루스벨트는 그에게 "자네가 없으면 밤에 잠을 못잘 것 같네" 하고 말했는데, 그 말은 마셜에게 별로 위안이 되지 못했을 것이다.

항상 자신보다 봉사를 먼저 생각하는 그는 조국을 위해 자신의 원칙을 타협하지 않는 한 어떤 일도 할 수 있었다. 침투전의 지휘를 하지 못하게 된 것에 대해 크게 실망하였지만, 그는 성공적인 전쟁의 수행을 강조했다. 처칠은 훗날 다음과 같이 그를 위로했다.

> "자네에게 훌륭한 군대를 지휘할 기회가 주어지진 않았지만, 자네가 그들을 조직하고 고취시켰네, 자네의 지휘하에 프랑스와 독일을 휩쓴 힘과 용맹스러운 편대가 만들어졌고, 놀라울 만큼 짧은 기간에 그 임무를 수행할 수 있었네."

1945년 루스벨트가 사망하자 마셜은 그 동안 용기 있는 행동으로 존경하게 된 해리 트루먼을 성심껏 도왔다. 1947년 마셜이 은퇴한 지 얼마 안 되어 트루먼 대통령은 그를 민간인들의 직책인 중국 사절단장, 국무장관 그리고 국방장관으로 세 번이나 다시 등용했다. 마셜은 중국 내전을 중재하는 데 실패하였지만 미국 최고의 외교관으로서 널리 찬양받았다. 트루먼은 마셜을 처음 각료로 임명하면서 "그는 제2차 세계대전에서 가장 중요한 군인이었다. 그리고 다음 10년 동안 가장 중요한 국무장관이 될 것이다. 그는 누구도 따를 수 없는 특별한 자질을 가졌는데, 조직화에 능숙하고 사람을 잘 판단한다. 그는 거만하지 않고 사람들과 잘 지내며, 사람들은 그를 신뢰한다"고 말했다.

그가 국무장관 시절에 한 공헌은 그리스와 터키에 대한 원조 제공, 이스라엘의 인정, 북대서양 조약기구의 설립을 이끈 토의 등이다. 그러나 가장 중요한 것은 처음으로 서유럽의 재건을 요구하고 지휘한 것이다. 그는 미국인들에게 국수주의를 넘어 그들이 가진 자원과 에너지와 가치를 얼마 전까지만 해도 적대적 관계에 있던 나라에 제공할 것을 요구했다. 그는 민주주의의 원칙은 배고픔 위에서 번창하지 않는다고 미국인들을 설득했다. 평화를 위한 마셜의 공헌은 그의 전공만큼이나 중요했다. 1947년 국무장관으로서 그는 '마셜 플랜'(Marshall Plan)으로 알려진 수십억 달러 규모의 원조로 폐허가 된 유럽 경제를 재건하고 공산주의에 대항하는 발판을 마련했다. 1948-52년까지 특별한 공여정책을 통해 유럽의 16개국에 133억 달러가 원조되었다. 처칠의 관점에서 보면 이 계획은 역사상 가장 욕심이 없는 정책이었다.

마셜은 1951년 9월 1일 영원히 공직을 떠났으나 그 후에도 정부 자문으로 활동하는 육군의 최고위직 장군으로 현역 리스트에 남아 있었다. 1953년 그는 전후 유럽의 경제 재건에 대한 공로와 세계 평화 및 이해를 증진시킨 노력으로 처음 노벨평화상을 받았다.

1959년 10월 16일 마셜은 워싱턴의 월터리드 병원에서 세상을 떠났다. 그의 상관이었던 트루먼은 마셜에 대해 "금 시대 위인 중에서도 가장 위대한 인물이었다"고 선언했다. "내가 죽으면 마셜이 나를 자신의 부관으로 임명하여 그가 나를 위해 했던 일들을 내가 그를 위해 할 수 있게 되기를 진심으로 바란다"고 말할 정도로 마셜을 신뢰하고 존경하였다고 한다.

2. 이인자들을 위한 조언

Heenan과 Bennis는 위대한 이인자들이 들려주는 최고의 조언 10가지를 제안한다.

리더의 자리는 외롭고 힘든 자리이다. 주변의 충직한 추종자 없이는 큰 업적을 달성할 수 없다. 리더는 협력자에게 편안함을 느껴야 한다. 그러나 개성이 강한 사람은 어떤 형태이건 추종자가 되기를 거부한다. 독재적인 리더들은 후계자들을 공식화하길 꺼려한다. 오히려 이인자에게서 위협을 느끼면 그들은 해고되는 운명을 맞이하게 된다. 많은 리더들은 명예를 나누려고 하지 않는다. 이것이 이인자들의 운명이기도 하다. 간혹 리더들은 협력자를 원한다고 말로만 떠들지만 실제로는 자기주장이 있는 최고의 부관을 원하지 않는다고 「월스트리트 저널」은 보도했다. 리더와 추종자와의 관계는 일반적으로 성격 차이로 인하여 정상에서 무너지며, 그들의 합쳐진 재능이 개개인의 능력보다 뛰어나고, 그로 인한 성공이 두 사람들의 합심한 결과인 것을 곧잘 잊어버리고 서로 적대적인 관계로 진입하기도 한다. 더할 나위 없이 완벽한 동료가 되는 경우도 있고, 외롭고 힘든 리더를 지켜 준 충직한 협력자도 있으며, 물과 기름처럼 겉도는 리더와 이인자 관계가 있을 수 있다. 진정으로 협력할 수 있는 사람만이 성공적인 리더가 될 수 있다는 가벼운 논리를 우리는 쉽게 잊어버리곤 한다. 왜 이러한 일이 일어나는 걸까?

권력을 쥐고 있는 사람들은 잠재적으로 소중한 자기편에 대해 협력을 중요하게 생각하는 사람이 있는 반면, 칼을 휘두름으로써 잘못된 길을 가는 경우가 허다하다. 심리학적으로 보면 자신의 지위에 불안을 느낌으로써 본능적인 방어자세를 취한다. 특히 21세기는 독재적인 리더의 자리는 없으며, 진정으로 협력을 구할 수 있는 사람만이 성공적인 리더가 될 것이다. 그렇다면 왜 어떤 리더들은 권력을 나누는 데 뛰어난 반면 어떤 사람들은 실패하는 것일까? 그것은 대체로 추종자인 협력자들의 태도와 헌신의 문제에서 비롯되는 경우가 많다.

1) 리더와 이인자와의 공생관계의 조건[1]

- 지나치게 자기중심적이지 않은가? 자신보다 다른 사람의 장점과 공헌도를 강조하는 편인가? 다른 강력한 인재와 팀을 이룰 수 있는가, 아니면 혼자 조직을 운영하는 것을 선호하는가?
- 당신의 핵심가치와 철학이 미래 협력자와 조화를 이루는가? 두 사람의 성격은 잘 맞는가?
- 협력자와 영예를 나눌 수 있는가? 아니면 모든 문제에 선두에 서고 싶은가?
- 새로운 다른 자아와 권한을 나눌 수 있는 준비가 되어 있는가? 그에게 많은 중요한 책임을 기꺼이 위임할 수 있는가? 당신은 진정으로 일상 업무에서 떠나 다른 사람에게 권한을 넘겨 줄 수 있는가?

---

1) Heenan and Bennis, *CO-Leaders*(위대한 이인자들: 최경규 역), p. 260.

- 미래의 협력자는 당신의 재능을 보완하는 재능을 가지고 있는가? 아니면 그들은 단지 당신의 장점이나 성향을 보완할 뿐인가? 협력자를 고용하는 데 부가가치는 어디에다 두는가?
- 이인자를 중요하게 생각하는가? 이인자를 개인적·직업적으로 조언할 인내심이 있는가?
- 최고 부관에게 어떠한 충성을 요구할 것인가? 이사회와 다른 주요 지명권자들에 대한 그의 충성을 어떻게 평가할 것인가?
- 조직의 다른 사람들도 강력한 협력자를 받아들일 준비가 되어 있는가? 다른 리더들과 조직의 변천은 어떠했는가? 새 협력자의 성공을 위해 노력할 수 있는가? 공조체제의 공식에서 이사회가 어떤 역할을 할 수 있는가?
- 반대의견을 들을 준비가 되어 있는가? 최고 리더 혹은 중역의 건설적인 비판을 견딜 수 있는가? 아니면 많은 부하들의 표준인 온건한 칭찬을 좋아하는가? 알아야 하지만 알고 싶지 않은 일을 긍정적으로 듣고 반응할 수 있는가?
- 새 협력자와 역할을 바꿀 수 있는가? 그의 능력을 얼마나 높이 평가하는가? 두터운 믿음과 상호간의 존경이 있는가?

만약 이 질문들에 '네'라고 대답했다면 일류 협력자 혹은 추종자를 데려올 준비가 되어 있거나 이미 그렇게 했을 것이다. 하지만 '아니오'라고 하는 대답이 많다면 권력을 공유할 준비가 안 되어 있는 셈이다. 사실 추종자들과 좋은 관계를 갖는 것이 쉽지 않다는 것을 역사를 통하여 잘 보여지고 있다. 욕심이 없는 인간이 없듯이 리더는 리더대로 추종자는 추종자대로 리더의 자리를 유지한다든지 그 자리를 빼앗으려는 욕구가 불행한 결과를 가져오곤 한다. 반면에 서로 진정한 동반자로서 추종자와 리더를 공유하는 좋은 관계를 유지하면서 커다란 업적을 내는 경우가 많은 것도 사실이다.

2) 이인자들의 역할과 교훈[1)]

① 너 자신을 알라

이인자가 되는 것은 일인자가 되는 것만큼 어렵다. 어쩌면 더 어려울 수 있다. 성공한 이인자는 자신이 만든 최고 작품의 영예가 다른 사람에게 돌아가는 것을 조용히 지켜볼 수 있을 만큼 자아를 가진 사람이 되어야 한다. 그건 결코

1) Heenan and Bennis, *CO-Leaders*(위대한 이인자들: 최경규 역), pp. 300-312(내용을 참조한 것임).

쉬운 일이 아니다. 따라서 함께 유명세를 타지 못하는 그런 상황을 받아들일 수 없다면 그 일을 하지 말아야 한다. 그리고 다른 사람들의 무관심과 대중의 냉담을 무시할 수 있어야 한다. 저우언라이는 마오쩌둥의 가정부라는 놀림을 받았고, 그 이외에도 이인자들이 무시당하는 예는 역사적으로 허다하다.

이인자로서 성공하기 위하여 모두 내성적인 사람이 되어야 된다는 것은 아니다. 일인자와 파트너십으로 당당히 일한 사람도 있다. 그러나 그러한 경우 일인자가 그렇게 인정을 해 주어야 한다. 문제는 이인자가 일인자를 치고 올라갈 위험을 갖지 않도록 주의를 하는 것을 명심하여야 한다.

② 리더를 알라

일인자가 당신을 받아들일 준비가 되어 있는지를 검토하라. 일인자는 이인자를 여러 방법으로 파멸을 가져오게 할 수 있다는 것을 알아야 한다. 루스벨트와 린든 존슨이 그랬듯이 어떤 사람들은 정보를 공유하기를 싫어한다. 또 어떤 사람들은 의미 있는 책임을 공유하고 싶어하지 않는다. 어떤 사람은 이인자에게 중요한 일을 맡기지 않는다. 왜냐하면 이인자가 뛰어난 능력을 보이면 점점 불안해 하는 일인자가 있다는 것을 알아야 한다. 그러한 사람은 빛을 발하기 시작하는 부하의 기를 꺾는다. 또한 아무리 재능이 있는 사람이더라도 정상에 있는 사람의 지원이 없으면 성공하기 어렵다. 예를 들면 크라이슬러의 아이아코카가 전설적인 자동차 디자이너 러츠를 도태시킨 데 비하여 CEO 이튼은 그를 적절히 활용하여 덕을 보았다. 리더와 이인자들은 매우 밀접한 공생관계에 있다. 진정한 파트너로써 그들의 운명은 항상 서로 연결되어 있는 것이다. 그러므로 보스가 당신을 선택할 때만큼 당신도 보스를 선택하는 데 신중하여야 한다.

③ 큰 충돌을 피하라

모든 조직에는 나름대로 자신의 문화를 가지고 있다. 최고 경영자는 자신이 원한다면 그 문화를 자신의 명령으로써 변경할 수 있는 권력을 가지고 있다. 그러나 협력자인 당신은 그러한 권한을 가지고 있지 못하다. 시간이 지나면서 당신도 기업도 문화를 바꿀 수 있는 영향력을 가질 수 있다. 하지만 먼저 조직의 문화를 터득해야 한다. 그렇지 않으면 당신은 모든 공격을 받을 수 있다. 예를 들어, 규칙대로 움직이는 조직에서는 아무리 뛰어난 제안을 한다고 하더라도 창조적인 새로운 제도를 만들려는 당신을 일인자는 좋아하지 않을 수 있다. 왜냐하면 일인자가 편하게 지내는 것을 원할 수 있고, 그 제안이 전통에 대한 모독으로 비칠 수도 있기 때문이다. 그러므로 당신이 먼저 변화시키고자 하는 실체를 이해하고 상관의 마음을 읽어야 할 것이다.

④ 보스에게 원하는 것은 물론 필요한 것을 제공하라

이인자들의 가장 중요한 책임은 권력을 가지고 있는 사람에게 진실을 말하는 것이다. 이인자는 권좌에 앉아 있는 일인자에게 유일하게 접근이 가능한 사람인만큼 비록 감정을 상하게 할지라도 진실 그대로 이야기해야 한다. 이를 위해 진정한 용기가 필요하며, 이것으로 보답받을 수도 있고 아닐 수도 있다. 맥아더 장군이나 마셜 장군이 루스벨트 대통령의 의견을 반대하면서 자신들의 의견을 거침 없이 용기 있게 말하여 주위사람들이 걱정을 하였지만 역시 루스벨트는 현명한 리더였고 그들의 의견을 받아들였다. 그러나 모든 리더들이 다 현명한 것은 아니다. 냉혹한 현실을 받아들이는 재능은 이인자들이 터득해야 하는 지혜이다.

⑤ 기업이 가장 필요로 하는 것이 무엇인지를 알아 훌륭하게 수행하라

세계에서 가장 저명한 이인자들 중 몇몇은 경영의 중요한 면을 자신의 것으로 만들어 조직을 변화시켜 온 사람들이다. 조직은 필연적으로 이사회와 상사들에게 깊은 인상을 주고 싶어하는 재능 있는 이인자들간의 건전한 경쟁을 통해 이익을 얻는다. 이인자들 자신이 최고위직 후보이고 본인들의 성취가 특히 주목받고 있음을 깨달을 때 더욱 그러하다.

⑥ 영혼을 팔거나 개인 생활을 망치지 말라

최고의 명사는 자신의 최고 지위를 잃을 수도 있다는 두려움에 시달릴지도 모르지만 그들은 스타가 되는 것이 어떠한 것인지 알고 있다. 즐거움과 괴로움을 경험해 보지 못한 사람에게는 일인자가 끊임없는 관심의 대상이다.

야심이 많은 부관은 최고의 지위를 위해 모든 것을 희생한다. 배우자와 멀어지고 아이들에게 낯선 사람이 된다. 진정한 만족을 가져올 수 있는 일에 등을 돌리고, 기업과 조직에만 모든 시간을 쏟는다. 취미는 잊혀지고 친구들은 한 사람씩 떨어져 나간다.

겉으로 보기에 성공한 사람들이 흔히 이런 식으로 살지만, 결국 그들은 엄청난 대가를 치르게 된다. 그들을 지지하고 아끼는 사람들이 줄어들기 시작한다. 최악의 경우 그들은 조직에 너무 열중한 나머지 자신의 삶을 제대로 보지 못하고, 자신이 누구며 진정으로 원하는 것이 무엇인지 알지 못할 뿐 아니라 삶의 다음 단계를 준비하지 못한다. 한때 얼마나 똑똑했든 그런 사람들은 결국 조직에

큰 도움을 주지 못한다. 그들은 강박적인 야심으로 인해 자신들의 영혼과 본질을 희생시킨 것이다. 그래서 유명한 이인자들이 조직에 합류하는 조건으로 사생활 즉, 가족과의 시간을 희생시키지 않았다.

⑦ 따르기도 하고 이끌기도 하라

훌륭한 이인자는 충성과 용기, 그리고 신뢰를 항상 보여 준다. 그리고 리더로서 재능과 특성도 있다. 일급 부관으로서 이인자는 조직에 있는 다른 사람들의 귀감이 된다. 그리고 아첨하지 않고 상관의 필요를 만족시키는 법을 안다. 조직이 잘못되거나 부도덕한 일을 하면 그것을 바로잡기 위해 필요한 일을 무엇이든지 한다. 그 노력이 실패하면 훌륭한 이인자는 지위를 잃더라도 개인의 성실성을 유지하는 것이 미래를 위해 현명하다.

⑧ 제자리에 머무를 때를 알라

모든 사람들이 일인자가 되려 하는 것은 아니지만, 오늘날 스타가 되려는 욕망이 너무 커서 사람들은 자신과 맞지 않은 최고의 자리를 받아들이고 싶어 한다. 재능은 뛰어난데 최고 지위에 필요한 카리스마와 경영자다운 풍모, 대중에게 조직을 선전하는 능력이 부족한 사람도 가끔 있다. 그들은 자신들의 부족을 메우기 위하여 카리스마를 가진 능력 있는 사람을 채용한다.

변화무쌍한 이 시대에 이사회와 주주들로부터 전례 없는 검사를 받으며 조직을 이끄는 일을 누구나 원하는 것은 아니다. 현대의 CEO들은 자신들이 영웅에서 아무것도 아닌 존재로 전락할 수도 있음을 알고 있다. 영광을 한 몸에 누릴 수도 있지만 모든 비난을 받을 수도 있다는 것이다. 때로는 기업의 회장이 신문의 맹렬한 공격을 받을 수 있고, 이사회에서 지적 리더십이 없다고 평가한 것이 신문에 실릴 수 있다.

⑨ 물러날 때를 알라

리더와 마찬가지로 이인자들도 ‘아니오’라고 말할 때를 알아야 한다. 리더가 불법적이거나 부도덕한 일에 개입되어 있음을 알게 될 경우 이인자는 상사에게 충고해야 하고 만약 실패하면 그만두어야 한다. 조지 스페파노풀로스는 1992년 빌 클린턴을 당선시키기 위해 밤낮으로 애썼고 1996년 캠페인에서도 열심히 일했다. 하지만 클린턴의 재선을 위해 우익으로 너무 많이 다가가 있음을 느낀 그는 TV의 시사해설자로 자리를 옮겼다.

어떤 상관들은 자신의 보좌관에게 너무나 많은 것을 요구하고, 요구가 너무 많아 육체적 · 정신적 건강을 위협한다면 이인자는 제동을 걸어야 한다.

조연직을 떠나는 다른 이유도 있다. 어느 순간 대부분의 보좌관들은 다른 조직이나 자신이 만드는 기업의 우두머리로서 일인자가 될 준비가 되었다고 생각한다. 자신이 공식적인 후계자가 아니라는 것을 알아차림으로써 그런 결정이 빨라지기도 한다. 일인자와 이인자 사이처럼 서로 의존하는 관계에서 성격이 잘 맞아야 한다. 사람들의 관계는 항상 변하게 마련이고, 현명한 이인자는 훌륭한 파트너 관계가 변하는 시점이 언제인지 안다.

⑩ 성공의 개념을 정립하라

성공의 정의를 다른 사람들이 결정하도록 한다. 아이슈타인은 이런 문제에 대하여 아주 소중한 조언을 했는데, 그것은 "성공하기 위해 노력하기보다는 가치 있는 사람이 되기를 노력하라."는 것이다.

틀에 박힌 성공의 정의를 받아들이는 것은 자신의 운명에 대한 지배력을 잃는 것이다. 스타가 된다는 점에서 성공은 복권 당첨을 기대하는 것만큼이나 운에 좌우된다. 현명한 사람들은 유명해진다거나 다른 사람들로부터 얻는 이익만으로 성공을 정의하지 않는다.

현명한 사람들은 자신이 좋아하고 잘할 수 있는 일을 찾는다. 그들은 믿을 수 있는 사람들을 찾아 성심성의껏 섬긴다. 사람의 삶을 고갈시키는 것이 아니라 향상시키는 기업에 애정과 에너지를 쏟는다. 그들은 단순히 일의 대가가 아니라 인생 전부를 맛볼 수 있는 방법을 찾는다. 또한 즐거움을 주는 것이 훌륭한 기업의 판단기준 중 하나임을 깨닫는다.

모든 리더들은 추종자들에게 충성을 요구한다. 그러나 맹목적인 헌신은 종종 역효과를 낼 수 있다. 그릇된 상관을 돕는 것은 경력에 해를 줄 수도 있다. 많은 이인자들이 결점 있는 상사와 지나치게 가까운 관계 때문에 경력에 나쁜 영향을 받을 수 있다. 앨버트 고어는 결점이 있는 리더의 충실한 부관이었기 때문에 대통령직을 향한 시도에서 패배하였다.

권력은 사람 됨됨이를 보여 준다. 훌륭한 리더들은 권위를 다른 사람에게 맡김으로써 권위를 얻는다고 한다. 권력을 다른 사람에게 양도함으로써 오히려 권력을 얻는 것이다. 권한을 공유하는 데에는 조화가 필요하다. 권력이 너무 적으면 명목상의 우두머리가 되고 너무 많으면 팀의 창의력을 말살한다. 어쨌든 이인자 혹은 추종자들과 공조체제를 만드는 것이 조직의 목적을 달성하기 위하여 무엇보다 중요하다.

제 3 절 성공적인 추종자를 위한 전략과 특징

1. 성공적인 추종자를 위한 전략

대부분의 추종자들은 청취력이 없는 리더, 용기를 북돋아주지 못하는 리더, 추종자들의 노력을 인정하지 못하는 리더들과 같은 자질이 부족한 리더들을 비난을 한다. 완벽한 리더는 없다. 그러나 추종자들은 그러한 리더들의 장애를 극복하고 성공적인 추종자로 변형시키는 전략들, 즉 리더와 추종자와의 관계를 개선함에 의하여 성공적이 될 수 있다. 대부분의 리더들과 추종자들의 관계는 권위와 복종에 기초한 감정과 행태에 의하여 특징된다. 리더들은 권위를 가지고 있는 큰 역할을 하는 것으로 추종자들에게 비추어진다. 추종자들은 그들의 리더들이 너무 비판적이고, 배반적이거나 소극적인 것을 발견할 수 있다. 반면에 성공적인 추종자들은 그들 자신들의 행태가 타고난 것이 아니라 그들의 리더들과 동등한 자신들을 지각한다. [표 11-3]은 추종자들이 권위를 근간으로 하는 관계를 극복하고 그들의 리더들과 효과적이고 존경스러운 관계로 발전하는 전략들을 Daft는 아래와 같이 설명한다.

[표 11-3] 리더에게 영향력을 가하는 방법

리더를 위한 자원이 되어라	좋은 리더가 되게 리더를 도와주어라
리더의 욕구가 무엇인가? 리더의 방향으로 방향 전환하라 당신에 대하여 리더에게 이야기하라 자신을 팀의 목적과 일치하도록 조정하라	지도를 요청하라 당신이 생각한 것을 리더에게 말하라 리더에게 감사를 표할 것을 찾아라
관계를 구축하라	**리더를 현실적으로 보아라**
당신의 수준/지위에서 리더에 대하여 질문을 하여라 경험이 당신을 그 의견에 인도한 것과 같이 환류와 비판을 환영하라 기업의 역사를 전해 달라고 요청하라	이상적인 리더이미지를 버려라 모든 것을 숨기지 마라 리더를 다른 사람들에게 비판하지 마라 무조건 동의하지 마라

출처: Daft, *op. cit.*, p. 408.

1) 리더를 위한 자원이 되어라

효과적인 추종자들은 그들 자신들이 조직의 목적과 비전에 일치하도록 맞추는 행위를 한다. 그들은 리더에게 비전과 목적에 대하여 묻고 그들을 달성하도록 돕는다. 이러한 방법으로 추종자들은 리더를 위한 강점과 자원의 근원이 된다. 그러므로 성공적인 추종자는 자신의 강점을 가지고 리더의 약점을 보완할 수 있다. 성공적인 추종자들은 그들의 리더들에게 그들 자신의 아이디어, 가치관, 욕구 그리고 한계를 알려 준다. 리더들과 추종자들이 그들의 일상적인 활동들과 서로의 장점과 단점을 알면 알수록, 그들은 서로 더욱 좋은 자원들이 될 수 있다.

2) 좋은 리더가 되도록 도와라

리더의 지도는 추종자들의 능력을 개발하는 데 도움이 될 수 있다. 만약 리더가 자신의 지도를 추종자들이 잘 수용한다는 것을 인식한다면 그 리더는 효과적인 지도를 하기 쉽다. 성공적인 추종자들은 자신들이 무엇이 필요하다는 것을 말함으로써 그들의 리더가 유능한 리더가 되는 데 도움을 줄 수 있다.

추종자들이 리더를 칭찬하고, 업무가 잘 이루어진 것에 대하여 그들의 리더들에게 감사를 표할 때, 리더는 더 좋은 리더가 될 수 있다. 만약 리더가 추종자들이 감사하는 것을 안다면 리더는 추종자들이 감사하는 행위를 계속할 것이다. 만약 비효과적 혹은 파괴적인 행동이 환영을 받지 못한다면 그러한 행동을 차츰 소멸될 것이다.

3) 리더와 관계를 구축하라

성공적인 추종자는 신뢰를 쌓고, 신뢰를 토대로 정직하게 말하면서, 리더들과 순수한 관계를 구축하려고 노력한다. 리더와 좋은 관계를 구축하면, 추종자는 조직에 의미 있는 상호작용을 할 수 있다. 더욱더, 이러한 관계는 권위나 복종의 관계보다는 상호존중의 관계 속에서 발전할 수 있을 것이다.

추종자들은 그들의 리더들에게 추종자의 입장에서 리더의 경험, 환류, 혹은 비판에 대한 근원이 무엇인가와 같은 질문들을 함으로써 리더와 상호존중을 촉진시킬 수 있다. 추종자들은 정책에 대하여 리더를 공격할 수 있다. 그렇게 함에 의하여, 추종자들은 자신들에 대한 비판, 추종자의 입장에서 감정이입, 그리고 서로의 입장을 공유하는 데 책무성을 서로 지도록 리더들에게 요구함으로써 복종적인 태도를 극복하기도 한다.

4) 리더를 현실적으로 보라

리더를 현실적으로 보라는 것은 리더들을 이상적인 이미지를 가지고 보지 말라는 것이다. 리더들은 틀릴 수도 있고, 많은 오류들을 범할 수 있을 것이다.

추종자가 상관을 지각하는 방법 그 자체가 리더와의 관계를 형성하는 근본이 된다는 것을 잊어서는 안 된다. 이것은 추종자들이 그들의 리더들이 어떻게 되어야 한다는 것이 아니라 사실 있는 그대로의 리더를 보는 것을 도와준다. 추종자가 리더를 정확히 읽을 수 있는지 자신들을 판단하지 않으면 안 된다. 예를 들면, 한 근로자는 자신의 보스가 자신을 무시하였기 때문에 오랜 동안 자신의 보스가 자신을 좋아하지 않았다는 것을 믿고 있었다. 하지만 실제로 그 보스는 그 근로자가 감독이 필요하지 않는 가장 유능한 구성원의 한 사람이라는 것을 믿고 있었다는 것을 그 근로자는 알지 못하였다.

5) 추종자들의 리더에 대한 기대

추종자들은 그들의 리더가 정직하고, 진보적인 사고를 가지고 있고, 감명을 주며, 능력 있기를 원한다. 리더가 진실되고, 조직의 미래를 전망할 수 있으며, 다른 사람들이 기여하도록 감명을 주며, 조직에 영향을 미칠 수 있는 모든 일에 능력이 있고, 효과적인 것은 성공을 가져오기 위하여 가치가 있는 것은 틀림이 없다. 능력적인 면에서, 공식적인 리더와 경험을 가진 리더와 리더십 역할에 있어서 다를 수 있다.

추종자들 역시 그들의 동료들이 정직하고, 능력 있으며, 의존할 만하고 협조적이 되기를 기대한다. 이와 같이 바람직한 추종자와 리더의 공통적으로 필요한 질적인 면을 두 가지를 지적한다면 정직과 능력이다.

리더십과 추종자를 구별하는 요인은 권위, 지식, 권력 등이 아니라 오히려 분명히 추종자들에게 비전을 제시하고, 이 비전을 달성하도록 감명을 주는 데 있는 것이다. 추종자들은 그들 자신이 권위에 종속되고, 소외되며, 소극적, 실용적 혹은 순응하는 자신들로 비춰지기를 원하지 않는다.

6) 추종자들의 공동체를 구축

공동체(community)의 의미를 구축하는 데 신뢰성과 협동성이 필요하며, 추종자들의 역할의 범위와 한계를 정의하여 주기 때문에 필요하다. 리더들은 그들의 조직에서 공동체 의식을 구축할 것을 장려하여야 한다.

공동체에서 사람들은 서로 공개적으로 의사소통하며, 그들의 특성을 유지하고, 이기적인 이익보다는 더 큰 목적에 굳게 헌신할 수 있다. 간단히 말하여, 효과적인 집단은 공동체를 위한 기반을 형성하여 줄 수 있다.

공동체의 특징은 포괄성(inclusivity), 대화(conversation), 현실주의(realism), 그리고 리더십의 공유(shared leadership)를 포함한다.[1)]

① 포괄성(inclusivity)

모든 사람들은 공동체에 속한다. 개인적 특성과 다른 관점들이 모두 다 장려된다. 그러나 공동체는 부분보다는 전체에 관심을 갖는다. 또한 공동체 사람들은 자신들을 분리시키는 것보다는 서로 결합을 하는 것에 관심을 갖는다. 효과적인 추종자들은 그들의 확신이 다른 사람들과 다를 때 정직하게 말하는 사람들이다. 이러한 용기는 그들 자신들, 다른 추종자들, 그리고 리더들간에 본질적으로 동등하다고 믿는 그들의 가치관에서 나온다고 볼 수 있다.

② 대화(conversation)

대화는 사람들이 공동체의 기반을 만들고, 그리고 서로 공유하게 하는 중요한 요인이다. 전통적인 경계선을 초월하는 대화는 신뢰와 헌신의 결합을 강화하여 주며 이곳에서 공동체는 번영한다. 청취, 종합, 의미의 수준들이 전체 공동체에서 이루어질 수 있도록 대화가 특정한 관점에 집착하는 것을 금하는 것이 바람직하다. 대화를 통하여 사람들은 협조와 협동적 행동을 구축할 수 있으며 결국에는 그들은 공통적인 방향으로 서로 향하게 된다.

③ 현실주의(realism)

모든 사람들의 관점을 포함한다면, 공동체는 현실적이 된다. 공동체는 대단히 다른 관점을 가진 사람들로 구성하고 있으며 그 관점들을 자유스럽게 표현하도록 촉구한다. 그러므로 공동체 구성원들은 이슈 혹은 문제들의 전체를 인정하

---

1) M. Scott Peck, 1987, *The Different Drum: Community Making and Peace*(New York: Touchstone); Daft, *op. cit.*, pp. 412-413.

고 이해할 수 있기 때문에 초래하는 결론은 더 민감할 수 있고, 창조적이 되며 원활할 수 있다.

④ 리더십의 공유(shared leadership)

공동체에서는 리더가 많은 평등한 사람 가운데 하나라고 당연히 생각한다. 분권화는 진정한 공동체를 구성하는 데 필수적으로 유리하고, 공동체에서는 결정이 동의에 의하여 만들어진다. 그러므로 공동체는 모든 사람들이 리더가 될 수 있도록 자유스럽게 안전한 장소를 조성한다. 공동체에서 리더십을 서로 공유하는 추종자들은 성과를 효과적으로 달성하기 위하여 서로 응집력이 강하게 되는 유리한 조건이라고 할 수 있다. 특히 공동체의 리더들은 구성원들의 리더십을 어떻게 개발할 수 있는가에 관심을 두는 것은 또 다른 장점이다.

7) 신뢰는 리더의 생명이다[1)]

신뢰는 리더와 추종자를 함께 묶어 주는 감성적 접착제다. 신뢰의 축적이 리더십의 정당성을 측정하는 기준이다. 신뢰는 명령하거나 사들일 수 없으며 반드시 얻어야 하는 것이다. 신뢰는 모든 조직의 기본 요소로서 조직을 유지시키는 윤활유다. 신뢰가 생기면 다른 사람의 행동을 예견할 수 있는 능력인 '예측성'이 생기게 된다는 것이다. 다시 말하여 신뢰가 없는 조직은 아무 것도 확실하지 않다.

● 아래 두 가지 조건이 선결되지 않으면 리더와 추종자 사이의 신뢰는 생겨나지 않는다.

• 조직에 대한 리더의 '비전'은 분명하고, 매력적이며, 달성할 수 있는 것이어야 한다. 비전은 조직의 공동목표에 대하여 공유된 신념들을 상징하기 때문에, 구성원들은 비전을 창조하는 리더를 신뢰하게 된다.

• 리더의 포지셔닝은 분명해야 한다. 구성원들은 리더가 조직의 어디에 위치해 있으며, 기업을 어떻게 포지셔닝 하는가를 알 때 리더를 신뢰한다. 예를 들어 가능한 정확하게 포지셔닝하고 그것이 조직의 성과에 미치는 영향을 정의한 다음 신뢰를 구축하는 실제적이고 독창적인 방법들을 활용한다. 포지셔닝의 개념을 조직의 포지셔닝으로 확장하게 된다면, 리더십 행동에 대한 많은 설명을 가능케 한다. '조직의 포지셔닝'이란 조직이 외부 환경에 가장 적합한 틈새를 설계해서 자리를 잡고 유지해 나가는 과정을 말한다. 이것은 리더가 시간과 공간을 넘어

1) Bennis and Nanus(김원석 옮김, 2005), *op. cit.*, pp. 184-209.

조직의 내부와 외부 환경을 정렬하기 위해 수행해야만 하는 모든 일을 포함한다.

이 개념을 유명한 성공 기업인 KFC를 예로 들어 설명할 수 있다.[1] 지난 수십 년간 계속된 여성 취업의 증가, 이혼율 상승, 생활 비용의 증가, 핵가족화와 같은 환경적인 요인들로 인해 독신자 가정과 맞벌이 가족의 수가 기하급수적으로 증가했다. 리더는 이런 사람들이 요리하는 데 보낼 시간이 거의 없음을 알아차리고, 그 틈새를 값싸고 신선하며 구매해서 별다른 노력 없이도 먹을 수 있는 믿을 만한 음식에 대한 욕구로 정의하였다. 그리고 회사의 모든 방향을 이 틈새에 포지셔닝하였다. 값싼 원재료와 독특한 맛을 가진 고유한 '제품', 값싼 노동력과 신속한 조리가 가능한 표준화된 설비와 제품의 품질을 보장하는 '생산공정', 엄격한 품질관리와 규모의 경제 효과를 거둘 수 있게 설계된 '구매 시스템', 접근이 용이하고 쉽게 알아볼 수 있는 곳에 위치한 수천 개의 매장들로 구성된 '유통망', 그리고 중앙집중식 재무관리와 판촉, 고도로 분권화된 제조와 영업을 결합시키는 '경영 구조' 등이 그것이다. 간단히 말해 KFC 조직 내에서 진행된 일은 외부 환경의 요구에 대응한 이상적인 포지셔닝 작업이었다.

포지셔닝이라는 관점에서 보면 인간 조직과 다른 유기체들간에는 강한 유사성이 존재한다. 양쪽 모두 자신이 활동하고 성장하는 데 적합한 환경을 찾아야 한다. 갑작스러운 환경의 변화는 다른 유기체들과 마찬가지로 변화에 충분히 적응하지 못한 조직이 사망하는 원인이 되기도 한다. 파산법정을 보면 참으로 많은 예를 발견할 수 있다.

마케팅 관리자들은 오래전부터 제품의 포지셔닝이란 용어를 많이 사용했다. 예를 들면, 어느 자동차 회사는 [그림 11-2]와 같이 각 제품의 위치를 도표화했다. 이렇게 함으로써 시장 안에 존재하는 독특한 틈새를 정의하고 제품의 스타일과 가격, 그리고 광고를 어떻게 해야 할지를 판단할 수 있었다. 동시에 직원들과 고객, 관리자와 이해당사자들은 그 제품에 어떤 의미가 있고, 회사가 무엇을 위해 노력하고 있는지를 알 수 있게 된다.

위에서와 같은 논리로 앞으로 20년 내에 대학이 어떻게 변할 것인가를 논의하고 틈새를 정하여 경쟁에 임하는 전략을 수립하는 것이 현명할 것이다. 이것이 블루오션 전략이다.

---

1) Bennis and Nanus, *op. cit.*, pp. 185-186(김원석 옮김; 리더와 리더십).

[그림 11-2] 제품 포지셔닝

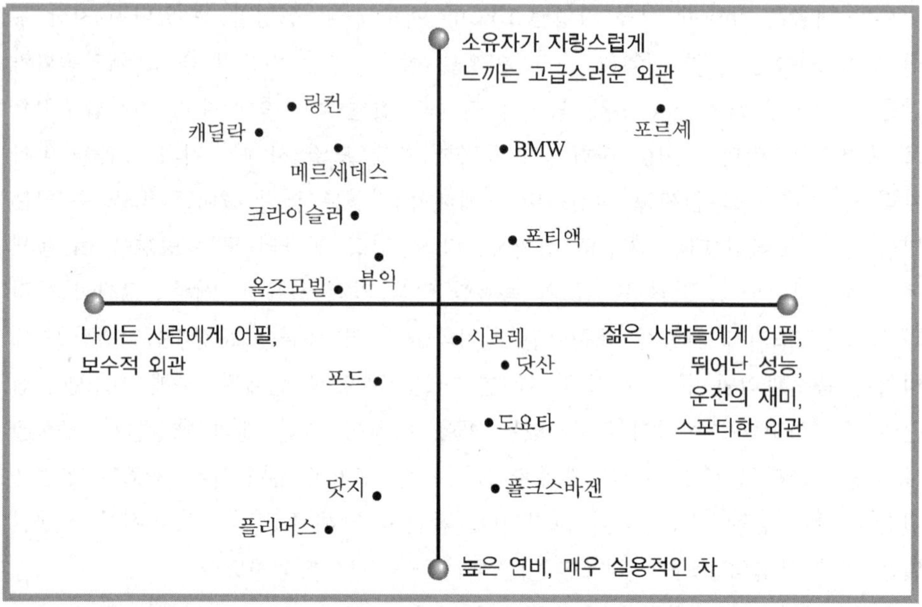

출처: Bennis and Nanus, *op. cit.,* p. 185(김원석 옮김; 리더와 리더십).

2. 성공적인 추종자의 특징과 자질

성공적인 추종자의 모습과 그들이 갖추고 있는 자질과 특성은 대략 다음 일곱 가지 정도로 요약된다.1)

1) 헌신(Self-Sacrifice)

"장부는 자신을 알아주는 사람을 위해 죽는다."는 말이 있다. 즉, 자신을 알아주는 사람을 위해서라면 기꺼이 자신의 목숨을 버릴 수도 있다는 것이다. 헌신에 있어서 이보다 더 높은 경지는 없을 것이다. 무엇이 사람들로 하여금 조직을 위해 헌신할 수 있도록 만들 수 있을까? 그것은 바로 조직의 명확한 목표제시와 성과에 대한 분명한 보상에 있다.

1) 신인철, 2007, 팔로워십, 리더를 만드는 힘(Followership), 한스미디어(주), pp. 149-232.

2) 방향성의 통일(Unity)

만약 평상시 조직에서 일상적인 활동을 할 때에 다른 반론이나 다른 시각을 수용하지 않고 모든 조직원이 한 방향으로만 정렬한다면 이는 차라리 뿔뿔이 딴 방향을 쳐다보며 달리는 조직보다 더 위험한 상황에 처할 가능성이 많다. 그럴 때는 서로간의 다양성을 존중해 주고, 최말단의 추종자라도 리더의 결정에 다시 한 번 의문을 제기하고 보다 나은 방향으로 결정하는 방법은 없는지 꾸준히 토론하고 의견을 다뤄야 한다. 그러나 회사가 경쟁조직을 다뤄야 할 시기 또는 회사나 조직에게 위기의 상황이 닥친다면 구성원들은 일사불란하게 방향성을 통일시켜야 한다. 그리고 평상시 리더가 조직이 처한 상황에 어떠한 형태로 조직을 움직일 것인지에 대해 반복적으로 인식시키면, 추종자들이 그를 머리에 입력시켜 급한 상황이 닥쳤을 때 혼란을 겪지 않고 준비된 대로 행동할 수 있을 것이다.

3) 몰　　입

조직원들을 조직과 업무에 몰입시킬 것인가?

많은 인사담당자들이 한 번이라도 마이크로소프트사를 방문하고 나면 이내 세계 최고의 직원으로 그들을 꼽는 데 주저하지 않는다. 그 이유는 바로 그들의 몰입하는 능력, 특히 조직과 자신의 업무에 몰입하는 능력 때문이다.

그들은 자신들이 만들고 있는 제품을 'change the world'라고 지칭한다. 단순하게 자신이 하는 일이 돈을 벌기 위해 혹은 위에서 시키니까 별 수 없이 해야만 하는 그런 일이 아니라 그보다 훨씬 고차원적인, 자신이 살고 있는 세상을 바꾸는 보다 가치 있는 일을 하고 있다고 스스로에게 인식시키면서 자신의 업무를 대하는 것이다.

사람들은 세상을 바꾼 마이크로소프트의 활약을 빌 게이츠라는 한 사람의 천재성에 기인한 것으로 생각하고 하지만, 진정 세상을 바꾼 주인공은 자신의 역할이 세상을 바꾸는 데 있다는 생각으로 자신의 일에 매진한 마이크로소프트의 직원에게 있다. 마이크로소프트의 직원들을 '세상에서 가장 부지런하고 열심히 일하는 사람들'이라고 말한다. 그들은 자신들을 '일 그 자체라고 생각하고, 마이크로소프트 그 자체'로 여긴다. 왜냐하면 그들은 마이크로소프트에 소속되어 일을 하는 것이 아니라 마이크로소프트의 정신과 그 가치에 모든 것을 몰입하여 그와 함께 커왔기 때문이다.

4) 용 기

진정한 리더의 힘과 용기는 자기 자신을 있는 그대로 추종자들에게 솔직하게 보여 줄 때 가장 크게 나타난다.

한국은 유교문화의 지배를 받아온 한국의 직장에서 추종자들이 용기를 발휘한다는 것은 결코 쉽지 않은 일이다. 하지만 그렇기 때문에 진정한 추종자십 발휘를 위해서 가장 필요한 덕목이기도 하다. 용기란 남이 주는 것이 아니요, 쉽게 얻는 것도 아니다. 도저히 용기를 낼 수 없을 것 같은 상황에서 용기를 내는 것 그것이 바로 용기이다.

5) 표 현

한국의 조직문화에서 윗사람에게 먼저 말을 거는 것은 쉬운 일이 아니다. 그 자체를 너그럽게 대하지 않는 풍토 때문이다. 그러다 보니 극한 경우가 발생하기 전까지 추종자들은 리더에 대해 침묵으로 일관하게 된다.

리더에게 불만이 있다거나 고쳐야 할 점이 보이면 서양인들은 면담을 요청해서 이러저러한 점을 요청한 뒤 그 부분이 해결되지 않을 경우 최종적으로 이직을 고려한다. 하지만 한국인의 경우 리더에게 웬만한 문제가 있어도 꾹 참고 견디다가 한계에 도달하면 갑작스럽게 사표를 던져 버린다는 것이다. 서양의 경우 이직하기 전에 면담의 빈도가 급격하게 많아지는 반면, 한국의 경우 이직이 발생한 뒤 나머지 사람들에 대한 면담의 빈도가 급격하게 많아지는 형태를 보이는 이유가 바로 여기에 있다는 것이다.

6) 대안 제시(처칠과 육군원수)

1915년 제1차 세계대전 때 처칠 수상은 해군장관직에 있었다. 중동지구의 전투가 지지부진한 채로 시간을 끌게 되자 그는 회심의 전략을 수립했다. 동맹을 맺고 있던 영국과 프랑스의 함대를 다다넬즈 해협을 통해 적국 터키의 수도로 곧바로 진격하는 작전이었다. 처칠은 이 계획을 내각에 보고하여 통과시킨 뒤 곧바로 작전에 착수했다.

그러나 육군에서는 반대의견을 제시해 왔다. 대규모의 함대가 통과하기에 다

다넬즈 해협은 그 폭이 좁으므로 만일 적군이 해협의 양쪽 해안을 점거하여 대함사격을 가해 온다면 큰 위협에 빠질 수도 있다는 것이었다. 그러므로 먼저 육군이 해협의 양쪽 해안에 대대적인 공격을 취해 적을 고착시킨 후 해군이 해협을 통과해야 한다는 의견이었다. 프랑스 해군도 이와 같은 사실을 지적하며 육군의 지원 병력이 도착할 때까지 진격시기를 미루자는 의견을 보내왔다. 그러나 훗날 수상의 자리에 오르게 될 이 야심만만한 해군장관은 이들 보고서를 죄다 휴지통에 던져 버렸다. 성급하게 영-불 연합해군 병력의 대부분을 다다넬즈 해협으로 몰아넣었다.

그러나 결과는 참혹하게 패했다. 1차 공격과 2차 공격에서 여러 전함이 대파되었고 연합군의 무려 25만 명의 사상자를 내었다. 두 차례의 전투에서 승기를 잡은 터키군은 병력을 더욱 증강한 후 반격에 나서 교두보를 차지하고 연합군 병력을 고립시켜 나갔다. 이 전투가 갈리폴리 전투라고 말한다. 미래의 수상은 이 전투로 말미암아 장관직에서 물러나게 되었다. 이 당시 육군의 전략을 주장한 원수는 Allen Brooke이었다.

“또다시 갈리폴리 전투와 같은 큰 실패를 겪지 않으려면 나와 다른 관점에서 보고 판단하고, 실행하는 원수와 같은 사람의 의견도 존중해 주어야 합니다. 하지만 원수의 참견과 불만이 심하다고 하더라도 문제들에 대한 대안을 확실히 제시하지 않소. 그는 이것저것 문제를 들춰내는 데 능하기는 하지만 대안이 있는 문제 제시는 단순한 참견이나 불만이 아니라 우리의 전략적 판단에 큰 도움이 되는 에너지원이 될 것이고 때로는 해답이 되기도 하고.” 처칠은 어떠한 회의에서도 자신의 의견을 관철시키고, 회의전체를 자신이 주도해야 직성이 풀리는 사람이었다. 그런 그를 빗대어 외국의 언론들은 한 번 물면 놓지 않는 불독과 같다고 놀리기도 했다. 그러나 그도 앨런 브록, 이 사람의 이야기라면 수긍을 하고 어떤 때는 자신이 낸 의견을 번복하여 그의 의견을 따르기도 했다. 많은 사람들이 이러한 처칠의 태도에 불평을 하면 갈리폴리 전투의 교훈을 말하곤 했다.

7) 보충 및 보완(supplement)

골프의 황제 타이거 우즈의 골프백을 매는 캐디 스티브 윌리엄스의 관계에서 보충과 보완 관계를 볼 수 있다. 윌리엄스는 연봉 120만 달러(한화로 약 11억원 이상)를 벌어들인 것으로 추정되고, 특정 스포츠의 브랜드의 모자, 신발, 등을 착용함으로써 받는 스폰서십까지 합하면 그 수입은 훨씬 더 늘어난다. 게다가 이미 그는 단순한 캐디가 아니라 뉴질랜드의 스포츠 영웅으로서 다양한 사회재단을 운영하는 등 명사의 반열에 올라 있다.

타이거 우즈의 캐디인 스티브 윌리엄스는 2인자나 참모가 아니라 그는 단지 캐디계의 1인자일 뿐이다. 그는 늘 우즈의 약점을 보아 왔으며 그를 보완하기 위해 노력해 왔다. 그 노력 속에 타이거 우즈는 선수로서 1인자가 되었고, 스티브 윌리엄스는 캐디계의 1인자가 되었다. 골퍼는 스윙하는 순간만큼은 철저하게 혼자일 수밖에 없다. 능력 있는 캐디가 있다고 하더라도 더 좋은 스윙이 나오는 것은 아니다. 하지만 실력 있는 캐디는 골퍼가 볼 수 없는 부분, 골퍼가 고려하지 못하는 부분을 찾아내고 조언하기 때문에 실력 있는 골퍼일수록 최상급의 캐디와 일하기 위해 최고의 대우를 제시하는 것이다. "혹시 2개 이상의 공중파 방송과 5개 이상의 케이블 채널, 그리고 7개 이상의 위성방송 스포츠 채널의 TV카메라가 돌아가고 150명 이상의 신문기자들의 카메라 플래시가 터지는 그린에서 6번 아이언으로 스윙을 해 본 적이 있는가? 그때 과연 당신은 공이 어디에 붙어 있고, 채는 어디로 휘저어지는지 분간할 수 있을 것 같은가? 그럴 때 공은 땅에 붙어 있고 채는 등 뒤로 돌렸다가 훈련한 대로 마음껏 휘저으면 된다고 말해 주는 것이 바로 나의 역할이다. 게임 중 그 역할만 제대로 한다면 난 주급 2만 불(연봉 100만 불) 쯤은 받아도 된다고 생각한다."

기업이나 조직에서도 다를 것이 없다. 결정의 순간이 있기까지 수많은 추종자들이 자신의 의견을 통해 리더가 보지 못한 부분, 리더가 고려하지 못한 사항을 보완해야 한다. 진정한 추종자라면 그런 활동을 통해 자신의 리더를 1인자로 만듦과 동시에 자신도 추종자 중의 일인자로 우뚝 설 것이다.

제 12 장

리더십 기술의 발전과 훈련

최근에 훌륭한 리더를 요구하는 사회적 인식이 보편적으로 나타나고 있다. 현재와 미래를 위한 특별히 창의적인 교육훈련 프로그램들도 개발되고 있다. 왜 이런 일이 일어나고 있는 것일까?

근본적인 이유는 국가의 문화적 기반을 이루는 가치가 대륙의 이동과 같은 거대한 변화를 겪고 있기 때문이다. 본질적으로 개인평등에 대한 주장이 리더십의 기회와 필요성을 감소시키기는 하지만 민주주의 사회에서도 리더십은 필요하다. 리더는 일반 국민들이 해야 할 일을 보다 효과적으로 실천할 수 있도록 도움을 주기 때문이다.[1]

그렇다면 리더는 훈련으로 만들어지는 것일까? 무엇보다도 잠재적인 리더십 자질을 가지고 있어야 개발도 가능하다. 행태학자인 Skinner는 사람은 훈련받기에 따라 달라질 수 있다고 한다. 리더십을 익히는 것은 수영을 배우는 것과 흡사하다. 모든 사람들이 수영하는 법을 배우고 있지만 그들 중 끊임없이 노력하는 오직 소수만이 훌륭한 수영선수가 된다.

예를 들어 천부적으로 남다른 재능을 타고 났지만 훈련을 게을리하는 학생이 있었다고 하자. 교수들은 이러한 학생들을 가르치는 데 흥미를 갖지 않을 것이다. 오히려 그들은 열심히 훈련하는 학생들에게 자신이 가진 바를 전수하려 할 것이다. 스승으로 어떤 학생을 가르치고 싶으냐고 물어 보았을 때 한 교수가 이

---

1) John Adair, 2002, *Inspiring Leadership, Learning From Great Leaders,* John Adair and Talbot Adair Press, 이윤성 옮김, 2006, 위대한 리더들 잠든 시대를 깨우다.

렇게 대답을 할 것이다. "배움의 자세가 타고난 재능보다 훨씬 더 중요합니다. 배움의 자세를 갖춘 학생들을 헌신적으로 가르치면 몇 학기 만에 타고난 재능을 지닌 학생을 앞지르게 됩니다. 제아무리 타고난 능력이 있다 하더라도 훈련과 학습 능력이 갖춰져 있지 않으면 자신의 현재 능력을 넘어설 수 없습니다."[1)]

Ericsson과 Chamess의 연구에 의하면 "성공한 사람에게는 뭔가 특별한 천부적 재능이나 능력이 있다는 전통적인 관점은 우리가 살펴본 정황 근거와 일치하지 않는다. 사람들 간의 차이를 더욱 잘 나타내 주는 것은 수년 동안 사람들로 하여금 꾸준히 훈련하도록 하고 그 강도 높은 훈련을 견디도록 한 그 무엇이다."[2)] 다른 말로 성공은 타고난 재능보다는 성공하겠다는 끈질긴 인내가 결정한다는 것이다. 필자도 교수경험을 통하여 얻는 결론은 훈련이 거의 모든 것을 해결해 준다는 말에 동의한다.

이 장에서 리더십을 훈련하는 다양한 방법을 논하는 데 목적이 있다.

조직들의 외부환경이 지속적으로 변화하고 그리고 리더들이 직면하는 다양한 새로운 도전은 21세기의 리더에게 높은 수준의 새로운 기술과 새로운 능력을 요구할 것이다. 리더십 능력의 필요가 증대됨에 따라, 그 기술들을 발전하기 위한 새로운 기술들이 창안되고 그리고 낡은 기술들은 새롭게 세련되고 있다. 미국을 포함하여 각 나라마다 리더십 발전과 훈련에 막대한 경비를 지불하고 있는 것을[3)] 보더라도 리더십이 21세기를 주도하는 주요한 역할을 할 것으로 판단된다. 리더십산업은 미국의 생산품이라 할 정도로 핵심적인 사람들을 양성하는 데 수백만 달러를 쏟아 붓기 시작하였다. 특히 미국 자본주의 정신을 유지하기 위해 좋은 리더를 키우겠다는 프로그램과 커리큘럼이 대학 및 대학원에서 확고한 자리를 잡고 있다.

---

1) John H. Zenger and Joseph Folkman, 2005, *The Extraordinary Leader*, McGraw-Hill Korea, Inc.(탁월한 리더는 어떻게 만들어지는가: 김준성 · 이승상 역), pp. 80-81.

2) Anders K. Ericisson and Neil Chamess, 1994, "Expert Performance. Its Structure and Acquisition," *American Psychologist*, Vol. 49, No. 8, pp. 725-747.

3) R. M. Fulmer and A. Vicere, 1996, *Strategic Leadership Development: Crafting Competitiveness*, Oxford: Capstone.

제1절 리더 만들기

사람들이 인생의 변화와 도전을 용기 있게 다루는 것을 도와주는 것으로 잘 알려지고 인정을 받고 있는 접근법은 Stephen Covey's 「The Seven Habits of Highly Effective People」이다.[1] 그는 7가지 성공하는 사람들의 습관을 제시했다. 습관1, 자신의 삶을 주도하라, 습관2, 끝을 생각하며 시작하라, 습관3, 소중한 것을 먼저 하라, 습관4, 승－승(win-win전략)을 생각하라(대인관계의 리더십원칙), 습관5, 먼저 이해하고 다음에 이해시켜라(공감적 의사소통의 원칙), 습관6, 시너지를 내라(창조적 협력의 원칙), 습관7, 끊임없이 쇄신하라(균형적인 자기 쇄신의 원칙). 이들의 습관들이 상호의존적으로 성숙선상에 있을 때 성공적인 리더로 성장할 수 있다.

Zenger와 Folkman 역시 리더십 속성의 5가지를 지적하였다.[2] 다음은 이들의 5가지의 주장을 요약하여 어떠한 행태가 리더를 만드는 데 중요한 것인지를 인

[그림 12-1] 리더십 텐트의 바닥면

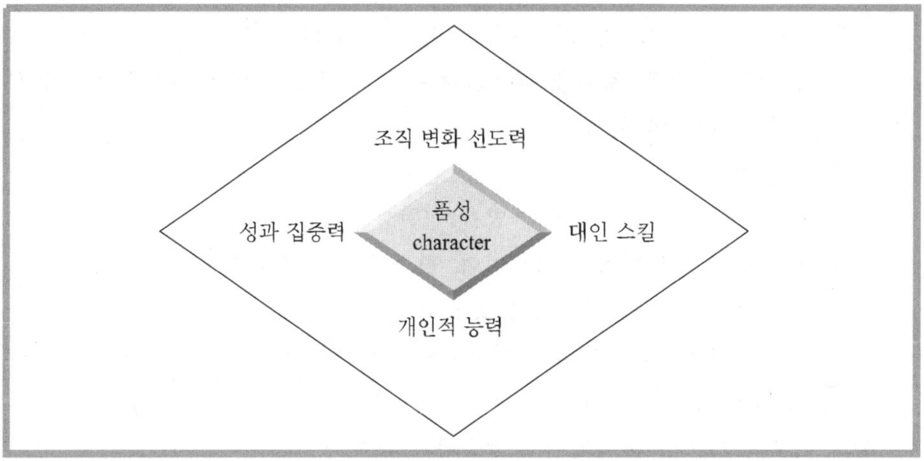

출처: Zenger and Folkman, *op. cit.*, p. 43.

1) Stephen R. Covey, 1989, *The Seven Habits of Highly Effective People by FranklinCovey Company*(New Yorks: Simon & Schuster); 김경섭 역, 1994, 성공하는 사람들의 7가지 습관, 김영사, pp. 95-458.

2) John H. Zenger and Joseph Folkman, 2005, *The Extraordinary Leader*, McGraw-Hill Korea, Inc.(탁월한 리더는 어떻게 만들어지는가: 김준성 · 이승상 역), pp. 97-117.

식하게 하는 데 목적이 있다. 그들이 제시하는 개념적 모델은 다섯 가지 요소들 간의 관계를 알 수 있다. 이들이 제시한 모델이 리더를 훈련시키는 통찰력과 방법을 제시하기 때문에 좀더 자세히 설명하고자 한다.

이 모델은 리더 개인의 '품성'을 나타내는 중앙 폴에서 비롯된다. 개인의 품성이 리더십 효과성의 핵심 부분이라는 점을 의미 한다. 리더가 지닌 윤리성, 전인격성, 진실성 등이 매우 중요한 요소라는 것이다. 훌륭한 품성을 지닌 리더는 자신을 투명하게 드러내 보이는 것을 두려워하지 않는다.

1. 품 성

리더십의 저명한 학자 가운데 Bennis는 리더십의 모든 것을 전인격성(integrity)에 두었다. 다른 사람들도 리더십과 개인의 품성을 같은 것으로 보았다. 또한 신뢰성은 모든 리더십의 근간이라고 규정하였다. 스티븐 코비는 일상행동 속에서 원칙을 추구하는 리더의 중요성을 역설하였다.

이러한 논의를 볼 때 개인의 품성은 리더십의 요체임이 틀림없다고 생각한다.

- 품성을 규정하는 몇 가지를 다음과 같이 지적하고자 한다.

① 의사결정을 할 때, 조직을 최우선에 두며 개인적 의제가 의사결정에 영향을 미치지 않아야 한다.
② 약속한 것을 꼭 지킨다.
③ 지속적으로 학습하며 자기 개발을 실천한다.
④ 다른 사람의 피드백을 받아들이며, 필요할 때는 요청한다.
⑤ 누구든 접근하기 쉽도록 격의 없이 지낸다.
⑥ 모든 사람에게 차별 없이 대한다. 윗사람에겐 아부하고 아랫사람은 짓밟는 행동을 하지 않는다.
⑦ 웨이트리스와 벨 보이에게도 정중하게 대한다.
⑧ 다른 사람을 신뢰하고 선의를 가지고 있다고 믿는다.
⑨ 모든 사람을 경쟁자로 보기보다는 서로 함께 협력해 일을 한다.

바람직한 품성이 없다면 장기적으로 볼 때 리더로서 실패할 가능성이 매우 크다. 물론 품성이 필요조건이지만 충분조건은 아니다. 문제를 어렵게 만드는 것은 품성 면에서 심각한 약점이 있는데도 유능한 리더로서 평가를 받는 사람이 있다. 이러한 현상을 클린턴 현상(Clinton Phenomenon)으로 불려진다.

예를 들면 2001년 9월 11일 세계무역센터 테러 사건 직후 루돌프 줄리아니 뉴욕시장은 사태수습을 총 지휘하기 시작하였다. 줄리아니는 실제적이면서도 침착하고 결단력 있는 행동으로 난국에 대처함으로써 시민과 언론으로부터 매우 높은 찬사를 받았다. 한 방송 평론가는 내셔널 퍼블릭 방송에서 이런 말을 할 정도였다. "마치 그 동안 줄리아니 주위에 떠돌던 온갖 나쁜 이미지를 지워버리는 듯 했다." 그는 스캔들을 겪었고 인종 차별적 행동으로 고소를 당하기도 했으며 이런 이유로 '허드슨 강의 무솔리니'라는 꼬리표도 달고 있었다. 전체적으로 인기가 없는 상태였다. 그런데 갑작스러운 테러로 인해, 그리고 그것을 처리한 방식으로 인해 그는 하루아침에 영웅으로 탈바꿈했다.

2. 개인적 능력

두 번째로 중요한 리더십은 사람들이 가지고 있는 개인적 능력이다. 어떤 개인이 강력한 리더로서 인정받기 위해 반드시 가지고 있어야 할 스킬들을 다음과 같이 소개하고 있다.

- 기술적 지식

어느 규모의 큰 원자재 생산 회사를 연구한 결과, 탁월한 리더로 평가받게 해주는 가장 큰 자질이나 속성은 바로 기술적 역량으로 드러났다. 최고의 리더로서 평가받는 사람들을 보면 항상 이 부분에서 높은 점수를 얻었다.

- 제품지식

이것은 자신이 몸담고 있는 조직이 생산하는 것과 비교하여 그것이 왜 다른 경쟁 상품과 다른가를 철저하게 이해하는 능력을 말한다.

- 문제분석 및 문제해결 스킬

이것은 문제를 규정하고 그것을 분석해서 최종적으로 타당한 해결책을 제시하는 능력이다.

- 직업적 스킬

여기에는 명료하고 간결한 보고서 혹은 서류를 작성하는 능력이 포함된다.

그리고 여러 사람들 앞에서 설득력 있는 프리센테이션을 할 수 있는 능력과 효율적인 방법으로 전체 일을 조율하고 진행과정을 점검하며 알아서 일을 처리하는 능력도 포함된다.

- 혁신성

이것은 새로운 관점으로 문제를 대할 줄 알고 구태 의연한 방법과 절차에서 벗어나 새로운 방법과 절차를 모색할 줄 아는 능력을 가리킨다. 한 마디로 판에 박힌 관례를 벗어나 다른 식으로 일을 처리하는 능력을 말한다.

- 주도성

이 능력을 가진 사람은 부서간에 빚어지는 갈등을 미리 보고 그것을 조정하기 위해 바로 뛰어든다. 어떤 조치를 취해야 하는데 아무도 나서고 있지 않을 때 적극적으로 나서는 능력을 말한다.

- 정보기술 활용 능력

이런 능력을 갖춘 사람은 전자우편, 응용소프트웨어 등 성과를 증대시켜 주는 기술을 지속적으로 활용한다.

3. 성과 집중력

세 번째 리더십에서 중요한 것은 리더는 어떤 식으로 성과에 집중할 수 있을까? 하는 것이다. 여기 몇 가지 방법이 있다.

- 구성원들에게 도전적 목표를 제시한다.
- 자신이 이끄는 집단의 성과물에 대해 개인적 책임을 진다.
- 사람들을 코칭하고 지속적인 피드백을 제공한다.
- 집단이 성취할 목표를 높게 정한다.
- 주도적인 업무 수행에 대해 개인적으로 지원한다.
- 새로운 프로그램, 프로젝트, 프로세스, 고객관계, 기술 등을 선도한다.
- 조직의 목표에 초점을 맞추고, 그것이 실행되도록 한다.
- 신속하고 집중력 있게 일을 처리한다. 그리고 전체적인 속도를 서서히 높여 나간다.
- 장기 목표와 단기 목표 간에 균형을 유지한다.

리더십이 효과적인 것이 되려면 반드시 성과를 내야 한다. 많은 학자들이 지적하는 것과 같이 리더십이란 궁극적으로 성과 창출과 관련이 있다.

Zenger와 Folkman이 한 대기업의 관리자 1,000명을 대상으로 진행했던 연구에서 "우리는 다른 리더와 비교할 때 상위 10% 안에 드는 리더들이 특별하게 지니고 있는 행동들을 분석한 적이 있다." 그 행동은 다음과 같다.

- 생각을 실천으로 옮긴다.
- 사람들을 다음 단계로 전진하도록 독려한다.
- 자신의 일에 정력과 열정을 투여하고 일을 신속하게 처리한다.
- 자신의 업무와 전반적인 기능을 개선시키기 위한 길을 찾는다.

행동을 취하고, 일이 일어나게 하며, 앞으로 나아가게 하고, 지속적으로 개선하는 리더십을 가진 리더가 진정한 리더라고 볼 수 있다.

4. 대인 스킬

다음으로 이 스킬은 어느 누구에도 필요한데 특히 명령과 통제의 리더십이 사라진 요즈음에는 성공적인 리더가 되기 위하여 중요하다. 품성만큼이나 대인 스킬은 중요하다. 대인 스킬은 변혁적 리더십에서도 중요하게 다룬다.

1) 리더들에게 요구되는 구체적이고 강력한 대인 스킬

- 강력하면서도 풍부하게 의사소통하기
- 고성과를 창출하도록 다른 사람 격려하기
- 다른 사람들과 긍정적인 관계를 형성하기
- 부하직원들의 스킬과 재능 개발하기
- 다른 사람들과 협력적인 태도로 일하기
- 유능한 팀 구성하기
- 다른 사람이 기여한 바를 인정하고 보상하기
- 새로운 아이디어에 귀를 기울이고 적극적으로 수용하기
- 피드백을 긍정적으로 받아들이기
- 부서 내 갈등이나 다른 부서들과의 갈등을 효과적으로 해결하기

- 동료, 부하직원들뿐 아니라 조직의 윗선에 있는 사람들에게도 영향력을 발휘하기
- 다른 사람들에게 그들의 무능력에 대해 긍정적 언질을 주면서 그들의 자부심 키워 주기
- 도움이 되는 방식으로 다른 사람들을 가르치기

많은 학자들은 대인 스킬을 리더십의 효과성을 결정짓는 변수라고 보며, 성공을 위한 주요 역량들 중 80%가 대인 스킬과 관련이 있다고 주장한다.

2) 효과적인 커뮤니케이션 전략

사람들이 당신을 따르기를 원한다면 자신이 누구인지, 목표가 무엇인지, 자신이 할 수 있는 것이 무엇인지, 비전이 무엇인지를 그들에게 반드시 알려야 한다. 조직의 문제를 해결하는 공식적 및 비공식적인 조직에도 참여하고, 동료들과 자주 미팅을 한다. 주변사람들에게 자신이 가장 중요하게 생각하는 비전과 가치를 알리고, 자신의 재능을 그들이 알도록 한다. 커뮤니케이션의 가장 중요한 전략은 신뢰성이란 것을 잊어서는 안 된다. 특히 부정적 커뮤니케이션은 조직발전에 도움이 되지 않는다.

자신의 업무 분야 밖에서도 인간관계를 구축한다. 언제 어떤 사람의 도움이 필요로 하는지 알 수 없다. 그렇게 하면 어려운 업무를 수행해야 할 때, 그들의 도움을 받을 수 있다.

(1) 긍정적인 커뮤니케이션을 위한 전략

- 직원들에게 직접 영향을 미칠 수 있는 것이라면 무엇이든 커뮤니케이션한다.
- 직원의 의견을 주의 깊게 경청하여 명확하게 만든다. 되도록 말로 하지 않는 커뮤니케이션 형태, 즉 이메일이나 메모를 사용한다.
- 리더 자신도 항상 같은 입장에 있다는 점을 확실히 하고, 지위고하를 떠나서 모든 직원들과 대화한다.
- 열의를 가지고 대화에 참여하고, 다른 사람들에 대해 긍정적으로 말한다.
- 회의는 철저하게 준비하되, 정기적으로 짧게 하는 것이 좋다.

(2) 피하여야 할 부정적인 커뮤니케이션

- 아무 생각 없이 관례에 따라 회의를 한다.
- 헛소문을 믿거나 퍼뜨린다.
- 부정적인 피드백을 하곤 한다.
- 커뮤니케이션을 하는 중에 다른 사람이 말하는 것을 끊어 버린다.
- 정리되지 않은 메시지를 전한다.

5. 조직 변화 선도력

21세기는 불확실성의 시대이다. 과거 산업화 시대, 노동의 시대에는 불확실한 것이 별로 없었다. 아무리 큰 기업도 하루아침에 망할 수 있다는 사실을 우리는 경험했다. 어제 당당히 서 있던 세계 최고의 빌딩이 하루아침에 사라져버리는 것도 목격했다.

변화의 속도와 폭, 그리고 영향력조차도 우리는 예측할 수 없다. 이런 점에서 남들보다 더 길게, 더 넓게, 더 멀리, 더 빨리 바라보고 달려가야 한다. 하지만 여기에도 문제가 있다. 남들과 하나도 다를 게 없는 흔하디흔한 평범한 성공을 하는 사람은 이제 차고 넘친다. 별로 매력이 없다. 별로 주목받지 못한다.

우리는 Samsung의 변화가 21세기 우리에게 주는 가장 의미 있는 사례 가운데 하나이다. 이를 검토함으로써 21세기 기업의 특성을 이해하는 데 도움을 줄 것이다.

삼성이 소니를 넘어설 수 있었던 것은 소니보다 더 기술력이 앞섰기 때문이 아니다. 삼성 임직원이 소니보다 더 열심히 성실하게 일을 했기 때문도 아니다. 그것은 바로 삼성은 변화의 추세를 미리 알고, 경쟁의 룰을 바꿀 줄 알았기 때문이다. 소니가 아날로그 세계에 머물고 있을 때, 삼성은 발 빠르게 디지털의 세계로 전환했다. 그리고 애플이 등장하여 휴대폰의 경쟁의 룰을 스마트폰으로 바꾸었을 때, 세계 1위 휴대폰 업체인 노키아는 경쟁의 룰이 바뀌고 있다는 변화를 감지하지 못하고 계속 기존 휴대폰에 집중했지만, 삼성은 변화를 감지하고 스마트폰에 사활을 걸었다. 그 결과 삼성은 휴대폰 업계 세계 1위로 등극할 수 있었던 것이다.

삼성의 이건희 회장의 남다름은 그가 변화를 선도하는 자질이다. 그는 항상 어제와 다르게, 남과 다르게, 새로운 것을 시도하라고 임직원들에게 주문했다. 그는 과거에 해오던 대로 하지 말라고, 그리고 남의 것을 그대로 베끼지 말라고 임직원들에게 말했다. 남과 다르게 일을 할 때 더 큰 성과가 생긴다는 것을 그는 알고 있었던 것이다. 가장 미련한 것은 어제와 똑같은 방식으로 일을 하면서 전혀 다른 결과가 나올 것이라고 기대하는 사람들이다. 위대한 천재 과학자인 아인슈타인도 이와 같은 사실에 대해 정확하게 말한 적이 있다.[1)]

"정신병자란 매일 똑같은 방식으로 실험, 임상하면서 다른 결과가 나오기를 기대하는 사람이다. '결과가 달라지려면' 과정을 바꾸어야 한다."

그의 말은 우리가 귀담아들어야 할 필요가 있다. 결과가 달라지게 하기 위해서는 과정을 바꿔야 한다. 성공한 기업들의 공통적인 특징은 체계적으로 혁신을 수행하고 있다는 사실이다. 혁신이야 말로 기업가가 부를 창출해낼 수 있는 도구이다.

우리나라가 자본도 적고, 땅도 좁고, 자원도 부족한 작은 나라이기 때문에 더욱 인재가 필요하다. 그런 나라가 자본과 자원이 풍부하고 넓은 땅을 가진 강대국과 경쟁해서 이기기 위해서는 결국 천재를 키우고 확보하는 길 외에는 없다는 생각이다.

이건희는 2005년 5월 〈월간조선〉과의 인터뷰에서 다음과 같이 말을 던졌다. "나는 아직도 인재 찾기에 배가 고프다"

이때는 삼성이 소니를 뛰어넘었던 2002년보다 훨씬 더 소니와 격차를 벌이고 있었던 때였다. 즉 삼성이 잘 나가고 있었던 때였다. 하지만 이건희는 여전히 인재에 굶주려 있다고 말하고 있는 것이다.

이건희는 인재에 미친 사람이었다. 그렇게 표현하는 것이 정확한 표현이었다. 삼성이 인재 찾기가 큰 효과를 거두지 못하자 급기야는 인재 전략 사장단 워크숍을 열어 인재 확보의 중요성에 다시 말하면서, "나부터 경영 업무의 50% 이상을 핵심인력 확보 및 양성에 집중하겠다. 사장의 인사 평점 중에 40%는 핵심인력을 얼마나 확보했느냐, 얼마나 양성했느냐에 둘 것이다.[2)]

기업에는 등급이 있으며 이 등급은 미래 발전을 예견한다.

훌륭한 기업은 인재를 양성하여, 그 인재의 힘과 머리를 사용할 줄 아는 기업이다. 다음 훌륭한 기업은 인재를 양성하여 그 인재의 힘만 사용할 줄 아는 기

1) 김병완, op. cit., p. 231.
2) Ibid.,

업이다. 그리고 가장 못한 기업은 인재를 양성하더라도 그 인재의 힘조차 사용할 줄 모르고 낭비하는 것이라고 한다. 김병완이 소개하는 훌륭한 기업은 구글, 애플, 3M과 같은 선진 기업이다.[1)]

구글이나 3M에서는 직원들의 역량과 머리를 사용하기 위해, 가장 창조적인 환경을 제공해준다. 그것이 바로 20% 룰, 15% 룰이다. 업무기간의 20%는 업무와 상관없는 일들을 자유롭게 할 수 있게 함으로써 직원들의 머리가 상상력과 창의력으로 가득하게 만들어, 그 시간에 탄생된 아이디어로 창조적인 기업으로 도약을 하고 있다. 이것이 바로 직원들의 능력과 머리까지 사용할 줄 하는 훌륭한 기업인 것이다. 그것보다 못한 기업은 인재를 양성하여, 그 인재들의 힘과 능력만을 사용하고 활용한다. 대부분의 한국 기업들이 그저 임직원들에게 일만 시키고 죽으라고 일만 하게 하는 것은 바로 이런 유형의 기업에 속한다. OECD국가 중에서 가장 근로시간이 긴 한국이라는 사실을 토대로 해서 생각해보면 바로 그러한 사실을 알 수 있다.

이건희는 계속하여 인재를 양성하고 양질의 인재를 활용하는 데 주력했다.

고전의 管子(관자)의 形勢解(형세해)편에서보면 지혜롭고 현명한 군주에 대한 이야기가 나온다.

"현명한 군주가 일을 할 때는 성인의 지혜에 맡기고, 뭇사람의 힘을 쓸 뿐 스스로 관여하지 않는다. 그러므로 일은 복을 얻는다. 어리석은 군주는 스스로 지혜롭다고 여겨서 성인의 생각을 따르지 않는다. 스스로 공로를 자랑하고 뭇사람의 힘을 쓰지 않는다. 그래서 군주가 홀로 자신의 머리와 능력만 쓰는 나라는 고생스럽고 재앙과 불행도 많다고 하는 것이다.

제 2 절 리더십 발전 및 훈련 프로그램

1. 리더십을 위한 7가지 필수능력

최강의 조직을 만드는 리더들이 갖추어야 할 7가지 필수 능력[2)]을 고야마 마

1) 김병완, op. cit., pp. 234-5., pp. 246-8.
2) 고야마 마사히코, 전경련 인사팀 옮김, *op. cit.,* pp. 151-182.

사히코는 다음과 같이 제시했다.

1) 일상의 조그만 변화도 놓치지 마라 — 정보력

얼마 전까지만 해도 남보다 1초라도 빨리 정보를 수집하여 많은 지식을 가지고 있으면 사업하는 데 큰 무기가 되던 때가 있었다. 그러나 지금은 IT혁명의 시대인 만큼 누구라도 간단하게 정보를 얻을 수 있게 되었다. 많은 정보를 수집하여 지식으로서 가지고 있는 것만으로도 가치가 있던 시대는 이제 끝났다고 할 수 있다. 자기의 일에서 성과를 올리기 위해 정보를 어떻게 수집하며 그것을 어떻게 지식으로 반영해 갈 것인가? 이것이야말로 현대의 리더에게 필요한 정보력이라고 할 수 있다.

2) 적절한 대비를 해둔다 — 선견력

얻은 정보가 어떠한 시류를 나타내고 있는가를 탐지함으로써 적극적인 비즈니스 찬스로 연결시킬 수 있다.

3) 성공의 길을 찾아낸다 — 판단력

변화가 격심한 시대에 있어서 3~5년의 앞을 적어도 내다보아야 한다. 변화가 심한 시기에 10년은 너무 길다. 임기응변적인 대응을 위해 항상 정보를 축적하고 현재 옳다고 생각되는 판단보다는 시류를 읽은 후 판단하는 것이다.

4) 조직력을 100% 발휘시킨다 — 통솔력

독자적인 고유의 장점을 살려 주면 최강의 조직이 된다.

얼마 전까지만 해도 통솔력이라고 하면 "잔소리 하지 말고 나를 따라 오라"는 것이었다. 부하가 해야 할 목표량을 상사가 제시하고 부하는 이것저것 생각하지 않고 그것을 열심히 하면 되는 스타일이었다.

그러나 지금은 다르다. 지금 시대의 필요한 리더십이란 부하에게 스스로 목표를 정하게 하여 그 목표에 도전하는 것을 도와 주는 것이라고 할 수 있다.

목표는 상사가 정하는 것이 아니라 어디까지나 부하 자신이 정하는 것이다. 부하가 그 목표를 향하여 도전하기 쉬운 환경을 만들어 주거나, 도전하고자 하는 동기부여를 제공하는 것이 리더의 역할이라고 할 수 있을 것이다. 자기가 목표를 정하고 그에 도전할 수 있는 환경이 만들어질 때, 일은 즐거워진다. 즐거우면 의욕도 올라가고 각자가 최대한의 힘을 발휘하게 될 수 있다.

부하가 스스로 목표를 설정하고 그에 도전하도록 하기 위해서 리더는 부하에게 어떻게 대하면 좋은가? 그것은 바로 부하가 가지고 있는 장점, 즉 독자적인 고유의 장점을 발견하여 살려 주고 일에 활용해 나가는 것이다. 사람 중에는 모든 것이 다 유능한 사람도 없으며, 모든 것이 다 무능한 사람도 없다. 또한 한 사람이 모든 것에 유능할 필요도 없다.

5) 부하와의 신뢰관계를 쌓는다 — 신망력

내가 사장이 되어 사원에게 선언한 것은 "사원에게 있어 후나이 연구소가 중요한 것이 아니라 사원이 중요한 것입니다. 여러분이 없다면 저는 목표를 달성할 수 없을 것입니다"라는 말이었다. 이것은 거짓, 위선이 없는 본심이다. 사원에 대해서는 흥정하는 시대는 끝났다. 흥정을 한다면 요즘 사원은 회사에 이용당하고 있다고 생각한다.

지금 시대에 신망을 얻을 수 있는 전제조건은 흥정하지 않을 것, 거짓말하지 않을 것이라고 생각한다. 거기에 덧붙여 ① 일에서 실적을 올릴 것 ② 체력, 정신력이 강할 것 ③ 부하와의 의사소통을 잘할 것 ④ 업무 이외의 지식에도 뛰어날 것을 제안했다.

6) 유리한 상황을 만들어 이익을 확보한다 — 교섭력

교섭력의 가장 중요한 것은 상대방의 입장에 서 보는 것이다.

새로운 회사가 당신을 찾아와서 지금 거래하고 있는 회사보다 상당히 싼 가격으로 물건을 제공하겠으니 거래를 하고 싶다고 하자. 일견 그것은 코스트 다운이 되어 회사에 이익을 내는 것이라고 여겨진다. 정말 그러한가?

일시적으로 싸게 납품을 받는다 하더라도 오래 가지는 못한다. 상대방도 어디선가 이익을 보지 않으면 안 되므로 언젠가는 지금 거래하고 있는 회사와 같은 가격 또는 그 이상의 가격으로 상품을 납품할 것이다. 일시적 코스트 다운으로 당장 이익을 보겠지만 그것은 오래가지 못한다.

슈퍼마켓에서도 마찬가지이다. 광고지에서 눈길을 끄는 것은 특별할인 판매품이지만, 계속해서 특별할인 판매만 할 수는 없다. 이익을 더 얻기 위해서는 언젠가 높은 가격에 팔지 않으면 안 된다.

7) 실패를 성공으로 연결시킨다 — 회복력

교묘한 거짓말보다는 솔직한 정보공개가 더 이익이 된다.

미쓰비시 자동차는 자기 회사의 제품에 미비한 점이 있음에도 불구하고 그 실패를 숨긴다든가 억지로 무마시키려 하였다. 이와 같은 대응은 요즘 시대에는 회사의 존속을 위협할 정도의 큰 문제로 발전하게 된다.

반면에 유끼지루시 유업의 사건을 예로 든다면, 제품에 문제가 있다는 것을 안 시점에서 사장이 직접 심야에라도 공장에 달려가서 자신의 눈으로 점검을 했더라면 주위의 반응은 달라졌을 것이라고 생각한다. “직접 공장에 가서 점검해 본 결과 저희 회사가 시장점유율 1위라는 것에 안주하여 부끄럽지만 공장관리를 게을리하였습니다. 전 공장을 폐쇄하여 위생관리를 다시 점검하겠습니다. 지금 시중에 유통되고 있는 상품도 모두 회수하겠습니다. 그리고 철저하게 관리체계를 정비하겠습니다. 절대 손님들이 안심할 수 있도록 제가 책임지고 실시하겠으니 용서해 주시기 바랍니다.”

이와 같은 대응이 재빠르게 실행되었더라면 공장 재개 후의 유끼지루시 유업은 비교적 빨리 원상 복귀할 수 있었을 것이다.

미쓰비시자동차의 경우도 마찬가지라고 할 수 있다.

그야말로 이 시대에 있어서 회복력이란 “고객의 입장에서 거짓말을 하지 않고 있는 그대로 회사의 사정을 전한다.”는 것이라고 할 수 있다. 그러한 자세를 보이는 것으로 고객은 따라 올 것이다. 정보가 순식간에 전해져 고객이 공통된 인식을 가지게 된 이 시대에는 숨긴다거나 속이는 것은 통용되지 않는다.

2. 효과적인 훈련설계(Designing Effective Training)

공식적인 훈련계획의 효과성은 그들이 얼마나 잘 설계되어 있느냐에 달려 있다. 훈련의 설계는 학습이론, 특정한 훈련목적, 훈련자의 특성, 그리고 훈련의 이익뿐만 아니라 장애와 비용과 같은 실용적 측면도 고려해야 한다. 학습과정에 대한 현재의 상태는 훈련을 설계하기 위한 정확한 지침을 제공하지 못하였다. 그럼에도 불구하고 리더십 훈련이 학습과정과 훈련기술에 대한 중요한 연구결과와 일

치하는 방법으로 설계되고 그리고 수행된다면 더욱 성공할 가능성이 있다.[1)]

이들의 주요한 연구결과들이 다음의 표에서 요약할 수 있다. 아래 Yukl은 이들 조건에 대하여 설명을 하고 있다.[2)]

[표 12-1] 성공적 훈련을 위한 조건

성공적인 훈련을 위한 조건
명확한 학습 목적
명확하고 의미 있는 학습내용
내용의 적절한 순서로 제시된 학습내용
훈련방법들의 적절한 혼합
적극적인 실행을 위한 기회
적시에 제공되는 적절한 피드백
훈련참가자의 자신감
적절한 후속검토 활동

출처: Yukl, *op. cit.*, p. 372.

① 명확한 학습목적(Clear Learning Objectives)

학습목적들은 훈련의 목적과 훈련의 적절성을 명확하게 하는 데 도움을 준다. 대부분의 경우에 무엇을 가르쳐야 되는가. 뿐만 아니라 왜 훈련이 가치가 있는가를 설명하는 것은 중요하다. 그와 같이 훈련프로그램의 초기에 훈련자는 명확한 학습목표를 제시해야 되고 그리고 훈련이 왜 리더의 효과성을 향상시키는 데 도움을 주는지 도움을 주는 이유를 사람들에게 설명해야 한다.

② 명확하고 의미 있는 학습 내용(Clear, Meaningful Content)

훈련 내용은 명확하고 그리고 의미가 있어야 한다. 그 내용은 훈련하는 사람의 사전 지식에 기초하여 작성하여야 한다. 훈련은 구체적이고 관련된 많은 예들을 포함하여야 한다. 학습 자료에 대한 이해와 기억을 촉진하기 위하여 핵심요점을 정기적으로 요약하고 부연 설명하는 방법을 사용해야 한다.

---

1) T. T. Baldwin, Padgett, M. Y., 1993, “Management Development: A Review and Commentary,” In C. L. Cooper and I. T. Robertson(Eds.), *International Review of Industrial-Organizational Psychology*(vol. 8)(pp. 35-85), New York: Wiley; J. P. Campbell, 1988, “Training Design for Performance Improvement,” In J. P. Campbell, R. J. Campbell, & Associates(Eds.), *Productivity in Organizations*(pp. 177-216), San Francisco: Jossey Press; Yukl, *op. cit.*, p. 372(재인용).

2) Yukl, *op. cit.*, pp. 372-374.

③ 학습내용의 적절한 순서(Appropriate Sequencing of Content)

훈련활동은 학습을 촉진하는 방식으로 구성해야 하고 그리고 순서를 정해야 한다. 훈련은 우선 쉬운 것부터 복잡한 것으로 진행해야 한다. 복잡한 문제들은 분리하여 이해하기 쉽게 부분적으로 나누어 보는 것이 좋다.

④ 훈련방법들의 적절한 혼합(Appropriate Mix of Training Methods)

훈련방법의 선택은 복잡한 정보를 이해하고 그리고 기억하는 피훈련자의 현재의 기술수준, 동기부여, 그리고 능력을 고려하여야 한다. 이 방법은 지식, 기술, 태도 혹은 행태들이 학습되어지기 위하여 적절해야 한다. 방법은 훈련하는 조건과 환경에 적합해야 한다. 예를 들면 훈련방법은 피훈련자의 이익을 유지하기 위하여 필요에 따라서는 다양화되어야 한다. 예를 들면 30분이 넘는 긴 강의는 피훈련자의 흥미와 관심을 잃어버릴 가능성이 있으며, 흥미 있게 하기 위하여 때로는 강의에서 토론과 실습으로 변하면서 강의를 이끌어 가야 한다.

⑤ 적극적인 실습 기회(Opportunity for Active Practice)

피훈련자는 적극적으로 학습한 기술을 실습해야 한다. 훈련기간 동안이나 직무상황으로 되돌아 온 직후에 연습을 계속 해야 한다. 팀 활동을 포함하는 기술들은 현실적인 조건하에서 팀에 의하여 연습해야 한다.

⑥ 적시에 관련된 환류(Relevant, Timely Feedback)

피훈련자는 가능한 한 다양한 소스로부터 관련된 환류를 받아야 한다. 그리고 환류는 정확하고 적시에 이루어지고, 그리고 건설적이어야 한다. 분석적 과정을 요구하는 과제의 학습은 피훈련자들이 그들 자신의 과정을 감독과 그리고 그들이 알고 그리고 모르는 것을 평가하는 것을 도와 줌에 의하여 촉진한다. 학습의 촉진은 사람들에게 과제수행을 위한 전략에 대해 적절한 피드백을 어떻게 추구하고 사용하는지를 보여 줌으로써 이루어진다.

⑦ 피훈련자의 자신감의 강화(Enhancement of Trainee Self-Confidence)

교육과정은 훈련이 성공적이 될 것이란 것을 훈련참가자가 효용성과 기대를 갖도록 향상시켜야 한다. 훈련자는 성공의 기대를 의사소통하고, 그리고 어려운 학습을 경험하는 피훈련자들에게 인내를 갖고 협조적이어야 한다. 피훈련자들은 물질을 조작하고 기술을 습득하면서 발전과 성공을 경험하는 광범위한 기회를 가져야 한다. 칭찬과 격려는 훈련참가자들의 사기를 진작시키기 위하여 자주 사용하여야 한다.

⑧ 적절한 후속 검토활동(Appropriate Follow-Up Activities)

복잡한 기술은 제한된 실습과 환류의 기회를 가지고 단기간 훈련과정에서 배운다는 것은 어렵다. 그러한 기술의 학습은 적절한 후속활동에 의하여 증대될 수 있다. 한 가지 유용한 접근은 훈련프로그램을 끝낸 후에 적절한 간격으로 후속검토 회합을 가지는 것이다. 회합에서는 학습한 기술의 적용에서 진전을 검토하고 성공과 문제점을 토의하며 추가의 지도와 지원을 제공한다. 또 다른 유용한 접근은 피훈련자에게 훈련에서 학습한 기술을 사용해야 하는 특별 프로젝트를 수행하게 하는 것이다. 피훈련자와 정기적인 회의를 통해서 진전을 검토하고 학습한 것을 토의하며 추가 지원과 지도를 제공한다. 다른 유형의 후속검토 활동들로는 짧은 일정의 재충전 과정과 개인과 정기적인 지도 기회를 갖는다.

제 3 절 리더십 훈련을 위한 기법

다양한 방법들이 리더십 훈련을 위하여 성공적으로 활용되고 있다.[1] 강의, 시범, 절차 매뉴얼, 비디오테이프, 장비시뮬레이터, 대화형 컴퓨터 등은 전문적 기술을 습득하는 데 활용되고 있다. 사례실습, 경영게임, 모의게임, 비디오테이프는 개념적 관리기술을 학습하는 데 사용된다. 강의, 사례토의, 집단실습 등은 대인 기술을 학습하는 데 사용된다. 리더십훈련을 위해 널리 사용되는 세 가지 기법은 행태적 역할모델링(Behavioral Role Modeling), 사례연구(Case Discussion), 경영게임과 모의게임(Business Games and Simulation) 등이다. 아래 Yukl은 이러한 기술들을 자세히 논의하였다.[2]

1. 행태적 역할모델링(Behavioral Role Modeling)

행태역할모델링은 사람들 간의 기술을 향상시키기 위하여 두 개의 오래된

1) B. M. Bass, 1990, *Handbook of Leadership: A Survey of Theory and Research*, New York: Free Press; M. J. Burke and R. R. Day, 1986, “A Commulative Study of the Effectiveness of Managerial Training,” *Journal of Applied Paychology*, 71, 232-246; G. P. Latham, 1988, “Human Resource Training and Development,” *Annual Review of Psychology*, 39, 545-582; Yukl, *op. cit.*, p. 374(재인용).

2) Yukl, *op. cit.*, pp. 374-378.

모형들인 시범과 역할 연기를 결합한 것을 사용하였다. 행태적인 역할모델링의 이론적 기초는 Bandura의 사회학습이론이다.[1)]

초기 행동역할모델링의 옹호자들은 거북한 행동, 다루기 곤란한 행동 또는 긴박한 대인상황에 대처하는 전형적인 방식과 상반되는 행동을 사람들이 학습하고 사용하도록 하기 위해서는 행동지침을 단지 제시하고 시범을 보이는 것만으로는 충분하지 않다고 주장했다.

행태역할모델링 훈련을 하는데, 훈련자의 규모가 작은 집단들은 사람들이 사람들 간의 특정한 종류의 문제를 어떻게 다루는지를 관찰하게 한다. 그러고 나서, 그들은 역할 연기에서 그 행태를 연습하고, 그리고 유익한 피드백을 얻는다.

다른 방법은 훈련자들이 강의실에서 피훈련자 혹은 다른 훈련자가 행하는 역할 연기의 적절한 행태의 본보기를 보이는 것이다.

대부분의 프로그램에서, 훈련자들은 시범의 본보기를 보이기 전에 학습요령을 설명한다. 그런 다음 피훈련자들은 비디오에서 훈련자의 시범들을 관찰한다. 때로는 비디오에서 학습요점들의 행동이 일어날 때를 제시한다.

다음 단계는 피훈련자가 학습요점의 응용을 실습하기 위하여 역할연기에 참여하게 하는 것이다. 이 역할 연기는 강의실이나 혹은 작은 집단 앞에서 실습한다. 소집단에서 실시되는 경우 몇 피훈련자들에게 동시에 실습할 수 있는 기회가 주어질 수 있으며, 여러 사람이 하기 때문에 덜 긴장이 된다. 피드백은 다양한 방법으로 즉 훈련자들 혹은 피훈련자들 등을 통하여 얻을 수 있다. 대부분의 프로그램에서 피훈련자들은 행태의 지침들을 직장으로 돌아가 활용할 수 있는 특정한 행동프로그램을 발전시키도록 요구한다. 이 행동프로그램들을 서면으로 작성한 후, 피훈련자들은 한 쌍식 토의를 하거나, 소규모 집단, 혹은 개인적으로 훈련자와 토론을 하여 새로운 지침이나 혹은 격려를 얻는다.

잇따른 연구들도 행태역할모델링접근법의 유용성을 지적하였다. 반면에 역시 지적한 단점은 어떠한 연구도 직장에 돌아가서 적극적인 행태변화와 관리자들의 효과성에 대한 측정을 하지 않았다는 것이다.[2)] 또한 행태적 역할 모델링 훈련이 언제, 왜, 그리고 누구를 위하여 효과적인가와 같은 그러한 문제를 연구하지 않았다. 제기되는 다른 문제는 이 훈련방법이 적절히 활용하는 기술의 형태가 적절

1) A. Bandura, 1986, *Social Foundations of Thought and Action: A Social Cognitive Theory*, Englewood Cliffs, NJ: Prentice Hall; Yukl, *op. cit.*, p. 374(재인용).

2) Yukl, *op. cit.*, p. 375.

한가이다.

이러한 문제를 해결하기 위하여 그리고 행태 역할 프로그램을 위한 가장 효과적인 절차를 결정하기 위하여 많은 연구가 필요할 것이다.

2. 사례 토의(Case Discussion)

사례는 관리기술을 연마하기 위한 목적으로 다양한 방법으로 사용된다.

조직의 경쟁적 전략과 재정성과에 대한 세부적 사례들은 분석과 의사결정기술을 연마하기 위하여 사용된다. 피훈련자들은 기업 상황의 세부적 자료를 분석하고 그리고 그 문제를 처리하는 방법을 결정하기 위하여 관리의 원칙들과 양적인 의사결정기술들을 사용한다. 전체 혹은 집단이 참여한 가운데 연구결과나 추천된 사항들을 나누어 주고 토론을 한다. 소규모 집단의 활용은 많은 시간이 요구되나 참여의 적극적 수준을 증가시킨다.

사례의 잠재적 이익은 관리자들이 직면하는 상황의 이해를 향상시킨다는 점이다. 다른 집단들이 한 상황에 대하여 어떻게 보고 느끼는지를 관찰하면서, 그 사례는 같은 문제를 다른 가치관, 이해관계 그리고 가정들을 가진 사람들에게 어떻게 다른지를 설명하는 데 도움을 줄 수 있다.

사례연구의 다른 장점은 효과적인 관리행태에 대한 이해를 증진시키는 것이다. 피훈련자는 적절하고 그리고 부적절한 행태를 조사하기 위하여 그리고 관리자가 무엇을 해야 되는지 혹은 무엇을 다음에 해야 되는지에 대해 추천하기 위하여 관리자 행동의 세부적 자료를 분석한다.

리더십훈련을 위한 사례활용의 효과성에 대한 연구는 역시 한계가 있다. 훈련자를 위하여 다음 제시하는 지침들은 학습을 촉진하기 위하여 유리한 지배적인 조건들을 요약한 것이다.[1)]

1) 피훈련자에 대한 기대를 명확히 하라. 이 사례의 목적, 사례가 어떻게 사용될 것인지, 그리고 피훈련자가 무엇을 하기를 기대하는지를 설명하라.

2) 토론에 참여를 격려하고 촉진하기 위해 질문을 물어라. 다른 관점을 수용하고, 그리고 토론을 독점하는 것을 피하라.

3) 문제의 복잡성을 강조하고, 대안적인 해결책을 발굴하는 것이 바람직하다

---

1) Yukl, *op. cit.*, p. 376.

는 것을 강조하라. 다른 가정, 편견, 그리고 우선순위를 가지고 있는 사람들이 문제를 어떻게 접근하는지를 증명하기 위하여 다른 진단방법을 사용하라.

4) 피훈련자로 하여금 사례들을 자신의 업무경험과 관계를 시키도록 하라. 자신들이 경험하였던 유사한 상황들의 예를 토의하는 것은 통찰력을 가져오고 그리고 견해를 유발시켜 그 사례에 대한 의존성을 감소시킬 수 있다.

5) 피훈련자들이 다른 견해들을 접할 수 있도록 토의집단들 구성을 다양화하라.[1)]

3. 리더십 개발의 핵심은 강점의 구축

대부분의 사람들은 약점을 고치는 것이 리더십의 효과성을 증진하는 데 최선의 방법이라고 생각한다. 실제로 리더십 개발과정에서 대부분의 리더들은 주로 약점 보완에 치중한 실천 계획을 세우곤 한다. Zenger와 Folkman[2)]의 연구에 의하면 탁월한 리더는 약점이 없는 사람이 아니라 오히려 뚜렷한 강점을 지닌 사람이라는 결론을 얻었다. 부하와 동료들의 관점에서 본 탁월한 리더는 여러 가지 강점을 지니고 있는 사람이며, 상대적으로 꾸준한 발전을 보이는 사람이다.

4. 경영 게임과 모의 게임(Business Games and Simulation)

여러 해 동안 관리 훈련을 위하여 경영게임과 모의게임들이 사용되었다. 사례연구에서와 같이 모의게임들은 복잡한 문제를 분석하고 그리고 의사결정을 배우려는 피훈련자들이 있다. 그러나 경영게임은 사례연구와 달리 피훈련자는 그들이 만든 의사결정의 결과를 다루어야 한다. 그들은 의사결정의 결과 무엇이 일어났는지를 알기 위하여 피드백을 받는다. 대부분의 경영게임은 양적인 재정적 정보를 강조하고, 공식적 훈련프로그램에서 배운 것을 분석하고 의사결정 기술들을 연마하기 위하여 사용되고 있다.

가장 복잡한 모의게임은 특정한 타입의 기업과 산업에 관한 중요한 변수들 간의 복잡한 인과관계를 분석하기 위해서 체제모형에 토대를 두고 있다는 것이다.

---

1) Yukl, *op. cit.*, p. 374.
2) Zenger와 Folkman, *op. cit.*, pp. 53-54(김준성과 이승상 역).

대규모 모의게임들은 경영게임에서 유래하였다. 모의게임들은 인과관계사례, 역할 연기, 집단문제해결, 실습과 같은 많은 훈련방법들을 포함하고 있다. 또한 대규모 모의게임은 인지능력기술과 의사결정을 위하여 사람 상호간의 기술을 강조한다. 대규모 모의 게임은 전형적으로 여러 부서들에 의하여 구성된 하나의 가상조직을 포함한다.

모의 게임이 끝난 후 참가자들은 집단과정과 개인의 기술 및 행태에 대해 피드백을 받는다. 피드백은 보통 참가자의 행태와 결정을 지켜 본 관찰자들이 제공한다. 참가자들은 대화와 회의를 녹화하여 추가 피드백을 제공할 수도 있다. 게임추진자는 참가자들이 정보의 수집과 처리, 문제의 분석과 해결, 다른 참가자들과의 의사소통, 다른 사람에게 영향력 행사, 전략과 운영에 대한 계획수립에서 경영자로서 얼마나 기능을 잘 발휘했는지를 이해하도록 도움을 준다.

경영 게임과 모의 게임에 대한 연구는 많지 않다. 그러나 학자들의 연구에 의하면 리더십발전을 위하여 유익할 수 있다는 증거들이 증가하고 있다. 그럼에도 불구하고 앞으로 학습의 어떤 타입과 학습을 촉진하는 조건을 결정하는 데 더 많은 연구가 필요할 것으로 보인다. 그리고 모의 게임의 효과를 증진하기 위하여 철저한 준비, 피드백을 통한 계획된 개입, 모의 게임 동안 코치 및 모의 게임이 끝난 후에 토론 등을 고려하여야 할 것이다.

5. 경험을 통한 학습(Learning from Experience)

학습은 노력이란 단어를 일반화한 것이다. 그리고 모든 학습에는 인간의 지속적인 학습의 원천인 실패가 내포되어 있다. 효과적인 리더십을 위하여 필수적인 기술의 대부분은 공식적인 훈련 프로그램보다는 경험으로부터 더 학습된다.[1)]사람들을 행정직에 임명하여 임무를 수행하는 가운데 리더십을 발전하고 그리고 세련되게 하는 기회를 가질 수 있다. 또한 필적할 만한 역할 모델로 간주할 만한 능력이 있는 감독자들로부터 적절한 가치와 행태를 배울 수 있다. 관리자들은 비효과적인 감독자들로부터 무엇을 하지 말아야 되는지를 배울 수도 있다. 더구나

1) J. Davies & Easterby-Smith, M., 1984, "Learning and Developing from Managerial Work Experiences," *Journal of Management Studies*, 2, 169-183; E. Lindsey, V. Homes, & M. W. McCall, Jr., 1987, *Key Events in Executive Lives*, Technical Report #32. Greensboro, NC: Center for Creative Leadership 등; Yukl, *op. cit.*, p. 378(재인용).

리더십 기술과 가치들의 발전하는 정도는 임무를 수행하는 동안 겪게 되는 경험의 타입에 달려 있다고 하는 연구의 결과는 의미 있는 학습과정이다. 실제로 Center for Creative Leadership의 연구는 업무경험의 특정한 타입과 리더십발전 간의 관계를 연구하고 있다.[1)]

1) 도전의 정도(Amount of challenge)

도전은 풀기 어려운 비정상적인 문제, 극복하기 어려운 장애, 그리고 위험부담을 주는 결정들이 있는 상황에서 일어난다. 도전을 하여야 되는 상황들의 예들은 합병 혹은 재조직, 기능 횡단 팀 혹은 task force를 지휘, 주요한 변화를 집행, 비우호적인 기업조건에 맞서는 것, 약한 조직의 단위들을 강화, 다른 관리의 지위로 이전, 다른 문화를 가진 나라에서 관리하는 것들을 다루는 것을 포함한다. 이러한 상황들하에서는 관리자들이 새로운 정보를 찾고, 새로운 각도로 문제를 조망하며, 새로운 관계를 구축하고, 새로운 행태를 시도해 보고, 새로운 기술을 배우며, 그리고 스스로 더 나은 이해를 발전하는 것을 배워야 한다.

어려운 도전을 다루면서 성공을 하는 경험들은 리더십 발전을 위하여 필수적이다. 경험으로부터 배우는 것을 통하여 성공과 실패를 배운다. 만약 스트레스와 도전이 감당하지 못할 정도로 강할 때는 사람들에게 그 상황에서 포기하게 하거나 철회하도록 도와주는 것이 필요하다.

2) 과제의 다양성(Variety of Tasks or Assignments)

성장과 학습은 업무경험이 다양하고 도전적일 때 그 의미는 더욱 크다. 다양한 업무경험은 관리자들이 새로운 환경에 적응하게 하며 그리고 새로운 종류의 문제를 다룰 기회를 갖게 된다. 한 종류의 문제를 다루는 데 지속적으로 성공을 한다면, 심지어는 다른 접근법이 더 효과적이라고 하더라도, 같은 방법으로 새로운 문제를 해석하고 그리고 다루는 경향이 있다. 관리자들은 다른 리더십 행태와 기술을 요구하는 광범위하고 다양한 문제를 경험을 하는 것이 유리하다. 업무도전의 다양성을 경험하게 하는 방법은 관리자에게 새로운 업무를 부여하든지, 조직의 다른 기능을 가진 부서들에 순환하게 할 수도 있고, 계선이나 막료보직을

---

1) M. W. McCall, Jr., M. M. Lombardo, & A. Morrison, 1988, *The Lessons of Experience*, Lexington, MA: Lexington Books; Yukl, *op. cit.*, p. 379(재인용).

번갈아가면서 담당하게 하거나 혹은 외국뿐만 아니라 국내업무를 맡도록 하는 방안을 적용하여 다른 경험을 갖도록 하는 것이다.

3) 적절한 피드백(Relevant Feedback)

사람들이 그들의 행태와 피드백의 결과에 대하여 정확한 정보를 얻을 때, 더 많은 학습이 일어난다. 그리고 그들의 경험을 분석하기 위해 피드백을 사용하며 역시 경험으로부터 학습한다.

활동적이고 성취지향적인 관리자들은 경력의 초기에 더욱 성공적인 경향이 있다. 그러나 이러한 자질들은 변화하는 상황에 적응하는 방법을 학습하는 그들의 능력에 방해가 될 수도 있다. 일반적으로 자신감이 충만한 사람은 변화를 수용하지 않는 경향도 무시할 수 없을 것이다.

경험으로부터 학습하는 데 일어날 수 있는 장애는 고위수준의 관리자들에게 가장 크다.[1] 최고 관리자들은 조직에서 일상적으로 상호작용하는 소수의 사람들 이외에는 거의 모든 사람들과 격리되어 있다. 이 사람들의 대부분은 격리되어 있는 관리자들이다. 관리자들이 권력의 높은 지위와 명성을 얻는 데 성공하였다는 의식은 그들에게 자신의 관리방법에 자신감을 주는 경향이 있다. 그러한 그들의 확신들은 대체로 성공하지 못한 사람들의 비판을 무시하거나 혹은 과소평가하는 우월감까지 가진다. 이러한 사람들은 그들에 대한 비평으로부터 학습하려고 하는 자세를 갖는 경향이 적다.

제 4 절 리더십의 발전적 학습촉진 활동 및 지침

1. 발전적 행동(Developmental Activities)

많은 활동들이 업무 경험에 따른 학습을 촉진하기 위하여 다양한 관련된 기술들을 사용한다(표 12-2 참조). 이들을 Yukl은 각각 아래 설명하여 학습촉진방법을 제시하였다. 예를 들어 직장의 피드백의 다양한 근원들이 훈련프로그램의 참

1) R. E. Kaplan, J. R. Kofodimos, & W. H. Drath, 1987, *Development at the Top: A Review and Prospect*, In W. Pasmore & R. W. Woodman(Eds), *Research in Organizational Change and Development*(vol. 1) (pp. 229-273), Greenwich, CT.: JAI Press.

여자들에게 제공된다. 아래 활동 혹은 기술들의 각 타입을 설명할 것이며 그리고 간단히 평가할 것이다.[1]

[표 12-2] 리더십 발전을 위한 활동

• 다중출처 피드백 워크숍	• 지도
• 발전평가 센터	• 행정 지도
• 특정한 할당	• 야외 도전 프로그램
• 직무 순환	• 개인 성장 프로그램
• 실천 학습	

출처: Yukl, *op. cit.*, p. 381.

1) 다중 출처 피드백(multisource feedback)

다중 출처로부터 받은 행태의 피드백 사용은 과거 10년 동안 관리발전을 위한 인기 있는 방법이 되어 왔다.[2] 이 접근법은 다양한 이름으로 불려지는데 예를 들면 '360도 피드백' 그리고 '다수 평가자'이다.[3] 다중 출처 피드백 프로그램은 다양한 목적을 위하여 사용된다. 그러나 주요한 사용은 개인 관리자들을 위한 강점과 발전의 요구를 평가하는 것이다. 특히 주의할 점은 사람들이 360도 피드백 결과 보고서를 받을 경우, 그들은 강점 항목은 넘겨 버리고 약점으로 지적한 부분에만 즉각적인 반응을 나타낸다는 것이다. 마치 강점은 당연히 주어지는 것이고 뭔가를 해야 할 부분은 약점 또는 덜 긍정적인 영역이라는 식이다.

피드백 프로그램에서 관리자들은 부하, 동료, 상관, 그리고 고객과 같은 외부인들과 다른 사람들에 의하여 작성된 표준화된 설문지로부터 그들의 기술 혹은 행태에 대하여 정보를 받는다(그림 12-2 참조).

피드백을 제공하기 위하여 사용되는 설문지는 특정한 조직을 위하여 만들어질 수 있으나 일반적으로는 표준화된 설문지를 이용한다. 각 참여하는 관리자들은 다른 사람들에 의한 평가, 관리자에 의한 자체 평가, 그리고 다른 관리자들을 위한 규범과 비유하는 보고서를 받는다.

1) Yukl, *op. cit.*, pp. 380-392.

2) M. London & J. W. Smither, 1995, "Can Multi-Source Feedback Change Perceptions of Goal Accomplishment, Self-Evaluations and Performance-Related Outcomes? Tehory-Based Applications and Directions for Research," *Personnel Psychology*, 48, 803-839; Yukl, *op. cit.*, p. 380(재인용).

3) Yukl, *op. cit.*, p. 381.

[그림 12-2] 360도 피드백을 위한 정보의 출처

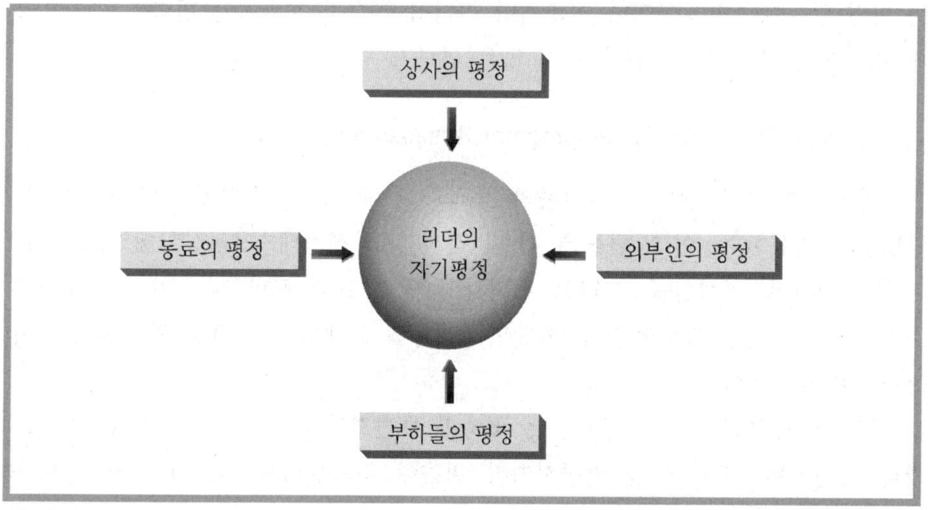

출처: Yukl, *op. cit.*, p. 382.

다중출처 피드백 프로그램의 효과성은 피드백의 타입과 형태뿐만 아니라 그것이 어떻게 관리자들에게 전달되는 지에도 달려 있다.[1] 관리자들은 적절하게 피드백을 받고 그리고 올바른 해석을 한 보고서를 받는 것이 유리할 것이다. 집단 워크숍에서 평가범주와 피드백 보고서에 대한 설명을 듣고, 워크숍 참가자들은 워크숍 추진자와 일대일로 만난 후 자신들의 평점에 대하여 논의를 한다면 더욱 발전된 기술을 습득하는 데 도움을 줄 것이다. 이때 이 행사의 추진자들의 역할이 중요하다. 그들은 평가범주를 설명하고 리더십 효과성에 대한 관계를 설명하여야 한다. 그리고 참가자들이 피드백을 해석하여 주고 비록 부정적인 측면이 있다고 하더라도 이해시키고 격려하는 것이 중요하다.

최근에 다중 출처 피드백을 광범위하게 사용하고 있으나 행동개선을 위하여 효과성을 평가한 연구는 일관성을 가져오지 못할 정도로 미약한 것은 피할 수 없다.

피드백 기술의 개선을 가져오기 위하여 피드백이 이루어진 후에 훈련 및 사후 활동이 이루어지는가에 따라 좌우될 수 있다. 평가자들간의 평가가 다를 경우 서로 토의를 거친다면 피드백 기술의 개선이 이루어질 것이다. 360도 피드백이

1) G. Yukl & R. Lepsinger, 1995, "360-degree Feedback: What to put into it to ger the most out of it," *Training*, 45-50.

리더십 기술을 증대시킬 것이라는 널리 퍼져 있는 가정을 지지하는 경험적 연구는 거의 없는 편이다. 그러나 피드백이 리더십 기술의 효과적인 변화를 가져오고 개선할 가능성을 높이기 위하여 더 많은 연구가 필요할 것이다.

2) 발전 평가 센터(Developmental Assessment Center)

전통적인 평가 센터는 관리자의 능력과 잠재력을 평가하기 위하여 다양한 방법들을 활용한다. 이 방법들은 면접, 적성검사, 성격테스트, 상황테스트, 짧은 자서전 에세이, 연설실습, 그리고 서면작성 연습 등을 포함한다. 이러한 다양한 소스로부터 수집된 정보들은 참여자의 관리능력에 대한 전반적인 평가를 위하여 통합하여 사용된다.

과거에 대부분의 평가 센터들은 채용과 승진결정을 위해서만 사용하였다. 그러나 최근에는 관리자들을 발전시키기 위하여 평가센터를 사용하는 데 흥미를 갖고 있다.

피드백 워크숍들과 비유하여, 발전 평가센터는 더욱 세심한 평가절차와 스스로 이해를 증진하기 위하여 일련의 포괄적인 측정치들을 사용한다. 관리자의 행태에 대한 정보는 관리자들과 규칙적으로 상호작용하고, 모의실습과 실습하는 관리자들을 관찰함으로써 수집한다. 이 워크숍의 추진자들 혹은 돕는 자들은 관리자의 사전 경험, 동기, 성격자질, 흥미, 그리고 열망에 대한 정보를 수집한다. 이 평가센터를 위한 논리적 근거는 행태적 피드백만으로는 강한 동기, 가치관, 그리고 자아상 때문에 비효과적인 행태를 변화하는 데 충분하지 못하다는 것이다.

피드백 워크숍에서와 같이, 평가 발전 워크숍은 관련된 훈련 혹은 발전활동들이 보완이 될 때 더욱 성공적이기 쉽다.

3) 발전적 과제(Developmental Assignment)

Lombardo와 Eichinger는 현직에 근무하면서 관리기술을 발전하기 위하여 사용할 수 있는 특정한 과제의 타입을 분류하였다. 이 과제의 예들은 새로운 프로젝트 혹은 지금 막 시작한 운영을 관리하는 것, 기능횡단 팀에서 부서의 대표로서 봉사하는 것, 주요한 변화를 계획하고 그리고 주요한 운영문제를 다루기 위하여 특정한 task force를 맡는 것 등을 포함한다. 비정규직 발전 과제의 예들은 조직의 다른 부분에서 뛰어난 리더가 직원으로 봉사하는 것, 다른 조직들과 연락하는 임무를 임시적으로 담당하는 것, 그리고 다른 조직을 방문하는 임무를 수행하는 것들을 포함한다.

높은 잠재력이 있는 관리자들은 두 종류의 특정한 과제를 부여받는데 이들은 각각 3년 내지 4년이 걸린다. 한 할당은 주요한 전략적 도전과 다른 하나는 사람을 관리하는 힘든 도전들을 포함한다. 그러나 발전적 과제의 효과성에 대한 연구는 대단히 제한적이다.

발전적 과제의 계획과 사용을 증진시키기 위한 방법이 필요하다. 각 과제의 형태는 관리자의 발전욕구와 경력의 열망과 조화를 이루어야 한다. 관리자들은 발전을 위한 과제의 중요성을 인식하여야 하고, 그에 대한 책임을 공유하여야 한다. 이 발전 계획이 완성된 후, 관리자들은 학습한 경험과 교훈을 파악하고, 이러한 결과들을 반영하는 것이 중요하다. 과거의 경험을 회상하는 분석과정은 학습을 증가시키기 쉽고 그리고 보스, 지도자, 혹은 훈련 및 발전 전문가들에 의하여 더욱 촉진되는 경향이 있다.

4) 순환보직 프로그램(Job Rotation Programs)

대부분의 순환보직 프로그램에서, 관리자들은 6개월 내지 4년에 걸친 다양한 기간 동안 조직의 다른 기능의 하위부서에서 업무를 보도록 순환된다.

조직의 다양한 하위부서의 중요한 업무를 경험하는 순환보직 프로그램은 많은 발전적 기회를 제공한다. 관리자들은 협조적인 관계를 어떻게 구축하는 것과, 그리고 그들이 새로운 업무에 대한 적절한 준비를 결핍한 채, 새로운 형태의 문제를 처리해야 하는 기술적인 문제를 신속하게 배워야 하는 도전에 직면하게 된다. 또한 관리자들은 다른 부서의 특징적인 문제와 과정은 물론 조직의 다른 부서들의 상호작용들에 대하여 배울 수도 있다.

순환보직은 관리자들에게 조직의 다른 부서들의 사람들과 광범위한 접촉 망(network)을 형성하는 것을 도울 수 있다. 특히 순환보직을 광범위하게 사용함에도 불구하고 많은 연구들이 이러한 순환보직의 효과성을 평가하기 위하여 충분히 연구하지 않은 것은 이해하기 어렵다. 과학자들이나 엔지니어들은 순환보직제가 몇 가지 방법에 있어서 유익하다는 것을 발견하였다. 참여자들은 다른 기능들에 대한 상호존중, 협조의 필요성을 인정, 그리고 다른 관점에서 문제를 바라보는 장점을 발전할 수 있다고 한다.

하지만 Campion et al.에 의한 연구는 순환보직은 어떠한 종류의 비용을 치러야 한다고 주장한다. 문제는 새로운 업무에 대한 학습기간 때문에 순환된 보직으로 인하여 발생하는 낮은 생산성이다. 순환보직에 의한 직원들이 관리직을 맡게 될 때, 그들 기술의 전문성의 결여로 말미암아 부하들의 생산성의 저하를 가져오는 영향을 가져오기 쉽다. 다른 비용은 기능 부서의 근로자들이 갖게 되는 낮은 만족도이다.

순환보직 프로그램은 현대 조직의 발전추세에 의하여 제한을 받고 있다. 예를 들면, downsizing은 순환보직 프로그램을 확대하는 것을 어렵게 만들 것이다. 더욱더 군살 빼는 조직의 관리자들은 경험이 없고 그리고 임시적으로 대치하는 사람들과 경험이 있는 관리자들과 교환하는 것을 좋아할 리 없을 것이다. 더욱더 관심을 받을 만한 질문은 순환보직의 편익을 비용이 적게 드는 다른 타입으로 달성될 수 있느냐이다.

5) 행동학습(Action Learning)

행동학습은 공식적인 관리학습과 경험학습을 결합하는 접근법으로서 유럽에서 널리 사용되고 있다. 행동학습의 전형적인 계획은 약 2~3개월 진행되며 그리고 스킬 훈련 세미나에 관련된 실습 프로젝트도 포함한다. 공식적인 훈련기간에 개인들 혹은 팀들은 이미 학습한 기술을 가지고 복잡한 조직문제들을 다루는 실습 프로젝트를 수행한다. 그러나 행동학습에서 강조하는 것은 기술적인 지식보다는 인식적 그리고 사람들 상호간의 기술을 발전시키는 데 둔다. 관리자들은 이러한 기술을 가지고 있는 학습추진자들을 정규적으로 만나 그들의 경험을 학습하고, 토론하며, 그리고 분석한다.

리더십 기술을 발전하는 데 행동학습의 효과성은 프로젝트의 종류, 팀의 구성, 그리고 도와 줄 코칭의 타입에 달려 있다고 한다. 만약 그 프로젝트의 범위가 좁다면, 관리자들은 다른 상황에 적용되지 않는 대단히 특정한 기술을 배울 수 있다. 만약 그 프로젝트가 상당한 도전을 포함하지 않는다면, 리더십의 학습에 관한 지식을 많이 제공하지는 못할 것이다. 행동학습은 다양한 배경과 문화를 가진 구성원들로 팀이 구성될 때 가장 효과적이라는 것을 발견할 수 있다.

그러나 몇 연구 이외에 행동학습의 효과성을 검증할 만한 충분한 연구가 이루어지지 않았다. 따라서 발전적 프로젝트의 장점이 있다는 것을 결정할 만한 실험적 연구설계가 필요하며 더욱이 이 프로젝트는 리더십 기술을 발전하기 위한 충분한 도전과 기회를 포함하는 특징을 가지고 있어야 할 것이다.

6) 조언(Mentoring)

지난 10년 동안 경영개발을 촉진하기 위하여 공식적인 조언 프로그램을 사용하려는 관심이 점점 더 증가하고 있다. 조언은 경험이 많은 관리자가 경험이 적은 부하를 도와 주는 관계이다. 조언자는 일반적으로 고위직에 있고, 부하들의 직접적인 보스는 아니다. 조언자들에 대한 연구는 조언자들은 부하들을 위하여 심리 사회학적 기능(수용, 격려, 코칭, 상담)과 경력 촉진기능(후원, 보호, 그리고 가시성) 두 가지 분명한 기능을 한다. 조언자들은 조정을 촉진할 수 있고, 첫 관리직으로 승진, 조직의 다른 기능부서로 승진 혹은 이동, 외국으로 전출, 합병, 재조직, 그리고 축소한 조직으로 이동 등과 같은 어려운 업무이동 동안 스트레스를 감소하게 할 수 있다. 몇 연구들은 조언이 부하들의 경력승진과 성공을 가져왔다는 것을 나타내었다.

조언은 역시 인구학적 요소 즉 나이, 성, 그리고 인종과 같은 요소들에 의하여 영향을 받는다. 여성들이 조언관계에서 직면하는 어려움은 적절한 행태에 대한 고정관념, 남성들과 친숙함에 대한 관심, 어떤 주제에 대한 토론의 미숙, 적절한 역할 모델의 결핍, 동료에 의한 원한 그리고 남성 네트워크로부터의 배제 등을 포함한다. 이러한 어려움은 여성이 여성을 조언하는 경우에도 있을 수 있다.

그러나 연구들은 조언이 경영발전, 변화에 대한 적응, 부하들의 직무만족을 촉진하는 유용한 기술이 될 수 있다고 제안한다. 그러나 아직까지 조언자가 부하들의 리더십 기술의 발전을 촉진하는 방법에 대해서는 연구가 아직 없다.

7) 집행지도(Executive Coaching)

최근에 기업조직에서 리더들의 발전을 위한 방법으로 개인 지도의 인기가 급작히 증가하고 있다. 지도를 받는 리더들은 일반적으로 고위 간부들이다. 지도를 제공하는 사람들은 외부 혹은 내부 사람들이다. 외부 지도를 활용할 경우 폭넓은 경험, 더욱 강한 객관성, 그리고 더욱 비밀성을 유지할 수 있는 것과 같은 장점을 가지고 있다. 내부 지도는 더욱 높은 성공 가능성, 조직의 문화 및 정치에 대한 더 많은 지식, 그리고 전략적 도전과 핵심적인 능력에 대한 이해의 용이

성과 같은 장점을 가지고 있다.

집행지도는 영구적인 조언자는 아니다. 그리고 그 지도는 몇 달에서 몇 년까지 한시적으로 채용되는 것이 일반적이다. 지도는 일주일 혹은 이 주일 간격으로 제공되며 그리고 극단적으로 그 코치는 필요할 때는 언제든지 도움을 준다.

집행지도는 편의, 신뢰성, 융통성, 그리고 더 많은 개인적 관심을 포함하여 공식적인 훈련코스보다 몇 개의 장점을 가지고 있다. 제한된 시간 내에 사용된다고 하더라도, 하나의 분명한 단점은 일대일 지도의 높은 비용이다. 그럼에도 불구하고 높은 비용은 개인 지도를 제공하기 때문이다.

다른 제한은 능력 있는 코치의 부족이다. 객관성과 전문성을 유지하면서 집행자들과 좋은 관계를 유지할 수 있는 코치를 발견한다는 것은 중요하다. 조직들은 발전적 기술에 대한 잠재적인 문제점을 피하기 위하여 집행지도의 선정과 사용에 관한 분명한 지침을 가지고 있어야 한다.

8) 야외 도전 프로그램(Outdoor Challenge Programs)

이 프로그램의 사용은 오늘날 널리 증가하고 있다. 경험 있는 프로그램 추진자는 활동을 수행하고, 지도와 격려를 제공하며, 그리고 참여자들에게 프로그램 활동과 조직의 생활을 자신들의 경험과 연계하여 이해하도록 돕는다. 어려운 활동의 예는 기둥 오르기이다. 각 참여자들은 25feet 높이의 기둥을 오르거나, 12feet 떨어져 걸려 있는 밧줄을 잡는 것과 같은 종류들이다. 이 실습은 실제로 아주 안전하나, 사람들은 위험하다고 느낀다. 어떤 야외 도전 프로그램에서 집단들은 황야로 여행하고, 급류에 뗏목을 타며, 낭떠러지에 뛰어 내리는 것과 같은 행동을 한다.

야외 모험 프로그램의 목적은 개인의 성장과 팀 구축이다. 팀 구축은 참여자들이 상호신뢰와 협조의 중요성을 배우며, 실습에 의하여 촉진된다. 이러한 프로그램 훈련을 통하여 팀의 구성원들에게 기대되는 것은 희생정신, 신뢰 및 응집력이 증가하여 그들의 학습된 결과들이 업무장소에서 나타난다.

야외 도전 프로그램은 최근에 관리자들을 위하여 점점 더 사용되고 있다. 그러나 단 몇 연구만이 리더십의 증진을 위한 발전적인 기술들의 효과성을 조사하였다.

9) 개인 성장 프로그램(Personal Growth Programs)

개인 성장 프로그램은 자신의 인식력을 증진하고, 심리학적 성장에 관련된 내부 장애를 극복하며, 그리고 리더십 능력의 발전을 위하여 설계되어졌다. 이 프로그램들은 1960년대 인도적인 심리학 추세로부터 진화되었다. 그리고 많은 창시자들은 평화 봉사단(Peace Corps)과 T실험(the National Training Laboratories)과 같은 그러한 잠재력의 발전을 강조하는 인도적 프로그램들에 이미 사전 경험을 가지고 있었다.

개인성장 워크숍은 사람과 리더십의 상호 관련된 가정들에 기초를 두고 있다. 그 중 하나의 중요한 가설은 많은 사람들이 그들의 내부 감정과 가치관을 잊어버린다는 것이다. 자주 무의식적인 내부의 공포와 갈등은 창조성의 장애가 되고 위험부담을 회피한다는 것이다. 사람이 성공적인 리더가 될 수 있기 전에 자신의 감정을 이해하고, 잠재적인 공포와 마주 대하며, 그리고 중요한 갈등을 해결하는 것이 필요하다. 또 다른 중요한 가설은 성공적인 리더십은 높은 수준의 감정적 및 도덕적 발전을 요구한다는 것이다. 감정의 성숙과 정직한 사람은 자신의 이익보다는 더 가치 있는 목적에 헌신하는 경향이 있고, 협조적이고 후원하며, 그리고 감동을 주는 리더가 되기 쉽다. 개인성장프로그램은 일반적으로 회의센터에서 행하여지며, 그 프로그램은 2일에서 일주일까지 진행될 수 있다. 이 프로그램은 참여자들의 삶과 일을 위한 목적을 이해하고, 서로 이해한 것을 공유하는 심리학적인 실습이다. 때때로 야외도전 활동은 위험부담을 서로 공유하는 인내를 증가시키기 위함이다. 경험이 있는 이 프로그램의 추진자는 개념적 모델을 제시하고, 실습을 실행한다. 그 모델은 인간의 발전이 어떻게 일어나는지, 어떻게 조직이 지속적으로 변화하는지, 그리고 조직의 변화 가운데 리더십의 역할을 설명한다.

2. 리더십 개발을 촉진하는 조건(Facilitating Conditions for Leadership Development)

사용하는 개발방법들(공식적 훈련, 경험적 학습, 자체 학습 활동)과 관계없이, 리더십 스킬은 조직 내에 몇 가지 조건들에 의하여 촉진된다. 이 조건들은 얼마나 많은 훈련이 제공되어야 하는지, 사람들이 얼마나 많은 도전을 경험하여야 하는지, 많은 피드백이 얼마나 제공되는지, 얼마나 많은 사람들이 새로운 기술을 배우기 위하여 얼마나 격려를 받아야 하는지, 어떻게 다른 사람들이 학습하는 것을 돕기 위하여 동기부여가 되는지, 그리고 사람들은 실수와 실패를 어떻게 해석하는가를 결정하는 것을 도와준다.

Yukl은 아래 중요한 조건들을 간단히 설명하였다.1)

1) 보스에 의한 지원(Support by the Boss)

직속상관은 개인의 리더십 발전에 상당한 영향력을 가지고 있다. 그러나 불행하게도 많은 상관들은 부하들의 리더십 개발을 촉진하기 위하여 필요한 것들을 하지 못하는 실정이다. 코칭과 지도의 중요성을 이해하지 못하는 사람들은 부하들에게 많은 것을 전달할 수 없을 것이다. 불안한 상사들은 부하들이 경쟁자들로 될 수 있기 때문에 부하들의 발전에 많은 시간을 할애하지는 않을 것이다. 부하들이 범하는 실패를 학습경험이라고 생각하기보다 부하들의 개인적인 실수로 다룬다면 상관은 부하들의 리더십 개발을 방해할 것이다. 부하들을 지나치게 방어하는 상관이나, 그리고 충분한 도전과 정직한 피드백을 그들에게 제공하지 않는 보스는 부하들의 리더십기술을 발전하는 데 성공적이 되기 쉽지 않다.

리더십 기술을 배우고 그리고 그 기술들을 업무에 적용하려는 동기부여는 상사가 얼마나 부하들의 훈련활동과 지원에 관심을 가지고 있느냐에 영향을 받게 된다. 리더가 학습과 학습의 후속 적용을 강화하기 위한 요건들을 [표 12-3]과 같이 지적한다.2)

좋은 리더는 부하의 입장에서 보면 다음과 같아야 하고 듬직한 모습으로 부하 앞에 나아가야 하며 좋은 방향을 제시해야 한다.

[표 12-3] 부하들의 리더십 훈련을 지원하기 위한 방법

훈련 이전
• 부하들에게 훈련할 기회에 대한 정보를 주어라 • 왜 훈련이 유익하고 그리고 도움을 줄 수 있는지를 설명하라 • 훈련을 받은 사람들에게 훈련이 얼마나 유익한 것인지를 설명하게 하라 • 훈련에 참가하는 데 용이하게 하기 위하여 업무계획을 변경하라 • 훈련을 준비하게 하기 위하여 필요한 시간을 부하들에게 주어라 • 설문지들의 배부와 같은 그러한 준비활동을 지원하라 • 부하들에게 그들이 배운 것을 보고서로 작성하여 제출케 하라

1) Yukl, *op. cit.*, pp. 393-395.
2) *Ibid.*, p. 393.

훈련 이후
• 그 동안 배운 것과 그것을 어떻게 적용할 수 있는가를 토의하기 위하여 만나라
• 배운 것을 사용하기 위하여 공동으로 특정한 목적과 행동계획을 세워라
• 새롭게 학습된 기술들의 사용을 요구하는 업무를 부여하라
• 학습을 적용하면서 진보를 감독하기 위하여 정기적인 검토회의를 만들어라
• 기술들을 적용할 때 칭찬하여 주어라
• 어려움이 직면할 때는 격려와 코치를 제공하라
• 업적 평가를 하는데 새로운 기술의 적용을 포함하라
• 기술을 직접 사용하여 피훈련자들에게 본보기를 보여라

출처: Yukl, *op. cit.*, p. 394.

① 정열이 넘치는 사람

② 업무에 관한 지식능력이 뛰어난 사람

③ 업무 이외의 지식도 풍부한 사람—이는 인간적인 매력으로 연결된다.

④ 건강하고 터프한 사람

리더가 부하들의 의욕을 불러일으켜 동참시키고 싶다면 당신 자신이 먼저 의욕을 보이지 않으면 안 된다. 내일부터라도 다음의 세 가지를 실천해 보라.

① 가장 먼저 출근한다. 나중에 출근하는 직원에게 웃는 얼굴로 아침인사를 한다. 그리고 맨 나중까지 남아서 직원에게 “수고했습니다”라고 말한다. 부하직원이 빨리 출근하기를 바란다면 당신 자신이 가장 먼저 출근하지 않으면 안 된다. 회사는 오너에 의해서 99%결정되고 점포는 점장에 의해서 결정된다. 아랫사람은 윗사람을 보고 성장한다는 것을 염두에 두어야 한다.

② 고객이 요구하는 것을 전부 듣는다.

선심을 획득하기 위해 치열한 경쟁을 하고 있는 세계에서 실적을 올리고 살아남기 위해서는 고객에게 다가가는 것이 필요하다. 물론 고객 완전 개별관리 시스템을 만들어 각각의 고객이 욕망하는 것을 만족시켜 나갈 필요가 있다.

③ 부하직원의 의견에 귀를 기울인다.

이것은 절대 실행에 옮겨야 한다. 부하직원의 의견에 귀를 기울이는 것은 상대방에게 한 발 다가서는 것이 된다. 부하직원이 아무리 훌륭한 기획이나 아이디어를 갖고 있어도 들어주는 사람이 없거나 이야기해도 잘 검토하지 않는다면 부하직원은 의욕을 상실하게 된다. 예를 들어 아직 미숙한 아이디어라도 그 가운데에서 장점을 발견하여 채용해 준다면 다음에는 더욱 좋은 기회를 가지고 당신에게 상담하려고 올 것이다. 부하직원이 고민을 상담하기 쉽도록 당신이 분위기를 잘 만들어 보아라.

독자적인 고유의 장점을 살리고 칭찬하면서 부하들을 키워야 한다.

의욕을 일으키는 법은 부하직원의 장점을 발견하여 그것을 살려 주는 것이다. 단점만을 지적하면 사람은 위축하게 된다. 혼나거나 결점을 지적당하는 것 등은 부하직원에게는 마이너스 요인으로만 작용한다. 그렇게 되면 부하직원의 행동범위는 좁아지며 노력하고 싶은 마음도 사라지게 된다.

부하들 각자가 같은 것을 정해 놓고 경쟁하는 것이 아니라 독자적인 분야를 개발해 나가는 것이 훨씬 이익이 된다는 것이다. 같은 것을 놓고 우열을 다툰다면 기업입장에선 거시적으로 볼 때 별로 도움이 되지 않는다. 우열을 다투는 것이 아니라 각자 독자적인 분야를 개발해 나가는 것이 이익이 된다.

각자 독자적인 장점을 개발하고 그것을 살려 나가는 과정에서는 경쟁이 있을 수 없다. 다른 사람이 갖고 있지 않은 자기 자신만의 장점을 갖게 되므로 서로 인정하고 서로 격려하며 도와 주는 훌륭한 조직이 된다.

2) 학습 분위기(Learning Climate)

개인학습이 조직효과성에 매우 중요하다고 판단되는 경우 상사는 훈련에 더 많은 자원을 쏟을 것이며, 학습을 공개적으로 측정하고 보상을 줄 때 관리자들은 더 많은 지도와 후견을 제공할 것이다. 더욱더 관리자들은 개인 성장과 기술습득을 추진하도록 더 많은 구성원에게 격려할 것이다.

● 지속적 학습과 개발을 지지하는 풍토를 조성하고 유지하기 위하여 많은 요소들을 고려하여야 한다. 그러한 예는 다음과 같다.1)

- 흥미를 일으키고 새로운 기술을 학습할 수 있게 해 주는 직무를 관리자들은 고려하여야 한다.
- 새로운 방법으로 실험할 충분한 자유 시간을 허용하는 업무일정을 수립하여야 한다.
- 지속적 교육을 위한 재정 지원을 해 준다.

1) *Ibid.*, p. 394.

- 직원들을 위해 특별강사와 기술 워크숍을 준비한다.
- 안식휴가 프로그램을 수립하여 직원들에게 재충전의 기회를 갖도록 해 준다.
- 경험상담 프로그램을 수립하여 직원들에게 자기 인식을 개발하고 최대 잠재력을 달성할 방법을 찾도록 도움을 준다.
- 자발적 기술평가와 피드백 프로그램을 수립한다.
- 부분적으로는 기술개발에 따라서 급여인상을 한다.
- 혁신과 개선에 대해서 상을 준다.
- 실험, 유연성, 적응, 자기 개발, 지속적 학습, 혁신과 같은 가치를 구현하는 상징과 표어를 사용한다.

3) 고용결정을 위한 개발기준(Developmental Criteria for Placement Decisions)

필요한 모든 기술을 이미 가지고 있지 않은 사람에게 도전적인 직무를 할당하면 개발을 증대시킬 가능성은 높지만, 심각한 실수나 실패를 범할 위험도 수반한다. 개인이 성공하는 경우조차도, 직무를 숙달하기 위해서는 오랜 학습기간이 요구된다. 따라서 대부분의 조직에서 관리직에 최고의 기술을 가진 사람을 선발하려고 하는 것은 놀라운 일이 아니다. 경영자들이 운영업무의 개발을 위하여 이미 업무수행의 경험을 입증하지 못한 사람들에게 중요한 업무를 주는 위험을 무릅쓰더라도 업무를 할당할 때 리더십 개발이 이루어질 것이다. 한 연구에 의하면 강한 발전 욕구가 조직을 위해 더 좋은 성과를 가져오는 경향이 있다는 것이 분명하다.

4) 리더는 커뮤니케이션 기술을 습득하여야 한다

조직이 거대하고 복잡해지면 리더와 추종자 사이에 직접 대면을 통한 의사소통이 어려워진다. 실제로 직접 대화를 대체할 만한 방법을 찾기 어렵다. 리더가 상대방을 존중하는 자세로 커뮤니케이션하는 데 적극적인 모습을 보인다면, 리더와 구성원들은 최상의 대화를 나눌 수 있으며 훨씬 만족스러운 결과를 얻게 될 것이다.

(1) 경청하며 커뮤니케이션 기술을 습득한다.[1)]

대화를 통해 일정 수준의 합의를 이끌어 내는 데 필요한 것이 바로 경청의 자세다. 유능한 리더가 되기 위해서는 상대방의 의견을 경청함으로써 합의에 도달할 수 있는 커뮤니케이션 기술을 반드시 익혀야 한다. 부하들의 의견을 귀담아 듣고 그들에게 충분히 이해하고 있다는 모습을 보여 준다면, 직원들은 자신이 리더의 비즈니스 파트너로서 가치 있는 존재로 평가받고 있다고 느낀다. 따라서 리더가 직원들의 말을 경청하고 그들과 커뮤니케이션하는 것만으로도 조직에 미치는 효과는 크다. 이로 인해 직원들은 동기부여되고, 조직은 보다 창조적이고 전략적으로 움직일 것이기 때문이다.

① 비전을 공유하라

조직에서 중요한 역할을 맡고 있는 사람들끼리 자주 커뮤니케이션한다면 의견이 개진되어 뛰어난 비전을 만들 수 있으며, 결국 조직 구성원들이 모두 비전을 공유하게 된다. 그리하여 구성원들 개개인은 조직의 의사결정에 한몫을 하고 있다고 느낄 것이며, 설령 윗사람의 의사결정이 못마땅하더라도 기꺼이 지지할 것이다.

② 부하들과 비전을 공유하라

리더는 자신의 비전을 부하들과 공유할 수 있도록 동기를 부여해야 하는데 이는 말처럼 쉽지 않다. 이러한 경우에는 제일 먼저 자신이 가지고 있는 미래에 대한 계획을 부하직원들에게 조심스럽게 말한다. 그런 다음 부하들에게 그것을 들으며 가장 먼저 떠오르는 인상을 말해 달라고 한다. 부하들과 시간만 나면 대화를 나누어 그들의 아이디어와 자신의 아이디어가 어떤 면에서 다른가를 확실하게 파악하라.

시간이 지날수록 부하들은 리더가 사용하는 언어와 전략에 익숙하고, 리더가 가지고 있는 비전을 공유하게 된다. 리더의 설득력이 대단히 강력한 경우, 부하들은 심지어 리더의 비전을 자신의 생각처럼 여길 수도 있다.

③ 리더의 자신감

리더에게 자신감은 중요한 자질이며 강한 자신감을 부하들에게 보여야 한다. 그리고 자신의 장점과 단점을 파악하고 장점을 최대한 활용하여야 하고 단점을

---

1) Bob Adams, 2001, *The Everything Leadership Book*, by Wisdomhouse, 임태조 옮김, 2005, 팀장 리더십, by Imprima Korea Agency, pp. 42-47.

최소화해야 한다. 당신이 자신감이 있고, 자신감이 넘치는 사람이라는 점을 부하들에게 보인다면 열렬한 리더십을 갖게 될 것이다.

(2) 메시지의 일관성

추종자들이 서로 다른 의식을 가진 다원적인 조직에서 리더는 어떻게 갈등을 해결할 수 있을까?

갈등하는 집단들 사이에 그런 대로 화합을 이끌어 낼 수 있는 방법은 리더가 신뢰를 가지고 있을 때 유리하다. 신뢰의 전제조건 중 가장 중요한 것은 메시지의 일관성이다. 일관성을 통해 쌓여진 신뢰도는 윤리적이다. 그리고 각 집단들을 공정하게 대하는 것이 필요하다. 어느 집단을 편애한다는 것은 갈등을 더욱 조장할 수 있다. 서로 공개적으로 균등하게 대한다는 인상을 주어야 한다. 항상 리더와 쉽게 만날 수 있고 공적이나 사적으로 믿음을 주며, 추종자들에게 든든한 소속감을 제공하여야 한다.

(3) 웅변 리더십

위대한 리더들은 거의 웅변술이 탁월하였다. 웅변은 사람들을 사로잡고 감동시켜 리더가 원하는 대로 움직일 수 있어 리더에게 절대적으로 필요하다. 미국의 Temple대학교 심리학과에서 대통령 및 위대한 리더들의 연설문을 모아 분석하는 강의를 하는 것을 본 일이 있다. 그 강의에서 케네디 대통령 취임연설문, 링컨의 게티스버그 연설, 간디의 전국 순회여행연설, 킹 목사의 "나는 꿈을 가지고 있다"란 연설, 제 2 차 대전 때 처칠의 수상 취임연설문 등 위인들의 연설에서 그들이 청중들에게 감동을 주는 상징성을 분석하였다. 그들의 글과 연설에는 물론 리더의 비전과 꿈이 배어나고 있는 것을 볼 수 있다.

● David Gergen 교수는 효과적인 연설문을 작성하기 위한 몇 가지 조언을 했다.[1)]

• 주의 깊게 준비할 것 — 처칠 수상은 제 2 차 세계대전중에도 간단한 의회 연설문을 준비하는 데 12시간을 투자했다.

• 간명하게 연설할 것 — 레이건 대통령은 20분이 훌륭한 연설의 최대 시간

1) David Gergen, 2000, *Eyewitness to Power: The Essence of Leadership*, Simon & Schuster, pp. 235-240; 서성교, 전게서, pp. 136-137(재인용).

이라고 말했다. 게티스버그 연설에서 유명한 웅변가인 에드워드 에베렛은 아름다운 문장으로 구성된 1시간짜리 연설을 했지만 아무도 그 내용을 기억하지 못했다. 하지만 10개의 문장으로 이루어진 링컨의 연설은 오래도록 기억한다.

• 박력 있게 연설할 것 — 영감을 불어넣을 수 있는 구절이 있어야 한다. 또 리듬이 있어야 하고, 청중을 웃기는 예기치 못한 유머까지 포함해야 한다.

• 평범한 언어를 사용할 것 — 서양의 유명한 웅변가들은 전통적이고 스타일이 고정된 연설을 선호했다. 그들은 역사적 고전이나 성경에서 좋은 문구를 자주 인용했다. 그러나 청중들에게 아무런 감흥을 주지 못했다.

• 간단한 사실을 인용할 것 — 구체적인 숫자나 통계, 혹은 일화를 이야기하면 연설의 신뢰성을 높일 수 있다.

• 다양한 시청각 자료를 인용할 것 — 그래프와 지시봉 사용은 청중들의 집중도를 높이고, 연설의 속도를 따라오도록 도와 준다.

• 긍정적인 연설을 할 것 — 연설의 내용은 무엇을 할 수 없는가보다는 무엇을 할 수 있는가에 초점을 맞추어야 한다.

• 비판을 예상할 것 — 연설 내용 중에서 비판받을 소지가 있는 것을 미리 점검하고 대응책을 세워 놓아야 한다. 또한 예상되는 질문에 대한 답변도 미리 준비해야 한다.

• 멋진 마무리를 할 것 — 연설의 마무리는 연설자의 의지를 담아 내므로 깊은 인상을 남겨야 한다.

(4) 처칠의 4가지 연설 기술

연설의 대가였던 영국 수상 처칠도 효과적으로 연설하기 위하여 방법을 제시했다. 그는 24세 때 인도에서 육군 장교로 복무하면서 '웅변의 구조'라는 간단한 글을 썼다. 그 글에서 그는 효과적인 커뮤니케이션을 구성하는 네 가지 원칙을 제시했다. 물론 그는 아래의 이 원칙을 평생 고수했다.[1)]

• 정확한 어휘일 것 — 단어에 정확한 의미를 느낄 수 있어야 언어에 대해 정확하게 아는 것이다. 최상의 가능한 단어를 지속적으로 사용하는 것보다 웅변에서 더 중요한 것은 없다.

• 리듬을 가질 것 — 인간의 두뇌에는 소리의 영향력이 가장 크다. 처칠의

---

1) Steven Hayward, *Churchill on Leadership: Executive Success in the Face of Adversity*, Prima Publishing, pp. 96-111; 서성교, 전게서, pp. 138-139(재인용).

연설과 작문에는 운율이 있었다.

• 논점을 잘 정렬할 것 — 거의 모든 처칠의 연설은 잘 조직되어 있다. 일련의 사실들이 한 논점을 향해 잘 정리되어 있다.

• 적절한 비유를 사용할 것 — 적절하고 생생한 비유를 사용하면, 말하고자 하는 진실을 간단하게 잘 전할 수 있다. 통찰력은 길게 설명할 필요성이 없는 것이다.

(5) 효과적인 커뮤니케이션을 위한 다른 기술들[1)]

• 적절한 상징 사용하기

리더들은 자신의 상징인 트레이드마크를 개발할 필요가 있다. 상품의 상표와 같은 상징은 리더십의 상승작용을 돕는다. 전쟁 승리에 대한 처칠의 'V'자는 영국민들에게 희망을 불어넣어 주었다.

• 다른 사람에게 관심을 기울이기

대부분 힘든 투쟁을 통해 권력을 획득한 정치인이나 자수성가한 기업들은 자기 고집이 세다. 자신의 철학과 방식이 성공적으로 이끄는 절대적인 방식이라고 편협한 생각을 갖기 쉽다. 리더는 자기 주관성에서 벗어나 추종자들에게 관심을 기울여야 한다.

• 이야기 식으로 말하기

이 방법은 매우 효과적인 커뮤니케이션 기술 중의 하나이다. 이야기 식의 연설은 농담이나 일화를 말하는 것 이상으로 이야기 자체에 몰입하도록 청중을 이끈다.

• 유머의 적절한 사용

일반적 연구에 따르면 유머는 정보 전달, 분위기 조성, 관심 집중이라는 세 가지 메커니즘을 가지고 있다고 한다. 따라서 유머를 적절히 사용하면 이해하기 어려운 메시지를 쉽게 전달할 수 있다. 또한 유머는 좋은 분위기를 조성하는 데 도움이 된다. 분위기가 좋아지면 사람들은 보다 협력적인 행동을 취한다. 이러한 환경 속에서 커뮤니케이션은 더욱 효과적이다.

• 침묵의 힘을 알아야 한다

'연설은 은이요, 침묵은 금이다'란 서양 속담이 있다.

침묵이 가져다 주는 무게와 신뢰성이 그냥 내뱉는 말보다 더 중요하다는 표현이다. 침묵의 힘을 가장 잘 이용한 리더는 나폴레옹을 들 수 있다. 그는 전투

---

1) 서성교, *op. cit.*, pp. 139-140.

에 나서는 군대의 출정식을 할 때 한 마디 말도 없이 사열을 받곤 했다. 생명을 건 전투에 앞서 긴장감이 고조된 병사들은 입을 굳게 다문 당당한 총사령관에게서 무언의 결의를 느꼈을 것이다. 자신들과 함께 동일한 각오를 지니고 전투에 임한다는 이심전심으로 병사들의 확신은 더 커지고, 나폴레옹의 카리스마는 확립되었다. 한동안 아무 말 없이 그냥 지켜보는 것, 그 자체만으로도 나폴레옹은 그들의 리더가 된 것이다.

5) 권한위임(Empowerment)

리더는 목적을 현실로 만들고 그것을 유지하기 위해 다른 사람들에게 권한을 위임하는 사람들이다. 이 말은 리더가 권력을 포기해야 한다거나 추종자는 끊임없이 권위에 도전해야 한다는 뜻이 아니다. 도리어 권력은 반드시 교환의 단위가 되어 창조적이고 생산적이며 의사소통이 가능한 상호작용 속에서 적극적으로 교환되어야 한다. 성공적인 리더는 궁극에 가서 임파워먼트라는 권력의 상호교환을 통하여 비전을 실천한다.

조직을 이끄는 리더십의 핵심은 리더의 스타일이 사람을 밀어내기보다는 끌어당겨야 한다는 것이다. 이끌어 당기는 리더십은 사람들을 흥미진진한 미래의 비전으로 끌어들이고 활력을 주게 된다. 권한위임은 직무를 통하여 개발하고 학습한다는 의미가 포함되어 있다.

제 5 절 교훈과 학습의 중요

교훈을 받아드리지 못하는 개인이나 국가는 실패를 되풀이 하게 되어 커다란 재앙을 초래한다. 현명한 사람은 자신의 실패에 대한 교훈을 냉철히 받아드려 다시 실패하지 않는 사람이다. 대체로 우리나라도 교훈을 무섭게 받아드리지 않는 민족인 것 같다. 홍수가 올해 나면 그 다음해 같은 장소에서 또 일어난다. 각종의 부정, 범죄 사건들이 재탕 삼 탕 일어나도 계속 만연하고 있는 것을 무엇으로 판단할까? 사람은 실패가 있기 마련이다 그러나 똑같은 실수가 여러 번 계속 반복된다면 우리는 이를 무엇 때문이라고 하겠는가?

교훈을 받아드리지 못하고 패한 일본의 제 2차 대전이 적합한 사례라고 보아 이를 검토해보고자 한다.

어떠한 전쟁도 용기만 가지고선 승리할 수 없다. 용기도 우둔한 용기, 현명한 용기가 있다. 우둔한 용기는 아무짝에도 쓸데가 없는 만용이다. 이러한 용기는 조직을 힘들게 한다. 힘든 전쟁일수록 전략은 있는 법이다. 그러나 일본은 제대로 된 전략을 피지 못했다. 왜 그러한가? 교훈을 제대로 받아드리지 못한 결과라고 볼 수 있다. 패전의 원인은 여러 가지로 밝혀질 수 있으나 이 책에서는 패전을 결정지은 개별 작전에서 실패 즉 싸우는 법의 실패를 다루었다.[1] 아래 이 저자들의 주장을 요약하여 설명하였다.

일본은 태평양 전쟁에 직면하여 때때로 합리성과 효율성에 상반되는 무모한 용기가 판을 치는 행동을 보였다. 바꾸어 말하면 일본군이라는 조직 자체가 원래부터 합리적 조직이라 부를 수 없는 성격을 지니고 있었고, 이것이 조직 결함이 되면서 결국 태평양 전쟁에서 실패한 것이라고 볼 수 있다.

이 책의 저자들은 태평양 전쟁의 실패 사례로 6개의 작전을 선별해 각각의 내용을 분석했다. 6개의 사례는 노몬한, 미드웨이, 고달타날, 임팔, 레이테, 오키나와 전투이다. 아래 내용은 이들 학자들이 분석한 내용들을 인용한 것이다.

1. 6개의 작전 사례

1) 노몬한 사건

노몬한 사건은 1939년 5월부터 그 해 9월까지 벌어진 전투로 일본 육군이 맛본 최초의 패배이다.

노몬한 사건은 겉보기에는 황량한 사막의 국경선을 둘러싼 작은 분쟁에 불과했다. 그러나 그 내면적 의미는 달랐다. 제1차 세계대전을 경험하지 않은 채 청나라, 제정 러시아, 중국 군벌과 싸웠던 일본 육군이 처음 겪은 근대식 전투였기 때문이다. 또한 일본군이 처음으로 크게 패한 사건이었다.

“일본군은 근거도 없는 낙관주의에 빠져 해보기 전에는 모른다. 하다 보면 어떻게든 수가 난다라고 생각하는 어처구니없는 용기에만” 사로 잡혔다. 소련군은 이를 합리주의와 물량으로 제압했다. 일본군이 화염병과 삽을 들고 소련군 전

---

1) 노니카 이쿠지로, 스기노오 요시오, 에라모토 요시야, 가마타 신이치, 도베 료이치, 무라이 도모히데(2009), 일본제국은 왜 실패하였는가? 박철현(옮긴이), 주영사.

차를 향해 달려들었다는 일화는, 일본군 전투 조직의 결함을 숨김없이 폭로하고 있다. 만일 이 전투의 패배로부터 얻은 교훈을 일본군 전체가 잘 활용했더라면 훗날 물량 공세를 펼쳤던 미국과의 태평양 전재에 큰 도움이 되었을 것이다.

일분군의 전사자는 1939년 5월부터 8월 말까지 7696명이고 부상자는 8647명 행방불명자는 1021명 등 모두 17364명의 병력을 잃었다.

노몬한 사건에서 받아들여할 교훈은 관동군의 작전연습을 할 때도 이길 가능성이 전혀 없는 상황에 처했다고 하더라도 일본군은 탁월한 지휘능력과 강한 정신력이라는 무형의 전력이 있기에 승리할 수 있다는 이른바 하늘에 맡기고 덤비라는 식으로 지도하면서 연습을 끝내는 터무니없는 용기를 부하들에게 심어주었다. 그러므로 일본은 노몬한 사건을 통해 자신들이 근대식 전투에 서투르다는 사실을 적나라하게 드러났으나 관심을 두지는 않았다.

2) 미드웨이 작전-해전의 전환점

미국과 전쟁을 시작한 이후 일본 해군은 거의 야마모토 사령관의 시나리오대로 움직였다. 진주만 이후 다음 작전으로 거론된 것이 미드웨이 섬 공략이었다. 처음 미드웨이 작전을 계획했을 때는 미드웨이 섬을 공략해 미 항공모함부대를 밖으로 유인해 격파한다는 의도였다. 그러나 현재의 전력을 고려하면 일본군 연합 함대로 미드웨이를 기습 점령하는 것도 가능하며, 점령 후 예상되는 미 항모 부대의 반격도 격멸할 수 있다고 판단했다. 그리고 작전의 핵심이라고 할 수 있는 미드웨이 섬 상륙 예정일을 1942년 6월 7일로 결정했다.

미드웨이와 함께 일류산도 동시에 공략하기로 하면서 이 작전에 연합 함대의 전투병력 거의 대부분을 동원했다. 그러다 보니 북태평양에서 중부태평양에 걸쳐 야마모토 사령관이 지휘하는 함정 약 200척과 항공기 700여기가 주력 부대와 공략 부대, 기동 부대, 정찰 부대, 기지항공 부대, 북방 부대 등으로 나뉘어 태평양 전역에서 작전을 전개하였다. 함정 톤수를 전부 합치면 150만 톤을 넘었고 승조원과 장병은 10만 명에 이르렀다.

반면에 미국은 개전 초기에 받은 하와이 기습의 피해가 컸기 때문에 태평양 방면으로는 작전을 적극적으로 전개할 수 없는 상황이었다. 절대적으로 일본 해군전력은 미국보다 우세한 편이나 참패를 당한 쪽은 일본이었다. 그 이유는 무엇인가?

일본이 패한 가장 중요한 원인으로 그간 해전에서 대승리를 거두었던 일본군 연합함대는 교만에 빠져 있었던 탓인지 몰라도 일본은 근대 전에서 정보의 중요성을 인식하지 못했다. 미 해군 정보국은 부단한 노력으로 일본 해군의 암호를 해독하는 데 성공했다. 이에 비해 일본 해군은 미 해군 암호를 해독하지 못한 체 상황을 판단했다.

3) 과달카날 작전

필리핀에 위치한 과달카날 작전은 태평양 전쟁 지상전의 전환점이었다. 해군의 패배의 기점이 미드웨이 해전이라면, 육군이 지상전에서 미국에 처음으로 패배한 곳이 바로 과달카날이었다. 일본의 군사평론가인 이토 마사노리 씨는 과달카날은 제국 육군의 묘지라고 평했다.

이 전투이후 일본군은 계속 수세에 몰린다.

과달카날 섬 철수 작업은 1943년 2월 1일 4일 그리고 7일의 3차에 걸쳐 매번 구축함 20척을 동원하여 이루어 졌다. 육군 9800명과 해군 830명이 무사히 철수했다. 과달카날에 투입된 병력은 약 32000명으로 그중 전사자가 12500명 부상을 입고 죽은 장병이 1900명, 병으로 죽은 장병은 4200명 그리고 행방불명된 장병이 2500여 명이었다. 이에 비하여 미군 희생자는 미 육군 공식 간행한 전쟁사에 따르면 전투 참가자는 60000명 중 전사자는 1000명, 부상자는 4245명에 불과했다. 굶어 죽은 사람은 단 한 명도 없었다. 과달카날 섬을 둘러싸고 벌어진 수차례의 해전과 선단 호송으로 일본 해군은 함정 56척이 침몰, 115척이 손상되는 피해를 입었다. 그중 구축함만 보면 침몰 19척, 손상 88척에 이르렀으며, 항공기 손실도 약 850기에 달했다.

왜 이런 엄청난 패배를 자아낸 원인은 무엇이라 할 수 있단 말인가?

과달카날 섬에 대한 공격의 실패원인은 다음과 같이 종합할 수 있다.

일본군의 전략은 경직되고 관료적인 사고에서 나오는 탁상공론이 많았으며, 상당히 추상적이었다. 그나마 제1선에서 이들 명령을 수행할 수 있었던 것은 숙련된 전투부대가 신속 과감하게 작전을 전개하여 추상적인 전략을 보완하고도 남을 정도로 기량을 발휘했기 때문이다. 제1선에서 작전 변경 요청은 대개 거부되었고, 따라서 제1선에서 보내오는 의견이나 건의를 작전에 반영하는 일도 없었다. 정신적인 용기가 전쟁의 승패를 좌우한다는 잘못된 사상이 패전의 주요한 원인이란 것을 파악하기엔 너무 긴 시간이 걸릴 만큼 교훈을 모르는 고집 센 전쟁광들의 자세였다.

4) 임팔 작전의 실패

임팔 작전은 태평양 전쟁 당시 오른쪽 전선의 거점이던 버마를 방위할 목적으로 1944년 3월에 시작되었다. 일본군은 미얀마 공략 작전이 예상보다 빨리 끝나자 곧 바로 인도를 진공할 작전을 구상한다. 당시 일본군 남방군은 마침 이지역의 국제 정세가 불안하므로 미얀마 공략의 성과의 여세를 몰아붙이면 얼마든지 인도 동부 지역으로 진공할 수 있으리라고 판단했다. 중국의 장제스 정권을 굴복시키고 영국을 쓰러뜨려 태평양 전쟁을 끝낼 기회를 잡으려던 대본영은 남방군이 세운 이 계획에 동의해 1942년 8월 말 21호 작전(인도 동부진공작전)을 준비하라고 지시한다.

이 작전은 악화 일로에 있던 전황을 타개하고, 전세를 만회하기 위해 계획된 것으로 도박의 성격이 짙었다. 그러나 일본군의 희망과 달리 막대한 회생을 치른 실패로 끝난 전쟁이다. 참가 병력이 약 10만 명중 전사자 약 3만 명, 부상 및 병으로 후송된 장병이 약 2만 명, 그리고 살아남은 장병 약 5만 명 중 반수 이상이 환자였다.

제15군의 우고작전 계획은 전략 기습이 전제였다.

한편 제15군의 기습공격은 싸우기도 전에 이미 그 효과를 잃고 있었다. 왜냐하면 윌리엄 슬림 중장이 이끄는 영국 제14군이 수색과 공중 정찰을 통해 일본군의 임팔작전개요를 거의 정확하게 꿰뚫고 있었기 때문이다. 슬림 장군은 이렇게 파악한 정보를 토대로 주력 전장을 친드윈 강 동쪽으로 한다는 기존방침을 폐기하고 후퇴 작전으로 전환했다.

기습하기 전에 후퇴하면서 일본군은 계속 멀어지고 후방 보급이 어려워지게 되며, 기습 작전을 위해 중화기를 포기하고 최소한으로 줄여 산악 행군에 맞추어 동물들에 의존하여 수송을 해야 되었다. 따라서 견고한 적진지를 공격하기 어려웠다.

결국 일본의 공격 선발대는 깊숙이 침투하여 후방기지와 멀어지고 후방에 항공기를 이용한 낙하산 부대나 주변 중원군들에 의해 완전히 포위가 되었기에 거의 전멸하게 된다.

5) 레이테 해전

레이테 해전은 패색이 농후해진 일본군이 1944년 10월 필리핀 레이테 섬에 상륙하려던 미군을 격멸하기 위해 벌인 작전이었다.

레이테 해전은 최대 규모의 해전으로 세계 해전사에 특별히 기술할 만한 가치가 충분하다. 전투는 일본의 약 1.4배에 해당하는 동서 600마일 남북 200마일의 광대한 해역에서 10월 22일부터 26일까지 4일 밤낮에 걸쳐 진행되었다. 또한 일본 측에서는 4개 함대가 다른 해역에서도 동시에 전투에 참가했는데, 이 함대의 총병력은 전함 9척, 항공모함 4척, 중순양함 13척, 경순양함 6척 구축함 31척으로 모두 63척에 이르렀다. 이는 당시 일본 연합 함대 함정의 80%에 해당하는 수치로, 일본 해군이 총력을 결집하여 전투에 임한 사실상의 최후결전이기도 했다. 이에 필리핀을 탈환해 전쟁을 끝내고자 했던 미군 측은 군함만 약 170 척, 상륙용 함정이 약 730척 총 900척을 투입, 그야말로 사상 최대의 해전, 그리고 아마도 세계 최후의 대 함대결전일 것이다.

레이테 해전에 참가한 병력은 수상함 부대뿐이 아니었다. 일본 측만 하더라도 잠수함 12척 항공기 716(미군 측은 1280기)기가 포함되었다. 이런 수치만 보더라도 레이테 해전은 육해공이 총동원된 대규모의 본격 합동 작전임을 알 수 있다. 또 양과 질은 보완하기 위해 모두 열세인 항공 전략을 위해 특별공격이 조직적으로 채용된 것도 레이테 해전이 처음이었다.

만약 필리핀이 미군의 수중에 들어간다면 남방의 석유와 기타 전략 자원의 수송이 불가능해질 것이었다. 또 미군의 타이완과 오키나와 진공도 시간 문제였고 일본 본토 상륙도 단시간에 실현될 수 있었다. 필리핀에 미군이 상륙하는 일은 일본 본토의 생사가 걸린 문제였다.

레이테 해전은 일본 해군의 참패로, 즉 미국의 압도적인 승리로 끝났다. 따라서 일본 해군은 이 해전에서 엄청난 손실을 입어 이후 전투 함대로서의 해군은 존재하지 않게 된다. 또한 일본 본토와 남방의 자원지대를 연결하는 공급선도 끊어진다.

일본 해군은 도대체 왜 이런 연합 함대의 괴멸이라는 결정적인 실패를 범하게 된 걸까?

태평양 전쟁이 발발한지 3년이 지났을 무렵 일본은 피해가 누적되면서 일본과 미국의 생산력 차이는 더욱 크게 벌어지고 있었다. 해전에 있어 무엇보다 중요한 항공기 생산만 보더라도 일본이 크게 뒤쳐졌다. 미군은 일본군이 마리아나 해전에서 잃은 항공 전력을 재건하기 전에 공격하는 게 유리하다고 판단했다.

6) 오키나와 전투

태평양 전쟁 당시 일본 영토에서 두 번의 전투가 벌어졌는데 그 중하나가 이오지마 전투이고 다른 하나가 오키나와 전투이다. 오키나와 전투는 1945년 4월 1일부터 6월 26일까지 약 세 달에 걸쳐 진행되었다. 일본 병력은 우지마 미쓰루 육군 중장이 이끄는 제 32군 장병이 약 86,400명이었고, 미군 병력은 사이먼 버크너 육군 중장이 이끄는 미 제 10군 장병 약 238,700명이었다. 이 대규모 병력이 오키나와에서 격돌을 벌인 결과, 일본군 약 65,000명, 일본 주민 100,000여 명, 미군 12,281명이 사망했다.

특히 미군은 압도적인 물량과 완전히 장악한 제공·제해권을 바탕으로 오키나와를 공격했다. 이에 일본군 제 32군 장병은 오키나와 주민들과 함께 68일간에 걸쳐 지구전을 펼쳤다. 비록 패하기는 했지만 제 32군의 정항으로 미군은 일본 본토 침공을 제고하게 되었으며, 일본으로서는 본토 결전 준비를 위한 귀중한 시간을 확보하는 등 성과가 적지 않았다.

일본의 실패의 중요한 원인으로 전 전쟁을 통해 일본이 보여 주었던 작전 목적을 애매했다. 미군의 본토 상륙을 늦추기 위해 지구전과 항공결전 중 어느 것을 선택해야 되는지 갈팡질팡한 것이 보여진다.

2. 작전실패와 각 전투의 공통점

위의 작전들은 아무 연관 없이 따로 일어났고 상대가 다 달라서 공통점이 없을 것 같으나 전략 수립에서부터 실행까지 모두 일본군이라는 근대 조직에 의해 진행되었다는 사실은 부인할 수 없다.

일본군은 미군이라는 조직에 결정적인 패배를 맛보았다. 지금부터 일본군의 실패의 원인을 살펴보자.

1) 조직상의 실패 분석

일본군은 관료제 안에 인정을 혼재시켜 인맥이 강력한 기능을 발휘하는 특이한 조직이다. 외관상으론 합리성이 지배하는 것처럼 보이지만 인맥이 판을 친 조직의 일종이다. 원래 관료제란 수직 계층 분화를 통해 공식 권한을 행사하는 조직 체계를 말한다. 따라서 관료제 조직은 전쟁과 같이 촉박하고 특수한 국면에 처할수록 계층에 따른 의사결정 시스템을 효율적으로 작동시켜야 위기를 대처할 수 있다. 일본군의 경우 이런 합리적 시스템의 가동 방식은 "서로 얼굴 안 붉히고 좋은 게 좋은거"라는 식의 의사결정을 하고 말았다. 일본군 조직 구조의 특성은 "집단주의"라고 할 수 있다. 여기서 말하는 집단주의는 개인의 존재를 부정하고 집단을 위해 봉사하는 희생을 말하는 것이 아니라 조직과 그 조직의 구성원이 함께 살아가려면 사람과 사람 사이의 관계에 가치를 두어야 한다는 지극히 일본다운 집단주의이다. 이 집단주의는 조직 목표와 그 목표 달성 수단을 합리적이고도 체계적으로 만들어내는 것보다는 조직 구성원간의 관계를 더욱 중시한다.

이 점에 있어서도 미군은 월등한 통합 능력을 발휘해 일본군을 압도했다.

합동 작전을 수립하기 위해서는 참모조직의 상부 기구에 통합 시스템이 구축되어 있어야 한다. 미 해병대의 수륙양용 작전은 전투 차원의 합동 작전이었다. 수륙양용전은 보통의 지상전과 공통되는 부분도 많지만, 부대(해병대)가 모함에 승선해 상당한 거리를 항해한 뒤 상육 지점에 도착해 다시 상륙용 주정으로 갈아탄 뒤 포병 지원 없는 상태에서 경장비로 적지에 상륙한다는 점에서 지상전과 명백히 다르다. 수륙양용 작전을 수행하기 위해서는 지휘계통과 함포사격, 항공지원, 상육행동, 해안 교두보 확보, 병참 등 각자 독자적인 전투특성을 지닌 구성 요소들을 적절히 조합, 정해진 시간과 공간 내에 통합할 필요가 있었다. 미 해병대는 고도로 통합된 수륙양용 작전을 1922년부터 1935년까지 13년간 발전시켰고, 또 태평양에서 펼쳐진 미일 전에서 상당한 개선을 이뤄냈다.

이에 비해 일본군은 육해공 삼위일체 작전에 대한 육군과 해군의 공동연구 따위는 거의 이루어지지 않았다. 1907년에 나온 제국 국방방침이후 40년이 지났건만 육군은 소련, 해군은 미국을 가상 적국으로 설정하고 이들에 대적하기 위한 전력, 전비, 전술을 발전시켜왔다. 즉 합동작전을 실시하려면 목적이 같아야 하는데 이미 적국 설정부터 달랐기 때문에 합동 작전 자체가 실현되기 힘들었다.

일본 육군의 무기의 근대화보다는 병력을 늘리는데 중점을 두고 대처했다. 보충해야 할 것은 장비인데도 일본군은 병력을 늘리고 정신력의 우위를 강조하면 다 해결되리라고 믿었던 것이다. 이런 정신주의는 두 가지 점에서 일본군의 조직 학습을 방해하였다. 하나는 적 전력의 과소평가이다. 특히 상대의 장비가 우세하다는 것을 인정하면서도 정신력은 열세하다고 평가했다. 적도 아군과 같은 수준의 정신력이 있다는 것을 아예 잊고 있었다고 해도 과언이 아니다. 정신력의 또 다른 문제는 자신의 전력을 과대평가하는 것이다. 일본군은 하와이 기습 작전에도 성공하고 말레이시아 해전에서도 영국이 자랑하는 전함 프린스 오브 웨일스와 리덜스를 항공 공격으로 격침시켰다. 그러나 이 두 전투의 패배에서 학습한 쪽은 일본군이 아니라 미군이었다. 미군은 대형 전함 건조 계획을 중지하고 항공모함과 항공기의 생산에 전력을 기울여 우세한 기동 부대를 만들었다.

과달카날 섬에서도 정면에서 일제돌격이라는 러일 전쟁 이후 줄곧 이어 내려온 전법이 사용되었다. 이 일제돌격(백병전)은 그다지 효과가 없었음에도 불구하고 그 후에도 몇 번이고 반복되었다.

또 조직 학습에서 없어서는 안 되는 정보의 공유 시스템도 제대로 갖추지 못했다. 일본군 안에서는 자유롭고 활달한 논의가 허용되지 않았기 때문에 개인이나 소수의 사람들만이 정보를 소유할 수 있었다. 따라서 조직 전체로 어떤 지식이나 경험이 전달되고 공유되는 일이 드물었다. 작전을 세우는 엘리트 참모는 현장으로부터 멀리 떨어져 있었기 때문에 현지 사정을 잘 아는 사람의 의견이 반영되지 못했다. 그래서 틀에 박힌 전술 외에는 취할 것이 없었고, 결국 수많은 전장에서 똑같은 패턴의 작전이 실시되었고. 똑같은 패배를 맛보았다. 과달카날의 실패는 일본군의 전략 전술을 돌이켜 볼 수 있는 최초의 기회였지만 일본군은 이 기회를 놓치고 말았다. 태평양 전쟁 전체를 통틀어 보더라도 일본군은 시종일관 학습을 게을리 한 조직이었다.

미군이 사실을 냉정하게 직시하고 정보와 전력을 중시하며 조직학습을 촉진한 데 비해 일본군은 때로 사실보다는 머릿속에서 그려낸 상황을 전제로 삼았다. 이런 이유로 일본군은 정보를 경시했을 뿐 아니라 전략상의 합리성도 확보할 수 없었다. 대인관계나 인맥을 우선시한 나머지 실패의 경험에서 적극적으로 배우려는 자세가 없었음을 알 수 있다.

2) 전략의 부재

① 감정과 분위기에 지배되는 사고

일본군은 일정한 원리나 논리에 기초하기보다는 다분히 감정이나 분위기에 지배되는 경향이 없지 않았다. 이것은 아마도 조직의 사고 습관이 과학적이지 못했던 탓이 아닌가 한다. 과학적 합리성을 주장했던 야하라 고급참모가 일본은 정신력이나 임기웅변식의 운용효과를 지나치게 중시해, 과학적 검토 자체가 크게 부족하다고 탄식했던 것이야 말로 이런 일본의 성향을 정확히 표현한 말이다. 어떤 합리성도 무타구치 중장의 필승신념을 꺾을 수 없다고 여겼다. 이 무모한 작전을 변경 또는 중지시켜야 할 상급 사령부 역시 조직 내 융화를 우선시 하여 군사적 합리성을 내팽개쳤다.

임팔에서 일본군과 싸운 영국군 제14군 슬림 사령관은 일본군의 이런 약점을 지적한 적이 있다. "만약 작전 계획이 잘못되었다면 당연히 고쳐야 한다. 그러나 일본군은 이를 즉시 고치려는 마음이 없었다." 전략을 잘못 수립했을 경우 수정하기보다는 그냥 밀어붙이다가 파국을 맞았다. 노몬한, 과달카날, 임팔 작전은 그 전형적인 사례였다.

② 백병전과 함대결전 사상

제국 육군이 펼친 각각의 작전에서 공통된 표준이었던 전략 원형은, 육상 전투에서 승리를 거두기 위한 열쇠는 백병전에 의한 최후 총검돌격이라는 '생각'이었다. 이것은 바로 제국 육군의 백병전 사상이다. 왜 일본은 장비가 일천하다고 하더라도 적은 병력으로 적의 압도적인 대군을 단숨에 포위섬멸하는 전투형태인 백병전에 의존하게 되었는가? 우선 일본은 일차대전이 막 시작하려는 때에 일본 육군사관 출신의 장교들을 전쟁터에 파견하여 대전의 전략과 전술을 분석하고 연구하였다.[1]

동부전선에서 독일군의 적은 병력으로 러시아의 대군을 분쇄한 타넨베르크 전투는 갖지 못한 나라인 일본에게는 연구의 대상이 되었다. 러일 전쟁에서도 화력이 부족해서 백병전에 의지할 수밖에 없었던 일본 육군은 장비에서도 우월한 러시아 육군을 상대로 사자처럼 날렵한 육탄 전 끝에 겨우 승리를 거둘 수 있었

1) 가타야마 모리히데(2012), 미완의 파시즘, Shinchosa Publishing Co., Ltd, 감석근 옮김, 가람기획

다. 갖지 못한 나라는 생각지 못한 방향에서 기동성 있게 기습하지 않으면 이길 수 없다. 해군의 야마모토 이소로쿠의 진주만 공격도 결국 그런 생각이다.

섬멸전이 통수강령으로 육군에서 받아드려졌고, 장기전이 되면 병참의 보급이 승패를 좌우한다. 그러나 일본군의 통수 강령에는 병참이란 조문은 한 줄도 쓰이지 않았다. 갖지 못한 국가의 전쟁은 즉시 끝내지 않으면 소용이 없다. 보급이 없이 국가 총동원의 장기전은 패배로 직결된다. 갖지 못한 나라인 일본군은 병참을 걱정하는 것은 패배주의의 산물이라고 일본군을 세뇌시켰다. 통수에 보급은 필요치 않다고 강조한다. 그래서 강령에서 전투 방식에서도 섬멸전 사상이 전면에 나타나 있다. 사상자가 많이 나더라도 적군의 전력을 빨리 섬멸하는데 있다. 병참을 걱정하기 전에 전쟁을 끝내야 한다. 작전 면에서 포위섬멸뿐이다. 이러한 극단주의적인 정신주의, 포위섬멸에 의한 속전속결에 실패했을 때 방책은 없다. 병참에 총점을 옮겨가는 장기전은 갖지 못한 나라에서는 패배를 의미한다.

이러한 통수강령은 2차대전의 실패를 초래하는 결과를 가져왔다. 갖지 못한 일본이 가진 나라인 미국을 상대했을 때 적합한 전쟁대상은 아니었다. 가진 나라인 미국과 전쟁을 벌인 것은 전략에 문제가 있다.

중일 전쟁에서 결국 장제스의 지구전에 패했으며 대동아 전쟁에서도 미국의 너무나 거대한 물량작전에 패퇴한 것을 잘 알려졌다. 일본의 작전사상의 측면에서 본다면 일본 육군은 섬멸사상에 지나치게 고집했고 과도하게 정신적 측면만을 중시하여 물질적 전력을 경시한 결정 때문에 패배했다고도 할 수 있다. 무엇보다도 당시 상대국의 전력을 잘 알지 못했던 무지도 많았던 것 같다.

이모토는 오바타를 거의 시대착오적인 신들린 정신주의자 이미지를 그려내고 있다. 가지지 못한 나라인 일본은 전쟁광에 의해서 그렇게 주지를 시킬 수밖에 없었다. 일본 육군에 물질적 전력을 경시하는 사상을 심어주어 대동아 전쟁을 패배로 이끌어간 장본인의 산 사람이라는 것. 1차 대전 이후의 총력전을 상식으로 하는 세계의 추세를 알지 못하고 메이지 시대의 전근대적인 전쟁관. 군대관을 쇼와 시대에는 여전히 고집하면서 국가를 망친 시대착오주의자, 그렇게 이해한 것이다.

제국 해군도 육상의 백병총검주의가 전투의 승패를 가른다는 것과 비슷한 종류의 사상 즉 '함대결전'이라는 전략 원형을 가지고 있었다. 그것은 해전에서 승패를 가르는 것은 함대끼리 벌이는 함포전이라고 보고 해전의 승리는 결국 전함의 주포에 달려 있다고 보는 '생각'이 있다. 각각의 전략 원형에 대해 구체적으로 살펴본다면 다음과 같다.

백병전에 의한 총검돌격주의가 제국 육군의 전략 원형이었다. 반면 백병전을 높이 평가하는 바람에 근대식 무기와 장비를 축적하는 데에 충실하지 못하였다.

한편 해군의 함대결전주의는 일본 전래의 병법을 답습하고 쓰시마(대마도) 해전에서 검증한 다음 체계를 갖추었다고 할 수 있다. 1905년의 쓰시마 해전은 세계 해전 사에서 그 유래를 찾아보기 힘들 정도로 완벽한 승리를 거둔 전투였다. 일본 함대는 도고 사령관이 적 함대 바로 앞에서 유턴하고 우에무라 사령관이 적 퇴로를 차단한 채 서쪽으로 방향을 틀어 발틱함대를 동서 양쪽에서 집중 포격했다. 5월 27일 28일 이틀 동안 벌어진 해전에서 발틱 함대는 전함 8척 중 6척이 격침당하고 2척 나포, 순양함 9척중 5척 격침, 1척 자침(스스로 침몰함), 3척 무장해제, 그리고 해상 방위함 3척 중 1척 격침, 2척 항복이라는 대패를 경험했고 가장 순양함 1척과 구축함 2척만이 목적지인 블라디보스토크에 도착할 수 있었다. 적 함대의 전사자 수가 4,524명, 포로 6,168명이었던 것에 비해 일본군 연합함대의 피해는 어뢰정 3척 격침, 전사자 116명 부상자 570명에 불과했다. 그야말로 세계 해전사에 남을 만한 완승이었다.

이 해전의 승리는 당연 해군의 전략 원형에 큰 영향을 미쳤다. 즉 함대결전은 해군 작전의 진수이며, 함대결전에서 승리한다면 전쟁 그 자체의 승패에도 결정적인 영향을 줄 수 있다는 함대결전주의가 쓰시마 해전의 완승에서 탄생했다고 해도 과언이 아니다.

그리고 쓰시마 해전 이후 제국 해군의 가상의 적이 미국 해군으로 바뀌었을 때에도 쓰시마 해전의 함대결전을 제현하면 대미 해전에서도 쉽게 승리할 수 있다는 생각을 점점 강화해 나갔다. 대함거포주의라는 전략 원형을 중심으로 각종 자원을 더 축적하고 나섰다. 이와 같이 전함 부대를 주체로 삼아 함대결견을 펼치고 여기에 항공 부대와 잠수함 부대가 지원하도록 전략을 짜고 있었다. 이 개별 전함 우선주의의 전형이 바로 야마토와 무사시였다.

그러나 조직 학습에서는 조직의 행위와 성과 사이에 차이가 발생했을 경우, 기존의 지식을 의심하면서 새로운 지식을 획득하기 위해 부단히 노력해야 한다고 지적한다. 이 경우 기본의 되는 것이 조직이 기존의 지식을 버리는 학습기각, 즉 자기 부정의 학습이 가능하냐는 점이다. 이런 점에서 제국 육해군은 기존의 지식을 더욱더 강화했으므로 학습기각은 실패했다고 말할 수 있다.

학습하는 조직만이 진화할 수 있다. 조직은 환경과의 상호 작용을 통해 생존에 필요한 지식을 선택하고 쓸모없는 지식은 버려야 한다. 이런 과정을 통해 조직은 지식을 축적해 나간다. 일본군은 실패를 축적 전파할 수 있는 조직적인 리더십도 시스템도 없었다.

일본군은 개별 전투 결과를 객관적으로 평가하고 이를 다음 전투를 위한 지식으로 축적하는데 서툴렀다. 이에 비하여 미군은 일련의 작전에서 얻은 유용하고 새로운 정보를 능숙하게 조직화 했다. 미 해병대는 수륙양용 작전의 지식을 획득해 가는 과정에서 개별 전투의 결과, 특히 실패의 교훈을 다음 전투 계획에 반영했다.

일본은 태평양 전쟁에서 왜 졌을까? 한마디로 미국의 막대한 생산력을 도저히 따라 갈 수 없어서 졌다는 것이다. 더 중요한 원인은 일본은 과거의 성공에 얽매인 나머지 자기 혁신을 이루지 못했기 때문에 실패했다는 것이다.

제 13 장

미래의 리더십

리더십은 복잡한 과정이다. 학자들과 철학자들은 인간 문명의 시작부터 리더들을 연구하였던 상황들이 변하고 있다.

지금까지 여러 연구는 리더십의 개인적인 특성으로 비전, 열정, 성실성, 자신에 대한 지식, 임파워먼트, 옳은 일을 하는 것 등을 논의했다. 그러나 이러한 특성요인들이 이해할 수 없는 정도로 미래 변화가 일어날 것이 예상된다. 이미 유전공학, 통신, IT, BT, 에너지 개발 등 다방면에서 새로운 기술의 폭발이 연쇄적으로 일어나고 있다.

새로운 기술은 그날로부터 낡기 시작한다. 지속적인 변화와 새로운 기술의 창의성이 21세기 리더들의 도전이 될 것이다. 새로운 지식의 반감기가 짧아짐에 따라 리더들은 변화의 끊임없는 폭격을 받게 될 것이다. 리더들은 불확실로 인한 조직생활의 혼란으로 말미암아 다양한 스트레스에 쌓이게 될 것이다. 조직은 더욱 수평화 되고 위계적인 계층구조는 줄어들며 과거보다 더욱 복잡하게 네트워크화 되고 있다. 또한 구성원들의 각기 다른 언어와 가치관을 가진 글로벌 문화를 이해하고, 다양성으로부터 최고의 성과를 이끌어 내기 위한 대인관계에서 리더들의 감수성과 이해가 리더들의 도전이 될 것이다. 이와 같이 미래 리더들에게 극복해야 하는 많은 도전이 기다리고 있다.

제1절 복잡한 리더십 과정

리더십에 대한 연구는 수천 건에 달한다. 우리는 이러한 연구의 역사를 통하여 많은 교훈들을 배웠다. 비록 리더십의 정의에 관하여 많은 양의 다양성이 발견되었다고 하더라도, 우리는 효과적인 리더의 업무는 훨씬 더 복잡하다고 알려져 있다. 리더십에 대하여 우리가 알고 있는 것과 모르고 있는 복잡한 것에 대하여 Nahavandi는 아래와 같이 설명한다.[1)]

1. 파악된 리더십 영역

1) 20세기와는 달리 21세기 리더십을 위해 상황이 주어지지 않는다

한 동안 우리는 리더십의 상황적인 특징을 이해하는 것이 중요하다고 학습하였다. 리더십은 진공 속에서 일어날 수 없으며, 상황적 특징들은 과제, 조직, 추종자, 그리고 욕구 등을 모두 다 포함한다. 리더십에 대한 현대적 관점은 상황적인 관점이 깊게 뿌리를 내리고 있음을 부인할 수 없다. 그러나 21세기 들어오면서 그러한 상황이 주어지지 않는다는 것을 이해하기 시작했다.

2) 21세기는 다양한 리더십 스타일을 요구한다

오늘날 리더십에 대한 연구는 리더 하나만 초점을 두는 것보다는 오히려 추종자들에게서도 리더십 잠재력을 발견하고 개발하는 데 많은 관심을 쏟고 있다. 조직들은 하나의 리더십보다는 다양한 리더들의 리더십들의 도움을 얻어야 경쟁력을 확보할 수 있다. 조직 내 각 분야의 리더십의 합은 조직의 강력한 리더십을 만들어 낼 수 있다.

3) 리더십이 직면할 문화의 다양성 이해 능력

현재 우리의 사고는 조직의 변화를 어떻게 촉진하는가에 관심을 집중하고 있다. 21세기는 특히 시대의 변화 역군을 기대하고 있고 그리고 이에 적합한 리더십의 행태를 탐색하고 있다. 그것이 카리스마, 변혁적, 환상적, 그리고 모범적

1) Nahavandi, *op. cit.*, pp. 290-292.

리더십을 통하여서건, 우리는 면밀하게 리더들의 동기부여와 리더들과 추종자들 사이의 감정적인 결속의 중요성을 알고 있다. 이러한 현실이 감성적 리더십을 자주 거론하게 되는 이유이다.

현대 리더들은 문화의 한계를 인식할 정도로 미래 다차원적인 이질적 문화에 직면하게 될 것이며, 따라서 새로운 문화들을 소화할 수 있는 능력을 보강해야 한다. 더욱이 경제와 신속하게 변화하는 사회 구조의 세계화는 문화 횡단적인 문제에 대한 단순한 답변이 가능하지 않다는 것을 교육시키고 있다. 우리는 문화가 민족적, 인종적 혹은 성적(gender) 기반을 두고 있든지 간에, 문화는 리더들에 대한 추종자들의 기대와 리더들이 행위하는 방법을 이해하게 한다.

현대 리더십 가운데 3가지 일반적인 특징이 알려졌는데 이들은 다음과 같다:

① 리더들이 신봉하는 메시지

세계화 시대의 리더들은 도덕적 기준과 가치 그리고 비전을 중시하며, 적극적으로 조직의 사기를 북돋운다.

② 리더들이 보여주는 모범

세계화 시대의 리더들은 솔선수범을 통해 역할 모델이 된다. '리더로써 자신이 하지 않을 일을 다른 사람이 하리라고 기대해서는 안 된다.'

③ 리더들이 구축하는 시스템

세계화 시대의 리더들은 조직 관리 기법이나 교육 프로그램 혹은 벤처 자회사처럼 체계적인 절차나 관례 혹은 구조를 개발하고 있다.

4) 미래직원 관리

어느 때보다도 특히 21세기는 신속하게 변화하는 것은 물론 창조가 지배하기 때문에 경쟁이 치열하여 직원들의 자리 이동이 빈번하다. 유능한 리더는 유능한 직원들을 유치하는 것만큼 그들을 유지하는 것이 더 중요하다는 것을 알게 되었다.

직원들을 만족시키지 못한다면 조직은 와해될 가능성이 많다. 왜냐하면 유능한 직원 하나가 퇴사하면 조직에 발생하는 잠재적 손실은 막대하고 조직의 지식기반을 유지하는 데 매우 어렵기 때문이다. 특히 경기가 좋으면 능력이 있는 직원을 채용하는 일이 쉽지 않다. 다른 조직에서 훨씬 좋은 기회가 기다리고 있을 것이라는 기대감으로 직원들이 이직을 서두르는 예는 오늘날 흔한 현상이다. 그러므로 직원의 이름이 임금 대장에 올려진 순간부터 리더는 그가 업무에 최선을 다하도록 관심을 기울여야 한다. 다음은 Adams의 「*Everything Leadership*」(팀장 리더십)에서 직원관리에 관한 제안들을 요약 정리한 것이다.1)

① 정보와 지식 및 기술의 유출

유능한 직원이 퇴사하면서 열쇠와 유니폼, 기타 여러 가지 물건을 회사에 반환할 때 직원들의 경험, 정보 및 기술을 반환하는 것은 아니다. 업무를 보면서 쌓아온 정보와 기술은 경쟁의 순위를 바꾸어 놓아 조직을 파멸로 이끌 정도로 상상하기 어려운 조직의 자산일 수 있다.

조직이 직원들에게 지원하였던 정보와 지식의 가치를 계산해 본 적이 있는가? 모든 교육과 관련해 지불한 비용을 생각해 본 적이 있는가? 직원들에게 특별한 교육을 시켜 줌으로써 최고의 생산성을 가져오는 데 시간은 얼마 걸리는가? 또한 직원이 팀 성과를 높이는 데 기여하는 중요한 일원이 되기까지의 과정을 체계적으로 지원함으로써 조직이 받게 되는 영향을 고려해야 한다. 이러한 모든 문제를 고려할 때 직원이 이직한다는 것은 조직에 막대한 비용을 초래하게 된다. 어떻게 직원들이 머물고 싶은 기업을 만들 것인가? 우선 고려해 보아야 할 것이다.

답은 직원들에게 '존중 받는다'는 느낌을 주어야 한다. 심리학자들은 말한다. 인간의 욕구 중에 식욕, 성욕, 물욕만큼이나 강력한 욕구가 존중을 받고 싶어하는 욕구이다. 부하들은 조직의 부품과 같이 대한 다면 이는 존경욕구를 충족시키지 못한다. 유능한 직원일수록 기업에 '붙어 있을' 이유가 없다. 존중은 리더십에 있어서도 중요한 요소이다. 시장 상황은 더 복잡해지고 변화는 빨라지고 있다. 이제는 리더가 이끌기보다는 전문가(부하)들이 능력을 잘 발휘할 수 있도록 지지해주는 게 중요하다. 인간적 존중은 리더가 부하에게 할 수 있는 가장 기초적인 지지다.

그뿐이겠는가? 능력이 뛰어난 직원들은 팀의 상당한 성과에 영향력을 끼치는 고객과도 친밀한 관계를 쌓아 왔을 뿐만 아니라 동료로서 인간적인 관계도 발전시켜 왔을 것이다. 직원이 퇴사하는 경우에도 이들과 유대관계를 지속할 것을 예상할 수 있다. 기업의 제품과 서비스를 제공하였던 직원이 퇴사한 다음 역시 직원을 다시 채용해야 한다. 직원 하나가 퇴사한다면 조직에 발생하는 잠재적

1) Adams(임태조 옮김), *op. cit.*, pp. 287-313.

손실은 때로는 기업의 일부를 잃어버리는 것과 같을 수 있다.

② 직원의 이직관리

21세기 리더는 지난 해 부서를 떠난 직원의 수와 조직을 떠난 수를 자세히 밝혀 보고 그 이유에 대하여 확실히 파악하여야 한다. 퇴사하는 직원을 통해 현재 기업에서 일어나고 있는 문제들을 파악할 수 있다. 또한 직원들의 퇴사이유와 그들의 미래 계획을 알 수 있다. 퇴사하는 직원에게서 도움이 될 만한 조언과 지원을 얻을 수 있다. 그리고 그들이 지적한 내용들을 곰곰이 고민해 본 다음, 그 일이 일어나게 된 원인과 환경을 생각해 본다면 앞으로 이직문제를 해결하는 데 도움이 될 것이다.

2. 미래 연구가 필요한 리더십 영역

리더십에 관한 많은 연구를 해 왔음에도 불구하고, 아직까지 알지 못하는 것들도 많다. 미래 조사를 위한 다음의 영역들은 앞으로 많은 연구자들에게 주요한 부담이 될 것이다. 리더와 조직이 직면하게 될 복잡성을 해결하려면 리더십에 대한 새로운 사고방식이 필요하다는 점은 자명하다. 리더십의 전통적인 이해는 조직적 위계질서 내에서 권위를 가진 개인에게 집중하는 것이었다. 리더십의 범위가 점점 확대되긴 했지만 개인적 기술과 행동 그리고 영향력에 뿌리를 둔 시각은 변하지 않았다. 그럼에도 불구하고 창조적인 리더십 센타(CCL)보다 포괄적이고 여러 보직과 직무를 아우르며 직위에 구애받지 않는 새로운 리더십의 정의를 제기하고자 했다. 우리가 보는 리더십은 고민해야할 방향 설정과 목표의식 함양 그리고 협력관계 구축이라는 세 가지 과제를 달성하기 위해 구성원들이 공동으로 진행하는 활동이다.[1)]

① 방향설정: 사명, 비전, 가치 그리고 목적을 확립하는 것이다. 우리가 가고자 하는 방향은 어디인가? 우리가 하고자 하는 일은 무엇인가? 그것을 하고자 하는 이유는 무엇인가? 와 같은 핵심적인 질문에 답을 할 수 있어야 한다.

② 목표의식 함양: 어떻게 조직 전체가 공존할 것인가? 어떻게 보다 나은 팀워크를 구축할 것인가? 협력 작업을 개선하는 데 필요한 단계는 무엇인가?와 같

1) 프랜시스 헤셀바인·마셀 골드스미스 (편집), 2006, The Leader of The Future2, by Book@ Books Publishing Co. 문일윤 옮김, 존 알렉산더, “복잡성 도전”, pp.121-2.

은 문제를 해결하여야 한다.

③ 협력관계 구축: 공통의 가치와 책임의식을 가지는 것이다. 어떻게 일치된 상황 판단을 공유할 것인가? 어떻게 조직 활동을 더 잘 조율할 것인가? 와 같은 문제를 고려해야 한다.

이러한 관점에서 볼 때 리더십은 과거와는 달리 어느 개인의 특성이나 기술이 아니라 조직 내 구성 집단 간의 상호작용을 통해 기대할 수 있는 잠재적 역량이란 것을 이해한다. 만약 조직 내의 상호 작용이 방향 설정과 목표의식 그리고 협력관계 부분에서 성과를 낸다면 리더십의 능력이 발휘되고 있다고 말할 수 있다.

CCL조사는 효율적인 리더십의 정의가 지난 5년 동안 변화했다는 사실을 보여준다. 혁신적인 대응이 필요한 보다 복잡한 도전들이 이어지면서 이러한 변화는 앞으로도 계속될 것이다. 복잡성 도전은 기술적. 적응적, 결정적 문제의 다양성 때문에 쉽게 해결하기 힘들다. 어떤 조직의 개별적 리더도 혼자서 이 모든 문제를 감당할 수는 없다. 따라서 참여적 경영 관계 구축 그리고 변화 관리에 중점을 둔 새로운 리더십 기술이 더욱 요긴해 지고 있다.

1) 자질론 수정(Traits Revisited)

우리는 리더들의 개인적 특성들과 그리고 성격자질에 대하여 더 많은 연구가 필요할 것이다. 우리는 역시 어떠한 환경 아래서 어떠한 자질들이 리더들의 행태를 더 잘 설명할 수 있을지, 그리고 몇몇 자질들과 개인적인 특성들이 어떻게 상호 작용하는지를 더 잘 이해하지 않으면 안 된다. 예를 들어 21세기엔 비전을 수립하기 위해 생각하는 자질이 필수적이다. 더욱더 카리스마나 변혁적 리더십에 대한 광범위한 연구에도 불구하고, 카리스마 그리고 다른 변화지향적인 특징들에 대한 우리의 이해는 부족한 편이다.

2) 조직의 상황(The Organizational Context)

우리의 지식이 더욱 발전하기 위하여 필요한 두 번째 영역은 리더가 활동하고 있는 조직의 상황을 이해하는 데 있다. 미시적 리더십 연구는 소규모 집단, 팀, 그리고 부서들에 관심을 집중하나 광범위한 조직의 상황을 고려할 수도 없고 하지 않는다.

3) 인구 구성의 변화

미국과 같은 선진국의 부족한 노동력을 이민자로 해결하는 방안이 모색되고 있지만 선진국의 출산율을 감안할 때 지식 노동자의 부족 문제는 여전히 숙제로 남을 것이다. 그에 따라 많은 선진국들은 적은 경제활동 인구를 관리하면서 지속적인 평생교육 등을 통해 인구의 다수를 차지하는 연령층을 노동 인구로 편입해야 하는 연구를 지속할 것이다.

다양성 관리는 미래의 리더들이 가져야 할 핵심적인 경영 테크닉으로서, 개인과 조직의 성공에 지대 한 영향을 미치는 요소가 될 것이다. 미래의 다양성 문제와 관련하여 관리문제는 미래의 조직과 리더들에게 현실로 이루어 질 것이라고 보았다.[1)]

3. 리더들의 미래 과제[2)]

1996년 산업시대를 뒷받침했던 위계구조의 안정성과 높은 효율성은 빠르게 의미를 잃어가고 있었다. 하향식 조직 통제 기법은 조직과 사회 전체에 지식과 권력을 분산시키는 효과를 가진 망조직의 기회 분배 기법으로 대체되었다. 그 결과 기존의 지배적인 리더십 모델이 위기에 처하게 되었다. 권위와 카리스마로 군대를 통솔하듯 일방적으로 조직을 이끄는 리더십은 갈수록 무능함으로 인식되었고, 구질서의 유언장이자 새로운 질서의 방해물로 받아들여졌다.

1996년의 리더들에 주어진 근본적인 임무는 새로운 기술적, 경제적 질서의 본질을 이해하고, 조직이 거기에 적응하도록 돕는 것이었다.

이러한 도전에 대응하기 위해 리더들은 겸손의 미덕과 함께, 행동이 따르지 않는다고 하더라도 권한부여라는 말의 진정한 개념과 방법을 배워야 했다.

그러나 많은 리더들은 권위의 유일할 기반으로서 직급의 힘에 의존했고, 자신의 시각만을 강요했다. 그러한 자세 때문에 그들은 새로운 시대에 요구되는 결손의 미덕을 보여주지 못했고, 세상이 왜 그리고 어떻게 변하는지 이해하지 못했

---

1) 프랜시스 헤셀바인 · 마셀 골드스미스 (편집), 2006, The Leader of The Future2, by Book @Books Publishing Co. 문일윤 옮김, 미대형 리더. 다양성 관리: 미래의 리더에게 필수적인 기술. pp. 73-78.

2) 샐리 헬게센, 리더들의 과제, 프랜시스 헤셀바인· 마셀 골드스미스 (편집), 2006, The Leader of The Future2, pp. 221-228

다. 새로운 기술 덕분에 보다 많은 가치를 부여받은 구성원들은 단순히 직급의 힘만 고집하는 리더십을 거부하고, 그러한 경영진을 리더로서 부적절할 뿐만 아니라 위험한 존재로 받아들이게 되었다.

순전히 직급에 의존하는 리더십의 취약함은 1996년 이후 10년이 넘는 기간 동안 연이어 터진 경영 스캔들로 인해 극적으로 노출되었다. 이러한 스캔들은 낡은 리더십이 무너져간 지난 10년의 시기에 '엔론 시대'라는 오래도록 남을 묘비명을 남겼다.

이러한 상황을 극복하기 위해 리더들은 아래와 같이 도전을 해야 할 것이다.

1) 포용의 촉진

지금까지는 모든 조직은 명확한 경계선에 의해 정의되었다. 따라서 조직의 소속 여부를 파악하는데 어렵지 않았다. 동시에 조직의 실제적 권력은 수뇌부라고 부르는 소수의 핵심집단에 한정되어 있었다. 이들이 내린 의사결정을 실행하는 하부 구성원들은 거의 힘이 없었고 대개 공장의 생산 모델에 비추어 교체 가능한 부품처럼 여겨졌다.

그러나 상황이 바뀌었다. 먼저 이해관계자라는 개념의 정의가 비약적으로 확장되어 지금은 고객, 공급자, 유통업자, 투자자와 그들의 자문가, 지역사회, 세계공동체 그리고 조직의 결정에 따른 환경적, 경제적 영향을 받는 모든 사람들을 포함하게 되었다.

이러한 변화에 따라 이해관계자의 범위를 넓히고 더 많은 사람을 의사결정 과정에 참여시키는 포괄적 경영이 성공의 전제조건이 되고 있다.

지난 10년간 경영 부정 사건에 휘말린 거의 모든 조직들은 이 점을 이해하지 못했다. 그들은 조직 내의 다양한 의견으로부터 격리된 소수의 권력집단이 주요 의사결정을 독점하는 관행을 고수했다. 모든 분야에서 고루한 중앙집권적 시각의 결과가 확연하게 드러났지만 여전히 많은 리더와 조직들은 그로부터 어떤 교훈도 얻지 못했다. 정부 조직의 계파주의와 무능력에서부터 시장 상황과 동떨어진 제품을 내놓는 미국 자동차 회사들의 부주의까지, 한정적이고 불충분한 근거에 따른 의사결정의 폐해는 도처에서 발견되고 있다. 이들의 공통적인 요소는 구성원들이 도전적인 질문을 제기할 경로를 차단한 채 리더들이 둔감하고 부적절한 결정을 내렸다는 데 있다.

2) 지속가능성 확보

장기적으로 지속가능한 기업 모델을 구축하는 일이다. 특히 분기별 회계 보고로 인해 단기적 시각을 가질 수밖에 없는 미국 기업의 구조적 특성은 장기적 내지는 중기적인 전망조차 힘들게 만들었다.

다양한 이해관계자들의 입장을 의사결정에 반영하는 포괄적 경영은 장기적인 지속가능성을 구축하는 데 꼭 필요한 요소이다. 미국 자동차 회사들의 경우를 보면 포괄적 경영을 거부했을 때 일어나는 장기적 결과를 분명히 알 수 있다. 최근에 포드가 보여준 예외적인 행보를 제외하고, 나머지 자동차 회사들의 이너서클은 전통적으로 환경 규제에 대단히 부정적인 자세로 일관해왔다. 이러한 자세 때문에 그들은 석유에 지나치게 의존하는 경향이 소비자뿐만 아니라 제조사들의 미래에 공통적으로 부정적인 영향을 마치고 있다는 사실을 제대로 파악하지 못했다. 자동차업계의 리더들은 로비활동을 통해 규제와 싸우면서 변화에 적응하는 경쟁자들을 견제하는 대신, 장기적인 시각을 저해하는 기업 경영 시스템을 개선하는 일에 더욱 집중했어야 했다.

3) 가치 중심의 다양성 재고

1996년까지만 해도 다양성은 기업들이 그저 립 서비스 정도의 주제에 불과했다. 그러나 2006년 현재는 모든 선도적인 기업들에 있어서 의심의 여지없이 꼭 필요한 사업의 요소로 간주되고 있다.

다양한 재능과 창의성에 대한 조직들의 의존도가 확대되는 것을 보면 다양성 문제가 왜 전면에 부상하게 되었는지 알 수 있다. 그러면 다양성을 어떻게 정의할까?

지난 10년간 우리는 여성, 아시아계, 남미계 그리고 흑인들이 노동력의 대다수를 차지하는 현상에 비추어 인구학적 측면에서 다양성을 정의해왔다. 따라서 다양성은 일정 부분 연령과 성별문제를 포함해 성적, 인종적 차이에 대한 배려를 조직 운영에 반영하는 것이었다.

그러나 다양한 이견이 존재하고, 기술이 부여한 권한을 공유하며, 부분적 문제에 집중하는 21세기의 사회 환경은 다양화된 사회를 최대한 반영하는 보다 폭넓은 다양성의 정의를 요구하고 있다.

사회 내부에서 정치, 종교, 사상, 계층, 경제 등의 사회적 구분에 따라 다양하고 논쟁적인 의견들이 쏟아져 나오듯, 직장에서도 수많은 상반된 의견들이 돌출할 것이다. 따라서 어떤 이슈에 대한 전체의 동의를 이끌어내는 일이 거의 불가능하게 보일 수도 있다.

후기 산업 사회의 리더들은 자신들의 권위를 이용하여 별다른 저항 없이 조직의 동의를 강제하거나 만들어 낼 수 있었다. 하지만 개인주의에 기반 한 권력 분산과 회의적 태도가 두드러진 현대의 조직에서 강압적인 전략은 실패할 수밖에 없다. 미래 리더들은 오직 강력하고 포괄적인 비전을 통해 개별적 단위들을 통합하는 방법을 통해서만 조직 내의 의견 충돌을 관리할 수 있을 것이다.

명확하고 고무적인 비전의 제시를 통해 다양한 분열적 단위들을 통합하는 리더만이 갈등을 이겨내고 다양성의 힘을 활용할 수 있도록 노력해야 할 것이다.

제 2 절 리더십 상황의 변화

사람들은 본능적으로 안정 지향적이다. 우리는 예측 가능한 환경 속에서 살기를 간절히 바란다. 그렇지만 변화의 신호가 오기 시작하면 우리는 불확실성에 직면하게 되고 새로운 것을 배워야 한다. 현실세계가 우리에게 보내는 변화의 신호를 무시해 버리면 더욱 현실과의 괴리를 가져와 소멸해 가는 과정으로 진입한다.

창조적 리더십 센타(CCL)에서 조사한 미래의 리더로서 개인과 조직에 요구하는 자질에 대해 핵심적인 질문을 제기한다.

조사팀은 현역 경영자들에게 지난 5년간 효율적인 리더십의 정의가 변화했는지를 물었다. 그 결과 놀랍게도 84퍼센트가 그렇다고 대답했다. 리더십의 변화하는 특성에 의하면 뛰어난 리더십의 특성이 향후 5년간 더욱 급격한 변화를 거칠 것이며 특히 관계 맺기, 협동과 같은 대인관계기술, 그리고 변화 관리가 핵심적인 요소가 될 것이라고 전망했다.[1)]

세계화와 기술의 발전 그리고 끊임없는 변화는 경영자와 관리자들의 전략과 전술을 매일 시험하고 있다. 세계가 갈수록 복잡해지면서 리더로서 조직을 효율적으로 운영하는 일 역시 점점 더 어려워지고 있다. 새로운 도전은 기존의 해법

---

1) 존 알랙산더, 복잡한 도전, 프랜시스 헤셀바인 · 마셀 골드스미스, Ibid., pp. 114-115

과 수단 그리고 접근법을 무력화시키고 기본적인 예측과 분석 모델을 벗어나기 때문에 새로운 학습과 창의력을 요구한다. 또한 복잡한 도전은 대개 빠른 결단력을 요구하지만 참조할 만한 과거 사례가 거의 없는 상황에서 개인과 조직들은 행동을 취하기 전에 침착하게 사태를 분석하고 관계자들과 협력해야 한다.

조직에 미치는 복잡한 도전의 구체적 영향에 대해 질문한 결과, 조사 대상자의 절반 이상이 그러한 도전으로 인해 구성원들이 보다 협력적으로, 여러 직무에 걸친 공동 작업을 늘려가고 있다고 대답했다. 그들은 복잡한 도전이 점점 늘어나는 상황을 가정할 때 미래의 리더십은 조직의 여러 부문에 걸쳐 상호협력적인 의사결정을 이끌어내는 절차가 될 것이라고 전망했다. 특히 해외 여러 나라의 경영자들은 복잡성을 극복하기 위해 개인적 리더십에서 협력적으로 리더십으로 전환하는 중대한 변화를 이루어 내고 있다.

리더들의 세계는 신속하게 변하고 있다. 아래 몇 가지 중요한 변화는 우리가 조직을 인도하는 방법에 영향을 미친다.

1. 변화하는 환경

1) 조직 환경변화

조직의 형태와 구조는 항상 변하고 있다. 전통적인 19세기와 20세기 초 계층제와 작업과정은 도전을 받고 있다. 지속적인 재구조와 재정적 압박 때문에, 조직은 더욱 경직된 계층제에서 벗어나 그들의 목적을 달성하기 위하여 팀을 기반으로 하는 구조에 의존하고 있다. 또한 많은 연구들은 경계가 없는 조직을 창조하기 위하여 내부의 장애를 감소시키고 있다. 수직적, 수평적, 외적, 그리고 지리적 벽들을 통과할 수 있을 때 미래의 조직은 구체화되기 시작한다. 이러한 네 가지 벽들이 경직되고 막혀 있을 때 —오늘날 많은 조직들처럼— 최고의 기업들을 쓰러지게 하는 느린 대응과 혁신, 유연성의 부족이 야기된다.[1] 이러한 문제를 해결하기 위하여 조직들은 지금까지 내부의 고용자들에 의하여 업무가 수행되었던 것을 아웃소싱, 상담자, 그리고 외부의 계약자들에게 의존하고 있다.

---

1) 론 에쉬케나스, 데이브 얼리치, 토드 직, 스티버 커, 1995, *The Boundaryless Organization*, Jossey-Bass Inc., Publishers; 이태복(역), 벽 없는 조직, Chang-Hyun Publishing Co.(창현 출판사), p. 47.

[표 13-1] 조직의 변화

변 화	설 명
구조적 변화	새로운 구조적 형태; 팀의 사용; 권한 위임체제; 전자송신
인구학의 변화	미국에 문화의 다양성; 미국과 대부분의 서구 국가들의 나이가 든 노동력; 세대간의 차이
세계화	증가하고 있는 문화 횡단 충돌; 다국적 팀들; 다국적 리더들
새로운 작업윤리	충성심의 사라짐; 업무에 대한 변화하는 가치관; 직장과 가정생활의 균형추구
학습과 지식	지식인 근로자; 학습조직에 관심
기술과 정보에 접근	새로운 기술; 정보의 증가; 정보흐름속도의 증가. 정보에 접근과 공유하는 새로운 방법
융통성에 대한 강조	신속하게 적응할 수 있는 융통성이 있는 구조
신속한 속도로 변화	끊임없는 변화 때문에 내부 및 외부의 불확실성

출처: Nahavandi, *op. cit.*, p. 293.

2) 인구학적 변화

인구학적 변화와 세계화는 조직의 중요한 두 가지 변화이다. 다른 문화권에서 온 고용자들이 지금은 같이 일하고 있다. 비록 그들이 리더십의 같은 기본원리에 적응하고 있다고 하더라도, 그들은 다른 가치관, 리더십의 다른 선호도, 그리고 다른 욕구들을 가지고 있다. 예를 들면 어떤 사람들은 엄격한 구조와 지시를 요구하는 반면, 다른 사람들은 자율을 요구한다. 어떤 사람들은 자신들의 리더들이 협조적이고 보살펴 주기를 원하고, 다른 사람들은 자신들의 업무를 수행하는 데 자유재량을 주기를 기대한다. 이와 같이 다른 문화와 세대의 근로자들은 같은 방법으로 모든 업무에 가치를 부여하지 않으며, 같은 목적을 추구하지도 않는다는 사실을 인지하여야 한다.

2. 변화관리

변화는 두렵다. 현재 상황에 대한 통제력을 잃게 되기 때문이다. 우리 스스로 변화가 필요하다고 말하지만 우리가 가진 것을 잃을까 하는 두려움 때문에 사실은 우리를 크게 위협하지 않는 범위 내에서만 변화를 시도하기 때문이다.

이 지구상에 변하지 않은 것이 있는데, 그것은 세상이 끊임없이 변한다는 점이다. 사람, 시장, 환경도 항상 유동적이다. 따라서 변화관리가 리더의 중요한 자질로 부각되었다.

따라서 변화를 관리하는 기술을 연마하는 데 많은 관심을 가져야 할 때이다. 예를 들어 신뢰감을 형성, 긍정적인 자세, 브레인스토밍 활용, 부하들의 의견을 청취하고 창조적 분위기 유도, 권한을 위임하는 방법 등에 특별한 관심을 가져야 한다.

1) 변화에 대한 인식

모든 사람들이 살아가면서 필연적으로 변화를 겪게 마련이다. 과거에는 변화의 속도가 대단히 더뎠다. 그래서 변화가 일어나면 충분한 시간을 가지고 대처하며 새로운 방식으로 일을 처리해도 세상은 그럭저럭 굴러갔다. 하지만 요즘 들어 변화의 속도는 몰라보게 빨라졌다. 이러한 변화를 인식하기 위하여 리더가 먼저 변해야 한다. 열린 마음으로 변화를 받아들여야 한다.

과학기술이 발전하면서 전 세계적으로 경쟁이 치열해지고 있다. 이러한 변화에 적절히 대응하지 못하면 조직은 결코 멸망을 면치 못할 것이다.

골드스미스는 다음과 같이 변화의 요인을 지적한다.[1)]

- 벌어지는 보상체계의 격차

엄청난 수준의 증가를 보인 CEO들의 보상체제가 주요한 요인이다.

급여가 높아지면 기대 수준도 따라서 올라가기 마련이다. 성과에 대한 주주들의 압박은 계속 거세지기만 하고 있다.

- 줄어드는 직업의 안정성

IBM은 능력이 부족하다는 이유로 해고하는 예는 거의 없었다. 그러나 수익

---

1) 프랜시스 에셀바인·마셜 골드스미스 편집(2006), The Leader the Future2, 문일윤 옮김, 미래형 리더, 마셜 골드스미스, 신세대 전문가들을 이끄는 리더십, pp.199-208.

이 악화되어 가면서 IBM CEO인 John Akers 주주들로부터 분위기를 쇄신하라는 압박에 시달린다. 결국 그는 해고당하고 말았다.

오늘날의 경쟁 사회에서 경영자들과 전문가들에게 직업의 안정성이라는 말은 먼 꿈처럼 여겨진다.

- 줄어든 의료비 지원 및 연금 혜택

지난 10년 동안 미국에서 평생보증 의료비 지원과 연금이라는 개념이 거의 사라지다시피 했다. 직원들, 관리직과 전문가들에 대한 복지혜택이 줄어들거나 감소하고 있다. 특히 노동자들보다 관리직 및 전문가들에게서 감소의 폭은 커지고 있다.

마찬 가지로 평생 의료비 지원 혜택이 줄어들면서 의료비는 계속 상승해왔다. 또한 기업연금 체계가 갈수록 불안해짐과 동시에 사회보장혜택 역시 이전처럼 확실한 안전망 구실을 못하고 있다.

- 국제적 경쟁

10년 전에는 전 지구적 아웃소싱이 제조나 낮은 수준의 서비스업에 국한되어 있었다. 그러나 미래에는 더 많은 전문 경영분야와 전문직이 아웃소싱이 될 것이다. 1950년대 미국의 경영자들과 전문가들은 높은 경쟁력을 갖고 있었다.

지금은 수백만 명의 유능하고 부지런한 고학력 외국인 전문가들이 유창한 영어 실력으로 무장한 채 직업시장으로 쏟아져 들어오고 있다. 그들은 미국인 들이 받는 봉급보다 훨씬 낮은 액수로도 기꺼이 일한 준비가 되어 있다. 당연히 장시간 근무도 마다하지 않는다.

- 새로운 기술

오래전에는 기술의 발전이 인간에게 더 많은 자유 시간을 줄 것이라고 상상하는 사람들이 많았다. 이러한 생각은 오늘날의 경영자들과 전문가들에게는 짓궂은 농담처럼 들릴 것이다. 새로운 기술은 오히려 하루 24시간, 일주일 내내 일에 묶여 지내는 상황을 만들었다. 요즘은 거리나 기차 안 혹은 식당에서도 휴대전화나 PDA를 이용하여 동료들과 업무에 대해 논의하는 직장인들을 쉽게 볼 수 있다. 세계화와 동시에 진행된 정보통신 기술의 발전은 결코 일이 끝나지 않는 세상을 불러왔다. 그에 따라 직장과 가정의 경계선마저 희미해지기 시작했다.

2) 변화에 대한 저항에 대처[1)]

변화에 대해 노골적으로 못마땅한 태도를 보이는 직원들은 강력하게 다루어야 한다. 변화를 시도할 즈음 직원들이 이러한 태도를 보이면, 변화과정을 지속적으로 수행하되 변화가 왜 필요한가를 자세히 설명한다. 그리하여 직원들이 변화를 받아들여 발전할 수 있도록 힘쓴다. 노력을 기울여도 변화를 받아들이지 않는 직원들이 있다면, 그들이 조직을 위하여 긍정적인 기여를 할 수 있도록 온갖 방법을 동원해야 한다. 해고할 필요가 있는 경우에는 단호한 조치를 취하여 해고해야 한다.

변화를 촉진하고 관리하기 위하여 다음사항을 고려해야 할 것이다.

- 개방적인 분위기를 조성한다.

개방적인 분위기만큼 부하직원들을 자기편으로 만드는 데 좋은 것은 없다.

- 객관적인 자세를 유지한다.

변화의 유익 성을 밝힐 수 있는 객관적인 수치 및 사례를 직원들에게 직접 확인시킬 필요가 있다. 왜냐하면 직원들이 변화의 필요한 이유를 명확히 알아야 하기 때문이다.

- 직원들의 감정을 세심하게 살핀다.

부하직원의 인격과 감정에 신경 써야 한다. 사람들은 본능적으로 안정을 추구하기 때문에 자신의 안전을 해칠 것으로 생각되는 것들을 거부하려는 성향이 있다. 리더는 항상 부하직원들의 인격과 감정을 세심하게 살펴야 한다.

- 변화의 긍정적인 면을 강조한다.

부하직원들이 변화의 긍정적인 측면을 인식하도록 돕는다. 또한 변화를 긍정적으로 받아들이는 방법을 찾도록 용기를 준다. 직원들 스스로 변화가 주는 긍정적인 영향을 깨닫게 한다.

- 변화에 적응할 시간을 준다.

직원들에게 변화하는 데 적응할 수 있는 시간을 충분히 주는 것이 중요하다. 인간이란 습관의 동물이라고 말할 수 있다.

- 변화를 수용하라.

리더는 변화에 뒤쳐지지 않도록 준비해야 하고, 뒤쳐져서는 안 된다. 변화를

1) Adams(임태조 옮김), *op. cit.*, pp. 191-207.

받아들이지 못하며, 새로운 도전을 하지 않는 리더는 발전하지 못하고, 결국 도태된다. 뛰어난 리더는 상황에 따라 스스로 변화를 주도하는 유연한 자세를 갖는다.

이외에도 Quinn은 인간관계에서 변화를 이끌어 내는 3가지 일반적인 방법을 제시한다. 그에 의하면 일반적인 상태에서 변화를 이끌기 위해서 두 가지 방법을 쓰고 있다고 한다.

하나는 변화를 위한 논리적 주장을 하는 말하기(Telling)이고, 다른 하나는 변화를 위한 위협적인 수단을 쓰는 강제하기(Forcing)이다. 자주는 아니지만 때로는 세 번째 전략인 '참여하기'(Participating)를 사용하기도 한다. 참여하기는 개방적인 대화를 하고 윈-윈 전략을 추구하는 것이다.[1)]

말하기 전략은 사람들이 이성에 의해 움직인다는 가정을 전제로 한다. 만약 사람들이 변화하는 것이 자신의 이익에 가장 부합하다고 판단되면 그들은 기꺼이 변화할 것이다.

강제하기 전략은 권력을 이용해 사람들을 변화하도록 하는 것이다. 일반적으로 정치적·경제적 권력이 사용된다. 강제하기 전략은 때로는 분노나 저항을 불러일으키고 근본적인 관계 자체를 파괴하기도 한다. 그러므로 이 전략은 건전하고 열정적인 변화에 필요한 자발적인 헌신을 이끌어 내지는 못한다.

참여하기 전략은 더 협력적인 접근법을 따른다. 이 방법은 사람들이 자신의 언어, 습관, 규범, 기업의 정책이나 문화에 의해 영향을 받는다는 것을 인지하고 있는 것이다. 참여하기 전략은 말하기 전략처럼 단순히 정보를 제공함으로써 변화를 일으키려는 것이 아니라 변화의 전도자가 사람들의 가치를 파악해 명시해 주고 가려져 있는 갈등 요인들을 해결하고 사람의 가치를 재정립하는 노력을 기울이는 것이다. 주안점은 윈-윈할 수 있는 방법을 찾기 위한 커뮤니케이션과 협력에 있는 것이다. 사람들은 변화과정을 신뢰하면서 전진하게 한다.

변화를 이끄는 네 번째 방법은 자신을 초월하게 된다는 점에서 초월적(Transcending) 전략으로 부른다. 이 전략은 [그림 13-1]에서 나타난 세 가지 일반적인 전략과의 관계를 통해 이해될 수 있다.

그림 오른쪽 하단 박스에 말하기 전략은 합리적인 설명에 기반을 두고 있다.

---

1) R. Chin and K. D. Benne, 1969, "General Strategies for Effecting Changes in Human Systems," In W. G. Bennis, K. D. Benne, and R. Chin(eds.), *The Planning of Change: Readings in Applied Behavioral Science*, New York: Holt; Quinn, *Leading Changes*(최원종·홍병문 옮김), p. 107(재인용).

[그림 13-1] 변화를 이끌어 내는 일반적인 전략

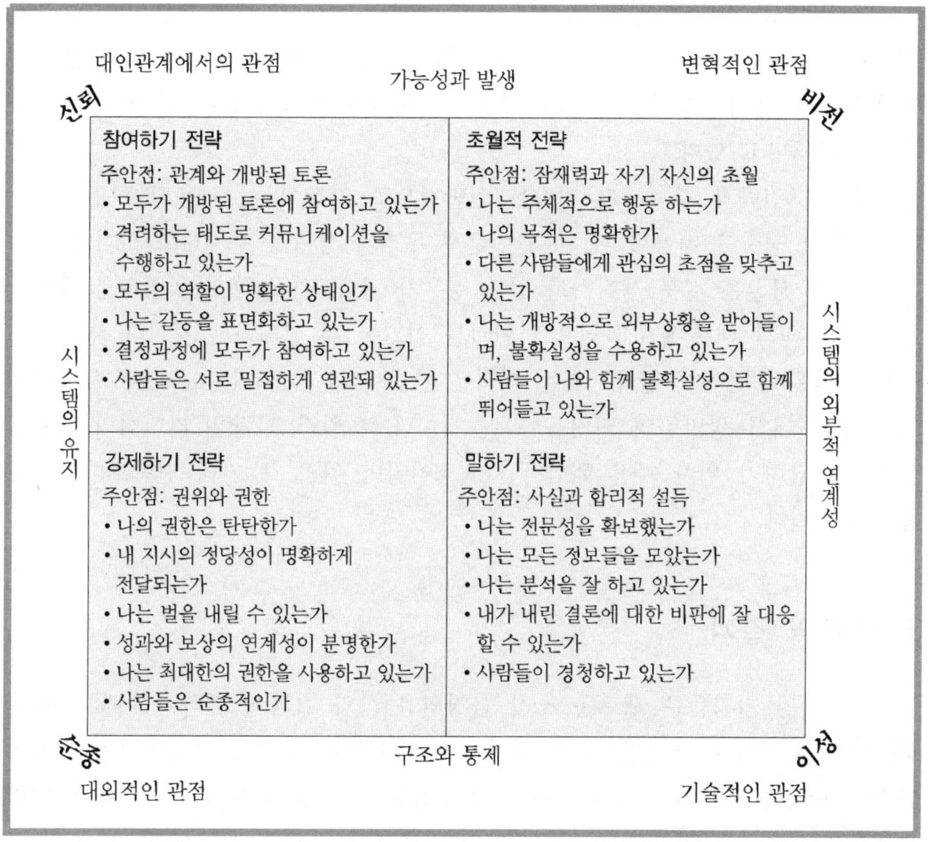
대인관계에서의 관점
가능성과 발생
변혁적인 관점
신뢰
비전
참여하기 전략
주안점: 관계와 개방된 토론
• 모두가 개방된 토론에 참여하고 있는가
• 격려하는 태도로 커뮤니케이션을 수행하고 있는가
• 모두의 역할이 명확한 상태인가
• 나는 갈등을 표면화하고 있는가
• 결정과정에 모두가 참여하고 있는가
• 사람들은 서로 밀접하게 연관돼 있는가
초월적 전략
주안점: 잠재력과 자기 자신의 초월
• 나는 주체적으로 행동 하는가
• 나의 목적은 명확한가
• 다른 사람들에게 관심의 초점을 맞추고 있는가
• 나는 개방적으로 외부상황을 받아들이며, 불확실성을 수용하고 있는가
• 사람들이 나와 함께 불확실성으로 함께 뛰어들고 있는가
시스템의 유지
시스템의 외부적 연계성
강제하기 전략
주안점: 권위와 권한
• 나의 권한은 탄탄한가
• 내 지시의 정당성이 명확하게 전달되는가
• 나는 벌을 내릴 수 있는가
• 성과와 보상의 연계성이 분명한가
• 나는 최대한의 권한을 사용하고 있는가
• 사람들은 순종적인가
말하기 전략
주안점: 사실과 합리적 설득
• 나는 전문성을 확보했는가
• 나는 모든 정보들을 모았는가
• 나는 분석을 잘 하고 있는가
• 내가 내린 결론에 대한 비판에 잘 대응할 수 있는가
• 사람들이 경청하고 있는가
순종
구조와 통제
이성
대외적인 관점
기술적인 관점

출처: Quinn, *Leading Change*(최원정 · 홍병문 옮김), 리딩 체인지, p. 112.

이 전략에서는 우리는 다른 사람들에게 사실 정보를 전달하는 동안 상황을 통제하려고 한다.

이제 왼쪽 상단 박스에 참여하기 전략은 신뢰에 기반을 두고 있다. 우리가 이 관점에서 변화를 이끌 때, 우리의 핵심 가치는 '시스템을 유지하는 것'과 '가능성과 발생'이다. 여기에서 우리는 다른 사람들에게 발생적으로 나타나는 프로세스와 가능성을 지향하도록 하면서도 기존의 관계를 유지하는 데 힘쓰게 된다.

이제 왼쪽 하단 박스로 가보면, 여기서는 '순종'이라는 점에 주목해야 한다. 이 관점에서 전략 중에서 강제하기 전략은 지위를 유지하는 데 가장 초점을 맞추고 있다. 현재의 질서를 유지하기 위하여 다른 사람을 공격하는 것도 마다하지 않는다.

마지막으로 오른쪽 상단 박스로 옮겨 가보면, 여기서 주안점은 비전을 깨닫는 데 있다. 이 관점에서 우리는 '가능성과 발생', '시스템의 외부적 연계성'에 가치를 두게 된다. 초월적 전략은 우리가 여태까지 살펴본 모든 딥 체인지의 사례에서 드러나고 있다.

말하기 전략과 강제하기 전략은 일반적으로 가장 많이 사용되는 전략이다. 이 두 가지 전략을 사용할 때 우리는 흔히 우리가 상황을 통제하고 있다고 믿는다. 하지만 사실은 잘못 생각하고 있는 경우가 많다. 결국 우리는 상황을 통제하고 있다는 착각 때문에 효과적으로 변화를 이끄는 데 실패하는 것이다. 참여하기 전략은 많은 사람들이 활용하기는 어려운 방법이다. 이는 상황에 대한 통제력을 조금 잃는 대신 쌍방향의 과정을 믿는 것이다. 초월적 전략은 리더십의 근원적 상태에 도달하기 위한 가장 핵심적인 요소이지만 위의 세 가지 전략보다 더 활용하기 어렵다.

3. 변화의 결과

세계적인 기업들은 새로운 조직 환경의 변화와 결과에 대하여 어떻게 변화하는지를 설명한다. 기업은 세계 각처에서 경쟁하며, 경쟁에서 살아남기 위하여 과격한 관리와 근로자의 참여, 권한 부여, 융통성, 그리고 학습에 의존하는 기업 모델들을 사용하고 있다. 모든 규칙을 없애는 조직도 있고, 보스도 없고, 초과 근무도 없이, 할당된 책임도 없으며, 행정도 없이 조직을 성공적으로 운영한다. 업무는 재미있고, 성취감과 흥미가 있어야 한다. 흥미는 지적인 도전, 다른 사람과 상호작용, 그리고 투쟁과 실수를 통하여 배우는 가운데 얻을 수 있다. 리더의 길을 걷는 과정에서는 어쩔 수 없이 실수도 하게 마련이다. 유능한 리더가 되려면 바로 이러한 실수 하나하나를 리더십 기술 향상에 필요한 학습의 기회로 삼아야 한다.

리더들은 팀 촉진자들 혹은 팀의 상담자와 같은 새로운 역할을 받아들이지 않으면 안 된다. 그들은 추종자들을 훈련시키고 지원하여야 하며, 그들의 추종자들이 결정을 하도록 하여야 한다. 이러한 변화의 주요한 결과들 가운데 하나는 관심을 리더로부터 추종자에게 이동하는 것이다. 조직에서 리더십에 대한 서베이를 실시한 Marcus Buckingham은 리더들이 조직에서 가장 중요한 사람이 아니라는 것을 이해하지 않으면 안 된다고 말한다.[1] 그는 더욱더 리더들이 그들의 추종자들을 변화하려고 노력하는 대신에 이미 형성된 추종자들을 돕는 것을 추천하였다. 추종자에 대한 최근의 책은 오늘날의 추종자들이 그들의 리더들에 저항하거나 돕는 추종자 모델을 제시하였다.[2] 이 책의 초점은 추종자와 부하들을 구별하고, 추종자는 리더와 같이 조직의 목적을 수행하기 위하여 결정할 수 있는 자원의 관리책임자라고 강조하였다. 집단의 자원은 그 집단의 리더를 포함한다. 그와 같이 리더가 추종자의 관리책임자와 같이 추종자는 리더의 관리책임자이다.[3]

Greenleaf의 봉사하는 리더(Servant-Leader)의 경우에, 리더의 역할은 다른 사람들은 봉사하는 것이다. 즉 리더가 다른 사람을 돕고, 발전하게 하며, 교육을 시키는 것을 허용하는 활동은 더욱 건전하고, 현명하며, 그리고 사람들을 봉사하는 리더로 준비하게 하는 것이다.[4]

리더들을 위한 조직변화의 주요한 결과는 문화를 이해하고 추종자나 조직에 대한 문화의 영향을 이해할 필요가 있다. 예를 들어, 북미에서 발전한 모델들은 권위가 분권화되어 있는 낮은 권력 간격(low power-distance)의 문화에 적합하다.

[표 13-2] 리더들을 위한 변화와 결과

변 화	리더십을 위한 결과
구조적	리더를 위한 새로운 역할; 추종자와 팀워크에 대한 강조
인구학적	차이와 문화적 요소들을 이해
세계화	문화, 세계적 및 국제적 문제 이해
새로운 직업윤리	업무스타일과 세대간의 차이 적응
학습	지속적인 훈련; 지식 있는 근로자들을 인도
기술	첨단 유지; 권력의 근원의 변화; 효과적인 리더십을 위해 기술의 통합
융통성	변화를 관리하기 위한 학습
끊임없이 빠른 속도로 변하는 변화	현행과 융통성을 유지

출처: Nahavandi, *op. cit.*, p. 295.

1) P. Labarre, 2001, "Marcus Buckingham Thinks Your Boss has an Attitude Problem," *Fast Company*(August): 88-98.
2) I. Chaleff, 1995, *The Courageous Follower: Standing Up to, and for Our Leaders*, San Francisco: Berrett-Koehler.
3) Chaleff, *op. cit.*, p. 13.
4) R. K. Greenleaf, 1998, *The Power of Servant Leadership*, San Francisco: Berrett-Koehler.

그러나 중국과 헝가리와 같은 나라에 그들의 모델을 적용할 수 있는지는 미국계 기업들이 직면하는 도전 가운데 하나이다. 몇 가지 실험에 의하면 브라질 사람들은 근로자들에게 명확한 지시를 주어야 한다. 북미 문화가 변화에 대한 원동력으로 동의를 할지 모르나, 비 북미 근로자들은 문화가 다름에 의하여 충격을 받을 수 있다.

문화를 고려한다면, 리더십에 대한 보편타당성이 있는 이론을 만든다는 것은 거의 불가능하나, 문제는 많은 조직들과 그들의 리더들이 다른 나라의 문화에 적응할 수 있도록 리더들은 배워야 한다.

4. 변화에 대한 교훈

예수, 간디, 마틴 루터 킹, 아브라함 링컨, 조지 워싱톤, 덩샤오핑 등 많은 사람들은 그들이 제시한 비전의 결과를 보지 못하고 사망하였다. 비전은 결국 필연적으로 다른 사람의 업적으로 돌아간다는 것을 이해하는 것이 과거 역사를 통해서 본 교훈이다.

큰 변화를 유도하기 위하여 비전을 실천하는 사람은 저항에 직면하여 갈등과 혼란에 책임을 지고 해고당하는 희생의 제물이 된다. 격렬한 혼란이 가신 후 다시 새로운 사람이 임명되면서 해고당한 사람이 만들어 놓은 그 비전을 다시 수행한다.

결국 처음에 뿌려 놓은 씨가 다른 사람에 의하여 열매를 맺고 꽃을 피우게 되는데, 필연적으로 이것은 다른 사람의 업적이 된다. 이러한 과정을 통하여 얻을 수 있는 교훈은 다음과 같다.[1)]

첫째, 진리가 승리하고 병폐적인 요소들이 사라지는 '그 현장을 지켜보는 것'이 기쁜 일이지만 진정한 리더의 업적은 비전을 가슴에 품고 전진하다가 나간 후 다른 사람의 공로에 의해 완성된다는 사실을 받아들여야 한다. 진정한 그 목적에 헌신한다면 우리 자신의 퇴출도 받아들여야 한다. 그렇지 않다면 비전은 성공을 거둘 수 없을지 모른다.

둘째, 교훈은 다양성과 저항에 대한 인내이다. 만약 당신이 자신의 비전을 신뢰한다면 타인들 중에는 당신을 따르지 않고 심지어 반대하는 이들이 있다는

1) Quinn, *Leading Changes*(최원종 · 홍병문 옮김), pp. 119-122.

사실을 받아들여야만 한다. 오랜 경험을 통하여 본다면, 단기적으로는 저항의 힘이 후원세력보다 훨씬 크다는 것을 알게 된다. 하지만 처음에는 실패한 것처럼 보일지라도 강력한 비전이 뿌리를 내리고 잘 일궈진 땅에서 재배되고 길러지면 조직의 발전이라는 열매를 종종 얻을 수 있게 된다. 딥 체인지에서 나오는 만족감은 비전을 받아들이고 포용하고 실행한 사람들의 손으로 이루어진다는 것이 결론이다. 변화를 이끈 리더들의 진정한 공로는 다름 사람의 성과에서 나온다.

제 3 절 바람직한 미래 리더십에 대한 기대

1. 미래 리더십의 조건

우리가 전통적으로 알고 있는 명령과 통제와 같은 리더십은 국제적으로 일어나고 있는 신속한 사회적, 문화적, 그리고 조직의 변화를 다루지 못한다.

비록 미래를 예측한다는 것은 어렵지만, 몇 가지의 고려할 만한 주요한 주제들이 우리의 현재와 과거 리더십에 대한 연구, 조직의 실무분석, 그리고 사회 및 문화적 요인들을 토대로 나타나고 있다고 한다.[1]

- 미래 리더들은 내부 및 외부의 이해관련자들을 위한 서비스 정신을 가져야만 리더십을 유지할 수 있다. 예를 들어 추종자들에게 서비스를 제공함으로써, 리더들은 그들이 발전하는 것을 도와주고, 추종자들은 그들의 외부 고객과 이해관련자들에 봉사한다. 이러한 과정에서 리더들은 강력한 보스의 전통적 개념을 포기하지 않으면 안 된다.
- 미래 리더들은 국제적인 관점과 문화적 요소들에 예리한 지각을 가져야 한다. 문화의 다양성이 증가함에 따라, 변화하는 노동력, 그리고 세계화, 다른 문화와 상호작용을 이해하는 능력들은 리더에게는 필수적이다.
- 미래 리더들은 조직들이 통합된 관점에서 어떻게 기능하는지를 이해하지 않으면 안 된다. 리더들은 그들의 팀과 부서들을 알아야 하며, 그러나 그들의 조직을 전체적인 관점에서 조망하는 전략적 기술을 습득하여야 한다.

1) Nahavandi, *op. cit.*, pp. 297-298.

• 미래 리더들은 융통적이어야 하고 새로운 경험에 개방적이어야 하며 그리고 변화를 환영하고 관리하여야 한다. 21세기의 리더들은 실험하고, 그들의 가정들의 한계를 극복하며, 그리고 놀랄 만한 것을 고려하는 것을 기꺼이 하여야 한다.

• 미래 리더들은 조직을 이끌어 나가는 데 필요한 많은 기술과 도구를 습득하기 위하여 지속적인 학습, 훈련, 그리고 연마에 헌신하여야 한다. 그러한 기술 없이는 리더들은 그들이 효과적이 되기 위하여 필요한 융통성을 갖지 못할 것이다. 우리가 지금까지 논한 리더십 모델들은 거의 리더들이 필요한 어떤 종류의 도구들이다. 이 도구들은 리더들에게 사용할 자원이 무엇이며, 그 자원들을 어떻게 사용하는지를 배우는 데 도움이 된다. 다른 필요한 기술들은 자아, 자아인식, 개인들 간 그리고 의사소통 기술, 팀과 같이 일하는 능력, 협상과 갈등관리 기술, 기술과 정보통신기술의 노련함, 그리고 정치적 행태들에 관한 지식들이다.

2. 리더십의 변화

우리는 아직까지 리더십을 충분히 이해하였다고 볼 수 없다. 우리의 상당한 지식은 계속 도전을 받고 있다. 리더십이 사회적 현상이라고 참작한다면, 사회의 요구가 변화함에 따라 리더십은 끊임없이 변한다고 볼 수 있다. 오늘 날 사회가 신뢰를 받을 수 없을 정도로 부정부패가 범람하여 자연히 신뢰받을 수 있는 리더십(Authentic Leadership)을 요구하게 되고 앞으로 어떤 리더십이 나타날지는 사회의 가치관의 변화를 보아야 한다. 리더십에 대한 확정적인 대답을 찾는다는 것은 어리석을 수 있다. 그러므로 리더십을 논의하려 한다면 오늘날의 리더십을 정의하는 것은 가능하다.

Bennis와 Nanus는 21세기 다양한 변화들이 미래 리더들의 욕구를 창조해 낼 것이라고 하면서 최고로 성공하는 리더는 다음과 같은 능력을 가진 사람이 될 것이라고 한다(표 13-3 참조). 확실히 21세기의 리더십은 소심한 사람들을 위한 것이 아니고 개방적이며 임파워먼트 및 창의성과 추진력에 올인할 수 있는 능력을 가진 사람이어야 한다.

[표 13-3] 21세기 리더십 모형

현 재	미 래
리더는 소수, 주로 최고위층에 해당 관리자가 다수	모든 계층에 리더가 있음 관리자 수가 줄어듦
목표설정으로 리드함 단기 목표, 투자수익률	비전을 통해 리드함 장기적 성장을 위한 새로운 방향제시
저가격 고품질을 위한 다운사이징 벤치마킹	독특성과 차별적 역량의 영역 참조
변화에 반응적으로 대치	미래 예견/미래 창조
위계적 조직의 설계자	수평적이고 분산된 대학형 조직의 설계자 사회적 건축가
개인에 대한 지시와 감독	개인에 대한 임파워먼트와 격려 팀워크의 촉진
소수 의사결정권자들이 정보 독점	내부 및 외부 파트너를 포함한 다수에게 정보가 공유됨
리더는 절차와 행동을 통제함	리더는 코치이며, 학습조직을 만듦
리더는 안정 추진자	리더는 변화 추진자
갈등을 해결하고, 조직 문화를 유지함	변화의 일정을 수립하고 위험 감수 문화의 기술적 기반의 변화를 리드함
좋은 관리자 육성	미래 리더 육성 리더의 리더

출처: Warren Bennis and Burt Nanus(김원석 옮김, 2005), *op. cit.*, p. 268.

3. 미래의 성공적인 리더들 앞에 놓인 임무는 무엇인가?

1) 고무적인 사명을 설정하라

사명은 반드시 구성원들의 호응을 얻어야 하며, 조직의 실제적인 지침으로 활용되어야 한다. 주주의 이익을 극대화 한다거나, 시장 점유율 확대 및 시장 지배력 확보, 혹은 수익 증대 달성과 같은 사명으로는 구성원들의 열정을 이끌어 낼 수 없을 것이다. 모든 사람들이 최고의 잠재력을 실현할 수 있게 돕는 것이어야 한다.

2) 사명 이후에 이익을 추구하라

수익은 기업이 올바른 사명과 목적을 성공적으로 추구할 때 반드시 따라오는 부산물과 같아야 한다. 수익이 근본적인 목적이 되어서는 안 된다.

3) 공정하게 보상하라

미래 리더들은 엄청난 보상을 추구하지 않을 것이다. 오히려 그들은 지나친 급여 제의를 거절하고, 회사의 평균적인 수준과 다른 직원과의 형평성에 맞는 보상을 원할 것이다. 이러한 태도에는 실용적인 이유가 있다. 금전적인 것뿐만 아니라 수수적인 혜택까지 포함하여 최고 경영자의 보상에는 이목이 집중되기 마련이다. 만약 조금이라도 지나친 부분이 드러나면 그는 즉시 탐욕적인 사람으로 낙인찍히고 만다. 그러면 회사의 자원을 아끼고 비용을 통제하라는 어떤 지시도 현실적인 무게를 잃을 뿐만 아니라 많은 직원들이 이중적인 태도를 가진 리더들과 거리를 두려고 하게 된다.

과도한 급여를 원치 않는 데에는 윤리적인 이유도 있다. 지나친 수준의 보상은 단지 권리를 가진 최고 경영자에 집중되어 있으며 또한 남용되고 있다는 사실을 말해줄 뿐이다. 이러한 사실을 겉으로 드러내놓고 말하는 경우는 드물지만 구성원들은 모두 알고 있으며 그에 대한 불만은 조직의 기반을 허약하게 만든다. 이는 회사 전체 구성원들의 사기를 저하시키고, 회사로부터 받아낼 액수를 기준으로 업무의 가치를 따지게 만든다.

4) 의욕 저해 요소와 난관을 제거하라

일선 직원들에게 동기부여 하여, 조직의 목표를 위해 열정적으로 일하게 만드는 것은 리더의 근본적인 역할이다. 직원들이 의욕을 잃게 만드는 요소를 찾아 제거하는 것이 중요하다.

5) 자신을 높이려 하지 말고 섬겨라

리더의 역할을 섬기는 것이다. 리더들이 신임을 쌓는 최선의 방법은 말한 대로 그대로 행동에 옮기는 것이다. 조직의 모든 부문에 걸쳐 필요한 조치를 몸소 실천해 보인다면 그들은 높은 도덕적 권위를 얻게 될 것이다. CEO들이 걸레질하고, 커피를 나르고 그리고 식당에서 직원들과 같이 줄을 서며 등등은 매우 강력한 메시지를 전달할 것이다.

경비를 절감한다는 이유로 신문 구독과 커피제공을 중단한 CEO가 더 큰 업무용 비행기를 구매하고, 더 유명한 개인 요리사를 고용한다면 결코 진정한 충성심을 이끌어 낼 수 없을 것이다.

6) 조직의 인화를 위해 노력하라

모든 구성원들이 가족처럼 지낸다면 정말 멋질 것이다. 미래의 희망인 뛰어난 리더는 이 점을 잘 알고 있으며, 구성원들의 소속감을 높이기 위해 노력한다.

4. 미래의 생존전략

1) 블루오션(가치혁신)

20세기의 리더들은 21세기의 리더들보다 비교적 편하였던 것으로 생각된다. 20세기의 전략과 경영 접근법이 주를 이뤘던 기업 환경들이 너무나 신속하게 변하고 있으며, 더욱 어려운 것은 지속적인 가치 혁신(value innovation)을 가져오지 않는다면 생존하기 어려운 21세기 리더의 피할 수 없는 부담이다.

블루오션 전략은 기업으로 하여금 경쟁이 무의미한 비경쟁 시장공간을 창출함으로써 유혈경쟁의 레드오션을 깨고 나올 수 있는 새로운 가치혁신에 도전하는 것을 의미한다. 대학들도 예외일 수는 없다. 우리나라의 대학들은 서로간의 교육환경과 시설을 개선하기 위하여 많은 재원을 투자하면서 유혈경쟁을 벌이고 있다. 이러다간 몇 십 년 후에 몇 개의 대학이 생존할지 의문을 갖게 한다. 대학이 절박하게 블루오션 전략이 필요한 때라고 본다.

미국의 CEO는 근로자가 받는 봉급의 467배를 받는 기업들이 늘어나고 있고, 거의 선진국의 경우는 200배가 넘는다. 이토록 많은 봉급을 주어가면서 능력 있는 CEO를 유치하는 이유는 조직의 운명이 그들에게 달려 있기 때문이다. 누가 리더가 되느냐는 조직의 생사에 관한 중요성을 갖는다. 리더는 높은 자리에 있기 때문에 멀리 볼 수 있어야 하고, 멀리 보면 블루오션 전략에 도달할 가능성이 높아진다.

사회와 산업은 제자리에 있는 게 아니라 지속적으로 진화하고 발전한다. 과거 100년 전부터 오늘날까지 기업들의 생존기간을 검토하여 보면 수많은 기업들이 퇴출되고 그리고 새로운 기업이 창출되고 재창출되고 있는 것을 보고 있다.

1970년대 말과 1980년대 초에 전성기를 구가하며 혁명적인 전략가로 칭송을 받았던 일본 기업들이 정체 내지 퇴조하는 것을 보았다. 그 이유는 일본 기업들이 시대 환경에 맞는 미래전략으로 가치혁신을 가져오지 못한 데 원인이 있다. 다시 말하여 레드오션의 늪에서 블루오션 전략으로 빠져나오지 못한 결과이다.

「초우량 기업의 조건: *In Search of Excellence*」과 「성공하는 기업의 8가지 습관: *Built to Last*」를 예로 들어보면, 이 책들은 거의 20년 전에 출판된 책들이다. 이 책들에서 다루어진 기업 가운데 상당수(아타리, 치즈브로-폰즈, 데이터 제너럴, 플루오르, 내셔널, 세미콘닥터)가 출판된 지 2년도 되지 않아 세상에서 잊혀졌다. 「변화 추구성 경영: *Managing on the Edge*」에서도 초우량 기업의 조건이 규명한 모델 기업의 3분의 2가 책이 출간된 지 5년도 지나지 않아 산업리더의 정상에서 추락했음을 보여 주었다. 성공하는 기업의 8가지 습관도 전철을 밟았다. 이 책은 장기간에 걸쳐 우수한 실적을 내었던 비전 있는 기업의 성공하는 습관을 찾아내었다.[1)]

세계화 추세는 이 같은 상황을 복합적으로 보여 준다. 국가 간과 지역 간의 무역 장벽은 무너지고, 제품의 가격 정보는 세계 어디서나 즉시 얻을 수 있어 틈새시장과 독점시장이 설 자리가 없어지고 있다.

글로벌 경쟁이 늘어나면서 공급은 확실히 늘어나고 반면에 수요가 늘어난다는 보장은 없다. 설상가상으로 인구는 세계 도처에서 줄어들고 있고 기존 기업들 간의 경쟁은 치열하여 제품과 서비스의 질은 비슷하고, 전체적으로 향상되고 있어 가격 차이가 비교 우위를 결정하여 주고 있다. 더구나 소비자들은 한 브랜드의 상품만을 쓰지 않기 때문에 자연히 산업은 포화 상태에 이르고, 경쟁은 더욱 치열하여 기업이윤은 줄어들고 경영 환경은 어려워진다.

프랑스의 INSEAD 경영대학원의 김위찬 교수와 마보안 교수가 공동으로 저술한 책에서 기존 경쟁시장인 레드오션에서 가치혁신을 통해 새로운 창조적 시장인 블루오션으로 나가는 것이 21세기의 생존 전략이라고 주장한다.

2) 교육 기회를 찾아야 한다.

변화에 변화를 거듭하는 이 시대에 지속적인 학습을 위해서는 당연히 학교교육을 잘 활용해야 한다. 무역박람회를 찾아 가거나 업계에서 개최하는 세미나

---

1) Chan Kim & Ren’ee Mauborgue, 2005, *Blue Ocean Strategy*, Corporation, Harvard Business School Publishing Corporation, 강혜구 옮김, 2005, 성공을 위한 블루오션전략(교보서적), p. 12.

에 참석해도 필요한 학습을 할 수 있다.

① 학교를 다니면 금전적으로는 손해를 본다는 느낌이 들 수 있다. 그러나 궁금하고 필요한 것들을 자세히 공부할 수 있음으로 만족감을 가질 수 있다. 교육 가운데 기업을 발전하기 위하여 무엇을 배워야 하는지를 판단하여야 한다.

② 세미나와 박람회에 참석한다. 협회 등에서 개최하는 세미나와 회의에 참석하거나 무역박람회를 직접 다녀오는 것도 학습 효과는 크다. 짧은 시간에 강도 높은 교육을 받을 수도 있고, 나아가 부하직원 전체가 참석할 수도 있다. 세미나와 회의를 통한 교육은 직원들에게 지속적으로 도전정신을 갖게 만들고, 자긍심을 키우며, 강한 동기를 부여한다.

(1) 교육과 비전

리더는 지속적으로 비전을 심어 주어야 한다. 교육은 바로 비전을 실현하는 초석이 된다. 비전을 대략적으로 수립한 다음, 목표를 더욱 신속하고 효율적으로 실현하는 데 도움이 될 만한 추가 교육을 자세하게 계획한다.

(2) 수준을 정확히 파악한다.

부하직원들이 팀에서 개선할 요소를 확실하게 깨닫도록 해야 하겠지만 그들을 통제하겠다는 생각은 완전히 버리고 그들이 자발적으로 배우도록 이끌어야 한다. 상투적이고 관례에서 벗어나기 위하여 리더는 직원들이 무엇을 배워야 할지 일일이 말해 주어야 한다. 그러나 어느 정도 시간이 지나면 직원들이 자발적으로 교육을 받게 될 것이라는 점을 받아들여야 한다.

(3) 내부 교육을 활성화하라

부하직원들이 서로가 새로운 기술을 공유하고 제공할 수 있는 기회를 만든다. 내부 교육을 활성화하는 방법은 많지만 몇 가지 기본적인 지식을 가지고 시작하는 것이 유리하다. 이를테면, '이직률은 상당히 높은가?' '당신은 직원들이 업무 이외에는 기업의 사정마저도 까맣게 모르고 있다는 사실을 알고 있는가?' 그렇다면 기업에서는 직원들 개개인의 능력을 일일이 알고, 그들이 어느 부서에서 어떤 일을 하고 있는지 알거나 적어도 인식하고 있는가?' 직원들은 기업에 어떤 기여를 하고 있는지를 알고 있는가? 등의 질문에 대한 답을 리더는 알고 있어야 한다.

제 4 절 신세대 노동력의 이해

21세기 노동력은 신세대 노동자로 이루어져 있고 21세기 리더들은 이들을 이해할 수 있어야 한다. 복종의 시대는 지나갔고 새로운 시대의 리더답게 변화에 유연해야 한다.

신세대 노동자들은 이전 세대보다 독립적이고, 자신을 신뢰하며, 창조적이다. 이들은 직장에 대해 이전 세대와는 전혀 다른 기준을 가지고 있을 뿐 아니라, 리더에게도 이전과는 전혀 다른 지도력을 요구하고 있다. 새로운 변화를 자신의 장점으로 만들도록 노력하고, 부하직원들에게 강한 동기를 불러일으킬 수 있는 혁신적인 방법을 찾는다. 신세대 노동자들은 리더에게 많은 것을 기대하고 있다. 부하직원들은 생활의 질적인 문제, 자율적으로 업무를 처리하는 문제, 자신이 기업의 소중한 인재로 인정받는 문제 등에 관심과 집중을 하고 있다는 것을 21세기의 리더들은 정확히 읽어내고 유지하는데 전력을 다해야 한다. 다음은 Adams의 「*Everything Leadership*」(팀장 리더십)의 내용을 요약한 것이다.[1)]

1. 신세대 노동자에 대한 이해

현대 경제는 대량 생산과 표준화된 제품 및 지속적인 서비스를 특징으로 들 수 있다. 이러한 유형의 생산이 경영에 영향을 미쳤고, 그로 인해 권위주의적 경영 관례가 만들어졌다. 하지만 이러한 경향이 점점 퇴색하여 가고 있다. 즉 조직의 이익을 직원들이 함께 누리게 해야 한다. 직원들이 특별한 상이나 보너스 그리고 인센티브에 의해 동기부여 되어야 한다. 그리고 직원들이 일하는 곳에서 행복한 기분을 갖게 해 준다면, 그것이 바로 비즈니스를 움직이는 힘이 되는 것이다.

신세대 노동자는 이전의 노동자와 전혀 다르며, 이전의 노동자가 원하던 것과 전혀 다른 것을 원하고 있다는 것을 미래 리더들은 읽어야 한다. 과거에는 리더가 지도하고 관리했다. 그러나 이제 리더는 직원들 스스로 지도·관리하도록 위임하여야 한다.

---

1) Adams 지음, 임태조 옮김(*Everything Leadership*: 팀장 리더십), pp. 407-425.

2. 신세대 노동자의 특징

신세대 노동자들은 상사의 칭찬을 듣기 위해 일하는 데 만족하지 않는다. 그들은 전혀 다른 가치관을 가지고 직장생활을 한다. 그들의 공통적인 특징은 창조적이고 자율적이라는 점이다.

우리를 리드하였던 조직의 제도들이 도움이 되지 못하다는 것을 실제로 경험을 하면서 현대사를 직접 몸으로 겪어왔다. 그들은 제도를 맹신하여 잘못된 결과를 불러온 모든 과정을 직접 지켜보았다.

이제는 변화가 규범이 되었다. 따라서 리더가 변화를 일으키는 선두주자가 되어야 한다. 리더는 현재를 변화시키는 새로운 기회를 반갑게 받아들이고, 고착화된 문제들을 해결할 수 있는 새롭고 혁신적인 방법을 개발해야 한다.

신세대 노동자들은 대단히 독립적이다. 그들은 자신이 관리받기를 원하지 않으며, 리더가 관리해 주리라 기대하지도 않는다. 그들은 오직 자기 자신을 신뢰하며, 자신의 능력을 발휘해 능숙하게 문제를 해결하고 있다.

기술과 지식은 신세대 노동력의 핵심적인 특징으로서, 업무의 목적을 달성하는 데 중요한 기능을 하고 있다. 신세대 노동자들은 컴퓨터를 다루는 능력이 뛰어나다. 이들은 컴퓨터와 함께 성장했다고 해도 과언이 아니다.

이 신세대 노동자들은 정보기술(IT)에 길들어 있는 엄청난 잠재력을 알고 있고 앞으로 기술시대가 더욱 가속화되리라고 예측한다. 부하직원들은 이러한 기술을 이행하여 리더인 당신보다 기업의 정보와 기술에 대해 더 많이 알 수도 있다는 사실을 유념해야 한다. 이 점에 철저히 대비하고 조심하지 않으면 안 될 것이다.

1) 신세대 노동자가 원하는 것

신세대 노동자들은 삶의 질을 향상시키는 데 지대한 관심을 쏟는다. 그러므로 기업들은 삶을 윤택하게 하는 세세한 것들에 관심을 기울이기 시작했다. '복리후생 제도'를 채용공문에 포함시키면서 능력과 기술이 뛰어난 직원들을 유치하기 위하여 관심을 기울이기 시작했다.

신세대 노동자들은 고용주에게 많은 것을 요구하고 있다. 맞벌이 부부의 고충과 편부 및 편모의 가정에서 필요한 것들이 무엇인지를 확실히 인지한 기업만

이 직원들의 신뢰와 사랑을 얻을 수 있다. 이러한 배려는 유능한 직원들을 회사에 계속 남도록 하는 가장 중요한 요소이다. 그러한 환경을 조성해야 한다.

직원에게 도움과 지원을 아낌 없이 제공하는 기업이야말로 눈에 보이지 않는 가장 큰 경쟁력을 가진 것이라고 말할 수 있다.

2) 도전이 곧 발전이다

오늘날 변화는 기업이 갖춰야 할 기본 요소이다. 변화는 흥분을, 흥분은 관심을, 관심은 창조성을, 창조성은 혁신적인 아이디어를, 혁신적인 아이디어는 새로운 개념을 자아낸다. 이러한 새로운 개념이 바로 세상을 움직이는 힘이다. 명심해야 할 것은 변화를 일으키는 것이 리더라는 사실이다.

신세대 노동자의 에너지와 지식을 끌어 모아 기업에 쏟아 붓도록 하는 힘이 바로 기업이 원하는 변화인 것이다.

3. 유능한 직원 유지에 주목하라

뛰어난 인재를 채용했다면, 리더는 이들을 계속 기업에 남아 있도록 할 의무가 있다. 그러나 매우 유능하고 큰 야망을 가진 직원이라 하더라도, 요즘은 한 직장에서 오래 머물러 있으려고 하지 않는다. 사실 뛰어난 직원들이 회사를 떠나면 떠날수록 기업에는 손해만 있을 뿐이다.

현재보다 큰 혜택과 특전을 조건으로 내세워 직원을 다시 채용해야 하기 때문이다. 따라서 기업의 중요한 전략 중 하나는, 우수한 직원을 채용하고 그들을 오랫동안 머물게 하는 것이다.

더욱이 직원이 퇴사하는 경우, 업무와 관련된 지식을 모두 가지고 떠난다. 직원은 회사 정책에 정통하며, 사소한 업무 지식부터 고객선호도나 전문 지식 및 제품에 관련된 지식에 이르기까지 다양한 것들을 보유하고 있다. 아무리 적게 계산하더라도 퇴사함으로써 발생한 비용은 그 동안 그에게 지급했던 봉급의 2배 이상이 될 것이다.

4. 지식만이 살 길이다

신세대 노동력을 리드하는 데는 자신감이 필요하다. 이 자신감은 다른 누구도 아닌 리더 자신에서 나온다.

최고급 승용차를 몰거나, 제일 비싼 골프 클럽회원권을 가지고 있다거나, 일년에 백만 달러씩 수입을 올린다거나, 경영 대상을 받았다고 해서 직원들은 당신을 신뢰하거나 우러러 보지 않는다. 단지 '지식'으로만 부하직원들에게 깊은 인상을 심어줄 수 있을 뿐이다. 신세대 노동력을 리드하기 위하여 이론만을 공부해서는 안 된다. 자신의 전문 분야가 아니더라도 최근 기술계 및 산업 동향까지도 파악해야 한다는 점을 명심해야 한다.

5. 팀워크의 새로운 경향

어떤 리더든 계약직 직원과 정규직 직원을 효과적인 팀으로 구성하는 것을 힘들게 생각하고 있다. 개인 간의 성향에 따른 갈등, 노동 윤리에 수반되는 갈등 등 정규직 직원과 계약직 직원들 사이의 갈등은 피할 수 없다. 따라서 리더는 팀에 대해 알고 있는 여러 가지 지식들을 새롭게 통합된 조직에 적용할 줄 알아야 한다.

계약직 직원과 정규직 직원을 단결하게 만드는 데는 2가지 리더십 기술이 필요하다.

첫째, 집단마다 가지고 있는 특징을 활용해 다른 집단이 이익을 누리도록 한다. 이를 테면 계약직 직원들은 한 분야에 특화되어 있으며, 매우 독립적이고 자립적인 자세를 가지고 있기 때문에 자율적으로 일할 수 있다. 정규직 직원은 자신들이 가지고 있는 전문기술 및 지식으로부터 이익을 누릴 수 있다.

둘째, 두 집단이 함께 교육을 받고 지식을 서로 나누는 분위기를 조성한다. 정규직 직원들은 새로운 것들을 배울 수 있다는 사실에 흥분할 것이고, 계약직 직원들은 자신들도 조직의 일원이라 소속감을 느낄 것이다. 계약직 직원을 부서에서 이루어지는 이벤트에 참여시키고, 포상 제도로써 보상을 한다. 여러 팀을 하나의 팀으로 만들려면 무엇보다도 먼저 단결력을 견고히 해야 하는데, 이는 리더라면 누구나 할 수 있는 일이다.

오늘날 '팀워크'는 이전과는 전혀 다른 의미를 갖게 되었다. 능력이 뛰어난 정규직 직원을 계속 근무하도록 하는 것이 시간이 지날수록 어려워지기 때문에 계약직 직원이 필요하게 된 것이다.

정규직, 임시직, 계약직 직원들이 함께 섞여 있는 팀을 효율적으로 이끌지 못하는 리더는 리더의 자리에 오래 머물지 못할 것이다. 이러한 팀을 효과적으로 이끌려면 집단이 가지고 있는 동기를 철저히 파악해서 팀원 모두에게 이익을 가져다주는 인센티브를 만들어 내야 한다. 리더는 개개인의 다양한 기술 및 개성을 고려해서 모두가 받아들이는 문화를 조성해야 할 뿐더러, 그러한 조직 문화를 잘 활용해서 성공적인 팀으로 만들어야 한다.

6. 변화에 따라 자신의 목표를 업그레이드하라

오늘날 신세대 노동자들은 끊임없이 자신을 향상시키는 데 집중한다. 남에게 잘 보이려고 하고, 멋지고 화려한 옷을 입으려고 하고, 자신에게 적극적으로 투자하려고 한다. 좀 더 나은 지위를 가지려고 하는 사람들이야 말로 현대 경제를 이끌고 있는 힘이라고 말할 수 있다.

이들은 자녀들이 최고의 교육을 받기를 원할 뿐 아니라, 명품브랜드를 선호한다. 이들은 자신이 소속되어 있는 기업이 최고의 기업이기를 원하며, 시장의 흐름에 발맞춰 비즈니스도 지속적으로 개선해야만 미래의 비전을 이룰 수 있다는 점을 알고 있다.

당신이 이러한 사고방식을 가진 신세대 노동력을 이끌어 갈 21세기 리더들이다. 따라서 리더는 생산, 수익, 직원의 욕구 등 여러 가지 요소들을 세심하게 조화시켜야 한다. 그러므로 신세대 노동자들이 변화에 잘 대처할 수 있도록 지속적으로 도움을 제공하고 리더십을 발휘하는 리더만이 21세기의 성공 주역이 될 수 있다.

7. 특히 연장자를 존중하라

연장자 직원을 어떻게 다룰 것인가? 물론 연장자 직원을 조심스럽게 다루면 큰 문제는 생기지 않을 것이다.

젊은 사장들이 부모 연배쯤의 나이든 직원들을 관리하는 경우는 많다. 이러한 상황에서는 나이든 직원들과 문제가 생길 수 있는데, 젊은 사장들이 자기주장을 많이 하면, 나이든 직원들은 그것을 교만으로 받아들이기 때문이다. 사실 나이든 직원들은 젊은 리더들이 거만한 태도를 가지고 있고, 세세한 것까지 관리하려 든다고 못마땅하게 여기는 편이다.

직원들의 말에 무조건 귀를 기울여야 한다. 무엇보다 중요한 것은 직원들을 존중하는 자세이다. 직원들보다 나이가 많든 적든 리더가 되는 중요한 자질은 다른 사람을 존중하고 배려하는 자세이다. 그렇다고 해서 직원의 나이에 처음부터 주눅들 필요는 없다. 어쨌든 리더는 당신이다.

당신은 존경 받을 위치에 있다는 것을 명심하라. 당신은 겸손한 척도, 교만한 척도 할 필요 없이 리더의 지위를 꾸준히 유지하기만 하면 된다. 당신이 연장자를 존중하라고 배웠듯이, 연장자들은 권위를 존중하도록 배워왔다.

8. 노동력의 다양성

21세기 신세대 노동력은 리더들에게 직원들과 관계를 형성하는 방법을 바꾸라고 요구하고 있다. 기업의 성공에 가장 중요한 요소는 바로 다양성을 인정하는 것이다.

리더는 소수민족, 여성, 고령자, 다양한 문화 및 종교적 배경을 가지고 있는 사람들을 비롯한 모든 유형의 인력을 인재에 포함시켜야 한다.

글로벌 시대의 기업 및 조직은 다양한 문화를 포용하는 관용적인 자세를 강조해야 한다. 많은 연구 결과에 따르면, 직장에서 다양한 문화를 포용하는 관용적인 분위기로 인해 생산성이 높아지고, 직원간의 유대감이 더욱 형성되며 긍정적인 태도가 나타난다. 따라서 다양한 사고, 성(性), 정치적 연대, 종교, 민족 등 구성원들의 여러 특징들에서 얻을 수 있는 이익은 기업 및 세계의 경제에 중대한 영향을 미칠 수 있다는 점을 늘 기억해야 한다.

9. 신세대 전문가들이 미래 글로벌 리더에게 바라는 것은 무엇인가?

1) 그들의 열정을 북돋우어라

엄청난 시간을 일에 투자해야 하는 현재와 미래의 전문 직업인들에게 일에 대한 사랑은 굉장히 중요한 문제다. 그들이 즐거운 마음으로 출근할 수 있는 일이 필요하다. 미래의 리더들은 전문직 구성원들의 열정을 파악하고. 후원하며, 북돋우어야 한다. 미래의 인재들에게 왜 현재의 직장에서 일하는지 물었을 때 가장 많은 대답은 바로 '일이 마음에 들기 때문'이었다.

2) 그들의 능력을 개발하라

직업의 안정성이 줄고 국제 경쟁이 격화되면서 직무 능력을 주기적으로 업데이트하고 개혁하는 일이 경력관리의 빠질 수 없는 요건이 되었다. 미래 리더들은 현재가 아니라 앞으로 필요한 기능을 미리 파악하고 이를 구성원들이 습득할 수 있도록 도와야 한다.

3) 그들의 시간을 소중히 대하라

전문가들의 여가 시간이 점점 줄어들면서 그들에게 시간의 가치는 계속 올라가고 있다. 리더들은 전문직 구성원들이 쓸데없는 회의와 관료주의 때문에 열정과 능력을 낭비하지 않도록 각별히 신경을 써야 한다.

4) 그들의 네트워크를 구축하라

전문가 네트워크는 소속 멤버들에게 지식을 확장할 기회를 주기 때문에 결과적으로 그들의 회사가 새로운 지식을 얻게 한다. 하나 이상의 직장을 거치는 것이 일반화되면서 기업들은 전문직 구성원들의 잦은 결손과 충원을 반복할 것이다. 이를 방지하기 위하여 긍정적 네트워킹의 모범 사례로 이름난 전략 컨설팅 회사 메킨지 엔드 컴퍼니(McKinsey and Company)가 있다. 매킨지는 이전 구성원들과도 접촉을 유지하며, 그들 간의 네트워크를 제공한다. 미국 기업들의 임원들의 명단을 보면 매킨지 컨설턴트 출신이나 이전 고객들이 대형 기업을 이끌고 있는 경우가 많다.

5) 그들의 꿈을 지원하라

최고의 전문가들은 돈보다 훨씬 더 높은 가치를 위해 일한다. 그들은 자기 분야에 의미 있는 기여를 하고 싶다는 꿈을 갖고 있다. 미래의 리더들은 전문가가 꿈을 이룰 수 있도록 돕는 방법을 연구해야 할 것이다.

6) 그들의 기여를 확장하라

갈수록 일종의 '자유직업인'이 되어가는 전문가들을 유지하기 위해 조직은 그들 혼자서는 얻기 힘든 기회를 제공할 수 있어야 한다. 전문가들이 자기 분야에서 최고가 되는데 필요한 자원과 인프라를 제공하여야 한다. 물론 이러한 인프라는 개인이 결코 얻을 수 없는 것이다. 예를 들어, 대형 제약 회사들 역시 전문가들에게 스스로 구할 수 없는 연구기반을 제공할 수 있다. 또한 조직은 전문직 구성원들이 세상에 보다 많은 기여를 할 수 있도록 도와주어야 한다.

미래의 리더들은 전문가들을 이끄는 일은 어렵고 보람 있는 일이 될 것이다. 리더들은 일의 진행을 제대로 감독해야 할 뿐만 아니라 그 일을 하는 사람들을 배려하고, 세계화와 기술의 발전 그리고 경쟁에 의해 엄청나게 높아진 압박감을 이해하며, 훨씬 더 힘들어진 세상 속에서 성공을 거두기 위해 전문가들의 노고와 희생을 인정할 줄 알아야 한다.

영문색인

우리말색인

공저자소개

정우일

행정학 학사, 연세대학교 행정학과
행정학 석사, 미국 Temple University
정치학 박사, 미국 Temple University
한양대학교 발전협력처장 · 행정대학원장 역임
교육부 교육개혁평가위원회 소위원장, 대학헌장제정 설립위원회 위원장 역임
교육부 대학설립 심사위원, 국책연구기관 평가모형개발위원장 역임
정부출연연구기관 장기발전계획수립위원회 팀장 역임
현재 한양대학교 사회과학대학 행정학과 명예교수

저서 및 주요논문

정부통제론(공저, 박영사, 2013)
공공조직론(공저, 박영사, 2011)
행정통제론(박영사, 2004)

박선경

행정학 학사, 상명대학교
행정학 석사, 상명대학교
행정학 박사, 한양대학교
한양대학교 행정문제연구소 책임연구원 역임
현재 한양대학교 겸임교수

저서 및 주요 논문

정부통제론(공저, 박영사, 2013)
공공조직론 제3판(공저, 박영사, 2011)
글로벌 시대의 행정학(공저, 오래, 2010)
2011 한국지방공무원의 직무관련 동기부여에 관한 연구
2011 동기부여와 직무만족과의 관계에 관한 연구
한국 NGO의 성과모형 개발에 관한 연구(지방정부연구, 2005)
한국 여성의 정치자본에 관한 연구(한국 사회와 행정연구, 2007)

박희봉

정치학 박사, 미국 Temple University
한국정책과학학회장 역임
현재 중앙대학교 공공인재학부 교수

저서 및 주요 논문

사회자본: 불신에서 신뢰로, 갈등에서 협력으로
좋은정보, 나쁜정보
스칸디나비아 3개국 및 동아시아 3개국의 정부신뢰 영향 요인 비교(한국행정연구, 2014)

배귀희

행정학 학사, 한양대학교 행정학과
행정학 석사, 한양대학교 행정학과, Syracuse University
행정학 박사, University of Southern California
현재 숭실대학교 행정학부 부교수

저서 및 주요 논문

현대인사행정론(법문사, 2014)
공직윤리: 책임있는 행정인 조명사(2013)
중앙부처 일선기관 및 지자체간 통합서비스 제고를 위한 제도발전방안(행정안전부, 2009)
새로운 거버넌스를 위한 섬김 리더십에 관한 연구(한국사회와 행정연구20(3), 2009)

양승범

행정학 학사, 한양대학교
행정학 박사, 미국 플로리다 주립대학교
미국 캘리포니아 주립대학교 행정학과 교수
한국행정학회 이사
국무총리실 정부업무평가위원회 위원
현재 건국대학교 행정학과 교수

저서 및 주요 논문

정부통제론(공저, 박영사, 2013)
공공조직론(공저, 박영사, 2011)
Factors Leading to Corrections Officers' Job Satisfaction(Public Personnel Management, 2011)
The Effectiveness of Self-Managed Work Teams in Government Organizations (Journal of Business and Psychology, 2011)

이영균

행정학 석사, 한양대학교 대학원 행정학과
정치학 박사, 미국 Temple University
가천대학교 사회과학대학장, 행정대학원장, 정책조정실장, 기획처장 역임
행정고등고시 및 입법고시 출제위원, 국가공무원 7급 및 서울시 7급 행정직 임용시험 출제위원 역임
한국정책분석평가학회장(2009), 한국행정학회 섭외이사(2005), 한국정책학회 연구이사(2001), 한국행정학회 온라인행정학사전 위원회 위원장(2012) 등 역임
2013년 성남시 인사위원, 전국시·도의회 의장협의회 자문위원, 감사원 감사연구원 자문위원 역임
2014년 한국행정학회 연구부회장
현재 가천대학교 행정학과 교수

저서 및 주요 논문

정부통제론(공저, 박영사, 2013), 공공조직론(공저, 2011)
행정학(2010), 글로벌시대의 행정학(공저, 2010),
세계의 감사원(공저, 2009), 자체감사론(공저, 2007)

이희창

행정학 박사, 한양대학교 대학원 행정학과(2000)
우리은행 여신기획부 근무(1990-1998)
경복대학교 복지행정학부 교수 역임(2001-2014)
경복대학교 입학홍보실장, 학사지원처장 역임(2005-2013)
한국보훈신문 논설위원(2014)
한국행정학회 이사, 경인행정학회 연구부회장, 한국보훈학회 편집위원장(2014)
현재 한양여자대학교 행정실무과 교수

저서 및 주요 논문

글로벌시대의 행정학(공저, 오래, 2010)
국가정체성과 애국심의 관계: 동서양 5개국 특성 비교(한국보훈논총, 2013)
신뢰유형별 국가경쟁력에 미치는 영향 비교: OECD 19개국과 주요 18개 비회원국을 중심으로(한국행정논집, 2012)
신뢰와 정부경쟁력: 한, 중, 일 3국의 시민의식 분석(한국정책학회보, 2011)

하재룡

영문학 학사, 국민대학교 영어영문학과
정치학 석사, 미국 Temple University
정치학 박사, 미국 Temple University
선문대학교 사회과학대학장 역임
선문대학교 행정대학원장 역임
미국 Temple University 객원교수
한국정책학회, 한국인사행정학회 이사 역임
공무원노동조합총연맹 자문위원
현재 선문대학교 행정학과 교수, 국제교류처장

저서 및 주요논문

정부통제론(공저, 박영사, 2013)
공공조직론(공저, 박영사, 2011)
글로벌시대의 행정학(공저, 오래, 2010)
현대행정의 이해(공저, 대영문화사, 2002)

하현상

정치학 학사, 한양대학교 정치외교학과
행정학 석사, 한양대학교대학원 행정학과
행정학 박사, 미국 Florida State University
한국지방행정연구원 자치행정연구실, 수석연구원
현재 국민대학교 행정정책학부, 조교수

저서 및 주요 논문

Bargaining, Networks, and Management of Municipal Development Subsidies
The Influence of Network Externalities on Policy Diffusion Process: Theoretical Exploration and Research Agendas
정부통제론(공저, 박영사, 2013)
지속가능한 에너지 개발 인센티브 제공에 대한 정치적 결정요인의 영향
지역경제개발 네트워크가 지역경제개발 입지인센티브에 미치는 영향: 미국 지방정부에서 경험적 증거
자치단체 도시행정의 한계와 지원기능 강화 방안 등

황성수

행정학 학사, 한양대학교 행정학과
행정학 석사, 미국 Syracuse University
행정학 박사, 미국 University of Pittsburgh
Visiting Assistant Professor, 미국 Grand Valley State University
현재 영남대학교 정치행정대학 행정학과 조교수

저서 및 주요논문

정부통제론(공저, 박영사, 2013)
2012 스마트 정부 시대에 맞는 참여적 거버넌스 모색(한국지역정보화학회지 15(4))
2011 전자거버넌스와 정책의제 설정(정책학회보 20(2))
Hwang, Sungsoo &Hoffman, M. (2009) "In Pursuit of the Effective Neighborhood Information System: User-Friendliness and Training" Government Information Quarterly 26(1)

제 3 판 보정판

리더와 리더십

초판발행	2006년 8월 20일
제 2 판발행	2009년 9월 5일
제 3 판발행	2014년 9월 5일
제 3 판보정판인쇄	2017년 1월 12일
제 3 판보정판발행	2017년 1월 20일

지은이	정우일 · 박선경 · 박희봉 · 배귀희 · 양승범 · 이영균 · 이희창 · 하재룡 · 하현상 · 황성수
펴낸이	안종만
편 집	박송이
기획/마케팅	임재무
표지디자인	조아라
제 작	우인도 · 고철민
펴낸곳	(주) 박영사 서울특별시 종로구 새문안로3길 36, 1601 등록 1959. 3. 11. 제300-1959-1호(倫)
전 화	02)733-6771
f a x	02)736-4818
e-mail	pys@pybook.co.kr
homepage	www.pybook.co.kr
ISBN	979-11-303-0417-5 93350

정 가 28,000원